Goethes Verhältnis zu seinen Verlegern, von einem heutigen Verleger betrachtet: Dieser Spannungsbogen kennzeichnet Siegfried Unselds Untersuchung. Detailliert und anschaulich beschreibt er Goethes wechselvolle Verlegergeschichte, von den ersten anonymen Publikationen im Selbstverlag bis hin zu den großen Editionen bei Johann Friedrich Cotta, dem seinerzeit bedeutendsten Verleger. Unseld hat die reiche Korrespondenz ausgewertet, dazu die Briefe von und an Freunde, Kollegen und Mitarbeiter, ferner Goethes Tagebücher sowie Briefe und Berichte Dritter, dann auch die überlieferten Verlagsverträge, historischen Dokumente und vieles mehr.

insel taschenbuch 2500
Siegfried Unseld
Goethe und seine Verleger

Siegfried Unseld

GOETHE
und seine Verleger

Insel Verlag

insel taschenbuch 2500
Erste Auflage 1998
© Insel Verlag Frankfurt am Main und Leipzig 1991
Alle Rechte vorbehalten
Hinweise zu dieser Ausgabe am Schluß des Bandes
Vertrieb durch den Suhrkamp Taschenbuch Verlag
Umschlag nach den Entwürfen von Willy Fleckhaus
Satz: MZ-Verlagsdruckerei GmbH, Memmingen
Druck: Nomos Verlagsgesellschaft, Baden-Baden
Printed in Germany

1 2 3 4 5 6 - 03 02 01 00 99 98

GOETHE UND SEINE VERLEGER

Vorbemerkung 9
Einführung: Zum Schriftsteller geboren 13

I. Erste Veröffentlichungen 23
II. Goethe und Göschen 75
III. Goethes Voraussage, »daß sich der Verlag meiner künftigen Schriften gänzlich zerstreuen wird«. Zwischen Göschen und Cotta 156
IV. »Liberalität gegen seine Verleger ist seine Sache nicht«. Annäherungen an Cotta 233
V. Die erste Gesamtausgabe. Goethe und Cotta 321
VI. »dießmal mich zu Zwanzig Bänden verpflichten kann«. Die zweite Gesamtausgabe bei Cotta..... 412
VII. Die »Ausgabe letzter Hand«. Die »wichtigste Sache meines Lebens« 479
VIII. Cotta, der Verleger Goethes. 1825-1832 565

Anmerkungen 661
Nachweise 741
Literatur- und Abkürzungsverzeichnis 761
Personenregister 771
Inhaltsverzeichnis 787

*Für Burgel Zeeh
und damit für alle, die mir dies
möglich gemacht haben.*

VORBEMERKUNG

Im September 1967 erschienen zur Vorbereitung von Bertolt Brechts 70. Geburtstag im Suhrkamp Verlag eine textidentische Dreifachausgabe seiner Gesammelten Werke, eine achtbändige Dünndruckausgabe in Leinen und Leder und eine zwanzigbändige Werkausgabe. Für unsere Ankündigung sollte eine historische Parallele herhalten. In meiner Bibliothek verlagsgeschichtlicher Werke befand sich eine Verlegerbiographie: *Das Leben Georg Joachim Göschens von seinem Enkel Viscount Goschen.* Hierin war zu lesen, daß Göschen, der sich in seinem Verlagsprogramm schon mit Goethe und Schiller schmücken konnte, für Wieland ein zehn Jahre in Anspruch nehmendes »Großes Unternehmen« realisierte, nämlich eine gleichzeitige Veröffentlichung von vier separaten Ausgaben sämtlicher Werke Wielands in je 30 Bänden! Das Unternehmen brachte den Verleger an den Rand des Ruins, aber er leistete schließlich »diese größte Buchhändler-Enterprise in Deutschland«.

Wahrscheinlich war die Öffentlichkeit damals überrascht, daß wir diese Parallele für unsere Brecht-Ausgabe bemühten. Mich aber beschäftigte in diesem Zusammenhang noch ein Weiteres: Göschen, mit Goethe und Schiller und mit seinem Großeinsatz für Wieland, war auf dem Höhepunkt seiner Laufbahn – nur kurze Zeit später verließen Schiller und nach ihm Goethe seinen Verlag. Beim weiteren Studium der Biographie des Enkels stieß ich darauf, daß es eben dieser Großeinsatz für Wieland war, der den beiden Dioskuren bewies, wem die Vorliebe des Verlegers galt. Für einen Verleger eine gefährliche Bekundung! Ich ging diesem Phänomen nach, studierte die einschlägigen Arbeiten von Göpfert, Kemp,

Loram, Vaternahm, Witkowski, Wittmann. Doch erst 1979, als Dorothea Kuhns Ausgabe des Briefwechsels Goethe und Cotta erschien, reifte der Plan, analog den Abhandlungen in meinem Buch *Der Autor und sein Verleger* über Goethe und seine Verleger zu arbeiten. Es sollte zunächst ebenfalls nur eine Abhandlung werden, die sich dann zum Festvortrag anläßlich meiner Ehrenpromotion an der Frankfurter Johann-Wolfgang-Goethe-Universität verdichtete. Erst allmählich weiteten sich die Studien zum Buche aus; ein Anstoß war die Rezension der Kuhnschen Ausgabe durch Marcel Reich-Ranicki, der vermeinte, »die liebevoll gehegte Legende des deutschen Buchhandels«, die Vorstellung ebenbürtiger Partnerschaft zwischen Autor und Verleger, sei hier zerstört.

Zwölf Jahre also konnte ich meine knapp bemessene sogenannte freie Zeit dieser Arbeit widmen, dies meist während meiner Aufenthalte in der Fastenklinik Buchinger in Überlingen; die Euphorie des Fastens möge dem spielerischen Ernst des Buches nicht geschadet haben.

Zugegeben: Hätte ich die Schwierigkeiten vorausgesehen oder auch nur erahnt, wäre ein solch kühnes Unternehmen erst gar nicht begonnen worden. Jeder, der *über* Goethe arbeitet, muß erst *mit* ihm ringen. Er wird zwei Erfahrungen machen. Die erste: Man stößt auf ein Detail und will es klären, und dann eröffnet sich eine Dimension, die es zu erforschen gilt. Lies Goethe, seine Dichtungen, Schriften und Briefe und nicht die Sekundärliteratur, die einschüchtert und oft den Blick auf den Gegenstand verstellt, riet ich mir selbst. Aber es wäre vermessen gewesen, nicht zur Kenntnis zu nehmen, was Goethe-Experten oft in lebenslanger Arbeit erforscht und einsichtig gemacht haben; ich habe diese Arbeiten dankbar erwähnt und mich nach dem berühmten Beispiel als Zwerg auf den Schultern von Riesen gefühlt. Die zweite Erfahrung: Niemand kann Vorgänge und Fakten, Stadien und Ergebnisse von Goethes Denk- und Schreibprozessen so gut formulieren wie dieser selbst; es ist sinnlos, ihn zu paraphrasieren, ihn mit Halbsätzen zu deuten, mit eigenen Begriffen seine Gedankengänge zusammenzufassen. In der Einleitung seiner *Farbenlehre* kann man seine »besondere Betrachtung« lesen: »Es ist äußerst schwer, fremde Meinungen zu referieren, besonders, wenn sie sich nachbarlich annähern, kreuzen und decken. Ist der Referent umständlich, so erregt er Ungeduld und lange Weile; will er sich zusammenfassen, so kommt er in Gefahr, seine Ansicht für die fremde zu geben; vermeidet er zu urteilen, so weiß der Leser nicht, woran er ist; richtet er nach gewissen Maximen, so werden seine Darstellungen einseitig und erheben Widerspruch, und die Geschichte macht selbst wieder Geschichten. Ferner sind die Gesinnungen und Meinungen eines bedeutenden Verfassers nicht so leicht auszusprechen. Alle Lehren, denen man Originalität zuschreiben kann, sind nicht so leicht gefaßt, nicht so geschwind epitomiert und systematisiert.« Man tut also gut, Goethe beim Wort zu nehmen und ihn so zu zitieren, wie er selbst es geschrieben hat, auch auf die Gefahr überbordender Zitate hin.

Ich habe nie daran gedacht, eine streng wissenschaftliche Arbeit zu schreiben, gleichwohl soll sie soliden Maßstäben standhalten. Mir kam es durchaus auf eine subjektive Perspektive an: Ein heutiger Verleger, mit der heutigen Problematik der Autoren-Verleger-Beziehung vertraut, und also mit Erfahrungen, die er in seiner Arbeit zu verwirklichen sucht, wirft von heute aus sein Augenmerk auf Goethes besonderen Umgang mit den Verlegern seiner Zeit. Gewiß, jede Goethe-Forschung muß von der sicheren, exegetischen Lektüre der Texte ausgehen. Wer über Goethe arbeitet, wird Fragen an Werk und Leben, an dessen innere und äußere Welt stellen, und diese Fragen sind notwendig an den gebunden, der sie aus seiner Sicht heraus stellt und deutet. Die Beziehung eines Autors zum Verleger wie die des Verlegers zum Autor ist vielschichtig und kompliziert und selten nur auf das Manuskript beschränkt. Untersuchungen solcher Verhältnisse zielen organisch auch auf das Dasein des Schriftstellers, auf seine Welt, seine Mitwelt, auf die Zeit, in der er lebt und die sein Werk widerspiegelt. So bittet auch diese Untersuchung um Nachsicht für manche scheinbaren Abschweifungen und gelegentliche unvermeidbare Wiederholungen.

Für meine Arbeiten benutzte ich neben Einzelausgaben des Insel Verlages vor allem die Artemis-Ausgabe, später zog ich die Hamburger und die Berliner Ausgabe sowie die Ausgabe *Der junge Goethe* heran; leider waren die neuen Münchner und Frankfurter Ausgaben der Werke Goethes nicht weit genug fortgeschritten, immerhin konnte ich aus den Kommentaren vorliegender Bände manches erfahren. Der Versuch der Vereinheitlichung des Goetheschen Textgewebes erfolgte nach der Weimarer Ausgabe. Briefe, Tagebücher, Eckermanns Aufzeichnungen sind nur mit dem Datum nachgewiesen. Werkzitate und Zitate Dritter sind im Anhang des Bandes mit Seiten- und Zeilenangaben registriert. Im laufenden Text ist mit Ziffern nur dann auf Anmerkungen im Anhang hingewiesen, wenn diese selbständigen Charakter haben; ich wünschte mir, sie seien wie Flaschen guten Weins im Keller.

Ich danke den Lektoren Hans-Joachim Simm, Raimund Fellinger und Wolfgang Schneider für ihr gründliches Lektorat, Christoph Michel für die Durchsicht des Goethe-Materials, Ingrid Westerhoff-Sebald und Regine Röder für die unermüdliche Schreib- und Redaktionsarbeit am Manuskript. Dank gebührt auch dem Freien Deutschen Hochstift in Frankfurt am Main, namentlich seiner Bibliothekarin Doris Hopp, sowie Hans Georg Dewitz für ihre Unterstützung bei der Beschaffung und Überprüfung der Quellen.

Ich danke der Herstellung unserer Verlage, Rolf Staudt und insbesondere Gerhard Voltz, und der Druckerei in Memmingen, Theo Schuster, sowie der Buchbinderei Lachenmaier in Reutlingen, Walter Zendler für die großen Bemühungen um die Gestalt des Buches. Ich danke für die Geduld meiner Umgebung.

EINFÜHRUNG:
ZUM SCHRIFTSTELLER GEBOREN

Für den einundzwanzigjährigen Thomas Mann war es ein »Traum«, ein Buch bei S. Fischer zu haben.

Rainer Maria Rilke schrieb am 10. November 1906 an den Verleger der Insel, Anton Kippenberg, von dem »aufrichtige[n] Bedürfnis meine kommenden Bücher endlich einheitlich unterzubringen«.

Franz Kafka sprach in seinem Brief vom 14. August 1912 an Ernst Rowohlt von seiner »Gier, unter Ihren schönen Büchern auch eins zu haben«.[1]

Hermann Hesse und Bertolt Brecht bekundeten ihren Wunsch, Peter Suhrkamp ausschließlich solle ihre Bücher verlegen, Brecht mit dem Satz: »Natürlich möchte ich unter allen Umständen in dem Verlag sein, den Sie leiten.«

Von Goethe sind solche definitiven Bekundungen nicht überliefert. Lobte er einmal seinen Verleger, folgte der Tadel auf dem Fuße.

Goethe stand ein Leben lang Verlegern skeptisch und der »Düsternheit der deutschen Buchhandeley« kritisch gegenüber. Warum war Goethes Verhältnis zu Verlegern so problematisch? Horaz schon ordnete den Schriftsteller dem »genus irritabile vatum« zu, und die Zuordnung gilt bis zum heutigen Tage. Doch vielleicht sind auch Verleger problematische Naturen. Sie versuchen, Unmögliches möglich zu machen, jene – wie Brecht es mit einem Oxymoron formulierte – »geheiligte ... Ware« Buch[2] zu schaffen und zu verkaufen. Sie versuchen, Geist und Geld, Seele und Ware zu verbinden, also etwas, das sich nach landläufiger Meinung gegenseitig prinzipiell ausschließt; sie leisten eben, so Adorno, »Paradoxes«: »Unverkäufliches verkaufen, dem den Erfolg finden, das ihn nicht sucht, das Fremde ins Nahe wenden.«

Können, müssen solche Personen nicht einer déformation professionnelle anheimfallen? Hebbel war es, der sagte, es sei leichter, mit Jesus über die Wogen zu wandeln als mit einem Verleger durchs Leben.

Bereits Christoph Martin Wieland und manche andere haben den Doppelcharakter des Buches, Geist und Ware zugleich zu sein, erkannt und auf den sich daraus ergebenden Konflikt zwischen Autor und Verleger hingewiesen.[3]

Liegt es also in der Natur der Sache, wenn Goethe seinem Verleger Cotta »Vertrauen« bekundete und dann doch, im 31. Jahr der Beziehung, Verlegern eine »eigene Hölle« wünschte? Diese Verleger! Ihnen gegenüber blieb Goethe stets kritisch, skeptisch, oft ungerecht und immer mißtrauisch. Wenn Schiller, am 17. März 1802, an Goethe schrieb, es sei eine »wahre Bestialität«, daß diese Herren »noch verlangen können, daß wir ihre Werke selbst fördern sollen«, so antwortete ihm Goethe mit Wut auf »alle das Packzeug«, dem er »immer größern Haß widme und gelobe«. Wir werden darauf zurückkommen.

Goethe, was immer er tat, war Schriftsteller. Er war zum Schriftsteller geboren, und er starb schreibend. So deutete Thomas Mann die letzten Bewegungen Goethes, seine Hand, die Zeichen in die Luft schrieb, als Ausdruck eines Zustandes »in letzten verschwimmenden Träumen« seines Bewußtseins. Dieses Bewußtsein, Schriftsteller zu sein, hatte Goethe von allem Anfang an. »Eigentlich bin ich zum Schriftsteller geboren. Es gewährt mir eine reinere Freude als jemals, wenn ich etwas nach meinen Gedanken gut geschrieben habe.« Freilich, zur »reineren Freude« traten bald auch Resignation, Zweifel, Verzweiflung und in jedem Lebensmoment das Gefühl des Verfallenseins an dieses Schreiben-Müssen. Nicht nur der Goethe des Jahres 1820 wußte, in einem Brief vom 22. Dezember an Johann Jakob von Willemer, »daß schriftstellen eine unheilbare Krankheit ist, deswegen man wohltut, sich auch darein zu ergeben«. Und dies gilt im besonderen für den deutschen Schriftsteller: »Ein deutscher Schriftsteller, ein deutscher Märtyrer!«[4]

Goethe ist der Schriftsteller katexochen. Er konnte sein Leben nicht anders als schreibend bestehen. War er auch das, was man einen erfolgreichen Schriftsteller nennt? Konnte er sein Leben durch die Früchte seines Schreibens bestreiten?

Am Beginn seines Weges standen zwei große Erfolge, *Götz* und *Werther*. Im *Götz* habe er »das Symbol einer bedeutenden Weltepoche nach meiner Art abgespiegelt«, und über den Erfolg dieser Abspiegelung berichtet er in *Dichtung und Wahrheit*: »Es entsteht ein eigenes allgemeines Behagen, wenn man einer Nation ihre Geschichte auf eine geistreiche Weise wieder zur Erinnerung bringt; sie erfreut sich der Tugenden ihrer Vorfahren belächelt die Mängel derselben welche sie längst überwunden zu haben glaubt. Teilnahme und Beifall kann daher einer solchen Darstellung nicht fehlen, und ich hatte mich in diesem Sinne einer vielfachen Wirkung zu erfreuen.« Bescheidener als mit »allgemeinem Behagen« kann man die Wirkung des Stücks kaum bezeichnen. Die Wirkung der *Leiden des jungen Werthers* glich dann schon eher einem Sturm. Jener epidemische Sterbensrausch, den das Jugendwerk auslöste, blieb nicht ohne Folgen für den Autor selbst, für seine ›Unabhängigkeit‹. In seinem Lebensbericht hält er fest: »Die Wirkung dieses Büchleins war groß, ja ungeheuer, und vorzüglich deshalb, weil es genau in die rechte Zeit traf. Denn wie es nur eines geringen Zündkrauts bedarf, um eine gewaltige Mine zu entschleudern, so war auch die Explosion welche sich hierauf im Publikum ereignete, deshalb so mächtig, weil die junge Welt sich schon selbst untergraben hatte, und die Erschütterung deswegen so groß, weil ein Jeder mit seinen übertriebenen Forderungen, unbefriedigten Leidenschaften und eingebildeten Leiden zum Ausbruch kam.« Nach den beiden Anfangserfolgen entstand eine Pause in der literarischen Wirkung, es waren die zehn Jahre nach dem Eintritt in den Weimarer Hofdienst, die Jahre, die er »ernsten Dingen« opferte. Und lange dauerte es, bis er den »Schlußertrag« seines Lebens und Werkes geben und erhalten konnte: seine *Werke*, in der »Vollständigen Ausgabe letzter Hand«, die sein Verleger Cotta als »Nationaldenkmal« bezeichnen wird.

Goethe war zeit seines Lebens kein vermögender, aber auch kein armer Mann. Wie sah der finanzielle Hintergrund von Goethes Leben aus? Seine relative Selbständigkeit in finanzieller Hinsicht rührte vom Familienvermögen her, genauer von jenem Vermögen, das Goethes Großvater Friedrich Georg Goethe, seit 1687 in Frankfurt ansässig, durch kaufmännische Tüchtigkeit, gewinnbringende Spekulationen und eine reiche Heirat angesammelt hatte; als er 1730 starb, hinterließ er 17 Sack Geld, im Wert von 19000 Gulden (dazu Sachwerte in Höhe von über 70000 Gulden). Sein Sohn Johann Caspar, Goethes Vater, ein studierter Mann, war ehrenhalber Kaiserlicher Rat in Frankfurt, aber er hatte zeitlebens keinen Beruf, der ihm Geld einbrachte. Immerhin verwaltete er das Vermögen so gut, daß er und seine Familie mit den 2700 Gulden Renten und Zinsen nicht nur angemessen leben konnten (der damalige Stadtschultheiß verdiente 1800 Gulden jährlich), sondern daß sich auch die Vermögenssubstanz nur um 20000 Gulden auf 70000 Gulden verringerte, ein Vermögen, das es ihm und nach seinem Tode seiner Frau möglich machte, Sohn Johann Wolfgang reichlich zu unterstützen. Not stand also nicht an Goethes Wiege, und er litt sie sein Leben lang nicht. Ich weiß keinen bedeutenden literarischen Autor, der materiell so gut fundiert seine Laufbahn beginnen konnte. Kafka, Brecht, Hesse, Thomas Mann, sie alle mußten aus Eigenem anfangen. In Wetzlar galt Goethe, so Johann Christian Kestner, der Bräutigam und spätere Ehemann der Charlotte Buff, als Sohn eines »reichen« Mannes, und der Hannoveraner Arzt Johann Georg Zimmermann berichtete von Goethe als dem einzigen Sohn »eines sehr reichen Mannes, der den Titel von einem kaiserlichen Rate hat und in Frankfurt von seinen Renten lebt. Sein Vater hat verlangt, daß er einen Beruf ergreife; deshalb ist er Doktor der Rechte geworden und macht zuweilen willig oder widerwillig den Advokaten, wobei er sich vorzüglich gut bewährt.«

Mit 26 Jahren, im November 1775, kam Goethe nach Weimar, eingeladen von Herzog Carl August, der in ihm einen Freund und Ratgeber, einen Hofbeamten wie einen Hofdichter erwartete. Der Anfang war schwer, wie wir Goethes Brief an Freund Merck vom 22. Januar 1776 entnehmen können: »Ich bin nun ganz in alle Hof- und politische Händel verwikkelt und werde fast nicht wieder weg können. Meine Lage ist vortheilhaft genug, und die Herzogthümer Weimar und Eisenach immer ein Schauplatz, um zu versuchen, wie einem die Weltrolle zu Gesichte stünde. Ich übereile mich drum nicht, und Freiheit und Gnüge werden die Hauptconditionen der neuen Einrichtung seyn, ob ich gleich mehr als jemals am Platz bin, das durchaus Scheisige dieser zeitlichen Herrlichkeit zu erkennen.« So vorteilhaft war seine Lage nun doch auch nicht. Zunächst mußte er von den 400 Gulden leben, die ihm Vater Johann Caspar zur Verfügung stellte, diesmal murrend, weil ihm als Patrizier einer Freien Reichsstadt Fürstenfreundschaft und Hofschranzentum zuwider waren; wenn dies aber so sein mußte, dann sollte gefälligst der Herzog ganz für ihn aufkommen. Als erste Gabe stellte der Herzog Goethe im April 1776, also ein halbes Jahr nach seinem Einzug in Weimar, das kleine Gartenhaus an der Ilm zur Verfügung. Im selben Monat erwarb er das Bürgerrecht in Weimar. Im Juni trat er als Geheimer Legationsrat im Conseil in den Staatsdienst; der Herzog zahlte ihm nachträglich für Januar bis Juni 600 Taler aus seiner Privatschatulle. Sein Jahresgehalt als Staatsdiener betrug bis 1780: 1200 Taler, bis 1784: 1400, bis 1799: 1600 und bis 1814: 1800 Taler. Da der Sächsische Taler zu dieser Zeit rund zwei Frankfurter Gulden ausmachte, stieg sein Einkommen erst allmählich zur Höhe der Zinseinnahmen seines Vaters. Ab 1815 erhielt er als ältester Weimarer Staatsminister 3000 Taler jährlich, eine Summe, die nach bisherigen Erkenntnissen bis zu seinem Tod nicht erhöht wurde.[5]

Auskunft über Goethes Finanzen gibt die Buchführung des Philipp Friedrich Seidel, ursprünglich Diener des Vaters Johann Caspar Goethe. Seidel hatte den Sohn 1775 nach Weimar begleitet und bis 1788 als dessen Diener und Sekretär gearbeitet. Von ihm wissen wir, daß damals in Weimar wenig verdient wurde. Charlottes Ehemann, der Stallmeister von Stein, bezog 1600 Taler, die Kammerherren 1000 Taler, die Hofdamen 300 Taler. Herder erhielt als Superintendent 1100 Taler, die von Goethe verpflichtete Schauspielerin Corona Schröter 400 Taler.[6] So war Goethes Gehalt einerseits durchaus ansehnlich, aber für seine »etwas breite Existenz« doch nicht ausreichend. Seidel notiert, daß Goethe 1776, als er eben 1200 Taler verdiente, 1411 Taler ausgegeben hatte und daß seinem Einkommen von 1400 Talern in den Jahren 1780 und 1782 Ausgaben in Höhe von 2249 und 2605 Talern gegenüberstanden. Immer wieder mußte Seidel ihn zu soliderer Wirtschaftsführung mahnen. Einmal, 1781, wandte er sich energisch an seinen Herrn, er möge sparen, weniger Wein einkaufen, weniger Bücher anschaffen, und vor allem, er möge an der Post sparen und lieber die »fahrende Post« und nicht immer den teureren reitenden Boten wählen; doch die Mahnung fruchtete wenig. Jahr für Jahr mußte Frankfurt aushelfen, und, zu Goethes Glück, es half auch.

Goethes finanzielle Mittel waren also meist begrenzt, doch war er zeit seines Lebens in Geldangelegenheiten großzügig, obgleich nie verschwenderisch. Martin Walser erklärt die wahrlich geringen Zahlungen Goethes an Eckermann mit dessen großbürgerlicher Haltung; es wurde weniger »bezahlt«, vielmehr »versorgt«.

1795 gab Goethe bei einer Schätzung zur Kriegssteuer an, kein Vermögen zu besitzen, 1807 betrug sein Vermögen nach seinen eigenen Angaben 4600 Taler – dies nach 32 Jahren Staatsdienst in Weimar.[7] Als seine Mutter 1808 starb, brachte ihm das geschrumpfte Vermögen immerhin noch 22000 Gulden oder 12750 Taler als Erbe ein. Damit war der Neunundfünfzigjährige zwar kein reicher Mann, aber er konnte sich seine besondere Art der Lebenshaltung leisten, und kein Diener brauchte ihm mehr Weinverbrauch oder teures Porto vorzurechnen.

Goethe war also alles in allem materiell gut situiert. Von Anfang an konnte er sich gelassen in Verhandlungen mit seinen Verlegern begeben, konnte Wünsche äußern oder Forderungen stellen, die seinem Ansehen gemäß waren. Und doch: Warum waren und blieben seine Beziehungen zu Verlegern so problematisch, so intrikat, so verwickelt und verwirrend? Dieser Frage werde ich mich von der Seite des Autors Goethe wie von der Seite seiner Verleger zu nähern versuchen. Schiller kannte Goethes Einstellung: »Liberalität gegen seine Verleger ist seine Sache nicht.« Oder denken wir an Goethes böses Xenion vom Juli 1796, das dem Leipziger Büchermarkt galt und auf ein Bonmot Kaiser Josephs II. antwortete:

Einem Handel mit Käse verglich er eure Geschäfte?
Wahrlich der Kaiser – man siehts – war auf dem
                            Leipziger Markt.

Kannte Max Frisch dieses Xenion? Als ich ihn einmal während der Frankfurter Buchmesse zu einem Abendessen mit seinen ausländischen Verlegern, mit Claude Gallimard, Giulio Einaudi, Helen Wolff und Inge Feltrinelli, einlud, parodierte Max Frisch die Verleger: »Der Unterschied zwischen einem Pferd und einem Autor besteht darin, daß das Pferd die Sprache der Pferdehändler nicht versteht.«[8]

Es gibt aber auch genügend freundliche und objektive Bezeugungen Goethes gegenüber der Aufgabe der Verleger, gegenüber Buchhändlern und Verlegern wie Breitkopf, Reich,

Frommann, Hoffmann. Seine Hauptverleger Unger, Göschen und Cotta werden oft rühmend erwähnt. Im zwölften Buch von *Dichtung und Wahrheit* schreibt er von einem »Gleichgewicht« zwischen Autor und Verleger: »Beide erschienen, wie man es nehmen wollte, als Patrone und als Klienten. Jene, die neben ihrem Talent, gewöhnlich als höchst sittliche Menschen vom Publikum betrachtet und verehrt wurden, hatten einen geistigen Rang und fühlten sich durch das Glück der Arbeit belohnt; diese begnügten sich gern mit der zweiten Stelle und genossen eines ansehnlichen Vorteils.« Ob das freilich ein letztes Wort über die Beziehung zwischen Autor und Verleger ist? Will der Autor wirklich nur »durch das Glück der Arbeit belohnt« sein? Und ist der Verleger zufrieden, »ansehnlichen Vorteils« zu genießen? Schiller wird instruiert (am 28. 4. 1798): »was dem Buchhändler nutzt, nutzt auch in jedem Sinne den [sic!] Autor, wer gut bezahlt wird, wird viel gelesen und das sind zwey löbliche Aussichten.« Doch sollte sich darin die Beziehung des Autors zum Verleger erschöpfen? Goethes Genie, das letztlich das »Kunstwahre« ausdrücken wollte, bestand unter anderem auch darin, daß er in jeder Lebensphase den richtigen Menschen fand, der sein »Leben als Kunstwerk« ermöglichte: den Lehrer, die Geliebte, den Förderer, den Mitarbeiter, den Vermittler – und dann auch den Verleger. Doch bis dahin war es ein langer Weg, und es blieben Grundzweifel. Woher rühren sie, was ist der Hintergrund dieser Empfindlichkeit, dieser kritischen Einstellung? Um diese Frage zu beantworten, müssen wir uns in die Einzelheiten von Goethes Beziehungen zu Verlegern begeben. Freilich wollen wir uns nicht in alle Einzelheiten verlieren, denn strenggenommen bedeutete dies, die Verlagsgeschichte von rund 70 Einzelwerken und 18 Gesamtausgaben (unter Einschluß von 13 ›originären‹ Nachdrucken) zu untersuchen und darzustellen. Wie waren die Beziehungen Goethes zu den Verlegern seiner Zeit, was führte ihn zu einzelnen Verlagshäusern, was entstand im Verlauf der jeweiligen Beziehung, und warum wechselte Goethe so häufig seine Verleger, bis er schließlich in Cotta *seinen* Verleger fand? Wer waren diese Verleger, und wie verstanden sie unter den Bedingungen der damaligen Zeit ihre Aufgaben? Spiegelt sich in der Kommunikation mit Verlegern auch der Entstehungsprozeß der Werke Goethes und ihre Wirkung? Auf diese Fragen werden – von den ersten anonymen Publikationen bis hin zur »Ausgabe letzter Hand« – Antworten gesucht – dies von einem Verleger, der selbst in seine Beziehungen zu Autoren eingebunden ist.

I. ERSTE VERÖFFENTLICHUNGEN

1. »Ich liebe gar den Lärm nicht«. Erste anonyme Veröffentlichungen

In *Dichtung und Wahrheit* berichtet Goethe, wie sein Jugendfreund Ernst Wolfgang Behrisch, damals Hofmeister des Grafen von Lindenau in Leipzig, einer »der wunderlichsten Käuze, die es auf der Welt geben kann«, seine poetischen Produktionen zwar mit »Nachsicht« aufnahm, ihn aber vor der Öffentlichkeit warnte; »er ließ mich gewähren«, schreibt Goethe, »nur unter der Bedingung, daß ich nichts sollte drucken lassen.«[1] Als Vierundzwanzigjähriger formuliert er in einem Brief (an Friedrich Heinrich Jacobi, 21. 8. 1774) den Satz, der ebenso schöpferisches Credo wie auch eine sehr frühe Äußerung einer professionell-schriftstellerischen Skepsis gegenüber der Öffentlichkeit bedeutet: »was doch alles schreibens anfang und Ende ist die Reproduktion der Welt um mich, durch die innre Welt die alles packt, verbindet, neuschafft, knetet und in eigner Form, Manier, wieder hinstellt, das bleibt ewig Geheimniss Gott sey Danck, das ich auch nicht offenbaaren will den Gaffern u. Schwäzzern. ... Aber wer auch fürs Publikum Kinder machte! ... Aber ich bitte dich lass mir die Menschen, die sind vor mir gestempelt, und die wird Merkurius und Iris nicht wiedergebähren so wenig als der Bär auf den Schrifften Gottschedischen aevi.«

Ich will in unserem Zusammenhang diese höchst bedeutsame Äußerung zum Thema des schöpferischen Geheimnisses nicht weiter auslegen. Goethes Erklärung, die äußere Welt durch die innere in eigener Manier zu reproduzieren, bekundet schon in frühen Jahren die um Wirkung unbekümmerte Haltung eines Schriftstellers, der seine eigene Welt gegen orthodoxe Haltungen, fixierte Meinungen, Mode und Richtung entwirft. Bereits der junge Goethe distanzierte sich von »Gaffern u. Schwäzzern«, der ältere vom »Menschenpack« und immer wieder von seinen »lieben Deutschen«, bei denen »das Gemeine weit mehr überhand zu nehmen Gelegenheit findet als bei andern Nationen«; der größte Deutsche hat sich über seine Landsleute immer wieder »polarisch«, kritisch und widerspruchsvoll geäußert. Freilich, wenn es sich um genuine Leser handelte, war alles anders. Schon früh, im Jahre 1773, konnte er dann »Freund Publikum« rühmen:

Der Autor
Was wär ich
Ohne Dich
Freund Publikum!
All mein Empfinden Selbstgespräch,
All meine Freude stumm.[2]

Doch gegenüber der anonymen Öffentlichkeit schuf sich Goethe von allem Anfang an eine Distanz. Am 11. Mai 1767 schrieb er aus Leipzig an seine Schwester Cornelia im Zusammenhang seines Dramenplanes über Pharaos Nachfolger: »Ich würde dir ihn schicken, wenn er so leserlich geschrieben wäre daß du ihn dechiffriren oder Horn ihn abschreiben könnte. Ich schicke dir dafür etliche andre Produktionen, die ich aber nicht gerne wollte publick werden lassen, du kannst sie guten Freunden zeigen nur niemanden, eine Abschrift davon gegeben.« Man kann die Furcht vor einer Abschrift in jener Zeit nur aus Goethes Scheu vor Publizität verstehen. Kurze Zeit später, am 12. Oktober 1767, klagte er Cornelia gegenüber, daß Freunde unberechtigte Abschriften in einer »vermaledeyten ... Wochenschrifft, und noch dazu mit dem J. W. G.« veröffentlicht hätten. »Ich hätte mögen toll darüber werden«; und er fährt fort: »Ich schickte euch gern die Annette wenn ich nicht befürchten müßte daß ihr mir sie abschriebt. Denn auch sogar das Büchelgen das ich sosehr ausgeputzt und verbessert habe, wollte ich niemanden communicirt haben. Biß hierher hat es zwölf Leser und zwo Leserinnen gehabt, und nun ist mein Publicum aus. Ich liebe gar den Lärm nicht.«

2. »Die Mitschuldigen«. Goethes erstes Verlagsangebot, vom Verleger abgelehnt

Den folgenden Vorgang verzeichnet von allen Goethe-Forschern nur Ian C. Loram: Am Montag, dem 30. September 1765, brach Goethe nach Leipzig auf; er reiste »mit Vergnügen« aus Frankfurt ab und ließ »die werte Stadt, die mich geboren und erzogen, gleichgültig hinter mir ..., als wenn ich sie nie wieder betreten wollte«. Im Wagen saß der Frankfurter Buchhändler Johann Georg Fleischer, bei dem Vater Johann Caspar Kunde war und dessen Laden in der Frankfurter Buchgasse Goethe kannte. Obschon Goethe in den drei Leipziger Jahren mehr das Leben als das Recht studierte – zwölf Liebschaften neben Käthchen Schönkopf erwähnen die Biographen, der ›Sturm und Drang‹ wurde gelebt, bevor er Literaturepoche wurde –, gelang es ihm, *Die Mitschuldigen* niederzuschreiben. Eine endgültige Fassung stellte er in Frankfurt her. Diese bot er 1769 Fleischer an, der sie jedoch kurzerhand ablehnte. Zweifellos, die Ablehnung war für Goethe ein Schock: »meine *Mitschuldigen* auf die ich etwas hielt, hätte ich, als meine Scheu vor der Presse nach und nach verschwand, gern gedruckt gesehn; allein ich fand keinen geneigten Verleger«, notiert er in *Dichtung und Wahrheit*. Die Ablehnung durch Fleischer vergaß Goethe nie. Noch später, als sein *Versuch die Metamorphose der Pflanzen zu erklären* von Göschen abgelehnt wurde, erinnert er sich dieses Vorgangs.

Beide Fassungen erschienen erst posthum. Lediglich die 1780-83 erstellte ›dezentere‹ dritte Fassung wurde 1787 in den zweiten Band der *Schriften* bei Göschen (1787-90) aufgenommen. Auch das kurz zuvor entstandene Schäferspiel *Die Laune des Verliebten* erschien erst 1806, in der ersten Cotta-Ausgabe.

Im Winter 1766/67 ließ Goethe »Einblattdrucke für Theaterliebhaber« herstellen; sie enthielten, anonym, seine Gedichte an die Schauspielerinnen Corona Schröter und Caroline Schulze. Kein einziges Exemplar dieser Drucke ist überliefert.

Goethe war zu dieser Zeit äußerst produktiv. Wenn alle Manuskripte erhalten geblieben wären, hätten sie mehrere Bände mit Briefen, Dramen und Gedichten gefüllt. Aber Goethe vernichtete fast alles. Hunderte von Gedichten seien verlorengegangen, erzählte er später Eckermann. Als der Literaturprofessor Christian August Clodius, ein Gottsched-Epigone, einmal von Goethe selbst vorgetragene Gedichte kritisierte, schrieb dieser ein halbes Jahr lang kein Gedicht mehr – so leicht ließ sich der junge Dichter beeinflussen.

Behrisch, der Vertraute, kannte Goethes vielfältige Beziehungen zu den »Mädgen«, insbesondere zu Anna Katharina Schönkopf, dem Wirtstöchterchen, das Goethe im April 1766 kennengelernt hatte und das er nun heftig bedichtete und besang, freilich nicht als Anna Katharina Schönkopf, sondern als »Annette«. Die Gedichte und Lieder an Annette[3] wurden von Goethe gesammelt, auch geordnet, doch Behrisch riet von der Veröffentlichung ab; aber da es nun »seine [Behrischs] größte Lust war, sich ernsthaft mit possenhaften Dingen zu beschäftigen und irgendeinen albernen Einfall bis ins Unendliche zu verfolgen« – wie in *Dichtung und Wahrheit* berichtet –, stimmte Goethe zu, daß Behrisch die Gedichte abschreiben und sie zu einem Bande vereinigen sollte; das geschah, recht allmählich, und »dieses Unternehmen gab nun Gelegenheit zu dem größtmöglichen Zeitvertreib«.[4] – An

Goethe: *An den Schlaf*. Aus Ernst Wolfgang Behrischs kalligraphischer Abschrift des Liederbuchs »Annette«, Leipzig 1767.

seine Schwester hatte Goethe noch selbst eine kleine Vor-Gabe mit sechs Gedichten (im Mai 1767, ebenfalls von Behrisch abgeschrieben) gesandt. Vor der Drucklegung, am 13. Februar 1769, schrieb er an Friederike Oeser, der die Gedichte offenbar nicht gefallen hatten: »Es ist mein Unglück dass ich so leichtsinnig binn, und alles von der guten Seite ansehe. Dass Sie meine Lieder von der bösen angesehen haben; Ist das meine Schuld. Werfen Sie sie ins Feuer und sehen Sie die gedruckten gar nicht an; nur bleiben Sie mir gewogen. Unter uns, ich binn einer von den gedultigen Poeten, gefällt euch das Gedicht nicht, so machen wir ein anders.«

Hier bereits klingt entfernt Goethes ästhetische Grundanschauung an: »dasjenige was mich erfreute oder quälte, oder sonst beschäftigte, in ein Bild, ein Gedicht zu verwandeln und darüber mit mir selbst abzuschließen«, so hat er in *Dichtung und Wahrheit* seinen Impuls zur Lyrik gekennzeichnet. Stets fand er kleinere ebenso wie »bedeutende« Gelegenhei-

Bernhard Christoph Breitkopf (1695-1777).
Pastellgemälde (anonym, o. D.), vormals im Besitz des Geschäftshauses
Breitkopf und Härtel, Leipzig.

ten, das ›Allgemeine, Innere, Höhere‹, das »dem Dichter vorschwebte«, in ein Bild, in ein Symbol zu fassen. Goethes gesamtes lyrisches Œuvre steht in dem Spannungsverhältnis von »Gelegenheit« und »Bedeutung«, von schlichtem Gelegenheitspoem und kunstvollem Arrangement. »Alle meine Gedichte sind Gelegenheitsgedichte«, äußerte Goethe noch am 18. September 1823 gegenüber Eckermann, »sie sind durch die Wirklichkeit angeregt und haben darin Grund und Boden. Von Gedichten, aus der Luft gegriffen, halte ich nichts.« Nur drei dieser frühen, bis zum Jahr 1769 entstandenen Gedichte hat Goethe 1789 in den achten Band der Göschen-Ausgabe übernommen. So streng war der Vierzigjährige! Noch die »erste Weimarer Gedichtsammlung«, von 1778, für Charlotte von Stein, kursierte nur als Quartheft, mit 28 eigenhändig (ab)geschriebenen Gedichten. Ein eigener Gedichtband erschien außerhalb einer Gesamtausgabe erst 1812 – dieser auch nur als Titelauflage des Bandes 1 der ersten Cotta-Ausgabe; Goethe war 63 Jahre alt und zog mit dem Beginn von *Dichtung und Wahrheit* schon seine Lebensbilanz.

In Leipzig kam Goethe mit dem damals bereits bekannten Musikverleger Breitkopf zusammen, der ein gastfreies Haus führte und über eine für seine Zeit immense Privatbibliothek von 20000 Bänden verfügte. Bernhard Christoph Breitkopf war der Begründer der Verlegerdynastie. Als armer Buchdruckergeselle nach Leipzig gekommen, schuf er die Grundlagen für jenen Musikverlag, den dann sein Sohn Johann Gottlob Immanuel zu weltweiter Bedeutung entwickelte. Mit dessen ältestem Sohn Bernhard Theodor verband Goethe eine herzliche Freundschaft, jener kannte Goethes Gedichte, die zu dieser Zeit entstanden, vertonte sie, im Hause Breitkopf wurden die Lieder vorgetragen, manchmal von der »schönen Corona« (Schröter). Goethe erinnert sich in *Dichtung und Wahrheit*: »Eine sehr angenehme und für mich heilsame Verbindung, zu der ich gelangte, war die mit dem Breitkopfischen Hause ... Der Vater hatte den Notendruck erfunden oder vervollkommnet. Von einer schönen Bibliothek, die sich meistens auf den Ursprung der Buchdruckerei und ihr Wachstum bezog, erlaubte er mir den Gebrauch, wodurch ich mir in diesem Fache einige Kenntnis erwarb«. Bernhard Theodor Breitkopf – er lernte zwar auch den Buchdruck und studierte einige Zeit Jura zusammen mit Goethe, aber mehr noch liebte er die schönen Künste, vor allem Musik (diese Liebe schien jedoch sein Geschäft zu beeinträchtigen, er geriet in Schulden, entzog sich den Gläubigern durch Auswanderung nach Petersburg, wo er später zum Wirklichen Staatsrat avancierte und ein Adelsdiplom erhielt). Er drängte Goethe zur Veröffentlichung seiner Liedkompositionen. Wir müssen ihm dankbar sein, ohne sein Drängen wäre sicher manches Lied wie so viele der nicht vertonten Gedichte verlorengegangen. Goethe aber wurde als Verfasser nicht erwähnt – noch schien er Öffentlichkeit zu scheuen! Zur Michaelismesse 1769 lag vor: »*Neue Lieder in Melodien gesetzt von Bernhard Theodor Breitkopf. Leipzig, bey Bernhard Christoph Breitkopf und Sohn. 1770*« (das sogenannte Leipziger

Vortitel der *Neuen Lieder*, Leipzig 1770, mit Widmung Goethes (Horaz-Zitat) an Ernst Theodor Langer.

Liederbuch). 43 Seiten enthält der Band, auf dem Haupttitel die Vignette einer Rose mit Blüten und Blattwerk.[5] Kein Verfasser war also genannt, und doch, wie hing dieser an seiner ersten Publikation! Im Oktober 1769 schickte er das Buch mit einem Brief an den Jugendfreund Ernst Theodor Langer (der später anstelle von Behrisch die Hofmeisterstelle beim Grafen von Lindenau übernehmen sollte): »Hier sind denn meine Lieder. ... Die Geschichte meines Herzens in kleinen Gemählden! Wenn je Gedichte nicht unter Batteux Grundsaz[6] gegangen sind, so sind's diese, nicht ein Strich Nachahmung, alles Natur. Und drum werden sie mir und meinen Freunden ewige Denkmale, meiner Jugend seyn.« Alles Natur. Die Geschichte des Herzens. Wirkten die Annette-Gedichte noch künstlich und eng (Behrischs porzellanene Handschrift war eine gute Entsprechung), so waren diese »Lieder, ohne Kunst und Müh« (»singe, wer sie singen mag«), obwohl noch immer dem Formenschatz des literarischen Rokoko verpflichtet, doch in ihrem Ton freier, gefühlvoller. Die Forschung meinte zwei Themen zu erkennen: das Thema des Todes und das des

Naivitätsverlustes. Für mich drücken diese Lieder eher das Lob der »Unbeständigkeit« aus, sie leben in der Spannung von Freiheit und Bindung, von Genuß und Pflicht. Zärtlichkeit, nicht Pflicht soll binden. »Du junger Mann, du junge Frau, | Lebt nicht zu treu, nicht zu genau | In enger Ehe.« Man soll der »Jugend altes Spiel« treiben und nicht so schnell in »die Falle«, zum »Herd der Ehe«, gehen. »Das treue Füchslein ohne Schwanz« (Äsops Fabel: Der Fuchs, der in einer Falle den Schwanz verlor, will zur Bemäntelung seiner Schmach auch die anderen Füchse bereden, das lästige Ding abzuschneiden): »Das warnt euch für der Falle«. Hinwendung zur Natur steht gegen gesellschaftliche Konvention; aller Zwang ist Goethe verhaßt. – In dieser ersten veröffentlichten Arbeit,[7] die in sehr kleiner Auflage erschienen sein muß, ist bereits ein klarer Entwurf gegen die vorherrschende Poetik zu erkennen. Als nächstes Druckwerk folgte nicht Goethes Dissertation, sondern seine in lateinischer Sprache verfaßte Lizentiatsarbeit *Positiones juris*, gedruckt bei Johann Heinrich Heitz in Straßburg 1771.[8] Die Juristische Fakultät der Universität Straßburg hatte nämlich seine Dissertation *De Legislatoribus* »ex capite religionis et prudentiae«, aus Gründen eines Dissenses mit der christlichen Lehre, abgelehnt und die Drucklegung verboten. Man gestattete ihm, seine 56 Thesen öffentlich zu diskutieren, um damit das Lizentiat der Rechte zu erwerben. In Frankfurt, wohin er im August 1771 zurückkehrte, ließ er sich als Dr. jur. bezeichnen; offiziell durfte er diesen Titel erst führen, als ihm die Universität Jena 1825 die Ehrendoktorwürde aller Fakultäten verlieh. (Spätestens dann hatte Goethe die Ehren aller Ehrendoktoren wohl für alle Zeiten eingeholt.)

Drei weitere Schriften dieser Jahre erschienen ebenfalls anonym: im November 1772 *Von Deutscher Baukunst* (im Selbstverlag des Darmstädter Freundes Johann Heinrich Merck, gedruckt in der Eichenbergischen Buchhandlung, Frankfurt am Main, deren Besitzer der Hofrat Johann

Titelblatt des (vordatierten) Erstdrucks *Von Deutscher Baukunst* (1772).

Konrad Deinet war; in weiteren Drucken 1773) und zwei theologische Flugschriften im Verlag der Eichenbergischen Erben, Frankfurt. Die erste Schrift (vom Januar 1773), *Der Brief des Pastors zu *** an den neuen Pastor ****, enthielt den fingierten Vermerk: »Aus dem Französischen«. Die zweite Schrift (vom März 1773), *Zwo wichtige bisher unerörterte Biblische Fragen zum erstenmal gründlich beantwortet*, führte einen fiktiven schwäbischen Landgeistlichen als Verfasser an, und fiktiv war auch der Druckort »Lindau am Bodensee« (beide Schriften ebenfalls bei Deinet in Frankfurt; der *Brief des Pastors* in weiteren Einzeldrucken bis 1775).

Hat je ein bedeutender Autor so zögernd, so zurückhaltend, seine Identität verleugnend und auf frühen Ruhm verzichtend begonnen? Friedenthal spricht in seiner Biographie von Goethes Hang zum Mystifizieren und Sichvermummen, Ian C. Loram sieht »inconsistencies«, Widersprüche, und folgert doch eher vereinfachend: »He simply did not know his own mind.« Ich glaube dagegen, daß Goethe ganz bewußt agierte, indem er zunächst abwartete, wie sich seine Begabung, sein ›Beruf‹ entwickelte. Er war sich noch nicht im klaren, ob er Schreiben, Malen oder wirklich die Juristerei als Beruf wählen sollte. Er wußte noch nicht, was aus ihm werden würde, ein stürmisch Lebender, ein Jurist, ein Künstler, ein Poet. Er wollte frei sein. Er wollte spielerisch seine Lebensprobleme lösen. Eindeutig ist, daß er sich nicht binden wollte, weder an die Idee einer Karriere noch an Frauen, also weder an Käthchen Schönkopf noch an Friederike Brion. Andererseits spürte er wohl, daß nicht er seine Poesie, sondern sie ihn machte, bildete und formte. Damals muß er geglaubt haben, daß seine Arbeit eine namentliche Autorschaft noch nicht verdiene, deshalb die Flucht ins Verschweigen, ins Fingieren und in die Anonymität. Doch noch etwas anderes war für den jungen Goethe wesentlich. Er liebte sein Geschriebenes, liebte auch die Veröffentlichung, die den Text objektivierte und an Leser vermittelte, die ihm wichtig waren. Aber er war gegen das Buch als Ware. In *Dichtung und Wahrheit* lesen wir: »Meine frühere Lust, diese Dinge nur durch Vorlesungen mitzuteilen, erneuerte sich wieder, sie aber gegen Geld umzutauschen, schien mir abscheulich.« Daß er seine Haltung später revidiert hat, ändert nichts daran, daß sie in früheren Jahren für ihn bestimmend war.

Sie ist allerdings auch geprägt durch einige allgemeine – und bekannte – buchhandelsgeschichtliche Tatsachen: Erst in der zweiten Hälfte des 18. Jahrhunderts wandelte sich das Bewußtsein der Schriftsteller gegenüber dem ökonomischen Stellenwert ihrer Produkte, da sich zu dieser Zeit der Buchmarkt entscheidend veränderte. Der bis dahin übliche

Tauschhandel (Change-Handel: Buch gegen Buch) wurde vom sogenannten Netto- oder Barhandel (Buch gegen Geldwert) abgelöst.[9] Dies wird eine Rolle auch in Goethes Einstellung gegenüber seinen geistigen Erzeugnissen gespielt haben.

Auch die anonyme (und pseudonyme) Publikationsweise hat Tradition: Neben Zensurgründen – man konnte sich anonym freier äußern – war es vor allem der Wunsch, eine *un*professionelle Beschäftigung mit Literatur zu dokumentieren. Das Schreiben als ›Broterwerb‹ galt für einen Mann von Stande und von Welt noch als anstößig, ja, als rufschädigend; die meisten Autoren begriffen sich durchaus als Schriftsteller ihrer ›Muße- und Nebenstunden‹; so mag auch der Jurist Goethe seine Schriftstellerei zunächst eingeschätzt haben.

Überdies wurde das literarische Schreiben der Bürgerlichen von Adel und Obrigkeit keineswegs gern gesehen; dichterische Betätigung war nicht selten gerade einer Beamtenkarriere hinderlich. Nur die arrivierten Autoren, wie Gottsched, Gellert oder auch Kotzebue und Iffland, ließen ihren vollen Namen ins Buch setzen. »Zum Regelfall wurde die öffentliche Namensnennung auf den Titelblättern erst gegen Ende des 18. Jahrhunderts, als der durch das Beispiel der deutschen Klassiker ... geförderte Ruhm der deutschen Literatur sich auf internationaler Ebene durchgesetzt hatte.«

3. Das erste größere Werk, der »Götz«, erscheint anonym im Selbstverlag

1771 lernte Goethe in Straßburg die 40 Jahre zuvor in Nürnberg erschienene *Lebens-Beschreibung Herrn Gözens von Berlichingen, Zugenannt mit der Eisernen Hand* von Wilhelm Friedrich Pistorius kennen. Der Stoff sprach ihn unmittelbar an. Rückblickend notiert er in *Dichtung und Wahrheit*: »Betrachtet man genau, was der deutschen Poesie fehlte, so war es ein Gehalt, und zwar ein nationaler; an Talenten war niemals Mangel.« Für sein juristisches Studium hatte Goethe das 1698 erschienene Handbuch *Volumen rerum Germanicarum novum sive de pace imperii publica libri V* von Johann Philipp Datt gelesen. Wilhelm Friedrich Pistorius benutzte Datts Werk für seine Ausgabe der *Lebens-Beschreibung* von 1731, Goethes wichtigster Quelle. Herder hatte Goethe auf Justus Möser aufmerksam gemacht, der in den ›Osnabrückischen Intelligenzblättern‹ im April 1770 den Aufsatz *Von dem Faustrecht* veröffentlichte, der Goethe beeindruckte. Möser schildert die Epoche des Faustrechts als eine Zeit, in der »unsre Nation das größte Gefühl der Ehre, die mehrste körperliche Tugend und eine eigne Nationalgröße gezeiget« habe. Damit schloß sich für Goethe ein Motivkreis, das ›Nationelle‹, das Juristische, das ins Feld der nationalen Ehre führte, und eine neue Auffassung von Geschichte, die aus dem Wesen der unmittelbaren Zeit heraus verstanden werden sollte. Herder vermochte es, die in Goethe schon vorhandene Kenntnis von Shakespeares Dramen zu einer Leidenschaft zu entfachen. Goethe kehrte im August 1771 nach Frankfurt zurück. Im Hirschgraben wurde Shakespeares Namenstag, am 14. Oktober, »mit großem Pomp« gefeiert. Goethes aus diesem Anlaß gehaltene Rede *Zum Schäkespears Tag* enthielt das Programm für das nun entstehende *Götz*-Drama.

In *Dichtung und Wahrheit* berichtet Goethe über die Phasen der Entstehung. Da diese so typisch sind für seine dichterische Arbeitsweise überhaupt, seien sie hier ausführlich zitiert: Er hatte sich mit seiner Schwester Cornelia über den Plan »umständlich unterhalten ... und ich erneuerte diese Unterhaltung so oft, ohne nur irgend zum Werke zu schreiten, daß sie zuletzt ungeduldig und wohlwollend dringend bat, mich nur nicht immer mit Worten in die Luft zu ergehn, sondern endlich einmal das was mir so gegenwärtig wäre, auf das Papier festzubringen. Durch diesen Antrieb bestimmt, fing ich eines Morgens zu schreiben an, ohne daß ich einen Entwurf oder Plan vorher aufgesetzt hätte. Ich schrieb die

Goethe: Porträt seiner Schwester Cornelia
auf einem Druckbogen des
Götz von Berlichingen, 1773 (siehe CG VI B. 229).

ersten Szenen, und Abends wurden sie Cornelien vorgelesen. Sie schenkte ihnen vielen Beifall, jedoch nur bedingt, indem sie zweifelte, daß ich so fortfahren würde, ja sie äußerte sogar einen entschiedenen Unglauben an meine Beharrlichkeit. Dieses reizte mich nur um so mehr, ich fuhr den nächsten Tag fort, und so den dritten; die Hoffnung wuchs bei den täglichen Mitteilungen, auch mir ward alles von Schritt zu Schritt lebendiger, indem mir ohnehin der Stoff durchaus eigen geworden; und so hielt ich mich ununterbrochen ans Werk, das ich geradeswegs verfolgte, ohne weder rückwärts, noch rechts, noch links zu sehn, und in etwa sechs Wochen hatte ich das Vergnügen, das Manuskript geheftet zu erblicken.«

In diesen Wochen entwickelte Goethe eine wahre Leidenschaft. In einem Brief vom 28. November 1771 an seinen Freund, den Aktuarius Johann Daniel Salzmann, schrieb er:

»Sie kennen mich so gut, und doch wett ich, Sie raten nicht, warum ich nicht schreibe. Es ist eine Leidenschaft, eine ganz unerwartete Leidenschaft; Sie wissen, wie mich dergleichen in ein Zirkelchen werfen kann, daß ich Sonne, Mond und die lieben Sterne darüber vergesse ... Mein ganzer Genius liegt auf einem Unternehmen, worüber Homer und Schäkespear und alles vergessen worden. Ich dramatisiere die Geschichte eines der edelsten Deutschen, rette das Andenken eines braven Mannes, und die viele Arbeit, die mich's kostet, macht mir einen wahren Zeitvertreib«.

»Geschichte Gottfriedens von Berlichingen mit der eisernen Hand. Dramatisiert.« – Von diesem Text existiert eine Handschrift, die so exakt geschrieben ist, daß man vermutet, sie sei die Reinschrift des Textes; sie befindet sich heute im Goethe-und-Schiller-Archiv in Weimar. Diese in wenigen Wochen niedergeschriebene erste Fassung schickte Goethe Anfang 1772 in einer Abschrift an Herder. Einiges vom vorgegebenen Stoff war verändert: Während der historische Götz friedlich auf seiner Burg mit der linken Hand seinen Rechenschaftsbericht schreibt, läßt Goethe ihn heldenhaft sterben, die eiserne Rechte weist in die Zukunft: »Freiheit! Freiheit!« Und seine Umgebung ruft ihm nach: »Edler edler Mann. Wehe dem Jahrhundert das dich von sich stieß. Wehe der Nachkommenschaft die dich verkennt.« Die dramatisierte Geschichte ist fraglos von Shakespeare beeinflußt. An dem Bilderbogen muß Bertolt Brecht seine Freude gehabt haben, denn bekanntlich hat die Szenenreihung des Sturm-und-Drang-Dramas, dessen offene Form sowie seine Sozialthematik auf das Drama des 20. Jahrhunderts große Wirkung ausgeübt und auch Brechts Theorie des epischen Theaters stark beeinflußt. Goethes Schwester Cornelia fand Markiges und Derbes an dem Stück. Als Goethe das Manuskript an Herder sandte, der kritisch reagieren sollte, erwähnte er, es sei nur als Skizze, nicht aber als ein definitiver Text zu verstehen: »Das Resultat meiner hiesigen Einsiedelei, kriegen Sie hier, in einem Skizzo, das zwar mit dem Pinsel auf Leinewand geworfen, an einigen Orten sogar einigermaßen ausgemalt, und doch weiter nichts als ein Skizzo ist.« Gerade die Arbeit an diesem Stück macht deutlich, daß Goethe durchaus im Sinne seiner späteren Evolutionstheorie auch den schöpferischen Prozeß als *work in progress*, als ständiges ›Bilden‹ und ›Umbilden‹ versteht.

In diesen Wochen und Monaten dachte Goethe nicht an die Möglichkeit einer Veröffentlichung. Natürlich erregte das Manuskript Aufsehen, und jüngere Leute in Wetzlar, mit denen Goethe durch seine Tätigkeit am Reichskammergericht bekannt war, bezeichneten ihn scherzend als ›Götz den Redlichen‹. Es war gewiß die Wetzlarer Stimmung, die Goethe anregte, das Stück noch einmal neu zu schreiben. »Ich bearbeite jetzo ein stattlich Stück Arbeit zum Druck« (an J. G. Ch. Kestner, 1. 2. 1773).

Von November bis Dezember 1772 besuchte er Johann Heinrich Merck in Darmstadt, den Kriegsrat am Hofe der hessischen Landgräfin Karoline, und dieser wurde ihm nun wichtiger Anreger; ganz typisch für Goethe, der jeweils zur richtigen Zeit den richtigen Förderer, die richtige Geliebte als Muse fand – und auch hierin ist ihm Bertolt Brecht nicht unähnlich. Merck, ein Apothekersohn, am 11. April 1741 in Darmstadt geboren und durch Freitod 1791 aus dem Leben geschieden, verkehrte früh in Goethes Elternhaus und wurde dort scherzhaft als »Mephistopheles« bezeichnet. In *Dichtung und Wahrheit* setzt Goethe diesem »eigne[n] Mann, der auf mein Leben den größten Einfluß gehabt« ein Denkmal: »In seinem Charakter lag ein wunderbares Mißverhältnis: von Natur ein braver, edler, zuverlässiger Mann, hatte er sich gegen die Welt erbittert, und ließ diesen grillenkranken Zug dergestalt in sich walten, daß er eine unüberwindliche Neigung fühlte, vorsätzlich ein Schalk, ja ein Schelm zu sein«. Es gibt keine erschöpfende Darstellung von Mercks Beziehung zu Goethe. Er hat nie mit seiner Kritik zurückgehalten; nachdem er *Clavigo* gelesen hatte, sagte er: »solch einen Quark mußt Du mir künftig nicht mehr schreiben; das können die Andern auch.« Goethe zitiert den Ausspruch in *Dichtung und Wahrheit* und fügt hinzu, daß »Mephistopheles Merck« ihm doch einigen Schaden zugefügt habe, denn ein Dutzend solcher Stücke hätte er zu dieser Zeit leicht schreiben können, wovon doch vielleicht drei oder vier Bestand gehabt hätten. Doch wie auch immer, Merck, der darunter litt, nicht selbst schöpferisch tätig zu sein, erkannte doch die schöpferische Qualität bei anderen, so bei Wieland und vor allem nun bei Goethe. An seine Frau schrieb er: »Ich fange an, in Goethe ernstlich verliebt zu werden. Dies ist ein Mensch, wie ich wenige für mein Herz gefunden habe.« Er sah, daß der vierundzwanzigjährige Goethe im *Götz* den Nerv der Zeit getroffen hatte. Man liebte ja Entdeckungen, Lessing hatte Verschollenes zu retten versucht, und das Mittelalter, besonders das späte, hatte starke Anziehungskraft. Groß war in dieser Zeit das Freiheitsbedürfnis, und so besaß vor allem das mittelalterliche Faustrecht geradezu symbolische Bedeutung für die Zeit des Sturm und Drang. Justus Möser hatte in dem erwähnten Aufsatz notiert: »so muß doch jeder Kenner das Faustrecht des 12ten und 13ten Jahrhunderts als ein Kunstwerk des höchsten Stils bewundern, und unsere Nation sollte billig diese große Periode studieren.« Merck drängte, die Umarbeitung abzuschließen; »beizeit auf die Zäun', so trocknen die Windeln!« soll nach *Dichtung und Wahrheit* seine Devise gewesen sein.

Goethe aber sollte den Text, wohl in Gedanken an die erste Ablehnung, keinem Verleger anbieten, er wünschte, ihn anonym zu publizieren. So kamen die beiden Freunde auf die Idee des Selbstverlags. Goethe berichtet darüber in *Dichtung und Wahrheit*: »Hier ward nun meines Freundes technisch-merkantilische Lust auf einmal rege. Durch die Frankfurter Zeitung [gemeint sind die ›Frankfurter gelehrten Anzeigen‹]

hatte er sich schon mit Gelehrten und Buchhändlern in Verbindung gesetzt, wir sollten daher, wie er meinte, dieses seltsame und gewiß auffallende Werk auf eigne Kosten herausgeben, und es werde ein guter Vorteil zu ziehen sein; wie er denn, mit so vielen andern, öfters den Buchhändlern ihren Gewinn nachzurechnen pflegte, der bei manchen Werken freilich groß war, besonders wenn man außer Acht ließ, wieviel wieder an anderen Schriften und durch sonstige Handelsverhältnisse verloren geht. Genug, es ward ausgemacht, daß ich das Papier anschaffen, er aber für den Druck sorgen solle; und somit ging es frisch ans Werk, mir gefiel es gar nicht übel, meine wilde dramatische Skizze nach und nach in saubern Aushängebogen zu sehen: sie nahm sich wirklich reinlicher aus, als ich selbst gedacht. Wir vollendeten das Werk, und es ward in vielen Paketen versendet«. Im Juli (oder Juni) 1773 erschien also Goethes erstes größeres Werk mit dem Titel »*Götz von Berlichingen mit der eisernen Hand*. Ein Schauspiel 1773«, anonym, ohne Ortsangabe und wahrscheinlich in einer Auflage von 500 Exemplaren (gedruckt in der Fürstlichen Hof- und Kanzleibuchhandlung der Eylauschen Erben in Darmstadt, von J. G. Wittich).

Autor leitet sich ab von auctor, Schöpfer, Mehrer, Förderer. Das Stammwort ›augere‹ bedeutet wachsen machen, mehren, vergrößern, verherrlichen. Autor ist in der Wortbedeutung verbunden mit auctoritas, Autorität.

Erste Autorschaft. Zweite Autorschaft. Goethe hat sich der Bezeichnung Autor immer wieder bedient. In ein Stammbuch schrieb er: »Es hat der Autor wenn er schreibt | So was Gewisses, das ihn treibt.« In den *Maximen und Reflexionen* spottet er: »Willst du in Deutschland wirken als Autor, so triff sie nur tüchtig, | Denn zum Beschauen des Werkes finden sich wenige nur.« Ein Autor ist für ihn freilich nur Autor, wenn er für die schreibt, die ihn verstehen, nicht für die ›Masse‹. Handschriftliche Abschriften, die im Freundeskreis zirkulieren, erzielen, meint Wilhelm Meister in den

Lehrjahren, die »höchste Aufmerksamkeit«: »Es ist gleichsam das goldne Zeitalter der Autorschaft.«

Der gedruckte Text war die zweite Fassung des Götz-Stoffes, von der eine Handschrift nicht überliefert ist. Das Manuskript der ersten Fassung von 1771 hat Goethe sorgfältig aufbewahrt. Danach unternahm er nur noch einen Versuch zum Selbstverlag.[10] Die zweite, »rechtmäßige Ausgabe« des *Götz* übertrug er 1774 dem Buchhändler Deinet im Verlag der Eichenbergischen Erben.

Neben der sicher mangelhaften Vertriebsstrategie des Selbstverlagsunternehmens erwies sich ein anderes Hindernis als weitaus hemmender; im selben Jahr erschien das, was viele als das größte geistige Übel der Zeit bezeichnet haben: ein Raubdruck, eine unberechtigte Ausgabe des *Götz*. Ein Nachdrucker und gleich dazu ein zweiter bemächtigten sich der Vorlagen und brachten, ohne Verfasser und Druckort zu nennen, zwei Raubdrucke heraus. 1823 plante Goethe für die »Ausgabe letzter Hand« die Veröffentlichung der ersten Fassung; zur Vorbereitung des Drucks ließ er 1826 vom Diener Friedrich Krause eine Abschrift der »Geschichte Gottfriedens« herstellen, die sich nicht erhalten hat. Die erste Fassung der *Geschichte Gottfriedens von Berlichingen* erschien dann erst 1832/33 in der »Ausgabe letzter Hand« (im 42. Band, als 2. Band der Nachgelassenen Werke).

Wenngleich Goethe von den Zensurbestimmungen, die andere Autoren des 18. und 19. Jahrhunderts in ihrer schriftstellerischen Freiheit erheblich beeinträchtigten, im wesentlichen verschont geblieben ist, so lassen sich doch auch bei ihm die Auswirkungen des Zensurdenkens in subtilen Mechanismen feststellen: Die Tatsache der Überarbeitung der ersten Fassung des *Götz* beruht vermutlich auch auf Zensurgründen, in diesem Fall einer Spielart der Selbstzensur. Der Druck von 1773 stellt, gegenüber dem Manuskript von 1771, eine glättende Bearbeitung dar: »Schon die bekannte szenische Erfindung des zuzuschmeißenden Fensters kann als Vorsichts-

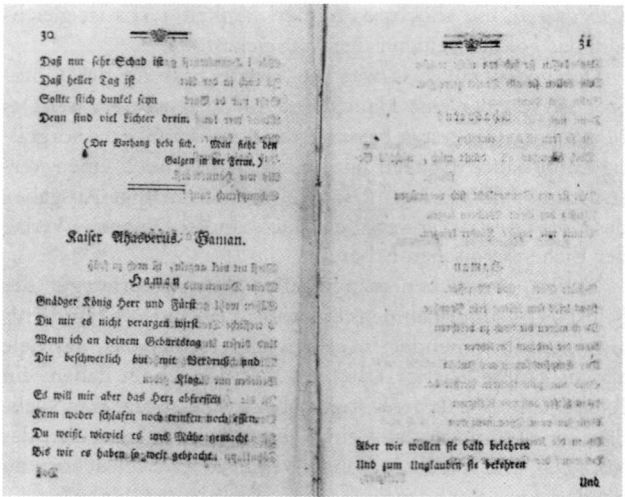

Goethe: *Jahrmarktsfest zu Plundersweilern* (›Esther‹-Spiel). Erster Druck, Leipzig und Frankfurt 1774, mit den von der Zensur bestimmten Auslassungen (GMD).

maßregel gegenüber dem Zensor gesehen werden: der Götzsche Kraftausdruck kann so im Lärm untergehen oder hinter dem Fenster verschluckt werden.«[11] Goethe selbst hat in einem Briefgedicht an seinen Freund F. W. Gotter Selbstzensur und mögliche Zensureingriffe kommentiert.[12]

Die Unternehmung des Selbstverlages, bei der Goethe für die Papier-, Merck für die Druckkosten aufkam, bereitete beiden kein großes Vergnügen. Goethe war ärgerlich, Merck hielt sich in Petersburg auf und kümmerte sich wenig um den Verkauf. Am 10. Juli 1773 schrieb Goethe an Heinrich Christian Boie, den Herausgeber des ›Göttinger Musenalmanachs‹: »Ich hab die Unannehmlichkeit, dass ich das Ding vertreiben muss, unterdessen dass Merck weg ist, was will ich machen. Ich fürchte wenn ich nichts dazu thue stirbt mir der ganze Verlag am Schlag«. Goethe setzte seine Freunde in

3. »Götz«

Bewegung, Sophie von La Roche, Kestner, Boie wurden gebeten, Exemplare zu erstehen oder sie an Buchhändler zu vermitteln. Goethe selbst mußte sich Geld borgen, um die aufgelaufenen Schulden zurückzahlen zu können. An Kestner schrieb er Mitte Juli 1773: »ich schicke mich nicht zum Buchhändler.« Für mich ist dies das Fazit von Goethes Unternehmung Selbstverlag.

Goethes Versuch eines Selbstverlages war in jener Zeit bekanntlich keine vereinzelte Unternehmung. Sie beruhte – wie bei anderen Autoren – auf einem in der zweiten Hälfte des 18. Jahrhunderts grundsätzlich gespannten Verhältnis zwischen Autor und Verleger. Dem Verleger wurde vorgehalten, daß die Höhe seiner Gewinne in keinem angemessenen Verhältnis zu den niedrigen Honorarsätzen der Autoren stehe. Dies rief in erster Linie den sich entwickelnden neuen Berufsstand des ›freien Schriftstellers‹ auf den Plan, und hier besonders die belletristischen Autoren, denn gerade sie hatten ja, aus den verschiedensten Gründen, nicht zuletzt mangelnden Selbstbewußtseins wegen, ihre Werke mehr oder weniger honorarfrei oder gegen geringes Entgelt verlegen lassen. Goethe selbst spielt auf diese Verhältnisse an, wenn er in *Dichtung und Wahrheit* schreibt: »Der Buchhandel nämlich bezog sich in früherer Zeit mehr auf bedeutende, wissenschaftliche Fakultätswerke, auf stehende Verlagsartikel, welche mäßig honoriert wurden. Die Produktion von poetischen Schriften aber wurde als etwas Heiliges angesehn, und man hielt es beinah für Simonie, ein Honorar zu nehmen oder zu steigern. Autoren und Verleger standen in dem wunderlichsten Wechselverhältnis. Beide erschienen, wie man es nehmen wollte, als Patron und als Klienten. Jene, die neben ihrem Talent, gewöhnlich als höchst sittliche Menschen vom Publikum betrachtet und verehrt wurden, hatten einen geistigen Rang und fühlten sich durch das Glück ihrer Arbeit belohnt; diese begnügten sich gern mit der zweiten Stelle und genossen eines ansehnlichen Vorteils: nun aber setzte die Wohlhabenheit den reichen Buchhändler wieder über den armen Poeten, und so stand alles in dem schönsten Gleichgewicht. Wechselseitige Großmut und Dankbarkeit war nicht selten; Breitkopf und Gottsched blieben lebenslang Hausgenossen; Knickerei und Niederträchtigkeit, besonders der Nachdrucker, waren noch nicht im Schwange.

Demungeachtet war unter den deutschen Autoren eine allgemeine Bewegung entstanden. Sie verglichen ihren eignen, sehr mäßigen, wo nicht ärmlichen Zustand mit dem Reichtum der angesehenen Buchhändler, sie betrachteten, wie groß der Ruhm eines Gellert, eines Rabener sei, und in welcher häuslichen Enge ein allgemein beliebter deutscher Schriftsteller sich behelfen müsse, wenn er sich nicht durch sonst irgend einen Erwerb das Leben erleichterte. Auch die mittleren und geringeren Geister fühlten ein lebhaftes Verlangen, ihre Lage verbessert zu sehn, sich von Verlegern unabhängig zu machen.«

Die Kritik der Autoren am etablierten Buchhandel wurde in den siebziger und achtziger Jahren des 18. Jahrhunderts zu einer umfassenden Bewegung. Man griff Klopstocks Idee einer Gelehrtenrepublik auf, die, in freiem Austausch der Gedanken und Bücher, vom traditionellen Buchhandel unabhängig sein sollte. Wieland, Bahrdt, Bürger, Lessing, Bode u.v.a. versuchten, diese Idee zu verwirklichen, alle mit eher weniger als mehr Erfolg.

Es war im Prinzip eine typische Sturm-und-Drang-Bewegung, die sich hier äußerte; sie scheiterte weniger an den Produktionsbedingungen als an den Möglichkeiten der Distribution. »Erst eine Reihe gescheiterter Versuche, die Idee zu verwirklichen, hat die Zeit darüber belehrt, daß hier Unmögliches versucht wurde.«

Zunächst kannten nur wenige Freunde durch Versendung von Abschriften den Text. Die Veröffentlichung im Selbstverlag erreichte ebenfalls nur wenige Leser. Goethe hatte weder bei der ersten, ›dramatisierten‹ Fassung noch bei der zweiten, der ›Schauspiel-Fassung‹, an eine Aufführung gedacht. Er war deshalb überrascht, daß ein Jahr nach dem Erscheinen des Stückes im Selbstverlag zwei der bedeutendsten Theaterunternehmen Deutschlands eine Aufführung wagten. Die Uraufführung fand am 14. April 1774 durch die Kochsche Truppe in Berlin statt, die die Aufführung sechzehnmal wiederholte. Am 24. Oktober 1774 brachte Friedrich Ludwig Schröder den *Götz* in Hamburg auf die Bühne. Der Text war umfangreich, die Aufführungen dauerten Stunden, so daß Kürzungen notwendig erschienen. Heribert von Dalberg bearbeitete den Text selbst, nachdem er Schiller vergeblich darum gebeten hatte. Weitere Aufführungen folgten in Breslau, Leipzig, Frankfurt, Wien, Hannover und Bremen. In Weimar zögerte man; Goethe schrieb an Hofrat Franz Kirms, der unter ihm für die Verwaltung des Weimarer Theaters verantwortlich war: »Das Stück ist dergestalt ausgeschrieben worden, daß es, ich möchte wohl sagen, stückweise schon ganz auf dem Theater ist, und ist überhaupt ohne bedeutende Umarbeitung nicht auf das Theater zu bringen.« Im Sommer des Jahres 1803 entschloß sich Goethe, in Verbindung mit Schiller das »altdeutsche Drama« umzubilden. Von März 1804 an arbeitete er fast täglich an der »bösen Operation«. Ein Problem existierte weiterhin, das Stück »blieb immer zu lang, in zwei Teile geteilt, war es unbequem, und der fließende historische Gang hinderte durchaus ein stationäres Interesse der Szenen, wie es auf dem Theater gefordert wird. Indessen war die Arbeit angefangen und vollendet nicht ohne Zeitverlust und sonstige Unbilden.«

Am 22. September 1804 fand die Aufführung der neuesten Bühnenbearbeitung am Weimarer Theater statt, die Musik stammte von Carl Friedrich Zelter, die Premiere dauerte sechs Stunden. Spätere Aufführungen wurden gekürzt, am 29. September und 13. Oktober 1804 entschloß sich Goethe wieder zu einer auf zwei Abende verteilten Aufführung, am

2. Dezember kürzte er das Stück und brachte es in dieser Form am 8. Dezember des Jahres (und in den folgenden Jahren noch mehrmals) auf die Bühne.

Die Wirkung des *Götz von Berlichingen* war merkwürdig. Einerseits hatte die Manuskript- und Selbstverlagsfassung nur wenige Leser erreicht, andererseits war nach den Aufführungen die Reaktion des intellektuellen Publikums geradezu stürmisch. Die junge literarische Generation fand in der Neuartigkeit des Stoffes und in der Absage an all das, was durch das antike und das französische Drama kanonisiert worden war, eine neue Ästhetik verwirklicht. Dieter Borchmeyer hat die Wirkungsgeschichte des *Götz von Berlichingen* eingehend dargelegt. Da waren die Kritiker, an erster Stelle Friedrich der Große, der in seiner Schrift *De la littérature allemande* das Stück als »imitation détestable de ces mauvaises pièces Anglaises« bezeichnete. Christian Felix Weiße schildert ein Gespräch mit Lessing, der »äußerst unzufrieden« war. An Garve schrieb Weiße am 4. März 1775: »Goethe füllt Därme mit Sand und verkauft sie für Stricke. Wer? Etwa der Dichter, der den Lebenslauf eines Mannes in Dialogen bringt und das Ding für ein Drama ausschreit?« Die Mehrheit der Kritiker und Literaten aber äußerte sich enthusiastisch. Gottfried August Bürger spricht in seinem Brief an Boie vom 8. Juli 1773 von einem »deutschen Shakespeare«. Jakob Michael Reinhold Lenz erklärt in einer Rede »über *Götz von Berlichingen*«: »Was lernen wir hieraus? Das lernen wir hieraus, daß Handeln, Handeln die Seele der Welt sei, nicht Genießen, nicht Empfindeln, nicht Spitzfindeln, daß wir dadurch allein Gott ähnlich werden, der unaufhörlich handelt und unaufhörlich an seinen Werken sich ergötzt; das lernen wir daraus, daß die in uns handelnde Kraft unser Geist, unser höchstes Anteil sei, daß die allein unserm Körper mit allen seinen Sinnlichkeiten und Empfindungen das wahre Leben, die wahre Konsistenz, den wahren Wert gebe, daß ohne denselben all unser Genuß, all unsere Empfindungen, all unser

Wissen doch nur ein Leiden, doch nur ein aufgeschobener Tod sind.« Matthias Claudius lobt in seinem ›Wandsbecker Bothen‹ die Mißachtung der »Regeln«: »Der Verfasser treibt nicht Schleichhandel zum Nachteil der bekannten *Einheiten*, die *Groß*-Vater Aristoteles und nach ihm die *Klein*-Enkel, progenies vitiosior, auf der ästhetischen Höhe zur Anbetung hingestellt haben, sondern bricht durch alle Schranken und Regeln durch, wie sein edler, tapfrer Götz durch die blanken Esquadrons feindlicher Reuter, kehrt das Bild auf der Höhe unterst zu oberst, und setzt sich aufs Fußgestelle hin hohnlachend.« Justus Möser hebt in seiner Abhandlung *Über die deutsche Sprache und Literatur* von 1781 die nationale Bedeutung hervor und lehnt die negative Beurteilung durch Friedrich den Großen ab.

Die Wirkung des Stücks auf dem Theater im Hinblick auf das berühmte Götz-Zitat hat Ludwig Tieck in seinem Theaterroman *Der junge Tischlermeister* festgehalten. »Es ist nicht leicht zu beschreiben, welche Wirkung diese deklamierte Stelle im ganzen großen, mit Menschen überfüllten Saale hervorbrachte. Es ist keine Übertreibung, wenn man behauptet, daß noch niemals ein dargestelltes Theaterstück so ungeheuer drastisch gewirkt habe. Die Bauern ergaben sich dem unmäßigsten Gelächter, die Dienstleute erschraken ... Wahrhaft furchtbar aber traf der Schlag in das Parterre noble.« Ohnmachten, Krämpfe, Schreien, Weinen und Schelten sind die Wirkungen. Die Aufführung muß abgebrochen werden. Tragen und Medikamente werden für die Leidenden herbeigeschafft. Die adligen Damen verlassen das Schloß und begeben sich in die Residenz, »wo sie wenigstens acht Tage hindurch in Konzerten, Opern, Schauspielen und Assembleen, wie in einem Gesundbrunnen, dieses ungeheure Erlebnis von sich abwaschen und die Verwundung des Herzens heilen wollten«.

Goethe hatte mit *Götz* einen Stein ins Rollen gebracht. Der

Sturm und Drang als Epoche begann. Wichtigste Nachfolger sind Schillers *Räuber* von 1781. Es entstand eine Fülle von Ritterdramen, Klingers *Otto* (1775), Jacob Maiers *Sturm vom Boxberg* (1778), Franz Marius von Babos *Otto von Wittelsbach* (1782) und Josef August Törrings *Agnes Bernauerin* (1780) und *Kaspar der Thorringer* (1779).

Diese zahlreichen Nachahmungen sind aus dem sich verstärkenden Interesse am Mittelalter zu erklären, das durch die Romantik noch gesteigert wurde. Goethe schreibt in *Wilhelm Meisters Lehrjahren*: »Die geharnischten Ritter ... wurden mit großem Beifall aufgenommen ... Jedermann war von dem Feuer des edelsten Nationalgeistes entzündet. Wie sehr gefiel es dieser deutschen Gesellschaft, sich, ihrem Charakter gemäß, auf eignem Grund und Boden poetisch zu ergötzen!«

Bis zum Ende des 19. Jahrhunderts blieb dieses Interesse erhalten. Nach dem Vorbild des *Götz* schrieb Gerhart Hauptmann mit *Florian Geyer* die Tragödie eines Ritters. Walter Scott übersetzte 1799 den *Götz von Berlichingen* ins Englische und wurde durch ihn zu seinen historischen Romanen und Epen angeregt.

Die Wirkung von Goethes Drama war also vielfältig. Zunächst wurde die Buchveröffentlichung wenig beachtet, dann aber entstand als Folge der Aufführungen eine enorme intellektuelle Wirkung, die wieder Rang und Ansehen des Autors Goethe bestätigte.

4. »Ich mag gar nicht daran dencken was man für seine Sachen kriegt«. »Clavigo«, »Werther«

In *Dichtung und Wahrheit* berichtet Goethe, wie am Hochzeitstag seiner Schwester, am 1. November 1773, das Schreiben eines Leipziger Buchhändlers, Christian Friedrich Weygand, eingetroffen sei, der seine 1730 in Helmstedt gegründete Buchhandlung gerade nach Leipzig verlegt hatte und ihr mit jungen und unbekannten Autoren Profil zu verleihen suchte. Er bat Goethe um ein Manuskript. Goethe erinnert sich falsch, wenn er schreibt, da eben der *Werther* fertig geworden sei, habe er Weygand dieses Manuskript geschickt; der *Werther* wurde erst im Februar 1774 begonnen und im April desselben Jahres fertiggestellt. Im Mai 1774 war ein weiteres Stück, *Clavigo*, abgeschlossen. Goethe hatte es in acht Tagen niedergeschrieben, und es war sein erstes bühnengerechtes Stück – Dramatiker ist man eben jung oder nie! Da er vom Selbstverlag genug hatte, schickte er das Manuskript, die erste Dichtung, die er mit seinem Namen versah, nun an Weygand. »Wenn ich meinen Nahmen nenne, nenne ich mich ganz«, hatte er von Frankfurt aus bereits am 23. Januar 1770 an Käthchen Schönkopf geschrieben. Im Juli 1774 erschien »*Clavigo*. Ein Trauerspiel von Göthe. Leipzig, in der Weygandschen Buchhandlung. 1774«; es folgten mehrere Nachauflagen und Neudrucke. Kurze Zeit danach veröffentlichte er ebenfalls bei Weygand, mit der Angabe »Frankfurt und Leipzig«, das *Neu eröffnete moralisch-politische Puppenspiel*, auch dies mit weiteren Nachauflagen.

Über Goethes Beziehung zu Weygand wissen wir wenig, seine Briefe an ihn sind verschollen. Doch können die Erfahrungen mit ihm nicht allzu schlecht gewesen sein, denn Goethe vertraute ihm den *Werther* an. Nicht nachgewiesen werden kann ein Gerücht, wonach der *Werther* erst dem Frankfurter Verleger Varrentrapp, einem Neffen des Leipziger Verlegers Gleditsch, angeboten, von diesem aber abgelehnt worden sei.

Im Mai 1774 erhielt Weygand das Manuskript des *Werther*, am 19. September Goethe die ersten drei Vorausexemplare, auf die er gleich enthusiastisch reagierte und die er »zirkuliren«[13] ließ. Zur Michaelismesse erschien das Werk, »es ist gethan, es ist ausgegeben«: »*Die Leiden des jungen Werthers*. Erster Theil Zweyter Theil. Leipzig, in der Weygandschen Buchhandlung. 1774. 224 Seiten«. Es gab rasch verschiedene

»Lotte«. Kupferstich von Berger nach Daniel Nikolaus Chodowiecki zu *Die Leiden des jungen Werthers*, im Ersten Teil von *D. Goethens Schriften* bei Himburg, Berlin 1775.

Nachauflagen, die teilweise die Druckfehler der ersten Ausgabe berichtigten (wobei freilich neue hinzukamen). Ein Teil der Exemplare der Originalausgabe zeigt sogenannte Preßkorrekturen. Auch dieses Werk erschien anonym, aber in dem Orkan, den es auslöste, durchbrach der Name des Autors die Anonymität. Alle Welt wußte bald, wer der Verfasser war. Der Erfolg war ungeheuer, einmalig, nie dagewesen, und dies auf verschiedenen Ebenen. Goethe hatte mit *Werther* eine Dichtung von europäischer Wirkung, von Weltrang geschaffen. Daß diese Wirkung sofort eintrat, ist ein seltener, vielleicht sogar einmaliger Fall in der Wirkungsgeschichte großer Werke. Und wir wissen auch, es gibt wenige Werke, die, vor 200 Jahren entstanden, den Leser heute gleichermaßen bewegen. Noch heute ist nachvollziehbar, wie tief der Autor hier den Nerv seiner Zeit getroffen hat. Daran ist sicher das poetische Prinzip des Werkes beteiligt, die besondere epische Perspektive des Erzählers: Das Wort steht bei Werther und nur bei ihm. Der Briefroman als Gattung hatte im

4. »Clavigo«, »Werther«

18. Jahrhundert bereits eine ausgeprägte Tradition. Goethe wandelte das Modell entscheidend – und erfolgreich – ab: Er verzichtete auf die Polyperspektive, ihm ging es weniger um Beglaubigung des Geschehens, um die Beschreibung von Realien als vielmehr darum, die innere Geschichte eines Individuums, die Geschichte einer Seele dem Leser so zu vermitteln, daß dieser den Weg des Helden unmittelbar, sympathetisch mitgehen konnte. Diese Reinheit der epischen Perspektive (in unserem Jahrhundert wird sie in größter Eindeutigkeit von Franz Kafka gewahrt), das Prinzip, das Äußere als Äußerung eines Inneren zu sehen, die literarische Form als erkenntnishafte Entsprechung des Inhalts zu begreifen: Dies konstituiert den Rang einer Dichtung.

»Das Buch war vielleicht der größte literarische Erfolg aller Zeiten«, urteilte Walter Benjamin in seinem 1928 für die große russische Enzyklopädie geschriebenen Goethe-Artikel. »Hier vollendete Goethe den Typus der genialen Autorschaft. Wenn nämlich der große Autor seine Innenwelt von Anfang an zur öffentlichen Angelegenheit, die Zeitfragen restlos zu Fragen seiner persönlichen Erfahrungs- und Denkwelt macht, so stellt Goethe in seinen Jugendwerken diesen Typus des großen Autors in unerreichter Vollendung dar.«[14] Es entstand eine Werther-Mode, ein Werther-Fieber, eine Werther-Epidemie, eine Selbstmordsehnsucht, es gab Werther in Porzellan und ein *eau de Werther*. Das Erscheinen des Buches löste unendliche öffentliche Bekundungen und Reaktionen aus, eine Lawine von Sekundärliteratur mit Pro und Contra, Pamphlete, Parodien, Nacherzählungen.[15] Und die Raubdrucke, sicherer Indikator für Erfolg, sorgten für größtmögliche Verbreitung des schmalen Bandes. Mit einem Mal und gewissermaßen über Nacht – und jetzt auch mit deutlicher Rückerinnerung an den *Götz* – war Goethe an die Spitze einer neuen literarischen Bewegung getreten, war zum Haupt des Sturm und Drang geworden, einer Bewegung, die Klopstocks *Messias* bewunderte, die Lessing als Kunstrichter hochschätzte, die Herder und seine Hinwendung zum Altdeutschen lobte und auch Wielands Arbeiten begeistert aufnahm; auf ihrem Schilde führte die Bewegung Losungen zum Kampf um politische Freiheit, für die Freiheit des einzelnen in der Gesellschaft, für die Aufhebung der Standesschranken und für das Recht auf Liebe. Statt der Franzosen wurde Shakespeare zum leuchtenden Vorbild. Goethe huldigte ihm in seiner hymnischen Rede *Zum Schäkespears Tag*. Diese jungen, meist zwanzig- bis dreißigjährigen Autoren sahen nun in Goethe *den* Dichter ihrer Generation; seine Sprache, sein vitales Deutsch, ebenso kraftvoll wie gefühlsreich, wurde zum Ausdruck der Sehnsüchte einer ganzen Intellektuellengeneration. Mit der Gestalt des Werther, eines Jünglings, dessen Scheu des Bewußtseins und dessen Heftigkeit des Gefühls an den Tabus einer »polirten Nation« zerbrachen, konnten sich viele, die mit der Bewegung des Sturm und Drang sympathisierten, identifizieren.

Der geniale Autor scheut sich nicht, seine privaten Erfahrungen öffentlich zu machen und öffentliche Vorgänge vom Stande seiner privaten Erfahrungen aus zu beurteilen. Löst er aber über die Wechselbeziehung von Individuellem und Allgemeinem hinaus auch Zeitfragen, Zeitbewegungen, Zeitstimmungen aus? Ich bin überzeugt, daß dies im Falle *Werther* so geschehen ist. Leider darf ich mich hier nicht in Übereinstimmung mit Hans Blumenberg wissen, der sich anscheinend ganz der Meinung von Karl Gutzkow anschließt: »Nicht Werther rief die Sentimentalität hervor, er gab ihr nur Gestalt.« In seiner *Epigonenwallfahrt* beschreibt Hans Blumenberg Immermanns Erlebnisse in Weimar fünf Jahre nach Goethes Tod. Für ihn wird Immermann zum »erstaunlichen Zeugen für die Dissoziation von Aura und Werk«, zum Zeugen für die »Zerfällung« des Goetheschen Nachlebens – »von ihm spricht alles, von seinem Werk niemand«. Weil Immermann früher hundertmal den *Werther* lesen wollte, in Weimar nach Goethes Tod diesen Wunsch jedoch nicht mehr bekundete, folgert Blumenberg, daß »am Ende des Jahrzehnts in Weimar festzustellen sein wird, daß niemand mehr das Werk liest, von dessen Urheber alle reden«.[16] Ich kann mir nicht vorstellen, daß man lediglich von der Haltung der Jungdeutschen, der ›Epigonen‹, ausgehend ein historisch zutreffendes Urteil fällen kann. Schriftsteller und ihre Beziehung zu den Werken anderer zeitgenössischer Autoren sind eine besondere Sache, und die andere Besonderheit ist die einmalige Situation Weimar. Man mag in Weimar wohl nur von Goethe und weniger von seinem Werk gesprochen haben, aber wie war dies wohl in Jena, in Frankfurt, an den anderen ›Goethe-Stätten‹? Und wohl das wichtigste Argument für die Wirkung des *Werther*: Auch im Ausland löste das Buch Bewegungen aus, die Vielzahl der Übersetzungen bezeugt es. Bereits Anfang 1775 erschien als erste Übersetzung die französische, und innerhalb von drei Jahren folgten weitere fünf Übersetzungen in französischer Sprache. 1779 lag eine englische, 1781 eine italienische, 1788 eine russische Ausgabe vor. Mehr als ein halbes Hundert Übersetzungen folgten der deutschen Ausgabe. Im Falle des *Werther* bin ich überzeugt, daß die persönliche Denk- und Erfahrungswelt des Autors unmittelbar die Zeit bestimmte.

Auch die Heftigkeit von Lob und Tadel der Zeitgenossen macht dies deutlich. Die entsetzten Ratsherrn der Stadt Leipzig verboten am 30. Januar 1775 durch den Wohlweisen Rat den Verkauf des Buches bei 10 Reichstalern Strafe; das Verbot ist nie aufgehoben worden.[17] Auch die Theologische Fakultät der Universität Leipzig untersagte die Lektüre, die Theologen sahen im Text eine unerlaubte Anerkennung des Selbstmordes. Ein Jahr später verbot der Magistrat zu Kopenhagen die dänische Ausgabe, auch in Wien wurde die Verbreitung untersagt, und der Bischof von Mailand unternahm den freilich aussichtslosen Versuch, durch Aufkauf von Exemplaren der italienischen Übersetzung die Lektüre zu verhindern. Der Hamburger Kanonikus Christian Ziegra sah im *Werther* eine »verfluchenswürdige Schrift«, eine »Lockspeise des Satans«. Noch ein Gesichtspunkt scheint mir wichtig: Goethe hatte sich jetzt zum ersten Mal ein großes Publikum erobert. *Götz* war nicht so sehr publikumswirksam, doch hatte er viele einzelne Leser erreichen können. Nun war dieses Publikum da, Lavater, die Jacobis, Merck, Heinse erkannten die Bedeutung des Werks und bekannten sich dazu. Christian Garve, Moralphilosoph und Professor in Leipzig, stellte im Brief vom 19. November 1774 an C. F. Weiße fest: »Ich habe den Werther gelesen ... Von einem solchen [Autor] wird unser Vaterland mit der Zeit immer mehr reife und genießbare Früchte zu erwarten haben.« Auch Wieland zeigte sich »radicaliter von allem Mißmut gegen Goethe, diesen sonderbaren großen Sterblichen, geheilt«. Aufschlußreich ist in diesem Zusammenhang eine Äußerung von Heinrich Wilhelm von Gerstenberg, dem in dänischen Kriegsdiensten stehenden Schriftsteller, ebenfalls Stürmer und Dränger, Verehrer Shakespeares, der mit Goethe in losem Briefkontakt stand. Goethe hatte ihm am 18. Oktober 1773 geschrieben: »Mein bester Wunsch ist immer gewesen, mit den Guten meines Zeitalters verbunden zu seyn, das wird einem aber so sehr vergällt, daß mann schnell in sich wieder zurück kriecht«. Gerstenberg antwortete ihm im Januar 1774 von Kopenhagen aus: »Fahren Sie fort, Original-Deutscher, wie Sie angefangen haben. Der Beyfall, den Sie allenthalben finden, macht mir Muth zu hoffen, daß Sie der Mann sind, der in Deutschland ein Publikum von Deutschen schaffen wird.« Dieses Publikum von Deutschen fand Goethe mit seinem *Werther*, aber dieses Publikum mußte lange warten, bis Goethe 1797 mit *Herrmann und Dorothea* wieder ein publikumsträchtiges Buch veröffentlichen konnte.

Als Autor des *Werther* ist Goethe gegen seinen Willen ein Leben lang angesprochen worden. Erst später war er der Autor des *Faust*, dann der ›Olympier‹ oder der ›Geistesfürst‹. Und doch hatte er mit diesem Etikett auch seine persönlichen

Triumphe: Napoleon, der den *Werther* mehrfach gelesen hatte, bezog sich in seiner Unterredung mit Goethe auf dieses Werk.

Kein Wunder, daß sich bei einem solchen Erfolg die Nachauflagen überboten. Entsprechend kompliziert ist die Druckgeschichte des *Werther*.

Bereits 1775 hatte Weygand drei weitere Drucke veranstaltet, einen Doppeldruck des Originals (dem dann noch ein Doppeldruck folgte), zwei Nachdrucke mit der fingierten Ortsangabe »Freystadt«, dann 1777 einen mit »Wahlheim«. Anfang 1775 erschien (trotz des Verbotes des Leipziger Rates) bei Weygand die zweite »Aechte Auflage«, mit der Warnung auf dem Titel des ersten Teils:

> Jeder Jüngling sehnt sich so zu lieben,
> Jedes Mädgen so geliebt zu sein,
> Ach, der heiligste von unsern Trieben,
> Warum quillt aus ihm die grimme Pein?

Und vor dem zweiten Teil:

> Du beweinst, du liebst ihn, liebe Seele,
> Rettest sein Gedächtnis von der Schmach;
> Sieh, dir winkt sein Geist aus seiner Höhle:
> Sei ein Mann, und folge mir nicht nach.

Die Nachdrucker bemächtigten sich bereits ein Jahr nach seinem Erscheinen des Werkes: zunächst im Rahmen des Bieler Raubdrucks der Werkausgabe in der Heilmannischen Buchhandlung und dann durch den Berner Nachdruck bei Beat Ludwig Walthard. – Von der zweiten »Aechten Auflage« stammte der Raubdruck im Rahmen der *Schriften* bei Himburg, der das Werk in den folgenden Jahren (1777 und 1779) noch zweimal nachdruckte; diesen Raubdrucken wiederum folgten weitere unberechtigte Nachdrucke bei anderen Verlagen (Fleischhauer, Schmieder). Bis 1787 lagen *zwanzig* Raubdrucke vor! Wohl beeindruckt von diesen unrechtmäßigen Ausgaben, unterließ Weygand zehn Jahre lang eine Nachauflage des Originals. Erst im Jahr 1787 veranstaltete er eine neue Ausgabe, und zwar als Mischdruck aus der ersten und zweiten Fassung. Das ist unverständlich, denn der Verleger muß bei dem rapiden Absatz in den ersten Jahren doch wohl auf seine Kosten gekommen sein. Fünfzig Jahre später, anläßlich des *Werther*-Jubiläums von 1824, hatte der damalige Inhaber der Weygandschen Buchhandlung, Johann Christoph Jasper, die Idee, eine Jubiläumsausgabe herauszugeben; er bat Goethe um Zusätze oder Veränderungen, zumindest um einige Worte als Vorrede. Goethe erklärte sich im Brief an Jasper vom 22. Mai 1825 gegen ein Honorar von »funfzig vollwichtigen [österreichischen] Ducaten« und 24, zum Teil gebundenen Freiexemplaren dazu bereit, er verlangte außerdem, daß die Exemplare »sauber und zierlich gebunden, wie man es in Leipzig versteht« sein sollten. Auf Grund dieser Anregung las Goethe noch einmal sein »Geschöpf« und war erschüttert: Die Karlsbader Wunde vom Sommer 1823 brach wieder auf; was er einst geschrieben und jüngst erlebt hatte, drängte sich für ihn im Gedicht *An Werther* zusammen. »Es ist als ob du lebtest in der Frühe«, aber Not und Scheiden sind unausweichlich, und »Scheiden ist der Tod«. Dieses Gedicht rückte er als Vorwort in die Jubiläumsausgabe und stellte es bald darauf mit zwei anderen Gedichten, *Elegie* und *Aussöhnung*, zur *Trilogie der Leidenschaft* zusammen. In den Schlußversen (die auch eine Verbindung zum Motto der *Elegie* darstellen) beschwört er noch einmal wie im *Tasso* die rettende Funktion des Schreibens: »Verstrickt in solche Qualen halbverschuldet | Geb' ihm ein Gott zu sagen was er duldet.«

Die Jubiläumsausgabe, auf 1825 vordatiert, erschien 1824: »*Die Leiden des jungen Werther*. Neue Ausgabe, von dem Dichter selbst eingeleitet.« Goethe gefiel diese Ausgabe, die mit einem Titelkupfer, einem Goethe-Porträt von Schule, geschmückt war, er verschenkte sie gern. Hierbei handelte es sich um eine Neuausgabe des Weygandschen Mischdrucks von 1787. Seit dieser Ausgabe von 1825 blieb das Privileg für das Werk in der Hand Weygands und seiner Rechtsnachfolgerin, der Firma Gebhardt & Reisland; sie betrachtete seit 1838 den *Werther* als ihr Eigentum und setzte dies gegen die späteren Verleger Goethes immer wieder durch; auch Cotta konnte das Recht zur Einzelausgabe nicht erhalten, der *Werther* erschien bei Cotta lediglich in der »Ausgabe letzter Hand«.

Nachdem 1787 die zweite Fassung im Druck (bei Göschen als Titelauflage des ersten Bandes der *Schriften*) erschienen war, erlosch für längere Zeit das Interesse rechtmäßiger und unrechtmäßiger Verleger an der ursprünglichen Gestalt des Romans (doch gab es 1789 und 1790 noch einmal Nachdrucke). Erst 1907 erschien die erste Fassung wieder, in einem Faksimile-Druck des Insel Verlages. Textkritisch wurde die erste Fassung neu von Max Morris herausgegeben, in der von ihm besorgten, 1909-1912 erschienenen sechsbändigen Ausgabe *Der junge Goethe*.

Über die Honorierung des *Werther* weiß man kaum etwas. Sie wird nicht hoch gewesen sein. Wir können dies aus zwei Äußerungen schließen. An Sophie von La Roche schrieb Goethe am 23. Dezember 1774, zwei Monate nach Erscheinen des *Werther*: »Ich mag gar nicht daran dencken was man für seine Sachen kriegt. Und doch sind die Buchhändler vielleicht auch nicht in Schuld. Mir hat meine Autorschafft die Suppen noch nicht fett gemacht, und wirds u. solls auch nicht thun.« Der in *Dichtung und Wahrheit* Rückblickende hält aber fest, daß er insgesamt doch zufrieden gewesen sei, weil das Honorar nicht ganz durch die Schulden verschlungen wurde, die er für den *Götz* aufzunehmen genötigt war.

Im übrigen machte sich Goethe in diesen Wochen und Monaten nach der ungewöhnlichen Aufmerksamkeit, die sein Buch hervorgerufen hatte, keine Gedanken um seine

Existenz. Er lebte seinen Erfolg, er genoß die Anerkennung seines Genies. »Ich kenne keinen Menschen in der ganzen gelehrten Geschichte«, schrieb Heinse am 13. Oktober 1774, »der in solcher Jugend so rund und voll von eignem Genie gewesen wäre wie er. Da ist kein Widerstand; er reißt alles mit sich fort.« Gottfried August Bürger nannte ihn in diesen Tagen »den deutschen Shakespeare«.

Alte und neue Freunde kamen nach Frankfurt, Klopstock und Klinger; Johann Caspar Lavater, mit dem Goethe eine Rheinfahrt gemacht hatte, ließ ihn in Bad Ems porträtieren; er traf die Brüder Jacobi, fuhr mit Heinse nach Bensberg, mit Klopstock nach Darmstadt, er lebte, dichtete, malte »ganz mit Rembrandt«, die Gedichte *An Schwager Kronos* und *Prometheus* entstanden. Er verlobte sich mit Anna Elisabeth (»Lili«) Schönemann – »neues Lieben, neues Leben« –, reiste mit den Grafen Stolberg in Werther-Tracht durch die Schweiz. Dann löste er die Verlobung wieder auf, die eben nur eine stürmische Episode in seinem mehr als dreißigjährigen Sich-Wehren gegen die Bindung durch Ehe gewesen war. Es waren unruhige Tage, Irrungen und Wirrungen, von einer »Verworrenheit« fiel er in die andere. Er hatte Angst, daß er sein »Talent und [seine] Tage vergeudete«. Bürger gestand er am 18. Oktober 1775, daß seine letzten drei Vierteljahre zu »den zerstreutesten, verworrensten, ganzesten, vollsten, leersten, kräffigsten und läppischten« gehörten, die er je in seinem Leben gehabt hatte. Die Trennung von Lili fiel ihm »hart auf's Herz .... Ich entschloß mich daher abermals zur Flucht«, notiert er in *Dichtung und Wahrheit*, er wollte fort, er mußte fort, »fort aus dem Gewürge«, in »die freie Welt«.

Die freie Welt, dies war nun einmal für ihn Italien. Dorthin brach er auf, kam im Wagen bis Heidelberg, als ihn am 3. November 1775 die Kutsche des Herzogs auf dem Weg nach Italien abfing und er nach Weimar umkehrte. Am 7. November traf er in Weimar ein, er erfuhr eine »enthusiastische Aufnahme«, er schloß Freundschaft mit dem Herzog Carl

Georg Melchior Kraus: Geselliges Zusammensein bei der Herzogin Anna Amalia. Aquarell (um 1795), Landesbibliothek Weimar.

August, dessen Gattin Luise, der Herzogin-Mutter Anna Amalia, mit Prinz Constantin, dem Bruder des Herzogs, und begann, intensiven Kontakt mit Wieland und Knebel zu pflegen. Über fünfzig Jahre sollte Weimar sein Lebens- und Arbeitsort bleiben.

Das »Werther«-Kapitel schien für ihn abgeschlossen, er war der Publizität des berühmten Autors überdrüssig. Diese Stimmung drückte er in einem Brief vom 10. März 1775 an Auguste Gräfin zu Stolberg aus: »ich will, wenn Gott will, künftig meine Frauen und Kinder in ein Eckelgen begraben oder etabliren; ohne es dem Publico auf die Nase zu hängen. Ich bin das ausgraben, und seziren meines armen Werthers so satt. ... Nun denn Sie nehmen mir auch das nicht übel – Nimmt mirs doch nichts an meinem innern Ganzen, rührt und rückts mich doch nicht in meinen Arbeiten, die immer nur die aufbewahrten Freuden und Leiden meines Lebens sind – denn ob ich gleich finde dass es viel raisonnabler sey Hünerblut zu vergiessen als sein eig'nes – die Kinder tollen über mir, es ist mir besser ich geh hinauf als zu tief in Text zu gerathen.«

Dennoch wurde er die entstandene Legende nie mehr los.

5. Goethe und die Nachdrucker seiner Werke

Insbesondere aus der Druckgeschichte des *Werther* ist deutlich geworden, wie wenig sicher und wie problematisch seinerzeit die urheber- und verlagsrechtlichen Verhältnisse waren. So muß die Publikationsgeschichte der Werke Goethes und seine Beziehung zu Verlegern und Buchhändlern auf dem Hintergrund eines damals noch nicht überregional kodifizierten Urheber- und Verlagsrechts gesehen werden.[18] Die absolute Rechtlosigkeit auf diesem so kleinen Gebiet spiegelt, wie ich meine, eine allgemein beginnende Rechtlosigkeit und den Zerfall des Heiligen Römischen Reiches Deutscher Nation. Wir können uns das heute kaum vorstellen, und die gelegentlichen Raubdrucke, mit denen Verleger sich heutzutage herumzuschlagen haben, stehen in keinem Verhältnis zu dem, was damals geschah. Heute ist ein Raubdruck verboten und kann gerichtlich verfolgt werden. Damals konnte der Raubdruck nur territorial untersagt und geahndet werden.

In der Mitte des 18. Jahrhunderts befand sich der Buchhandel ebenso in einer Blüte wie in einer Krise. In der ersten umfassenden Monographie zur Geschichte des deutschen Buchhandels, in Goldfriedrichs *Geschichte des deutschen Buchhandels*, wird die zweite Hälfte des 18. Jahrhunderts als die Anfangsepoche der neuzeitlichen Literatur, des neuzeitlichen Buchhandels, der neuzeitlichen Schriftsteller und des neuzeitlichen Publikums dargestellt. Das Neue zeigte sich vor allem in einer stürmisch sich entwickelnden Roman-Literatur und in einem neuen Interesse des Publikums am gedruckten Wort, ein wahres Lesefieber, schiere Lesewut waren zu spüren. Das Leihbüchereiwesen entstand, und während Autoren, Gelehrte, Kritiker und Buchhändler sich gegen diese Einrichtung wandten, weil sie weniger ernsthafte Literatur als Schmutz-, Schund-, Ritter-, Abenteuer- und Liebesromane führe und damit der Verdummung des Volkes diene, war das Publikum begeistert und trug zu einem spektakulären, raschen Auftrieb bei.

Der neuzeitliche Buchhandel war vor allem durch das entscheidende Berufsstandsproblem dieser Zeit, den Nachdruck, gespalten. Man stelle sich vor: Ein Buch erschien, auf Wunsch oder Anweisung des Autors sorgsam hergestellt, der Autor hatte Korrektur gelesen und es vielleicht bei der Korrektur geändert oder erweitert, auf den letzten Stand gebracht und somit Kosten verursacht, die der Verleger bei der Kalkulation zu berücksichtigen hatte. Der Autor verlangte seine Bezahlung und sein Honorar. All dies mußte sich auf den Ladenpreis des Buches auswirken. Doch es gab eben kein Urheber- und kein Verlagsrecht, das heißt, jedes Buch, das erschien, war mehr oder weniger vogelfrei und konnte von jedermann nachgedruckt werden, und der Nachdruck konnte mit schlechterem, billigerem Material erfolgen, war meist schlampig gesetzt, also fehlerhaft und noch dazu in jedem Fall billiger als die Originalausgabe.

Der Kampf gegen die Nachdrucker und der Kampf für den Schutz des Autors beherrschte die Medien der zweiten Hälfte des 18. Jahrhunderts in ungeahntem Maße. Kurios ist die Geschichte des ersten ›Göttinger Musenalmanachs‹ von 1770: Noch ehe er veröffentlicht war, hatte sich ein Leipziger Nachdrucker Aushängebögen verschafft und druckte sie so rasch nach, daß der Leipziger Almanach noch vor dem Göttinger erscheinen konnte.

Der Kampf wurde von beiden Seiten mit Energie, Beredsamkeit und einer Fülle von Flugschriften geführt, es gab kein Journal, kein Magazin, keinen der beliebten Almanache, die nicht in dieser Frage Partei ergriffen hätten. Selbst das Theater war beteiligt. In Leipzig erschien 1804 ein einaktiges

Schauspiel *Die Nachdrucker*; in Prag wurde ein Stück aufgeführt mit dem Titel *So rächt sich ein Schriftsteller an betrügerischen Buchhändlern*. Die Nachdrucker selbst waren aber gar nicht der Meinung, daß sie betrügen, sie handelten durchaus auch in der Absicht, Literatur zu fördern. Der Nachdruck war damals weder im Jus civile noch im Jus canonicum verboten. Er war also Rechtens und exterritorial realisierbar. Und er hatte durchaus große Verteidiger, in Fichte, im Freiherrn Knigge, nicht zuletzt in den Landesherren, die nach den merkantilistischen Ideen der Zeit in erster Linie ihr eigenes Territorium im Auge hatten und kräftig von diesem Nachdruck profitierten. Import war teuer und Selbstproduktion billig. Der Landgraf von Hessen gestattete dem Darmstädter Buchhändler Wilhelm Krämer den Nachdruck aller ausländischen Bücher, die »im Preise überspannt und zur Aufklärung und Bildung des menschlichen Herzens das mehrste beytrügen, und in die nötigsthen Fächer der Wissenschaft einschlügen«. Da »ausländisch« alles sein konnte, was nicht landgräflich-hessisch war, waren praktisch alle Bücher nachdruckbar.

Viele Nachdrucker gab es in Berlin, in Frankfurt, in Hamburg, in Süddeutschland, besonders in Stuttgart, in Karlsruhe und in Tübingen. Führend war die berüchtigte Nachdruckfirma Macklot in Karlsruhe; Frankfurt genoß den zweifelhaften Ruf, Haupttummelplatz der Nachdrucker zu sein, nachdem es seine Position als Messestadt des deutschen Buchhandels ab 1764 für fast zwei Jahrhunderte an Leipzig abgetreten hatte.

Als König der Nachdrucker aber galt Johann Thomas Trattner aus Wien; er war mit einem kaiserlichen Privatprivileg ausgestattet, das ihm den »Nachdruck aller zur Beförderung der Studien erforderlichen Bücher« gestattete, und dieser prominenteste und am meisten exponierte Nachdrucker erhielt von Maria Theresia sogar eine jährliche Unterstützung. Trattner gründete eine Gesellschaft, um ganz systematisch die Werke deutscher Autoren und Verlage auszuforsten, er hatte die Stirn, sich an berühmte Gelehrte zu wenden, um Vorschläge für Nachdrucke zu erhalten. Maria Theresia ernannte ihn zum Hofbuchhändler, Hofbuchdrucker und schließlich zum Edlen Ritter von Trattner.[19]

Freilich, die Gegner des Nachdrucks waren entschieden, und sie wehrten sich. Angeführt wurden sie vom Leipziger Buchhändler und Verleger Philipp Erasmus Reich und vom Weimarer Verleger Friedrich Justin Bertuch, der die Nachdrucker schlicht als »Raubtiere« bezeichnete. Reich und Bertuch waren auch die ersten, die ihre Kollegen aufforderten, in ihren Ländern Gesetzesschutz gegen den Nachdruck zu erwirken.

Am deutlichsten jedoch wehrten sich die Autoren gegen die Nachdrucker. Sie waren neben den Verlegern die eigentlich Betroffenen. Zu den streitbaren Gegnern zählte Lichtenberg, der die Nachdrucker »Schleichdrucker« und den Handel mit deren Büchern »Schleichhandel« nannte, und der Schleichdrucker sei nichts anderes als ein Dieb. Lessing (in *Leben und leben lassen, ein Projekt für Schriftsteller und Buchhändler*), Kant (*Von der Unrechtmäßigkeit des Büchernachdrucks*) und Jean Paul (*Sieben letzte oder Nachworte gegen den Nachdruck*) kämpften zusammen mit Wieland und Schiller gegen dieses Grundübel im Verlagswesen jener Zeit.

Von jeher, von Anbeginn an bis heute, wirkte sich eine Einrichtung überraschenderweise gegen das Verfahren der unerlaubten Nachdrucke aus: die Zensur. Sie war jedoch in der Goethezeit auch ein Übel für die Autoren: Manuskripte mußten dem Zensor eingereicht werden, und der Zensor mußte vom Verleger bezahlt werden! Die Zensur traf den Verleger mehr als den Autor und den ›politischen‹ Autor mehr als den literarischen. Außerdem wirkte sich die Zensur regional und nach den Staaten verschieden aus. Was in einigen deutschen Staaten erlaubt war, wurde in anderen verboten. In Österreich wurde eine Zeitlang die Veröffentlichung der

Werke Schillers und Goethes wegen moralischer Bedenken untersagt. All diese Verbote mit ihren staatlichen Begründungen mußten natürlich auch von den Nachdruckern beachtet werden. Subversive Autoren also durften nicht so einfach nachgedruckt werden.

Gegen den Nachdruck des *Götz* wehrte sich Goethe noch gelassen und milde. Er hatte zuvor erfahren, welch große Wirkung die zwei unberechtigten Nachdrucke seines *Briefes des Pastors zu *** an den neuen Pastor zu **** ausgelöst hatten. Lavater, der wohl als erster Goethes Rang erkannt hatte, berichtete, er habe diesen Text als Nachdruck kennengelernt. Im Vorwort zur »Zwoten Auflage« des *Götz* von 1774 bei den Eichenbergischen Erben schrieb der Verleger, wohl in Abstimmung mit Goethe: »Kaum war dieses Stück erschienen, als auch sogleich ein Nachdruck davon heraus kam, worüber man sich weiter nicht zu beklagen hätte, wenn nur derselbe mit etwas weniger Flüchtigkeit veranstaltet worden wäre.« *Götz* hatte Goethes Ruhm als Schriftsteller der neuen Generation begründet, und die Nachdrucker hefteten sich von Buch zu Buch an seine Fersen. Man stelle sich vor, bei uns erschienen eine Originalausgabe und gleichzeitig billige Nachdrucke, und der Buchhandel dürfte sie verbreiten! Die Originalausgabe wäre erledigt, und nicht anders muß es damals für Weygand, den Verleger *Werthers*, gewesen sein.

Goethe, der zu »ernsten Dingen« nach Weimar übergesiedelt war, verhielt sich reserviert und resigniert. Der Nachdruck erschien ihm als ein nationales Übel, das ihn ärgerte, weil seine Werke fehlerhaft verbreitet und ebenso rezipiert wurden, aber noch fühlte er sich zur Gegenwehr nicht motiviert. Doch je massiver der Diebstahl an seinem geistigen Eigentum wurde, desto mehr sann er auf Reaktionen, und eine solche war seine wachsend schlechte Meinung gegenüber den sich Verleger nennenden Nachdruckern, und oft schloß er hier auch die rechtmäßigen Verleger ein, die sich ihrerseits mit manchmal dubiosen Methoden gegen den Nachdruck wehrten.

Am Beispiel *Werthers* wurde deutlich, was zu jener Zeit bereits auch für Werkausgaben galt. Was seinen Verleger Weygand betrifft, so muß ein grundsätzlicher Vorgang festgehalten werden: Weygand hatte sich selbst als Nachdrucker betätigt! Er hatte sowohl von *Clavigo* als auch von *Werther* Doppeldrucke hergestellt, die meist nur an kaum auffallenden Kleinigkeiten kenntlich waren und von deren Existenz Goethe zunächst nichts erfuhr. Kann man Goethes Mißtrauen nicht verstehen? War das Nachdruckunwesen so mächtig, daß selbst der rechtmäßige Verleger zu einem unrechtmäßigen wurde? Wie raffiniert die Nachdrucker vorgingen, zeigt sich darin, daß sie sich in seinem so prominenten Fall sogar als Vor-Drucker betätigten. 1775/76 erschienen bei Heilmann in Biel in der Schweiz *Des Herrn Göthe sämtliche Wercke*. Die Ausgabe umfaßte drei Bände und in ihnen alles bisher Erschienene: *Götz, Clavigo, Werther, Stella, Götter, Helden und Wieland, Erwin und Elmire*. Man kann sich Goethes Überraschung vorstellen: die erste Gesamtausgabe seiner Werke als unberechtigter Nachdruck! Und die Überraschung sollte noch größer werden, denn es erschienen in den folgenden Jahren nicht weniger als zwölf weitere, insgesamt also dreizehn Nachdrucke seiner ›Gesammelten Werke‹! Das konnte Goethe nun auch im Zusammenhang mit dem ökonomischen Vorgang nicht mehr gleichgültig sein. Er selbst erhielt kein Honorar (auf den merkwürdigen Honorarvorschlag eines Nachdruckers werden wir noch zu sprechen kommen), während die Nachdrucker, die diese Drucke produzierten, und die Buchhändler, die sie verbreiteten, Umsatz und Gewinn damit erzielten. Von hier rührt sein Mißtrauen gegen den Buchhandel insgesamt, und soviel Einsicht man auch von ihm erwarten mochte, er machte in seiner Verachtung und Verurteilung keinen Unterschied mehr zwischen den unrechtmäßigen Nachdruckern und den rechtmäßigen

Titelblatt des Zweiten Teils von *D. Goethens Schriften* bei Himburg, Berlin 1775 (Vignette: Berlichingen-Wappen, von J.W. Meil).

Verlegern. Der Verleger war ihm derjenige, der die Rechtlosigkeit des Autors ausnutzt und aus dem Fehlen des Schutzes geistigen Eigentums seinen Gewinn erzielt.

Ein besonders charakteristisches, im *Werther*-Fall schon mit anklingendes Beispiel eines solchen Nachdrucks sei hier noch angeführt. Der berüchtigte Berliner Verleger Christian Friedrich Himburg brachte gleich drei einander folgende Auflagen einer unberechtigten Ausgabe von *Goethens Schriften*, die beiden ersten zu je drei Bänden (1775/76 und 1777), mit zwei Titelvignetten und 11 Kupfern nach Daniel Chodowiecki. Die dritte Auflage (von 1779) umfaßte vier Bände, von dieser schickte Himburg an Goethe einige ›Freiexemplare‹ und schrieb dazu, er rechne sich diese Ausgabe, diese so schön gedruckte Sammlung der Werke, als Verdienst an. In der Tat kann man Himburg ein Unrechtsbewußtsein nicht unmittelbar unterstellen. Überdies ereignete sich hier etwas, das normalerweise bei Nachdrucken nicht geschah, nämlich daß renommierte Zeitungen diese Nachdrucke rezensierten. Der Altonaer ›Neue gelehrte Mercurius‹ veröffentlichte am 30. November 1775 eine anerkennende Rezension, ebenso das ›Berlinische literarische Wochenblatt‹ (am 27. 1. 1779) und die ›Gothaischen Gelehrten Zeitungen‹ (am 26. 5. 1779). Später, im Jahr 1781, veröffentlichte Himburg einen Stich von Chodowiecki: »*Wercke der Finsternis oder Beytrag zur Geschichte des Buchhandels in Deutschland*. Allegorisch vorgestellt zum besten, auch zur Warnung aller ehrliebenden Buchhändler, zu finden bey C. F. Himburg in Berlin«: Aus einer Räuberhöhle überfallen Banditen Leute, die des Weges ziehen, und berauben sie ihrer Gewänder, Nachdrucker stehlen das Eigentum rechtmäßiger Verleger – und Justitia verhüllt ihr Haupt!

Das Ärgerliche vor allem der folgenden Himburg-Ausgaben war, daß sie einerseits besonders gut ausgestattet waren, mit holzfreiem Papier und den Chodowiecki-Stichen; sie enthielten, wie die vorausgehenden Auflagen, Titelvignetten und Kupferstiche im Text, andererseits war ihre Textfassung selbst schludrig und verschlechterte sich von Auflage zu Auflage. Eben diese Himburgschen Ausgaben wurden an vielen Orten nachgedruckt (mit immer schlechterem Papier und mit immer mehr Fehlern), was nun wiederum auch Himburg merkantil so empfindlich traf, daß dieser schlitzohrige Mann sogar Nachdrucke der eigenen Ausgabe mit dem Imprint »Frankfurt und Leipzig« veranstaltete! Das wurde selbst Goethe zuviel. Wir kennen seine Reaktion aus *Dichtung und Wahrheit*:

Wercke der Finsternis. Karikatur auf den Raubdruck von Daniel Nikolaus Chodowiecki (Kupferstich), 1781 (GMD).

Als nämlich meinen Arbeiten immer mehr nachgefragt, ja eine Sammlung derselben verlangt wurde, jene Gesinnungen aber mich abhielten eine solche selbst zu veranstalten; so benutzte Himburg mein Zaudern und ich erhielt unerwartet einige Exemplare meiner zusammengedruckten Werke. Mit großer Frechheit wußte sich dieser unberufene Verleger dieses dem Publikum erzeigten Dienstes gegen mich zu rühmen und erbot sich mir dagegen, wenn ich es verlangte, etwas Berliner Porzellan zu senden. Bei dieser Gelegenheit mußte mir einfallen, daß die Berliner Juden, wenn sie sich verheurateten, eine gewisse Partie Porzellan nehmen mußten, damit die königliche Fabrik einen sichern Absatz hätte. Die Verachtung welche daraus gegen den unverschämten Nachdrucker entstand, ließ mich den Verdruß übertragen, den ich bei diesem Raub empfinden mußte. Ich antwortete ihm nicht, und indessen er sich, an meinem Eigentum gar wohl behaben mochte, rächte ich mich im Stillen mit folgenden Versen:

> Holde Zeugen süß verträumter Jahre
> Falbe Blumen, abgeweihte Haare,
> Schleier, leicht geknickt, verblichne Bänder,
> Abgeklungener Liebe Trauerpfänder,
> Schon gewidmet meines Herdes Flammen,
> Rafft der freche Sosias[20] zusammen,
> Eben als wenn Dichterwerk und Ehre
> Ihm durch Erbschaft zugefallen wäre;
> Und mir Lebenden soll sein Betragen
> Wohl am Tee- und Kaffeetisch behagen?
> Weg das Porzellan, das Zuckerbrot!
> Für die Himburgs bin ich tot.

Für *Dichtung und Wahrheit* hat Goethe das Gedicht freilich abgeschwächt. Die erste Fassung hat Jonas Fränkel in der Ausgabe von *Goethes Briefen an Charlotte von Stein* veröffentlicht. Dort liest sich das Gedicht mit einem von Goethe stammenden Titel so:

> Der vierte Teil meiner Schriften
> Berlin. 1779 bei Himburg

Langverdorrte halbverweste Blätter vorger Jahre,
Ausgekämmte, auch geweiht und abgeschnittne Haare,
Alte Wämser ausgetretne Schuh und schwarzes Linnen
Was sie nicht ums leidge Geld beginnen!
Haben sie für bar und gut
Neuerdings dem Publikum gegeben.
Was man andern nach dem Tode tut,
Tut man mir bei meinem Leben.
Doch ich schreibe nicht um Porzellan noch Brot,
Für die Himburgs bin ich tot.

Es gab natürlich nicht nur die Himburgs, da waren noch manch andere, so die bereits erwähnten Fleischhauer und Christian Gottlieb Schmieder; und es gab immer wechselnde Druckorte, mit denen die Nachdrucker ihre Spuren zu verwischen suchten: Berlin, Wien, Bern, Uppsala und London sind vermerkt und eben auch die teilweise fiktiven Ortsangaben wie »Freystadt«, »Wahlheim« u. a.

Über August Friedrich Macklot ärgerte sich Goethe besonders, und so kritisierte er 1774 in *Hanswursts Hochzeit* den »räuberischen Macklot«. Wie er in *Dichtung und Wahrheit* erzählt, gebrauchte er diesen Namen nur noch als Schimpfwort. Macklot hatte der Markgräfin von Baden vorgeschlagen, die in ihrer Papierfabrik erzeugten schlechten und damit unverkäuflichen Papiere für den Druck der Werke deutscher Dichter zu verwenden. Goethe hatte daraufhin die Markgräfin auf diesen »Papierpatron« angesprochen; gerade weil er auf Ausstattung so großen Wert legte, ärgerte ihn doppelt, daß Werke deutscher Dichter auf schlechtem, unverkäuflichem Papier gedruckt werden sollten. Im *Neuesten von Plundersweilern* (1781) erhält der Nachdrucker wieder ein literarisches Denkmal, er erscheint dort als

> ... ein Mädchen von schlechten Sitten,
> Und bietet um geringen Preis
> Gar vieler Menschen sauren Schweiß.
> Ein Jeder wird sie laut verachten;
> Es mag kein Mensch sie übernachten,
> Und alle kommen doch zu Haufen
> Ihr ihre Waren abzukaufen.

War diese Reaktion Goethes, seine Rache im stillen, angemessen? Himburg tadelt er als unberufenen Verleger und kreidet ihm »Raub« an. Im Gedicht wird er dann aber vornehmer, wenn er ihn, wie zitiert, als »frechen Sosias« bezeichnet. Goethe bezieht sich damit auf den sprichwörtlichen

Sosius bzw. die Sosii, Verlagsbuchhändler zur Zeit des Horaz. Hätte aber Goethe angesichts seiner Stellung in Weimar nicht mehr tun können? In England gab es bereits seit 1709 eine Art Urheber- und Verlagsrecht, das für das geistige Eigentum einen klaren Schutz und eine Schutzdauer von einundzwanzig Jahren festgelegt hatte. In Sachsen existierte ein berühmtes Mandat vom 18. Dezember 1773, das den Nachdruck von Büchern, die bei der Leipziger Messe ausgestellt waren, verbot, doch niemand hielt sich daran. Als Göschen später energisch auf die Einhaltung des Mandats drang, fand er selbst bei der sächsischen Regierung keine Unterstützung. Goethes Haltung gegenüber den Nachdruckern blieb in der Öffentlichkeit zurückhaltend, bis er mit seinen späteren, rechtmäßigen Verlegern, mit Göschen und Cotta, in Schwierigkeiten wegen deren unberechtigter Nachdrucke geriet und das Nachdruckunwesen nunmehr seine eigenen Einnahmen beeinträchtigte.

Später wird er jedoch ganz persönlich einen erfolgreichen Schritt gegen den Nachdruck tun, es wird ihm gelingen, für die »Ausgabe letzter Hand« ein Privileg zu erhalten, das Raubdrucke unmöglich machen wird.

6. »daß der Herr Dr. Göthe die Buchhändler so quälen will«. Goethe stellt Forderungen

Als erster mußte dies der Berliner Buchhändler Christlob August Mylius, Lessings Schwager, erfahren. Goethe hatte 1775 das Schauspiel *Stella* in kürzester Zeit geschrieben, fast gleichzeitig das Singspiel *Claudine von Villa Bella*. Im Vordergrund beider Stücke stand das Thema der Untreue bzw. das Thema der Treue zu sich selbst, gegen die Konvention der Gesellschaft. »In jedem Künstler liegt ein Keim von Verwegenheit«, wird er in den *Maximen und Reflexionen* schreiben, »ohne den kein Talent denkbar ist.« Im Singspiel *Claudine* wird der Bohemien Crugantino nach allerhand Machenschaften in den Kerker geworfen. Gegen die Vorwürfe eines väterlichen Freundes begehrt er auf (nicht anders, als Goethe später gegen den Superintendenten Herder aufbegehren wird, als dieser ihm Vorwürfe wegen seiner Lebensführung in Weimar machte). Crugantino: »Wißt Ihr die Bedürfnisse eines jungen Herzens, wie meins ist? Ein junger toller Kopf? Wo habt Ihr einen Schauplatz des Lebens für mich? Eure bürgerliche Gesellschaft ist mir unerträglich!« Er will diesen Rahmen der bürgerlichen Konventionen sprengen, und es sind besonders zwei Mächte, denen er sich revolutionär verbunden weiß, der Geist und der Eros. »Denn das Leben ist die Liebe, | Und des Lebens Leben Geist.« Goethe hatte sich mit dem Plan getragen, einen Roman »Der Sultan wider Willen« zu schreiben, bei dem sich vier verschiedene Frauen für einen Mann interessieren, der sich seinerseits gleich liebenswürdig um alle vier bemüht. Nach »Pharaos Nachfolger« und nach *Cäsar* und *Mahomet* wieder ein nicht ausgeführter Plan. Es gibt ein einsichtiges Wort von Ludwig Wittgenstein: »Ich wollte nämlich schreiben, mein Werk bestehe aus zwei Teilen: aus dem, der hier vorliegt, und aus alledem, was ich nicht geschrieben habe. Und gerade dieser zweite Teil ist der wichtigste.« Bestechend mag diese Einsicht für den Philosophen sein, für den Künstler wie für den Menschen Goethe gilt die Sicherheit der Wahl wie des Verzichts.

In *Stella* verläßt Goethe den Rahmen des bürgerlichen Lebens. Wie er selbst, der sich an eine einzige Frau nicht binden konnte, der immer zwei zu gleicher Zeit liebte oder irgendein »Nebengeschöpf« verehrte, steht hier ein Mann zwischen zwei Frauen, beide hat er verlassen, zu beiden kehrt er zurück. Das ist, gemessen an den moralischen Konventionen der Zeit, eine Revolution der Sinnlichkeit und sittlich verwegen. Das »Wir sind dein« der beiden Frauen am Schluß hat etwas von einem befreienden Akt, selbst noch in unserer Zeit. Kein zeitgenössischer Dramatiker von Rang hat eine solche

›Verwegenheit‹ gestaltet! Und in diesem Sinne bedauere ich auch die Umarbeitung in den tragischen Schluß, den Goethe einer besseren Aufführungsmöglichkeit wegen (eine Geste der Devotion bei Hofe) und für die Gesamtausgabe von 1816 geschrieben hat.

In der Frage der Veröffentlichung dieses Stücks korrespondierte Goethe mit seinem Freund Merck und bat ihn um Vermittlungsdienste. Auch dies sollte von nun an charakteristisch für ihn werden. Er versuchte, sich aus dem direkten Verlagsgeschäft herauszuhalten, um durch einen Vermittler intensiver Bedingungen stellen und Forderungen durchsetzen zu können. Merck hatte ihn mit Mylius bekannt gemacht und übermittelte diesem auch die Forderung: Goethe wolle 20 Taler von Mylius erhalten, bevor dieser das Manuskript gesehen habe. Man kann die zurückhaltende Reaktion von Mylius verstehen; jeder Verleger wird sich weigern, Ungelesenes anzunehmen.

Mylius' Brief an Merck vom 17. Oktober 1775 ist ein wichtiges Dokument für die Beurteilung von Goethes Haltung gegenüber Verlegern: »Es ist allerdings wohl Eigensinn von Herrn Dr. *Göthe*, wenn er seine Msc auf die Art verkaufen will; denn unter uns gesagt, es ist etwas sonderbar, unbesehen und, nach dem alten Sprüchwort, die Katze im Sacke zu kaufen. Auch ist mit einer so kleinen Pièce ja kein großer Handel zu machen. Was machen denn auch einige Tausend für eine Summe, und wieviel verliert sich im Lauf des Buchhandels in Deutschland nicht?!! Inzwischen damit ich nicht den Vorwurf auf mich lade, als ob nichts mit mir anzufangen wäre, so werde ich die Probe machen und künftigen Posttag an meinen Vetter nach Weimar 20 Thlr. senden, um von Herr Dr. *Göthe* das Msc. der *Stella* in Empfang zu nehmen, hauptsächlich aber um mit diesem allerdings seltenen Genie und fruchtbaren Schriftsteller in Bekantschaft zu kommen. Wenn es nur nicht, wie ich fast fürchte, die entgegengesetzte Wirkung thut! Denn da er nun für diese vielleicht kleine und nicht sehr interessante Pièce 20 Thlr. bekommt, so wird das folgende Stück 50 Thlr. und Dr. *Faust* vielleicht 100 Louisd'or gelten sollen; das ist aber wider die Natur der Sache und nicht auszuhalten und ich thue von ganzem Herzen Verzicht darauf. Mich wundert übrigens, daß der Herr Dr. *Göthe* die Buchhändler so quälen will, da er, wie ich immer gehört habe, solches aus öconomischen Gründen nicht nöthig hat. Soll es also vielleicht Ruhm seyn, daß ihm seine Msc. so theuer sind bezahlt worden? Dr. *Faust* wäre mir für einen proportionirlichen Preis lieber gewesen.«

Goethe beginnt also, seinen ökonomischen Wert einzuschätzen, und zähneknirschend lassen sich die Buchhändler von ihm »quälen«, eben um dieses »seltene Genie«, diesen »fruchtbaren Schriftsteller« zu akquirieren und zu halten. Doch was ist dafür ein »proportionirlicher Preis«? Mylius veröffentlichte »*Stella*. Ein Schauspiel für Liebende in fünf Akten von J. W. Göthe« im Januar 1776 in Berlin. Da Goethe fürchtete, *Claudine* könnte unrechtmäßig gedruckt werden, weil die ausgesandten Manuskripte nicht zu ihm zurückkamen, bat er Mylius kurzerhand um Veröffentlichung auch dieses Stückes. Es erschien noch 1776 (»*Claudine von Villa Bella*. Ein Schauspiel mit Gesang von J. W. Göthe«); eine zweite Ausgabe folgte im selben Jahr, danach gab es keine Verbindung mehr zu Mylius. Göschen sollte dann 1788 eine »ächte Ausgabe« herausbringen.

II. GOETHE UND GÖSCHEN

1. »Der Strom des Lebens«. Aber: »Eigentlich bin ich zum Schriftsteller gebohren«

»Nicht lange nach der Begegnung, bei welcher Göschen sich die Gunst des Patriarchen der deutschen Literatur im Sturme gewonnen, aus welcher er jedoch nur ein wenn auch wertvolles Versprechen heimgebracht hatte, feierte er einen größeren und unmittelbaren Triumph. Er wurde mit der Veröffentlichung der gesammelten Werke Goethes beauftragt, eine Ehre ohnegleichen für einen so jungen Anfänger.« So beginnt Viscount Goschen das sechste, mit »Goethe. Juni 1786 bis Ostern 1787« überschriebene Kapitel der Biographie seines Großvaters *Das Leben Georg Joachim Göschens*.[1] Der erwähnte »Patriarch« war Christoph Martin Wieland, der erfolgreichste literarische Autor jener Zeit, seit 1772 Erzieher des Erbprinzen Carl August in Weimar. Schiller wurde von Christian Gottfried Körner bei Göschen eingeführt. Körner, Jurist in Dresden, seit 1815 Staatsrat in Berlin, war verheiratet mit Johanna Dorothea (Dora) Stock, der Tochter des Goethe nahestehenden Kupferstechers, war Haupt des sächsischen Kreises von Verehrern des jungen Schiller und Vater des Dichters und Kämpfers der Freiheitskriege Theodor Körner. Schiller wiederum vermittelte Christoph Martin Wieland an Göschen. Wieland und Göschen wurden Freunde, und von diesem Moment an hatten beide nur ein Ziel: Goethe für den Verlag zu gewinnen, und eifrig schmiedeten sie Pläne für eine Verbindung zu ihm. Damals wie heute sind Autoren die besten Werbenden für einen literarischen Verlag. Sie sehen es gerne, daß die Gesellschaft der Autoren, die einem Verlag

Christoph Martin Wieland (1733-1813).
Aquarellierte Bleistiftzeichnung Goethes 1776 (SWK).

zugehören, repräsentativ ist für die Literatur der Zeit und daß eine gewisse Homogenität dieser Gesellschaft auch die Verlagspolitik beeinflußt. Freilich, Autoren sind keine disponiblen ›Waren‹, und was einst einmal Werbung und Solidarität war, mag umschlagen in unheimliche Kraft, die einen Verlag zerstören kann.

Doch zunächst war es so, daß Göschen für Wieland eine »begeistertere Liebe hegte als für irgend einen anderen seiner vielen Freunde und Autoren ... Viele Neigungen waren ihnen gemeinsam. ... beide beugten sich vor dem alles überstrahlenden Genie Schillers und Goethes und bewunderten diese geistigen Riesen selbst dann, wenn sie vieles von dem, was beiden, Wieland sowohl wie Göschen, teuer war, zerschlugen.« Wieland hatte also einen Anteil daran, daß Goethe in den Verlag eintrat, doch wahrscheinlich war Wieland auch der indirekte Grund dafür, daß Schiller und Goethe später nacheinander den Verlag verließen und zu Cotta übersiedelten.

Bis aber Göschen Goethes Verleger werden konnte, sollten noch zehn Jahre verstreichen, denn 1775 begann das Jahrzehnt der »ernsten Dinge«. Am 7. November 1775, »morgens um fünf Uhr«, war Goethe in Weimar angekommen. Er war sich zunächst nicht sicher, ob er länger bleiben würde, so attraktiv war Weimar mit seinen 6000 Einwohnern, dem abgebrannten Schloß, den schmutzigen, von Hühnern und Kühen verstopften Wegen nicht; es dauerte einige Zeit, bis er, im Gedicht *Ilmenau*, schreiben konnte: »Ich sehe hier, wie man nach langer Reise | Im Vaterland sich wiederkennt«. Am 3. September 1786 beendete er die erste Weimarer Zeit, diesmal mit einer wirklich langen Reise, auch, um sich wiederzuerkennen oder, in seinen eigenen Worten, um »Verjüngung« und »Wiedergeburt« zu erfahren: Heimlich, unter dem Pseudonym Johann Philipp Möller, reiste er mit seinem Diener Vogel nach Italien. Immer wieder sollte Goethe in den folgenden Jahrzehnten seinen Aufenthalt am Hauptwohnsitz Weimar durch Reisen unterbrechen; er war 13 Jahre, genau: 4765 Tage, von Weimar abwesend.

»Wie ganz der Mensch beim ersten Anblick«, schrieb Wieland (an Friedrich Jacobi am 10.11.1775), »nach meinem Herzen war! Wie verliebt ich in ihn wurde, da ich am nämlichen Tage an der Seite des herrlichen Jünglings zu Tische saß!« Der Hof erhielt eine neue Dimension. »Voll von Goethe wie ein Tautropfen von der Morgensonne«, hat Wieland, bislang vom Hofe schlecht behandelt, den sieghaften Einzug eines »echten Geisterkönigs« mit »zaubernden Augen voll Götterblicken« genannt.

Es begann das Jahrzehnt des Beamten und Geheimen Rates und, was seine schriftstellerische Tätigkeit anbelangt, das Jahrzehnt der Fragmente, der ›höfischen Spiele‹, der Singspiele, Maskenzüge, Theaterreden u.a., auch der amtlichen Schriften. Doch es darf nicht übersehen werden, daß in dieser Zeit auch die klassischen Dramen konzipiert und entworfen wurden.

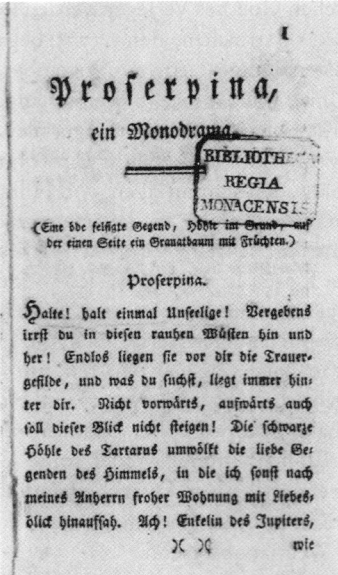

Goethe: *Proserpina, ein Monodrama*. Einzeldruck, Weimar 1778, 1. Seite (Staatsbibliothek München).

Nachdem 1776 bei Mylius die Schauspiele *Stella* und *Claudine von Villa Bella* (auch sie in mehreren Nach- und Teildrucken) sowie 1778 das Monodrama *Proserpina* (zunächst als Privatdruck der Druckerei Glüsing in Weimar, dann in der Berliner ›Literatur- und Theaterzeitung‹ vom 28. Februar) in zwei Fassungen und mit mehreren Nachdrucken veröffentlicht worden waren, erschien von 1777 bis 1787, also ein Jahrzehnt lang, außer Gedichten und einigen Abhandlungen kein größeres Werk. Angeblich aber wurde bei den Nachdruckern Dodsley und Compagnie 1779 ein Druckwerk von 19 Seiten veröffentlicht: »*Geheime Nachrichten*. Von den letzten Stunden Woldemars Eines berüchtigten Freygeistes. Und wie ihn

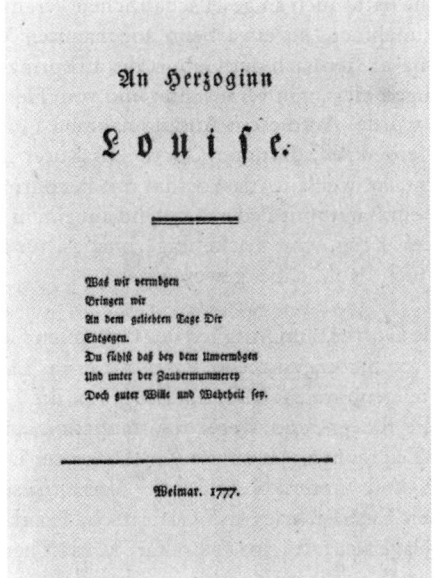

Goethe: *Lila*. Widmungsblatt des Erstdrucks, Weimar 1777 (FDH).

der Satan halb gequetscht, und dann in Gegenwart seiner Geliebten, unter deren Gewinsel zur Hölle gebracht.« Diese Parodie Goethes auf Friedrich Heinrich Jacobis *Woldemar* war ohne dessen Wissen von der Herzogin Anna Amalia im Schloß Ettersberg gedruckt worden. 1777/78 waren das ›Feenspiel‹ *Lila*, kleinere Spiele für das Theater, Gesänge, Arien und Widmungen vorausgegangen. Es folgten höfische Arbeiten, *Die weiblichen Tugenden an die regierende Herzogin von Weimar*, *Feyer der Geburtsstunde Carl Friedrichs* und die *Rede bey Eröffnung des neuen Bergbaues zu Ilmenau*. Der Hof nahm Goethe immer mehr in Anspruch, und die poetische Produktion mußte oft in dessen Dienst gestellt werden. Goethe hatte auch an gesellschaftlichen Veranstaltungen aktiv teilzunehmen, so etwa beim sogenannten Venezianischen Karneval, der nach der Geburt des Erbprinzen zu Ehren der jungen Herzogin veranstaltet und vom Herzog selbst angeführt wurde. An diesem Aufzug nahmen 139 Personen mit 100 Pferden teil, darunter Goethe als Ritter in altdeutscher Tracht, im weißen Atlaskostüm mit Purpurmantel, auf dem Kopf ein Barett mit Federn, reitend auf einem Schimmel mit buntem Zeug, von Fackelträgerknaben umgeben. Es kann ihm nicht wohl dabei gewesen sein!

1776 wurde Goethe zum Mitglied des Geheimen Conseils ernannt; an 500 Sitzungen dieses Rates hat er im Laufe seiner Amtszeit teilgenommen. Man übertrug ihm die Verantwortung für die Kriegs- und Wegebaukommission, und dies in unruhiger Zeit, außen wie innen: Zar Alexander I. von Rußland starb und hinterließ unsichere Verhältnisse; Bayern führte einen Erbfolgekrieg mit Österreich; Frankreich und Spanien belagerten erfolglos Gibraltar; Maria Theresia starb 1780, Joseph II. wirkte mit aufklärerischen Reformen; Washington besiegte die Engländer und erzwang den Versailler Frieden von 1783, in dem England die Unabhängigkeit der USA anerkannte; Friedrich der Große starb, und Friedrich Wilhelm II. wurde König von Preußen. Im Innern brachen sich immer mehr die Gedanken der Aufklärung und Toleranz Bahn, die freilich bereits wieder ab 1790 eingeschränkt wurden. Goethe las Lessings *Nathan der Weise* und dessen Schrift zur *Erziehung des Menschengeschlechts* von 1780, er las Diderot und Rousseau; in Kants Abhandlung *Was ist Aufklärung?* fand er den berühmten Satz, mit dem jener die Aufklärung definiert als »Ausgang des Menschen aus seiner selbstverschuldeten Unmündigkeit«. 1782 aber wurde in der Schweiz noch die letzte Hexenhinrichtung mit dem Schwert vollzogen.

Goethe hatte von Amts wegen zu strafen und zu loben, zu

degradieren und zu befördern. Wo er konnte, ließ er jedoch seinen liberalen Ideen freien Lauf. In einer heißumstrittenen innenpolitischen Frage setzte er sich energisch ein: »Das Verboth der Verehelichung unterm 24sten Jahre ... gegenwärtig [vom Standpunkt der Kriegskommission] nicht mehr nöthig seyn dürfte« (an Carl August, 31. 12. 1783). Ein großes Problem stellten die Deserteure dar. Das war und ist so in allen Armeen der Welt, und überall wurde die Fahnenflucht streng geahndet; auch in Weimar war das Spießrutenlaufen bei Desertion nicht abgeschafft, und oft verbluteten die Delinquenten elendig. Vor allem mit den Deserteuren der preußischen Armee hatte sich Goethe zu befassen, immer wieder flohen sie nach Weimar, von wo Friedrich II. ihre Auslieferung verlangte. Preußen war in dieser Hinsicht ein unangenehmer Nachbar, in der Auseinandersetzung mit ihm blitzte in die beschränkte Region die ›große‹ Politik hinein. Friedrich schickte die Werber für seine Armee auch ins Weimarische. Immer wieder sah sich Goethe mit der Frage konfrontiert, ob solche Rekrutierung erlaubt sei und ob man die eigenen Leute ausliefern solle, »ein unangenehmes verhasstes und schaamvolles Geschäfft«, wie es in seiner Eingabe an den Herzog heißt.

Mußte man nicht befürchten, daß auch Weimars eigene Soldaten untreu würden? Man brauchte sie doch, die Husaren des Weimarer Elitecorps unter ihrem Rittmeister Lichtenberg, als Leibgarde wie als Schutz – und gelegentlich auch als Beförderer der Liebesbriefe des Geheimen Rats. Der Herzog Karl Eugen von Württemberg vermietete 1787 das aus seinen Untertanen bestehende Kap-Regiment an die holländische Ostindische Kompanie. Zu solchem hätte sich Goethe nicht hergegeben. Um die angeschlagenen Finanzen des Herzogtums zumindest teilweise zu sanieren, setzte er die »Halbierung des Militärs« durch.

Goethes Sympathien für die amerikanische Unabhängigkeit sind bekannt.[2] Das Jahr 1782 wurde zum Höhepunkt seiner politischen und staatsmännischen Karriere, die bisher durchaus steil verlaufen war: 11. Juni 1776 Mitglied des Geheimen Conseils mit dem Titel eines Großen Geheimen Legationsrates. Im August 1779 Geheimer Rat: »es kommt mir wunderbaar vor«, schreibt er am 7. September 1779 an Charlotte von Stein, »dass ich so wie im Traum, mit dem 30ten Jahre die höchste Ehrenstufe die ein bürger in Teutschland erreichen kan, betrete«. Am 3. Juni 1782 erhält er von Kaiser Joseph II. das (am 10. April auf Antrag des Herzogs ausgestellte) Adelsdiplom. Er erwähnt dies kaum, aber es war mehr als eine äußere Auszeichnung, der Herr von Goethe war nun kein Bürgerlicher mehr, er war ›hoffähig‹ geworden und durfte jetzt auch an der Tafel des Herzogs speisen. 1782 übernahm er das Amt eines Kammerpräsidenten des weimarischen Landesteils; nachdem der Herzog den bisherigen Kammerpräsidenten von Kalb, der bei der Verwaltung der Hofkasse Schulden verursacht hatte, entlassen mußte, wünschte er am 11. Juni: »wenn Ihr Euch mit denen Cammergeschäften näher bekannt machen und Euch zu so thanem Directorio zu qualifizieren suchen wolltet.« Goethe nahm an; der Kammerpräsident war eine Art Finanzminister, wie überhaupt die Mitglieder des Conseils als Minister bezeichnet wurden (eine Staatsministerium genannte Behörde wurde offiziell erst 1815 geschaffen, als das Herzogtum zum Großherzogtum avancierte). Der neue Minister hoffte, »die neue Veränderung und Erweiterung meiner Bestimmung soll mir und andern wohl thun«. Jedoch, von »andern wohl thun« konnte nicht die Rede sein, denn die Berufung verlief nur gegen Widerstände der anderen Mitglieder des Conseils, der Herzog mußte nach allen Seiten beruhigen; die Höflinge murrten noch lange. Doch auch manche Freunde versahen die neue Karriere mit kritischen Anmerkungen. Herder etwa sah ihn mißmutig oder gar neidisch zum »Faktotum des Weimarschen«[2] geworden. An Philipp Christoph Kayser schrieb Goethe (am 14.6. 1782): »Der Strom des Lebens reist mich immer stärcker, daß ich kaum Zeit habe mich umzusehn.« Dabei war es nun seines Amtes, sich umzusehen, denn wie sollte die Hofkasse saniert, wie das Budget sinnvoll angewandt, wie Gewerbe und Handel unterstützt werden?

Es war eine Umbruchzeit. James Watt baute die doppeltwirkende Niederdruck-Dampfmaschine, die wesentlich zur industriellen Revolution beitrug; Antoine Laurent Lavoisier wurde durch seine Elementaranalysen zu einem der Begründer der modernen Chemie; Joseph Priestley und Karl Wilhelm Scheele entdeckten den Sauerstoff; Alessandro Volta entwickelte einen Elektrophor mit fortgesetzter Ladungserzeugung. 1785 wurde der Kanal im Freiballon überquert, und Claude-François Jouffroy baute das erste Dampfschiff, die ersten Ballonaufstiege mit Heißluft (durch J.M. und J.E. Montgolfier) verhießen den Beginn der Luftfahrt. »Ergözen dich nicht auch die Luftfahrer?« fragte Goethe Ende Dezember 1783 Lavater. »Ich mag den Menschen gar zu gerne so etwas gönnen. Beyden den Erfindern und den Zuschauern.«

Goethe nahm seine politischen Aufgaben ernst. Seine literarische Produktion begann amtlich zu werden. Er warb für die »Vereinfachung des Kanzleistils«, schlug zur »Schwächung« der landsmannschaftlichen Verbindungen »Maßnahmen« vor und unterstützte das Gesuch des Frankfurter Schutzjuden Elias Löb Reisz um einen herzoglichen Gnadenerweis; der Jurist kam zum Zuge bei der Frage, ob ein relegierter Student an das preußische Militär gegeben werden sollte, »im Austausch gegen ein Landeskind«, das in preußische Dienste gezwungen worden war, ob etwa die Kirchenbuße abgeschafft werden könnte und ob nicht die Todesstrafe bei Kindsmord doch beibehalten werden sollte. Der Finanzdirektor hatte über Verfahren zur Einziehung rückständiger Steuern zu befinden, Betrachtungen über Konkurse anzustellen und säumige Zahler zu bestrafen. Dem Wasserwegebau und Bergwesen galt seine Sorge, immer wieder stattete er

»Nachricht über das Ilmenauische Bergwesen« ab. Der amtliche Umgang mit dem Ilmenauer Bergwerk und mit naturwissenschaftlichen Instituten in Jena, seine Reisen, sein Naturinteresse und seine Naturverbundenheit ließen in ihm auch eine neue Haltung zu den Naturwissenschaften entstehen. Seit der Beschäftigung »mit Bergwerks Sachen« gebe er sich »mit ganzer Seele in die Mineralogie«. Er versuchte, jenes »erhabne, wundervolle Schauspiel« wissenschaftlich zu ergründen, das ihm »die Entstehung und Bildung der Oberfläche unsrer Erde und die Nahrung welche Menschen draus ziehen zu gleicher Zeit deutlich und anschaulich« machte. Er trieb geologische und anatomische Studien, in denen er über die natürliche Entwicklung alles Lebendigen, vom Reich der Steine über Pflanzen und Tiere bis hin zum Menschen, reflektierte: Ein hymnischer Aufsatz unter dem Titel *Granit* sollte eine Vorstudie zu dem ›geologischen‹ »Roman des Weltalls« sein. Granit wird für ihn das Urgestein aller Gebirgsbildung, und von nun an gilt das Präfix »Ur« für ihn als Hauptwort. »Geprägte Form die lebend sich entwickelt«, heißt es in *Urworte. Orphisch*.

In all seinen naturwissenschaftlichen Bemühungen steckt viel spielerische Lust zur Ergründung von Geheimnissen; doch sind sie ihm nie Selbstzweck, führen sie ihn doch immer wieder auf andere Wege und zu anderen Zielen. Dafür steht ein wichtiger Tagebucheintrag (vom 7. 8. 1779): »Zu Hause aufgeräumt, meine Papiere durchgesehen und alle alten Schaalen verbrannt. Andre Zeiten andre Sorgen. Stiller Rückblick aufs Leben, auf die Verworrenheit, Betriebsamkeit Wissbegierde der Jugend, wie sie überall herumschweift um etwas befriedigendes zu finden. Wie ich besonders in Geheimnissen, dunklen Imaginativen Verhältnissen eine Wollust gefunden habe. Wie ich alles Wissenschaftliche nur halb angegriffen und bald wieder habe fahren lassen, wie eine Art von demütiger Selbstgefälligkeit durch alles geht, was ich damals schrieb«.

Noch eine ›Nebenbeschäftigung‹, die sich aus seinem Hofamte ergab, sei erwähnt, auch ein eher spielerisches Tun: »Wie eine Schlittenfahrt geht mein Leben, rasch weg und klingelnd und promenirend auf und ab«. Seitdem der Schloßbrand den Theatersaal des Hofes zerstört hatte, gab es kein Berufstheater mehr. Laienspieler etablierten sich in einem privaten Haus, und alsbald war auch Goethe miteinbezogen. In Richard Cumberlands Lustspiel *Der Westindier* wirkte Goethe als Schauspieler mit, und vom 1. Oktober 1776 an wurde ihm die Leitung der Weimarer Theateraufführungen übertragen. Er, der Autor des *Werther* und *Götz*, sollte seine eigenen Stücke aufführen, *Erwin und Elmire*, wozu die Herzogin Anna Amalia die Musik komponiert hatte, und die *Laune des Verliebten*, die *Mitschuldigen* und das *Jahrmarktsfest zu Plundersweilern*. Für dieses Theater schrieb er Sing- und Schauspiele (*Die Geschwister*, *Der Triumph der Empfindsamkeit*, *Die Vögel*, *Jeri und Bätely* und *Die Fischerin*), führte Regie und spielte oftmals die Hauptrollen selbst. Es waren dies Gelegenheitsproduktionen, wie die Hofgesellschaft sie wünschte, er hat sie als Ergebnis »poetischer Nebenstunden« bezeichnet und im Alter gegenüber Eckermann (10.2.1829) abgewertet, er habe »in den ersten zehn Jahren [in Weimar] nichts Poetisches von Bedeutung hervorgebracht«. Im Tagebuch notiert er die Fülle seiner Tätigkeiten, in Eintragungen über Jagd, Maskeraden, Kommissionssitzungen, amtliche Inspektionen. Doch wußte er stets, daß er über alle amtliche Tätigkeit hinaus zu anderem bestimmt war: »Eigentlich bin ich zum Schriftsteller gebohren.«

Für die Öffentlichkeit freilich war dies noch nicht wahrzunehmen, es gab keine größeren Publikationen in diesen Jahren, wenn man von Himburgs ›zusammengedruckten‹ Raubausgaben von 1775, 1777 und 1779 absieht. Noch auf der italienischen Reise beklagte sich Goethe, daß er vor allem als Verfasser des *Werther* charakterisiert sei, und mit Bitternis nahm er das Lexikon von 1781 *Charaktere teutscher Dichter und Prosaisten. Von Kaiser Karl, dem Großen, bis auf das Jahr 1781* zur Kenntnis: »Nicht gar oft ist es Schriftstellern gelungen, die größten Fehler des Vortrags durch so überwiegende Schönheiten zu vergüten; nicht leicht hat einer so schnell und allgemein die Bewunderung seiner Nation auf sich gelenkt, als Göthe; dieser außerordentliche Kopf, in dem alle Gaben des Witzes und der Phantasie, mit einer unbezwinglichen Neigung zum Sonderbaren und Neuen vereiniget scheinen. Sein Verdienst, als Schriftsteller, läßt sich allein aus den Leiden Werthers, einem rührenden Roman, und dem Schauspiele, Götz von Berlichingen, bestimmen; denn alle die kleineren Geburten seines Geistes, die Puppenspiele, Prologen und Epilogen in Hans Sachsens Manier, und seine spätern Theaterstücke, voll überspannter Empfindung, übertriebner Launen und ekler Sprachziererey, sind seines Genies unwürdig. Aber in jenen beyden Werken finden sich Schönheiten beysammen, die kein mittelmäßiger Kopf hervorzubringen vermag ... möchte er unsre Sprache weniger verstümmelt und nach Willkür modelt, möchte er seiner Phantasie, oder seinem wunderlichen Geschmacke, weniger gefrönt, und nicht so viel Nachahmerköpfe schwindeln gemacht haben! – So wird doch nach und nach Etwas von dem überschreyenden Lobe verhallen, das die trunknen Bewunderer seiner Tugenden, so wie seiner verführerischen Fehler, ihm zujauchzten!«

Man sah den Staatsmann, den Schriftsteller konnte man nicht erkennen. Auch die Hofgesellschaft in Weimar erfuhr erst allmählich, daß diese Neben- und Gelegenheitsproduktionen zu Teilen wirklich auf ›bedeutenden‹ Gelegenheiten basierten. Viele dieser Sing- und Schauspiele waren eine Huldigung an die Frau, die auf Goethe den größten Einfluß hatte: Charlotte von Stein.

Silhouette Charlotte von Steins
(1742-1827). Um 1773 (SWK).

2. »in alle Gegenstände transsubstantiiert« – Charlotte von Stein. Zueignung. Form des Spiels: Spielen wir uns selber

Die Beziehung Goethes zu Frau von Stein sei erforscht, erforscht bis ins letzte Detail, so die Biographen. Ist dem wirklich so? Kann eine Beziehung, die mehr als ein Jahrzehnt wie »Gesetz und Orakel« wirkte, kann die Beziehung zu einer Geliebten, die »in alle Gegenstände transsubstantiiert« war und durch die »nichts bei ihm aus und ein konnte ohne ihr Zoll und Akzise zu bezahlen«, wirklich vollkommen erforscht sein? Gibt es nicht doch noch andere Perspektiven auf diese Beziehung, die vor über zweihundert Jahren gelebt wurde? Sind die 1700 überlieferten Briefe, Notizen und Zettel Goethes an Frau von Stein nicht immer neu zu lesende Dokumente (die Goethe im Tresor der Bibliothek in Weimar aufbewahrte, ohne sie noch einmal anzusehen, während Frau von Stein die ihren an ihn vernichtete)? Gewiß, über das ›Letzte‹ sind sich die Biographen einig: Die beiden haben keine sexuelle Beziehung gehabt, hohe Liebe ohne körperliche Vereinigung. Selbst Karl Rudolf Eissler kommt in seiner psychoanalytischen Studie,[4] in der er jedes Detail voyeurhaft auf den einen Punkt hin untersucht, zu diesem Ergebnis (er sieht Goethe in der Zeit, als er *Die Geschwister* schrieb und die *Iphigenie* zu diktieren begann, inzestuös durch seine Schwester Cornelia besetzt). Oder ist doch etwas an jenen Abenden geschehen, bevor Goethe nach Karlsbad abfuhr, und war es vielleicht dieses »Geschehnis«, das ihn dann definitiv zur Reise, zur Flucht nach Italien bestimmte? Diese biographischen Vermutungen werden allein dadurch widerlegt, daß Goethe in jener Zeit mit Göschen wegen einer finanziellen Basis für seine Reise verhandelte. »Mit Göschen bin ich wegen meiner Schrifften einig«, berichtete er Frau von Stein am 6. Juli 1786. Am 10. Juli schrieb er ihr, Abschied nehmend: »Nun lebe wohl Geliebteste einzige, der sich meine ganze Seele enthüllen und hingeben mag; ich freue mich deiner Liebe und rechne darauf, für alle künftige Zeiten.« Dann, am 21. Juli, drei Tage, bevor er, am 24. des Monats, frühmorgens um fünf, mit seinem Sekretär nach Karlsbad abreiste, die letzten Zeilen an Frau von Stein: »wenn es der Wille der Himmlischen ist, die seit einiger Zeit gewaltsam liebreich über mich gebieten«.

Karl Otto Conrady verzichtet in seiner einläßlichen Biographie auf ein neues ›Charakterbild‹ der Frau von Stein, es gebe nichts Neues zu berichten, und alles neu Berichtete sei Spekulation. Doch kann nicht solche Spekulation indirekt neue Erkenntnisse anregen? Eine Spekulation in der doppelten Bedeutung des Wortes sei deshalb gewagt. Goethe war Frau von Stein schon kurz nach seinem Eintreffen in Weimar begegnet, der Herzog hatte ihn am 11. November 1775 persönlich in ihr Haus geführt. In der Tat, niemand sollte in diesem Jahrzehnt größeren, wirksameren, nachhaltigeren Einfluß auf ihn haben als diese Frau. Die Begegnung war alles andere als Zufall. Nicht weniger als zweimal hatte Goethe, *bevor* er nach Weimar kam, die Silhouette der Frau von Stein in Händen gehalten, bei Lavater, der die physiognomische Methode »zur Beförderung der Menschenkenntnis und Menschenliebe« entwickelte, in Zürich und im Sommer 1775 in Straßburg, als der Hannoversche Leibarzt Johann Georg Zimmermann sie ihm unter hundert anderen Schattenrissen zeigte. Zimmermann muß Goethe ausdrücklich auf diese Silhouette hingewiesen haben, denn Goethe schrieb 1775 in Straßburg unter das Bild beziehungsreiche Worte: »Es wär ein herrliches Schauspiel zu sehen, wie die Welt sich in dieser Seele spiegelt. Sie sieht die Welt wie sie ist, und doch durch's Medium der Liebe. So ist auch Sanftheit der allgemeinere Eindruck.« Merkwürdig dieses so sichere Urteil und merkwürdig auch die beiden Formulierungen: des Schauspiels, des *Spiels* und des Gespiegeltseins, des *Spiegels*. Spiel und Spiegel sind für mich die Schlüsselwörter in Goethes Beziehung zu Frau von Stein. Im Juni 1777, kurz vor der Nachricht vom Tod seiner Schwester Cornelia, mit der sich Goethe ambivalent in Glück und Schuld verbunden fühlte (»Alles gaben Götter die unendlichen | Ihren Lieblingen ganz | Alle Freuden die unendlichen | Alle Schmerzen die unendlichen ganz«), hatte er seine Beziehung zu Frau von Stein als »Faden der Liebe« bezeichnet, doch schon im November (angesichts des zweiten Jahrestages seiner Ankunft in Weimar, den er vergessen und auf den Frau von Stein ihn aufmerksam gemacht hatte) erhob er die Frage: »ob ich Sie auch wircklich liebe oder ob mich Ihre Nähe nur wie die Gegenwart eines so reinen Glases freut, darin sichs so gut bespiegeln lässt«. Wieder das Bild des Spiegels, in dem er sich sieht! Goethes Fähigkeit zur Selbstbeobachtung ist immens: Liebe als Spiegelung der Person, die liebt; groß aber auch seine Fähigkeit zum Spiel, die gespiegelte Person als den wahren Liebenden zu zeigen. Was Goethe in Straßburg noch nicht wissen konnte, war die Tatsache, daß Zimmermann schon als geschäftiger Mittler unterwegs war: Die »Stallmeisterin« bediente sich seiner, sie wollte den Verfasser des

Werther kennenlernen. Zimmermann übrigens warnte sie: »Mais pauvre amie, vous n'y pensés pas, vous *desirés* de le *voir* et vous ne savés pas a quel point cet homme *aimable* et *charmant* pourroit vous devenir *dangereux*!«

Charlotte Albertine Ernestine von Stein war 33 Jahre alt, als der sieben Jahre jüngere Goethe sie traf. Aus der Konventionsehe mit dem Oberstallmeister Josias von Stein stammten sieben Kinder, fünf davon verstarben. Sie war eine vereinsamte, vom Leben enttäuschte, kränkelnde Frau. In der Beziehung zu Goethe blühte sie zu neuem Leben auf. Die Brüder Stolberg berichteten von der »schönäugigen lieben sanften Stein«, Schiller bemerkte lakonisch, »schön kann sie nicht gewesen sein«, doch fügte er hinzu: »aber ihr Gesicht hat einen sanften Ernst und eine ganz eigene Offenheit. Ein gesunder Verstand, Gefühl und Wahrheit liegen in ihrem Wesen«. Jeder Beobachter der Zeit kann verstehen, daß Goethe sich so ganz »an sie attachiert« hatte.

Goethe war, als er bei ihr eintrat, wieder einmal ein an der Liebe Gescheiterter. Mit Anna Elisabeth (Lili) Schönemann hatte er sich Ostern 1775 verlobt; vier Wochen später die erste Flucht vor der Bindung, an den Gotthard, doch kam er wieder zurück, weil er Lili nicht entbehren konnte. Am 30. Oktober 1775 reiste er gen Süden, am 3. November erreichte ihn jene Kutsche, die ihn nach Weimar zurückbrachte; er notierte in sein Reisetagebuch: »Lili Adieu Lili zum zweitenmal! Das erstemal schied ich noch hoffnungsvoll unsere Schicksaale zu verbinden! Es hat sich entschieden – wir müssen einzeln unsre Rollen ausspielen.« Wieder, bei diesem bestmöglichen Analytiker seiner selbst, der Ausdruck einer Haltung von Spiel, von Rollenspiel. Denn diesmal war die Geliebte, war Lili nicht unerreichbar gewesen, im Gegenteil, sie war Braut und wartete auf den bürgerlichen Bund der Ehe. Aber eben dies war es, was Goethe zum Bruch und zur Flucht verleitete. Heiraten wurde für ihn wieder – wie in den *Neuen Liedern* von 1770 – zu einem »wunderlichen« Wort. In seinem *Vorschlag zur Güte* spottete er: »Heiraten, Engel, ist wunderlich Wort; | Ich meint', da müßt' ich gleich wieder fort«. Und im *Clavigo*, der 1774 entstand, »zu der Zeit, als der Schmerz über Friedrikens Lage mich beängstigte« und er durch die »poetische Beichte« und »durch diese selbstquälerische Büßung einer innern Absolution würdig« werden wollte, ließ er, eigentlich doch ohne beängstigt zu wirken, Carlos sagen: »Wunderlich! ... heuraten heuraten just zur Zeit, da das Leben erst recht in Schwung kommen soll, sich häuslich niederlassen, sich einschränken, da man noch die Hälfte seiner Wanderung nicht zurückgelegt, die Hälfte seiner Eroberung noch nicht gemacht hat!« Später warnte er deutlicher: »*Liebe* ist etwas Ideelles, *Heurathen* etwas reelles, und nie verwechselt Man ungestraft das Ideelle mit dem Reellen.« Mir scheint diese Passage deshalb so wichtig, weil er in diesem Weimarer Jahrzehnt unter der Einwirkung der Frau von Stein einerseits und andererseits in der Pflicht des politischen Handelns, des staatsmännischen »Regierens!!« zu einer Verbindung des Ideellen mit dem Reellen fand und damit zu seiner Humanität, zu seiner Idee eines Ganzen, die auf einseitig Unbedingtes verzichtet und die Gegensätze versöhnt. »Immer strebe zum Ganzen und kannst du selber kein Ganzes | Werden, als dienendes Glied schließ' an ein Ganzes dich an.«

Für jeden, der sich mit Goethe beschäftigt, muß das Phänomen der Beziehung zwischen Goethe und Charlotte von Stein wesentlich sein. Immer ist hier der höchste Anspruch gestellt, und nie wird dieses Höchste erreicht. Eines ist sicher: Allein mit seinen Briefen an sie weist sich Goethe als großer Schriftsteller aus, allein mit ihnen hätte er sämtliche Literaturpreise aller Zeiten verdient. Doch welchen Preis hat *sie* gezahlt?

Die Beziehung zu Frau von Stein beginnt sogleich auf höchstem Niveau, es ist eine hohe Liebe, die Sexuelles ausschließt, doch immer auf ein Ganzes zielt, auf Liebe *und*

Leiden, auf Beglückung *und* Verzweiflung, auf Erfüllung *und* Entsagung: »Liebe Frau, leide dass ich dich so lieb habe. Wenn ich iemand lieber haben kann, will ich dir's sagen. Will dich ungeplagt lassen. Adieu Gold. du begreiffst nicht *wie* ich dich lieb hab«, schließt eine Notiz vom 28. Januar 1776. Kurze Zeit darauf: »Das Plagen ist der Sommerregen der Liebe«, und schon am 1. Mai 1776 weiß er: »Du hast recht mich zum heiligen zu machen, das heisst mich von deinem Herzen zu entfernen. Dich so heilig du bist kann ich nicht zur heiligen machen, und hab nichts als mich immer zu quälen dass ich mich nicht quälen will.«

Charlotte von Stein ahnte wohl schon früh das Scheitern der Beziehung: »Ich fühl's, Goethe und ich werden niemals Freunde. Auch seine Art, mit unsern Geschlecht umzugehn, gefällt mir nicht. Er ist eigentlich, was man coquet nennt.« Immer wieder beschwor Goethe jene unvergleichliche Urverwandtschaft zweier Seelen: »Ach du warst in abgelebten Zeiten | Meine Schwester oder meine Frau.« Schwester und Frau, ›Weib‹ wie etwa Corona Schröter war sie ihm jedoch nie. Er konnte nicht umhin, Charlotte zu informieren: »Die Schröter ist ein Engel – wenn mir doch Gott so ein Weib bescheeren wollte dass ich euch könnt in Frieden lassen – Doch sie sieht Dir nicht ähnlich genug. Ade.« Freilich gab es noch andere Engel, die Goethe faszinierten: Caroline von Ilten, die spätere Frau des Freiherrn Friedrich Karl von Moser, von Goethe in seinem Tagebuch meist mit Lingen, Carolingen oder Misel[5] bezeichnet, die Gräfin Adelaide Waldner (Misel Laide im Tagebuch) und Victoria Streiber, die Tochter des Bürgermeisters von Eisenach (im Tagebuch Misel Vicktorgen). Warum hat sich Goethe im Tagebuch so verschlüsselt geäußert? Warum die Pseudonyme, Verschleierungen, warum die Abkürzungen, warum das Verschweigen auch der durchaus erotischen Situationen? Nimmt er Kafkas Einsichten, für Milena aufgeschrieben, vorweg: »Geschriebene Küsse ... werden von den Gespenstern ... ausgetrunken«?[6]

Frau von Stein witterte Konkurrentinnen, und Goethe nährte diesen Verdacht. So schrieb er ihr am 27. Januar 1776: »Liebe Frau ich war heut Nacht von einem Teufels Humor zu Anfange. Es drückte mich und Louisen dass Sie fehlten. Die Keller und die niedliche Bechtolsheim konnten mich nicht in Schwung bringen. ... Endlich fing ich an zu miseln, und da gings besser. Die Liebeley ist doch das probatste Palliativ in solchen Umständen.« Am 12. Juni 1777: »Im Garten unter freyem Himmel! Seit Sie weg sind fühl ich erst dass ich etwas besizze, und dass mir was obliegt. Meine übrigen kleinen Leidenschafften Zeitvertreibe und Miseleyen, hingen sich nur so an dem Faden der Liebe zu Ihnen an, der mich durch mein iezzig Leben durchziehen hilft, da Sie weg sind fällt alles in Brunnen.« Ahnungen und Zweifel waren in dieser Beziehung angelegt: »Warum gabst du uns die Tiefen Blicke | Unsre Zukunft ahndungsvoll zu schaun.« Je heftiger die Beziehung gefühlt wurde – »Meine Seele ist fest an die deine angewachsen ... ich wollte, dass es irgendein Gelübde oder Sakrament gäbe, das mich dir auch sichtlich und gesetzlich zu eigen machte« –, um so mehr herrschte auch die Angst vor der Konsequenz einer definitiven Bindung. Nie hatte Goethe so viele Reisen unternommen, die Winterreise in den Harz (1777), die einzige Reise nach Berlin (Mai 1778),[7] die Reisen in die Schweiz, nach Gotha und Eisenach, die zweite Reise in den Harz (1783), die dritte Reise in den Harz (1784); 1785 hielt er sich mehrfach lange in Jena auf, 1786 in Karlsbad. Er war verliebt in seine Liebesbezeugungen, und er schreckte ebensosehr vor ihnen zurück. Charlotte mußte glauben, alles erreicht, freilich auch alles verloren zu haben, als sie die folgende Nachricht erhielt, eine kurze Nachschrift zu einem Brief vom 8. Juli 1781: »Wir sind wohl verheurathet, das heist: durch ein Band verbunden wovon der Zettel aus Liebe und Freude, der Einschlag aus Kreuz Kummer und Elend besteht.« Und dann, ganz unvermittelt, noch Grüße an den Gatten, den Oberstallmeister, als wolle er sich bei ihm für

Mißverständliches entschuldigen: »Adieu grüse Steinen. Hilf mir glauben und hoffen.«

Da Goethe sich am 3. September 1786 ›heimlich‹ und mit allen Anzeichen der Flucht aus der Karlsbader Gesellschaft fortstahl, um sich auf seine Reise nach Italien zu begeben, wird ein Motiv für diese »höchste Nothwendigkeit« in seiner angeblich von ihm selbst nicht aufrechtzuerhaltenden intensiven Beziehung zu Charlotte von Stein gesucht. Das läßt sich nach Sichtung aller Dokumente nicht bestätigen. Rom zu sehen war von früher Jugend an Goethes Sehnsucht. »Die Hauptsache ist«, so schrieb er aus Vicenza an Charlotte von Stein, »daß alle diese Gegenstände, die nun schon über 30 Jahre auf meine Imagination abwesend gewürckt haben und also alle zu hoch stehn, nun in den ordentlichen *Cammer* und *Haus* Ton der Coexistenz herunter gestimmt werden.« Also keine Flucht vor Charlotte von Stein, überhaupt keine Fahrt in eine Illusion, sondern der Versuch, die Wahrheit seiner Existenz zu finden. Auch vom Reiserausch wollte er sich freihalten, »damit die Gegenstände keine erhöhte Seele finden, sondern die Seele erhöhen«. Von vornherein hatte er daran gedacht, diese Reise, die Reise zu Wahrheit und Selbstfindung, den »langen einsamen Weg«, zu dokumentieren. »Von hier fliesen die Wasser nach Deutschland und nach Welschland, diesen hoff ich morgen zu folgen. ... Gedenck an mich in dieser wichtigen Epoche meines Lebens«, so schrieb er, als er am 8. September 1786 den Brenner überschritt, an Charlotte von Stein. Die Dokumentation der Reise war ebenfalls für sie gedacht. Und die Dokumente sowohl seiner Reiseaufzeichnungen als auch die vielen Briefe an die Geliebte zeigen, wie sehr sich Goethe um dieses Gültige und Wahre, um das Gesetzmäßige und Klassische bemüht hat. Charlotte war ihm Wegweiserin in und für Weimar gewesen, sie hatte ihn in die Gesellschaft eingeführt. Sie hatte ihn auch an sich gebunden. Einer endgültigen Bindung freilich ist Goethe ausgewichen:

2. Charlotte von Stein

> Leb ich doch stets um derentwillen
> Um derentwillen ich nicht leben soll.

Und:

> Ach, so drückt mein Schicksal mich
> Daß ich nach dem unmöglichen strebe.

Als Goethe die Reise begann, dachte er nicht an Trennung, weder an Trennung von Weimar, also vom Herzog, noch von Charlotte. Dem Herzog bot er im Brief vom 17. März 1788 aus Rom auf neuer Grundlage wieder seine Dienste an: »Ich kann nur sagen: Herr hie bin ich, mache aus deinem Knecht was du willst. Jeder Platz, jedes Plätzchen die Sie mir aufheben, sollen mir lieb sein, ich will gerne gehen und kommen, niedersitzen und aufstehen.« An Charlotte hatte er am 27. Oktober 1786 geschrieben: »Wie verwöhnt ich bin fühl ich erst jetzt. Zehn Jahre mit dir zu leben von dir geliebt zu seyn, und nun in einer fremden Welt. Ich sagte mir's voraus und nur die höchste Nothwendigkeit konnte mich zwingen den Entschluß zu fassen. Lass uns keinen andern Gedancken haben als unser Leben miteinander zu endigen.« Der Satz war eindeutig, von Goethe als wahr empfunden und von Charlotte sicherlich ebenso aufgenommen. Vier Monate später konnte sie in einem Brief aus Rom vom 21. Februar 1787 lesen: »An Dir häng ich mit allen Fasern meines Wesens. Es ist entsetzlich was mich oft Erinnerungen zerreißen. Ach liebe Lotte du weißt nicht welche Gewalt ich mir angetan habe und antue und daß der Gedanke dich nicht zu besitzen mich doch im Grunde, ich mags nehmen und stellen und legen wie ich will aufreibt und aufzehrt.« Das mag Charlottes Zweifel genährt haben, und was muß sie wohl über seine Einsicht in Italien gedacht haben: »Ich habe in der Welt nichts zu suchen als das Gefundne«?

Goethe führte jeden Tag sein Tagebuch, und von vornherein hat er an die Veröffentlichung dieser Texte gedacht und ebenfalls daran, daß Charlotte ihm hierbei helfen sollte. An

sie schreibt er am 18. September 1786 aus Verona: »Auf einem ganz kleinen Blättchen geb ich meiner Geliebten ein Lebenszeichen, ohne ihr doch noch zu sagen wo ich sei. ... Ich habe ein treues Tagbuch geführt und das Vornehmste was ich gesehn was ich gedacht aufgeschrieben und nach meiner Rechnung kannst du es in der Mitte Oktbr. haben. Du wirst dich dessen gewiß freuen, und diese Entfernung wird dir mehr geben als oft meine Gegenwart. ... Sag aber niemanden etwas von dem was du erhältst. Es ist vorerst ganz allein für dich.«
Und am 14. Oktober aus Venedig:

> Wieder ein kleines Lebenszeichen von deinem Liebenden und ich hoffe und weiß Geliebten. ... Mein Tagebuch ist zum erstenmal geschlossen, du erhältst ehstens die genaue Geschichte jedes Tags seitdem ich dich verließ, alles was ich getan gedacht und empfunden habe. Behalt es aber für dich, wie es nur für dich geschrieben ist, wir wollen bei meiner Rückkunft, jedem daraus das Seinige mitteilen. ...
> Anfangs gedacht ich mein Tagebuch allgemein zu schreiben, dann es an dich zu richten und das *Sie* zu brauchen damit es kommunikabel wäre, es ging aber nicht es ist allein für dich. Nun will ich dir einen Vorschlag tun.
> Wenn du es nach und nach abschriebst, in Quart, aber gebrochne Blätter, verwandeltest das *Du* in *Sie* und ließest was dich allein angeht, oder du sonst denkst weg; so fänd ich wenn ich wiederkomme gleich ein Exemplar in das ich hinein korrigieren und das Ganze in Ordnung bringen könnte.

Als aber Goethe am 18. Juni 1788 wieder in Weimar eintraf, eindreiviertel Jahre, nachdem er es verlassen hatte, war an eine gemeinsame Vorbereitung des Textes zur Veröffentlichung nicht mehr zu denken. Charlotte von Stein hatte mit scharfem Auge und mit noch schärferem Sinn die Veränderung, die in Goethe vorgegangen war, erkannt, hatte den tiefgehenden Einfluß der ›römischen Geliebten‹ gespürt. Später las sie mit Entsetzen die in den ›Horen‹ veröffentlichten

Römischen Elegien. So trat ein, was Goethe über seine ›Zurückweisung‹ geschrieben hatte: »Aus Italien dem formreichen war ich in das gestaltlose Deutschland zurückgewiesen, heiteren Himmel mit einem düsteren zu vertauschen; die Freunde, statt mich zu trösten und wieder an sich zu ziehen, brachten mich zur Verzweiflung. Mein Entzücken über entfernteste, kaum bekannte Gegenstände, mein Leiden, meine Klagen über das Verlorne schien sie zu beleidigen, ich vermißte jede Teilnahme, niemand verstand meine Sprache.«

Auch Charlotte verstand ihn nicht mehr. Als Goethe dann sein Verhältnis zu Christiane Vulpius ein Jahr lang vor Charlotte verheimlichte, empfand sie dies als eine nicht mehr hinzunehmende Beleidigung. Am 8. Juni 1789 brachen die beiden alle Beziehungen ab; fünf Jahre später wurden sie, eher steif und förmlich, rein gesellschaftlich, wieder aufgenommen. Ein Xenion von 1795 setzt einen Schlußstein:

Ja ich liebte dich einst, dich wie ich Keine noch liebte,
    Aber wir fanden uns nicht, finden uns ewig nicht mehr.

Charlotte von Stein starb am 6. Januar 1827. Von Goethe keine Bekundungen. Der Kanzler von Müller schrieb am 15. Januar 1827 an den Grafen Reinhard: »Nun ist vor Kurzem seine älteste Freundin, Frau von Stein, hier, 84 Jahre alt, gestorben; das griff ihn, ob er schon nicht ein Wort darüber sprach, doch auch sehr an«. In der von Goethes Schwiegertochter Ottilie redigierten Privatzeitschrift ›Chaos‹ stand im September 1829 ein Gedicht voller Rätsel mit dem Titel *Der Bräutigam.* Darin wird um Mitternacht die Geliebte (ist es Frau von Stein?) beschworen: »Sie fehlte ja, mein emsig Tun und Streben«. Schon früher, in einem Gedicht von 1818 mit dem Titel *Um Mitternacht,* hatte Goethe dreimal diese Mitternacht benannt. Er hat es als sein »Lebenslied« bezeichnet, und es ist durchaus die Stimmung von Ferne und Nähe der »Lieder« vorhanden. Sieht er sich im Traum als »Bräutigam«, der noch hofft, »von Osten« käme die Liebe zurück? Die lakonische Bilanz lautet: »lohnend war's und gut« und »wie es auch sei das Leben, es ist gut«. Es war gut für ihn. Er spielte wieder einmal eine Rolle aus. Sie nahm ernst, was für ihn Spiel war. Er genoß diese Rolle, weil Charlotte von Stein für ihn gewiß keine Heiratskandidatin war; nie brauchte er sich von ihr wie von anderen als »in einen Sack gesteckt« zu fühlen, sie sagte es selbst, das »Fangen mit Netzen« sei nicht ihre Sache.

In einer Liebesbeziehung ist es die Freiheit, die Bindungen schafft. Können wir den »sonderbare[n], aber ungeheure[n] Spruch« im 20. und letzten Buch von *Dichtung und Wahrheit* – »nemo contra deum nisi deus ipse«[8] – so deuten, daß nur der Liebende auch die Grenzen der Liebe bestimmen kann? – Goethe, so Friedenthal, »hat seinen Partnerinnen stets Ungeheuerliches zugemutet, auch seinen Freunden und Mitarbeitern. Das gehört zu seinem Lebenshaushalt, der auf großen Verbrauch eingestellt ist.« Ist dies »Ungeheuerliche« das Opfer, das Menschen, in diesem Fall, wie so oft, Frauen, bringen müssen, wenn sie am Leben des Genies teilhaben wollen? Bertolt Brecht hat in allen Stadien seines Lebens, einschließlich der Stadien seines Exils, dergleichen Opfer verlangt. Doch für unser Thema muß interessieren, welchen Einfluß Frau von Stein auf den Schriftsteller hatte, und der Einfluß war vorhanden, nicht nur in der Eigenschaft, Spiegel für Spiegelungen und Gegenstand von Projektionen zu sein.

Julius Petersen hat das »göttlich Weib« aus dem Gedicht *Zueignung*, das »verklärte Abbild einer irdischen Frau«, auf Charlotte von Stein bezogen, »die wie keine andere das Leben und Schaffen des Dichters geläutert und emporgeführt hat«.[9] Der Bezug ist kühn, aber nicht ohne triftige Gründe. Das Stanzen-Epos *Zueignung* entstand 1784 als Einleitung zu dem religiösen Epos *Die Geheimnisse*,[10] das er für »euch«, für Frau von Stein und Herder, »gearbeitet« hatte und das Fragment blieb. Zweimal, als Erstdruck in der Edition der Ausgabe der Schriften bei Göschen 1787 sowie später in der großen Ausgabe der Werke von 1806-1810 bei Cotta, stellte Goethe, textlich unverändert, das Gedicht *Zueignung* an den Anfang des ersten Bandes als Einleitung zum Gesamtwerk. Er gab diesem Gedicht dadurch eine herausragende Stellung. Die Goethe-Ausgabe des Deutschen Klassiker Verlages, die sämtliche Gedichte in einer »sammlungs- und ›gelegenheits‹-chronologische[n] Anordnung« bringt, wird ebenfalls mit der *Zueignung* eröffnet; der Herausgeber, Karl Eibl, bekräftigt die Sonderstellung dieses Gedichts: »Obgleich die Versetzung *Zueignung* von den *Geheimnissen* an die Spitze der *Schriften* eine Art Notmaßnahme war, und obwohl die allegorische Art der Darstellung für Goethe eher untypisch ist, kann diese Gestaltung einer Dichterweihe zumindest im zentralen Motiv, der morgendlichen Szenerie des Sonnenaufgangs mit den sich auflösenden Nebeln und dem darauf bezogenen Thema des Verhältnisses von Poesie und Wahrheit, als repräsentativ für Goethes Dichtungsauffassung gelten.« Es gibt von Goethe keinen Hinweis darauf, daß die morgendliche Erscheinung, das »göttlich Weib« mit dem Schleier, Frau von Stein sein soll, es kann keinen geben, da Goethe solche Enthüllungen immer vermieden hat, doch im Gedicht finden sich genügend Anspielungen auf das, was Frau von Stein in der Tat in seinem Leben und Arbeiten dieser Jahre bewirkt hat, in denen er sie »in alle Gegenstände transsubstantiiert« sah. Im Gedicht überreicht ihm das »göttlich Weib« den ›Schleier der Dichtung‹ – eine Frau, von der gesagt wird: »Du gabst mir Ruh', wenn durch die jungen Glieder | Die Leidenschaft sich rastlos durchgewühlt«. Das Gedicht zeigt, daß die Wege der Wahrheit Glück und Unglück bringen und vielleicht zu einem Leben führen können, das zwischen den Polen Einsamkeit und Gemeinsamkeit hin- und herschwingt.

In der Schule der Frau von Stein erfuhr Goethe Wahrheit über sich selbst und immer wieder die Einsicht, daß er eigentlich »doch ... Schriftsteller« sei. Obschon von Freunden gedrängt, konnte Goethe *Dichtung und Wahrheit* nicht fortsetzen; später sollte er feststellen, er könne die »wahre Geschichte« seiner ersten zehn Weimarer Jahre »nur im Gewand der Fabel oder eines Märchens darstellen; als wirkliche Tatsache würde die Welt es nimmermehr glauben ... was ich geworden und geleistet, mag die Welt wissen; wie es im Einzelnen zugegangen, bleibe mein eigenstes Geheimnis«. Das religiöse Epos *Die Geheimnisse*, dessen Menschenreligion im Ansatz von Frau von Stein inspiriert war, blieb Fragment. Die großen dramatischen Werke dieser Jahre, *Iphigenie auf Tauris* und *Torquato Tasso*, konnten nur in der Weimarer Konstellation entstanden sein, in der die Versöhnung des Ideellen mit dem Reellen möglich schien. »Iphigenie« ist nicht die Schillersche »schöne Seele«, nicht die Jungfrau, die den Mann zu erlösen vermag, sie ist vielmehr die in Schuld und Opfer gereifte Frau, die erfährt, daß das Göttliche nicht »im Himmel droben« weilt, sondern nur wirklich wird im Menschen und in dessen Tun. »Den ganzen Tag brüt ich über Iphigenien«, schrieb er am 14. Februar 1779, als er die Niederschrift begann, an Frau von Stein, und er habe, nun von Amtsgeschäften bedrückt, von der Not der Strumpfwirker in Apolda bedrängt, von Rekrutenaushebungen angeekelt, »nur den einen Fus im Steigriemen des Dichter Hippogryphs«. Am 6. März, nach sechs Wochen herzlichster Verbindung mit Charlotte von Stein, waren die fünf Akte geschrieben; am 6. April fand die erste Aufführung statt, Goethe als Orest, Corona Schröter als Iphigenie. Im Tagebuch: »Iph. gespielt. gar gute Würckung davon besonders auf reine Menschen.« Am 12. Juli wurde *Iphigenie* in der gleichen Besetzung (diesmal mit Herzog Carl August in der Rolle des Pylades) im Sommerpalast in Ettersburg aufgeführt, an jenem Ort also, von dem aus Goethe Frau von Stein *Wanderers Nachtlied* geschickt hatte. Frau von Stein, eifersüchtig auf Corona Schröter, besuchte keine der beiden Aufführungen in Ettersburg.[11]

Im Schauspiel *Torquato Tasso* streiten der Dichter Tasso und der Weltmann Antonio über die Themen Dichter und Gesellschaft, Freiheit und Bindung, über das Naturideal Rousseaus und das Ideal des humanen Menschen. Prinzessin Leonore will beide versöhnen. Am 30. März 1780 hatte Goethe für *Tasso* den »erfindenden Tag«, im Oktober begann er zu schreiben. Der Beginn stand im Zeichen der Beziehung zu Frau von Stein. Im Brief vom 20. April 1781 bekennt er: »Ich habe gleich am Tasso schreibend dich angebetet. Meine ganze Seele ist bey dir.« Die Umarbeitung während und nach der Italienreise spiegelt nun schon die sich auflösende Beziehung und den Bruch. Der Dichter Tasso verletzt vor dem Forum der höfischen Gesellschaft die gesellschaftlich gebundene Sitte des Hofes, und er durchbricht zweimal in der Maßlosigkeit seiner Leidenschaft zur Prinzessin die Grenzen des höfischen Zusammenlebens. Die Prinzessin mahnt ihn:

> Nicht weiter, Tasso! Viele Dinge sind's
> Die wir mit Heftigkeit ergreifen sollen:
> Doch andre können nur durch Mäßigung
> Und durch Entbehren unser eigen werden.
> So sagt man sei die Tugend, sei die Liebe
> Die ihr verwandt ist. Das bedenke wohl!

Am Ende versöhnt sich Tasso mit dem Weltmann Antonio, der so »fest« steht, während er, Tasso, »nur die sturmbewegte Welle« ist. Aber: »Die mächtige Natur, | Die diesen Felsen gründete, hat auch | Der Welle die Beweglichkeit gegeben.« Tasso scheitert an der »Disproportion des Talents mit dem Leben«. Zwar gab ihm noch ein Gott zu sagen, was er leidet, und sein Leid verwandelt den Weltmann zum Freund; zwar wird Tasso neue poetische Schöpfungen hervorbringen, doch verabschiedet Goethe hier sein bisheriges Bild vom Dichter als dem heillos weltfremden Genie. Auch hier wirkt die Konstellation von Weimar: der Dichter als Mann, der die Welt achtet, und der Mann der Welt, der auf ein Ganzes zielt. – Goethe betonte später, die Weimarer »Hof-, Lebens- und Liebesverhältnisse« seien die gleichen wie die im *Tasso* gewesen, und er könne so »mit Recht von seiner Darstellung sagen: *sie ist Bein von meinem Bein und Fleisch von meinem Fleisch*«.[12]

Jene »Macht der Liebe« und jener »Geist der Reinheit«, die ihn zur Niederschrift der *Iphigenie* motivierten – sie hatte Goethe bei Charlotte erfahren: »und doch mein innerstes immer ewig allein der heiligen Liebe gwiedmet bleibt, die nach und nach das Fremde durch den Geist der reinheit der sie selbst ist ausstöst und so endlich lauter werden wird wie gesponnen Gold.« Die Schule der Frau von Stein wurde Goethe zu einer Schule der Selbsterziehung. Seine Tagebucheintragungen, in denen Frau von Stein mit der bezeichnenden astronomischen Signatur der Sonne ☉ figuriert, waren am Anfang der Weimarer Jahre kaum mehr als stichwortartig. Im Laufe der Zeit wurden sie jedoch immer mehr zu Rechenschaftsberichten, zu Protokollen einer »strengen Privaterziehung« (an Charlotte von Stein, 11. 4. 1782): »fiel mir auf wie sich mein innres seit einem Jahr befestigt hat« (2. 9. 1777). »Und gewinne täglich mehr in Blick und Geschick zum thätigen Leben« (Ende April 1780). »früh im Stern spazierend überlegt, wo und an welchen Ecken es mir noch fehlt. ... Uber gewisse dinge mich so klar als möglich gemacht« (28. 8. 1780). Was er »geworden und geleistet«, ist Charlotte von Stein zuzuschreiben, sie hat ihn zu jenem »Abarbeiten in Selbstbeobachtung« und auf jenes ethische Ziel hingelenkt, das Goethe im Streben nach Reinheit immer häufiger im Tagebuch erwähnt. Die Anfangsworte der Horazischen Ode »Aequam memento [rebus in arduis servare mentem]« hatte Goethe schon am 5. Juni 1776 ins Tagebuch geschrieben, eine Aufforderung zum Maßhalten. Zu Beginn seiner heimlichen Reise in den Harz notierte er am 30. November 1777: »War den ganzen Tag in gleicher Reinheit.« Am 12. Februar 1778:

»fortdauernde reine Entfremdung von den Menschen. Stille und Bestimmtheit im Leben und handeln. In mir viel fröliche bunte Imagination«. Am Beginn des Jahres 1779 wieder die Erwähnung »des Strebens nach Reinheit«. Mitte Februar die knappe Notiz, daß er *Iphigenie* zu schreiben beginnt. »Ganz unbefleckt genießt sich nur das Herz« – das schreibt er für sein Schauspiel *Iphigenie*. Im Tagebuch, November 1777, lesen wir: »Heiliges Schicksaal ... Laß mich nun auch frisch und zusammengenommen der Reinheit geniessen.«

Wanderers Nachtlied, an Frau von Stein geschickt, beschrieb die Sehnsucht nach dem ›süßen [Seelen-]Frieden‹. Und wenige Wochen später folgte eine weitere, wesentliche Bekundung: das Gedicht *Warum gabst du uns die Tiefen Blicke*. Das Gedicht verbindet die Erfahrung des Gegenwärtigen mit dem Gedanken des Urverwandtschaftlichen und der Seelenwanderung. Goethe selbst hat dies gedeutet; im Fragment eines Briefes an Wieland vom 10. April 1776 lesen wir: »Ich kann mir die Bedeutsamkeit – die Macht, die diese Frau über mich hat, anders nicht erklären als durch die Seelenwanderung – Ja, wir waren einst Mann und Weib! – Nun wissen wir von uns – verhüllt, in Geisterduft. – Ich habe keine Namen für uns – die Vergangenheit – die Zukunft – das All.« Goethe hat dieses Gedicht eigenhändig auf ein Blatt geschrieben und es auf den 14. April 1776 datiert.

> Ach du warst in abgelebten Zeiten
> Meine Schwester oder meine Frau.
> Kanntest jeden Zug in meinem Wesen,
> Spähtest wie die reinste Nerve klingt,
> Konntest mich mit Einem Blicke lesen
> Den so schwer ein sterblich Aug durchdringt.
> Tropftest Mäßigung dem heißen Blute,
> Richtetest den wilden irren Lauf,
> Und in deinen Engelsarmen ruhte
> Die zerstörte Brust sich wieder auf.

Hier hat Goethe, soweit er dies selbst vermochte, den Einfluß Charlotte von Steins auf ihn festgehalten. Doch in den folgenden Versen werden jene »Wonnestunden« schon der Vergangenheit zugerechnet, dem »Erinnern«, und der »neue Zustand« ist nur »Schmerz«. Für ihn aber bleibt die alte Wahrheit, spielerisches Glück wird wieder beschworen.

> Glücklich daß das Schicksal das uns quälet,
> Uns doch nicht verändern mag.

Drei Gedichte hat Goethe in dieser Zeit veröffentlicht, in denen der Name »Lida« vorkommt: *An Lida*, *Der Becher* und *Ferne*. 1820 entstand ein Gedicht im Zusammenhang dieser drei Gedichte, *Zwischen beiden Welten*.[13] Als Viktor Hehn 1848 seine Vorlesungen über Goethes Gedichte hielt, trug er vor: »Wer jene Lida eigentlich gewesen, läßt sich noch nicht sagen. Sie gehörte der höchsten Region an, so viel ist gewiß. Goethe selbst hat den Schleier, der auf dieser Liebe ruht, nicht zu lüften gewagt ... Lida half der innern Läuterung des Dichters ... ihr Einfluß, ihre Liebe trug dazu bei, den Künstler in ihm hervorzubilden, ihn weise und glücklich zu machen und die schöne menschliche Sittlichkeit in seinem ganzen Wesen und Charakter zu befestigen.« 1848-1851 veröffentlichte Adolf Schöll in drei Bänden Goethes Briefe an Frau von Stein,[14] und von nun an war Lida als Charlotte identifiziert. Ein Indiz ist in der ersten Fassung des Gedichtes *An Lida* zu sehen; hier lautet die erste Zeile: »Den einzigen Lotte welchen du lieben kannst«, während die Zeile in der Ausgabe von 1789 heißt: »Den einzigen, Lida, welchen du lieben kannst.« Die Verse »Warum gabst du uns die Tiefen Blicke« zählen zu Goethes bekanntesten. Insgesamt sind 17 Gedichte im Komplex »An Lida« zusammengefaßt. Sie haben verbindende Themen, die Mäßigung des heißen Blutes, die Klarheit der Liebe, den Widerstreit zwischen Liebe und Nicht-Liebe, die Probleme von Freiheit und Bindung, von Nähe und Ferne.

Sie zeigen, wie sehr diese Beziehung in Goethe weiterwirkt und auch nach der Lösung des Verhältnisses 1788 anhält. Bei Goethes Natur, die von Wandlung und Verwandlung geprägt war, die beständig neue Erfahrungen auf sich wirken ließ und verarbeitete, konnte es keine »abgeworfene Schlangenhaut« geben. Nur die »Geprägte Form die lebend sich entwickelt«. Noch einmal, in den zwei Fassungen des Gedichtes *An den Mond*, zieht Goethe eine Summe seiner Beziehung zu Charlotte von Stein. Die erste Fassung ist das Lied eines Ruhelosen, des Stürmers und Drängers, der sich zum ersten Mal an einen Ort gebunden sieht; die zweite, umfangreichere Fassung zeigt bereits Mäßigung und den auf ein Glück Zurückschauenden, den auf Heilung Hoffenden.

In den Papieren der Charlotte von Stein fand man eine Variante aus ihrer Feder. Bei Goethe lautet die letzte Strophe der zweiten Fassung:

> Was von Menschen nicht gewußt,
> Oder nicht bedacht,
> Durch das Labyrinth der Brust
> Wandelt in der Nacht.

Frau von Stein wandelte es so ab:

> Was, den Menschen unbekannt
> Oder wohl veracht,
> In dem himmlischen Gewand
> Glänzet bei der Nacht.

Goethe beschwört das Individuum, in dessen Brust des Schicksals Sterne liegen, Charlotte von Stein läßt die Sterne als Zeichen einer höheren, reineren Welt glänzen, die vielen Menschen »unbekannt oder wohl veracht« ist. Charlottes Kontrafaktur ist eine Abrechnung mit Goethe.

Im Alter, am 2. April 1818, schrieb Goethe an Karl Ernst

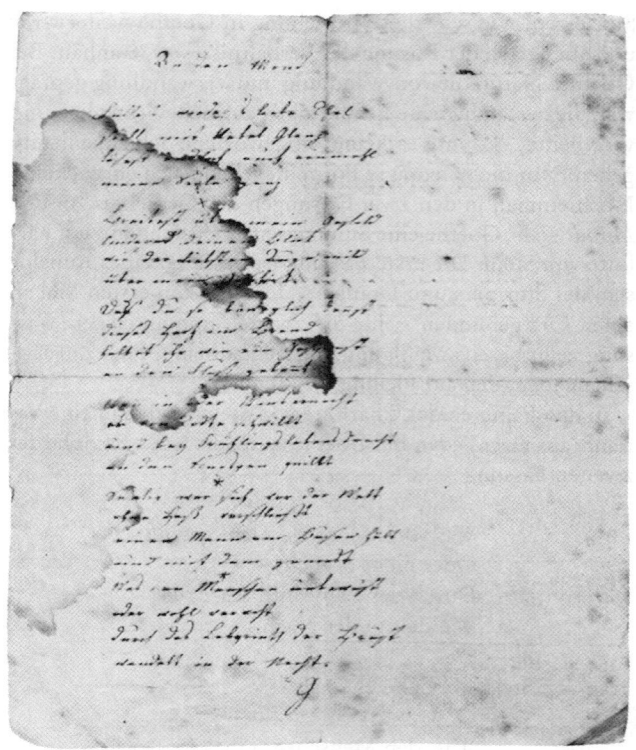

Goethe: *An den Mond* (1. Fassung). Abschrift Charlotte von Steins (GMD).

Schubarth, den Philologen und Ästhetiker, der im Rahmen seiner Arbeit *Zur Beurteilung Goethes mit Beziehung auf verwandte Literatur und Kunst* um Aufklärung über Goethes Beziehung zu Frau von Stein bat, er wolle »gern bekennen daß ich von Personen, denen es gefiel freundlich über mich zu reflektieren manches gelernt und sie deshalb verehrt und bewundert habe. So hat mich Delbrück aufmerksam gemacht daß meine kleinen, wenigen Gedichte an *Lida* die zartesten unter allen seien. Das hatte ich nie gedacht noch viel weniger gewußt und es ist wahr! es macht mir jetzt Vergnügen es zu denken und anzuerkennen.«

1820 erschienen in der von Goethe herausgegebenen Zeitschrift ›Ueber Kunst und Alterthum‹ die zwei Gedichte *Für Ewig* und *Zwischen beiden Welten*. *Für Ewig* ist 1784 entstanden und war für das Epos *Die Geheimnisse* geplant:

> Das Licht, …
> Das Dichtern nur zu schönen Bildern brennt,
> Das hatt' ich all' in meinen besten Stunden
> In ihr entdeckt und es für mich gefunden.

Wieder Goethes Selbstbeobachtung und seine Schule der Selbsterziehung! Im Gedicht von 1820 mit dem bezeichnenden Titel *Zwischen beiden Welten* werden Lida/Charlotte von Stein und Shakespeare zusammen als diejenigen genannt, denen er seines »Wertes Vollgewinn« verdankt:

> Einer Einzigen angehören,
> Einen Einzigen verehren
> Wie vereint es Herz und Sinn!
> Lida! Glück der nächsten Nähe,
> William! Stern der schönsten Höhe,
> Euch verdank' ich was ich bin.
> Tag' und Jahre sind verschwunden,
> Und doch ruht auf jenen Stunden
> Meines Wertes Vollgewinn.

In Cottas ›Morgenblatt‹ veröffentlichte Goethe am 12. Mai 1815 die Betrachtung *Shakespeare und kein Ende*. Was bedeutet ihm Shakespeare zu dieser Zeit? Die Betrachtung beginnt mit der Einsicht in die Reflexionsfähigkeit des Menschen: »Das Höchste, wozu der Mensch gelangen kann, ist das Bewusstseyn eigner Gesinnungen und Gedanken, das Erkennen seiner selbst, welches ihm die Einleitung gibt, auch fremde Gemüthsarten innig zu erkennen.« Shakespeare vermittle ihm dies in seiner »Form des Spiels«, in seinem Versuch, Gleichgewicht zwischen Sollen und Wollen herbeizuführen, durch seine Stücke, die »weniger sinnliche Tat« als vielmehr »geistiges Wort« enthalten. Solcher »Gewinn« ströme ihm sowohl aus Shakespeares Werken als auch aus Frau von Steins Wesensart zu.

Oft sprach Goethe in den ersten Weimarer Jahren vom »Schicksal«, das ihn leite, von den »Göttern«, die es begünstigten. Er versuchte, seine Existenz als Staatsmann, als Beamter und Verfasser amtlicher Schriften, als Schriftsteller, als Naturwissenschaftler, als Gesellschaftsmensch und als Liebender in einer Art Lebensbalance zu halten, die er selbst anerkennen konnte. Es war, so faßte er sein Dasein in einem Tagebucheintrag des Jahres 1778 zusammen, »Viel Arbeit in mir selbst«. Aber es war immer wieder auch Spiel.

Dieses Nebeneinander von Ernst und Spiel, ja, eine Bewegung von »Krieg und Friede[n]« hatte er in diesem Jahr 1778 erlebt. In Begleitung des Herzogs unternahm er vom 10. Mai bis 1. Juni 1778, zu politisch unruhiger Zeit, die erwähnte Reise nach Berlin. Friedrich der Große hatte in den bayerischen Erbfolgekrieg eingegriffen und durch die Demonstration eines kurzen Feldzugs in Böhmen, ohne Schlachtentscheidung als »Kartoffelkrieg« verspottet, dann doch den Frieden herbeigeführt. Am 1. Mai hatte Goethe seiner »liebsten Frau«, wie er Charlotte in Briefen häufig anredete, noch das Gedicht *An den Mond* geschickt (»Selig wer sich vor der Welt | Ohne Haß verschließt«). In einer Session des Geheimen Consiliums mit dem Herzog in Leipzig wurde dann der überraschende Beschluß gefaßt, nach Berlin zu reisen. Unterwegs hielt man beim Fürsten in Dessau; Goethe war, wie er am 14. Mai an Frau von Stein schrieb, »sehr gerührt wie die Götter dem Fürsten erlaubt haben einen Traum um sich herum zu schaffen. Es ist wenn man so durchzieht wie ein Mährgen das einem vorgetragen wird und hat ganz den Charackter der Elisischen Felder in der sachtesten Manigfaltigkeit fliest eins ins andre«. Dann, drei Tage später, in Berlin: »Es ist ein schön Gefühl an der Quelle des Kriegs zu sizzen in dem Augenblick da sie überzusprudeln droht. Und die Pracht der Königstadt, und Leben und Ordnung und Überfluss, das nichts wäre ohne die tausend und tausend Menschen bereit für sie geopfert zu werden. Menschen Pferde Wagen, Geschüz, Zurüstungen, es wimmelt von allem.« In diesem Nebeneinander von »reinste[r] Lieblichkeit« einerseits und »Kriegsrüstungen« andererseits reagiert Goethe nicht wie ein Handelnder, sondern wie ein Beobachter, später wird er von seinem »ruhigen und kalten Weg des Beobachtens« sprechen (an Schiller, 16. 8. 1797), er empfindet sich als Chronist, er erhält das Gefühl, »dem Ziele dramatischen Wesens«, dem Gefühl des Aushaltens der Bewegung von »Krieg und Friede[n]« immer näher zu kommen, und dies, weil es ihn, wie er am 14. Mai 1778 Frau von Stein meldet, »nun immer näher angeht wie die Grosen mit den Menschen, und die Götter mit den Grosen spielen«. Der Beobachter Goethe sieht die Zeitereignisse als doppeltes Spiel.[15]

Arbeit und Spiel. Goethe hatte es zu Beginn dieses Jahres 1778 in besonderer Weise ausgedrückt. Aus Anlaß von Herzogin Luises Geburtstag schrieb er die »Dramatische Grille« *Der Triumph der Empfindsamkeit*, seine »neuste Tollheit«, bei der ihn der »Teufel der parodie« immer noch reite. Am 30. Januar fand die Aufführung des Stückes statt, dessen Musik von Seckendorf geschrieben hatte und dessen Hauptpersonen Andrason, »ein humoristischer König«, und Mandandane, seine Gemahlin, von niemand anderem als von Goethe selbst und von Corona Schröter dargestellt wurden. König Andrason ist in Verlegenheit, er weiß nicht, wie sein Theaterstück weitergehen soll, ein Hoffräulein sagt ihm: »Ihr seid ein Deutscher, und auf dem Deutschen Theater geht alles an«, doch König Andrason will sein Publikum nicht täuschen. Er ruft die Götter um Hilfe an, denn er selbst hat bemerkt: »Freilich! denn eigentlich spielen wir uns selber.«

Dieser Gedanke an Spiel und Spielen wird Goethe nicht verlassen; später widmete er das letzte Stück der *Xenien* dieser Einsicht. Er hatte wieder den Homer zur Hand genommen und sich von dessen Gericht über die Freier zum Xenion inspirieren lassen: »Alles war nur ein Spiel! Ihr Freier lebt ja noch alle, | Hier ist der Bogen und hier ist zu den Ringen der Platz.« Bei Homer werden die Freier getötet, in den *Xenien* werden sie zur spielerischen Verteidigung aufgefordert.

Zahlreiche Selbstinterpretationen des noch immer jungen Geheimen Rats, der ja erst 37 Jahre alt war, als er Weimar floh, zielen in diesen Jahren darauf ab, Erfahrungen zu machen und Enttäuschungen leichtzunehmen, sie als Gewinn für die Ausbildung der eigenen Persönlichkeit zu sehen und zu verwerten. Von 1782 an wird dann »Entsagung« für ihn zum Schlüsselwort: »mitten im Glück«, schreibt er am 26. Juli 1782 an Plessing, lebe er »in einem anhaltenden Entsagen«. Die »Entsagenden« der *Wanderjahre* haben hier ihren Ursprung.

Von diesem Sommer 1782 an schweigen seine Tagebücher für mehr als vier Jahre, bis im September 1786 die ›italienischen Aufzeichnungen‹ beginnen. Nun erkennt Goethe die Weimarer Jahre bis zu dieser Reise als Spiegelungen. »Die Existenzen fremder Menschen sind die besten Spiegel worinn wir die unsrige erkennen können«, schreibt er am 9. September 1783 an Charlotte von Stein, und er weiß, daß Spiegelungen im Sittlichen für Bildung unerläßlich sind. Später, 1823, wird er in den Schriften zur Literatur festhalten: »Bedenkt man nun, daß wiederholte sittliche Spiegelungen das Vergangene nicht allein lebendig erhalten, sondern zu einem höheren Leben empor steigern.« Als »Form des Spiels« war Shakespeare und als Spiel und Spiegelung war Frau von Stein für Goethe wesentlich.[16] Andrasons Einsicht, »eigentlich spielen wir uns selber«, kennzeichnet Goethes schöpferischen Prozeß, aus ihr resultiert aber auch seine Einstellung Verlegern gegenüber.

3. Der Vermittler

Paris sollte für Goethe eine »Schule« sein, Rom aber die »Universität«. Es ist, als seien die Lebensjahre vor der italienischen Reise nur Vorbereitungen auf sie gewesen. Der Abschied war umdüstert. Er nahm aus Karlsbad nur einen »Mantelsack und Dachsranzen« mit; für die »Papiere« (die Manuskripte *Iphigenie, Egmont, Tasso, Faust*) kaufte er sich unterwegs ein »Coffergen«. Der Maler Johann Philipp Möller reiste zwar inkognito, aber schon am Abend des Ankunftstages schrieb er in sein *Reise-Tagebuch*, er »habe nach Tischbeinen geschickt«, welcher denn auch sofort kam: »Tischbein war bey mir.«

Goethe gab seiner Reise selbst alle Zeichen einer Flucht: »früh 3 Uhr stahl ich mich aus dem Carlsbad weg, man hätte mich sonst nicht fortgelassen«, trug er unter dem Datum des 3. September 1786 in sein *Tagebuch der Italiänischen Reise für Frau von Stein* ein. Aufzeichnungen dieser Reise sollten, wie erwähnt, einzig ihr gelten, ja, waren für sie geschrieben. Später, am 23. Dezember 1786, vertraute er ihr an: »Daß du krank, durch meine Schuld krank warst, engt mir das Herz so zusammen daß ich dirs nicht ausdrucke. Verzeih mir ich kämpfte selbst mit Tod und Leben und keine Zunge spricht aus was in mir vorging, dieser Sturz hat mich zu mir selbst gebracht. Meine Liebe! meine Liebe!«

Doch am 2. September hatte Goethe noch viel geregelt. Den Herzog bat er in einem langen Schreiben »um einen unbestimmten Urlaub«. Sein Diener, der Cammer-Calculator Seidel, solle sein Haus betreuen und ein Auge auf »Fritzgen«, Charlotte von Steins vierzehnjährigen Sohn, haben, der im Haus am Frauenplan wohnte; der zweite Diener, Johann

Georg Paul Götze, wurde an Knebel ausgeliehen. Herder bat er: »Saget den Überbleibenden viel Schönes und womöglich etwas Vernünftiges in meinem Namen, damit sie mir den heimlichen Abschied verzeihen.« Seidel war der einzige, der das erste Reiseziel, Rom, erfuhr: »A Monsieur Ioseph Cioja, pour remettre à Mr. Jean Philippe Möller a Rome«. Und »Nachts eilfe« noch an Frau von Stein: »Endlich, endlich bin ich fertig und doch nicht fertig denn eigentlich hätte ich noch acht Tage hier zu thun, aber ich will fort und sage auch dir noch einmal Adieu! Lebe wohl du süses Herz! ich bin dein.« »Ein bißchen unartig hat er seine Freunde verlassen«, kommentierte Charlotte von Stein.

Die entschiedensten Anordnungen dieses geschäftigen 2. September galten aber der Vorbereitung der Ausgabe seiner *Schriften* bei Georg Joachim Göschen. »Die vier ersten Bände«, so berichtete er Herzog Carl August, »sind endlich in Ordnung, Herder hat mir unermüdlich treu beigestanden, zu den vier letzten ... sehe jetzt erst was zu thun ist, wenn es keine Sudelei werden soll. ... Ich gehe ganz allein unter einem fremden Namen und hoffe von dieser etwas sonderbar scheinenden Unternehmung das Beste.« Göschen informierte er so: »Da ich noch eine kleine Reise vorhabe ... habe ich den Cammer-Calculator Seidel ... völlig unterrichtet. ... Am ersten Bande fehlt nur noch die Zueignung ans Publikum. ... Ich lege verschiedene Bemerckungen hier bey, die Bezug auf den Druck haben, machen Sie davon beliebigen Gebrauch ... Käme ja ein Fall vor, über den man sich nicht zu entscheiden wüßte, so ersuch ich Sie deshalb, direkt bey dem Herrn Generalsuperintendent Herder in Weimar anzufragen.« Dann unterschrieb er den Vertrag mit Göschen: »So geschehen, Carlsbad, d. 2. Sept. 1786 J. W. von Goethe«, und bat Seidel um Aufbewahrung.

Goethes Reise war also eine kalkulierte Unternehmung. Sie mußte es sein, denn sie wollte finanziert sein. Was lag näher, als von den Raubdruckern zu lernen? Sollte er nicht einen

Verlag suchen, der sein von ihm selbst ediertes ›Werk‹ in einer ordentlichen Ausgabe verlegen und ihm Honorar zahlen könnte?

Daß Goethe mit dem hochangesehenen Berliner Verleger Johann Friedrich Gottlieb Unger bereits zu dieser Zeit verhandelt haben soll, ist eine Legende, die durch Göschens Enkel, Viscount Goschen, entstand (aufgrund der Fehllesung eines handschriftlichen Briefes), obwohl Unger, der nachmalige Verleger der Romantiker, bereits einen Namen hatte. Er betrieb in Berlin eine Buchdruckerei, eine Verlagsbuchhandlung und eine Schriftgießerei, 1794 schuf er die nach ihm benannte Frakturschrift; später lehrte er Holzschneidekunst an der Berliner Akademie.

Viscount Goschen hatte geschrieben: »Aber obwohl Göschen meinte, Unger könne nicht ablehnen, wurde doch das Geschäft nicht abgeschlossen. Es hatte nämlich um diese Zeit eine gewisse Gleichgültigkeit den Goetheschen Werken gegenüber Platz gegriffen. Seit der Veröffentlichung des *Clavigo* waren keine weiteren Schriften von ihm gedruckt, und die Erwartung künftiger bedeutender Werke war nicht groß. Außerdem war es vom kommerziellen Standpunkt aus ein großer Nachteil, daß Himburg in Berlin Goethes Schriften nachgedruckt hatte. Es war daher die Zögerung, acht Bände zu drei Louisd'or den Bogen anzukaufen, durchaus nicht unbegreiflich. Und dennoch hatte Göschen erklärt, kein Verleger könne Goethes Forderung zurückweisen. Diese Meinung bestätigte er jetzt, indem er trotz seiner geringen Mittel und seines unentwickelten Geschäftes ein Wagnis unternahm, das die ältere und reichere Berliner Firma abgewiesen hatte.«

Am 31. Mai 1786 war in der in Jena erscheinenden ›Allgemeinen Literatur Zeitung‹ die Nachricht zu lesen, der Geheime Rat Goethe erarbeite zum erstenmal selbst eine Ausgabe seiner »Sämtlichen Schriften«, die endlich das enthalten solle, was bisher ohne seinen Willen und offensichtlich in fälschlicher Form gedruckt sei.

Goethe setzte nun eine durch Merck bei Mylius erprobte Methode ein, deren er sich ein Leben lang bedienen sollte: Er ließ die Verhandlungen durch einen sogenannten Vermittler führen, der die Details der Geschäfte regeln sollte. Dabei hatte er nachhaltig eine präzise Vorstellung, wie Geschäfte abzuwickeln seien: »Geschäftigkeit und Wohltätigkeit sind eine Gabe des Himmels, ein Ersatz für unglückliche liebende Herzen«, heißt es in *Stella*. Im Tagebuch vom 13. Januar 1779 trug er ein: »Der Druck der Geschäffte ist sehr schön der Seele, wenn sie entladen ist spielt sie freyer und geniest des Lebens.« In den *Wahlverwandtschaften* wird er festhalten: »Nur Eines laß uns festsetzen und einrichten: trenne alles was eigentlich Geschäft ist vom Leben. Das Geschäft verlangt Ernst und Strenge, das Leben Willkür; das Geschäft die reinste Folge, dem Leben thut eine Inconsequenz oft Noth, ja sie ist liebenswürdig und erheiternd.« In den *Museen zu Jena* schrieb er 1817: »Jedes Geschäft wird eigentlich durch ethische Hebel bewegt, da sie alle von Menschen geführt werden. Alles kommt dabei auf die Persönlichkeit an.« Die für mich im Hinblick auf Goethes Charakter so wesentliche Einsicht drückte er im Gespräch mit Friedrich von Müller am 6. Dezember 1825 aus: »Die Geschäfte müssen abstract, *nicht menschlich* mit Neigung oder Abneigung, Leidenschaft, Gunst p. behandelt werden, dann sezt Man mehr und schneller durch. Laconisch, imperativ, prägnant.« Laconisch, imperativ, prägnant – man kann immer wieder von Goethe lernen.

Die Trennung des Geschäfts vom Leben, die Trennung der Verhandlungen mit den Verlegern von seiner eigenen Lebenshaltung, dies alles hat er konsequent durchgeführt. Seine Zeitgenossen haben das genau registriert. Schiller schrieb an Körner am 12. August 1787: »Herder will ihn ebenso und noch mehr als Geschäftsmann denn als Dichter bewundert wissen.«

Vermittler für die erste rechtmäßige Ausgabe seiner Gesammelten Werke war Friedrich Justin Bertuch (1747-1822). Er muß für Goethe eine schillernde Persönlichkeit gewesen sein, deren Eigenschaften er ebenso schätzte, wie sie ihn auch argwöhnen ließen; bei allen geschäftlichen Verbindungen blieb er stets auf Distanz zu ihm. Bertuch war Beamter am Hofe und privater Unternehmer, war einer der reichen Männer der Stadt und angesehener Bürger. Bei Hofe bekleidete er das Amt eines Geheimsekretärs und Schatullenverwalters. Er war erfolgreicher Fabrikant und verstand es, Gemeinnütziges und Öffentliches mit privatem Nutzen zu verbinden. 1782 ließ er anonym eine Schrift erscheinen: *Wie versorgt ein kleiner Staat am besten seine Armen und steuert der Betteley?*, und 1791 schlug er dem Herzog vor, ein »Landes-Industrie-Comptoir« zu gründen. Er verstand darunter »eine gemeinnützige öffentliche oder Privat-Anstalt, die sichs zum einzigen Zwecke macht, teils die Natur-Reichtümer ihrer Provinz aufzusuchen und ihre Kultur zu befördern, teils den Kunstfleiß ihrer Einwohner zu beleben, zu leiten und zu vervollkommnen«. Das Comptoir wurde begründet und beschäftigte zeitweise bis zu 600 Arbeiter – das waren immerhin 10% der berufstätigen Einwohnerschaft Weimars. In seinem Kommentar zum Neudruck von Friedrich Justin Bertuchs *Bilderbuch für Kinder* stellte Werner Schmidt fest: »Bertuch handelt mit jeder *Ware*, um zu verdienen, und er handelt mit *jeder* Ware, um zu verdienen. Bertuch ist Aufklärer und Händler, Philanthrop und Ausbeuter zugleich, all das.«[17]

Bertuch war nicht nur erfolgreich als Unternehmer, er war es auch als Verfasser von Theaterstücken für die höfische Liebhaberbühne, bei deren Aufführungen er mitunter als Akteur mitwirkte; er war Übersetzer – seine Übersetzung des *Don Quichote* soll die beste der Zeit gewesen sein –, und er verlegte Goethes *Beiträge zur Optik*. 1774 hatte er zusammen mit Wieland geplant, eine Verlagsbuchhandlung zu gründen, um, so in einem Brief an Gleim, »die besten Schriftsteller Teutschlands durch höhere Bezahlung ihrer Werke mit uns zu verbinden ... der großen Buchhändlerrotte das Gleichgewicht zu halten und folglich dieselben zu nötigen, gerechter und billiger gegen verdienstvolle Gelehrte zu sein, die sie jetzt als ihre Tagelöhner halten und bezahlen«. Der Plan wurde nicht verwirklicht, statt dessen gab Bertuch mit Wieland den ›Teutschen Merkur‹ und die ›Allgemeine Literatur Zeitung‹ heraus, zu deren Mitarbeitern Goethe, Schiller, Kant, Fichte und Wilhelm von Humboldt zählten.

Bertuch war eine ungewöhnliche, wenn auch irritierende Erscheinung. 1821, im Gespräch mit dem Kanzler von Müller, nannte Goethe ihn den »größten Virtuosen im Aneignen fremder Federn«. Schiller leugnete, »Berührungspunkte« mit Bertuch zu haben, und im Brief an Körner vom 29. August 1787 führte er aus, daß Bertuch und Herder einander »hassen ... wie die Schlange und der Menschensohn«. Zwar schrieb schon im Jahre 1801 J. A. B. Bartsch an Goethes Freund Knebel: »Der ›verrufene‹ Jude Bertuch, der ... gegen mich honetter gehandelt hat als alle christlicher sein wollenden Handelsleute vor ihm mit mir taten.« Doch Goethe, der schon in den ersten Weimarer Jahren Bertuch verspottet und mystifiziert hatte, blieb bei seiner Distanz; er prägte das Verb ›verbertuchen‹. Goethes Formulierung vom Aneignen fremder Federn hat noch eine besondere Pointe. Aus Paris hatte Bertuch eine weitere Idee importiert: die Fabrikation künstlicher Blumen. Darüber schrieb er am 17. Mai 1782 an Knebel: »Es ist eine Entreprise meiner Frau, die nach und nach dem größten Theile unserer leider unbeschäftigten Mädchen der mittleren Classen sehr heilsam wird. Ihre Arbeiten haben sich, seitdem Sie nichts davon gesehen haben, unendlich verbessert und ich hoffe, sie sollen endlich den besten Pariser Arbeiten von dieser Art zur Seite stehen. – Vor jetzt arbeiten nur, wegen Mangel des Raums, erst zehn Mädchen vier Tage in der Woche in meinem Hause; sobald aber meine Mansarde im Sommerhaus, welche ich jetzt anbaue, fertig ist, hoffentlich zu Johannistag, so ist der Zuschnitt auf 50 gemacht. Sie werden sich freuen, Lieber, wenn Sie wieder einmal einen Flug zu uns thun und diesen ›thätigen Ameisenhaufen‹ sehen.« Wieland spottete einmal, die Mädchen, die da mit künstlichen Blumen und Federn arbeiteten, seien »junge züchtige Brigitten, gleich rein an Fingern und an Sitten«.

In Bertuchs Fabrik arbeitete bis 1788 auch die damals einundzwanzigjährige Christiane Vulpius als Binderin, jenes »ungebildete Fabrikmädchen«, wie Frau von Stein später sagen wird. Am 12. Juni 1788 fand Goethes Begegnung mit Christiane im Weimarer Park statt.

Bertuch hatte Goethe Verhandlungen mit Göschen vorgeschlagen. Bertuchs Vorschlag mußte für Goethe merkwürdig sein, denn Georg Joachim Göschen war, als Bertuch ihn erstmals in der ersten Hälfte des Jahres 1786 empfahl, als Verleger ein unbeschriebenes Blatt; irgendwie blieb er dies auch, »es ist nicht just mit ihm«, befand Goethe später.

Georg Joachim Göschen wurde am 22. April 1752 in Bremen geboren (das genaue Datum ist allerdings urkundlich nicht belegt); die Mutter starb früh, sein Vater, ein Kaufmann, kam bald in wirtschaftliche Bedrängnis, der er sich durch Flucht entzog; der dreizehnjährige Waise lebte dann bei Verwandten, machte eine Lehre in der Bremer Buchhandlung Kramer, fand später eine Anstellung in einer der großen Buchhandlungen Leipzigs, bei Siegfried Leberecht Crusius, und bald auch Anschluß an die Leipziger literarische Szene. Hier lernte er Christian Gottfried Körner kennen. Dieser hatte Schiller eingeladen, von Mannheim nach Leipzig zu kommen, betreute ihn dort und vermittelte ihm ein Haus im Dorf Gohlis, in dem auch Göschen eine Wohnung mietete (noch heute wird im Schillerhäuschen zu Gohlis die untere Stube als die Göschens gezeigt).

In Leipzig bestanden damals etwa 23 Verlagsbuchhandlungen und 12 Druckereien. Göschens ursprünglicher Plan, die 1781 in Dessau als Autorengenossenschaft gegründete »Buchhandlung der Gelehrten« weiterzuführen, scheiterte. 1785 beschloß Göschen, dreiunddreißigjährig, einen eigenen Verlag zu gründen. Das Anfangskapital in Höhe von 3000 Talern borgte ihm Körner. Zur Ostermesse wurden die ersten sechs Titel angezeigt, die eine der Aufklärung nahestehende Haltung bekundeten, darunter A. Cromes *Darstellung des gegenwärtigen geographischen Zustandes der sämmtlichen Oesterreichischen Niederlande* und W. G. Beckers *Ephemeriden der Menschheit auf das Jahr 1785*; 1788 erschien dann das Vademecum von Zacharias Becker, *Noth- und Hülfsbüchlein für Bauersleute, welches lehret, wie man vergnügt leben, mit Ehren reich werden und sich und Andern in allerhand Nothfällen helfen könne, durch einen dem lieben Bauernstande redlich zugethanen Bürger* – einer der größten Bucherfolge im damaligen Deutschland. Dem Autor Zacharias Becker erging es später besser als dem Nürnberger Verleger Johann Philipp Palm; Becker wurde auf Befehl Napoleons 17 Monate in Magdeburg gefangengehalten, Palm von einem napoleonischen Gericht zum Tode verurteilt und erschossen.

Im zweiten Programm des jungen Verlages erschien das zweite Heft der von Schiller herausgegebenen und meistenteils von ihm selbst geschriebenen Zeitschrift ›Thalia‹. Damit war Göschen als Verleger wichtigster zeitgenössischer Literatur ausgewiesen.

Durch Schiller hatte Göschen Christoph Martin Wieland kennengelernt. Göschen und Wieland wurden Freunde; der Biograph Wielands, Johann Gottfried Gruber, schildert, wie sehr Wieland von Göschen eingenommen war. Göschen sei »ein Mann von Geist und vielseitigen Kenntnissen«, dem die »Würde seines Berufes bewußt war«, der seine Geschäfte führe »zum Gewinn für sich, aber stets auch zur Ehre für unsere Litteratur, zum möglichsten Vortheil für den Schriftsteller und in typographischer Hinsicht zur Ehre Teutschlands«.[18] Wieland selbst konnte (noch) nicht Autor bei Göschen werden, er war vertraglich an den Verlag Weidmann's Erben & Reich gebunden; immerhin schon 1789 erschienen bei Göschen Wielands *Gedanken von der Freyheit über Gegenstände des Glaubens zu philosophieren*. Mit Körner, Schiller und Wieland hatte Göschen einen hervorragenden Beraterkreis, und zu ihm gehörte auch jener Mann, den Goethe als seinen Vermittler zu Verlegern ausersehen hatte und der ihm den neuen Verlag so dringlich empfahl, Friedrich Justin Bertuch. Goethe war Bertuchs Verbindung zu Göschen nicht bekannt, und was er ebenfalls nicht wußte, war das handfeste Interesse, das hinter Bertuchs Empfehlung stand. Um Goethe an einen so jungen Verlag zu binden, bedurfte es größerer Kapitalien als jener, über die Göschen bisher verfügen konnte. Der Enkel, Viscount Goschen, hält fest, daß Bertuch die »geringen Hilfsquellen meines Großvaters« bekannt waren und zwischen beiden ein Übereinkommen getroffen und in einem sehr kurzen, aber formellen Dokument dahin präzisiert worden sei, »daß sie sich zu der gemeinsamen Herausgabe von Goethes Werken gegenseitig verpflichteten mit dem gleichen Anteil an den Kosten und an Profit und Verlust«. Göschen sollte für sich und seinen Teilhaber (Körner) zu zwei Dritteln, Bertuch zu einem Drittel haften. Dies hatten sie überlegt, besprochen und als »Ehrenmänner« abgeschlossen. 1791 trat Bertuch gegen Auszahlung des Kapitals, der Zinsen sowie eines Gewinnanteils wieder von der Beteiligung zurück. Erst hundert Jahre später wurde diese Beteiligung öffentlich bekannt.

Im Juni 1786 fanden durch Bertuch die ersten Verhandlungen mit Göschen statt, und wieder lancierte Goethe für seine Idee der achtbändigen Gesamtausgabe eine Forderung von drei Louisd'or pro Bogen. Göschen bat Bertuch, Goethe doch zu einer Reduzierung zu bewegen. Bertuch schaltete sich ein und hatte Erfolg, weil die Bogenverrechnung auch Goethe lästig war. Dieser erhöhte dabei seine Forderung auf eine Pauschalsumme von 2000 Reichstaler. Bertuch berichtete Göschen am 29. Juni 1786 von seinem Besuch bei Goethe: »Ich war am Dienstage [27. 6.] bey Göthe, und sprach mit ihm über seine Erklärung. ›Sie haben die Schraube sehr scharf angezogen, sagte ich ihm; Göschen wird zucken; indeßen wir wollen sehn was er drauf sagt; einige Milderung werden Sie ihm auf alle Fälle accordiren müßen.‹ – ›Es ist wahr, sagte er, ich habe mein[e] Forderung etwas gesteigert, meine gedruckten und ungedruckten Werke in eine Brühe geworfen, und eine Summe überhaupt gefordert, 1, weil ihm beyde wegen der neuen Bearbeitung gleich, und so gut wie ganz neu sind; 2, um uns nicht wegen der diversen Bogen Berechnung zu geniren; 3, weil ich, da Göschen nicht changirt, sondern blos coulant handelt, auf eine 2te Auflage so gut als nicht rechne, und also alles was ich hoffen kann von dieser erwarten muß. Hingegen will ich ihn wegen der Stärcke der Auflage gar nicht einschräncken, und für die gute Auflage in gr. 8vo auch nichts verlangen; auch die Subscription auf alle Art durch meine Freunde u[n]terstützen helfen‹ etc. etc. Dieß war ohngefähr seine Meinung, und ich mercke daß er von den 2000 rth. wohl nicht abgehen wird.«

Goethe hatte also seine Honorarforderung nicht reduziert, im Gegenteil, er hatte sie gesteigert. Göschen, der Goethe unbedingt als Verlagsautor haben wollte, war bereit, die Forderung zu erfüllen. In Goethes Mitteilung an Charlotte von Stein vom 6. Juli 1786 klingt Befriedigung an: »Mit Göschen bin ich wegen meiner Schrifften einig, in Einem Punckte [bei der Festsetzung des Bogenhonorars für die zweite Auflage] hab ich nachgegeben, übrigens hat er zu allem ja gesagt.« Die Verhandlungen dauerten dann doch bis zum 2. September 1786, als der Vertrag unterzeichnet wurde. Dieser Vertrag enthält einige merkwürdige Passagen. In § 1 verspricht der Verfasser »bedingt«, daß er, »wenn es ihm an Muße nicht fehlen sollte, das mögliche thun wird, um den vier lezten Bänden eine vollkommnere Gestalt zu geben, als es der Anzeige nach geschehen würde«. Weiter wird ausgerechnet der Himburgsche Raubdruck zum Vorbild für die Ausstattung erklärt, und schließlich »überläßt der Verfaßer die Einrichtung des Drucks und die Verschönerung des Werks ganz dem Hrn. Verleger«. Später sollte noch eine Großoktav-Ausgabe »stipuliert« sein. Solche unbestimmten Bedingungen sind oftmals Keime für Mißverständnis und Streit. Paragraph 10 enthält eine Optionsklausel: »Seine folgenden Schriften wird der Herr Verfaßer Hrn. Göschen vor Andern anbieten; behält sich aber nach den Umständen vor deshalb besondere Bedingungen zu machen.« Wie vorsichtig oder gar mißtrauisch ging Goethe, der Jurist, bei diesem Vertrag zu Werke. Fünf Jahre dauerte die Verbindung, Goethe hielt sich an den Vertrag, freilich imperativ. Die Beziehung zwischen Autor und Verleger war zwar immer nur mittelbar, aber durch Briefe und Vermittlungsdienste intensiv; persönlich gesehen haben sie einander nie.

4. »Die Würde des gedruckten Buches«. Die erste rechtmäßige Ausgabe der Schriften bei Göschen

Göschens Stolz über diese bedeutende Erwerbung schlägt sich, wie wir in der Biographie des Enkels lesen, zunächst in zwei Aktionen nieder. Mitte Juli 1786 kündigt er im ›Journal von und für Deutschland‹ die Ausgabe an:

Des Herrn G. R. von Göthe zu Weimar sämmtliche Werke in acht Bänden, bey Georg Joachim Göschen in Leipzig.
Ohnstreitig wird dem Publiko die Nachricht sehr angenehm seyn, daß der Geheime Rath von Göthe zu Weimar sich entschlossen hat, eine vollständige Ausgabe seiner sämmtlichen Werke zu besorgen und in meinem Verlage herauszugeben. Lange schon wünschten seine Freunde

Titelkupfer zu *Goethe's Schriften*,
Achter Band, Leipzig: Göschen 1789.
J.H. Lips nach Angelika Kauffmann: Die tragische und die komische Muse
mit Amor an Goethes Büste (Originalzeichnung 1787: SWK).

und die Verehrer seiner Muse in und ausser Teutschland diesen Entschluß, und das Publikum sehnte sich nach mehrern Werken von dem Schriftsteller, den es schon von Anfange her unter seine Lieblingsdichter gestellt hatte ...

Als Stütze seiner Ankündigung veröffentlicht Göschen darin als »Erklärung des ... Verfassers« einen Brief Goethes:

> Ihnen sind die Ursachen bekannt, welche mich endlich nöthigen eine Sammlung meiner sämmtlichen Schriften, sowohl der schon gedruckten, als auch der noch ungedruck-

ten, herauszugeben. ... Sie erhalten in dieser Absicht eine Vertheilung meiner sämmtlichen Arbeiten in acht Bänden.

Erster Band.
Zueignung an das deutsche Publikum.
Die Leiden des jungen Werthers.
Zweyter Band.
Götz von Berlichingen. Die Mitschuldigen.
Dritter Band.
Iphigenie. Clavigo. Die Geschwister.
Vierter Band.
Stella. Der Triumph der Empfindsamkeit. Die Vögel.
Fünfter Band.
Claudine. Erwin und Elmire. Lila. Jeri und Bätely.
Die Fischerin.
Sechster Band.
Egmont, unvollendet. Elpenor, zwey Akte.
Siebenter Band.
Tasso, zwey Akte. Faust, ein Fragment.
Moralisch politisches Puppenspiel.
Achter Band.
Vermischte Schriften und Gedichte.

Goethe fährt in seinem Brief fort: »Von den vier ersten Bänden kann ich mit Gewißheit sagen, daß sie die angezeigten Stücke enthalten werden; wie sehr wünsche ich mir aber noch so viel Raum und Ruhe um die angefangnen Arbeiten, die dem sechsten und siebenten Bande zugetheilt sind, wo nicht sämmtlich doch zum Theil vollendet zu liefern; in welchem Falle die vier letzten Bände eine andere Gestalt gewinnen würden.«

Die Verteilung der Werke auf die Bände 5 bis 8 wurde später tatsächlich geändert; die Einteilung der Bände 1 bis 4 dagegen entspricht der Ankündigung.

Über die Tatsache, daß hier Unvollendetes und Fragmentarisches angekündigt und die Hoffnung ausgedrückt wird, daß sich manches vielleicht doch noch vollenden ließe, die Bände dann aber eine andere Gestalt gewinnen würden, konnte Göschen nicht sehr glücklich sein, bei späteren Beschwerden Goethes wies er immer wieder auf diese Ankündigung hin. Zunächst aber sah Göschen in dieser »Erklärung des Herrn Verfassers« »das sicherste Certificat über die *Aechtheit* und meinen *rechtmäßigen Besitz dieser Ausgabe*«. Göschens Bemühung und sein großes Engagement zeigen sich auch in den folgenden Sätzen dieses »Avertissements«: »was ich als Verleger dem Publiko dabey zu sagen habe. Ich werde alles Mögliche thun, daß diese vortreflichen Werke auch ein ihrem innern Werthe entsprechendes Aeussere erhalten. Der Herr Verfasser hat klein Oktav zum Format gewählt. Sie sollen daher in solchem Format mit ganz neuen deutschen Schriften gedruckt, mit 8 Kupfern von Chodowiecki und 8 Vignetten von Meil geziert werden.« Er kündigte an, daß er die Ausgabe, um sich »gegen die Räuberey unserer ehrlosen Nachdrucker, welche auf diese Beute gewiß lauren werden«, zu wehren, in Subskription anbieten werde. Der Subskriptionspreis für die acht Bände mit je ca. 400 Seiten betrug pro Band 6 Reichstaler; 16 Groschen, am Ende der Jubilate-Messe sollte der Band dann 8 Reichstaler kosten.

Typisch ist für Göschen, daß er auch eine Mahnung und Warnung an die Nachdrucker richtete, denn es war ihm klar, daß diese in der Tat auf solche Beute lauerten. So schließt die »Ankündigung« mit einem Aufruf:

An die Herren Nachdrucker. Ich kann es mir zwar leicht vorstellen, daß die hier angekündigten Werke auch eine ganz artige Spekulation für Sie seyn werden; allein erlauben Sie mir doch, meine Herren, Ihnen, ehe Sie zum Werk schreiten, die Versicherung zu geben, daß ich auch schon ganz artige Maasregeln gegen Sie genommen habe, und Muth genug besitze mit Aufopferung meines ganzen Vortheils Ihre Hofnungen zu Wasser zu machen, wenn Sie mich in meinem rechtmäßigen Erwerbe durch Ihre unrechtmäßige Industrie zu stöhren gedenken. Besitzen Sie noch einigen guten Namen in der Welt, so heben Sie ihn gewiß durch eine solche Unternehmung gänzlich auf. Sie sollen so blamirt werden, daß Ihr eigenes Weib, Ihr eigenes Kind sie mit Verachtung ansehen und kein ehrlicher Mann mit Ihnen aus einem Kruge trinken soll.

Göschens Aufruf scheint seine Wirkung nicht verfehlt zu haben, jedenfalls ist kein Nachdruck seiner Ausgabe verzeichnet.

Doch Göschen hatte zunächst wenig Glück. Er erreichte die 1000 Subskribenten nicht, die er erhofft hatte, und führte das auf die Ankündigung von unvollendeten Schriften zurück, wie er am 29. Oktober 1786 an Bertuch schrieb: »Göthe hat mir durch das Avertißement die Schriften unvollendet zu liefern, einen bösen Streich gespielt. Es thut mir bey der Subscription vielen Schaden.« Göschen war ursprünglich optimistisch gewesen im Hinblick auf den Verkauf der Ausgabe. Wenn er den »deutschen Geist« auch anklagte (an Bertuch, 12. 7. 1786 und 18. 3. 1787), der nicht ausdauernd »im Ankauf seiner großen Schriftsteller« sei, so rechnete er doch mit einer Subskription von 1000 Exemplaren. Auch für den Verkauf der übrigen Exemplare war ihm »nicht bange daß wir auch ohne Subskription bald auf unsre Kosten mit desto mehrerm Vortheil kommen werden«. Aber die Subskription wurde viel schlechter bestellt, und Göschen mußte gegenüber Wieland festhalten, daß »das Deutsche Publicum nicht so gern auf Göthens Schriften als auf Geisslers des jüngern seine unsterblichen Werke« subskribiere. Zur Ostermesse 1787 hatte die Subskription 692 Exemplare erbracht. Nachdem die Bände 5 bis 8 erschienen waren, ging der Absatz kontinuierlich zurück.

Für den jungen Verleger war es sehr erschwerend, daß Goethe nun seine Italienreise antrat und nur selten von sich hören ließ. »Ich weiß nicht, wo Goethe ist«, klagte er immer wieder gegenüber Bertuch. Die Weimarer Ausgabe verzeichnet zwischen dem 20. Februar und 15. August 1787 kein Schreiben Goethes an Göschen. Bei solchen Pausen und der schwierigen Kommunikation mit Rom war an einen regulären Herstellungsprozeß gar nicht zu denken. Und Goethe hatte sich noch eine Komplikation ausgedacht. Wie berichtet, sollte Herder die Druck- und Aushängebögen prüfen und der Diener Seidel die Geldgeschäfte regeln. Hier fraglos begründet sich die Schwierigkeit in der Beziehung zu Göschen: Goethe, mißtrauisch, selbst nicht anwesend, setzte jetzt seine Mittelsmänner ein, die nicht anders als nach dem »Contrackt« handeln konnten, und Seidel gab in der Tat die Manuskriptteile nur gegen Vorkasse ab. Das mußte Göschen reizen und verstimmen. »Mache nun Deine Sache mit Göschen und sorge daß Du das Geld gegen den letzten Theil des Manuskripts gleich erhaltest. Gieb es nicht eher aus der Hand, du brauchst dich nur auf deinen Auftrag zu beziehen«, wies Goethe Seidel am 9. Februar 1788 aus Rom an. Er informierte auch Göschen, so am 27. Oktober 1787: »Ich schließe diesen Brief offen an den Cammer Calculator Seidel ein, damit er von dem unterrichtet sey was zwischen uns vorgeht.« Seidel erhielt folgende Weisung: »Schreibe dir den Brief an Göschen ab oder zieh dir ihn wenigstens aus, daß du in der Suite bleibst und behältst was mit ihm verhandelt wird.« Und dann folgt die Formulierung, die Göschen *und* seinen Verlagskollegen galt: »Es ist nicht just mit ihm, wie mit alle dem Volcke.« Der Brief schließt mit der Mahnung: »Der Rest des 5. Bandes mit der Kupfer Platte soll durch deine Hände gehen und du giebst ihn nicht als gegen baare Bezahlung aus. Der Contrackt besagts und man muß keine Complimente machen.« Göschen hatte also mit zwei Mittelsmännern zu tun, und er bekam das Mißtrauen zu spüren, das in der Bedingung des Voraushonorars lag.

Doch so schwierig die Verbindung mit Goethe war, Göschen erinnerte sich des Vertragspunktes und ließ es an persönlicher

Sorgfalt nicht fehlen, wählte das Papier, die Bindematerialien, wollte auch den Korrektoren allein das Korrekturlesen nicht überlassen und las selbst mit. Er hatte die Druckbogen an Herder geschickt, und dieser hatte Göschen mitgeteilt, Goethe wolle sich um den Druckausfall nicht bekümmern – das sollte ein Fehler gewesen sein. Im Mai 1787 erschienen die ersten vier Bände: »*Goethe's Schriften*. Erster bis vierter Theil« stand auf dem Vorsatzblatt in einigen Exemplaren. Goethe ging damit auf die Neukonzeption der Bände 5 bis 8 ein und schrieb auf dem Vorsatzblatt, das sich in einigen Exemplaren erhalten hat:

Schon zu der Zeit, da ich den Entschluß faßte, meine sämmtlichen Schriften dem Publico vorzulegen, wünschte ich den vier letzten Bänden, eine andre, als die angezeigte Gestalt geben zu können.

Die Möglichkeit, diesen Wunsch auszuführen, hat sich über mein Erwarten gezeigt, und ich darf jetzt hoffen, daß ich wenigstens keine *ungeendigten* Stücke, keine *Fragmente* dem Publico werde mittheilen dürfen.

Ich werde die Muße, die mir gegönnt ist, zum Dienste derer anwenden, die an meinen Arbeiten einiges Gefallen haben können, und bitte nur dagegen, um eine verlängerte Frist, deren Dauer ich zwar nicht bestimmen, wohl aber versichern kann, daß ich jeden freyen Augenblick nutzen werde, um den fünften und sechsten Band auf's baldigste in die Hände des Publicums zu liefern. *Von Goethe*

Der Verleger bittet einen jeden redlichen Mann, dem das Eigenthumsrecht eines Menschen heilig, und die Achtung der Nation für ihre Schriftsteller wichtig ist, um schnelle Nachricht, wenn diese Schriften irgendwo nachgedruckt werden sollen.

Die Reaktion der Öffentlichkeit scheint nicht positiv gewesen zu sein. Göschen beklagt sich bei Herder über die Kritik und bei Bertuch am 22. September 1787 über das Publikum: »Buchhändler welche Ex. [von der Messe] mitgenommen haben zur Speculation, wollen sie zurück geben. Mann versteht die Iphigenia nicht die Geschwister sind langweilig. Der Triumph der Empfindsamkeit ist veraltet und komt zu spät die Vögel sind zu dunkel. Der Teufel weiß was die Leute wollen.« Dann unterläuft Göschen ein Fehler: Er vergißt, an Goethe Freiexemplare zu schicken! Goethe ist darüber verstimmt. Als er die Bände verspätet in Händen hält, zögert er nicht zu schreiben, »was im Zusammenhang gesagt werden mußte«, und läßt Göschen am 27. Oktober 1787 wissen: »Ich kann nicht sagen daß der Anblick der drey Exemplare meiner Schriften ... mir großes Vergnügen verursacht hätte. Das Papier scheint eher gutes Druckpapier als Schreibpapier, das Format schwindet beym Beschneiden gar sehr zusammen, die Lettern scheinen stumpf, die Farbe ist wie das Papier ungleich, so daß diese Bände eher einer ephemeren Zeitschrift als einem Buch ähnlich sehen, das doch einige Zeit dauren sollte. Von ohngefähr war ein Exemplar der Himburgischen Ausgabe hier, welches gegen jene wie einem Dedikations Exemplar ähnlich sah. Dieß ist aber nun geschehen und nicht zu redreßiren. Auch finde ich in einigen Stücken, die ich durchlaufen, Druckfehler und Auslassungen, kann aber nicht entscheiden, ob es am Manuscripte oder am Correcktor liege.« Im weiteren fordert Goethe, jetzt auch die »bessere« Ausgabe auf holländischem Papier herzustellen, wie vertraglich »stipuliert«. Goethe hatte seinen Brief aus Rom an Seidel geschickt, mit der Bitte, ihn vor der Übergabe an Göschen auch Bertuch zur Kenntnis zu geben. Dieser kommentiert, im Brief vom 19. November 1787, Goethes Klage über den Druck sei nur »ein Wiederhall vom gelbsüchtigen Herder«. Was aber die Forderung nach einer »besseren« Ausgabe betreffe, so müsse Göschen Goethe »den falschen Wahn benehmen«: »Ich muß bekennen ich hätte G. solch eine Knickerey nicht zugetraut.«

Göschen ist niedergeschlagen, er hatte sich aufs äußerste bemüht, während Goethe sich weder um den Druck gekümmert noch selbst Korrektur gelesen hatte. Gegenüber Bertuch klagt er (am 22. 11. 1787): »So ein Brief wie der von Goethe kann den frohen Muth sehr niederschlagen. Mit der Schrift ist vorher keine Zeile gedruckt worden und sie soll stumpf seyn! Das Papier welches weiß ist, und nicht stark um bequeme Bände zu bekommen soll Druckpapier seyn – Mag es doch! Herder soll nur die Auflage seiner Schriften damit vergleichen... Ich versichere Ihnen heilig hätt ich Herdern und Göthe von der Seite gekant als ich sie jetzt kenne sie hätten mich nicht so glücklich machen sollen ihre Werke zu verlegen. Sind denn 2000 rth. ein Kinderspiel?«

Göschen kommt über Goethes Kritik einfach nicht hinweg. Bertuch kolportiert im erwähnten Brief vom 19. November: »Zu den Druckfehlern und Auslaßungen vermuthet Seidel selbst, daß das Mscpt. Anlaß gegeben habe.« Göschen möchte »Satisfaction an Herdern haben, und alle Pfaffen hole der Teufel«. Am 28. November 1787 schreibt er an Bertuch: »Noch glaub ich Göthe wird geleitet. Solte es nicht seyn so veracht ich ihn eben so sehr als ich ihn verehrt habe und ich muß glauben daß er zu den niedrigen Menschen gehört, welche glauben *alle* Buchhändler sind Juden.« Es gibt keine Beweise, daß Herder hier intrigiert hat, wir wissen nur, daß zwischen ihm und Bertuch erbitterte Feindschaft bestand. Schiller schreibt am 29. August 1787 an Körner: »Bei Herdern geht es soweit daß sich alle seine Züge verändern sollen, wenn Bertuchs Name genannt wird. Aber auch der geschmeidige Bertuch ist an dieser einzigen Stelle sterblich und fühlt etwas höchstseltenes – Leidenschaft.« Auch Goethes Beziehung zu Bertuch kühlt ab, seine Geschäftsmanieren verstimmen ihn zusehends, aus dem Du wird wieder ein Sie, und schließlich entfremdet man sich vollends. – Es mag sein, daß sich diese Verstimmung auf Goethes Haltung zu Göschen übertrug.

Goethe hatte eben besondere Maßstäbe und eigene Kriterien für die Kunst des Buchdrucks wie für die ästhetische

Schönheit eines Buches. In seiner *Rede zur Eröffnung der Freitagsgesellschaft am 9. September 1791* in Weimar sagte er: »Wir verdanken daher dem Bücherdruck und der Freyheit desselben undenkbares Gute und einen unübersehbaren Nutzen.« »Die Buchdruckerkunst ist ein Faktor«, schrieb er an J. Ch. Lothe im Juli 1820, »von dem ein zweiter Teil der Weltgeschichte datiert.« Immer wieder sprach er von der »Würde des gedruckten Buches« und wünschte sich einen schönen Satzspiegel und viel Rand »als die wahre Zierde jedes Buches«. Die damaligen Kritiker aber hatten andere Maßstäbe, ihnen gefiel die Ausgabe bei Göschen, und die einschlägigen Zeitungen lobten die Ausstattung.[19]

Goethes Mutter teilte jedoch die Kritik des Sohnes; am 9. März 1789 schrieb sie an Karl Wilhelm Ferdinand Unzelmann: »Göschen ist ein L[umpenhun]d da schickt er den 8ten Band wieder in Papier gebunden wie die 4 ersten theile – was ihn nur vor ein Narr gestochen hat den 5ten theil so prächtig einbinden zu laßen? Aber er soll sein Fett kriegen, ich habe eine Epistel an ort und stelle geschick, und mich gegen dieses unmusterhafte Betragen höchlich beschwert.«

Der Kritik blieb jedoch verborgen, daß der erste Band einen Text enthielt, den Goethe sorgsam bearbeitet hatte, der aber seither allen Editoren die größten Schwierigkeiten bereitet: die berühmte zweite Fassung des *Werther* mit dem Titel *Leiden des jungen Werthers*. Göschen veröffentlichte sie ebenfalls im Jahr 1787 neben dem Band 1 der *Schriften* als Einzelausgabe – wohl um Nachdrucker abzuwehren. In dieser Einzelausgabe wurde nun zum erstenmal der Autorenname Goethe aufgeführt.

Textgenese und Textkonstitution dieser zweiten Fassung sind nicht ohne editorische Pikanterie. Am Sonntag, dem 30. Dezember 1781, hatte Goethe Christian Joseph Jagemann, seit 1775 Bibliothekar der Herzogin-Mutter in Weimar, mittags zu sich eingeladen; er war ein Kenner der italienischen Sprache, und Goethe wollte mit ihm die italienische Übersetzung des *Werther* durchsprechen. Doch fehlte in seiner Bibliothek die Erstausgabe. Er schickte ein Billett an Charlotte von Stein: »so verlangt meine Seele schon wieder zu dir. Um mich zu enthalten lade ich Jagemannen zu Tisch. Schicke mir die Italiänischen Briefe Werthers und dein deutsch Exemplar dazu.« So unglaublich es scheint: Weder Goethe noch Frau von Stein hatten ein Exemplar der Weygandschen Erstausgabe! Frau von Stein schickte ihm einen Himburgschen Nachdruck zu. Ein halbes Jahr später, am 19. Juni 1782, bat er abermals Frau von Stein, »schicke mir meine gedruckten Schrifften ich habe einen wunderlichen Einfall und will sehn ob ich ihn ausführe«. Julius Petersen vermerkt zum »Einfall«, es handele sich hier vielleicht um die Überarbeitung des *Werther*.

Doch der Geheime Rat des Weimarer Jahrzehnts war nicht mehr der Stürmer und Dränger der Wetzlarer und Leipziger Jahre. Goethe, seit er sich wieder mit dem *Werther* beschäftigen mußte, dachte an Änderungen, Einfügungen, Erläuterungen, Abschwächungen, die den Hintergrund verständlicher machen sollten. Am 21. November 1782 schreibt er an Knebel: »Meinen Werther hab ich durchgegangen und lasse ihn wieder ins Manuscript schreiben, er kehrt in seiner Mutter Leib zurück du sollst ihn nach seiner Wiedergeburt sehen. Da ich sehr gesammelt bin, so fühle ich mich zu einer so delikaten und gefährlichen Arbeit geschickt.« Am 2. Mai 1783 an Kestner: »Ich habe in ruhigen Stunden meinen Werther wieder vorgenommen, und denke, ohne die Hand an das zu legen was so viel Sensation gemacht hat, ihn noch einige Stufen höher zu schrauben. Dabey war unter andern meine Intention Alberten so zu stellen, daß ihn wohl der leidenschaftliche Jüngling, aber doch der Leser nicht verkennt. Dies wird den gewünschten und besten Effekt thun. Ich hoffe Ihr werdet zufrieden seyn.« Am 25. Juni 1786 an Frau von Stein: »Ich korrigire am Werther und finde immer daß der Verfasser übel gethan hat sich nicht nach geendigter Schrifft zu erschiesen.«

Ende Juni 1786 bot Goethe durch Bertuch Göschen einen »überarbeiteten« *Werther* an. Er selbst aber arbeitete weiter an Änderungen. Herder und Wieland arbeiteten mit. Am 6. Juli an Frau von Stein: »Herder hat den Werther recht sentirt und genau herausgefunden wo es mit der Composition nicht just ist ... Wieland geht die Sachen auch fleißig durch und so wird es mir sehr leicht, wenigstens die ersten vier Bände in Ordnung zu bringen«. Am 1. September an dieselbe: »über das Ende Werthers ist die Sache auch entschieden. Nachdem es Herder einige Tage mit sich herumgetragen hatte, ward dem Neuen der Vorzug eingeräumt. Ich wünsche daß dir die Veränderung gefallen und das Publicum mich nicht schelten möge.« Am 2. September war die Überarbeitung für Goethe abgeschlossen, er kündigte Göschen die Übergabe des Manuskripts durch Seidel an und überließ Göschen, wie erwähnt, Druckbemerkungen zum »beliebigen Gebrauch«. Das sollte sich als Fehler erweisen.

Die Änderungen liegen meist in einer stilistischen Glättung der ersten Fassung, in Streichungen von Kraftausdrücken und in der Vermeidung mundartlicher Wendungen. Goethe hält eine regelmäßigere Wortstellung ein und teilt die langen Satzperioden auf. Aber auch inhaltlich hat er manches geändert. Er verzichtet auf jene Stelle, in der Werthers Zusammenstoß mit der adligen Gesellschaft als Grundkonflikt charakterisiert wird. Albert wird sympathischer gestaltet, er ist nun der Liebe Lottes noch mehr wert, und dadurch werden der Konflikt manifester, das Leiden größer, der Ausgang zwingender. Eingefügt wird die Szene Lottes mit dem Kanarienvogel. Der wichtigste Zusatz ist die Begegnung Werthers mit dem Bauernburschen, der zum Mörder wird, sie weist auf das unaufhaltsame Herannahen der Katastrophe hin. Goethe erweitert den Bericht des Herausgebers, an dieser Stelle sind die größten Änderungen vorgenommen worden.

Das Pikante der Edition der zweiten Fassung besteht nun

darin, daß Goethe, obschon er über Jahre sorgsam die inhaltliche Überarbeitung betrieben hatte, die äußere Form vernachlässigte, daß er selbst keine Korrektur las und das Korrekturlesen anderen übertrug.[20]

Wie zur Druckgeschichte des *Werther* schon erwähnt, kontrollierte Goethe durch den Verzicht auf Korrekturlesen also nicht den »beliebigen Gebrauch«, den Göschens Setzer gemacht haben. Das Unentschuldbare aber: Er ging bei seiner Überarbeitung nicht vom Text seines Erstdrucks, sondern vom Text eines von Frau von Stein entliehenen Raubdrucks aus. Seine Vorlage war: »J. W. Goethens Schriften. Erster Band. Dritte Auflage Berlin 1779. Bei Christian Friedrich Himburg«. So »tot« war also Himburg für Goethe gar nicht! Ein Exemplar mit Goethes handschriftlichen Korrekturen liegt im Weimarer Archiv. Goethe übersah, daß Himburg nicht nur ein Nachdrucker, sondern auch ein »Verbesserer« war, er wollte die Ausgabe ja verkaufen, und so hatten Himburg oder seine Helfer Goethes Stil verändert, verkürzt, im damaligen Sinn sozusagen modernisiert. Goethe hat es nicht bemerkt. Oder hat er es gar gebilligt? Einige stilistische Veränderungen lagen auf seiner eigenen neuen Linie. Himburgs Text wies zudem Fehler und Auslassungen auf, selbst dies blieb unbemerkt. Wie wir aus dem Brief an Knebel wissen, hatte Goethe Seidel beauftragt, den Text aus der Himburgschen Ausgabe noch einmal abzuschreiben. Das Manuskript, das auf diese Weise entstand, enthielt freilich alle Himburgschen Änderungen und Fehler und nun darüber hinaus Eigenheiten Seidelscher Orthographie und Interpunktion. Auch diese Handschrift ist im Weimarer Archiv erhalten und konnte von dem Bearbeiter des 19. Bandes der Weimarer Ausgabe 1899, Bernhard Seuffert, herangezogen werden. Bis heute ist nicht definitiv zu klären, welche Textformen und Eigenarten Goethe wirklich autorisiert, welche er übersehen hat. Vieles haben die Schreiber, auch die Korrekturleser von sich aus geändert; Seuffert hat »fünferlei Correcturhände«

festgestellt, und ihre Scheidung sei ihm »trotz der güthigen Berathung und Aufklärung der erfahrenen Herren des Archiv« nicht durchaus gelungen.[21]

Die Beziehungen Göschens zu Goethe und die Goethes zu Göschen gingen weiter, empfindlicher von beiden Seiten, gereizter, ungeduldiger. Als Goethe die Texte für den 5. Band ablieferte, erbat er bei Göschen »das Honorarium ... an Seidel«. Goethe hielt sich streng an den Vertrag, wie immer: lakonisch, imperativ, prägnant. Es war nicht leicht für Göschen, er führte immer wieder ins Feld, daß er all seinen Schriftstellern mit Vertrauen und nicht mit Berechnung begegne – Vertrauen ist gut, die exakte Befolgung eines Vertrages jedoch das Bessere.[22]

Selbstverständlich muß der Verleger auch auf seine Geschäftsvorgänge reagieren. Für Göschen mußte das materielle Ergebnis der Goetheschen Schriften enttäuschend sein. Bis September 1789 betrugen seine Kosten 7087 Taler, die Einnahmen lediglich 5367 Taler.

Nicht nur der tatsächliche Verlust und der rückläufige Absatz mußten den Verleger betreffen, die Fortführung der Ausgabe selbst kam immer wieder ins Stocken, und dies auch, als Goethe von seiner italienischen Reise am 18. Juni 1788 nach Weimar zurückgekehrt war. Goethe drängte auf weitere Produktion, auch Göschen hatte dies durchaus im Sinn, denn die Subskribenten »verlangten« angeblich nach den Bänden, zu denen sich der Verleger in der Subskription verpflichtet hatte. Im Juli entschuldigte sich Goethe, sein *Tasso* habe noch nicht die erwünschte Vollkommenheit erreicht. Schließlich schlug Göschen Goethe vor, den achten Band mit »Vermischtem« vorzuziehen. Goethe war einverstanden, und so wurde Ostern 1789, zweieinhalb Jahre nach dem Vertragsabschluß in Karlsbad, der achte Band ausgeliefert.

Dann aber begann für Göschen erst die ›Leidensgeschichte‹ der Publikation des *Tasso*. Am 30. März 1780 hatte Goethe, wie erwähnt, »den erfindenden Tag« und begann Ende Oktober zu schreiben und zu diktieren. Der erste Akt war am 12. November 1780 fertig, ein Jahr später, am 14. November 1781, der zweite Akt. Fertiggestellt war das Stück für Goethe am 20. Februar 1785. Im »Avertissement« vom 15. Juli 1786 kündigte Göschen das neue Werk »Tasso, zwey Akte« an. Doch er erhielt das Manuskript nicht vor Goethes Abreise, dieser nahm den sogenannten ›Urtasso‹ auf die italienische Reise mit. Der ›Urtasso‹ ist verschollen. Wir kennen Goethes Bekundungen aus Italien, aus Venedig: »Heut abend hatte ich mir den famosen Gesang der Schiffer bestellt, die den Tasso und den Ariost auf ihre Melodie singen« (Tagebuch, 7. 10. 1786). An Knebel schrieb er am 19. Februar 1787: »Nun wird an Tasso gearbeitet, der geendigt werden soll.« Und unter dem 21. Februar 1787 in der *Italienischen Reise*: »das Vorhandene muß ich ganz zerstören, das hat zu lange gelegen, und weder die Person, noch der Plan, noch der Ton haben mit meiner jetzigen Ansicht die mindeste Verwandtschaft.« Dies alles war so eine Art self-fulfilling prophecy, denn in Italien hat Goethe kaum an *Tasso* gearbeitet. Auch nach der Rückkehr, in Weimar, ging die Arbeit schleppend und nur unter Schwierigkeiten vor sich. An Knebel schrieb er am 11. Oktober 1788: »Tasso rückt nur langsam«, und an Herder am 27. Dezember 1788: »Tasso ist noch immer nicht fertig.«

Die Textgenese ist leichter nachzuvollziehen als bei *Werther*, da zwei Handschriften aus der letzten Arbeitsperiode überliefert sind. Die erste Reinschrift wurde nach Diktat vom Schreiber Christian Georg Karl Vogel vorgenommen. Von dieser Reinschrift wurde eine zweite angefertigt, die als Druckvorlage dienen sollte. Da Goethe und Göschen drängten, wurde der dritte Akt dieser zweiten Reinschrift einem zweiten Schreiber übertragen, Johann Georg Paul Götze. »Mit Götzen« war Goethe viel auf Reisen, er wurde dann durch Goethe auch zum Wegebauinspektor und Wegebaukommissar ernannt, aber in puncto Rechtschreibung und Genauigkeit war er nicht versiert, er brachte Fehler in die

Handschrift hinein. Später wurde für die Schreiber Johann Christoph Adelungs Werk *Vollständige Anweisung zur deutschen Orthographie*[23] angeschafft. In der dort kodifizierten Orthographie sollte Vogel die Reinschrift für den Druck erarbeiten. Goethe, der sich um kleinste Textdetails bemühte und auch ständig änderte, fühlte sich wieder einmal für das reine Korrekturlesen nicht zuständig; da Herder Anfang August 1788 nach Italien gereist war (er kam erst im Juli 1789 nach Weimar zurück), bat Goethe nun Wieland um die Überwachung der Orthographie und Interpunktion für die Druckvorlage. Man kann Wielands Korrekturen in der zweiten Reinschrift erkennen.

Lieselotte Blumenthal hat in ihrer Arbeit über die *Tasso*-Handschriften nachgewiesen, daß Goethe die Reinschrift und die Druckvorlage bis zuletzt in seiner Hand gehalten hatte. Er konnte also Vogels Schreibweise und auch Wielands Korrekturen, die insbesondere die Interpunktion betrafen, billigen oder ändern. Anders als bei *Werther* und *Iphigenie*, die Herder allein imprimierte, war das Druckmanuskript, das an Göschen gehen sollte, von Goethe ›aktiv autorisiert‹.

Aus Weimar schrieb er am 22. Juni 1789 an Göschen (und auch die »Empfehlung«, die er Göschen gegenüber aussprach, war in diesem Ton gehalten):

Hiermit sende ich die ersten Scenen eines Stücks, bey dessen Ausführung ich mich nur um Ein Jahr Arbeit verrechnet habe. Was es geworden ist, mag das Publicum entscheiden. Nun empfehle ich die allerstrengste Fürsorge bey den Correckturen. Die vorigen Bände sind leidlich, doch nicht ohne Mängel, bey diesem Stücke werde ich auch den geringsten Fehler durch einen Carton zu verbessern bitten. Bei der höchsten Sorgfalt, die ich auf dieses Stück gewendet, wünsche ich auch, daß es ganz rein in die Hände des Publicums komme. Wann Sie das Exempl. mit lateinischen Lettern anfangen wollen, ist mir ganz gleich ...

Das M[anu]s[cri]pt von *Tasso* folgt nun nach und nach. Senden Sie mir ja gleich 3 Exemplare der abgedruckten Bogen. Doch das Manuskript von *Tasso* folgte nicht nach und nach. Eine Woche darauf erhielt Göschen von Goethe die Nachricht, daß er sich noch nicht von der »Fortsetzung des Manuskripts« werde trennen können. Goethe arbeitete weiter, in der Tat wollte er mit »unerlaubte[r] Sorgfalt« das Manuskript »ganz rein« von allen Fehlern in die Hand des Publikums geben. Am 2. August 1789 konnte er an Herder schreiben: »Wie sehr mich freuen muß wenn dir Tasso behagt, kannst du denken, da ich mehr als billig ist von Zeit und Kräften an dieses Stück gewendet habe. Seit zwey Tagen darf ich erst sagen er sey fertig.« Und am 10. August teilte er Herder mit: »Wie sehr freut es mich daß du den Tasso magst. Die zwei letzten Akte, hoff ich sollen zu den ersten gehören. Dein Beyfall ist mir reiche Belohnung für die unerlaubte Sorgfalt mit der ich dies Stück gearbeitet habe. Nun sind wir frey von aller Leidenschaft solch eine konsequente Composition zu unternehmen. Die Fragmenten Art erotischer Späße [das heißt die *Römischen Elegien*] behagt mir besser.«

Schubweise ging nun die Druckvorlage zu Göschen nach Leipzig, schubweise kamen die Druckbogen auch nach Weimar zurück. Im August drängte Goethe, der sechste Band der Schriften, mit *Tasso* und *Lila*, müsse zur Michaelismesse, also Ende September, herauskommen. Das war nicht zu schaffen, der Verleger hätte Zauberer sein müssen, und Goethe irrte, wenn er sich bei der Herzogin Amalia über die »Saumseligkeit« seines Verlegers beklagte. Aber es kam noch ein weiterer Umstand hinzu. Göschens Anliegen war es ja, seinen jungen Verlag in Fahrt zu bringen, Werbung und Sanierung waren gefordert. Mit Wieland hatte er einen ›Historischen Calender für Damen‹ besprochen, in dessen zweitem Jahrgang (1791) Schillers *Geschichte des Dreißigjährigen Krieges* erscheinen sollte. Dieses Unternehmen mußte ihm wichtig sein, und er wollte es gegenüber dem 6. Band der Goetheschen Schriften nicht zurücktreten lassen. »Unterdessen hat er [Goethe] uns lange genug aufgehalten«, schrieb er an Bertuch am 16. Dezember 1789, »und es ist billig daß er sich geduldet hat.« Göschen hatte sich nicht getäuscht, der Kalender wurde mit 6000 verkauften Exemplaren ein großer Erfolg und erregte auch publizistisches Aufsehen, während *Tasso*, als der sechste Band der Schriften schließlich im Januar 1790 erschien, das Publikum nicht eben zu Beifall hinriß. Der siebente Band, der das *Faust*-Fragment, *Jeri und Bätely* und *Scherz, List und Rache* enthielt, sollte sogleich angeschlossen werden. Während der italienischen Reise hatte Goethe Gelegenheit gehabt, den *Faust*-Plan »zu überdenken«;[24] im Januar 1790 schickte er die Druckvorlage des *Faust* an Göschen. Im Mai erschien der Band, nun also war das achtbändige Unternehmen abgeschlossen.

5. »genöthigt, mich nach einem anderen Verleger ... umzusehen«. Der Bruch mit Göschen

Goethe, einerseits mit der Textqualität der Ausgabe zufrieden, ärgerte sich andererseits über den schlechten Absatz und lastete dies, hierin nicht anders als die Autoren heutzutage, seinem Verleger an. Es mehrten sich in dieser Zeit die kritischen Äußerungen Goethes über das Verlagswesen und seinen »wackeren Verleger«. Göschen war verstimmt; er fühlte, daß Goethe ihm kein Vertrauen mehr entgegenbrachte.

Eine unangenehme Tatsache kam nun hinzu: Im Vertrag war eine neue »Auflage in Groß-Oktav für Liebhaber schöner Exemplare« für alle 8 Bände vorgesehen, von der Göschen jedoch Abstand nahm. Realisiert wurde lediglich eine Erhöhung der Auflage um 500 Exemplare auf holländischem Papier ab Band 5, mit dem Plan, die ersten 4 Bände nachzudrucken. Dieser Nachdruck unterblieb, die fertigen Bogen auf holländischem Papier wurden zur Herstellung von Einzelausgaben verwendet. Was ganz und gar nicht dem Vertrag

5. Der Bruch mit Göschen

entsprach, war die Tatsache, daß Göschen eine zweite, vierbändige (»geringere«) Ausgabe, zu billigerem Preis für die ärmeren »Liebhaber der Goetheschen Schriften«, herausbrachte, natürlich eine Aktion gegen die Nachdrucker. Bertuch hatte ihm vorgeschlagen, diese Ausgabe solle ohne das Göschensche Verlagsimprint erscheinen, doch lehnte Göschen ab. Aber er versäumte es, Goethe von dieser Ausgabe zu unterrichten und um Genehmigung zu bitten. So hat auch dieser rechtmäßige Verleger Goethes eine Art Raubdruck veranstaltet! Verständlicherweise war Goethe, als er dies erfuhr, enttäuscht und für eine weitere Zusammenarbeit demotiviert.

Ehe noch die ›Gesammelten Werke‹ vollständig vorlagen, bot Goethe, gemäß dem Vertrag mit Göschen, sein neues Werk, den *Versuch die Metamorphose der Pflanzen zu erklären*, dem Verlag an. Göschen machte den Fehler, einen Botaniker um ein Gutachten zu bitten, also einen jener Experten, die Goethe ja in der *Metamorphosen*-Schrift direkt verspottete. Das Urteil fiel negativ aus, und Göschen lehnte das Manuskript ab. In seinem Bericht zum *Schicksal der Handschrift* des *Versuchs* beschreibt Goethe den Vorgang:

Ich meldete ihm daher, daß eine Schrift fertig liege, wissenschaftlichen Inhalts, deren Abdruck ich wünsche. Ob er sich nun überhaupt von meinen Arbeiten nicht mehr sonderlich versprochen oder ob er in diesem Falle, wie ich vermuten kann, bei Sachverständigen Erkundigung eingezogen habe, was von einem solchen Überprung in ein anderes Feld zu halten sein möchte, will ich nicht untersuchen, genug ich konnte schwer begreifen warum er mein Heft zu drucken ablehnte, da er, im schlimmsten Falle, durch ein so geringes Opfer von sechs Bogen Maculatur einen fruchtbaren, frisch wieder auftretenden, zuverlässigen, genügsamen [sic!] Autor sich erhalten hätte.

Abermals befand ich mich also in derselben Lage, wie jene da ich dem Buchhändler *Fleischer* meine *Mitschuldigen* anbot; diesmal aber ließ ich mich nicht sogleich abschrekken. *Ettinger* in Gotha, eine Verbindung mit mir beabsichtigend, erbot sich zur Übernahme, und so gingen diese wenigen Bogen, mit lateinischen Lettern zierlich gedruckt, auf gut Glück in die Welt.

Wir wissen, wie kontrovers die *Metamorphosen*-Schrift aufgenommen wurde; selbst Goethes Freunde standen seiner botanischen Theorie skeptisch gegenüber. Göschen aber war tief getroffen, er kam über die eigene Entscheidung, dieses Werk abgelehnt zu haben, nicht hinweg. Trotzdem machte er Goethe 1791 noch einmal das Angebot, ein weiteres Werk von ihm herauszubringen. Goethe antwortete ihm am 4. Juli 1791:

Ich danke für die mir übersendeten Bücher und für die mir in Ihrem Briefe gezeigten Gesinnungen ... Es that mir leid daß Sie den kleinen Versuch der Metamorphose ausschlugen und ich war genöthigt mich nach einem andern Verleger umzusehen und Verbindungen einzugehen die ich sogleich nicht lösen kann ... Auf Michael werde ich eine neue Theorie der Farben ins Publicum wagen. Ich kann Ihnen aufrichtig versichern daß ich sehr gewünscht hätte alles in Einer Hand zu sehen.

Ich habe einen größern Roman in der Arbeit und werde mehr Veranlassung finden für das Theater zu arbeiten als bisher.

Von meinen italienischen Reisen ist auch noch alles zurück. Ein Büchlein Elegien die ich in Rom schrieb, desgl. Epigramme die in Venedig entstanden, liegen auch noch da und warten auf den Zeitpunkt in dem sie erscheinen können.

Da, wie Sie selbst sagen, meine Sachen nicht so current sind als andere an denen ein größer Publikum Geschmack findet, so muß ich denn freylich nach den Umständen zu Werke gehen und sehe leider voraus daß sich der Verlag meiner künftigen Schriften gänzlich zerstreuen wird. ... Ich wünsche Ihnen recht wohl zu leben und empfehl mich Ihrem Andenken.

5. Der Bruch mit Göschen

Noch sah Göschen seinen Fehler nicht ein. An Carl August Böttiger, der später die Funktion eines Vermittlers einnehmen sollte, schrieb er: »Ob ein Goethe das Buch geschrieben hat, ob es die höchste Geisteskraft gefordert hat, darauf kann ich als Kaufmann keine Rücksicht nehmen; ein Krämer kann kein Mäzen sein.« Das ist ein erstaunlicher Satz für den, der später vom Verleger sagen sollte, er nehme unter den Handelsleuten den »ersten Rang« ein. Temperamentsausbrüche sollten Verleger gegenüber Autoren vermeiden! Verleger sollten wissen, daß ein Autor seine schöpferische Gabe oft genug mit einem vom ›Normalen‹ abweichenden Ver-rückt-Sein bezahlen muß. Der Autor ist zu seinem Selbstschutz geradezu gezwungen, bei einem Mißlingen dem Verleger die Schuld aufzubürden, dieser habe nicht genug für sein Werk getan, habe zu wenig Werbung gemacht, zu wenig unternommen, um Leser zu gewinnen. Nicht das Werk, nicht der Markt – der Verleger ist schuld! Göschen konnte seinem ganzen Temperament nach eine solche Einstellung nicht ertragen und mußte sich gedemütigt fühlen. Nachgeben war nicht seine Sache, und wo er es tat, tat er es nicht großzügig und einsichtig, sondern kleinlich, innerlich und äußerlich protestierend und über Goethes »Schikanerei« klagend. Unter solchen Auspizien konnten die beiden nicht lange zusammenarbeiten, zu verschieden waren Charakter und Temperament. Göschen fand auch keinen Weg, Goethes Voreingenommenheit gegenüber dem Stand des Verlegers (»es ist nicht just mit ihm, wie mit alle dem Volcke«) zu begegnen.

Freilich, der Goethe des Jahres 1791 war, wie wir noch sehen werden, nicht mehr der des Jahres 1786, als die Beziehung zu Göschen begonnen hatte. Dazwischen stand Goethes ›italianità‹: Und sie schlug sich sofort im ersten Band der neuen Gesamtausgabe bei einem anderen Verlag nieder, mit *Des Joseph Balsamo, genannt Cagliostro, Stammbaum*, mit dem *Römischen Carneval* und mit den Epigrammen und Elegien aus Venedig und Rom.

Goethes italienische Erlebnisse verschränkten sich mit seinen Erfahrungen der Französischen Revolution. Und wenn er aus Rom an Carl August berichtete, er wolle »meine erste (oder eigentlich meine zweite) Schriftstellerexistenz beschließen, jedenfalls eine neue beginnen«, so weist dies auf eine tiefe Veränderung, die auch auf seine Beziehungen zu Verlegern einwirken mußte. Mehr und mehr wurde er sich des materiellen Wertes seiner Arbeiten bewußt, für Gedichte und Epigramme in der von Karl Philipp Moritz herausgegebenen ›Deutschen Monatsschrift‹ und in Schillers ›Musenalmanach‹ von 1796 verlangte er nun Honorar. Göschen konnte, weil er mit dem Resümee von Goethes erster ›Autorschaft‹ beschäftigt war, nicht erkennen, daß dieser in Italien eine zweite begonnen hatte. Und doch ist nicht zu verstehen, daß er so wenig Geduld, Klugheit und später gar so wenig Interesse in den Autor investierte, um den er sich früher mit allen Mitteln bemüht hatte. Als ihm dann *Herrmann und Dorothea* angeboten wurde, antwortete er dem Vermittler Böttiger: »Allerdings hätte ich zu Goethes Gedichten Lust. Vornehmlich um deswillen, daß man sähe, Goethe habe nicht auf ewig mit mir gebrochen. Sehen Sie zu, wie das Ding zu wenden ist. Aber, mein Freund, bis Ostern übers Jahr habe ich kein Geld übrig. Dann aber bin ich Befehl.« Man liest, die Lust war nicht so groß und die Bereitschaft nur zögernd. Vieweg reagierte anders und gewann.

6. Nach Goethe durch Wieland der Aufstieg in den Ruhm – Göschen, ein Verlegerschicksal

Die Jahre nach der Trennung von Goethe, nach 1791 also, waren gleichviel Höhepunkte der verlegerischen Laufbahn Göschens. Er realisierte sein »großes Unternehmen«, »das größte«, wie der Enkel voll Stolz bemerkte, »welches ein deutscher Verleger bis dahin ins Werk gesetzt hatte«: Sämtliche Werke Wielands in vier separat gesetzten und gedruckten text- und bandgleichen Ausgaben zu je 30 Bänden. Danach und bis heute hat kein literarischer Verleger für einen einzelnen Autor solches »ins Werk gesetzt«. Göschen hielt nun einmal Wieland für den größten Dichter der Zeit, und er war unvorsichtig genug, diesen Superlativ öffentlich auszusprechen. Er stand aber auch dafür ein, indem er vier Ausgaben schuf, die sowohl inhaltlich als auch in ihrer typographischen Gestaltung und Ausstattung herausragend waren. Doch sollte ihn dieses Unternehmen im wahrsten Sinn des Wortes teuer zu stehen kommen.

Acht Jahre nach der Absprache zwischen Autor und Verleger dauerte es, bis Wieland und Göschen (mit den »erbetenen Zeugen« Schiller und Carl Leonhard Reinhold) am 14. April 1792 den »besiegelten Contract« für die *Sämmtlichen Werke* unterschreiben konnten, für jene vollständige »Ausgabe von der letzten Hand«, wie sie Wieland später im Vorbericht der Edition kennzeichnen und definieren sollte: »Der Begriff einer Ausgabe von der letzten Hand schließt auf Seiten eines Schriftstellers die Pflicht in sich, seinen Werken, wie wichtig oder unbedeutend auch jedes für sich allein scheinen möge, in jeder Rücksicht die größte innere Güte, die reinste Politur, kurz die höchste Vollkommenheit zu geben, die ihm zu erreichen möglich ist«. Wieland formuliert hier wesentliche Grundsätze für eine Edition »letzter Hand«, aber es ist fraglich, ob jene »Rücksicht« auf »innere Güte«, auf »reinste Politur« wirklich die »höchste Vollkommenheit« des Textes erreicht. Eine letzte autorisierte Fassung mag auch so etwas wie eine ›Fälschung‹ sein, weil sie das Original nicht wiedergibt, nicht seine Kraft, seinen Witz, seinen spontanen poetischen Einsatz. Die angekündigte Ausgabe stand jedoch auf schwankendem Boden. Die Rechte von 17 bedeutenden Werken Wielands (darunter *Musarion, Die Grazien, Der Neue Amadis, Agathon, Geschichte der Abderiten* u.a.) lagen von 1768 an beim Verlag der Buchhandlung Weidmann's Erben &

Reich in Leipzig. Zwar war der Verleger Philipp Erasmus Reich am 3. Dezember 1787 gestorben, aber der Verlag hatte Wieland stets großzügig honoriert und die Bücher lieferbar gehalten. Nun wehrte er sich mit allen Mitteln gegen die eben erst gegründete, noch nicht ausgewiesene Konkurrenz. Ein bedeutendes urheber- und verlagsrechtliches Problem tauchte hier zum erstenmal auf: Darf ein Verleger eine Gesamtausgabe veranstalten, wenn die Rechte eines beträchtlichen Teils vom Œuvre des Autors bei einem anderen Verlag liegen? Und: War Wieland berechtigt, seine Weidmann überlassenen Werke neu zu bearbeiten, sie zu »verbessern« und sie diesem, an den er doch vertraglich gebunden war, nicht mehr anzubieten? Es entstand ein gerichtlich ausgetragener Streit, den Göschen beharrlich über drei Instanzen hinweg führte und der öffentlich stark beachtet wurde. Wieland selbst hat immer wieder vor Folgen gewarnt: »Ich kann, ohne einen großen Theil meiner Gemüthsruhe zu verlieren, nicht zu einer Unternehmung konkurriren, die meiner jetzigen Überzeugung nach, nichts anders als nachtheilig für Sie ausfallen würde.« Wieland hatte Göschen die Zusage und das Versprechen gegeben, »weil ich, solange Sie mein Verleger zu seyn wünschen, Sie aus persönlichen Gründen vorziehe«. Doch immer wieder mahnte er: »Der bloße Gedanke, daß dieser Accord das *Grab unserer Freundschaft* seyn könnte, ist mir unerträglich.« Göschen argumentierte gegen Weidmann, er wolle ja das Ganze, nicht die Teile, und selbstverständlich würde er die bei Weidmann erschienenen Bücher mit seinem Imprint nicht einzeln verkaufen (was aber sollte aus den beiden Bänden der »Kleineren prosaischen Schriften« werden, die erst 1785 bei Weidmann erschienen waren?). Auf Drängen Göschens griff Wieland selbst in den juristischen Streit ein. Er legte am 5. November 1791 »Grundsätze« vor, »woraus das Merkantilische Verhältniß zwischen Schriftsteller und Verleger bestimmt wird«. Auf diesen Grundsätzen basierte Göschens berühmter Brief an den Weidmannschen Verlag:

Ich glaube Ihre Fragen betreffen folgende Punkte.
1) Ob ich die Ausgabe von Herrn Hofrath Wielands [sämtl. Werken] würklich übernommen habe? Und ich antworte hierauf: ja. Daß ich für die Rechtmäßigkeit dieser Unternehmung Gründe haben muß, folgt hieraus von selbst.
2) Ob es recht ist, daß man Ihnen Ihr rechtmäßiges Eigenthum laße? Ich antworte: allerdings! Nie werd ich die einzelnen Schriften, welche Sie verlegt haben, einzeln verkauffen.
3) Ob Herr Hofrath Wieland *verpflichtet* sey Ihnen das Vorrecht der Ausgabe seiner sämtlichen Werke einzuräumen? Ich glaube nein. Einige oestreichische und Berliner Buchhandlungen gingen Herrn Hofrath Wieland um eine Ausgabe seiner sämtlichen Werke an: und aus Freundschaft für mich gab er mir den Vorzug.
Das Urteil des Leipziger Schöffenstuhls vom 30. November 1793 gab Göschen recht.[25] Der Weg zur Ausgabe schien frei.

Doch kaum war diese immense Schwierigkeit überwunden, begannen neue. Größer aber als alle Schwierigkeiten war Göschens Ehrgeiz, Einmaliges schaffen zu wollen. Er war mit der Druckkapazität und -qualität der Leipziger Druckereien nicht zufrieden und wollte die »neue«, die lateinische Letter nach Didot benutzen. 1793 richtete er einen Antrag an den Kurfürsten für eine »Concession zur Anlegung einer Buchdruckerei mit lateinischen Schriften nach Didot«. Bisher war Unger in Berlin der einzige, der neben seiner Fraktur die Antiqualettern der Didotschen Schrift besaß, jetzt sollte es sie auch in Sachsen geben. Göschen war mit den Schrifttypen, die ihm aus Paris geliefert wurden, nicht ganz zufrieden, und so ließ er sie vom Jenaer Schriftgießer Johann Ludwig Prillwitz nachbessern. Er erhielt die Konzession am 4. März 1793 und eröffnete eine Druckerei. Doch mit Rücksicht auf die Leipziger Druckergilde durfte er die Ausgaben *nur* mit »lateinischen« Lettern drucken; um dieser Einschränkung zu entgehen, verlegte er 1797 die Druckerei nach Grimma. In der Schweiz kaufte er bei dem Papiermacher Imhof Velinpapiere für den Druck zweier Ausgaben. Er schickte Wieland Proben zu, der sich »durch ihre ausnehmende Schönheit« »entzückt« gab, aber doch auch die großen Kosten fürchtete; Göschen seinerseits sorgte sich um den Gesundheitszustand von Imhof: »Kann Imhof sterben, dann fehlt mir das Papier.« Als Neuerung führte Göschen eine Maschine zur Glättung des Papiers ein. Doch wurde diese Neuerung beim Prozeß des Druckens zu einem Problem; in dem außergewöhnlich heißen Sommer 1794 verdarben die »geglätteten Velinpapiere«, und im November mußte mit dem Druck neu begonnen werden. Göschen verpflichtete eine Reihe namhafter Künstler für die Illustrationen und die Kupferstiche; doch wie viele Schwierigkeiten sollte er auch damit bekommen! Es waren bedeutende Künstler, aber Wieland, eitel genug, sich in manchem Porträt als Karikatur zu sehen, bedrängte den Verleger, die Künstler um Änderungen oder neue Entwürfe zu bitten, was diese oft ablehnten.

Immer wenn ein Problem überwunden war, begann das nächste, wirtschaftlich, finanziell, politisch. Im Lande war Krieg; Frankreich hatte ihn am 20. April 1792 Österreich erklärt, dies bedeutete auch Konflikt mit Preußen; französische Truppen besetzten Frankfurt und andere Städte, von normalem Handel und Verkehr konnte nicht mehr gesprochen werden. Göschen setzte alles aufs Spiel, seine Existenz, sein Vermögen und das seiner Verwandten, seine Beziehungen, selbst Wieland sah sich immer mehr dazu gezwungen, »abzumahnen statt aufzumuntern«. Das Risiko des Scheiterns, und damit des Ruins des Verlages, war groß. Doch Göschen ließ sich nicht beirren. An Wieland schrieb er: »Sie können versichert sein, daß ich nicht nur die Größe der Unternehmung, sondern auch den Plan der Ausführung und die Ungewisheit des Menschlichen Lebens wohl überlegt und auf alles Rücksicht genommen habe. Die Unternehmung ist größer als Sie selbst denken ... Bey dem Gange meines Handels hab ich täglich meinen Tod vor Augen.« Und dann formuliert der Verleger, er wolle gewissermaßen sowohl aristokratisch als auch demokratisch verfahren: »Jeder Kaufmannsdiener, jeder unbemittelte Student, jeder Landpfarrer, jeder mäßig besoldete Offizier soll Ihre Werke kaufen können. Sie sollen dann erst von ganz Deutschland gelesen werden und auf ganz Deutschland würken. Ich will die Unternehmung in vier Jahren beendigen; alle Messen 5 Alphabet [das heißt 5 Bde. zu 368 Seiten] liefern. Deshalb würd ich Sie bitten nicht eher anzukündigen, bis so viel geordnet ist, daß auch Sie jede Messe zu 5 Alphabet Vorrath haben. Fünf Alphabet will ich für zwey Thaler geben. Sie müssen gestehen, daß dieses ein Meisterstück ist.« Von der Ostermesse 1794 an erschienen die ersten vier Bände der vier separaten Ausgaben:

1. Die sogenannte »schöne« oder »Fürstenausgabe« im Großquart auf geglättetem Velinpapier bester Sorte mit Kupfern in den ersten, besonders guten Abzügen zum Preis von 250 Talern;
2. die Ausgabe im Großoktav auf geglättetem Velinpapier zweiter Sorte mit den Kupfern der Quart-Ausgabe für 150 Taler;
3. die Ausgabe im Taschenformat auf geglättetem Velinpapier zweiter Sorte mit den Kupfern für 112 ½ Taler;
4. die sogenannte »wohlfeile« Ausgabe ohne Kupfer in gewöhnlichem Oktavformat auf normalem Druckpapier für nur 27 Taler.

Keine Frage, ein Meisterstück! Göschen mußte sich nun an einem großen Ziel wissen, war er doch durch die Realisierung dieser Ausgabe wirklich zum Verleger geworden. Er hatte um die Rechte und um die Geduld seines Autors gekämpft, hatte ein repräsentatives Denkmal für den Autor und für sich geschaffen und hatte die Sensibilität, die herausragende Unternehmung dem Autor in besonderer Inszenierung zu überreichen. Einmal muß beschrieben werden, was sich ereignet, wenn der Verleger dem Autor ein eben erschienenes Buch übergibt. Was Göschen ins Werk setzte, berichtet Friedrich Sengle in seiner großen Wieland-Biographie: »Die Reise [Wielands] nach Leipzig und Dresden, von der schon berichtet wurde, fällt sicher nicht zufällig in das Jahr 1794, da nach vielen Vorbereitungen und Verhandlungen die Gesamtausgabe zu erscheinen begann. Es war nach außen hin eine Kunstreise, in Wirklichkeit eine Ruhmesreise, wie die nach Mainz, Trier und Darmstadt. Wieder wurde er an einem Hof empfangen und geehrt, diesmal am sächsischen, wieder luden ihn die vornehmsten Kreise zu sich. Am tiefsten aber erfreute, ja, ergriff ihn die Ruhmesillusion, welche ihm Freund Göschen in einem Leipziger Garten vorgaukelte. Es war da ein Gewässer mit mehreren Inseln, und ›auf der größten jener Inseln, die sich durch einen kleinen Berg mit einer Grotte auszeichnet, hatte Göschen einen transparenten Tempel errichten lassen, worin Wielands Büste aufgestellt war. Als Wieland selbst angelangt war, kamen zwei Knaben in griechischem Kostüm mit einem griechischen Wagen, in welchem der erste Band der Prachtausgabe seiner Werke lag. Während diese, bisher noch nie gesehene, dem Dichter überreicht wurde, fuhr den beleuchteten Kanal eine Gondel herauf, aus welcher Göschens Schwägerin ... stieg und als Muse auf des Dichters Haupt den Lorbeerkranz setzte. Wieland, der vor solchen Überraschungen eine große Scheu hatte, wurde doch von dieser wunderbar ergriffen. Tränen traten in seine Augen und unfähig zu sprechen, sank er Göschen in die Arme und drückte ihn an sein Herz.‹ So erzählt Gruber, sicherlich nach dem Bericht Göschens oder des Dichters selbst, dem diese Szene, als einer der glänzendsten Augenblicke in seinem stillen arbeitsreichen Leben, unvergeßlich war.«

Göschen hat mit der Ausgabe Wielands in dreifacher Hinsicht Großes geleistet:

1. Er hat durch die ungewöhnliche Unternehmung von vier Ausgaben einen Autor »gemacht«, und zwar zum ersten der deutschen Sprache in dieser Zeit. Der Sohn des württembergischen Schriftstellers Christian Friedrich Daniel Schubart bezeichnete die Ausgabe als »größte Buchhändler-Enterprise in Deutschland«. Bertuch reagierte enthusiastisch in einem Brief an Göschen vom 6. November 1793: »Ich will noch mehr thun und zugleich im folgenden Stück meines Journals eine kleine Abhandlung über die Vorzüge der lateinischen vor den deutschen Lettern und Herrn Ungers albernen Einfall und verunglückten Versuch, die Teutsche Mönchsschrift zu verschönern, liefern und darin Ihre Ausgabe von Wieland als Specimen und Muster aufstellen. Ich hoffe gewiß Ihre Entreprise soll glücklich seyn, denn Wieland ist nun ohnstreitig der erste klassische Dichter der Nation; man wird ihn immer kaufen und jeder Teutsche, der mir ein paar Dutzend Bücher sammelt, und nur auf einen Schatten von Litteratur und Geschmack Anspruch macht, wird seinen Wieland so gut haben müssen, wie der Franzoß seinen Voltaire und der Engländer seinen Milton und Pope hat«.

Bertuch hat hier ohne Zweifel das wichtigste Verdienst Göschens benannt. Dies sahen auch andere Zeitgenossen, selbst manche Kollegen. Goethe allerdings hüllte sich in Schweigen. Schiller, der zu Wieland ein kritisches Verhältnis hatte, lehnte die Aufforderung zu einer Rezension mit den Worten ab: »Er [wisse] nicht ... was er außer den Verdiensten des Verlegers daran loben sollte.« Die Öffentlichkeit jedenfalls war von der Unternehmung beeindruckt.

Noch heute bekunden die Editoren der Werke Wielands Göschen große Anerkennung. Klaus Manger schreibt in seinem Kommentar zum *Agathon*: »Die Wieland-Ausgabe der ›Sämtlichen Werke von der letzten Hand‹ ist ein Denkmal, das der Leipziger Verleger G. J. Göschen dem von ihm bewunderten Dichter und sich selbst setzt.«

2. Er hat sich selbst als Verleger von Rang etabliert. Bei der Produktion der vier Ausgaben demonstrierte er die für diese Zeit ungewöhnliche Verantwortung des Verlegers. Er hat für die Realisierung seines Unternehmens, für »dies große Spiel«, den hohen Einsatz seiner ganzen Existenz und seines Verlages erbracht. Er hat einen Rechtsstreit geführt, dessen Ergebnis wegweisend war für die Entwicklung des Urheber- und Verlagsrechts in Deutschland: Alles Autorenrecht ist dem Verlagsrecht übergeordnet. Dies ist ein Prinzip, das jeder Verleger bis in unsere Gegenwart zu beachten hat. Die grundsätzliche Diskussion damals war auch wichtig für die Entwicklung der Position des »freien Schriftstellers«.

3. Er hat für die Buchgestaltung neue Maßstäbe gesetzt. Durch die sorgsame Wahl des Papiers, durch die von ihm eingeführte Papierglättung, durch Verbesserung des Druckes und der Druckfarben, durch die von ihm bis ins Detail betreute Typographie (bei der »Fürstenausgabe« las er persönlich Korrektur!) hat er Vorbildliches geleistet. Mit Recht wurde ihm der Ehrenname eines »deutschen Bodoni« gegeben. Auch seine folgenden Verlagswerke, die Schriften Klopstocks, Schillers *Don Carlos*, das »Neue Testament« und seine Ausgabe des Homer, waren Meisterwerke der Druckkunst, nationale Monumente. Er habe, so hieß es in Buchhandelskreisen, der deutschen Druckkunst wieder internationales Ansehen erworben.

Auch Wieland erkannte Göschens Leistung. »Keiner meiner Freunde hat so viel um mich verdient als Sie«, schreibt er am 27. Oktober 1797, »und fahren Sie fort, sich immer neue Verdienste um die Ehre unserer Nazion zu machen, welche hoffentlich nicht immer gleichgültig dagegen seyn, und doch endlich einmal die Schicklichkeit, daß dem Volke, bey dem die Typographie erfunden wurde, kein anderes den Ruhm sie zur Vollkommenheit gebracht zu haben, raube, erkennen, und den Mann, der den ausdauernden Muth und die vollständige Geschicklichkeit, ihr diesen Ruhm zu verschaffen, besitzt, und bereits so treflich erprobt hat, den verdienten Dank nicht vorenthalten wird.«

Den verdienten Dank? Göschen ist am Ruin seines Unternehmens zwar vorbeigekommen, doch verdient hat er gewiß nicht viel; aber er war in der Lage, sein Unternehmen weiterzuführen. Wieland äußerte sich während des Herstellungsprozesses begeistert zur lateinischen Schrift: »Ich kann mich nicht genug an der reinen Schönheit dieser Lettern ergötzen. Eine jede ist in ihrer Art – eine Mediceische Venus.« Als jedoch im November 1798 eine Neuauflage der *Sämmtlichen Werke* diskutiert wurde, da war von der »Mediceischen Venus« nicht mehr die Rede, denn Wieland erhob die unmögliche Forderung, die Nachauflage in »deutschen Lettern« zu machen, was kompletten Neusatz erfordert und wahrscheinlich den Ruin des Verlages bewirkt hätte. Autoren sind Autoren. Wieland erklärte: »Ich sehe immer mehr und mehr, wie sehr die Deutschen an ihren sogenannten eigenen Nazionallettern hangen; eben so sehr an ihrem PH und C, wo ein F und ein K hin gehört. Es ist leichter, eine alte Religion oder Staatsverfassung bey einem Volk abzuschaffen, als es von dem, woran es gewöhnt ist, in dergl. Kleinigkeiten abzubringen.« Göschen mußte Wielands Wunsch ablehnen, er hätte das nicht leisten können.[26]

Göschen wurde von der Öffentlichkeit als bedeutender Verleger anerkannt. Durch großes Lob geehrt, trat er nun auch öffentlich für die Belange des Urheber- und Verlagsrechts ein, er kämpfte für eine neue Ordnung des Buchhandels und gegen die »Diebereien« der Nachdrucker. Seine Überlegungen faßte er 1802 in einer Schrift zusammen: *Meine Gedanken über den Buchhandel und über dessen Mängel, meine wenigen Erfahrungen und meine unmaßgeblichen Vorschläge dieselben zu verbessern.* Sein zentraler Gedanke ist in § 4 formuliert: »Der Buchhandel ist ein Handel mit Büchern ... Sind aber

Bücher die Geistesprodukte der vorzüglichsten Männer ihres Zeitalters, welche fähig sind, die Menschen zu unterrichten und zu bessern, oder das Leben zu verschönern: so ist der Buchhändler ein Kaufmann, der mit den edelsten Waren handelt: und wenn er seinen Beruf mit Würde treibt, so gebührt ihm unter Handelsleuten der erste Rang.«

Göschens Vorschläge wurden beachtet, es wurde ihnen aber auch widersprochen. Seit 1797 trafen sich Buchhändler zur Abrechnung in der Buchhändlerbörse. Dieser Börse, so forderte Göschen, sollten »Fond, Würde und Dauer« verschafft werden. Die Deputiertenversammlung war kurz davor, einen entsprechenden Verein zu gründen, aber alles scheiterte an den Napoleonischen Kriegen. Die Niederlegung der Kaiserwürde durch Franz II. bedeutete das förmliche Ende des ›Heiligen Römischen Reiches Deutscher Nation‹. Noch 1811 hatte Friedrich Perthes »keine Hoffnung« auf einen organisatorischen Zusammenschluß des Buchhandels, dieser wurde schließlich 1825 mit der Gründung des »Börsenvereins« vollzogen. Göschen darf als Initiator des Verbandes bezeichnet werden.

Zwei Jahrzehnte führte Göschen seinen Verlag »mit Würde« und mit Erfolg weiter. Nebenher griff er auch selbst zur – belletristischen – Feder. Der ehemalige Waisenknabe schrieb die Erzählung *Die Wege des Herrn mit verlassenen Kindern* und den kleinen Roman *Reise von Johann*; von 1813 bis zu seinem Tode verfaßte er kleine moralische Geschichten für das von ihm gegründete ›Grimmaische Wochenblatt‹. In seinem Roman sind immerhin folgende Sätze zu lesen: »Der Geist der Revolution geht umher. Die Leute reden heutzutage viel von bürgerlicher Freiheit ... Möchten doch die Leute vielmehr, und je eher je lieber, anfangen, moralisch frei zu werden! Aber sie werden von Tage zu Tage elendere Sklaven des Luxus, des Eigennutzes und der Leidenschaften – ihr eigener Egoismus ist ihr wahrer Tyrann.« Göschen hat seinen Roman *Reise von Johann* nicht so sehr als literarisches Produkt begriffen, er wollte vielmehr zu verschiedenen Fragen des zeitgenössischen Bewußtseins Stellung nehmen. Vorbild für die Struktur des Romans war Laurence Sternes *Empfindsame Reise*, die ja ebenfalls ein Vorläufer des *Werther* gewesen ist. Gelegenheit zur Niederschrift des Textes bot seine Reise in die Schweiz im Jahre 1792. Das Buch enthält viele Briefe »Johanns« an seine Frau, und es ist zu vermuten, daß es Göschens Briefe an seine Frau Jette gewesen sind, die hier mehr oder weniger im Wortlaut abgedruckt wurden. Immer wieder geht es in den Unterhaltungen, Schilderungen, Briefen dieses Buches um das Verlegen, Nachdrucken und die Wirkung von Literatur. »Wenn das Deutsche Volk im Allgemeinen genommen, einem berühmten Schriftsteller die Ehre anthut, sein Buch gleich bey der Erscheinung zu lesen, oder nach einer Rezension in der allgemeinen jenaischen Literaturzeitung, davon zu papageyen, so ist das Etwas; Aber von ihm zu lernen, seine schönen Ideen sich zu eigen zu machen, seine Feinheiten zu empfinden, Verstand und Herz durch ihn zu bereichern, in den jetzigen Ereignissen zu bemerken, was die Natur uns von ihren Planen durch seinen Geist zum voraus entdeckt, oder von ihrem ehemaligen Wirken wieder vor die Augen geführt, und so die Wahrheit entschleiert hat, dem zu Folge in Enthusiasmus für ihn zu geraten, dazu sind wir noch nicht reif, oder die Zeiten sind schon vorüber, und wir sind des alles nicht mehr bedürftig.«

Man wird Göschens Äußerung eine gewisse kulturkritische Weitsicht selbst bis auf unsere Zeit nicht absprechen wollen. Wie auch immer der Roman zu beurteilen ist, in jedem Fall verdient er nicht das, was Schiller unter dem Begriff »Hasenjagd« im ›Musenalmanach‹ von 1797 veranstaltete. Er wollte der »Leipziger Geschmacksherberge« eins auswischen. Goethe bat er, dem Autor des Romans *Reise von Johann* in einem Xenion einen Hieb zu versetzen. Goethes Distichon lautete:

> Göschen
> Einen Helden suchtest du dir um deinen Charakter
>   Darzustellen, und fuhrst in den Bedienten Johann.

Schiller, der ein schlechtes Gewissen haben mußte, im übrigen auf der Höhe seines literarischen Ansehens stand und 1789, als er durch seinen *Geisterseher* wieder mit Göschen in Verbindung trat und dieser ihn in allen Briefen als »verehrungswürdiger Freund« anredete, änderte Goethes Formulierung in eine mildere, freilich unverständliche Form, die dann der ›Musenalmanach‹ druckte:

> Sachen so gesucht werden
> Einen Bedienten wünscht man zu haben, der leserlich
>   schreibet
> Und orthographisch, jedoch nichts in Bell-Lettres gethan.

Göschen äußerte sich nie zu diesem Xenienkampf. Als sein Freund Böttiger ihm einen Aufsatz gegen die Brüder Schlegel anbot, lehnte er ab, weil er nicht wollte, daß mit den Brüdern Schlegel auch Goethe angegriffen würde, denn, so Göschen über Goethe: »Der ganze Mann ist doch ein Genie!«

Noch einmal nach der Trennung von 1791 kamen die beiden Männer zusammen, noch einmal schlossen sie einen Vertrag. Auf Vermittlung von Schiller akzeptierte Göschen die Herausgabe von Goethes Diderot-Übertragung: »*Rameau's Neffe. Ein Dialog von Diderot*. Aus dem Manuskript übersetzt und mit Anmerkungen begleitet von Goethe, Leipzig bey G. J. Göschen, 1805«.

Später hat Goethe dann doch die Querelen mit Göschen vergessen und nur noch seine Leistung gesehen: »Mit Herrn *Göschen*, dem Herausgeber meiner gesammelten Schriften«, schrieb er 1817, »hatte ich alle Ursache zufrieden zu sein.« Wir können annehmen, daß Goethe auch den Nachruf auf Göschen im *Neuen Nekrolog der Deutschen* gebilligt hat:

»Seine Verdienste werden noch lange sein Ansehen bei der Nachwelt erhalten.«[27]

Goethe selbst äußerte bei Göschens Tod zum preußischen Staatsrat Christoph Friedrich Ludwig Schultz: »Ich hatte in meinen letzten Bänden bey Göschen das Möglichste gethan, z. B. in meinem Tasso des Herzbluthes vielleicht mehr, als billig ist, transfundirt, und doch meldete mir dieser wackere Verleger, dessen Wort ich in Ehren halten muß: daß diese Ausgabe keinen sonderlichen Abgang habe.« Und er hat später auch erkannt, daß sein Verleger Göschen so unrecht nicht hatte, wenn er klagte, daß »die Leute« wenig von Goethes Schriften wissen wollten. Goethe sah selbst, daß die erste eigene Sammlung seiner Werke zu einem für ihn ungünstigen Zeitpunkt erschienen war, der Ruhm der frühen Jahre war verblaßt und das Interesse an der neuen Qualität seiner künstlerischen Entwicklung noch nicht geweckt: »leider fiel jedoch die Auflage derselben [der ersten Gesamtausgabe] in eine Zeit wo Deutschland nichts mehr von mir wußte, noch wissen wollte, und ich glaubte zu bemerken mein Verleger finde den Absatz nicht ganz nach seinen Wünschen«.

Viscount Goschen aber fiel es schwer, den »folgenschweren Bruch« zu erklären: »So erklärt sich ein Entschluß des Verlegers, der uns, die wir nach geschehener Tat urteilen, als der größte Fehler in meines Großvaters buchhändlerischer Laufbahn erscheinen muß.« Und am Schluß des Kapitels: »So wurde denn Goethes Vorhersagung verwirklicht. Seine Schriften wurden unter verschiedene Verleger verteilt und der Ruhm, der Hauptverleger des größten Dichters seiner Zeit zu sein, ging meinem Großvater auf immer verloren.«

III. GOETHES VORAUSSAGE, »DASS SICH DER VERLAG MEINER KÜNFTIGEN SCHRIFTEN GÄNZLICH ZERSTREUEN WIRD«. ZWISCHEN GÖSCHEN UND COTTA

1. »Alles amalgamirt sich bey mir«. 1789 und »Das Römische Carneval«

Im Januar 1789, genauer: an einem Tag in der Zeit von Anfang des Monats bis zum 24., also ein halbes Jahr vor Ausbruch der Französischen Revolution, schrieb Goethe den Satz, »daß Freiheit und Gleichheit nur im Taumel des Wahnsinns genossen werden können«. Dieser Satz ist keine Rollenprosa, er ist keiner Figur der sogenannten Revolutionsdramen, also des *Groß-Cophta*, des *Bürgergenerals* oder der *Natürlichen Tochter*, in den Mund gelegt, keiner Figur des *Tasso*, der die Krise der höfisch-repräsentativen Existenz darstellt, und er ist auch nicht auf Wilhelm Meisters Weg zum höfisch-aristokratischen Ideal gesprochen. Keine Fiktion also, bare Münze. Er steht in einer Folge sorgsam gearbeiteter Studien, die zur Ostermesse 1789, etwa Ende Mai, unter dem Titel *Das Römische Carneval*, gedruckt bei Johann Friedrich Unger, mit der Ortsangabe »Weimar und Gotha« und »In Commission bey Carl Wilhelm Ettinger« erschienen.[1] Eine Luxusausgabe in 300 Exemplaren. Das Titelblatt gab den Namen des Verfassers nicht preis, doch durch den Druckort Weimar und dadurch, daß der Titelkupfer mit den drei antiken Schauspielermasken neben einer mit Masken und einem Widderfell geschmückten Vase die Signatur von Johann Heinrich Lips trug, dem Schweizer Maler und Kupferstecher, den Goethe in Italien getroffen hatte und der von 1789

1. 1789 und »Das Römische Carneval«

Goethe: *Das Römische Carneval.*
Titelvignette der Erstausgabe 1789 von J. H. Lips.

bis 1794 als Professor am Freien Zeicheninstitut in Weimar arbeitete, war der Verfasser vielleicht doch zu erraten gewesen. Das Buch enthielt 20 Kupfertafeln. Diese wurden – aufgrund der Skizzen von Goethes Hausgenossen in Rom, des Malers Christian Georg Schütz – von Georg Melchior Kraus radiert und koloriert. Der Maler und Zeichner Kraus stammte aus Frankfurt, er unterrichtete Goethe 1775 im Porträtmalen und wurde 1780 auf Goethes Wunsch Direktor der neugegründeten Zeichenschule in Weimar. Die 5000fachen Handkolorierungen kann Kraus wohl nicht allein vorgenommen haben, wahrscheinlich hat er seine Schüler hieran beteiligt, wie Abweichungen der einzelnen Blätter voneinander vermuten lassen. Unger sollte das Werk in Verlag nehmen, aber er scheute wieder das Risiko, und so nahm der Verlag Ettinger in Gotha es in Kommission.

Es ist die kostbarste Ausgabe eines eigenen Werkes zu Goethes Lebzeiten; die 250 Exemplare waren in kürzester Zeit vergriffen, sie haben sich, wie Goethe im »Zweyten Römischen Aufenthalt« bemerkt, »selten gemacht«; da er das Exemplar aus seiner Bibliothek an die Schloßbibliothek zu Wilhelmshöhe als Ersatz für ein von der französischen Besatzung gestohlenes Exemplar gab, hatte er selbst keines mehr in Besitz; bei einer Auktion, auf der er ein Exemplar ersteigern lassen wollte, wurde er überboten.

Goethe war mit dem Ergebnis der Buchherstellung nicht nur unzufrieden, er war gereizt und zornig. Dem Freund Johann Friedrich Reichardt übersandte er am 29. Juni 1789 ein Exemplar mit dem Ausdruck seines höchsten Mißvergnügens: »Hier folgt das Carneval, über dessen Druck ich höchst mißvergnügt bin. Ich habe diese kleine Schrift mit der größten Sorgfalt gearbeitet und ein sehr schön geschriebnes Exemplar zum Druck gesandt, nun sind die abscheulichsten Druckfehler in den paar Bogen, die ich gar nicht mehr ansehn mag. Herr Unger sollte den Eulenspiegel auf Löschpapier drucken und sich nicht anmasen schöne Lettern und schön Papier zu mißbrauchen.«

Im Hinblick auf *Das Römische Carneval* wurde vom »Wunder seiner Existenz« gesprochen. Gelehrter Streit brach aus über die Frage, warum Goethe ausgerechnet den römischen Karneval beschrieben habe, den er in Rom zweimal gesehen und zweimal mißbilligt, ja, verabscheut hatte, und warum er, von der italienischen Reise nach Weimar zurückgekehrt, mit Verpflichtungen über und über beschäftigt, ausgerechnet diese Studie erarbeitet habe. Anzuschließen ist die Frage, warum Goethe seine italienischen Aufzeichnungen erst ein Vierteljahrhundert später für die Veröffentlichung sondierte, redigierte und herausgab, seine Beschreibung des Karnevals jedoch vorzog und als einziges separates Buch des Jahres 1789 veröffentlichte.[2]

Am 10. Februar 1787 sah Goethe den römischen Karneval zum ersten Mal, Carl August berichtete er an diesem Tag lediglich von dem Faktum der »unter unsren Fenstern vorgeh[e]n[den]« »Lustbarkeiten«. Am 17. Februar schrieb er Frau von Stein von der »tödtliche[n] Langeweile« großer Bälle im Theater Aliberti, am selben Tag notierte er etwas von »verklungener Karnevalstorheit« im Tagebuch, dies sogar als Überschrift. Der 19. Februar wurde für ihn zu einem »Tag, den ich mit Schmerzen unter den Narren zubrachte«. Mit Schmerzen? Wer zwang ihn dazu? Und am 20. Februar, am Aschermittwoch, erfolgte die schärfste Verurteilung: »Nun ist der Narrheit ein Ende. Die unzähligen Lichter gestern abend waren noch ein tolles Spektakel. Das Karneval in Rom muß man gesehen haben, um den Wunsch völlig loszuwerden, es je wieder zu sehen. Zu schreiben ist davon gar nichts, bei einer mündlichen Darstellung möchte es allenfalls unterhaltend sein. Was man dabei unangenehm empfindet, daß die innere Fröhlichkeit den Menschen fehlt und es ihnen an Gelde mangelt, das bißchen Lust, was sie noch haben mögen, auszulassen. Die Großen sind ökonomisch und halten zurück, der Mittelmann unvermögend, das Volk lahm. An den letzten Tagen war ein unglaublicher Lärm, aber keine Herzensfreude. Der Himmel, so unendlich rein und schön, blickte so edel und unschuldig auf diese Possen.« Ein heftiger Eintrag, aber er zielt eigentlich weniger auf das Karnevalsgeschehen selbst als vielmehr auf die Zuschauer, denen »innere Fröhlichkeit« fehle. Geheimnisvoll ist seine Bemerkung, die er im Brief vom 17. April 1789 gegenüber der nun ihrerseits in

Rom weilenden Herzogin Anna Amalia macht: »Mit dem Carneval höre ich sind Sie weniger zufriedengewesen, ich wünsche daß Sie es mehr mit der *Beschreibung des römischen Carnevals* seyn mögen, welche diese Ostermeße herauskommt. Wenn es mir gelingt, wie ich hoffe, durch diesen kleinen Aufsatz, etwas ungenießbares genießbar zu machen; so wird es mich sehr freuen.« Warum war es ein so dringlicher Wunsch von ihm, dies Ungenießbare genießbar zu machen?

Was also führte zu der so einläßlichen Beschreibung und der sorgfältig geplanten Publikation? Isabella Kuhn schreibt: »Am wenigsten Verlegerinteresse«, kein Bertuch habe die »Komposition« des *Römischen Carnevals* »auch nur veranlaßt«. Das aber ist so sicher nicht, denn zumindest hat Friedrich Justin Bertuch, der mit seinem Industriecomptoir immer mehr zum Verleger und Unternehmer wurde, für sein ›Journal des Luxus und der Moden‹ Goethe um Figurinen neuer Mode- und Maskenmodelle gebeten. Die früheste Erwähnung der Arbeit findet sich in einem Brief an Frau von Stein vom 19. Januar 1788: »Laß doch Bertuchen sagen: ich werde ihm für Masken Zeichnungen und Beschreibungen sorgen.« Goethe hat Bertuch auch später in dieser Hinsicht als »Entrepreneur« bezeichnet.

Es gibt noch zwei Beweggründe ganz anderer Art, die für Goethe wichtig gewesen sein könnten. Er, der Kinder liebte, wollte Fritz von Stein und auch Herders Kindern Geschenke aus Italien mitbringen. Für sie zeichnete Goethe selbst Masken. »Zur Lust der Kinder sind auch Masken des Carnevals und einige römische Kleidungen, mehr geschrieben als gezeichnet und dann mit Farben gleich einem Orbis pictus bestrichen worden«, kündigte er im Brief vom 17. Februar 1787 Johann Gottfried Herder an; 26 Jahre später heißt diese für die *Italienische Reise* redigierte Stelle: »Da man aber doch das Nachbilden hier nicht lassen kann, so sind zur Lust der Kinder Masken des Carnevals und römische eigentümliche Kleidungen gezeichnet, dann mit Farben angestrichen worden, da sie denn ein fehlendes Kapitel des Orbis pictus den lieben Kleinen ersetzen mögen.«

Ein zweites Motiv könnte Goethes Neigung gewesen sein, Feste zu beschreiben. Am 12. Juli 1788 begann die Lebensgemeinschaft mit Christiane Vulpius, die bekanntlich Feste zu feiern liebte. Wie oft hat Goethe Feste beschrieben, die Kaiserkrönung, das Rochusfest in Bingen, den kölnischen Karneval, er hat Maskenzüge für den Hof organisiert und den großen Mummenschanz am Kaiserhof im ersten Akt des zweiten Teils des *Faust* geschrieben.

Daneben wird auch ein anderer, ein innerer Vorgang Goethe bewegt haben. Entscheidend für sein Verhältnis zu den Dingen war, wie Isabella Kuhn zu Recht annimmt, »das zweite Sehen«. Goethe notiert im Tagebuch vom 24. September 1786: »Doch muß man auf alle Fälle wieder und wieder sehn, wenn man einen reinen Eindruck der Gegenwart gewinnen will. Es ist ein wunderbares Ding um den ersten Eindruck, er ist immer ein Gemisch von Wahrheit und Lüge im hohen Grade.« Goethe hat bekanntlich den römischen Karneval ein zweites Mal im darauffolgenden Jahr 1788 gesehen: »Es war das zweite Mal, daß ich das Carneval sah, und es mußte mir bald auffallen, daß dieses Volksfest, wie ein anderes wiederkehrendes Leben und Weben, seinen entschiedenen Verlauf hatte«, so lesen wir im »Bericht« zum Februar 1788 im »Zweyten Römischen Aufenthalt«, der erst 1829 im Rahmen der »Ausgabe letzter Hand« erschien, also Jahrzehnte später geschrieben bzw. redigiert wurde. An dieser Stelle erwähnt Goethe auch, daß er die einzelnen Ereignisse der Reihe nach notiert habe, »welche Vorarbeit« er später für das *Carneval* benutzte. In einem Brief an Christian Gottlob Heyne, den bedeutendsten Altertumsgelehrten seiner Zeit, Lehrer von W. von Humboldt, der Brüder Schlegel, von F. A. Wolf u. a., vom 24. Juli 1788, schreibt Goethe, ihn interessierten derzeit nur »einfache Sachen. Z. B. inwiefern die Materie, woraus gebildet worden, den klugen Künstler bestimmt, das Werck so und nicht anders zu bilden«. Isabella Kuhn bringt *Das Römische Carneval* in Verbindung mit den Aufsätzen, die Goethe im September 1788 Wieland zur Veröffentlichung im ›Teutschen Merkur‹ anbot. In der Tat zeigen diese Aufsätze eine kunsttheoretische Reflexion, wie sie uns im späten 18. Jahrhundert häufiger begegnet. Das »Material« der Kunst wurde – nach Lessings *Laokoon* – Betrachtungsgegenstand; Goethe stellt in seinen naturphilosophischen Überlegungen einen Zusammenhang her, nach dem Materie die »Urform« sei und Kunst eine Art »Metamorphose des Naturwerks«.

Dieser kunsttheoretische Zusammenhang erklärt dennoch nicht eindeutig genug, warum Goethe eben die Beschreibung des römischen Karnevals viel intensiver ausführte als die anderen Arbeiten, etwa über das Stundenmaß der Italiener, über Neapel, über die Nachbildungen von Raffaels *Christus und die zwölf Apostel*.

Zuletzt sei alles ethisch, hat Goethe einmal im Hinblick auf die italienische Reise bemerkt. Die beiden ersten Teile des großen Reisewerkes erschienen 1816/17 noch unter dem Sammeltitel »Aus meinem Leben« mit dem Untertitel »Auch ich in Arkadien!«; erst später, in der »Ausgabe letzter Hand«, wurden die Bände »Italiänische Reise« betitelt.[3]

Die Texte tragen also ausdrücklich autobiographischen Charakter. Auch die Beschreibung des römischen Karnevals ist von Goethes persönlichen Erfahrungen, nach seiner Heimkehr, geprägt.

Am 18. Juni 1788 war Goethe aus Rom über Mailand, den Bodensee, Ulm, Nürnberg, Erlangen und Jena in Weimar angekommen, »abends um zehn Uhr mit dem Vollmonde«. Am nächsten Tag bereits ist er beim Herzog, der ihn in den folgenden Tagen, Wochen, ja, Monaten mit Beschlag belegt; höfische Pflichten und amtlicher Dienst kennzeichnen Goethes Alltag. Der häufigste Eintrag im Tagebuch nach der Rückkehr ist »Mittags an der Fürstentafel«. »Das Hofgehen und Hofessen hat etwas für ihn bekommen«, berichtet Caroline

Herder ihrem Mann am 15. August. Goethe reist, besucht Gesellschaften, überall muß er von seinen Eindrücken berichten, er zeigt seine Zeichnungen und Bilder, 450 Landschaftszeichnungen und mehr als 350 Zeichnungen zur Architektur und Kunst sind in Italien entstanden. Er versucht, die ersten ursprünglichen Eindrücke aus Italien zu reproduzieren. Früher hatte er ja gewünscht, Paris solle seine Schule, Rom die Universität sein. Rom war mehr geworden. »Ob ich gleich noch immer derselbe bin, so mein' ich bis aufs innerste Knochenmark verändert zu sein.« »Heute nacht träumte ich mich wieder in meinen Geschäften. Es ist denn doch, als wenn ich mein Fasanenschiff nirgends als bei euch ausladen könnte. Möge es nur erst recht stattlich geladen sein!« »Die Seele quillt auf, der Mensch fühlt eine Art von Verklärung seiner selbst, ein Gefühl von freiem Leben, höherer Existenz, Leichtigkeit und Grazie.« In sein Journal trägt Goethe am 27. Oktober 1787 eine säkulare Botschaft ein: »Es geht mit mir jetzt eine neue Epoche an«, und er fährt fort, daß sein Gemüt durch das viele Sehen und Erkennen so ausgeweitet sei, »daß ich mich auf irgendeine Arbeit beschränken muß.« Auch der weitere Eintrag ist für unseren Zusammenhang interessant: »Die Individualität eines Menschen ist ein wunderlich Ding, die meine hab' ich jetzt erst recht kennen lernen, da ich einerseits dieses Jahr bloß von mir selbst abgehangen habe, und von der andern Seite mit völlig fremden Menschen umzugehen hatte.«

Das erste – und einzige – Buch dieser neuen Epoche ist *Das Römische Carneval*. Doch als Goethe es im Januar 1789 niederschrieb, war er von der Euphorie des Oktober 1787 weit entfernt.

Schon am 19. Juni 1788 notiert er Frau von Steins »sonderbare Stimmung ... die für mich äußerst empfindlich war«. Bei einem Spaziergang überreicht ihm »das Mädchen«, Christiane Vulpius, eine Bittschrift für ihren Bruder.[4] Er hatte sie in Bertuchs Blumenfabrik zum ersten Mal gesehen, jetzt nimmt er sie bewußt wahr, und für den 12. und 13. Juli datiert er dann schon den Beginn des »Ehestands«. Johann Georg Hamann, der »Magus im Norden« (dessen Schriften Goethe in Straßburg durch Herder kennengelernt hatte und von denen er beeindruckt war), stirbt, sein »Verlust ist hart«. Herder reist nach Italien, das »kleine Häuflein« der Freunde zerbröckelt. Das für Frau von Stein geführte Reisejournal will er ihr nicht aushändigen, sondern lieber ins Feuer werfen. Im Sommer notiert er: »Ich blieb [in Weimar] um der Freunde willen, wie ich um ihretwillen gekommen war und mußte mir in demselben Augenblick hartnäckig wiederholen lassen, ich hätte nur wegbleiben können, ich nehme doch keinen Theil an den Menschen.« Für das zweite Schema zu *Dichtung und Wahrheit* hält er fest: »Gleichgültigkeit gegen alles, nach dem Verlust des römischen Glückes. Isolement.« In seinem bereits zitierten Rückblick auf das *Schicksal der Handschrift* zum *Versuch die Metamorphose der Pflanzen zu erklären* werden die Sätze zu lesen sein: »Aus Italien dem formreichen war ich in das gestaltlose Deutschland zurückgewiesen, heiteren Himmel mit einem düsteren zu vertauschen; die Freunde, statt mich zu trösten und wieder an sich zu ziehen, brachten mich zur Verzweiflung. Mein Entzücken über entfernteste, kaum bekannte Gegenstände, mein Leiden, meine Klagen über das Verlorne schien sie zu beleidigen, ich vermißte jede Teilnahme, niemand verstand meine Sprache.« Wieland fragt ihn Ende August nach Beiträgen für seinen ›Merkur‹, weshalb er Frau von Stein bittet, ihm seine Briefe zurückzugeben, um nach und nach »etwas daraus zusammen[zu]schreiben«; ohne einen solchen Vorsatz könne er die alten Papiere gar nicht erst durchsehen. Er verspricht Wieland eine Folge kleiner Aufsätze und will sich von nun an monatlich engagieren, »damit ich eine Art Austheilung machen, einen Aufsatz mit dem anderen verbinden ... kann ... Naturgeschichte, Kunst, Sitten pp., alles amalgamirt sich bey mir.« Am 7. September lernt er Schiller kennen, der freilich sogleich zweifelt, »ob wir einander je sehr nahe rücken werden ... seine Welt ist nicht die meinige, unsere Vorstellungsarten scheinen wesentlich verschieden«. Im Oktober erscheinen, ohne Verfassernamen, die ersten Aufsätze in Wielands ›Teutschem Merkur‹. Da »nichts recht vom Flecke wollte«, ordnet er seine Malskizzen. Stillstand beim *Tasso*, weitere Arbeit an den *Erotica Romana*. Am 27. Dezember als Summe des halben Jahres, das seit seiner Rückkehr vergangen ist, an Herder: »fühle nur zu sehr, was ich verloren habe«.

Anfang Januar 1789 bringt Goethe Bertuch gegenüber *Das Römische Carneval* wieder in Erinnerung. »Wollte man es auf Ostern herausgeben, so wäre es Zeit nun daran zu denken. Ich bin eben dran, einiges für den Merkur aufzusetzen und könnte bey der Gelegenheit auch einige Bogen zusammenschreiben, welche die Kupfer begleiten sollen.« Tiefer kann man seine große Bemühung um eine anspruchsvolle Arbeit nicht hängen.

Noch eine Erfahrung wird ihm wichtig: Seit Sternes *Empfindsamer Reise* sind Reisebeschreibungen fast durchgängig den Gefühlen und Perspektiven des Reisenden gewidmet. »Ich dagegen hatte die Maxime ergriffen, mich so viel als möglich zu verläugnen und das Object so rein als nur zu thun wäre in mich aufzunehmen. Diesen Grundsatz befolgte ich getreulich, als ich dem römischen Carneval beiwohnte. Ausführlich ward ein Schema aller Vorkommenheiten aufgesetzt ... Auf diese Vorarbeiten gründete ich meine Darstellung des *Römischen Carnevals*.« In der Tat, Goethe befolgt diese Grundsätze auch jetzt, da er den römischen Karneval auf Grund der Vorarbeiten zu schreiben, zu beschreiben beginnt: Nicht aus der Perspektive des Reisenden, vielmehr aus jener des objektiven Beobachters will er eine rein aufgefaßte Wirklichkeit festhalten – auch dies war nur durch das »zweite Sehen« zu erreichen.

In den ersten Zeilen ringt er mit dem Einwand, daß eine lebendige Masse sinnlicher Gegenstände vielleicht gar nicht beschrieben, sondern nur gesehen werden könne, doch da sie »weder das Auge sonderlich ergötze, noch das Gemüt befriedige ... Die Bewegung ... einförmig, der Lärm betäubend, das Ende der Tage unbefriedigend« sei, muß die Beschreibung selbst das Unternehmen legitimieren, die Beschreibung der inneren Wirklichkeit des Festes. Er, der Naturforscher, möchte die Natur des Festes ergründen, der große Epiker der Form die Form der Vorkommnisse, dem forschenden Dichter geht es um die Geschichte von innen. So ist die eingangs getroffene Feststellung zu werten: »Das Römische Carneval ist ein Fest, das dem Volke eigentlich *nicht gegeben wird, sondern das sich das Volk selbst gibt.*« Das Fest wird nicht verordnet, nicht vom Staat veranstaltet, der »Kreis der Freuden bewegt sich von selbst«, das Fest wird zur Bekundung des Selbstverständnisses des Volkes, es wird zum »Nationalereignis« wie zum »Naturereignis«.

Außer Schlägen und Messerstichen ist in diesen Tagen alles erlaubt. Dies erinnert die Römer an ein anderes Fest, das »Fest der Saturnalien«. Unter der Herrschaft des Saturn erlebten die Menschen das glückliche, sorgen- und schuldfreie Goldene Zeitalter; in Erinnerung daran feierte man im alten Rom vom 17.-19. Dezember die Saturnalien in ausgelassenem Festtreiben, bei dem alle Geschäfte ruhten und die sozialen Unterschiede verwischt schienen. Die Herren erlaubten den Sklaven alle Freiheiten, ja, am 19. Dezember wurden zwischen Herren und Sklaven Rollen und Kleider getauscht, die Sklaven saßen am Tisch und ließen sich von den Herren bedienen. Auch hier waren Freiheit und Gleichheit nur unter der Bedingung der Ausgelassenheit eines Festes zu erreichen.

Die »lange und schmale Straße« des Karnevals »ist nicht zu übersehen«. Doch derjenige, der hier beschreibt, hat Übersicht. Das Getümmel ist kaum »zu unterscheiden«, doch er sieht die Unterschiede, einen »ersten Grad des Gedränges«. Der Beschreiber ordnet das Geschehen mit seiner künstlerischen Hand, der »Corso«, die Straße vom Obelisken der

Piazza del Popolo bis zum Palazzo Venezia, »beschränkt« die
Feierlichkeiten, der, der sie beschreibt, öffnet sie, für ihn ist
der Karneval nichts Fremdes und Neues, sondern »schließt
sich nur an die römische Lebensweise ganz natürlich an«. Der
Beschreiber ordnet die Unordnung, er berichtet, was »man
entweder nicht erfährt oder nicht achtet«. Es gibt keinen Ort,
keinen Standort dessen, der beschreibt. Es gibt kein »Ich« der
Erzählung, das neutralere »Wir« wird selten verwandt, und
es dominiert das unpersönliche »Man«. Mit großer Ruhe
führt uns der Autor durch den Trubel, durch das Toben »aller
Stände und Alter«. Ein meisterlicher Kunstgriff führt zum
Höhepunkt. Doch dieser Höhepunkt ist nicht der des römischen Karnevals, ist nicht das Pferderennen am letzten Tag,
auf das sich die Beschreibung zubewegt. Dieser »Letzte Tag«
enthält die Bemerkung: »und man erwartet das Ablaufen der
Pferde mit mehrerer Sehnsucht als jemals. Endlich rauscht
auch dieser Augenblick vorbei«. Und dann: »Alles ist ruhig,
alles still, indem die Dämmerung sachte zunimmt.« Die Beschreibung geht über in das Kerzenfest der letzten Nacht,
»Moccoli« (Lichtstümpfchen) überschrieben: Einer ruft dem
anderen zu, indem er ihm das Kerzenlicht auszublasen sucht:
»Sia ammazzato chi non porta moccolo! Ermordet werde, der
kein Lichtstümpfchen trägt!« Das Ausblasen und Wiederanzünden und ein unbändiges Geschrei bringen das »wechselseitige Interesse unter die ungeheure Menge«. Die Freiheit
des Mords unter den Bedingungen des Karnevals! Der Beschreiber hält eine Szene exakt fest: Der Knabe löscht seinem
Vater das Kerzenlicht aus und hört nicht auf zu schreien: »Sia
ammazzato il Signore Padre! Vergebens, daß ihm der Alte
diese Unanständigkeit verweist: der Knabe behauptet die
Freiheit dieses Abends und verwünscht nur seinen Vater
desto ärger.« So werden die alten Saturnalien, die Gleichheit
von Herr und Sklave, von alt und jung im Wahn-Sinn dieser
Kerzennacht wieder lebendig. Der Satz des Knaben muß
Goethe erschüttert haben, er muß hier ein Symptom, ja, ein

Signal gesehen haben. Hier ging »keine glänzende Prozession vor sich«, heißt es einmal, »hier wird vielmehr ein Zeichen gegeben«. Welches Zeichen? Es können doch nur die »Zeichen der Zeit« gemeint sein, wie der Titel des Revolutionsdramas *Die Aufgeregten* ursprünglich lautete.

Goethe wurde 1785, wie er in der *Campagne* schrieb, durch die folgenreiche Halsbandgeschichte tief erschreckt; seine »furchtbaren Ahnungen« wurden leider nur allzu sehr bestätigt. »Ich trug sie mit mir nach Italien und brachte sie noch geschärfter wieder zurück.« Was sind diese Zeichen, was die Ahnungen? Ich meine, Goethe hat sie im Schlußeintrag des *Römischen Carneval* angedeutet; er gab ihm den Titel »Aschermittwoch«.

Das Fazit vom Januar 1789: Das »Leben im *Ganzen*« ist »unübersehlich, ungenießbar, ja bedenklich« – das ist die Erfahrung des aus Rom heimgekehrten Goethe, der wußte, daß »in jeder großen Trennung ... ein Keim von Wahnsinn [liegt], man muß sich hüten, ihn nachdenklich auszubrüten und zu pflegen«. Das Leben im einzelnen und Persönlichen kann seinen augenblicklichen Genuß durchaus haben, wir erfahren, »daß die lebhaftesten und höchsten Vergnügen ... nur einen Augenblick uns erscheinen«. Wir erfahren auch, daß die saturnalen Ideen von Gleichheit, die Ideale der Freiheit des Kerzenfestes in Wirklichkeit nur mit Gewalt zu erreichen sind. Deshalb können die Ideale von Freiheit und Gleichheit einstweilen »nur in dem Taumel des Wahnsinns genossen werden«.

Man darf bei der sorgfältigen Komposition der Beschreibung keinen Zufall annehmen. Goethe war gerade diese Einsicht wichtig; daß sie sechs Monate vor dem Ausbruch der Französischen Revolution so beschrieben wurde, zeigt, daß er sich mehr mit den Zeitereignissen befaßte, als gemeinhin angenommen wird. Goethes Sehen war das Sehen des Türmers Lynkeus, dessen Name vom griechischen Lynx (Luchs) abgeleitet und dessen Sehschärfe sprichwörtlich ist.

> (69)
>
> uns erscheinen, uns rühren, und kaum eine Spur in der Seele zurücklassen, dafs Freiheit und Gleichheit nur in dem Taumel des Wahnsinns genossen werden können, und dafs die gröfste Lust nur dann am höchsten reizt, wenn sie sich ganz nahe an die Gefahr drängt, und lüstern ängstlich-süfse Empfindungen in ihrer Nähe geniefset.
>
> Und so hätten wir, ohne selbst daran zu denken, auch unser Carneval mit einer *Aschermittwochsbetrachtung* geschlossen, wodurch wir keinen unsrer Leser traurig zu machen fürchten. Vielmehr wünschen wir, dafs jeder mit uns, da das Leben im *Ganzen*, wie das römische Carneval, unübersehlich, ungeniesbar, ja bedenklich bleibt, durch diese unbekümmerte Maskengesellschaft an die Wichtigkeit jedes augenblicklichen oft geringscheinenden Lebensgenusses erinnert werden möge.

Goethe: *Das Römische Carneval*.
Schlußseite der Erstausgabe 1789 mit der »Aschermittwochsbetrachtung«.

An jenem Tag, an dem Goethe in Rom den Karneval besucht hatte, notierte er in sein Journal: »denn man erhebt sich ja eher zum Allgemeinen, wenn man die Gegenstände genauer und schärfer betrachtet.« Das ist Goethes Sehen, ein Sehen der Sachen und nicht ein Sehen aus Anlaß der Sachen. Er ist »bei und mit den Sachen«. Freiheit und Gleichheit durch Gewalt zu erreichen entspricht nicht seiner Vorstellung. Alles Gewaltsame ist ihm »in der Seele zuwider, *denn es ist nicht naturgemäß«*, und nur aus dem Natürlichen läßt sich Existenz, läßt sich Größe entwickeln; es ist Mephisto, der reflektiert: »Mit Gewalt setzt man alles durch.« Goethes Botschaft lautet anders: Allen Gewalten zum Trotz sich erhalten! In Rom hatte er 1788 das Singspiel *Lila* umgearbeitet, dort finden sich die Verse:

> Allen Gewalten
> Zum Trutz sich erhalten,
> Nimmer sich beugen
> Kräftig sich zeigen
> Rufet die Arme
> Der Götter herbei.

Hier stemmt sich der Individualist und Einzelgänger Goethe mit Hilfe der Götter gegen Gewalt und Greuel der sich ankündigenden Revolution. Dies war seine Haltung: »Es ist besser, daß Ungerechtigkeiten geschehen, als daß sie auf eine ungerechte Weise gehoben werden«.[5] Dies kennzeichnet Goethes Haltung zur Französischen Revolution und als Beobachter des untergehenden Ancien régime. Eckermann hielt Goethes Ausspruch fest: »Es ist wahr, ich konnte kein Freund der Französischen Revolution sein, denn ihre Greuel standen mir zu nahe und empörten mich täglich und stündlich, während ihre wohltätigen Folgen damals noch nicht zu ersehen waren. Auch konnte ich nicht gleichgültig sein, daß man in Deutschland *künstlicherweise* ähnliche Szenen herbeizuführen trachtete, die in Frankreich Folge einer großen Notwendigkeit waren.«

Wieso ahnte Goethe den Ausbruch der Französischen Revolution voraus, der doch fast alle Zeitgenossen überraschte? Hier ist auf die Halsbandgeschichte zu verweisen, in der sich für Goethe der Untergang des Ancien régime ankündigte: »Kaum war ich in das weimarische Leben und die dortigen Verhältnisse, bezüglich auf Geschäfte, Studien und literarische Arbeiten, wieder eingerichtet, als sich die Französische Revolution entwickelte und die Aufmerksamkeit aller Welt auf sich zog. Schon im Jahr 1785 hatte die Halsbandgeschichte einen unaussprechlichen Eindruck auf mich gemacht. In dem unsittlichen Stadt-, Hof- und Staatsabgrunde, der sich hier eröffnete, erschienen mir die greulichsten Folgen gespensterhaft, deren Erscheinung ich geraume Zeit nicht los werden konnte; wobei ich mich so seltsam benahm, daß Freunde, unter denen ich mich eben auf dem Lande aufhielt, als die erste Nachricht hievon zu uns gelangte, mir nur spät, als die Revolution längst ausgebrochen war, gestanden, daß ich ihnen damals wie wahnsinnig vorgekommen sei. Ich verfolgte den Proceß mit großer Aufmerksamkeit, bemühte mich in Sicilien um Nachrichten von Cagliostro und seiner Familie.«

Ich möchte annehmen, daß es Goethe wichtig war, seine Einsicht jetzt, im Januar 1789, zu fixieren und sie zu verbreiten, dies zwar anonym, aber eben doch in herausragender Buchgestalt. Ursprünglich war Bertuchs Journal als Publikationsort vorgesehen. Doch dieses ›Journal des Luxus und der Moden‹ mochte Goethe für seine Botschaft zu klein, nicht gewichtig und ernst genug erscheinen. So entstand die Idee des eigenen Buches, das mit großen Lettern diese »Zeichen« setzte. Daß es nur in einer Auflage von 250 Exemplaren erschien, hat Goethe bedauert. »Das Carneval«, schreibt er am 14. Dezember 1789 an Anna Amalia, »hat auch in Deutschland Liebhaber gefunden. Die Kleinmuth der Entrepreneurs, Bertuch und Krause, hat ihnen zu einer kleinen Auflage gerathen, die nun ganz vergriffen ist, ohne daß man doch wagen kann eine zweyte zu machen.« Es bleibt festzuhalten, daß *Das Römische Carneval* 1790 dann doch noch in Bertuchs Journal erschien; danach tauchten mehrfach Raubdrucke auf, in einem ›Taschenbuch der alten und neuen Masken‹, in einem *Fastnachtsbüchlein für Jung und Alt*. Regulär nachgedruckt wurde das Werk 1792 im 1. Band der *Neuen Schriften*.

Als die *Italienische Reise* 1817 erschienen war, fand sie nicht nur begeisterte Leser. Immer wieder hatte sich Goethe gegenüber der christlich-romantischen Kunst kritisch geäußert und aus seiner Abneigung gegen das Christentum keinen Hehl gemacht. Der »Heide« Goethe wurde angeklagt. Neben dem Heidnischen gab es freilich noch einen anderen Anstoß. Gleichzeitig mit der *Italienischen Reise* erschien Goethes Zeitschrift ›Ueber Kunst und Alterthum‹, in der er, in Zusammenarbeit mit Heinrich Meyer, gegen die »neudeutsche religiös-patriotische Kunst« heftig polemisierte. Goethe sah in dem Bestreben der Romantiker, die altdeutsche Kunst neu zu beleben, »eine frömmelnde Unkunst«, gegen die er nun ganz programmatisch seine italienischen Bekenntnisse stellte. So kamen Kritik und Ablehnung des Goetheschen Werks aus doppeltem Grund. Charakteristisch für die Ablehnung der *Italienischen Reise* durch die Romantiker ist der Bericht aus dem Jahr 1817 des damaligen preußischen Gesandten in Rom, des Historikers Barthold Georg Niebuhr, in einem Brief an Friedrich Carl von Savigny; er berichtet, der in Rom lebende Maler Peter von Cornelius sei tief bekümmert, »daß Goethe Italien *so* gesehen« habe. Goethe habe nur das Mittelmäßige gelobt, für das Ehrwürdige jedoch keinen Sinn gehabt. Niebuhr tadelt, Goethe habe z. B. die Dogenprozession in Venedig nur als oberflächliches Schauspiel gesehen, ihn habe das Bild alter Größe nicht berührt: Man dürfe eben Italien nicht nur vom Norden aus sehen, man müsse eigentlich vom Süden her einreisen, um es wahrhaft kennenzulernen.

Doch hatte Goethe ja anderes im Sinn gehabt. Er suchte nicht die italienische, er suchte die große Kunst der Antike; die Gotik, die »gotische Zierweise« etwa des Straßburger Münsters, hatte er hinter sich gelassen. Palladio, bei dem alles Willkürliche und Eingebildete entfalle, habe ihm den Weg zu aller »Kunst und zum Leben eröffnet« – und den Weg zu sich. Auch er war in Arkadien, aber er war in Arkadien »zur Stelle«. »Eine stille wache Seligkeit« nannte er seinen Zustand in Rom. Wach sein, das hieß für ihn ja »schärferes Sehen«. »Ich fange nun an, die besten Sachen zum zweiten Mal zu sehen, wo denn das erste Staunen sich in ein Mitleben und näheres Gefühl des Wertes der Sachen auflöst.« Das Streben nach Sachlichkeit und Form, Lebendigkeit und Klarheit, das ist es, was den römischen Goethe, den klassischen Goethe ausmacht. Angesichts der Seetiere am Lido rief er aus: »Was ist doch ein *lebendiges* für ein köstlich herrliches Ding! Wie abgemeßen zu seinem Zustande, wie wahr! wie *seyend*!« Vor dem Tempel in Assisi faßt er seinen Eindruck in zwei Wörtern zusammen: »so *ganz*.«

Verständlicherweise waren die Eindrücke seines italienischen Aufenthalts vielfältig. Interessant, daß er sie immer wieder in den Briefen an seinen Herzog festgehalten hat. Hierfür gab es natürlich Gründe: Der Herzog hatte stets großes Verständnis für ihn; während der ganzen italienischen Zeit erhielt er sein Gehalt ungekürzt, und er blieb Geheimer Rat, nunmehr von der kanzleimäßigen Erledigung der Amtspflichten befreit. Er konnte beruhigt zurückkehren. Doch der Abschied von Rom, von Italien, machte ihm zu schaffen, seine Rückreise dauerte fast zwei Monate. Was er dabei sah, war durch italienische Impressionen bestimmt; vor allem durch Palladio. Von Palladio hatte er gelernt, daß vollendete Kunst vollendete Sachlichkeit ist. Als er auf der Rückreise durch Ulm fuhr, machte ihm, dem Enthusiasten des Straßburger Münsters, das Ulmer Münster keinen Eindruck. Goethe hatte ein neues Streben nach Form und Klarheit gewonnen. In Italien hatte er mehr gemalt als geschrieben (wenn man von den Schreibarbeiten des Journals, Berichten, Tagebüchern und Briefen absieht), er schrieb morphologische Studien, wenig Neues, aber er revidierte und redigierte: Die alten Frankfurter Singspiele *Erwin und Elmire* und *Claudine von Villa Bella* wurden umgeschrieben, *Iphigenie* neu geformt, der freie Rhythmus der poetischen Prosa ersetzt durch den bestimmten Rhythmus des Verses; auch *Tasso* wurde in diesem Sinne bedacht. Er lernte vom »Wesen« der alten Künstler, »daß sie wie die Natur sich überall zu finden wußten und doch etwas Wahres, etwas Lebendiges hervorzubringen wußten«; sie blieben »Groß im Natürlichen«, dies sein Fazit zu Palladio.

Sein eigentliches Erlebnis war das einer »Wiedergeburt«: »Ich zähle einen zweyten Geburtstag, eine wahre Wiedergeburt, da ich Rom betrat«, stellt er zu Beginn seines Aufenthaltes fest, und immer wieder wünscht er, »wiedergeboren« und »gebildet« zu werden, und kurz vor der Rückkehr schreibt er an Carl August: »Ich habe mich in dieser anderthalbjährigen Einsamkeit selbst wiedergefunden aber als was? – Als Künstler.«

2. *Johann Friedrich Ungers »styptische Frucht«*

Johann Friedrich Unger war, als Goethe in der zweiten Hälfte des Jahres 1788 Verlagsbeziehungen zu ihm aufnahm, anders als Göschen, ein professioneller Verleger. Beide waren ungefähr gleich alt, Unger 35, Goethe 39 Jahre. Unger genoß Ansehen gleichermaßen als Buchdrucker, Verleger und Schriftkünstler, auch über deutsche Grenzen hinweg. Von seinem Leben wissen wir wenig, nicht einmal das genaue Geburtsdatum. Überliefert ist der Eintrag im Taufregister der Dorotheenstädtischen Kirche in Berlin (auf dem Friedhof der Kirche liegen Hegel und Fichte, Brecht und Johannes R. Becher begraben): »Johann Friedrich Unger ist getauft den 26. August 1753«. Es ist das erste Dokument von Ungers Leben und eines der wenigen überlieferten. Im November 1779 bewarb er sich um das Privilegium zur Errichtung einer Buchdruckerei, wogegen die Inhaber der in Berlin bereits bestehenden Offizinen Einspruch erhoben, es bestünde kein Bedürfnis, die vorhandene Kapazität genüge, und im übrigen verdienten sie ohnehin nicht genug. Unger war tatkräftig genug, trotz des Einspruchs erhielt er sein Privileg und hinterlegte am 21. Januar 1780 die geforderte Gebühr von 50 Talern. 1791 gründete er eine Schriftgießerei, in der, wie oben erwähnt, 1794 einer seiner Schüler, Johann Christoph Gubitz, in seinem Auftrag die nach ihm benannte Fraktur ausarbeitete. Goethe schätzte die Unger-Fraktur: »Die deutsche Schrift ist in ihrem Schmuck den gotischen Bauten vergleichbar, die den Blick zur Höhe ziehen und uns mit Staunen und Bewunderung erfüllen. Gotischer Stil der Baukunst und die Gestalt unserer Buchstaben sind als Offenbarung deutschen Gemüts zu erachten.« Unger war ein rühriger, in vielen Gebieten seines Fachs tätiger Mann, sein stilvoller Buchdruck und der von ihm verwandte Buchschmuck machten ihn schnell berühmt. Seine Bemühungen um die Holzschneidekunst brachten ihn in Beziehung zur königlichen Akademie der bildenden Künste Berlin; am 9. Juli 1800 entschloß sich der preußische König Friedrich Wilhelm II., ein Lehramt für Holzschneidekunst an der Akademie einzurichten und Unger als Professor zu berufen. Unger hatte also eine angesehene Stellung im damaligen Berlin; seine Frau, Friederike Helene von Rothenburg, Tochter eines preußischen Generals, pflegte angenehme Gesellschaft im Hause. Bei ihr verkehrte der Berliner Musiker und Schriftsteller Johann Friedrich Reichardt, der mit Goethe in Verbindung stand und einige seiner Lieder vertont hatte.

Ungers Verlagstätigkeit auf den Gebieten Literatur, Wissenschaften, Kalender, Zeitschriften ist aus buchhändlerischen Anzeigen zu erschließen. Eine solche findet sich am Schluß des 4. Bandes der Erstausgabe von *Wilhelm Meisters Lehrjahren*. Dort ist auf vier Seiten die Verlagsproduktion aufgeführt: »Bei Johann Friedrich Unger sind folgende neue Werke zur Michaelis=Messe 1796 fertig geworden«, und es folgen Anzeigen von 14 Werken, darunter die folgenden: »Beleuchtung (nähere) des dem Freiherrn von Mack zugeschriebenen Operationsplans für den Feldzug 1794 des österr. franz. Krieges«, »Handbuch der Staats=Wirthschaft, zum Gebrauch akademischer Vorlesungen. Nach Adam Smiths Grundsätzen ausgearbeitet, von Georg Sartorius«, Tiecks und Wackenroders »Herzensergießungen eines kunstliebenden Klosterbruders«, »Kochbuch (neuestes Berlinisches) oder Anweisung Speisen, Saucen und Gebackenes schmackhaft zuzurichten«, »Wittstock (Levin Martus), ein Tausend und Zwei und Sechzig Münz= und Wechseltabellen von Friedrichsd'or, Dukaten, Souverain. Zur großen Bequemlichkeit des handelnden Publikums sorgfältig berechnet« und »Woltmanns Geschichte der europäischen Staaten«. Dazu nun der sechste Band von Goethes *Neuen Schriften* sowie die Separatausgabe der *Lehrjahre*. Ein buntes Programm, heute würde ein Verlag unglaubwürdig ob solcher Zusammenstellung, und ich kann mir gut vorstellen, was Max Frisch oder Samuel Beckett gesagt hätten, wenn ihren Büchern solche Anzeigen beigegeben worden wären! Es konnte auch Goethe nicht recht gewesen sein, jedenfalls finden sich in den Erstausgaben bei dem nachfolgenden Verleger Cotta kaum Fremdanzeigen. Doch um gerecht zu sein, die Spezialisierung der Verlage setzte erst etwa hundert Jahre später ein, und bis dahin boten alle Verlage ein breitgefächertes Programm an.

Die Dokumente der Beziehung Goethes zu Unger hat Flodoard Freiherr von Biedermann gesammelt und 1926 herausgegeben.[6] Das Buch enthält 80 Briefe an Goethe, die wenigen erhaltenen Briefe von Goethe an Unger sowie Äußerungen Goethes über Unger, die er mündlich gab, in Briefen an Dritte oder in seinen Tagebüchern festhielt. Unger war befreundet mit zwei im damaligen Berliner Kulturleben bekannten Persönlichkeiten, mit Karl Philipp Moritz, dessen Werke er verlegte, und Carl Friedrich Zelter, beide auch Freunde Goethes. Moritz, dem Verfasser des *Anton Reiser*, war Goethe in Rom begegnet und hatte während seines gesamten italienischen Aufenthaltes mit ihm in regem Gedankenaustausch gestanden; Moritz lebte nach seiner Rückkehr aus Italien von Dezember 1788 bis Februar 1789 bei Goethe

2. Johann Friedrich Unger

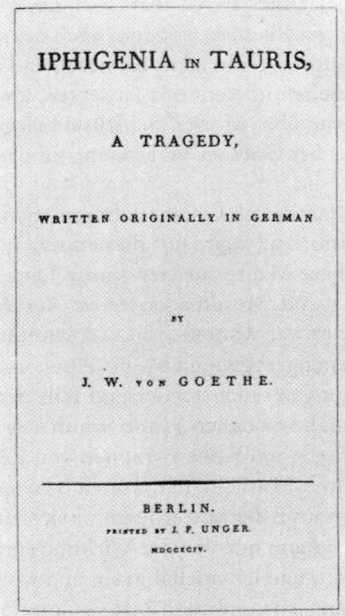

Goethe: *Iphigenie auf Tauris*.
Titelblatt des Nachdrucks der englischen Übersetzung
(William Taylor, London 1793), Berlin: Unger 1794.

in Weimar; er ließ sich in seiner literarischen Arbeit von Goethe beeinflussen, und dieser stützte sich auf Moritz' große prosodische Kenntnisse. Goethe setzte ihn bei Unger als Vermittler ein. Unger bestätigte dies im Brief an Goethe vom 10. Mai 1794: »Moritzen verdanke ich es, der es veranlaßte, daß Sie Vertrauen auf mich setzten, u. mich für würdig hielten, Ihre erhabenen Geistesprodukte zu verlegen; dies wird ewig eine dankbare Erinnerung an ihn sein.« Unger blieb Moritz bis zu dessen Tod 1793 verbunden und unterrichtete Goethe ständig über dessen Ergehen.

Aufgabe eines Verlegers ist nicht nur das Herstellen und das Verbreiten von Büchern, sondern auch der ständige Kontakt mit dem Autor, ist, ihn zu informieren und ihn von wichtigen Begebenheiten in Kenntnis zu setzen. Zwei Briefe von Unger an Goethe über Moritz' Schicksal belegen dies.[7] Carl Friedrich Zelter hat Goethes Verbindung zu Unger später gefestigt.

Zelter, neun Jahre nach Goethe geboren und im selben Jahr wie Goethe gestorben, stand mit diesem seit 1799 in Verbindung. Der frühere Maurermeister wurde Leiter der Berliner Sing-Akademie und Musikprofessor an der Akademie der Künste Berlin; er war wohl Goethes vertrautester (und – neben Knebel – einziger) Freund bis ins Alter, und Goethe gab Zelters Vertonungen seiner Lieder und Balladen den Vorzug vor anderen, auch vor denen Franz Schuberts. Als ihm Ungers Frau im Juni 1796 Kompositionen von Zelter schickte, antwortete er ihr: »Musik kann ich nicht beurtheilen, denn es fehlt mir an Kenntniß der Mittel deren sie sich zu ihren Zwekken bedient; ich kann nur von der Wirkung sprechen, die sie auf mich macht, wenn ich mich ihr rein und wiederholt überlasse; und so kann ich von Herrn Zelters Compositionen meiner Lieder sagen: dass ich der Musik kaum solche herzliche Töne zugetraut hätte.«[8] Die freundschaftlichen Beziehungen waren verständlicherweise gute Auspizien für Goethes Verhältnis zu Unger.

Wichtige Voraussetzungen, denn von Anfang an lag ein Schatten auf diesem Verhältnis. Im Jahr 1789 war *Das Römische Carneval* bei Ettinger erschienen, gedruckt aber war es von Unger. Goethe war mit dem Druckausfall durchaus nicht einverstanden. Daß aber trotz Goethes Ärger die Verbindung sachlich reibungslos blieb, ist sicher der Bemühung beider Partner zu verdanken. Ungers, im Gegensatz zu Göschen, ganz und gar nicht cholerisches Temperament gewann ihm zahlreiche Freunde, so den bedeutenden Berliner Buchhändler und Verleger Friedrich Nicolai, und selbst

Göschen, der Konkurrent, sprach freundlich über ihn: »Er ist reich, hat keine Kinder und arbeitet gern um die Ehre.« Und eine Ehre war es fraglos für Unger, den nach seiner Meinung bedeutendsten Schriftsteller der Gegenwart in seinem Verlag zu haben. Er wußte, was er Goethe, dem »verehrungswürdigsten«, »Höchstzuverehrenden Herrn Geheimerath«, schuldete.

In seinen Briefen kommt der große Respekt, den er Goethe darbrachte, deutlich zum Ausdruck; immer wieder die Formulierung: »eile ich, Ihren Befehl zu vollziehen«. Und Goethe, auch hier sensibler Autor, liebte es durchaus, sich von seinem Verleger und dessen Frau gerühmt zu sehen, an die er am 13. Juni 1796 schrieb: »Haben Sie Dank, wertheste Frau, für Ihre Bemühung und glauben Sie daß ich den Antheil zu schätzen weiß, den gute und gebildete Seelen an mir und an den Arbeiten nehmen, durch die ich einen Theil meiner Existenz auch entferntern mir unbekannten Gemüthern nahe bringen kann.«

So bleibt die Beziehung, die gewiß nicht ohne Klippen war, freundlich und sachlich bis zu Ungers Tod 1804. Unger wird im Mai 1800 an Schiller schreiben: »Ein Glük ist mir in Leipzig wiederfahren, daß ich *Göthe* haben kennen gelernt. Ich wüßte keinen liebenswürdigern Mann.«

Ende Mai 1789 war *Das Römische Carneval* erschienen. Die Edition zu diesem Zeitpunkt war Goethe wichtig, wie überhaupt das Jahr 1789 wichtig war. In den »als Ergänzung meiner sonstigen Bekenntnisse« gedachten und zwischen 1822 und 1825 geschriebenen *Tag- und Jahres-Heften* hält Goethe Rückschau. Er erwähnt, daß ihm gleich nach seiner Rückkehr aus Italien die Arbeit am *Römischen Carneval* »viel Vergnügen« bereitet habe. Der *Groß-Cophta* entstand allmählich, zunächst als Oper gedacht und ausgearbeitet, dann als Schauspiel, später erhielt er die Bezeichnung »Lustspiel«. Im Mittelpunkt des Stückes steht die Gestalt des Alchimisten, Abenteurers und Hochstaplers Alessandro

Titelkupfer zu *Goethe's neue Schriften*,
Neue Auflage, Erster Band, Mannheim 1801
(Kupferstich von Weis zu Goethes
Der Groß-Cophta).

Graf von Cagliostro, eigentlich Giuseppe Balsamo. Cagliostro wird von Goethe als Symptom einer Krise der politischen Ordnung gedeutet, er war in die Pariser Halsbandaffäre verstrickt, die Goethe, wie wir wissen, erschüttert hatte und über die er auch im Schlußteil der *Campagne in Frankreich* berichtet:

Schon im Jahre 1785 erschreckte mich die Halsbandsgeschichte wie das Haupt der Gorgone. Durch dieses unerhört frevelhafte Beginnen sah ich die Würde der Majestät untergraben, schon im voraus vernichtet, und alle Folge-

schritte von dieser Zeit bestätigten leider allzusehr die furchtbaren Ahnungen. Ich trug sie mit mir nach Italien und brachte sie noch geschärfter wieder zurück. Glücklicherweise ward mein Tasso noch abgeschlossen, aber alsdann nahm die weltgeschichtliche Gegenwart meinen Geist völlig ein.
Mit Verdruß hatte ich viele Jahre die Betrügereien kühner Phantasten und absichtlicher Schwärmer zu verwünschen Gelegenheit gehabt und mich über die unbegreifliche Verblendung vorzüglicher Menschen bei solchen frechen Zudringlichkeiten mit Widerwillen verwundert. Nun lagen die directen und indirecten Folgen solcher Narrheiten als Verbrechen und Halbverbrechen gegen die Majestät vor mir, alle zusammen wirksam genug, um den schönsten Thron der Welt zu erschüttern.
Goethe hatte die Familie Balsamo auf seiner Sizilienreise 1787 in Palermo besucht und mit einem Geldbetrag unterstützt. Als er später hörte, Cagliostro sei als Ketzer zum Tode verurteilt, dann zu lebenslänglicher Haft begnadigt, überwies er anonym sein gesamtes Honorar für den *Groß-Cophta* der Familie.[9]

Aus der Erschütterung jener Halsbandgeschichte war also der *Groß-Cophta* entstanden. Die Goethe-Philologie nahm lange nicht wahr, daß Goethe in diesem Lustspiel schonungslos die Notwendigkeit einer Revolution in Frankreich darstellen wollte; gewiß, er billigte nicht die Resultate, aber er stellte sich denjenigen Deutschen entgegen, die diese Notwendigkeit leugneten: »Niemals konnte ich diese Menschen achten«, klagt der Ritter im *Groß-Cophta* den verderbten Adel an, »sie sind keiner Schonung wert. Es ist eine Wohltat für das menschliche Geschlecht, wenn sie nach Verdienst gestraft werden, wenn man sie außer stand setzt, ihre Künste weiterfortzutreiben.«

In Weimar, Anfang 1792, wurde das Stück zweimal aufgeführt, aber es waltete »kein froher Geist über dem Ganzen«, erinnert sich Goethe in der *Campagne in Frankreich*, »weil das Stück ganz trefflich gespielt wurde, machte es einen um desto widerwärtigern Effekt. Ein furchtbarer und zugleich abgeschmackter Stoff, kühn und schonungslos behandelt, schreckte jedermann, kein Herz klang; die fast gleichzeitige Nähe des Vorbildes ließ den Eindruck noch greller empfinden; und weil geheime Verbindungen sich ungünstig behandelt glaubten, so fühlte sich ein großer respektabler Teil des Publikums entfremdet, so wie das weibliche Zartgefühl sich vor einem verwegenen Liebesabenteuer entsetzte.«

Goethe verlebte im Frühjahr 1791 »einige sehr vergnügte Tage« mit Karl Philipp Moritz. Er berichtet, daß er fast alles, was er in dieser Zeit an Kunst, aber auch in seiner »Naturlehre« geschrieben habe, mit Moritz durchgesprochen und von ihm und seinen Bemerkungen manchen Vorteil gezogen habe. In Goethes Briefverzeichnis ist für den 30. Mai 1791 folgendes eingetragen: »Berlin Moritz Cagliostro ... Anerbieten«. Und als Paralipomenon zur *Italienischen Reise* findet sich ein Brief Goethes, der höchstwahrscheinlich an Unger gerichtet ist. Aus ihm geht hervor, wie wichtig dieser Stoff für Goethe auch in seiner besonderen verlegerischen Präsentation ist. Er wünscht von der Schrift über *Des Joseph Balsamo, genannt Cagliostro, Stammbaum* sogleich eine Übersetzung ins Französische und schreibt: »Indem ich den Stammbaum des Cagliostro aufsuchte, fand ich zugleich die Briefe seiner Familie die ich in Palermo kennen lernte und andere Papiere die hierauf Bezug hatten. Es scheint mir daß man daraus eine kleine, für sich selbst bestehende Schrift fertigen könne, die in dem gegenwärtigen Moment sehr interessant und zugleich für den Abschluß der Akten überhaupt wichtig seyn würde. Gedruckt könnte sie auf und ab nur zwei bis drei Bogen betragen. Da ich aber wünschte, daß sogleich eine französische Übersetzung erschiene, so wäre die Frage: ob man nicht Kolumne gegen Kolumne, oder Seite gegen

Seite, die Übersetzung gegen den Text über setzte, das Ganze vielleicht geheftet verkaufte. Das Format könnte mir gleichgültig seyn, nur müßte es Quart seyn, wenn der Stammbaum als Titelkupfer vorgebunden werden sollte. Wählte man Oktav, so könnte man den Stammbaum in klein Folio ausarbeiten und ihn alsdann einschlagen, welches bei so einem wichtigen Dokumente wie dieses ist, das der ganzen römischen Inquisition das Siegel aufdrückt, eigentlich eine unschickliche Knickerei wäre. Ich erwarte hierüber Ihre Meinung und setze auf die andere Seite ein ungefähres Schema dessen, was Sie von dieser Schrift erwarten können.« Von keinem anderen Text wollte Goethe bei der Erstausgabe gleichzeitig eine französische Übertragung. Er wollte also zu dieser Zeit auch in Frankreich gehört werden. Es ist anzunehmen, daß die Idee der zweisprachigen Ausgabe auf die Gespräche mit Karl Philipp Moritz zurückgeht. In den Urkunden und Quellen gibt es keinen Hinweis, an welchen Übersetzer Goethe gedacht hat, jedenfalls wurde diese Übersetzung nicht realisiert. Am 17. November 1791 erhielt Goethe sein Honorar, im Februar 1792 wurde der Text, wie Unger ankündigt, mit Didotschen Schriften in Berlin gedruckt, und zur Ostermesse 1792 erschien »*Der Groß-Cophta. Ein Lustspiel in fünf Aufzügen von Goethe.* Berlin. Bey Johann Friedrich Unger. 1792. 241 S.«, und gleichzeitig erschien der Text in »[Göthe's] *Neue Schriften.* Erster Band. Der Groß-Cophta. Des Joseph Balsamo, genannt Cagliostro, Stammbaum«. Mit einem Kupfer im Text: Cagliostros Stammbaum. Immer wieder ist Goethe auf die Verbindung der Halsbandaffäre zur Französischen Revolution zurückgekommen, und immer wieder betonte er, welche historische Bedeutung sein Stück habe, ja, sein Gegenstand gehe der Französischen Revolution voran und sei »gewissermaßen das Fundament«. So äußert er sich auch zu Eckermann am 15. Februar 1831: »im Grunde ist es nicht bloß von sittlicher, sondern auch von großer historischer Bedeutung; das Faktum geht der Französischen Revolution unmittelbar voran und ist davon gewissermaßen das Fundament. Die Königin, der fatalen Halsbandgeschichte so nahe verflochten, verlor ihre Würde, ja ihre Achtung, und so hatte sie denn in der Meinung des Volkes den Standpunkt verloren, um unantastbar zu sein. Der Haß schadet niemanden, aber die Verachtung ist es, was den Menschen stürzet.« Nach dem *Römischen Carneval* ist dies der zweite Beleg, daß Goethe in der Halsbandaffäre ein Vorzeichen für die Französische Revolution sah.

In seinen naturwissenschaftlichen Schriften findet sich abermals ein Hinweis, wie sehr ihn die »vieljährige Richtung meines Geistes gegen die Französische Revolution« beschäftigte, und aus dieser Beschäftigung erklärt sich »die grenzenlose Bemühung, dieses schrecklichste aller Ereignisse in seinen Ursachen und Folgen dichterisch zu bewältigen«. Er sah sich gezwungen, in diesen Bemühungen fortzufahren, jeder einzelne müsse sich, meinte Goethe, aufgerufen fühlen, das Seine zu leisten, deshalb machte er jenen »Vorschlag zur Güte«: »daß doch ein Jeder, er sei auch wer es wolle, sein Befugnis prüfen und sich fragen möge: was leistest du denn eigentlich an deiner Stelle und wozu bist du berufen?«

Ein Jahr nach dem *Groß-Cophta*, 1793, erschien bei Unger »*Der Bürgergeneral*. Ein Lustspiel in einem Aufzuge. Zweyte Fortsetzung der beyden Billets«. Das Stück wurde nicht in die Ausgabe der *Neuen Schriften* aufgenommen. Kein Verfasser war verzeichnet. Das Lustspiel war im April 1793 an drei Tagen entstanden. »Die kleinen Productionen haben den Vorteil, dass sie fast eben so geschwind geschrieben als erfunden sind«, schrieb Goethe an Herder am 7. Juni 1793, »von dem Moment an, in dem ich die erste Idee hatte, waren keine drei Tage verstrichen, so war es fertig.« Im Unterschied zum *Groß-Cophta* hatte Goethe als Ort der Handlung Deutschland gewählt, um die deutschen politisch-sozialen Verhältnisse mitten in der Revolutionszeit komisch und polemisch zu spiegeln. Es ging ihm darum, das gewaltige Weltgeschehen im Bewußtsein beschränkter Philister und witziger kleiner Gauner zu spiegeln. Wie später in *Herrmann und Dorothea* bekundet er auch hier seine Überzeugung, daß es nicht auf Bewegung der Massen ankomme, sondern auf Verbesserung der Mißstände. »Bei *sich* fange jeder an, und er wird viel zu tun finden.« Alle Drucke und Nachdrucke erschienen anonym, erst 1808 wurde im Band 9 der *Werke* bei Cotta die Verfasserschaft bekanntgemacht.

Was könnten die Motive gewesen sein? Gewiß nicht die Tatsache, daß er eine französische Vorlage benutzte, deren deutsche Fassung unter einem Pseudonym erschienen war, gewiß auch nicht, daß er die »kleine Production«, die »so geschwind« erfunden war, auch geschwind vergessen machen wollte. Goethe wurde zum *Bürgergeneral* von zwei Bauernstücken angeregt, die er selbst im Frühjahr 1793 für die Weimarer Bühne eingerichtet hatte. Der erste der beiden Schwänke geht auf das Stück *Les deux billetts* zurück, das der französische Dramatiker Jean-Pierre Claris de Florian 1779 geschrieben hatte. Dieses Stück wurde von Christian Gottlob Heyne in eine deutsche Fassung gebracht und (unter dem Pseudonym Anton Wall) mit dem Titel »Die beiden Billets. Nachspiel in einem Aufzuge« 1782 veröffentlicht. Heyne schrieb dann (wieder unter dem Pseudonym Anton Wall) ein eigenes Stück, *Der Stammbaum*, das mit dem Titel »Erste Fortsetzung der ›Beiden Billets‹« 1791 veröffentlicht wurde. Der *Bürgergeneral* wurde am 2. Mai 1793 auf dem Weimarer Hoftheater in Gegenwart Goethes uraufgeführt; im gleichen Jahr wurde die Aufführung zweimal wiederholt. Von 1800 bis 1805 wurde das Stück unter Goethes Regie jedes Jahr einmal aufgeführt. Goethe scheute bei den Proben keine Mühe und legte auf jedes Detail großen Wert. So packt die Hauptfigur, Schnaps, aus einem Felleisen seine jakobinischen Monturstücke aus – dieses Felleisen war ein echtes französisches Beutestück. »Ich fand es nämlich zur Zeit der Revolution auf meiner Reise [Herbst 1792] an der französischen Grenze, wo die Flucht der Emigrierten durchgegangen war und wo es einer mochte verloren oder weggeworfen haben. Die Sachen, so wie sie im Stück vorkommen, waren alle darin; ich schrieb danach die Szene«, so behaglich erinnerte sich Goethe noch Jahrzehnte später (wie Eckermann dies unter dem Datum vom 16. Dezember 1828 festhielt). Bei der ersten Aufführung wurde das Stück beifällig aufgenommen, wohl auch wegen der schauspielerischen Leistung von Johann Christoph Beck, der die Figur des Schnaps spielte und den Goethe bei der Aufführung der *Beyden Billets*[10] gesehen und schätzengelernt hatte, ja, der für ihn zum Initiator des Stückes wurde, wie er in der *Campagne in Frankreich* schrieb: »so konnte ich nicht fehlen, daß ich mich von diesem närrischen Schnaps so durchdrungen fand, daß mich die Lust anwandelte ihn nochmals zu produciren.« Friedrich Heinrich Jacobi, Philosoph in Pempelfort, mit Goethe zunächst eng, dann entfernt, dann wieder nahe verbunden, reagierte wie Bertuch zustimmend auf Stück und Aufführung, das Ehepaar Herder war »aufs höchste erfreut und erbaut«, und Heinrich Meyer, der Direktor der Zeichenschule Weimar, meldete Goethe am 3. Juni 1793, das Stück habe »der kleinen Zahl Menschen vom guten Geschmack zum Entzükken gefallen«. Andere Menschen aus Goethes Umgebung lehnten es als »subalterne Produktion« ab, es habe, so Goethe, »zuletzt widerwärtigste Wirkung« hervorgerufen.

Goethe ließ sich letztlich nicht davon beeindrucken, noch 1828 erwog er die Möglichkeit einer Aufführung. Doch muß er wohl den Eindruck gehabt haben, das Stück, in der kurzen Zeit von drei Tagen entstanden, sei noch nicht fertig. Schiller riet nach dem Besuch einer Aufführung dem Freunde zu Änderungen, in einem Brief vom 17. Januar 1805 schlug er vor, »die moralischen Stellen, besonders aus der Rolle des Edelmanns wegzulaßen ... Das kleine Stück verdient, daß man es in der Gunst erhalte die ihm widerfährt und gebührt, und es wird sich recht sehr gut thun laßen, ihm einen rascheren Gang zu geben.« Goethe antwortete am selben Tag, es sei schon Verschiedenes geändert, er schicke ihm das Theaterexemplar, aus dem er die Änderungen ersehen könne, er habe selbst daran gedacht, die Figur des Edelmanns überhaupt zu streichen: »da es doch der Mühe werth ist: denn ein Stück mehr auf dem Repertorium zu haben, ist von größerer Bedeutung als man glaubt«. Diesem Satz würde jeder unserer heutigen Dramatiker zustimmen, auch Bertolt Brecht, der einzige der zeitgenössischen Schriftsteller, der, wie Goethe, Autor von Theaterstücken und Leiter eines Theaters war. Zur Umarbeitung des *Bürgergenerals* aber ist es dann doch nicht gekommen. Wir wissen, daß Schiller den Stoff später aufnehmen wollte, in seinem Nachlaß fand sich das Schema eines zweiaktigen Lustspiels, dessen Hauptgestalt Schnaps heißen sollte.

Erfuhr Unger in Berlin die Weimarer Vorgänge des April und Mai 1793? Wahrscheinlich nicht, doch warum drängte er nicht auf die Angabe der Verfasserschaft und warum nicht auf die Aufnahme in seine Ausgabe der *Neuen Schriften* (in der das Stück chronologisch wohl in den 1. Band gehört hätte, der ein Jahr zuvor bereits erschienen war)? Wir wissen es nicht.

Unmittelbar nach dem *Bürgergeneral* entstanden die beiden Fragment gebliebenen Stücke *Die Aufgeregten* und *Das Mädchen von Oberkirch*, als Hintergrund wieder »die ungeheuren Bewegungen des allgemeinen politischen Weltlaufs«. Das Thema der *Aufgeregten* ist der Aufstand der französischen Bauern gegen ihre Gutsherrschaft, der sich zur offenen Rebellion entwickelt, als die Vorgänge in Frankreich die ländliche Bevölkerung »aufgeregt« hatten; das Thema war, nachdem ein Beschluß der französischen Nationalversammlung vom August 1789 die feudalen Privilegien weitgehend aufgehoben hatte, ganz und gar aktuell. Der Aufstand selbst ist im Stück nicht das zentrale Ereignis, er sollte im nicht ausgeführten 5. Akt dargestellt werden; die Handlung ist eben der Vorgang der ›Aufregung‹, sowohl bei den Bauern als auch beim Adel. Goethe entwarf »drei schöne Charaktere«, die Gräfin, Luise und den Hofrat, alle drei zeigen die rechte Haltung von Adel und Bürger in dieser schwierigen Zeit, während der Gatte der Gräfin ein »wilder böser Teufel«, ein Feudalherr im üblen Sinne ist. Die Gräfin ist liberal, sie schweigt nicht mehr, sie klagt den Adel an, selbst wenn sie deswegen »unter dem verhaßten Namen einer Demokratin verschrieen werden sollte«. Luise durchschaut die Motive ihres Onkels Breme von Bremenfeld, eines Demagogen: »So viele nehmen sich der Sache der Freiheit, der allgemeinen Gleichheit an, nur um für sich eine Ausnahme zu machen, nur um zu wirken es sei auf welche Art es wolle.« Am 17. Juli 1814 erwähnt Goethe das Stück im Tagebuch unter dem Titel »Breme von Bremenfeld«, am 20. Februar 1815 taucht ein neuer Titel auf: »Die Zeichen der Zeit«. Am 7. Mai 1816 notiert er im Tagebuch den endgültigen Titel »Die Aufgeregten«. Das Fragment wurde nach der von Paul Götze abgeschriebenen ersten Fassung von Riemer kontrolliert, mit Goethe gemeinsam revidiert und für den Druck im 10. Band der zweiten Cotta-Ausgabe, der 1817 erscheinen wird, vorbereitet. Goethes Äußerung über *Die Aufgeregten* hat Eckermann am 4. Januar 1824 notiert: »Ich schrieb es zur Zeit der Französischen Revolution, und man kann es gewissermaßen als mein politisches Glaubensbekenntnis jener Zeit ansehen. Als Repräsentanten des Adels hatte ich die Gräfin hingestellt und mit den Worten, die ich ihr in den Mund gelegt, ausgesprochen, wie der Adel eigentlich denken soll.« Goethe meinte, diese Gesinnung sei »respektabel«, aber man wolle ihn eben nicht so sehen, wie er sei, und man »wende die Blicke von allem hinweg, was mich in meinem wahren Licht zeigen könnte«. Schiller, »unter uns weit mehr ein Aristokrat als ich«, gelte als Freund des Volkes, nicht er.

Goethe wollte dies auch gar nicht sein. Er ging den Vorgängen in Frankreich gegenüber auf Distanz. Thomas Mann meinte herausgefunden zu haben, daß die Französische Revolution Goethe »wie nichts anders in seinem Leben« gequält habe. Hegel, Herder und Hölderlin, gar Schiller und Klopstock, die beide wie George Washington von der Nationalversammlung in Paris mit dem französischen Bürgerrecht ausgezeichnet wurden, waren Partei, Goethe nahm seine eigene Position ein. Er war der Beobachter, er war der Betrachter. »Sowie ein Dichter politisch wirken will«, vertraute er im März 1832 Eckermann an, »muß er sich einer Partei hingeben; und sowie er dieses tut, ist er als Poet verloren; er muß seinem freien Geiste, seinem unbefangenen Überblick Lebewohl sagen und dagegen die Kappe der Borniertheit und des blinden Hasses über die Ohren ziehen.« Er hatte immer gewußt, daß er dadurch Feinde und Polemik auf sich zog. »Sie wissen«, fuhr er zu Eckermann fort, »ich bekümmere mich im ganzen wenig um das, was über mich geschrieben wird«, wenig, daß »gewisse Leute« ihn schmähten. »Um diesen Leuten recht zu sein, hätte ich müssen Mitglied eines Jakobinerklubs werden und Mord und Blutvergießen predigen!« Goethe hatte die Französische Revolution und das Ende des Ancien régime vorausgesehen. Nach dem Ausbruch der Revolution schwieg Goethe. Erst sieben Monate später fiel im Brief an Jacobi vom 3. März 1790 die erste Erwähnung. Seine Lage sei »glücklich, wie sie ein Mensch verlangen kann«. Dann: »Daß die Französche Revolution auch für mich eine Revolution war kannst Du dencken.« Doch sofort fügte er hinzu: »Übrigens studire ich die Alten und folge ihrem Beyspiel so gut es in Thüringen gehn will.« Warum schwieg Goethe so lange? Mit Sicherheit war er über den Verlauf der Revolution unterrichtet, die Gespräche am Hofe galten hauptsächlich den Pariser Ereignissen. Wieland hatte bereits im September 1789 im ›Teutschen Merkur‹ »Über die Rechtmäßigkeit des Gebrauchs den die Französische Nazion dermalen in ihrer Aufklärung Stärke macht« geschrieben. Klopstock jubelte in Versen: »Frankreich schuf sich frei. Des Jahrhunderts edelste Tat hub | da sich zum Olympus empor.« Goethe sah dies mit einigem Widerwillen, jede Art »Freiheitsapostel« war ihm zuwider; schon in den *Venezianischen Epigrammen* war zu lesen: »Jeglichen Schwärmer schlagt mir ans Kreuz im dreißigsten Jahre.« Besonders heftig verurteilte er die »neuesten Literatoren«, die vermeinten, die Politik sei Poesie.

Erst später, nach den Ereignissen von Valmy, wo Preußen und Österreich 1792 dem französischen Revolutionsheer unterlagen, hat er den denkwürdigen Satz gesagt, der in das Schlachtendenkmal von Valmy gemeißelt wurde: »Von hier und heute geht eine neue Epoche der Weltgeschichte aus, und ihr könnt sagen, ihr seid dabei gewesen.«[11] Er konnte kein »Freund der Französischen Revolution«, kein Freund »herrischer Willkür« sein, er war überzeugt, »daß irgendeine große Revolution nie Schuld des Volkes ist, sondern der Regierung. Revolutionen sind ganz unmöglich, sobald die Regierungen fortwährend gerecht und fortwährend wach sind, so daß sie ihnen durch zeitgemäße Verbesserungen entgegenkommen und sich nicht so lange sträuben, bis das Notwendige von unten her erzwungen wird«. Als Goethe einmal selbst die Summe seiner politischen Auffassungen zog, im berühmten Gespräch mit Eckermann am 4. Januar 1824, hielt Eckermann fest: »Weil ich nun aber die Revolutionen haßte, so nannte man mich einen *Freund des Bestehenden*. Das ist aber ein sehr zweideutiger Titel, den ich mir verbitten möchte. Wenn das Bestehende alles vortrefflich, gut und gerecht wäre, so hätte ich gar nichts dawider. Da aber neben vielem Guten zugleich viel Schlechtes, Ungerechtes und Unvollkommenes besteht, so heißt ein Freund des Bestehenden oft nicht viel weniger als ein Freund des Veralteten und Schlechten.« »Die Zeit aber ist in ewigem Fortschreiten begriffen, und die menschlichen Dinge haben alle funfzig Jahre eine andere Gestalt ... Ist aber ein wirkliches Bedürfnis nach einer großen Reform in einem Volke vorhanden, so ist Gott mit ihm und sie gelingt.« Die Revolution »in Frankreich als Folge einer großen Notwendigkeit« und ihre späteren »wohltuenden Folgen« und die Ansicht, daß ein »wirkliches Bedürfnis zu einer großen Reform« tatsächlich vorhanden sei – dies sind wichtige Seiten im politischen Denken Goethes. Adolf Muschg hat sie dadurch gewürdigt, daß er diese von Eckermann notierten Aussagen an zentraler Stelle in seinem Drama *Die Aufgeregten von Goethe* von dem jungen Landmann und Jäger Jakob vorlesen läßt. Bertolt Brechts Äußerungen zum Aufstand des 17. Juni 1953 liegen auf dieser Linie Goethes. Ich bin mir bewußt, daß dies ein kühner Bogen ist, doch in Brechts Gedicht *Die Lösung*, das 1953, »nach dem Aufstand vom 17. Juni«, entstanden ist, steht, nachdem der stalinistische Sekretär des Schriftstellerverbandes die Forderung erhoben hat, das Volk müsse das Verbrechen des Aufstands durch verdoppelte Arbeit wiedergutmachen, die ironisch-satirische Zeile: »Wäre es da | Nicht doch einfacher, die Regierung | Löste das Volk auf und | Wählte ein anderes?« Brecht sah, wie Goethe, das Bedürfnis zu einer Reform, und er wußte, daß sie von unten her erfolgen muß. In dem Gedicht *Große Zeit, vertan*, das im Zyklus *Buckower Elegien* dem Gedicht *Die Lösung* folgt, heißt es anklagend und fordernd: »Was sind schon Städte, gebaut | Ohne die Weisheit des Volkes?« Brecht hätte im November 1989 die Weisheit des Volkes in Leipzig, Dresden und Berlin in Aktion sehen können.[12]

Die drei »Revolutionsdramen« Goethes, *Der Groß-Cophta*, *Der Bürgergeneral* und *Die Aufgeregten*, dann auch *Die natürliche Tochter* und manch kleinere dramatische Entwürfe, Schriften, Prosaarbeiten, wie die Fragment gebliebene allegorische Romansatire *Reise der Söhne Megaprazons*, haben in der Forschung noch nicht die Bedeutung gefunden, die ihnen zukommt, die ihnen zukommen muß. Peter Demetz hat sicherlich recht, wenn er sagt: »Kein Dichter des deutschen klassischen Zeitalters hat der Französischen Revolution mehr seine Werke zugewandt als Goethe«.

Wichtigstes Ereignis für Unger in dieser Zeit war wohl das Erscheinen der siebenbändigen Ausgabe *Göthe's Neue Schriften* in den Jahren 1792 bis 1800. Förmliche Verträge scheint es nicht gegeben zu haben – wie aus Ungers Brief an Goethe vom 15. Dezember 1792 hervorgeht[13] –, lediglich Vereinbarungen von Band zu Band, wobei jedoch eine neue Klausel von seiten Goethes zum Zuge kam: Er vergab seine Rechte jeweils nur für eine Auflage, versprach aber eine Option für das künftige Werk, allerdings unter jeweils neu zu vereinbarenden Bedingungen. 1792 begannen Goethes *Neue Schriften* zu erscheinen: Band 1 enthielt den *Groß-Cophta* und *Das Römische Carneval*; der zweite Band mit *Reineke Fuchs in zwölf Gesängen* erschien 1794; die Bände 3-6 mit *Wilhelm Meisters Lehrjahren* 1795 und 1796; Band 7, 1800, enthielt *Lieder, Balladen und Romanzen*, *Elegien I/II*, *Epigramme. Venedig 1790*, *Weissagungen des Bakis*, *Vier Jahreszeiten*, *Theaterreden, gehalten zu Weimar*. Damit war die Ausgabe der Schriften abgeschlossen. »Was meine übrigen Verhältnisse als Autor betrifft«, schrieb Goethe am 22. September 1799 an Cotta, »davon kann ich Ihnen vertrauliche Eröffnung thun. Herr Unger wird als 7ten Band meine kleinen zerstreuten Gedichte zusammendrucken, zu dem achten findet sich vielleicht was ähnliches.« Doch dazu kam es nicht.

Vom 7. Band der *Neuen Schriften* wollte Goethe eine Sonderausgabe. Er fragte bei Unger am 2. April 1800 an:

Dürfte ich Sie ersuchen zu denen Exemplaren welche Sie mir bestimmen noch einen besondern Titel drucken zu lassen und zwar folgender maßen:

Goethe's
neuste Gedichte.

Ich würde Personen, die auch die ersten Bände nicht besitzen, dadurch eine Artigkeit erzeigen können.

Titelblatt der Einzelausgabe *Göthe's neueste Gedichte*,
Berlin: Unger 1800 (Vignette: Trauernder Engel ⟨= Nemesis⟩,
von Unger nach J. H. Meyer).

Diese Sonderausgabe, offensichtlich in kleiner Auflage gedruckt, ist eine der größten bibliophilen Seltenheiten der Goethe-Literatur.

In Bertolt Brechts *Legende von der Entstehung des Buches Taoteking auf dem Wege des Laotse in die Emigration* wird bekanntlich der Knabe, der den Weisen über die Grenze begleitet, vom Zöllner gefragt, ob dieser kraft seiner Weisheit »etwas rausgekriegt« habe; der Knabe gibt die Botschaft, doch der Zöllner insistiert, der Weise möge sie aufschreiben; so geschieht es. Das Gedicht endet: »Aber rühmen wir nicht nur den Weisen | Dessen Name auf dem Buche prangt! | Denn man muß dem Weisen seine Weisheit erst entreißen. | Darum sei der Zöllner auch bedankt: | Er hat sie ihm abverlangt.« Zu Ungers großen Leistungen zählt gewiß, Goethe *Wilhelm Meisters Lehrjahre* »abverlangt« zu haben. Sie erschienen nicht nur im Rahmen der siebenbändigen Ausgabe der *Neuen Schriften*, sondern gleichzeitig auch als vierbändige Einzelausgabe: »*Wilhelm Meisters Lehrjahre. Ein Roman. Herausgegeben von Goethe*«. Die vier Bände der Einzelausgabe enthielten (wegen der zahlreichen Doppeldrucke und Mischexemplare nicht in allen Exemplaren der ersten Auflage) auf eingeklebten Notenbeilagen Kompositionen von Gedichten, jedoch nicht die Kupfer der Ausgabe innerhalb der *Neuen Schriften*.

Goethe hat insgesamt mehr als ein halbes Jahrhundert an dem Romankomplex des »Wilhelm Meister« gearbeitet. Die Anfänge der ersten Fassung unter dem Titel *Wilhelm Meisters theatralische Sendung* reichen bis 1777 zurück, eine Tagebuchnotiz vom 16. Februar 1777 ist das älteste Zeugnis: »Im Garten dicktirt an W. Meister.« In den folgenden Jahren nahm er die Arbeit immer wieder auf, im November 1784 glaubte er, das sechste Buch fertig zu haben, er arbeitete weiter, doch das siebte Buch wurde nicht vollendet. Die italienische Reise, die Teilnahme am französischen Feldzug, die Arbeiten am *Reineke Fuchs* und an den Revolutionsdramen, seine optischen und morphologischen Studien drängten den Roman in den Hintergrund; er blieb schließlich Fragment. Neun Jahre später wurde ihm der »Wilhelm-Meister-Stoff« wieder lebendig; es drängte ihn, wie er am 23. Oktober 1793 an Lichtenberg schrieb, zu einer »stillen Thätigkeit«, um »mich für die vielen traurigen Stunden zu entschädigen, die ich seit anderthalb Jahren zugebracht habe«. Er war in bester Stimmung, »freundlich wie ein Ohrwürmchen«, so Charlotte von Stein am 24. November 1793 an ihren Sohn Fritz. In solcher Stimmung teilte er Knebel am 7. Dezember mit: »Jetzt bin ich im Sinnen und Entschliesen womit ich künftiges Jahr anfangen will, man muß sich mit Gewalt an etwas heften. Ich dencke es wird mein alter Roman werden.«

1794 begann er zu schreiben, fasziniert nun von der Idee, den »Greueln« der Revolution und der Kriege neue Ideale von Kultur und Menschenbildung entgegenzusetzen. Bei der Umarbeitung legte Goethe das alte Manuskript der *Theatralischen Sendung* zugrunde, doch dieses ist nicht erhalten geblieben. Es hat mehrere Manuskripte gegeben, doch keines ist überliefert. Erst 1910 kam die Abschrift einer Abschrift, vorgenommen in abenteuerlicher Orthographie von der Züricher Freundin Goethes, Barbara Schultheß, und ihrer Tochter, ans Licht und wurde 1911 erstmals veröffentlicht. Wir wissen nicht, ob den Kopisten Fehler unterlaufen sind und gegebenenfalls welche. Doch wenigstens ein Vergleich mit der ausgeführten Fassung des Romans wurde nun möglich. Der Held der *Theatralischen Sendung* ist ein begabter junger Schriftsteller. Ein Künstlerroman breitet sich aus. Für den Wilhelm Meister der *Lehrjahre* sind Kunst und Theater Bildungselemente; er entwickelt sich während seiner Lehrzeit zu einer vielseitig gebildeten, tätigen Persönlichkeit. »Mich selbst, ganz wie ich da bin, auszubilden, das war dunkel von Jugend auf mein Wunsch und meine Absicht.« Wilhelms »innerstes Bedürfnis« ist es, seine »Anlagen zum Guten und Schönen immer mehr zu entwickeln«. Bei der Umarbeitung wurde der Künstlerroman ein Zeitroman. Die erzählte Zeit liegt zwischen der amerikanischen Unabhängigkeitserklärung und der Französischen Revolution, die Figuren gehören den verschiedensten gesellschaftlichen Schichten an und repräsentieren, insbesondere im Kreis um Lothario und in der Turm-Gesellschaft, Tendenzen zur Lösung des Grundkonflikts zwischen Adel und Bürgertum, wie Goethe ihn sah. Theater ist nicht mehr Ziel, sondern Station auf Wilhelm Meisters Lebensentwicklung, gesellschaftliche Umstände und

Zeitereignisse wirken auf ihn ein. Die »Bekenntnisse einer schönen Seele« führen ihn zur Auseinandersetzung mit ethischen und religiösen Prinzipien. Das Ziel seiner Lehrzeit wird der Versuch, praktische Tätigkeit und geistiges Schöpfertum zu verbinden, wie es Goethe in seinem Winckelmann-Essay später formuliert: »Der Mensch vermag gar manches durch zweckmäßigen Gebrauch einzelner Kräfte, er vermag das Außerordentliche durch Verbindung mehrerer Fähigkeiten; aber das Einzige, ganz Unerwartete leistet er nur, wenn sich die sämmtlichen Eigenschaften gleichmäßig in ihm vereinigen.«

Goethes Brief an Unger mit der Zusage zur Publikation des *Wilhelm Meister* ist nicht erhalten. Ahnte Unger die Bedeutung des angekündigten Werkes? Am 15. April 1794 schrieb er an Goethe: »Ich schätze mich unendlich glücklich, daß Sie, Höchstzuverehrender Herr Geheimerath, die Gewogenheit haben wollen, mich zum Verleger des Romans zu machen, u. ich konnte keine größere Freude haben, als die, welche mir Ihr Brief machte. Alle die darin vorgeschriebenen Bedingungen verpflichte ich mich auf das hier beiliegende Blatt, auf das genauste zu erfüllen. Das ganze Publikum wird seinem ersten Schriftsteller unendlich für eine Arbeit danken, die über alles schätzbar ist, und worauf so sehnlichst gehofft wurde. Ich bin nicht fähig, mein außerordentliches Vergnügen über diese mir erzeigte große Güte auszudrücken, und ich kann nicht die Zeit erwarten, in welcher ich das Manuscript bekommen werde.«[14] Unger bedrängte Goethe ständig, den *Wilhelm Meister* weiterzuschreiben und zu beenden. »Das Publikum«, schrieb er am 10. Mai 1794, »ist itzt ganz für Politik gestimmt, aber nur ein Göthe kann diese Stimmung verändern, und alles wird begierig Ihren Roman ergreifen und politische Werke an die Seite legen.«[15] Es war wohl dieses Drängen, das Goethe bestimmte, im Mai 1794 mit Unger die definitive Verlagsveröffentlichung zu vereinbaren. Der erste Band wurde gedruckt und veröffentlicht zu einem Zeitpunkt, an dem Goethe noch mitten in der Niederschrift der folgenden Teile war. »Der Abdruck des ersten Bandes von *Wilhelm Meister* war begonnen, der Entschluß, eine Arbeit, an der ich noch so viel zu erinnern hatte, für fertig zu erklären, war endlich gefasst«, schrieb Goethe rückschauend, »und ich war froh den Anfang aus den Augen zu haben, wenn mich schon die Fortsetzung so wie die Aussicht auf eine nunmehrige Beendigung höchlich bedrängte. Die Nothwendigkeit aber ist der beste Rathgeber.«

Doch der Sommer 1794 brachte außer dem Drängen des Verlegers und außer der vertraglichen Vereinbarung noch ein wichtiges Ereignis. Am Freitag, dem 13. Juni 1794, war Goethe nach Jena gereist, um das Essen, das der Herzog am folgenden Tage allen Professoren geben wollte, vorzubereiten. Dort traf er Schiller, der ihn zur Mitarbeit an den ›Horen‹ einlud. Als Mitarbeiter sollten Herder, Fichte, Hölderlin, A. und W. von Humboldt, J. H. Voß und A. W. Schlegel gewonnen werden. Am 24. Juni bestätigte Goethe im Brief an Schiller seine Mitarbeit: »gewiß aber wird eine nähere Verbindung mit so wackern Männern, als die Unternehmer sind, manches, das bei mir ins Stocken gerathen ist, wieder in einen lebhaften Gang bringen.«

Goethe hatte erkannt, daß die Auseinandersetzung mit diesem Kreis dem Fortschreiten des *Wilhelm Meister* förderlich sein könnte. Er hatte mit Schiller vereinbart, ihn am Entstehungsprozeß teilnehmen zu lassen, ja, mit ihm diskursiv das Ganze zu entwickeln. Am 6. Dezember schickte er Aushängebogen des ersten Buches an ihn (»Endlich kommt das erste Buch von Wilhelm Schüler, der, ich weiß nicht wie, den Nahmen Meister erwischt hat«), erbat seine Kritik und versicherte, ihm vom dritten Buch an den Text »noch im biegsamen Manuskript« zu geben. Schiller las das Buch »mit wahrer Herzenslust«, sein Brief vom 9. Dezember eröffnete einen lebhaften Briefwechsel über poetische Theorie und Praxis, wie ihn die Literaturgeschichte sonst kaum aufweist. Goethe bedankte sich für Schillers Brief schon am 10. Dezember: »Sie haben mir durch das gute Zeugniß das Sie dem ersten Buche meines Romans geben sehr wohlgethan. Nach den sonderbaren Schicksalen welche diese Production von innen und aussen gehabt hat wäre es kein Wunder wenn ich ganz und gar confus darüber würde. Ich habe mich zuletzt blos an meine Idee gehalten und will mich freuen wenn sie mich aus diesem Labyrinthe herausleitet.« Unter dem Druck der »Notwendigkeit« und dem begeisterten Drängen von Schiller und Humboldt ging die Arbeit nun zügig voran, schon am 22. Januar 1795 schickte Goethe das Manuskript des dritten Buches an Unger. Am 11. Februar beendete er das vierte Buch und sandte es an Schiller: »Wie sehr wünsche ich daß Sie mein viertes Buch bey guter Gesundheit und Stimmung antreffen und Sie einige Stunden unterhalten möge. Darf ich bitten anzustreichen was Ihnen bedencklich vorkommt. Herrn v. Humboldt und den Damen empfehle ich gleichfalls meinen Helden und seine Gesellschaft.« Schiller nahm diese Lizenz wahr, er kritisierte insbesondere die Entwicklung des ›Hamlet‹-Teils, »diese Materie [sollte] nicht so unmittelbar hinter einander vorgetragen, sondern ... durch einige bedeutende ZwischenUmstände ... unterbrochen« werden. Goethe folgte dem Rat. Mitte Februar 1795 kam Goethe zu Schiller nach Jena, war glücklich über den »guten Muth«, den dieses Gespräch ihm gegeben hatte, und vermerkte im Brief vom 18. Februar dankbar: »Wie viel vortheilhafter ist es sich in andern als in sich selbst zu bespiegeln.« Wieder der Begriff des Spiegels, wieder eine nicht unwichtige Feststellung, die zeigt, wie sehr es Goethes poetische Praxis ist, das im Entstehen begriffene Werk im andern zu bespiegeln und sich dadurch den Text wieder nahezubringen, sich mit ihm neu »bekannt zu machen«. Goethe treibt diese kunsttheoretische Diskussion mit dem Ziel einer Veränderung des Textes bis zu jenem Punkt, an dem dieser für ihn definitiv fixiert ist. Danach geht sein Engagement zurück, er verweigert sich sogar der Korrektur des Fahnensatzes und nimmt veröffentlichte Bücher, wir wissen es ja, kaum wieder zur Hand (es sei denn, Freunde und Leser machen ihn auf Satzfehler aufmerksam).

Anläßlich des fünften Buches des *Wilhelm Meister* notieren Goethe und Schiller in ihrem Briefwechsel die wesentlichsten kunsttheoretischen Einsichten. Goethe, so schreibt Schiller am 2. Juni 1795 an Körner, »hat bey der Revision seines Mscrpts. für die Fortsetzung des W Meister eine interessante Materie über d Unterschied zwischen Roman und Drama unter die Feder bekommen, worinn mir die Hauptidee sehr gefällt. Der Roman, sagt er, fodert Gesinnungen und Begebenheiten, das Drama Character und That. – Im Roman darf der *Zufall* mit handeln, aber der Mensch muss dem Zufall eine Form zu geben suchen. Im Drama muss das *Schicksal* herrschen, und dem Menschen widerstreben«. Schiller steigert sich in die Rolle des Mitschaffenden, gibt sich voller Bewunderung, macht immer intensiver Vorschläge, kritisiert aber auch immer deutlicher. Welche Schwierigkeiten das achte Buch bringen würde, geht aus Goethes Brief vom 25. Juni 1796 hervor: »Lesen Sie das Manuscript erst mit freundschafftlichem Genuß und dann mit Prüfung und sprechen Sie mich los, wenn Sie können. Manche Stellen verlangen noch mehr Ausführung, manche fordern sie, und doch weiß ich kaum was zu thun ist, denn die Ansprüche, die dieses Buch an mich macht, sind unendlich und dürfen, der Natur der Sache nach, nicht ganz befriedigt werden, obgleich alles gewissermaßen aufgelößt werden muß.« Vier lange Briefe, am 2., 3., 5. und 8. Juli, richtet Schiller an Goethe, nachdem er am 27. Juni das Manuskript des letzten Buches erhalten hat. Am 2. Juli: »Ich kann Ihnen nicht beschreiben, wie sehr mich die Wahrheit, das schöne Leben, die einfache Fülle dieses Werks bewegte.« Er versichert, daß die Unterhaltung mit Goethe über dieses Werk nie versiegen soll: »Eine würdige und wahrhaft aesthetische Schätzung des ganzen Kunstwerks ist eine große Unternehmung. Ich werde ihr die nächsten 4 Monate ganz widmen und mit Freuden ... macht es mir zu einer gewißen Religion, Ihre Sache hierinn zu der meinigen zu machen, alles was in mir Realität ist, zu dem reinsten Spiegel des Geistes auszubilden, der in dieser Hülle lebt, und so, in einem höheren Sinne des Worts, den Nahmen Ihres Freundes zu verdienen. Wie lebhaft habe ich bey dieser Gelegenheit erfahren, daß das Vortrefliche eine Macht ist, daß es auf selbstsüchtige Gemüther auch nur als eine Macht wirken kann, daß es, dem Vortreflichen gegenüber keine Freyheit giebt als die Liebe.« Goethe wird diese Schlußbemerkung leicht abgewandelt später in Ottiliens Tagebuch in die *Wahlverwandtschaften* einbringen: »Gegen große Vorzüge eines andern gibt es kein Rettungsmittel als die Liebe.«

Goethe sieht in diesen Briefen Schillers »Stimmen aus einer andern Welt«, und er schreibt ihm am 5. Juli: »Werden Sie nicht müde mir durchaus Ihre Meinung zu sagen und behalten Sie das Buch noch diese acht Tage bey sich«, und am 7. Juli: »Fahren Sie fort mich mit meinem eigenen Werke bekannt zu machen«. Schiller nimmt dies als bare Münze; als er aber im Brief vom 8. Juli von einem »Fehler« spricht – Goethe solle jene theatralischen Vorgänge, die der Leser vielleicht als frivol der Imagination zuordne, durch »bedeutenderen« Ausdruck vor der Vernunft legitimieren –, antwortet ihm Goethe pikiert und leicht verletzt: »Der Fehler, den Sie mit Recht bemerken, kommt aus meiner innersten Natur, aus einem gewissen realistischen Tic, durch den ich meine Existenz, meine Handlungen, meine Schrifften den Menschen aus den Augen zu rücken behaglich finde. So werde ich immer gerne incognito reisen ... mich leichtsinniger betragen als ich bin und mich so, ich möchte sagen, zwischen mich selbst und zwischen meine eigne Erscheinung stellen.« Wieder eine aufschlußreiche Einsicht: Wo Schiller die Beziehung auf Vernunft vermißt, sieht Goethe sein Realistisches, wo dieser Frivoles und Unbedeutendes kritisiert, trifft er Goethes Natur, sich »leichtsinniger« zu betragen und im Zweifelsfall nicht den bedeutenden, sondern den unbedeutenderen Ausdruck zu wählen. Obschon Schiller weiter diskutieren möchte, bricht Goethe nun das Gespräch ab und erfüllt Schillers Wunsch nicht, das Manuskript des achten Buches noch ein zweites Mal lesen zu dürfen. Goethe spricht von der »Verschiedenheit unserer Naturen«, der Briefwechsel über dieses Thema bricht abrupt ab.

Ab 10. August revidierte Goethe noch einmal den Schluß, am 26. August schickte er das Manuskript an Unger. Im Oktober 1796 erschien der vierte und letzte Band; für ihn war damit eine Arbeit beendet, die er Unger gegenüber so charakterisierte: »Es ist unter allen meinen Arbeiten, die ich jemals gemacht habe, die obligateste und in mehr als Einem Sinn die schwerste«. Die »obligateste«, das heißt, die am strengsten den Forderungen der dichterischen Durchgestaltung gehorcht und deshalb die schwierigste Aufgabe ist.

Autor und Verleger konnten zufrieden sein. Unger hatte die Genugtuung, diesen Text in der von ihm geschaffenen Fraktur gedruckt zu sehen. Am 23. Mai 1795 hatte er an Goethe geschrieben: »Ihnen, verehrungswürdigster Mann, verdanke ich das Glück, das itzt die neuen deutschen Buchstaben beim Publikum machen, da Sie solche mit Ihrem Beifall beehrten, und es erlaubten, daß ein so herrliches Produkt von Ihnen damit gedruckt werden durfte. – Ohne diese Erlaubniß wäre es lange noch nicht mit dieselben dahin gekommen, sie so häufig zu gebrauchen, als man es jetzt schon thut. – Muß man nicht das Publikum schätzen, das sich nach dem Geschmack eines *Göthe* richtet?« Freilich, nicht alle waren mit dieser Schrift zufrieden. Schiller rügte, sie sei viel zu klein, und auf diese Weise würde man das Lesepublikum blind machen. Er schickte Goethe am 25. Juli 1796 ein Epigramm: »Folgendes Epigramm ist das neuste aus Berlin, wie Sie sehen werden:

Unger
über seine beyden VerlagsSchriften: Wilhelm
Meister und das Journal Deutschland.
Der Lettern neuen Schnitt dem Leser zu empfehlen,
Mußt' ich des Meisters Werk zur *Ersten* Probe wählen,
Die Zweyte ist, und dann ist alles abgethan,
Wenn selbst des Pfuschers Werk sie nicht verrufen kann.«

Anders Frau Aja, sie schrieb an ihren Sohn Wolfgang am 15. Juni 1794: »Auch verdient Herr Unger Lob und Preiß wegen des herrlichen Papiers und der unübertrefbahren Lettern – froh bin ich über allen Ausdruck, daß deine Schrieften alte und neue nicht mit den mir so fatalen Lateinischen Lettern das Licht der Welt erblickt haben – beym Römischen Carneval da mags noch hingehen – aber sonst im übrigen bitte ich dich bleibe deutsch auch in den Buchstaben«.

Wilhelm Meisters Lehrjahre wurden von den Zeitgenossen sofort aufgenommen, hymnisch von Körner, Humboldt, Schelling und Schiller begrüßt, scharf attackiert von Schlegel und Tieck, Novalis fand das Werk »fatal und albern«. Für Wieland war es »ein wirklich schauerliches werk«, für den »empörten« F. H. Jacobi »im ganzen ein Ärgernis«. Friedrich Schlegel konstatierte 1798 im 216. ›Athenäums‹-Fragment: »Die französische Revolution, Fichtes Wissenschaftslehre und Goethes ›Meister‹ sind die größten Tendenzen des Zeitalters«, wobei Schlegel in der Urfassung hinzufügte: »aber alle drei sind doch nur Tendenzen ohne gründliche Ausführung«. Jean Paul reagierte anders: »Die romantisch-epische Form, oder jenen Geist, welcher in den altfranzösischen und altfränkischen Romanen gehauset, rief Goethens ›Meister‹, wie aus über einander gefallenen Ruinen, in neue frische Lustgebäude zurück mit seinem Zauberstab«. Jürgen Habermas (im Exkurs seiner Untersuchungen zum *Strukturwandel der Öffentlichkeit*) konstatiert, daß, nach dem berühmten Wort von Napoleon, wie mit Beaumarchais' *Figaro*, auch mit *Wilhelm Meister* »die Revolution aufgetreten ist«.

Unabsehbar war die Wirkung der *Lehrjahre* auf die weitere Geschichte des Entwicklungs- und Bildungsromans, auf Jean Pauls *Titan*, auch auf Novalis' *Heinrich von Ofterdingen*, Eichendorffs *Ahnung und Gegenwart*, Mörikes *Maler Nolten*, auf Stifters *Nachsommer*, Kellers *Grünen Heinrich* und in unserem Jahrhundert auf Thomas Mann und Hermann Hesse.

Also ein großer Erfolg für Autor und Verleger. Doch es meldeten sich auch Kritik und wachsende Unzufriedenheit. Der zweite Band der *Schriften* mit *Reineke Fuchs* enthielt viele Druckfehler. Als sie entdeckt wurden, konnte man den noch vorhandenen Exemplaren des Erstdrucks ein Druckfehlerverzeichnis beigeben; doch es gab nun auch zur Überraschung Goethes zwei Doppeldrucke von Band 2, in denen das Druckfehlerverzeichnis fehlte, weil zu einem Teil hier die Fehler bereits korrigiert waren.

Goethes Verbindung zu Unger war natürlich auch von Honorarfragen bestimmt. Während er für die Einzelausgabe der Bände 1 und 2 der *Neuen Schriften* je 500 Taler erhielt, forderte er nun für jeden Band von *Wilhelm Meister* – die Bände 3 und 4 der *Neuen Schriften* – 600 Taler. Unger, wir wissen es, akzeptierte.

Goethes Zeitgenossen äußerten sich kritisch über seine Honorarforderungen. Wilhelm von Humboldt schrieb im August 1795 an Schiller: »Von seinem [Goethes] Benehmen mit seinen Verlegern, das hier durchaus hart und unbillig genannt wird, höre ich sehr viel sprechen«. Wieland war besonders kritisch. Nach einem Tagebucheintrag von Carl August Böttiger soll er sich so geäußert haben: »Bei Ende des zweiten Bandes des Wilhelm Meister hoffte Goethe mit vier Bänden auszukommen. Jetzt spricht er schon von fünf Bänden. Die vier Friedrichsd'or pro Bogen schmecken so gut, daß noch sechs oder acht Bände daraus werden können. Die Geständnisse der schönen Seele, welche die größte Hälfte des dritten Bandes ausmachen, sind von einer verstorbenen Dame, die

Goethe nur nach seiner Art zuschnitt. Man sieht ihnen das Fremdartige auf jedem Worte an. Es fehlte eben Goethe an Manuscript«.

Es ist durchaus möglich, daß Goethe im Laufe des Arbeitsprozesses daran gedacht hatte, die *Lehrjahre* in fünf Bänden zu veröffentlichen. Am 7. März 1796, nach der Drucklegung des dritten Bandes, schrieb er an Unger: »Ich kann denken daß Sie das Manuscript zu dem letzten Band des Romans bald zu erhalten wünschen, und ich kann dagegen versichern: daß es mir eine sehr vergnügte Stunde seyn wird, in der ich ihn abschicken werde. Ihre und des Publikums Erwartung ist gewiß nicht größer als mein Wunsch, meine Sache gut zu machen und in diesem Falle keinen Fleiß zu sparen. Es ist ... die schwerste [Arbeit] und doch muß sie, wenn sie gelingen soll, mit der größten Freyheit und Leichtigkeit gemacht werden. Dazu bedarf es denn freylich Zeit und Stimmung. Noch ein Umstand kommt dazu, der die Aufgabe künstlicher macht: mehrere Personen, und sogar genaue Freunde und Bekannte, schwören und wetten, daß ich das Werk nach seiner Anlage mit Einem Bande nicht endigen könne.« Unger antwortete auf diesen Brief nicht, zumindest ist eine Reaktion nicht erhalten. Goethe jedenfalls schloß die *Lehrjahre* mit dem vierten Band ab; während die vorangegangenen Bände etwa 300 bis 400 Seiten umfassen, beträgt der Umfang des letzten Bandes 507 Seiten. Doch wieder hatte Goethe einen unverzeihlichen Fehler begangen: Von keinem Druck hatte er Korrektur gelesen! Niemand bemerkte, daß der Setzer die Handschrift von Riemer an manchen Stellen falsch las. Goethe hatte zwar, was damals nicht üblich war, das Manuskript zurückerhalten, verwendete es aber nicht zur Vorbereitung der nächsten Ausgabe. So verfuhr er häufig. In diesem Fall war ihm überdies noch ein Doppeldruck in die Hände gefallen, den er als Vorlage für die nächste Ausgabe verwendete, so daß Goethe selbst die Textgestalt »beschädigte«. Waltraud Hagen schreibt: »Diese Sorglosigkeit bei der Wahl seiner Textvorlagen, die erhebliche Auswirkungen auf den Text seiner Werke hatte, gibt noch heute sehr vertrackte editorische Probleme auf.«[16]

Über Goethes Sorglosigkeit in textphilologischen Fragen, sofern es seine eigenen Werke betraf, geben die Tagebücher Auskunft. An Knebel sollte er am 16. März 1814 schreiben: »Riemer ist sehr brav. Wir lesen jetzt, eine neue Ausgabe vorbereitend, Wilhelm Meister zusammen. Da ich dieses Werklein, so wie meine übrigen Sachen als Nachtwandler geschrieben, so sind mir seine Bemerkungen über meinen Styl höchst lehrreich und anmuthig. Verändert wird übrigens nichts, als was im eigentlichen Sinne als Schreib- oder Druckfehler gelten kann.« Solcher behaupteten Behutsamkeit stand die tatsächliche Praxis jedoch nicht selten entgegen.

Mit der verschiedentlichen Erwähnung von Doppeldrukken ist ein Phänomen bezeichnet, das Goethe, wie andere Autoren der Zeit auch, wohl weit mehr irritierte als gewöhnliche Satzfehler. Die Ungersche Verlagsbuchhandlung hatte, wie andere Verlage, eine sehr unschöne Usance. Goethe vergab seine Rechte nur jeweils für eine Auflage, aber er vergaß oder überließ dem Verleger, dessen Risiko es ja war, die Höhe dieser Auflage zu bestimmen. Der Verleger wollte einerseits mit einer zu hohen Druckauflage nicht allzuviel riskieren, andererseits wollte und mußte er das Geschäft rentabel betreiben und eben möglichst viele Exemplare verkaufen, so kam die einzig legitimierte Erstauflage der Erstausgabe gelegentlich in Schüben verschiedener Drucke zustande. Auf diese Weise entstanden die sogenannten Doppeldrucke, die, und das ist absolut zu rügen, dieselbe Jahreszahl trugen wie der erste Druck. Da Goethe meist für *eine* Auflage ein pauschales Honorar erhielt, war das Verfahren, die Erstauflage in Schüben vorzunehmen, zumindest inkorrekt, in jedem Falle dem Autor gegenüber unfair. Die Doppeldrucke wiesen oft Fehler auf und wichen vom ersten Druck ab. Die Druckform entstand damals durch den Handsatz, das heißt: Mit einzelnen

Lettertypen wurde die Zeile gebildet und die Zeilen dann zur Druckform gebunden; diese Druckform wurde nicht aufbewahrt, sondern sogleich nach dem Satz in die einzelnen Lettertypen zerlegt, die dann wieder in den Setzkasten zurückwanderten. Das heißt, bei einem Nachdruck wurde der Text nochmals neu gesetzt, und dabei konnten leicht Fehler entstehen; oft wurde bei diesen Nachdrucken der Rentabilität wegen auch billigeres Papier benutzt.

Wilhelm Kurrelmeyer, der in zahlreichen Veröffentlichungen die Doppeldrucke von Goethes Werken untersuchte, hat diese Abweichungen festgehalten; sie sind wahrlich kein Ruhmesblatt für deutsche Verleger! Kurrelmeyer stellte zum Beispiel fest, daß die Ungersche Verlagsbuchhandlung Schillers Drama *Die Jungfrau von Orleans*, dessen Verlagsrechte auf die Jahre 1802 bis 1804 begrenzt waren, achtmal (sic!) und auch nach 1804 sogar mit der Jahreszahl 1802 nachdruckte!

Für Goethes *Neue Schriften* bei Unger wies Kurrelmeyer zahlreiche solcher Doppeldrucke nach; es existieren von Band 1 ein Doppeldruck, von Band 2 zwei Doppeldrucke, von Band 3-5 je drei Doppeldrucke, von Band 6 zwei Doppeldrucke; vom 7. Band ist kein Doppeldruck nachgewiesen.[17] Undurchsichtig wurde Ungers Verfahren auch dadurch, daß er mit Wissen Goethes beim *Wilhelm Meister* aus dem Satz der Gesamtausgabe Einzelausgaben mit neuem Titelblatt veranstaltete. Die Herstellung solcher Separatausgaben war in jener Zeit eine durchaus übliche Methode und wurde, als eine Art Gewohnheitsrecht, auch von allen Verlegern Goethescher Gesamtausgaben (einschließlich Cotta) praktiziert und von den Autoren geduldet.

Es ist anzunehmen, daß Goethe diese Praktiken durchschaute. Und er wurde gewarnt. Am 28. April 1801 schrieb ihm August Wilhelm Schlegel: »Unger hat mir schlimme Streiche gespielt, den ersten Teil des Shakspeare hinter meinem Rücken nachgedruckt, und nachher da ich mit ihm darüber sprach, meine billigen Foderungen verweigert, und sich überhaupt sehr unartig benommen, so daß ich ihn wirklich habe verklagen müssen ... Ich melde Ihnen dieß, weil Sie auch mit Unger als Verleger in Verhältniß stehen; ich weiß nicht wie Ihre Verträge mit ihm darüber sind: allein ich kann Ihnen mit Gewißheit sagen, daß er den 1ten Thl Ihrer neuen Schriften, und auch den 1ten Theil des W. Meister von neuem gedruckt hat. Ein sehr ehrlicher Mann und Sachverständiger hat mir dieß als Augenzeuge versichert. Geben Sie doch auch Schillern einen Wink hierüber.«

Man muß sich fragen, warum Goethe bei Unger nie reklamierte, nie protestierte. Nun, wir wissen, das Direkte einer persönlichen Auseinandersetzung war seine Sache nicht. Er tat es auch mutmaßlich nicht, weil das Verfahren irgendwie »üblich«, undurchsichtig und schwer kontrollierbar war und weil förmliche Verträge nicht vorlagen.

Eine gewisse Entfremdung aber war seit 1797 zwischen Goethe und Unger eingetreten. Unger beobachtete argwöhnisch die persönliche Verbindung zwischen Goethe und Cotta. An Böttiger schrieb er am 13. Januar 1798: »Ist u. kann mir mein so sehr verehrter Göthe darum abtrünnig werden, weil ein anderer Buchhändler ihn 4 Wochen bewirthet hat, nun so sage ich weiter nichts dazu.« Vielleicht hätte er etwas dazu sagen, hätte zu Goethe nach Weimar fahren und mit ihm sprechen sollen. Er mußte wissen, daß Goethe, einmal verletzt, kaum mehr für eine Beziehung zu gewinnen war. »Für die Himburgs bin ich tot«, so wollte er sich von dem Raubdrucker verabschieden, und bald sollte dies auch für Unger gelten. Eine einzige persönliche Begegnung fand noch statt; sie war eher zufällig. Nicht daß Unger nach Weimar gekommen wäre. Vom 28. April bis 16. Mai 1800 war Goethe mit dem Herzog auf der Leipziger Messe, »habe mich ganz wohl amüsirt. Es that mir wirklich Noth einmal wieder recht viel fremde Gegenstände und Gestalten in mich aufzunehmen«, schrieb er am 21. Mai an Knebel. Eine der fremden Gestalten war Unger. Die Begegnung scheint ihm keinen großen Eindruck gemacht zu haben. Das Tagebuch vermerkt keine Unterhaltung, kein Gespräch über den doch eben vereinbarten 7. Band der *Schriften* mit den »neuesten Gedichten«, keine Frage über Wirkung oder gar Verkauf der Ausgabe, keine Klage, keine Reklamation. Unter dem Datum des 10. Mai lesen wir im Tagebuch: »Früh im Industrie-Comptoir, den Bücher-Catalogus zur Hälfte durchgesehen. Die Herren Unger und Woltmann angetroffen.« Cotta wurde im Tagebuch schon anders beehrt, drei Tage vorher ist notiert: »Mit Herrn Cotta spatzieren und verschiedne litterarische Verhältnisse durchgesprochen.«

Goethe reagierte auf seine Weise. Schon 1798 hatte er nicht einmal mehr erwogen, Unger sein Epos *Herrmann und Dorothea* anzubieten, nicht einmal, ihn an der Auktion teilnehmen zu lassen; auf diesen gravierenden Vorgang des Jahres 1798, einen ›Seitensprung‹ Goethes, kommen wir noch zurück. Je mehr Unger ihn wegen neuer Manuskripte bedrängte, desto zögernder, ablehnender verhielt sich Goethe. Beide, Goethe und Schiller, waren nun in wachsendem Maße über Unger verstimmt. »Ob Göthe wohl einen 8tn Band seiner Schriften herausgeben wird?« fragte Unger Schiller im Brief vom 14. März 1801. »Ich werde ihn nächstens darum bitten, wenn ich von Ihnen weiß, daß er es nicht für eine zu große Zudringlichkeit hält. In Leipzig versprach er es, auch eine Reise nach Berlin mahl zu thun. Wann aber, äusserte er nicht.« So erfahren wir also, daß die beiden am 10. Mai 1800 doch miteinander gesprochen haben! Schiller hat auf Ungers Brief nicht geantwortet, er wußte, daß Ungers Ansinnen wohl eine zu große »Zudringlichkeit« gewesen wäre.

Goethe hatte noch einen anderen, ihm wesentlichen Grund, über Unger verärgert zu sein. Unger gab ein Journal ›Deutschland‹ heraus, und Goethe war über manchen Beitrag erzürnt. Nicht anders sollte es auch später bei Cottas ›Morgenblatt‹ sein. Hauszeitschriften haben für literarische Verleger ihre eigene Problematik.

Der Weltbürger Goethe liebte nun einmal seine Deutschen nicht; er fühlte sich von ihnen geschätzt, als berühmt erkannt, aber im Verhältnis zu anderen Autoren zuwenig gelesen, seine Bücher zuwenig gekauft und, vor allem, er fühlte sich nicht geliebt. Seine kritischen Äußerungen über die Deutschen sind Legion:

Enthusiasmus suchst du bei deutschen Lesern? Du Armer, Glücklich, könntest du auch rechnen auf Höflichkeit nur.

und:

Willst du in Deutschland wirken als Autor, so triff sie nur tüchtig,
Denn zum Beschauen des Werks finden sich wenige nur.

Und was war Deutschland?

Deutschland? Aber wo liegt es? Ich weiß das Land nicht zu finden.
Wo das gelehrte beginnt, hört das politische auf.

Das ›Deutsche‹ war für Goethe ein Punkt selbstquälerischer Auseinandersetzung. »Deutschland ist nichts, aber jeder einzelne Deutsche ist viel. Und doch bilden sich letztere gerade das Umgekehrte ein.« Oder: ›Ich habe oft einen bittern Schmerz empfunden bei dem Gedanken an das deutsche Volk, das so achtbar im einzelnen und so miserabel im ganzen ist.« Ein weites Thema, das Deutsche war und blieb für Goethe widersprüchlich, »doch soll es nicht so sein?« Die von ihm als »höchste Tugend« des Menschen anerkannte »Gerechtigkeit« war für ihn »Eigenschaft und Phantom der Deutschen«. Das spannungsreiche Nebeneinander extremer Eigenschaften, das Radikale und eben nicht der Drang, die Mitte zu suchen, dies kennzeichne die Deutschen. Goethes innere Natur war auf Selbstbildung gestellt, er hatte sich vorgenommen, sein Wesen zur Vollkommenheit auszubilden, er war den Deutschen in ihrem allumfassenden Drang viel zu verwandt, als daß er sich nicht hätte immer wieder von ihnen absetzen müssen. Er fällte seine allgemeinen Urteile und Verurteilungen aber nie absolut, nahm sie zurück, stellte sie oftmals ironisch in Frage, wissend, daß die Eigenschaften, die er an den Deutschen lobte, auch die seinen waren, daß die Fehler, die er rügte, auch von ihm überwunden werden mußten.[18]

Goethe stellte der Forderung der Romantiker nach »Nationalliteratur« die Devise »Weltliteratur« entgegen. »Nationalliteratur will jetzt nicht viel sagen, die Epoche der Weltliteratur ist an der Zeit, und jeder muß jetzt dazu wirken, diese Epoche zu beschleunigen«, wird er rückblickend zu Eckermann sagen (31. 1. 1827). Was Wunder, daß Goethe die nationalkonservative Haltung von Ungers Zeitschrift ›Deutschland‹ mißfiel und daß er sie in den *Xenien* verspottete:

> Lasset euch ja nicht zu Ungers altdeutscher Eiche verführen,
> Ihre styptische Frucht nähret kein reinliches Tier.

Das will heißen: Die Nahrung dieser Zeitschrift ist bitter, adstringierend und mehr oder weniger nur für Borstentiere geeignet. Am 6. März 1802 informierte Unger Schiller über Raubdrucke der *Jungfrau von Orleans* in Augsburg, Wien und Frankfurt am Main: »Ich werde mich aber nun für die Folge selbst nachdrukken und eine äusserst wohlfeile Ausgabe machen, um den Nachdrukkern das Handwerk zu legen ... Nun hätte ich noch eine zweite Bitte. Bei mir erscheint ein Journal: *Irene* von Hrn. v. Halem. Ich wünschte daß Sie und Hr. Geh. R. v. Göthe einen kleinen Aufsatz oder noch ungedrucktes Gedicht hierzu geben wollten, um durch Ihre Nahmen diese Zeitschrift zu heben und zu verherrlichen.« Ein kapitaler Fehler Ungers! Es ging ihm nicht um die Sache, sondern um die Namen der Autoren, die sein Journal »heben und verherrlichen« sollten. Schiller reagierte empört und informierte Goethe am 17. März: »Sie sind, mit mir, höflich eingeladen, einige Beiträge zu der Irene von Halem einzuschicken. Es ist doch eine wahre Bestialität, daß diese Herren, welche das Mögliche versuchen uns zu annihilieren, noch verlangen können, daß wir ihre Werke selbst fördern sollen. Ich bin aber Willens, Ungern, der mir diesen Antrag gethan, recht aus vollem Herzen zu antworten.« Goethe reagierte sofort: »Ich wünsche Ihnen einen recht guten Humor und eine recht derbe Faust, wenn Sie auf die irenische Einladung antworten. Es wäre recht schön wenn Ihnen eine Epistel glückte, die auf alle das Packzeug paßte, dem ich immer größern Haß widme und gelobe.« Man kann, man muß die Autoren verstehen. Sie mußten der Ansicht sein, den Verlegern gehe es nur um Ausbeutung und nicht darum, dichterische Werke zu verbreiten, die durch Inhalt wie durch Form zur Veränderung der Zeit beitragen wollten.

Die gewünschte Epistel von Schiller wurde geschrieben, sie ist jedoch nicht überliefert. (Unterdrückte Unger Schillers Antwort? Wollte er diese Kritik aus der Feder des großen Autors nicht der Geschichte überliefern? – Ein Verleger mag gelegentlich in solche Versuchung geraten.)

Goethe und Unger haben sich nie über diesen Vorgang ausgesprochen; Goethe pflegte solche Aussprachen zu vermeiden, und Unger wird vielleicht gar nicht bewußt gewesen sein, was er bei Schiller wie bei Goethe angerichtet hatte. Die Korrespondenz wurde einseitig. »Es wäre für mich die größte Freude gewesen«, schrieb Unger am 6. Mai 1803 an Goethe, »wenn ich das Glück gehabt hätte nach so langer Zeit nur ein kleines Zeichen von Wohlwollen von Ihnen zu erhalten, welches mir einen Beweis gegeben, daß ich nicht ganz Ihrem Andenken erloschen wäre. Meiner Seits bin ich es mir nicht bewußt, eine solche Strafe verdient zu haben.« Er überreichte Goethe eine »auf besten Pappier« gedruckte Ausgabe der Werke Ewald von Kleists. Goethe reagierte gelassen, bedankte sich, die Gedichte und Briefe Kleists »versetzen uns in eine Zeit zurück, die sich freilich von der jetzigen sehr verschieden darstellt«. Dieser Brief vom 8. Juni 1803 ist der letzte, den Goethe an Unger gerichtet hat. Am 26. Dezember 1804 starb Unger. Seine Witwe wandte sich am 26. Januar 1805 an den höchstzuverehrenden Geheimrat: »Hatten Eure Excellenz vielleicht Aufträge, an meinem geliebten Verstorbnen, oder Absichten ihn aus Ihren schätzbaren Productionen etwas zuzuschicken, so stehe ich da, bereit, Ihre Befehle hierüber anzunehmen.« Es kamen keine Befehle mehr. Frau Unger versuchte, die verschuldete Verlagsfirma und Druckerei weiterzuführen. Wegen einer unklaren Vertragsformel der Beteiligung an der ›Vossischen Zeitung‹ mußte sie einen Prozeß führen, den sie verlor. Am 21. September 1813 starb die Witwe Helene Friederike Unger, und alle Werte des Verlags, der Druckerei und der Schriften zerstreuten sich, wie Zelter am 14. März 1831 an Goethe schrieb, »in alle Winde«.

3. »Herrmann und Dorothea«. Ein »Seitensprung« des »Menschenmalers«?

Das älteste Zeugnis für den Plan zu *Herrmann und Dorothea* stammt vom 7. Juli 1796. In einem Briefentwurf wollte Goethe Schiller den Plan zu einer »bürgerlichen Idylle« mitteilen. Anfang Juni 1797 war der letzte Teil geschrieben, und im Oktober dieses Jahres erschien *Herrmann und Dorothea* als ›Taschenbuch für 1798‹ in fünf verschiedenen Ausstattungen. Doch Unger war nicht der Verleger, obschon die Beziehungen damals (noch) ungestört und die Ausgabe der *Neuen Schriften* mitten im Erscheinen begriffen waren. Goethe hatte mit Unger keinen förmlichen Verlagsvertrag geschlossen, und die Ausgabe bei Unger ist keine Gesamtausgabe im Sinne derer bei Göschen und Cotta, die einen festen Inhaltsplan hatten, sondern eine Zusammenstellung von Einzelausgaben unter dem Titel *Neue Schriften*. Alle Zeugnisse deuten darauf hin, daß über den Fortgang der Ausgabe von Fall zu Fall, je nach Goethes Angebot und nach ständigen Bitten Ungers um neue Werke, verhandelt wurde, wobei offensichtlich der Plan bestand, die Ausgabe, analog zu den *Schriften* bei Göschen, auf 8 Bände auszudehnen. Die Verbindung zu Unger war daher sehr lose und konnte jederzeit abgebrochen werden. So fühlte sich Goethe nicht verpflichtet, *Herrmann und Dorothea* Unger anzubieten. In zwei erhaltenen Briefkonzepten deutete Goethe mit ein und denselben Formulierungen die neue Publikationsstrategie an. Am 3. März 1797 schrieb er, daß er vor der Fortsetzung der *Neuen Schriften* »noch einige kleinere Sachen, auf einem andern Weg, in's Publicum zu bringen gedenke«, und am 28. März: »Einige kleinere Sachen denke ich auf einem andern Weg, in's Publicum zu bringen.« Goethe spielte also mit der Andeutung der »kleineren Sachen« den Vorgang herunter und hatte doch bereits im Januar dieses Jahres mit Vieweg eine Vereinbarung über *Herrmann und Dorothea* getroffen.

Warum erschien *Herrmann und Dorothea* nicht bei Unger, warum bei Vieweg, warum wählte Goethe einen anderen Zugang zum Verleger, warum »ein andrer Weg«? Die Goethe-Forscher rätseln bis heute. Georg Witkowski vermutet eine Art Seitensprung, weil er, während die *Neuen Schriften* bei Unger erschienen, das »höchste Werk« dieser Periode, *Herrmann und Dorothea*, einem anderen übergab. Warum das »eigenartige Geschäftsgebaren« (O. F. Vaternahm), das »in der Geschichte des Buchhandels wohl allein da steht« (Georg Witkowski). Warum diese »strange ... method of negotiation« (Ian C. Loram)? Warum die ungewöhnlich hohe Honorarforderung, für zweitausend Hexameter tausend Taler in Gold, ein ›ungeheueres Honorar‹, wie Caroline von Humboldt meinte. Nun, Goethe kannte eben Thomas Bernhards Bonmot: »selbst das Genie wird noch einmal größenwahnsinnig, wenn es ums Geld geht«. Aber warum das Spiel des Katze-im-Sack-Kaufens, da Goethe doch sicher war, ein bedeutsames Werk geschrieben zu haben? Goethes Coup schlug bei den Zeitgenossen und Branchenkundigen hohe Wellen. Ich bin sicher, daß es kein unbeabsichtigter Seitensprung war, sondern eine von seiner Seite aus klar kalkulierte Veröffentlichungsstrategie. Für dieses besondere Werk mit seiner besonderen Bedeutung, die es für Goethe und für seine Deutschen hatte, wollte er eine andere, eine größere Verbreitung, als dies ihm der zweifellos seriöse, aber eben doch konservative Unger anzubieten hatte. Vieweg nutzte seine Chance, zahlte das geforderte höchste Honorar dieser Zeit – und war und blieb der einzige Verleger, der mit einem einzelnen Werk von Goethe noch zu dessen Lebzeiten Gewinne machte.

Was aber war dies Besondere?

Für die Zeitgenossen war *Herrmann und Dorothea* »ein höchstes Werk«, und so schätzte es auch Goethe ein. Bereits seine Entstehungsgeschichte ist außergewöhnlich. Das Epos entstand sozusagen unter höchster poetologischer Aufsicht einerseits und in intensivem Kontakt mit künftigen Lesern andererseits. Seit Mitte August 1796 hielt sich Goethe in Jena auf, fast täglich traf er abends mit Schiller zusammen und diskutierte mit ihm den Fortgang der Niederschrift, aber vor allem das ästhetische Hauptproblem, die Form des Hexameters. Wieland hatte im Dezember-Heft seines ›Teutschen Merkur‹ die Homer-Übersetzungen von Johann Heinrich Voß kritisiert, auch August Wilhelm Schlegel monierte am 26. August in der ›Allgemeinen Literatur Zeitung‹ die »Künstlichkeit« der Verse. Anderseits waren Goethe wie Schiller von Voß' Idylle *Luise* angetan. »Schon lange war ich geneigt mich in diesem Fache [i. e. der epischen Gedichte] zu versuchen und immer schreckte mich der hohe Begriff von Einheit und Untheilbarkeit der Homerischen Schrifften ab, nunmehr da Sie«, so schrieb er am 26. Dezember 1796 an den Altphilologen Friedrich August Wolf in Halle, dessen *Prolegomena ad Homerum* er ein Jahr zuvor erhalten hatte, »diese herrlichen Werke einer Familie zueignen, so ist die Kühnheit geringer sich in grössere Gesellschaft zu wagen und [mit *Herrmann und Dorothea*] den Weg zu verfolgen den uns Voß in seiner Luise so schön gezeigt hat.« Goethes Tagebuch vom September 1796 zeigt uns diesen Weg. Am 11. September: »Anfang die Idylle zu versificiren«, 13. September: »Früh Idylle[.] Ward fertig der zweyte Gesang.« In seinem berühmten Brief an Körner (vom 28. 10. 1796) hat Schiller seinen Anteil an der Entstehung von *Herrmann und Dorothea* dokumentiert und die große Leistung wie die Tagesleistung Goethes festgehalten. »Goethe hat jetzt ein neues poetisches Werk unter der Arbeit, das auch größtentheils fertig ist. Es ist eine Art bürgerlicher Idylle, durch die Louise von Voß in ihm zwar nicht veranlaßt, aber doch neuerdings dadurch geweckt; übrigens in seiner ganzen Manier, mithin Voßen völlig entgegengesetzt. Das Ganze ist mit erstaunlichem Verstande angelegt und im ächten epischen Tone ausgeführt. Ich habe 2 Drittheile davon, nehmlich 4 Gesänge, gehört, die vortrefflich sind. Das Ganze kann wohl 12 Bogen betragen. Die Idee dazu hat er zwar mehrere Jahre schon mit sich herumgetragen, aber die Ausführung, die gleichsam unter meinen Augen geschah, ist mit einer mir unbegreiflichen Leichtigkeit und Schnelligkeit vor sich gegangen, so daß er, 9 Tage hinter einander, jeden Tag über anderthalb 100 Hexameter niederschrieb.« In diesem Tempo ging es nun in Jena weiter, am 5. Oktober mußte Goethe jedoch nach Weimar zurück, und die Arbeit geriet ins Stocken. Die zwei letzten Gesänge, so teilt er Schiller am 15. Oktober mit, »werden noch eine Zeit lang im Limbo verweilen müssen, es ist wirklich eine Art der fürchterlichsten Prosa hier in Weimar, wo von man außerdem nicht wohl einen Begriff hätte«. Er kam mit den neuen Gesängen nicht weiter und begann immer wieder, die vorliegenden zu revidieren. Anfang Dezember schrieb er die Elegie *Herrmann und Dorothea*, die als Einleitung für das Epos gedacht war, doch Schiller riet von einer schnellen Veröffentlichung ab (das Gedicht wurde erst 1800 unter die *Elegien* eingereiht und 1820 in einer Sonderausgabe von *Herr-*

mann und Dorothea an dem ursprünglich vorgesehenen Platz veröffentlicht). Am 5. Dezember waren schließlich zwei Drittel des Textes fertiggestellt, und Goethe hoffte, im neuen Jahr »die Stimmung für den Überrest zu finden«; so berichtet er am 5. Dezember an Heinrich Meyer: »Ich habe das reine Menschliche der Existenz einer kleinen deutschen Stadt in dem epischen Tiegel von seinen Schlacken abzuscheiden gesucht, und zugleich die großen Bewegungen und Veränderungen des Welttheaters aus einem kleinen Spiegel zurück zu werfen getrachtet. Die Zeit der Handlung ist ohngefähr im vergangenen August und ich habe die Kühnheit meines Unternehmens nicht eher wahrgenommen, als bis das Schwerste schon überstanden war. In Absicht auf die poetische sowohl als prosodische Organisation des Ganzen habe ich beständig vor Augen gehabt was in diesen letzten Zeiten bey Gelegenheit der Voßischen Arbeiten mehrmals zur Sprache gekommen ist ... Schillers Umgang und Briefwechsel bleibt mir in diesen Rücksichten noch immer höchst schätzbar.« In der ersten Märzhälfte 1797 war Goethe wieder in Jena bei Schiller, und es entstanden rasch die letzten Gesänge. Im Tagebuch: Montag, 13. März: »Früh am Gedicht dem Ende zugeruckt.« 15. März: »Früh das Gedicht geendigt, spazieren an die hohe Saale, das Wetter war sehr schön. Mittag zu Schiller.« 16. März: »Früh am ersten Gesang corrigirt.« Am 17. März besprach er mit Schiller zum ersten Mal eine andere Einteilung der Kapitel, aus den bislang sechs Gesängen sollten neun werden; drei der alten Gesänge, der dritte, vierte und sechste, wurden (übrigens unter Assistenz von Voß' Sohn Johann Heinrich d. J.) in je zwei neue verlagert. Es sollten neun Gesänge werden, mit neun Überschriften, angepaßt an die Zahl der neun Musen; neun Nächte verbrachte Mnemosyne im thessalischen Pierien in den Armen von Zeus und gebar ihm neun Töchter, welche zu Inspirationsgöttinnen der Dichtung, der Künste und Wissenschaften wurden; Dichter riefen sie an, wenn sie vor großen poetischen Unternehmungen standen.

Auch Wilhelm von Humboldt war mit dieser Neueinteilung beschäftigt, die Goethe zwischen dem 21. März und dem 8. April vornahm. An diesem 8. April unterrichtete Goethe Schiller: »Herr von Humboldt, der erst morgen früh abgeht, läßt Sie schönstens grüßen ... Wir haben über die letzten Gesänge ein genaues prosodisches Gericht gehalten und sie so viel es möglich war gereinigt. Die ersten sind nun bald ins reine geschrieben und nehmen sich, mit ihren doppelten Inschrifften, gar artig aus ... Ich wünsche die Materie, die uns beyde so sehr interessirt, bald weiter mit Ihnen durchzusprechen.« Das geschah auch, Schiller nahm lebhaften Anteil an der letzten Ausfeilung. Am 28. April 1797 konnte Goethe feststellen: »Mein Gedicht ist fertig. Es besteht aus zweytausend Hexametern und ist in 9 Gesänge getheilt«. Er sehe darin, schrieb er unter diesem Datum an Heinrich Meyer, »wenigstens einen Theil meiner Wünsche erfüllt; meine hiesigen und benachbarten Freunde sind wohl damit zufrieden, und es kommt hauptsächlich noch darauf an: ob es auch vor Ihnen die Probe aushält? denn die höchste Instanz, vor der es gerichtet werden kann, ist die, vor welche der Menschenmahler seine Compositionen bringt, und es wird die Frage seyn ob Sie unter dem modernen Costum die wahren ächten Menschenproportionen und Gliederformen anerkennen werden? der Gegenstand selbst ist äußerst glücklich, ein Sujet wie man es in seinem Leben vielleicht nicht zweymal findet. Wie denn überhaupt die Gegenstände zu wahren Kunstwerken seltner gefunden werden als man denkt, deswegen auch die Alten beständig sich nur in einem gewissen Kreis bewegen.« Der Menschenmaler bestand auch bei Heinrich Meyer die »Probe«, er teilte seine Begeisterung wiederum den Freunden mit, so auch Schiller, der ihm am 21. Juli 1797 schrieb: »Auch wir waren indeß nicht unthätig wie Sie wißen, und am wenigsten unser Freund, der sich in diesen letzten Jahren wirklich selbst übertroffen hat. Sein episches Gedicht haben Sie gelesen, Sie werden gestehen, daß es der Gipfel seiner und unsrer ganzen neueren Kunst ist.

Ich hab es entstehen sehen und mich fast eben so sehr über die Art der Entstehung als über das Werk verwundert. Während wir andern mühselig sammeln und prüfen müssen, um etwas leidliches langsam hervorzubringen, darf er nur leis an dem Baume schütteln, um sich die schönsten Früchte, reif und schwer, zufallen zu lassen. Es ist unglaublich, mit welcher Leichtigkeit er jetzt die Früchte seines wohlangewandten Lebens und einer anhaltenden Bildung an sich selber einärntet, wie bedeutend und sicher jetzt alle seine Schritte sind, wie ihn die Klarheit über sich selbst und über die Gegenstände vor jedem eiteln Streben und Herumtappen bewahrt.«

Klarheit über sich selbst und über die Gegenstände, dies in der Tat zeichnet Goethe aus. Er hält seinen Stoff erzählerisch im Griff, in epischer Ruhe breitet er ihn aus, seine gestalterische Absicht lenkt den Leser nicht so sehr auf Inhalt und Schluß des Geschehens, sondern vielmehr auf die Gestaltung, die besondere sprachliche Fügung und Form, eben darauf, wie sich seine innere geistige Haltung als künstlerische Gestalt äußert.

Goethe fand den Stoff für sein episches Gedicht in einer Anekdote, die von der Vertreibung der Salzburger Protestanten Ende 1731 berichtet. Die Anekdote liefert die Hauptmomente der Fabel: das aus der Heimat vertriebene Mädchen, den bislang mädchenscheuen, beim Anblick der Fremden plötzlich entflammten Bürgersohn, dessen Entschluß zur Bindung und schließlich der glückliche Bund. Goethe gibt dieser Fabel eine eigene poetische Form, dies zunächst unter dem Einfluß von Voß' Homer-Übersetzungen und ermutigt von der Einsicht Friedrich August Wolfs, der die Werke des griechischen Rhapsoden nicht mehr einem einzelnen, sondern mehreren Autoren zuschrieb, und so erschien Goethe »die Kühnheit geringer«, mit den Mitteln der Alten das Neue zu wagen und dem Weg zu folgen, den ihm Voß' *Luise* gewiesen hatte. Doch er schafft Neues, und das Bewunderungswürdige liegt für mich darin, daß er nicht nur wie besessen und ganz und gar subjektiv sich auf sein Epos einläßt, sondern daß er gleichzeitig objektive Maßstäbe für die epische Dichtung entwickelt und diese auch formuliert. In seinen beiden Briefen an Schiller vom 19. und 22. April 1797 gibt er seinen poetologischen Kommentar: »Einen Gedanken über das epische Gedicht will ich doch gleich mitteilen. Da es in der größten Ruhe und Behaglichkeit angehört werden soll, so macht der *Verstand* vielleicht mehr als an andere Dichtarten seine Forderungen ... Eine Haupteigenschaft des epischen Gedichts ist daß es immer vor und zurück geht, daher sind alle retardirende Motive episch. Es dürfen aber keine eigentliche *Hindernisse* seyn welche eigentlich ins Drama gehören«. – »Ich suchte das Gesetz der Retardation unter ein höheres unterzuordnen, und da scheint es unter dem zu stehen welches gebietet: daß man von einem guten Gedicht den Ausgang wissen könne, ja wissen müsse und daß eigentlich das Wie blos das Interesse machen dürfe ... In meinem Herrmann bringt die Eigenschafft des Plans den besondern Reitz hervor daß alles ausgemacht und fertig scheint und durch die retrograde Bewegung gleichsam wieder ein neues Gedicht angeht.« Das Bemühen, seine Dichtung vollendet zu schreiben, steigert sich in der Auseinandersetzung mit Schiller in das gemeinsame Bemühen, die Gesetze der modernen Poesie und die Unterschiede der Gattungen aus dem Vergleich mit den antiken Literaturen abzuleiten und zu bestimmen; die theoretische Frucht dieser Bemühungen ist bekanntlich Goethes und Schillers Aufsatz *Über epische und dramatische Dichtung* vom Dezember 1797. Gibt es in der Literatur nach Goethe noch einmal ein solches Beispiel schöpferischer Kraft, die Niederschrift einer ganz aus dem Eigenen entstehenden Dichtung und gleichzeitig die Ableitung und Bestimmung von Gesetzen und Maßstäben dieser Literaturgattung, gibt es noch einmal solche Objektivierung des Subjektiven, wie Goethe es als Leistung dem »Kunstwahren« zuschreibt, eine solche Einheit von Theorie und Praxis der Dichtung? In der

Literatur unseres Jahrhunderts ist entfernt an Hugo von Hofmannsthal zu denken, an Thomas Mann, der in der Reflexion über die Entstehung seiner Romane die »Kunstform« Roman definierte. An Bertolt Brecht muß dringlich erinnert werden; er verfaßte Gedichte in der Form des Vers libre und entwickelte seine Vorstellung *Über reimlose Lyrik mit unregelmäßigen Rhythmen*. Er schrieb Ende der zwanziger Jahre im Zusammenhang der Entstehung seines *Dreigroschenromans* die theoretischen Texte *Über den aristotelischen Roman* und *Über ein nichtaristotelisches Romanschreiben*. Seine eindrücklichste Leistung ist jedoch die ›Theorie des epischen Theaters‹, die er immer weiter entfaltet hat und der er schließlich in seinem *Kleinen Organon für das Theater* eine letzte komprimierte Fassung gab.

Das zweite Besondere: Wie bei kaum einer anderen Dichtung kam es Goethe bei *Herrmann und Dorothea* darauf an, von vornherein in Kontakt mit den Lesern zu stehen. Immer wieder las er Passagen noch unmittelbar im Prozeß der Entstehung Freunden und Bekannten vor. So berichtet Caroline von Wolzogen in ihrer Darstellung von *Schillers Leben* von einer Lesung am 17. September 1796. Goethe habe »in tiefer Herzensbewegung, unter hervorquellenden Thränen, den Gesang, der das Gespräch Hermanns mit der Mutter am Birnbaume enthält, gleich nach der Entstehung« vorgelesen. »›So schmilzt man bei seinen eigenen Kohlen‹, sagte er, indem er sich die Augen trocknete.« Auch dem Herzog und einer kleinen Hofgesellschaft las Goethe vor, und ein Zuhörer bemerkte, »Wieland hat geweint«. Caroline von Humboldt hält in ihrem Brief an Rahel Levin eine Lesung Goethes vom 29. November 1796 fest: »Er las uns sein neuestes Gedicht so weit vor, als es vollendet ist. Man kann nichts darüber sagen, man muß es hören um das Gefühl der innigsten Anbetung gegen den göttlichen Menschen voll zu genießen, dem es gegeben ist, die tiefste Wahrheit, die vollste Menschlichkeit so in Worten auszusprechen.«

Carl August Böttiger hat in seinen Schilderungen *Literarische Zustände und Zeitgenossen* eine Lesung Goethes am Weihnachtssonntag 1796 beschrieben, vier Gesänge habe Goethe vorgetragen, er habe nachmittags um drei Uhr begonnen, und abends gegen neun Uhr sei die Lesung zu Ende gewesen. Am 15. April 1797 notiert Böttiger wieder eine Lesung, nunmehr der letzten Gesänge: »Ich habe diesen Abend die letzten fünf Gesänge von Hermann und Dorothea vom Meistersänger selbst vorlesen hören. Welch' eine Welt voll Handlung und Gefühl, in welchem engem Raume, mit wie wenigen Mitteln? ... *Siebenter Gesang*. Da tritt Dorothea plötzlich, wie Pallas Athene oft in der Odyssee erscheint, selbst hervor«, Hermanns Frage, ob sie Haushälterin bei ihm werden wolle, bejaht sie auf der Stelle. »Hier«, so fährt Böttiger fort, »eine der schönsten Stellen über die Bestimmung des Weibes. *Nur durch Dienen kann sie herrschen!* Abschied von den Ihren im Garten. Eine Scene, wobei der Vorleser und wir Thränen im Auge hatten.« – Wen wundert es, wenn diese poetische Arbeit dem Autor selbst zum »Lieblingsgedicht« wird, das noch 1823 »eine eigene magische Kraft auszuüben die Fähigkeit hat«.

Und es gibt noch ein drittes Besonderes. Die unaufhaltsam sich bewegende Weltgeschichte, die Nachwirkung der Französischen Revolution spielt in die Entstehung von *Hermann und Dorothea* hinein, ja, sie bildet den eigentlichen Bewußtseinshintergrund all der größeren Arbeiten, die in diesen Jahren entstanden, der *Lehrjahre* ebenso wie des Epos *Hermann und Dorothea*. Der Terror des französischen Konvents wird von Goethe registriert, 1793 werden Ludwig XVI. und seine Frau guillotiniert, Jean Paul Marat im Bad erstochen, 1794 wird Robespierre hingerichtet, nachdem er Georges Danton hat guillotinieren lassen. 1796 zettelt François Babeuf die erste, scheiternde kommunistische »Verschwörung der Gleichen« an, 1797 wird auch er hingerichtet. Diese ›köpferollende Weltgeschichte‹ ist in *Hermann und Dorothea* deutlich vernehmbar. Carl August Böttiger hat diese »Konstellation« schon bei jener ersten Lesung Goethes am 25. Dezember 1796 festgehalten: »Es steht auf einer ungeheuern Basis, auf der französischen Revolution, und eilt schon dadurch einer ganzen Generation zuvor, indem es Effecte schildert, deren Umfang und Größe erst nach 30-40 Jahren ganz gemessen werden wird. Nur durch diesen fürchterlichen und in seiner Art einzigen Länderumsturz wurde dies Gedicht möglich; und doch sieht man die Schrecknisse nur aus der Ferne, hört das Gewitter nur hinter dem Gebirge, wird nie im fröhlichsten Genusse der sichern Gegenwart gestört. Dabei kennt der Dichter kein Vaterland, keine Partei. Das Gedicht kann jenseits des Rheins mit so herzlicher Theilnahme durchgenossen werden als diesseits. Es sind *menschliche*, nicht Nationalscenen. Es kann sogar in alle Sprachen übersetzt und in allen Zungen gleich herzlich empfunden werden. Es ist die *einzige Odyssee*, die in unsern Tagen noch möglich schien. Denn wie sich dort die Irrsale eines einzigen Menschen doch auf den gewaltigen Hintergrund des Kampfes zweier Welttheile mit einander, des zerstörten Trojas und der bei der Rückkehr verderbten Griechen lehnen: so stützt sich hier die *schnelle* Bewerbung eines ehrbar redlichen Gastwirthssohns um eine in flüchtender Armuth edle Braut auf eine Kriegsflut und Emigration, wie sie vielleicht kein folgendes Jahrhundert wiedersieht.«

Hier irrte Böttiger, er mußte irren, die Greuel des 20. Jahrhunderts konnte er nicht voraussehen. Doch das Beben und die Nachwirkung des »Länderumsturzes« hat Böttiger ebenso richtig festgehalten, wie Hegel dies 25 Jahre später registrieren sollte, wenn er in seinen Berliner Vorlesungen über die Ästhetik urteilte, daß in dieses Gedicht »die großen Interessen der Zeit, die Kämpfe der Französischen Revolution, die Verteidigung des Vaterlandes höchst würdig und wichtig hereinspielen«.

Wie kritisch Goethe auch immer über die Französische Revolution dachte, *Herrmann und Dorothea* ist letztlich doch ein positiver Reflex auf dieses Weltereignis. Goethe hält in diesem Stück Gericht über die beschränkte Lebensauffassung des Kleinbürgertums, dessen oberste Güter Geld und Besitz sind. Gegen die zerfallenden Werte setzt er die Werte der Tüchtigkeit, der Hilfsbereitschaft, die Achtung vor dem anderen. Es dominieren die klaren Beziehungen der Menschen zueinander, die Liebe des Sohnes zum Vater, die Liebe der Mutter zum Sohn und Dorotheas innere freie Entscheidung für Hermann und die gemeinsame Festigkeit des »Bundes«. Wenn in »schwankender Zeit« der Mensch »schwankend gesinnt ist«: »wir wollen halten und dauern«.

> Und gedächte jeder wie ich, so stünde die Macht auf
> Gegen die Macht, und wir erfreuten uns alle
> des Friedens.

So die letzten Verse des letzten Gesanges, der übrigens mit »Urania« überschrieben ist; Urania, Muse der Astronomie, die eine Weltkugel mit Zirkel in der Hand hält, ihr Haupt mit einem Sternenkranz umgeben, Welt und Weltgeschichte in der Nußschale eines Gedichts.

Noch einmal: Goethe wußte, was er seinen Deutschen mit *Herrmann und Dorothea* gegeben hatte, und nun wollte er, daß es gelesen, verbreitet und diskutiert werde, wollte den Erfolg und deshalb eine herausragende Form für die Veröffentlichung. Ganz bewußt mied er Göschen, den Böttiger trotz allem auf dieses Werk aufmerksam gemacht hatte; *Herrmann und Dorothea*, so schrieb Böttiger am 28. Dezember 1796 an Göschen, »muß das erste Volksgedicht werden, das eine neuere Generation aufzuweisen hat«. Doch eine Verbindung Goethes zu Göschen war nicht mehr herzustellen. Die Beziehung zu Unger hatte sich, wie beschrieben, immer mehr abgekühlt. Aber dann hatte Böttiger eine neue Idee. Er stand mit dem Buchhändler Friedrich Vieweg in Verbindung.

Vieweg war kein Unbekannter. Unter dem Einfluß der Aufklärer Friedrich Nicolai und Joachim Heinrich Campe hatte er 1786 in Berlin seinen Verlag mit theologischen und schöngeistigen Werken gegründet, in dem er bald die wichtigsten Wissenschaftler und Autoren seiner Zeit vereinigen konnte. Lessing veröffentlichte bei Vieweg seine Polemiken gegen den Hamburger Pastor Götze, aber auch Wieland, Herder und Johann Heinrich Voß lieferten Originalbeiträge für die jährlichen Literatur-Almanache und Kalender. Insbesondere für seine Kalender suchte Vieweg Autoren und Beiträge. War es eben diese neue Kalenderform oder die größere Verbreitung, die Goethe bestachen, auf Viewegs Angebot einzugehen? Jedenfalls hob er, nachdem sein Handel mit Vieweg abgeschlossen war, gegenüber Heinrich Meyer (am 18. 3. 1797) deutlich hervor: »und kommt auch in Kalenderform bey Vieweg in Berlin heraus. Auf diesem Wege wird es am meisten gelesen und am besten bezahlt. Was kann ein Autor mehr verlangen.«

Goethe schlug Vieweg »ein ganz sonderbares Verfahren« vor. Er formulierte seine Bedingungen in einem Brief an ihn vom 16. Januar 1797: »Ich bin geneigt Herrn Vieweg in Berlin ein episches Gedicht Herrmann und Dorothea, das ohngefähr 2000 Hexameter stark seyn wird zum Verlag zu überlassen. Und zwar dergestalt daß solches den Inhalt seines Almanachs auf 1798 ausmache und daß ich nach Verlauf von 2 Jahren allenfalls dasselbe in meinen Schriften wieder aufführen könne. Was das Honorar betrifft so stelle ich Herrn Oberconsistorialrath Böttiger[19] ein versiegeltes Billet zu, worinn meine Forderung enthalten ist, und erwarte was Herr Vieweg mir für meine Arbeit anbieten zu können glaubt. Ist sein Anerbieten geringer als meine Forderung, so nehme ich meinen versiegelten Zettel uneröffnet zurück und die Negotiation zerschlägt sich, ist es höher, so verlange ich nicht mehr als in dem, alsdann von Herrn Oberconsistorialrath zu eröffnenden Zettel verzeichnet ist.«[20]

Ein solches Verlangen ist unmöglich, für etwas, das der Verleger nicht kennt, soll er ein Angebot machen; folgt ein Verleger solchem Ansinnen, wird sein Ruf in Kürze ruiniert sein. Vieweg aber wird wohl von Böttiger über das Epos unterrichtet gewesen sein, so daß er die Katze nicht ganz im Sack kaufen mußte. Für Goethe mußte dieses Spiel jedoch jenen Einsatz bewerten, den der Verleger von sich aus leisten wollte.

Goethe hatte auf den bei Böttiger deponierten Zettel geschrieben: »Für das epische Gedicht *Herrmann und Dorothea* verlange ich Eintausend Thaler in Golde. Weimar d. 16. Jan. 1797. Goethe.« Wir kennen Goethes Gedanken, die ihn zu diesem besonderen Verfahren motivierten, nicht. Er war seiner Sache ja sicher, warum also konnte er den interessierten Verlegern nicht doch den Text oder Teile daraus zu lesen geben? Später sollte er Gleiches noch einmal versuchen und dabei verlieren; Verlegern, die ihre Aufgabe ernst nehmen, ist dieses Verfahren unzumutbar, sie werden sich solchen Auktionen damals wie heute verweigern.

Doch wie kam Goethe ausgerechnet auf den Betrag von 1000 Talern? Diese Frage wurde in der Literatur bisher nicht gestellt. Man kann nur mutmaßen: 1000 Hexameter-Paare gleich 1000 Taler? Das könnte, für den »spielenden« Goethe, der seine Geschäfte gleichwohl lakonisch, imperativ und prägnant betrieb, durchaus Modell gewesen sein. Noch ein weiterer Aspekt ist hier zu beleuchten. Goethe und Schiller waren in den Monaten der Entstehung von *Herrmann und Dorothea* in engerer Verbindung als jemals zuvor und als danach. Als Cotta die ›Horen‹ einstellen mußte, hatte der betriebsame Schiller schon einen Ersatz bereit: Er hatte die Idee der ›Musenalmanache‹ entwickelt und dafür bereits einen Verleger gefunden. In Jena, in der Griesebachschen Familie, hatte er Dr. Salomon Michaelis[21] kennengelernt, einen ungemein gebildeten, gesellschaftlich versierten Schöngeist, der, wo immer er auftrat, in Berlin, Breslau, Jena oder Weimar, mit den bedeutendsten Persönlichkeiten Verbindung aufnahm, so mit Moritz, Garve, Wieland, Fichte, Wilhelm von Humboldt, Jacobi und eben auch mit Schiller und Goethe. Er gründete auf Veranlassung seines Herzogs Karl in Neustrelitz eine Buchhandlung und einen Verlag; und da er auch hier nach den Sternen greifen wollte, machte er Schiller, wie Liselotte Lohrer in ihrer Darstellung der Geschichte des Cotta-Verlages schreibt, das »märchenhafte Honorarangebot von 1000 Talern« für die Herausgabe eines solchen Musenalmanachs. Die im Anhang der Schiller-Nationalausgabe überlieferten Dokumente, die Kontrakte Schillers mit Michaelis, sprechen zwar nicht von 1000 Talern, sondern von 300 Reichstalern – doch wie dem auch sei, für Schiller mußte dies in seiner finanziellen Situation eine verlockende Summe gewesen sein. Kein Zweifel, er hat sie Goethe mitgeteilt, und warum sollte Goethe für sein Epos *Herrmann und Dorothea* nicht eine ähnlich hohe Summe verlangen? Schillers Kontakt zu Salomon Michaelis brachte ihm zwar Geld, aber kein verlegerisches Glück. Anders bei Goethe und Vieweg; dieser traf die Forderung und bot exakt 1000 Taler. Man hat schon immer vermutet, daß Vieweg durch eine Indiskretion Böttigers die Ziffer erfahren hatte; überliefert ist Böttigers Brief an Vieweg, in dem jener schrieb, »unter 200 Fr[iedrichs]d'or [= 1000 Taler] können Sie nicht bieten«. Wie auch immer: Vieweg erfüllte Goethes Forderung, und *Herrmann und Dorothea* wurde ihm anvertraut. Gewiß, die Summe war hoch und unüblich, aber auch hier war bei Goethe Spielerisches im Spiel. Am 29. Januar schrieb er an Schiller: »Ferner habe ich auch mein episches Gedicht verhandelt, wobey sich einige artige Begebenheiten ereignet haben.« Schiller antwortete am 31. Januar: »was das epische Gedicht betrifft, so hoffe ich, Sie sind in gute Hände gefallen. Das Werk wird einen glänzenden Absatz haben, und bey solchen Schriften sollte der Verleger billig keinen Profit zu machen suchen, sondern sich mit der Ehre begnügen. Mit schlechten Büchern mag er reich werden.«

Ich vermag Schiller hier in keinem Punkte zuzustimmen.

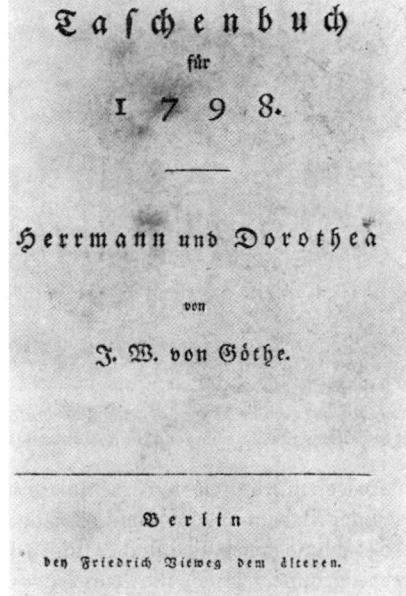

Titelblatt des ›Taschenbuchs für 1798‹, Berlin: Vieweg.

Ein Verleger, der darauf angewiesen ist, mit »schlechten Büchern« Gewinn zu machen, kann auch kein Programm mit guten Büchern aufbauen, und es ist also mehr als eine Ironie der Geschichte, daß der Verkauf des Buches bewies, wie sehr Schiller irrte. *Herrmann und Dorothea* war für den Verleger ein profitables Unternehmen.

Im Oktober erschien das Gedicht als ›Taschenbuch für 1798‹: »Herrmann und Dorothea von J. W. v. Göthe. Berlin bey Friedrich Vieweg dem älteren. 174 S.« Mit einem Titelkupfer, das die preußische Königsfamilie darstellte und weiteren Landschaftskupfern nach Chodowiecki. Der Text war in Fraktur gesetzt. Das Taschenbuch erschien in fünf ver-

D. N. Chodowiecki: *Die Familie König Friedrich Wilhelms II. von Preußen*. Titelkupfer des ›Taschenbuchs für 1798‹, Berlin: Vieweg (siehe S. 227).

schiedenen Ausgaben, die feinsten Exemplare waren in gestickte Seide oder Maroquin gebunden. Als Zugabe erhielten die Käufer Messer und Schere, damit die vom Verleger projektierte Käuferzielgruppe, nämlich die Damen der Gesellschaft, auch etwas Praktisches in Händen hätten und sich daran ergötzen könnten, neben dem Gedicht auch noch Nähzeug zu haben. Schiller kommentierte dies im Brief an Böttiger vom 18. Oktober 1797: »Die höchsten und die gemeinsten Bedürfnisse der Sterblichkeit zugleich befriediget sieht.« Zunächst schienen Autor und Verleger sehr zufrieden, der Verkauf florierte, das Epos wurde zu einer der beliebtesten Dichtungen der Zeit. Binnen kurzem eroberte das Buch seine Leser, Goethe war als Schriftsteller wieder vorhanden, neben den Autor des *Götz* und *Werther* trat nun in der Beliebtheit beim Publikum der Autor von *Herrmann und Dorothea*. Kein Buch Goethes wurde so schnell von der literarischen, kritischen und wissenschaftlichen Öffentlichkeit aufgenommen. Es wurde in ausführlichen Abhandlungen und Vorträgen untersucht.

Selbstverständlich wurde auch der Vergleich mit dem Versepos *Luise* von Johann Heinrich Voß gezogen: Nachfolge oder Nachahmung? Goethe schnitt in der Regel besser ab, doch die Betroffenen selbst reagierten anders. Voß schrieb am 24. September 1797 an Johann Wilhelm Ludwig Gleim: »ehrlich denke ich für mich und sage es Ihnen: die Dorothea gefalle, wem sie wolle; Luise ist sie nicht.« Voß hatte recht, wenn auch in anderem Sinne. Gleim antwortete mit Versen:

> Louise Voß und Dorothea Goethe,
> Schön beide, wie die Morgenröte,
> Stehn da zur Wahl
> Und Wahl macht Qual.
> Hier aber, seht, ist nichts zu quälen,
> Hier kann die Wahl nicht fehlen:
> Louise Voß ist mein, in Lied und in Idyll,
> Die andre nehme, wer da will.

Auch die bedeutendsten Ästhetiker widmeten dem Werk (und anhand seiner Form den Gesetzen der Dichtung) große Arbeiten. August Wilhelm Schlegel: »Der Haupteindruck ist Rührung, aber keine weichliche, leidende, sondern zu wohltätiger Wirksamkeit erweckende Rührung. Hermann und Dorothea ist ein vollendetes Kunstwerk im großen Stil und zugleich faßlich, herzlich, vaterländisch, volksmäßig; ein Buch voll goldener Lehren der Weisheit und Tugend.« Wilhelm von Humboldt: »Die schlichte Einfachheit des geschilderten Gegenstandes und die Größe und Tiefe der dadurch hervorgebrachten Wirkung, diese beiden Stücke sind es, welche in *Göthe's Herrmann und Dorothea* die Bewunderung des Lesers am stärksten und unwillkürlichsten an sich reißen ... In der bloßen Schilderung der einfachen Handlung erkennen wir das treue und vollständige Bild der Welt und der Menschheit.«

Vielleicht war es diese große Resonanz, die Vieweg dann doch über das Ziel hinausschießen ließ. Er hatte, wie ausdrücklich bestimmt wurde, das Recht nur für zwei Jahre erhalten, von 1798 bis 1800. Im Jahre 1799 ließ Vieweg sich wieder Besonderes einfallen. Er legte eine neue Ausgabe mit zehn Kupfern vor und versah diese mit dem Haupttitel *Göthe's neue Schriften*. Goethe, der inzwischen mit Cotta in Verbindung stand, schrieb an diesen am 22. September 1799: »Daß der Herr Vieweg Hermann und Dorothea auch als ersten Band neuster Schriften ausgiebt daran thut er nicht wohl, indem hierüber zwischen uns nichts verabredet worden.« 1806 veranstaltete Vieweg nochmals eine solche Ausgabe mit dem Titel *Göthe's neue Schriften*. Hierzu teilte Goethe Cotta am 24. Januar 1808 mit: »Es ist eine bloße Freybeuterey. Er hat gar kein Recht dazu und hat mich auch deshalb nicht einmal gegrüßt; welches freylich ganz natürlich [!] ist.«

1825 veranstaltete Vieweg abermals eine unrechtmäßige Ausgabe, die den Untertitel trug: »Ausgabe zum Besten der durch die Wasserfluthen in der Nacht vom 4ten auf den 5ten Februar 1825 Verunglückten.« Wieder protestierte Goethe, wieder druckte Vieweg unberechtigt weiter. Goethe ließ es letztlich bei verbalen Protesten bewenden, doch Vieweg war für ihn erledigt. Wieder einmal hatte er mit einem Verleger schlechte Erfahrungen gemacht!

Freilich, in der eigenen Wertschätzung seines »Lieblingsgedichts« ließ er sich nicht beirren. Während *Werther* sich an eine gebildete Schicht von Lesern gerichtet hatte, fühlte sich hier das breite Publikum angesprochen, »Schneider, Nähterinnen, Magde, alles liest es.« Noch im Alter wird Goethe sagen, daß *Herrmann und Dorothea* das einzige seiner größeren Gedichte sei, das ihm nach wie vor Freude mache.

Am 3. Januar 1798 schreibt er an Schiller: »In Herrmann und Dorothea habe ich, was das Material betrifft, den Deutschen einmal ihren Willen gethan und nun sind sie äußerst zufrieden.« Sind sie es heute noch? Für Ernst Beutler, den Herausgeber der Artemis-Ausgabe der Werke Goethes, war *Herrmann und Dorothea* »einheitlich und schlackenlos« und

3. »Herrmann und Dorothea«   231

»rein«, dagegen meinte Oskar Seidlin in den siebziger Jahren, keinen Hund, »vor allem keinen jüngeren Hund«, locke man mehr mit *Herrmann und Dorothea* hinterm Ofen hervor. Nun, ob das die Aufgabe der Dichtung ist, sei dahingestellt. Ich gestehe, daß auch ich bei der mehrmaligen Lektüre meine Schwierigkeiten hatte – der Autor vernachlässigt oft den Ausdruck, die Versifikation ist auf weite Strecken kraftlos, der idyllische Ton des Ganzen wahrlich nicht mehr zeitgemäß. Und doch kann ich diese Arbeit bewundern, kann die Absicht verstehen, dem Werteverfall jener Zeit die alten Werte entgegenzusetzen und dem Ordnungsverfall die höhere Ordnung der Dichtung gegenüberzustellen. Man bewundert die Absicht, der Botschaft jedoch kann man wohl nicht mehr folgen. Obsolet ist die auf die Familie eingeschränkte Rolle, die Goethe der Frau in *Herrmann und Dorothea* zuweist. Dorotheas Maximen sind nur als historisch bedingte zu akzeptieren. Freilich mag es auch sein, daß jener von Kritikern immer wieder hervorgehobene Anspruch auf die höchste ästhetische Gestaltung den Zugang zur Dichtung erschwert.

Es drängt sich mir noch ein anderer Gesichtspunkt auf: die Perspektive des »Fremden«, des Flüchtlings, des Asylanten. In den achtziger Jahren unseres Jahrhunderts haben uns Ströme von Flüchtenden erreicht, Teile unserer Städte sind ›fremdländisch‹ geworden. Dann leiteten die aus der damaligen Deutschen Demokratischen Republik in tschechische und ungarische Botschaften Flüchtenden jene stille, unblutige und folgenreiche Revolution des November 1989 ein und wurden bei uns in ›Auffanglagern‹ untergebracht und mit ›Begrüßungsgeldern‹ versehen. Wie standen wir zu den emigrierten Deutschen, wie stehen wir zu den ›Fremden‹ heute? Goethe hat den ersten Gesang seines Gedichtes mit »Schicksal und Antheil« überschrieben. Schicksal, dies waren die Wirren der Französischen Revolution und ihre Folgen, die großen Flüchtlingsströme. »Geben ist Sache der Reichen«, heißt es bei Goethe, doch bei ihm nehmen »Antheil« eben nicht die reichen Stände, sondern die kleinen Bürger, denen eher nachgesagt wird, sie hegten Ressentiments gegen Fremde. Einer jener Flüchtlinge, Adelbert von Chamisso, hat in seinem Altersgedicht *Das Schloß Boncourt* den Identitätsverlust eines Geflüchteten beschrieben. 150 Jahre später hat Bertolt Brecht, mit vielen anderen, das Schicksal des Exils auf sich nehmen müssen und in seinen *Flüchtlingsgesprächen* die Situation des Exilierten dargestellt. Der Deutsche als Flüchtling war nie beliebt. Schon im 19. Jahrhundert nicht, als die Russen die Einwanderung der Deutschen aus wirtschaftspolitischen Gründen förderten. In Puschkins Erzählung *Pique Dame* können wir lesen: »Hermann ist ein Deutscher, er ist berechnend – das ist alles.« Dostojewskis Romane sind voller hämischer Hiebe gegen die kalten, nur kalkulierenden deutschen Fremden. Gontscharows *Oblomow* ist die große Ausnahme. Ich meine doch, daß Goethe, der die Greuel und die Flüchtlingsströme des 20. Jahrhunderts nicht voraussehen konnte, ein Beispiel gibt, wie man mit »Fremden« umgehen kann.

Goethe schrieb, er habe den Deutschen ihren Willen getan, »was das Material betrifft«. Was meint er mit »Material«? Ist es die beschränkte Kleinstadtwelt, das deutsche Kleinbürgertum, mit den Stereotypen, mit dem Pfarrer und dem Apotheker; meint er die »modernen Kostüme« oder vielleicht doch die »prosodische Organisation«, also die besondere sprachliche Formgestaltung durch den Hexameter? Oder ist es seine Hoffnung, die »Macht« des Einzelnen würde sich »gegen die Macht« des Allgemeinen durchzusetzen vermögen? Vielleicht sah der Menschenmaler hier die »wahren echten Menschenproportionen«.

Wie dem auch sei, ein Verleger, Vieweg, hat mit den 1000 Talern Goethe seinen Willen getan. Er trug ein Risiko, dann machte er seine Geschäfte. Mußte er aber unrechtmäßige Editionen unternehmen? Mußte auch er zum ›Freybeuter‹ werden, und muß man sich wundern, wenn Goethes skeptische Einstellung gegenüber Verlegern wuchs?

IV. »LIBERALITÄT GEGEN SEINE VERLEGER IST SEINE SACHE NICHT«. ANNÄHERUNGEN AN COTTA

1. »Ich würde keine andern als gute Bücher in Verlag nehmen«. Johann Friedrich Cotta und seine Anfänge

Verlegerische Größe ist nicht die Größe eines einzelnen Menschen; große Verleger sind auch nicht groß durch Geburt, sondern durch die literarisch-geistige Konstellation, in die sie eingetreten sind und die sie verlegerisch zu realisieren vermochten. Aufgabe des Verlegers ist Dienst, Dienst an der Sache, Dienst am anderen, Dienst am Autor. Wer sieht, wie der Verleger mit dem Autor umgeht, sieht, welch ein Verlag es ist. Das war so, ist so und wird noch eine Weile so bleiben.

Die großen Verlagsgründer waren in Konstellationen hineingeboren und nutzten sie. Dies galt Ende des 19. Jahrhunderts für den Verleger Wilhelm Friedrich, der der deutschen Literatur dieser Zeit kämpferischen Schwung verlieh, der fünfzehn Jahre lang das verlegte, was man später »Literarischen Realismus« nannte, der seinen Autoren alles gab; doch als er wegen andauernder Querelen 1895 seinen Verlagsbetrieb einstellte, gerieten auch seine Autoren, wie Walter Hasenclever schrieb, »in Vergessenheit«. So wurde Samuel Fischer berühmt, der am 22. Oktober 1886 seinen Verlag gründete, der die Zeitschriften ›Die freie Bühne für modernes Leben‹ und ›Die neue Rundschau‹ schuf, in deren Heften Autoren wie Thomas Mann, Hermann Hesse, Jakob Wassermann, Gerhart Hauptmann u. a. eine literarische Diskussion führten, die die Epoche des Naturalismus wesentlich bestimmt hat; als »Cotta des Naturalismus« wurde S. Fischer später mit Zustimmung von Thomas Mann bezeichnet.

Auch Peter Suhrkamp wurde es nicht an seiner Wiege gesungen, daß er ein Verleger, daß er ein so bedeutender Verleger werden sollte; auch er wurde zweimal in eine Konstellation ›hineingeboren‹: 1932, als ihn S. Fischer in seinen Verlag holte und wenig später mit dessen Leitung betraute – Suhrkamp führte den Verlag durch die Fährnisse des Nazi-Regimes, bis er selbst, aufgrund seiner verlegerischen Arbeit, ins KZ kam –, und dann, als er 1950 den Neuanfang seines Verlages wagte, von Hermann Hesse und 32 weiteren Autoren ermutigt; Suhrkamp konnte die ihm gebotene Konstellation nutzen und entwickelte, ohne eigenes Kapital, jedoch mit Unterstützung seiner Autoren, insbesondere Hesses, seinen eigenen Verlag.

In ähnlicher Situation war Johann Friedrich Cotta. Geboren am 27. April 1764, 1817 durch den württembergischen König Wilhelm III. als »Cotta von Cottendorf« geadelt, seit 1822 durch den bayerischen König Max Joseph erblicher Freiherr. Auch er dachte nicht daran, Verleger zu werden, konnte nicht daran denken, der größte Verleger der Zeit zu werden, der mit Gunst und Neid bedachte »Napoleon unter den Buchhändlern«. Er wollte weder den väterlichen Verlag noch die Buchhandlung der Firma »J. G. Cotta'sche Buchhandlung Tübingen« übernehmen. Vier Generationen Cotta hatten diese Buchhandlung geleitet, 125 Jahre war sie alt, gegründet wurde sie aus der Hinterlassenschaft des Tübinger akademischen Buchführers Philibert Brunn, der seiner Witwe Euphrosyne, geborene Gelb, deren Familie aus Ulm stammte, 1658 den Brunnschen Verlag hinterließ; der jungen Frau wurde vom Vizekanzler der Universität Johann Georg Cotta zum Vormund bestimmt. Johann Georg Cotta, 1631, also in die Wirren des Dreißigjährigen Krieges hineingeboren, entkam einmal knapp dem Tod, lernte bei verschiedenen Buchhandlungen, arbeitete bei der bekannten Buchhandlung Endter in Nürnberg, als ihn der Ruf nach Tübingen erreichte; er

1. Johann Friedrich Cotta und seine Anfänge

heiratete alsbald die zwei Jahre ältere Witwe Euphrosyne, bewarb sich um das akademische Bürgerrecht (im Archiv der Universität hat sich das Dokument erhalten: »Demnach Ich mich durch Vermittlung Gottes, mit Weylandt Herrn Philiberti Brunnen seel. nachgelaßener Wittib Euphrosyna Ehelichen eingelaßen, undt nunmehr nach bereits vollendeter Hochzeit, mir in alleweg obgelegen sein will, zu beßerer fortsetzung der Buchhandlung, mich unter eine gewiße Jurisdiction undt Obrigkeitlichen Schutz zu begeben«). Die Annahme des Antrags am 12. Dezember 1659 ist gleichzeitig das Datum der Gründung von Verlag und Buchhandlung, die Cotta unter seinem eigenen Namen führte. Bis 1905, also über fast 250 Jahre, blieb der Verlag in Familienbesitz der Cottas, eine stolze Bilanz (1905 erwarb ihn der Verleger Adolf Kröner, dessen Familie die Firma »J. G. Cotta'sche Buchhandlung Nachf. GmbH« an eine Gruppe Stuttgarter Verleger verkaufte, bis er zuletzt sein Dach beim Klett Verlag in Stuttgart fand). Man versteht das Zögern, die Ablehnung der Buchhandelsübernahme durch Johann Friedrich Cotta; er hörte von seinem Vater Christoph Friedrich Cotta, dem seine Tätigkeit als Hof-und Kanzleibuchdrucker in Stuttgart wichtiger war als die Leitung des Tübinger Unternehmens, mehr von den Schwierigkeiten als von der Faszination des verlegerischen Berufs. Die dem ersten Cotta nachfolgenden Söhne hatten keine besondere Fortune, der Verlag hatte sich zwar noch über lange Jahre retten können, die Konkurrenz aber war groß: J. B. Metzler in Stuttgart und Ulmer Verlage besonders im Bereich wissenschaftlicher Produktion. Gleichwohl, der Verlag überdauerte, seine Bedeutung jedoch wurde mehr und mehr marginal und regional. Cotta sah es später selbst so. In seinem berühmten Brief an Philipp Erasmus Reich vom 11. Juli 1787 zog er die Bilanz: »Die besten Artikel sind Tafinger, Jus camerale, Lauterbach, Colleg.[ium pandectarum], Gerhardi Loci theologici, Stewart, Staatswirtschaft und einige kleine, mer in unsern als auswärtigen

Gegenden gangbaren Artikeln. Das Sortiment wird freilich ziemlich mit schlechten Büchern vermischt seyn.« Das war für Cotta keine verlockende ökonomische Position, und hinzu kam die prekäre familiäre Lage. Cotta hatte 14 Geschwister, er war das fünfte Kind, der dritte Sohn seiner Eltern; seine Mutter, Rosalie Pyrker, war Sängerin der Stuttgarter Hofoper, die jedoch von Herzog Karl Eugen wegen »Unbotmäßigkeit« nicht weniger als acht Jahre auf der Festung Hohenasperg gefangengehalten wurde; dreizehn Kinder überlebten, deren Existenz der Vater mit der Aufzehrung seiner gesamten Einkünfte sichern mußte. Kein Wunder, daß Johann Friedrich sich zu anderen Berufszielen aufmachte. Er wuchs in Stuttgart auf, besuchte dort das Gymnasium und studierte ab 1782 an der Universität Tübingen. Auf Wunsch seines Paten, des Universitätskanzlers Johann Friedrich Cotta, sollte er Theologie studieren, doch sein erstes Berufsziel war ein anderes, er wollte Offizier bei den sogenannten Genietruppen werden und studierte deshalb Physik und Mathematik. Das war sicher keine zufällige Wahl. Cotta haftete von Jugend etwas Entscheidungsfreudiges, etwas Bestimmtes, etwas Offizierhaftes an. Diesen Eindruck erhielt Varnhagen von Ense, als er Cotta im November 1808 besuchte und den Besuch in seinen *Denkwürdigkeiten* festhielt: »Auch in politischen Urteilen fand ich ihn scharf und tüchtig, reich an Verknüpfungen, vorausgehend, unerschrocken, gar wohl als tapferer Offizier zu denken.« Später wechselte Cotta zur Jurisprudenz über. Das Studium wurde durch eine Reise nach Paris im Jahre 1785 unterbrochen, die ihm nicht nur die Kenntnisse der französischen Sprache, sondern auch die Beziehung zu höchst eigenwilligen, gebildeten und bedeutenden Persönlichkeiten einbrachte, mit denen er ein Leben lang verbunden sein sollte, mit Georg Forster, Gustav Graf von Schlabrendorf und Johann Christoph H. Hüttner.[1]

Ein einschneidendes Erlebnis bestimmte sein Dasein; sein Lehrer Pfleiderer hatte ihn für eine Hofmeisterstelle beim

Fürsten Lubomirsky in Warschau empfohlen, doch als er die Stelle antreten wollte, hatten sich die Verhältnisse dort geändert, es wurde ihm abgesagt, aber er erhielt eine Ablösesumme. Zum ersten Mal hatte er Geld in Händen und damit die Möglichkeit, mit seinem Vater über den Erwerb der Buchhandlung zu sprechen. Die Gespräche zogen sich hin. Inzwischen schloß er sein Studium in Tübingen mit der Promotion ab; er war also Doktor der Rechte, führte den Titel jedoch selten (im Gegensatz zu seinem nachmaligen Autor, der ihn nicht besaß und doch führte). Cotta ließ sich als Advokat beim Tübinger Hofgericht eintragen und bereitete sich auf den kommenden Beruf gewissenhaft vor. Es gibt ein fast rührendes Zeugnis, den schon erwähnten Brief an Philipp Erasmus Reich vom 11. Juli 1787, in dem er schreibt: »Verzeihen Sie gütigst, daß ich als ein Unbekannter Ihnen mit diesem Schreiben beschwerlich falle«. Reich war sicherlich der berühmteste Buchhändler seiner Zeit. 1717 geboren, lernte er den Buchhandel bei Varrentrapp in Frankfurt, einem Neffen des Leipziger Verlegers Gleditsch, und erwarb durch dessen Vermittlung die Weidmannsche Buchhandlung in Leipzig; es war diese Buchhandlung, die die Bedeutung Leipzigs als Buchhandelszentrale begründete und die auch als eine der ersten Buchhandlungen viele europäische Filialen unterhielt. Seit der Mitte des 16. Jahrhunderts war beim Buchhandel ein Tausch Bogen gegen Bogen der buchhändlerische Usus gewesen. Reich engagierte sich, diesen rein quantitativen, das Qualitative überhaupt nicht berücksichtigenden Tauschhandel abzuschaffen, und bot seine Bücher nur gegen bar an oder verkaufte sie auf Kredit (dies die sogenannte Reichsche Reform); er gründete eine »Buchhandelsgesellschaft in Deutschland«, die diese neuen Usancen einführen und die sich insbesondere auch gegen die Nachdrucker wehren wollte. Christoph Martin Wieland schrieb über Reich in seinem Nachruf, er sei »einer der ersten Buchhändler der Nation«.[2] An Reich also wandte sich Cotta »in einer Lage, wo ich den Rat eines

Einsichtsvollen Buchhändlers bedarf, und neme mir daher die Freiheit, mich deßwegen an Sie zu wenden«. Die Probleme, die Cotta anschnitt, bezogen sich auf Finanzierung und Rentabilität eines Verlages und einer Buchhandlung, seine Fragen waren mit sehr viel Umsicht und Genauigkeit gestellt. Dann fuhr er fort: »Ob überhaupt die Herren Buchhändler einen Anfänger, der sich Mühe zu geben scheint emporzukommen, unterstützen und ihm seinen Antrag zu erleichtern suchen« (eine Frage, die sich auch heute der stellen muß, der Verleger werden will). Im weiteren Schreiben zeigt sich dann der spätere Verleger: »Ich würde keine andern als gute Bücher in Verlag nemen und immer auf schönen Druck und Papier sehen.« Es kommt nicht auf Moden und Tendenzen an, nicht darauf, mit seinen Produktionen Lücken zu füllen, sondern gute Bücher, im Inneren wie im Äußeren, zu verlegen und dafür ein Publikum zu schaffen. Cotta hat sich an sein Bekenntnis gehalten. Von Reich ermutigt und nach gewissenhafter Prüfung der Chancen verlegerischer Arbeit, gab er dem Drängen seines Vaters nach und einigte sich mit ihm auf die Summe von 17000 Gulden zum Erwerb der Firma. Die erste Abschlagszahlung entsprach der Höhe seiner Warschauer Abfindung von 1500 Gulden. Cotta übersiedelte nach Tübingen in die beiden nebeneinanderliegenden engen Cotta-Häuser und übernahm das Geschäft am 1. Dezember 1787. Seine materielle Basis war schmal, Investitionskapital hatte er keines, er begann (wie er später, am 28. 11. 1803, an Böttiger schrieb) »mit f 20 [= 20 Gulden] baaren Vermögens, ohne Kenntnisse des Handels, ohne Unterstützung ... selbst mit Verachtung derer, die mich in meiner Laufbahn als Student schätzten«.

Cotta brauchte einen ökonomisch starken Partner und fand ihn in seinem ein Jahr jüngeren Studiengenossen Christian Jakob Zahn; dieser war zwar auch ohne Vermögen, aber der Vater seiner zukünftigen Braut wollte dem Paar finanziell unter die Arme greifen, so sie ein lohnendes Geschäft nachweisen könnten. Cotta warb in diesem Sinne bei Zahn mit

1. Johann Friedrich Cotta und seine Anfänge

seinem Brief vom 28. November 1788: »Der Buchhandel, über welchen Du, lieber Fr., nähere Aufschlüsse verlangst, hat zwei Zweige: Er ist detail- und en gros-Handel, wir sind Krämer und Fabrikanten, indem wir eingekaufte Bücher einzeln verkaufen und Bücher fertigen lassen, die wir en gros mit Rabatt an andere Kaufleute unserer Art abgeben. Jenes nennen wir den Sortiments-, dieses den Verlagshandel. Der letztere ist der einträglichste. Er ist bloßer Spekulationshandel, hat aber von jedem anderen seiner Art den wesentlichen Vorzug, daß viel gewonnen werden kann und doch nicht viel gewagt wird, indem wenig oder gar nichts verloren gehen kann, wenn man ihn nur mit mäßiger Vorsicht führt. Dies haben wir der Messeeinrichtung zu danken.« Verständlicherweise schildert er das Geschäft simpler und risikoloser, als es war und sein konnte, Cotta wollte ja einen Partner gewinnen, der ihm Geld für Investitionen geben sollte. Doch der Brief zeigt auch den genauen Rechner und Kalkulator Cotta, den Kaufmann, der seine Risiken einzuschätzen wußte und Vorsicht auf seine Fahnen schrieb. Der Brief hatte den erwünschten Erfolg, Zahn trat im März 1789 als Teilhaber in den Verlag ein und blieb bis 1798 Cottas Partner. Nach der Heirat zog Zahn nach Tübingen, wo Cotta, noch unverheiratet (er heiratete am 11.1. 1794 die Pfarrerstochter Wilhelmine Haas aus Kilchberg bei Tübingen), wohnte. Friederike Zahn berichtet in ihrer Lebensbeschreibung:

Cotta besaß zwei nebeneinanderstehende Häuser, in welchen beiden wir den oberen Stock bewohnen sollten. Das eine dieser Häuser war sehr alt und häßlich, in dem anderen aber, welches zwei Wohnzimmer nebst Küche und einem Hinterstübchen enthielt, hatte Cotta, soviel es seine Kräfte erlaubten, alles ordentlich herstellen lassen, im Ganzen aber blieb es eine sehr bescheidene Wohnung.

Ich kann nicht umhin, hier einiges von Cotta zu sagen, mit welchem wir nun so genau verbunden waren. Er war damals ein höchst liebenswürdiger Mensch, und ein äußerst treuer anhänglicher Freund meines lieben Mannes ... Ich denke mit Vergnügen an die ersten Jahre meines Tübinger Aufenthalts zurück, wo er die Kost bei uns hatte ... Der junge Cotta war fleißig und geschikt und äußerst sparsam, aber hatte einen harten Stand, denn er fand je tiefer er hineinsah, ein ganz zerrüttetes Geschäft. Der Credit welchen er genoß und benutzte war klein, weil jedermann wußte, daß er kein elterliches Vermögen hatte, und dies war die erste Veranlassung zu dem Wunsch, mein lieber Mann möchte sich mit ihm associren.

Dies war Cottas persönliche Situation, als er Goethe zum ersten Mal 1795 und zum zweiten Mal 1797 begegnete. Verlegerisch nutzte Cotta das Geld von Zahn zu umfangreicher Produktion, 30 Werke pro Jahr veröffentlichte er in seiner ersten Zeit. Zu Beginn setzte er, ganz so, wie es viel später S. Fischer tun sollte, auf das »Verkäufliche«, auch S. Fischer verlegte Bücher wie *Die Kunst, eine Zigarre anzubieten*, den *Jour fixe bei Muckenich*, das Sachbuch *Das Färben und Imitieren von Holz, Horn, der Knochen und des Elfenbeins* wie auch *Die Fabrikation von schwefelsaurer Tonerde*. Cotta brachte *Beiträge zur Naturgeschichte des Herzogtums Württemberg*, Joseph Gärtners *De fructibus et seminibus plantarum*, Johann Simon Kerners *Beschreibung und Abbildung der Bäume und Gesträuche, welche im Herzogthum Wirtemberg wild wachsen* und bezog sich dann aber hauptsächlich auf das schöne Geschlecht, dessen belletristischen Wünschen er zu entsprechen trachtete, zunächst mit Marianne Ehrmanns Magazin ›Amaliens Erholungsstunden‹, später mit ›Flora. Teutschlands Töchtern geweiht‹ und Campes *Väterlichem Rat an meine Tochter*. Freilich, Cotta war dies zuwenig. Er wollte mehr, mußte aber erkennen, daß in der Tübinger und Stuttgarter Region damals nur geringe schriftstellerische Produktivität vorhanden war. Es gab nur wenige Autoren, sie verfügten auch nicht über die Plattform einer Zeitschrift, und der Cotta-Verlag konnte ihnen noch keine Wirkungsmöglichkeit bieten. Stuttgart besaß zu dieser Zeit keine Anziehungskraft als literarische Hauptstadt des Landes. Theodor Heuss sollte später resümieren: »Beim Überdenken der schwäbischen Geistesgeschichte begegnet man plötzlich der Entdeckung, daß Stuttgart nicht ganz die zentrale Stellung eingenommen hat, die ihm sonst zukommt«, doch in diesem Zusammenhang erwähnt Heuss auch die Ausnahmen, die Pressetradition, die Theaterüberlieferung und eben »Cotta«.

Der Verlag begann zu florieren, Cotta reiste durch die Lande, besuchte regelmäßig die Messen in Leipzig. Seine erste Reise unternahm er aus Sparsamkeitsgründen noch zu Fuß, wir wissen nicht, wieviel Tage er für diese Wanderung von Tübingen nach Leipzig und wieder zurück benötigt hat. Der Mitarbeiterstab der Verlage war damals klein, Cottas Büro bestand hauptsächlich aus dem Prinzipal, ihm selbst. Er selbst erledigte die umfangreiche Korrespondenz, führte Kontobücher, gab die Aufträge an Druckereien, und auch die Abrechnungen für die Autoren waren seine persönliche Sache. Er hatte eine zierliche, schwer zu entziffernde Handschrift, die nicht nur uns, sondern auch seine Zeitgenossen in Schwierigkeiten brachte. »Erfreuen Sie mich doch, wenn es Ihnen möglich ist«, schrieb der Schriftsteller Friedrich August Schulze am 13. Juni 1825 an Cotta, »recht bald wieder mit einigen Zeilen von Ihrer Hand. So räthselhaft auch grade durch diese der Gehalt bisweilen wird, so können Sie überzeugt seyn, daß ich mich auf der Auflösung keiner Rätsel so gerne einlasse, als die sind, welche Ihre Briefe mir manchmal vorlegen.« Schiller mokierte sich gelegentlich über die Flüchtigkeit der Cottaschen Briefe, Cottas Wendung »In Eil« war für ihn schlechterdings »Cottas Formel«. Wie vieles aber mußte Cotta überblicken und zusammenfassen, kein Wunder, daß Alexander von Humboldt Cottas Arbeitsweise als ein Gemisch von »vielseitiger Tätigkeit und lästiger Geschäftsverwirrung« beschrieben hat. Doch der fleißige, betriebsame, dynamische Mann schaffte es, das »zerrüttete Geschäft« zu sanieren, und so wurde es ihm möglich, sich 1798 von seinem Kompagnon Zahn zu trennen und ihn auszubezahlen; das gegenseitige Vertrauensverhältnis hatte sich aufgezehrt, die beiden Frauen vertrugen sich auch nicht gut, Friederike Zahn neidete Cotta die größere öffentliche Reputation, und Zahn selbst stimmte Cottas literarischen Urteilen immer weniger zu. Genau zu jener Zeit, da Cotta um Goethe gewissermaßen um jeden Preis warb, notierte Zahn sein vernichtendes Urteil über Goethe, das sich in seinen nachgelassenen Papieren fand.

Cottas verlegerischer Ehrgeiz war nach dieser Trennung nicht mehr zu bremsen. Er hatte inzwischen für diese neue Perspektive seiner verlegerischen Arbeit den entscheidenden genialen Mentor gewonnen: Schiller.

Wie kam Schiller zu Cotta? Zunächst als Berater, Herausgeber und Initiator, der die glanzvollsten Köpfe seiner Zeit zu Cotta zog. Wie kam er als Autor zu Cotta, da er doch teilweise rechtlich, teilweise durch Versprechungen, in jedem Fall moralisch an Göschen gebunden war und mit dem Leipziger Verleger Siegfried Leberecht Crusius einen Vertrag über seine sämtlichen prosaischen Schriften und seine sämtlichen Gedichte geschlossen hatte, einen Vertrag, der Crusius ermächtigte, noch über Schillers Tod hinaus diese Rechte zu beanspruchen?

2. Schiller und Cotta. Wechselseitige Hochschätzung

In der verlegerischen Arbeit können sich ›normale‹ Geschäftsabläufe als Fehler auswirken. Nicht anders erging es Göschen. Er handelte aus seiner Perspektive ›normal‹, leistete seine Arbeit nach seiner Vorstellung korrekt und konnte doch nicht erkennen, daß sie sich Schiller gegenüber dreifach fehlerhaft auswirkte. Drei Fehler, die nun einmal einem Verleger nicht unterlaufen dürfen; der erste war unverzeihlich, der zweite verständlich und der dritte nur aus der Psyche des Autors heraus erklärbar. Nie darf ein Verleger die Frage, wer der bedeutendste Autor der Zeit sei, beantworten, schon gar nicht die Frage, wer der bedeutendste Autor des Verlages sei. Ich hatte das Glück, diese Frage nie beantworten zu müssen, vielleicht weil der Fixstern Brecht unumstritten war, Hermann Hesse über alle Grenzen hinweg seine Wirkung ausübte, weil Max Frisch's Werk noch nicht abgeschlossen war und Samuel Beckett von allen verehrt und geliebt wurde und selbst bei denen Ansehen genoß, die 1969 den Tod der Literatur erklärten. Franz Kafka und Thomas Mann sind – leider! – nicht Autoren des Suhrkamp Verlages.

Göschen war unvorsichtig, für ihn war ganz eindeutig der bedeutendste, erfolgreichste und größte Autor der Zeit nicht etwa Schiller, mit dem er in intensiver Diskussion stand, der in Gohlis sein Hausgenosse und Gast war und mit dem er sich freundschaftlich verbunden wissen durfte, sondern eben Christoph Martin Wieland; dies geäußert zu haben ist für einen Verleger unverzeihlich, es mußte Schiller kränken und die Basis seiner Beziehung zu Göschen in Frage stellen.

Der zweite, verständliche Fehler ging aus dem ersten hervor: Göschen stand zu seinem Urteil, und er veröffentlichte Wielands Gesamtwerk, wie beschrieben, in vier verschiedenen, unterschiedlich gesetzten, auf verschiedene Papiere gedruckten und in verschiedene Materialien gebundenen Ausgaben, jede aus dreißig Bänden bestehend. Diese Investition trieb den Verleger, der ohnehin schon immer am Rande finanzieller Schwierigkeiten agierte, beträchtlich über diesen Rand hinaus; Krieg und Plünderungen bestimmten die Zeit; Göschen mußte seinen Ehrgeiz, die ästhetisch schönste Ausgabe vorzulegen, Schrifttypen aus dem Ausland und Papier von ausgesuchten Papiermühlen zu verwenden, nicht nur mit enormen Kosten, sondern auch mit Verlusten und mit einem immensen persönlichen Einsatz bezahlen. Das erschöpfte Göschen physisch, psychisch, materiell, und die beiden

Dioskuren, die seine Arbeit genau beobachteten, spürten dies. Selbst als ihm sein Unternehmen gelungen war, werden Goethe und Schiller über jene Feststellung nicht eben glücklich gewesen sein, die Bertuch am 6. November 1793 gegenüber Göschen machte: »denn Wieland ist nun ohnstreitig der erste klassische Dichter der Nation«.

Dabei will es die Ironie dieser Autor-Verleger-Beziehung, daß es Schiller war, der Göschen auf den Autor Wieland hingewiesen und ihm zu einer Gesamtausgabe geraten hatte! Im Oktober 1792 diskutierte Göschen mit Schiller die Edition seiner Kalender. Göschen hatte die Idee, die Geschichte der Reformation von Pestalozzi schreiben zu lassen, und bat Schiller um eine Einführung. Das war nun gewiß keine meisterliche Überlegung, denn Pestalozzis Gesichtspunkt war dem des Historikers Schiller gerade entgegengesetzt. »Ich habe ihm indessen nicht nur von Pestalozzi, sondern vom ganzen Calender abgerathen«, schreibt Schiller (an Körner, 15. 10. 1792). »Diese Form ist jetzt schon veraltet, zu viele Nebenbuhler theilen sich mit ihm in diesen Bissen Brod, und der Geschmack des Publikums ist veränderlich.« Und er fährt fort: »Wenn Göschen anstatt seines Calender, Militairische Journale, Andachtsbücher u.s.w. *nichts als Wielands Schriften und unsern Merkur von Deutschland* übernähme, so könnte er in fünf Jahren der respectabelste Buchhändler und ein reicher Mann werden.« Wie konnte Schiller diesen Rat geben, und dies auch noch zu einem Zeitpunkt, da der kleine Verlag Göschen die Werke Goethes unter größten Schwierigkeiten herstellte und schlecht verkaufte und da er, was Schiller ebenso wußte, die Verlagsrechte an den Schriften Lessings erworben hatte? War Göschen denn nicht schon durch Goethes Schriften der »respectabelste« Buchhändler? Wenn dies einer wissen mußte, dann doch Schiller. Schillers Rolle in der Literaturpolitik, die von den damals mächtigen Autoren, Goethe ausgenommen, so intensiv betrieben wurde, ist reichlich zwiespältig.

Der dritte Fehler Göschens: Man kann einen Autor durch Vorauszahlungen verpflichten, daß er aber dadurch auch innerlich an den Verlag gebunden sei, ist ein Trugschluß, finanzielle Abhängigkeit schafft keine Bindung. Göschen steckte tief in Schulden, aber wie sehr er auch seinen Schuldnern und den Druckern und Papierlieferanten gegenüber säumig war, seine Autoren wurden von ihm gut und exakt bedient, Vorschüsse waren üblich, und jeder Autor wünschte sich das, was Wieland im November 1788 im Brief an Göschen erwähnte, seine Verleger möchten doch stets »das halbe Dutzend mit 2 multiplizieren«. Dabei war dieses Jahr 1788 für den Gesamtbuchhandel eines der schlimmsten Jahre überhaupt: Auf der Michaelismesse hatten die beiden Verleger Voß und Decker die Werke Friedrichs des Großen »gegen bar« auf den Markt gebracht, die Buchhändler mußten ihre gesamten Finanzen auf dieses Werk beziehen; sie konzentrierten sich darauf und kauften keine anderen Werke ein. Friedrich der Große, so insinuierten damals die Verleger, ruiniere abermals die deutschen Lande!

Schiller selbst war die ganzen Jenaer Jahre hindurch in größten Geldschwierigkeiten. Goethe hatte ihm zwar durch Intervention beim Herzog die Jenaer Professur beschafft, aber es war ein Lehrstuhl ohne Gehalt. Ich weiß nicht, was Goethe, der für die Universität und damals auch für die Finanzen zuständige Minister, sich dabei gedacht haben mag. Gewiß, Schiller war umtriebig, seine journalistischen Arbeiten waren gefragt, seine Publikationen bei Göschen und Crusius nicht ohne Erfolg, aber seine Honorare reichten bei weitem nicht aus, seine Existenz zu sichern. Bei Göschen war er tief verschuldet, oft konnte er die für die Manuskripte vereinbarten Ablieferungstermine nicht einhalten; gerade bei der Göschen am Herzen liegenden ›Thalia‹ kam er immer wieder in Verzug, es war seine »Brustkrankheit«, die ihn Tage, Wochen, ja, Monate von jeglicher Arbeit fernhielt. Die Heirat mit Charlotte von Lengefeld beglückte ihn zwar und gab ihm

Auftrieb, da aber dann für zwei zu sorgen war, vermehrten sich die Lebenshaltungskosten. Vor allem, er hatte kein Domizil, er wünschte sich ein »Etablissement, das mich der Sorgen überhebt, und mir eine ruhige heitere Existenz sichert«. Dies schrieb er am 8. März 1789 an Göschen, und dieser half ihm sogleich. Schiller wollte es ihm danken und versprach als Gegenleistung ein Werk, »das in spätestens 2 Jahren angefangen werden kann, und früher nicht, als mit meinem Leben enden wird, soll, wie ich denke, für meinen Freund Göschen ein lucrativer Artikel werden und bleiben, der die Vortheile eines Journal-debuts mit dem bleibenden Werthe eines eigenen Werkes verbindet«. Wie sollte Göschen darauf reagieren? Gewiß, ein Verleger weiß, daß Autoren solche Projektionen brauchen, daß nur der das Mögliche erreicht, der ständig das Unmögliche als Ziel vor sich hat. Welchen »lucrativen« Plan Schiller damals im Sinn hatte, ist nicht bekannt, vermutlich war es das, was er später mit den ›Horen‹ verwirklichte. Doch eines ist sicher: Göschen mußte den Eindruck haben, daß Schiller sich ihm als Autor wie als Freund lebenslang verbunden fühlen würde. Nur wenig später schickte ihm Schiller ein Manuskript für die ›Thalia‹ zu, wieder mit dem Versprechen, daß nun keine weiteren Verzögerungen bei den Manuskripten eintreten würden, daß Göschen, wenn Schiller seine »historische Feder noch in einigen Versuchen werde geübt haben«, der Verleger desjenigen Werks sein sollte, »das ich dann mit der größten Reife und Muße hervorbringe«. Im Briefwechsel zwischen Göschen und Schiller in dieser Zeit kann man verfolgen, wie beide einen idealen Bau gemeinsamer Projekte errichteten, und keiner, am wenigsten der Verleger, ahnte, daß dieser schon bald wie ein Kartenhaus einstürzen sollte. Was Schiller hier seinem Verleger zumutete, ist freilich unfaßlich und unglaublich.

Charlotte von Lengefeld wollte Schiller eine Bibel in englischer Sprache schenken, Göschen mußte sie besorgen, da er ja »durch die dritte Hand, mit englischen Buchhändlern commercieren werde«.³ Nach der Heirat Schillers lud Göschen das Paar ein, gelegentlich eines Leipzig-Besuches bei ihm zu logieren. Schiller hatte jedoch ein schlechtes Gewissen, weil er fürchtete, Göschen würde ihm »die Pflichten eines Autors gegen seinen Verleger mit schrecklicher Stimme predigen«; dieser Brief vom 30. Juli 1789, der so mißmutig die »Pflichten eines Autors gegen seinen Verleger« beschwor, schloß wie so viele andere mit der Formel »Ewig der Ihrige«. Mit dem Brief vom 21. Dezember sandte er endlich die Manuskripte wenigstens für *ein* Heft der ›Thalia‹ an Göschen, und er dankte dem Verleger für Geduld und »für fortdauernde Freundschaft«. Im Januar 1789 geriet Schiller wieder in erhebliche finanzielle Schwierigkeiten. Er hatte beim »Geldjuden« Beit in Dresden Geld aufgenommen, und dieser verlangte es zum Jahresanfang drohend zurück. Schiller an Göschen am 10. Februar: »Ich weiß Sie werden thun was Sie können um mir die unangenehme Last erleichtern zu helfen. Gerne gäbe ich 6 pro Cent Intereße, wenn ich die ganze Summe von 200 Thlr. nur auf 3-4 Monate vorgeschossen bekommen könnte.« Göschen ließ sie ihm, ohne Zins, aber man erkennt auch angesichts des relativ niedrigen Betrages, wie verzweifelt Schillers Situation war, jedenfalls wie er sie empfinden mußte. Dabei hatte Schiller das Scherzen auch in dieser Korrespondenz nicht verlernt. Zu Göschens erstem Sohn gratulierte ihm Schiller: »Viele Glückwünsche zu dem Neuen Verlagsartikel liebster Freund, wobey ich nur bedaure, daß Sie nur ein einziges Exemplar abgezogen haben, zwey hätten Sie billig der Welt gönnen sollen; doch hoffe ich, daß es nur der erste Theil von einem größern Werke ist, das hoffentlich aus zehn oder zwölf Bänden bestehen, und wovon nächste Michaëlismeße der zweyte herauskommen wird.« Ein Jahr konnte Schiller dann ungestört arbeiten, er war von Schulden frei und erhielt von Göschen einen Vorschuß von 400 Talern für einen Aufsatz über den »Dreißigjährigen Krieg« für das zweite Heft von Göschens ›Historischem Calender für

Damen‹. Am 27. Oktober 1790 bedankte sich Schiller für die Übersendung der ersten Exemplare, »die gar brillant ausgefallen sind ... Ich kann Ihnen nicht sagen, Lieber, wie voll ungeduldiger Erwartung ich bin, von dem Succes unsers Calenders zu hören; erwartungsvoller als über den Ausschlag einer Bataille«. So konnte sich also auch Schillers Urteil über eine Publikation ändern! Dann fuhr er fort: »Sie haben mich nicht bezahlt, sondern belohnt und die Wünsche auch des ungenügsamsten Autors übertroffen«, und wieder schloß dieser Brief wie der vorangegangene: »Ewig der Ihrige«. Doch im neuen Jahr hatte Schiller wieder eine Schuld zu begleichen, und diesmal verfiel er auf etwas doch sehr Unübliches. Am 28. Januar 1791 bat er Göschen abermals um die »nehmliche Gefälligkeit«, aber er nahm sie schlicht vorweg: »Im Vertrauen auf Ihre Güte habe ich einen Wechsel von 60 Stück Louisdors auf Sie gezogen, den man Ihnen dieser Tage präsentiren wird ... seyen Sie so gütig ihn zu acceptiren und nehmen mir meine Freiheit nicht übel ... Leben Sie recht wohl, Ewig Ihr Schiller«. Göschen löste den Wechsel ein – was mußte er über die »Freiheit«, die sich sein Autor herausnahm, gedacht haben, und dies zu Zeiten, da Göschen selbst nicht wußte, wo er das Geld für seinen Betrieb auftreiben sollte. Immer wieder versprach Schiller Beiträge zu den Kalendern des Verlages, immer wieder bezog er Vorschüsse, immer wieder lieferte er nicht zum versprochenen Zeitpunkt ab, und immer wieder mußte der Verleger die Termine verschieben. Im Mai 1791 hatte Schiller seinen dritten großen Krankheitsanfall und glaubte, sterben zu müssen. Da er wieder Geld brauchte, bot er Göschen den *Karlos* »in einer neuen verbesserten Gestalt« an und versprach das Manuskript bis Neujahr. Göschen schickte ihm daraufhin wieder einen Vorschuß. Schiller quittierte dies in seinem Brief vom 21. Mai 1791: »Aus der Rechnung, die Sie mir in Ihrem letzten Briefe mitschickten, habe ich neuerdings ersehen, liebster Freund, wie große Verbindlichkeit ich Ihnen schuldig bin, und wie sehr Ihre Güte mir zur *Pflicht* macht, was mich mein eigenes Herz auch ohne jeden andern Antrieb lehren würde. Rechnen Sie also darauf, theurester Freund, daß ich alles thun werde was in meinem Vermögen steht, mein Glück mit Ihrem Beßten immer zu vereinigen, und mir beides als unzertrennlich zu denken.« Wieder die von Schiller erwähnte »Pflicht«, er selbst hat sie unterstrichen. Doch wie auch immer, durfte Göschen dieses Bekenntnis nicht als bare Münze nehmen? Der Brief war bündig, hier versprach ein Autor, sein Glück mit dem Besten des Verlegers zu vereinen, und als unwiderruflicher Beleg, als Signal weiterer Zusammenarbeit, darf das »unzertrennlich« gelten. Neun Monate war Schiller ernstlich krank, und seine Arbeit ruhte. Auch Crusius mahnte jetzt die Ablieferung der versprochenen »Niederländischen Geschichte« an. In der Genesungszeit konnte Schiller den Schlußteil seiner *Geschichte des Dreißigjährigen Krieges* abschließen und an Göschen schicken. Für die ›Thalia‹, die in zweimonatiger Folge erscheinen sollte, versprach er weitere Manuskripte. Am 16. Dezember 1791 schrieb er an Göschen: »Die 200 Thlr. habe ich richtig erhalten, lieber Freund, wofür ich Ihnen bestens danke... Gleich in acht Tagen gehe ich mit Leib und Seele an die Fortsetzung und höre nimmer auf, biß ich schreiben kann: Ende.« Das war sicher seine Absicht gewesen. Mit äußerster Anstrengung beendete er die Arbeit schließlich im September 1792. Vorher war freilich Entscheidendes geschehen. Freunde hatten den Herzog von Augustenburg mit Erfolg bedrängt, Schiller auf drei Jahre hin eine Pension von jährlich 1000 Talern zu zahlen – das war nun für ihn die Erlösung aus seiner dauernden finanziellen Misere. Als er mit der Arbeit am *Dreißigjährigen Krieg* fertig war, schrieb er am 21. September 1792 an Körner: »Jetzt bin ich frei und will es für immer bleiben. Keine Arbeit mehr, die mir ein anderer auflegt, oder die einen anderen Ursprung hat als Liebhaberei und Neigung.« Spätestens diese Äußerung zeigt, wie verletzt Schiller war, immer im Auftrag und für

Vorschüsse schreiben zu müssen, immer Honorare zu erhalten, die jedoch nie für seine Existenz ausreichten. An diesem Punkt war Schillers »Glück« nicht mehr »unzertrennlich« mit Göschens »Beßtem« verbunden. Eine große Beziehung war verbraucht. Göschen konnte es nicht fassen, daß Schiller ihm am 4. Mai 1794 vorschlug, die ›Thalia‹ zu begraben, und dies an demselben Tag, an dem die Publikation der ›Horen‹ vereinbart wurde. Schiller bot kein eigenes Werk mehr an, übersandte Göschen statt dessen das Werk seines Vaters über die Baumzucht! Das war für Göschen inakzeptabel.

Doch der Entschluß, dieses Werk des Vaters nicht in Verlag zu nehmen, änderte nichts mehr an seiner Einstellung zu Göschen. An diesem Tag aber war noch anderes geschehen. Schillers Freund J. C. Friedrich Haug, Verfasser witziger Epigramme, überbrachte ihm im Oktober 1793 ein Angebot Cottas. Schiller antwortete am 30. Oktober, daß ihn das Angebot reize: »Aber ob ich gleich an Göschen nicht gebunden bin, so ist derselbe doch mein Freund, und hat ein freundschaftliches Recht wenigstens an die erste Anfrage von mir.« Er habe, so fuhr er fort, Göschen auch schon ein Angebot für die Veröffentlichung der »Theorie des schönen Umgangs« gemacht, wenn Göschen dies bis Ostern nicht veröffentlichen könne, habe er freie Hand.

Im März 1794 war Schiller in Tübingen und traf dort zum ersten Mal persönlich mit Cotta zusammen. Was die beiden besprochen haben, ist nicht bekannt; aber etwas Sonderbares ereignete sich: Schiller erbat bei Cotta eine Zahlung von 200 Talern gegen einen Wechsel, den er auf den Namen Göschen ausstellte! Und doch war das noch nicht das Äußerste. Das blieb für den 4. Mai 1794 vorbehalten.

An diesem Tag trafen sich Schiller und Cotta zu einer Wagenfahrt in die Umgebung von Stuttgart, sie fuhren über den Kahlen Stein nach Untertürkheim. Die beiden etwa gleichaltrigen Schwaben verstanden sich gut, Schiller trug Cotta beim Spaziergang seinen Plan der ›Horen‹ vor, Cotta war begeistert und unterbreitete Schiller seinerseits den Plan zu einer unabhängigen, unparteiischen, täglich erscheinenden europäischen Zeitung. Beide Unternehmungen wurden an diesem Tag von Schiller und Cotta beschlossen.

Am Abend dieses Tages schrieb Schiller an Göschen: »Meinen letzten Brief, lieber Freund, worin ich Sie bat, eine Assignation an Sie von 200 Rthl. auf die Mitte des Junius zahlbar, die Herr Cotta aus Tübingen Ihnen präsentiren wird, zu acceptiren, werden Sie hoffentlich erhalten haben ... Ich brauchte Geld und wußte es nicht anders anzugreifen, wenn ich nicht meinen Callias an Herrn Cotta überlassen wollte.« Das muß für Göschen ein ungeheurer Vorgang gewesen sein! *Kallias*, eine Schrift, die Schillers Hauptwerk über Ästhetik werden sollte, war Göschen eindeutig versprochen, und nun deutete Schiller selbst einen möglichen Bruch dieses Versprechens an; zum ersten Mal brachte er Göschen gegenüber einen Verlagswechsel zu Cotta ins Spiel. Göschen war verletzt, er kämpfte nicht, er zeigte seine Verstimmung, und dies war trotz allem wieder ein Fehler von ihm. Freilich, denkt man an jenen Satz, den Schiller ihm fünf Jahre zuvor geschrieben hatte und den es hier zu wiederholen gilt, begreift man sein Verhalten: »Rechnen Sie also darauf, theuerster Freund, daß ich Alles thun werde, was in meinem Vermögen steht, mein Glück mit Ihrem Beßten immer zu vereinigen, und mir beides als unzertrennlich zu denken.«

Als Cotta nur Tage später zur Leipziger Buchmesse reiste und in Jena Station machte, hatten sich Schiller und er zwei eigenhändig verfaßte Verträge gegenseitig zur Unterschrift anzubieten, Cottas Kontrakt in zehn Paragraphen über den Verlag einer »Allgemeinen Europäischen Staaten Zeitung von H. Hofrat Schiller« und Schillers 28 Paragraphen umfassenden »Contract über die litterarische Monathsschrift Die Horen«. Beide Verträge wurden am 28. Mai 1794 unterzeichnet; Schiller aber widerrief am 14. Juni seine Unterschrift, aus gesundheitlichen Gründen könne er sich dem »risquanten

Friedrich Schiller/Johann Friedrich Cotta: *Contract über die litterarische Monathsschrift Die Horen*, 28. 5. 1794 (SNM).

Unternehmen« einer politischen Tageszeitung nicht widmen. Es waren sicherlich nicht nur gesundheitliche Gründe. »Neigung und innerer Beruf« gaben den Ausschlag. Schon einmal, sieben Jahre vorher, am 18. Dezember 1787, hatte Schiller das Angebot des Hamburger Theaterdirektors Friedrich Ludwig Schröder, Dramaturg an der Hamburger Bühne zu werden, abgelehnt, auch hier war er der inneren Berufung gefolgt. Jetzt waren ihm die ›Horen‹ wichtiger als eine politische Zeitung. So lesen wir denn auch im Programm der ›Horen‹: »Zu einer Zeit, wo das nahe Geräusch des Krieges das Vaterland ängstigt, wo der Kampf politischer Meinungen und Interessen diesen Krieg beinahe in jedem Zirkel erneuert und nur allzu oft Musen und Grazien daraus verscheucht, wo weder in den Gesprächen noch in den Schritten des Tages vor diesem allverfolgenden Dämon der Staatskritik Rettung ist: möchte es ebenso gewagt als verdienstlich sein, den so sehr zerstreuten Leser zu einer Unterhaltung von ganz entgegengesetzter Art einzuladen ... Aber je mehr das beschränkte Interesse der Gegenwart die Gemüter in Spannung setzt, einengt und unterjocht, desto dringender wird das Bedürfnis, durch ein allgemeines und höheres Interesse an dem, was rein menschlich über allen Einfluß der Zeiten erhaben ist, sie wieder in Freiheit zu setzen und die politisch geteilte Welt unter der Fahne der Wahrheit und Schönheit wieder zu vereinigen.« Schiller, im Brief vom 14. Juni, stellte Cotta Ruhm in Aussicht: »Was den Verleger betrift, so zweifle ich, ob ein Buchhändler ettwas ehrenvolleres unternehmen kann, als ein solches Werk, das die ersten Köpfe der Nation vereinigt, und wenn dieß die einzige Schrift wäre, die Sie verlegten, so müßte schon diese einzige Ihren Nahmen unter den deutschen Buchhändlern unsterblich machen.« Schillers Werbesprache begegnen wir hier zum zweiten Mal – nachdem Göschen durch die Ausgabe von Wielands Werken zu Deutschlands »respectabelstem Buchhändler« avanciert war, sollte nun Cotta durch die ›Horen‹ »unsterblich unter den deutschen Buchhändlern« werden. Schillers Literaturpolitik verfolgte aber noch ein anderes Ziel: Er wünschte sich »freiere Hand«, um seine Werke in absehbarer Zeit an Cotta geben und dem Verlag herausragende Autoren zuführen zu können, in erster Linie Goethe. Diese Absicht traf sich mit dem Ehrgeiz Cottas: Auch er wollte Goethe in seinem Verlag haben. Durch eine im Vertrag über die ›Horen‹ enthaltene Optionsklausel (den vorrangigen Anspruch des Verlegers auf die folgenden entstehenden Werke des Autors) bestand die Möglichkeit, daß Autoren den Verlag wechseln und neue Arbeiten Cotta übergeben konnten. Schiller sah diese Hintertür für sich und für Goethe. »Was mich betrift«, schrieb er am

14. Juni 1794, »so ist dieß der einzig mögliche Weg, daß Sie der Verleger aller meiner künftigen Schriften werden; denn sobald ich für das Journal schreibe, heben sich alle andern Verbindungen auf.« Dieses Wort, »Verleger aller meiner künftigen Schriften« zu werden, war das Signal für Cotta.

Am 13. März 1796 schrieb Schiller an Cotta im Zusammenhang mit den ›Horen‹:

gebe ich in Verbindung mit Göthen ein poetisches Werk heraus, an welchem wir schon seit etlichen Monaten angefangen zu arbeiten [i. e. die *Xenien*]. Ich kann Ihnen von dem Innhalte deßelben nicht wohl schreiben, aber mündlich sollen Sie einen deutlichen Begriff davon erhalten. Die Einkleidung des Werks ist völlig neu, und der Innhalt für Jedermann.

Es ist aber unsere Absicht zugleich, durch die äußere Eleganz dem Göschenschen Wieland etwas gegenüber zu stellen, was ihn wo möglich verdunkeln soll, und dazu möchte nun ein starker Aufwand gemacht werden müssen ... Auf jeden Fall, glaube ich, ist es vortheilhaft für Sie, auch im Typografischen etwas bedeutendes zu leisten, und sich auf diese Art in Respect zu setzen. Zu Göschens Mortification, der uns beyde so plump behandelte, wünschte ich es sehr, daß Sie und kein anderer der Verleger wäre. Dann findet sich der Umstand doch nicht alle Tage, daß 2 poetische Schriftsteller sich in Einem poetischen Werk vereinigen; in Deutschland ist der Fall noch nie vorgekommen, und schon von dieser Seite würde das Werk Sensation erregen.

Ueberlegen Sie die Proposition, doch erwähnen Sie gegen Niemand, wer es nicht nothwendig wißen muss, von der Sache. Wir wollen auf einmal, ohne den geringsten Avis voran zu schicken, plötzlich damit vor das Publicum treten, und Freund [sic!] und Feind damit auf verschiedene Art überraschen.

Schiller war bei Cotta angekommen, zuerst als Gesprächspartner und Berater, dann als Herausgeber und schließlich als Autor. Die beiden wurden Freunde. Cotta war als Verleger noch nicht sehr erfahren, aber doch sensibel genug, um zu ahnen, daß man mit Autoren sprechen, sprechen und sprechen muß; und durch die zahlreichen Gespräche mit Schiller hatte er dessen komplizierte pekuniäre und die daraus resultierende psychische Lage erkannt. Von allem Anfang an sah er daher die Notwendigkeit, Schiller durch Beratungs-, Herausgeber- und Autorenhonorare soviel zu bezahlen, daß dieser von nun an ohne direkte materielle Sorgen schreiben konnte. »Von da ab«, schreibt Liselotte Lohrer in ihrer Geschichte des Cotta-Verlags, »war der materiellen Not des Dichters ein Ende gesetzt. Cotta betrachtete es als nobile officium, seinem großen Freund ein sorgenfreies Schaffen zu ermöglichen.« Das Autorenhonorar war für Cotta ein wesentliches Element seiner verlegerischen Konzeption. Er liebte beides, Geist und Geld, er liebte die Ware Buch in ihrer Doppelheit: vom Autor als geistiges Produkt entworfen, vom Verleger unter »Handelszwang«, wie Goethe es formulierte, in Ware verwandelt und in der Hand des Lesers wieder zurückverwandelt in das geistige Gut. Jeremias Gotthelf hat 1842 einen Roman geschrieben mit dem Titel *Geld und Geist* und ihm den Untertitel »Die Versöhnung« gegeben. Daran kann ich nicht glauben, es gibt keine Versöhnung zwischen Geist und Geld, auch nicht im verlegerischen Bereich, vielmehr lebt die verlegerische Arbeit aus eben diesem Spannungsfeld.

Doch wie dem auch sei, Cotta zahlte Beratungsvergütungen und Honorare, die in dieser Zeit nicht üblich waren. Er kannte die Kritik, die Schriftsteller wie Fichte, Kant, Lessing und Wieland an den niedrigen Autorenhonoraren übten, und setzte sein »nobile officium«, höhere Honorare, dagegen. Rückblickend konnte er im Jahre 1826 feststellen: »Das größere Honorar, das man sofort gibt, gewährt auch den Gelehrten mehr Spielraum zur Entwicklung ihrer Kräfte; das Publicum findet sich angezogen, einem Beginnen Dauer zuzumuthen, das die Anordner durch das, was sie anbieten, selbst für begründet halten. Ich glaube derjenige zu sein, der zuerst den größeren Ehrensold, den Gelehrten gegenüber, einführte, und ich habe in Bausch und Bogen nie Gelegenheit gehabt, es zu bereuen. Die Litteratur kann sich nur heben, wenn man sie wirklich achtet, und die Empfänglichkeit des Publicums steht in der genauesten Wechselwirkung mit dem Felde überhaupt, das man den Gelehrten eröffnet.« Cotta durfte dies 1826 mit Recht behaupten, er hatte nicht nur einen »Ehrensold« bezahlt, sondern angemessene Entlohnungen. Varnhagen von Ense erwähnte dies bei seinem Besuch von 1808: »Cotta giebt das größte Honorar«. Jean Pauls Witwe Caroline Leopoldine Friederike Richter schrieb am 26. Mai 1826 an die Cottasche Buchhandlung: »Wenn in Zukunft irgendeinmal eine, des Gegenstandes würdige, deutsche Literaturgeschichte erscheinen sollte: so würde in derselben auch der Buchhandlungen mit Ruhm gedacht werden müssen, welche der Literatur und dadurch der fortschreitenden Ausbildung der deutschen Nazion wesentliche Dienste geleistet haben. Unter allen würde die Cottasche Buchhandlung, oder vielmehr deren Inhaber, Herr Freiherr von Cotta hervorgehoben und gerühmt werden müssen, weil Er es war, welcher zuerst den Schriftstellern ein würdiges, ihren Bemühungen und Arbeiten mehr entsprechendes Honorar bewilligte ... Er war es, der zuerst auf den Gedanken geriet, die literarischen Besitzthümer zu einem Gemeingut der deutschen Nazion durch wohlfeilere Ausgabe von den Gesammtwerken berühmter Schriftsteller zu machen«. Ein Urteil, wie es jeder Verleger sich nur wünschen kann. Cotta durfte darüber hinaus der Zustimmung Goethes sicher sein, der (wie früher an J.H. Meyer) am 28. April 1798 an Schiller schrieb: »was dem Buchhändler nutzt, nutzt auch in jedem Sinne den [!] Autor, wer gut bezahlt wird, wird viel gelesen und das sind zwey löbliche Aussichten.« Im ersten Teil kann man Goethe sicher zustimmen, seine Folgerung aber, derjenige, der gut bezahlt wird, werde auch viel gelesen, ist recht fragwürdig.

Cotta zahlte also faire Honorare, aber er verstand sich nicht als Mäzen, er kalkulierte und hatte auch den Mut, relativ hohe Preise für seine Bücher zu verlangen. Das brachte ihm naturgemäß Neider ein. Ein anonymer Reisender durch Tübingen führte 1811 Beschwerde über Cotta: »Der dasige Buchhändler Cotta, der sich durch den schlechten Druck der classischen Werke unserer besten deutschen Dichter, eines Herder, Schiller, Göthe ein Verdienst um die deutsche Nation erworben zu haben glaubt, ist durch diese Unternehmungen zum reichen Manne geworden, und hat, so wurde mir in Tübingen erzählt, die Summen, die er dem Publikum für seine miserablen Ausgaben guter Werke abnahm, zum Ankauf mehrerer Domänengüter verwendet. Der Mann scheint sein Verdienst zu fühlen und vorzüglich die Kraft des Geldes zu kennen.« Cotta schätzte die geistigen Produkte seiner Autoren, er schätzte die Ware, aber er schätzte ebensosehr das Geschäft, das er mit ihr betrieb. Seine weiteren Geschäfte waren unüberblickbar, er diversifizierte sein materielles Risiko, richtete Druckereien und Papierfabriken ein, beteiligte sich an einem Hotel in Baden-Baden, stieg in die modernen Geschäfte der Ballon- und Dampfschiffahrt ein und war Landwirt großen Stils mit Gütern und Feldern. All dies blieb den Autoren nicht verborgen, aber sie gönnten es ihm, eben weil sie in puncto Honorar nichts zu klagen hatten und weil sie in Cotta den Verleger sahen, der das »Ende der Bescheidenheit« der Autoren belohnte, ihnen angemessene Honorare gab und damit die Basis für ihre Arbeit schuf, sicherte, in jedem Fall aber zu einem Teil ermöglichte.

In dieser neuen Beziehung blühte Schiller auf. Seine Produktivität war wieder entfacht, intensiv seine Tätigkeit als Berater Cottas, als Herausgeber der ›Horen‹ und zunächst noch insgeheim als Autor »künftiger Schriften«, deren Verleger Cotta sein sollte; immerhin, er ließ es einfließen, er arbeite an

Wallenstein für Cotta. Schiller drängte sich gewissermaßen immer wieder zur Beratung auf. »Denken Sie noch sonst nach, worin ich Ihnen von Nutzen sein kann«, schrieb er aus Jena am 19. Mai 1794 nach der Begegnung mit Cotta in Tübingen. »Wir wollen schon sehen, daß unsere Vortheile mit einander laufen.« Sie liefen miteinander. Durch Schillers Tätigkeit für den Verlag, insbesondere durch die sich aus den ›Horen‹ ergebenden Autorenverbindungen, wurde der Cotta-Verlag mehr und mehr in einen national-, ja, weltliterarischen Bezug gestellt. Cotta wie Schiller dachten gesprächsweise sogar daran, mit dem Verlag nach Weimar überzusiedeln. Schiller war zu dieser Zeit für junge Autoren eine Art »Anlaufstation« – das war damals nicht anders, als es heute üblich ist und wie ich dies etwa bei Thomas Bernhard, Hans Magnus Enzensberger, Adolf Muschg und Martin Walser beobachtet habe; ein junger, ein werdender Autor orientiert sich oft an der besonderen Art eines prominenten Kollegen, den er als Vorbild sieht oder gegen den er mit all seiner jungen, oft aggressiven Kraft anschreibt; es gab und gibt Autoren, die solch positive wie negative Kraft auf die Jüngeren ausüben. Schiller war zweifellos ein solcher Autor, der, ganz anders als Goethe, auch die Befähigung besaß, Qualitäten bei Manuskripten zu erkennen, die der eigenen Schreibart zuwiderliefen; glaubte er, eine »poetische Substanz« in einem Manuskript erkannt zu haben, zögerte er nicht, es zu empfehlen. Ein Beispiel sei hier erwähnt. Am 9. März 1795 schrieb er an Cotta: »Hölderlin hat einen kleinen Roman, Hyperion, davon in dem vorletzten Stück der Thalia etwas eingerückt ist, unter der Feder. Der erste Theil, der etwa 12 Bogen betragen wird, wird in einigen Monaten fertig. Es wäre mir gar lieb, wenn Sie ihn in Verlag nehmen wollten. Er hat recht viel genialisches, und ich hoffe auch noch einigen Einfluß darauf zu haben. Ich rechne überhaupt auf Hölderlin für die Horen in Zukunft, denn er ist sehr fleißig und an Talent fehlt es ihm gar nicht, einmal in der litterarischen Welt etwas rechtes zu werden.« Die ›Horen‹ hatten die Gedichte *Der Wanderer* und *Die Eichbäume* publiziert, der *Hyperion* erschien dann in zwei kleinen Bänden 1797 und 1799 bei Cotta; der Absatz war schlecht, und Cotta wagte nicht, den vorgesehenen Plan einer Gedichtausgabe zu realisieren. Dann war der *Hyperion* lange Zeit vergriffen, Freunde initiierten einen Nachdruck; 1822 und 1826 erschienen bei Cotta Hölderlins *Gedichte*, herausgegeben von Ludwig Uhland und Gustav Schwab.

Auf den Autor Schiller mußte Cotta freilich doch länger als vorgesehen warten, das hing mit dessen durch Krankheit bedingter langsamer Produktion zusammen, doch auch mit den bestehenden, aber immer unklarer und unbestimmter werdenden Verlagsbindungen. Insbesondere der *Wallenstein* ließ auf sich warten. Zwar war Schiller nie verlegen, dem Verleger die Verzögerung zu versüßen: »Auf den Wallenstein dürfen Sie sich freuen«, schrieb er am 5. Januar 1798, »es ist mir in meinem Leben nichts so gut gelungen, und ich hoffe, in dieser Arbeit, die Kraft und das Feuer der Jugend mit der Ruhe und Klarheit des reiferen Alters gepaart zu haben.« Schließlich erschien 1800 *Wallenstein* und ein Jahr später auch *Maria Stuart*. Anderes wiederum mußte Cotta wohl doch wie eine Kröte schlucken. Die *Gesammelten Gedichte* Schillers kamen 1799 bei Crusius heraus; *Die Jungfrau von Orleans* gab Schiller – völlig unverständlich und unmotiviert – doch wieder an Unger für ein ›Taschenbuch auf das Jahr 1802‹. Bei Schiller ließ Cotta solche Seitensprünge als Ausnahme durchgehen, bei anderen Autoren, so bei Jean Paul, drohte er mit dem Abbruch der Beziehungen. Doch nach der Ausgabe bei Unger erschienen alle weiteren Dramen bei Cotta, 1804 wurden sie gesammelt, Schiller sah noch die Druckbogen, die Gesamtausgabe seiner Werke, die Freund Christian Gottfried Körner von 1812 bis 1815 in zwölf Bänden herausgab, erlebte er nicht mehr.

Die Beziehung Schillers zu Cotta darf als eine ideale Autor-Verleger-Beziehung angesehen werden, nicht nur, weil Cotta zu jeder Zeit und in jeder Lage hilfsbereit zur Verfügung stand, beide kommunizierten darüber hinaus als gleichwertige Partner miteinander. Beide konnten sich deshalb auch private Vorgänge, Familiengeschichten, sogar Klatsch und Gerüchte in lockerer Form mitteilen. Ein kleines Briefkunststück ist Schillers Nachricht an Cotta über das endlich erhaltene Adelsdiplom, das ihn und seine Frau gewissermaßen hoffähig machte und das ihm daher wichtig gewesen sein mußte, obschon er meinte, Cotta könne »sich leicht denken, daß mir, für meine eigene Person, die Sache ziemlich gleichgültig ist«.[4] Die gemeinsame schwäbische Herkunft spielte in der Beziehung gewiß auch eine Rolle (Schiller sah nach wie vor Württemberg als sein »Vaterland« an und war verzweifelt, als sich zur Zeit seiner Verbindung mit Cotta die Berufung auf eine Professur in Tübingen zerschlug). Wesentlich waren jedoch die Befriedigung der materiellen Interessen und die gegenseitige Anerkennung der Leistungen des anderen. Schiller hat dies schon früh in seinem Brief vom 29. Mai 1798 festgehalten: »Ich hoffe und wünsche, werther Freund, daß dieser Brief Sie in dem Kreis der Ihrigen glücklich angelangt finden wird. Noch erinnre ich mich des Tages, den Sie uns hier geschenkt, mit Freuden, und der neue Beweis Ihrer Freundschaft und Liebe für mich und meine Familie, den Sie mir noch auf Ihrer Reise selbst gegeben, hat mich innig gerührt. Ich zweifle keinen Augenblick, daß unser Verhältniß, das anfangs bloß durch ein gemeinschaftliches äussres Interesse veranlaßt wurde, und bei näherer Bekanntschaft eine so schöne und edle Wendung nahm, unzerstörbar bestehen wird. Wir kennen einander nun beide gegenseitig, jeder weiß daß es der eine herzlich und schwäbisch-bider mit dem andern meint und unser Vertrauen ist auf eine wechselseitige Hochschätzung gegründet: die höchste Sicherheit, deren ein menschliches Verhältniß bedarf.« Natürlich muß man an

Schillers Beschwörung des »unzertrennlichen« Verhältnisses, an die Formulierung »Ewig der Ihre« denken, wenn die Beziehung zu Cotta unzerstörbar genannt wird, aber es hatten sich hier im Gegensatz zur Verbindung Schillers mit Göschen eben doch zwei gleichwertige Partner gefunden, die sich ihrer Beziehung sicher waren; es ist auch charakteristisch, daß Schillers Brief nach solch emotionaler Bekundung dann fortfährt: »nun zu einer dringenden Geschäftssache«.

3. Das Bindeglied: ›Die Horen‹

Am intensivsten aber stürzten sich Autor und Verleger auf das Unternehmen der Zeitschrift ›Die Horen‹. Cotta ahnte wohl, daß dies kein sehr rentables Projekt sein könne. Schiller freilich wußte, warum er sich eine solche Zeitschrift wünschte, sie war auf ihn zugeschnitten, sie konnte ein Instrument seiner Literaturpolitik sein. Seinem Verleger erklärte er am 14. Juni 1794: »Diese Unternehmung *paßt* für mich, ich bin in diesem Fache *anerkannt*, ich bin *hinreichend* mit Materialien versehen, und kann selbst bey einem *geringen Grad von Gesundheit* noch dafür thätig seyn, weil ich es mit Neigung und mit innerm Berufe thun würde«, und in einem anderen Brief: »Mein Unternehmen kann mißlingen, aber ich kann es nie bereuen, es versucht zu haben.« Doch auch Cotta »paßte« es, und dies aus verschiedenen Gründen. Da war die Erwartung von Ruhm und Ehre, eine Publikation im Verlag zu haben, die diskutiert werden, die als Bewußtseinsspiegel der Zeit fungieren würde, und da war die Überlegung, neue bedeutende Autoren zu gewinnen, um den Verlag zu Heimstatt und Anziehungspunkt für die großen Geister der Zeit zu machen.

Die Verleger unseres Jahrhunderts haben es nicht anders gesehen. Der Insel Verlag entwickelte sich aus der von Otto Julius Bierbaum, Alfred W. Heymel und Rudolf Alexander

Schröder von 1899 bis 1902 herausgegebenen Monatsschrift ›Die Insel‹. Samuel Fischer begründete die ›Neue Rundschau‹. Im Rowohlt und Kurt Wolff Verlag wurde die Zeitschrift ›Weiße Blätter‹ entworfen, die sich kritisch gegen die Autoren der ›Neuen Rundschau‹, Thomas Mann und Gerhart Hauptmann, wandte.[5] Nach der Trennung vom S. Fischer Verlag im Jahre 1950 dachte Peter Suhrkamp bei seinem eigenen, neugegründeten Verlag immer wieder an eine eigene Zeitschrift, merkwürdigerweise schwebte ihm als wünschenswertes Objekt die Zeitschrift ›Der Zwiebelfisch‹ vor; all die kleineren Publikationen, die sich Suhrkamp zur Präsentation seiner Verlagswerke ausgedacht hatte, die ›Jahresschau: Dichten und Trachten‹ und ›Das Morgenblatt für Freunde der Literatur‹, Cottas ›Morgenblatt für gebildete Stände‹ nachempfunden, sollten in diese Richtung zielen. Auch mir war der ehrgeizige Wunsch einer Zeitschrift nicht fremd; sie sollte aufklärerischer Brennpunkt für die geistigen Strömungen der Zeit und für Autoren ein Forum sein; ich war sicher, in Hans Magnus Enzensberger den idealen Herausgeber gefunden zu haben; nach jahrelangem Zögern, schließlich bei einem Spaziergang im Taunus, war Enzensberger zur Herausgabe bereit; von seiner ersten Titelidee »Halleluja« konnte ich ihn abbringen, mit seinem anderen Vorschlag, ›Kursbuch‹, war ich einverstanden; 1965 erschien die erste Nummer, mit großer Intensität verwirklicht unter Mitwirkung wichtiger Autoren. Von Heft 15 an wanden Beiträger »Kränze für die Literatur« und verkündeten, durchaus im Geist der ganzen Zeitschrift, ihren Tod; speziell Peter Handke wurde angegriffen. Diese aus den Studentenunruhen resultierende Haltung, die ich persönlich als vernunftlos und lächerlich empfand, konnte vom Verlag verständlicherweise nicht vertreten werden, und so trennten wir uns, durchaus an einem Punkt der Entwicklung der Zeitschrift, der Enzensberger ein Operieren außerhalb des Verlages ermöglichte; später wollte keiner der Beteiligten mehr auf den »Tod der Literatur« angesprochen werden.

Die Erfahrung mit dem ›Kursbuch‹ ist für mich maßgeblich in der Frage, ob ein literarischer Verlag eine literarische Zeitschrift veröffentlichen sollte. Entweder wird diese Zeitschrift, wie die ›Neue Rundschau‹ von allem Anfang an bis heute, von reinen Verlagsinteressen getragen und von Verlagsredakteuren bestimmt, oder sie ist vom Verlag völlig unabhängig und läuft dann, wenn der Herausgeber Verlagsinteressen und unabhängige Redaktionsbestimmungen nicht koordinieren kann, Gefahr, nicht mehr ein Forum für Autoren und für Literatur zu sein, sondern sich einer anderen Konzeption zuzuwenden, die dann von den Verlagsautoren nicht mehr getragen werden kann.

Nun, Cotta kannte solche Beispiele nicht. ›Die Horen‹ waren das erste Unternehmen dieser Art, und sie begannen auf höchstem Niveau. Schon die Namengebung war anspruchsvoll, Horen, Horai, Horae, dies sind in der griechischen Mythologie Göttinnen des Gedeihens auf Feld und Flur; Hesiod setzte sie gleich mit gesetzlicher Ordnung, Gerechtigkeit und Frieden, und eine auf die Spätantike zurückgehende, auch für Schiller maßgebliche Tradition deutete sie als Verkörperungen der vier Jahreszeiten.[5a] Das erste Heft ›Die Horen‹, nach Jahresband und Teilstücken numeriert, erschien am 15. Januar 1795; die Zeitschrift erreichte immerhin mit den Jahrgängen 1795 bis 1797 zwölf (Quartals-)»Bände« mit je drei »Stücken«, insgesamt 1400 Seiten und 77 Beiträge. Sie starb nicht an ideologischen Querelen, nicht primär wegen rückgängiger Absatzzahlen, sondern am Desinteresse der Autoren.

Der Beginn freilich war aufsehenerregend: Schiller entwarf eine »Einladung zur Mitarbeit«, die an die wichtigsten Autoren der Zeit, Schriftsteller wie Wissenschaftler, versandt wurde. Sie ist zugleich die prototypische Reaktion der deutschen Klassik auf die Ereignisse der Französischen Revolution:

Einladung zur Mitarbeit
Die Horen

Unter diesem Titel wird mit dem Anfang des Jahrs 1795 eine Monatsschrift erscheinen, zu deren Verfertigung eine Gesellschaft bekannter Gelehrten sich vereinigt hat. Sie wird sich über alles verbreiten, was mit Geschmack und philosophischem Geiste behandelt werden kann, und also sowohl philosophischen Untersuchungen, als historischen und poetischen Darstellungen offen stehen. Alles, was entweder bloß den gelehrten Leser interessiren, oder was bloß den nichtgelehrten befriedigen kann, wird davon ausgeschloßen seyn; vorzüglich aber und unbedingt wird sie sich alles verbieten, was sich auf Staatsreligion und politische Verfassung bezieht. Man widmet sie der *schönen* Welt zum Unterricht und zur Bildung, und der *gelehrten* zu einer freyen Forschung der Wahrheit, und zu einem fruchtbaren Umtausch der Ideen; und indem man bemüht seyn wird, die Wissenschaft selbst, durch den innern Gehalt, zu bereichern, hofft man zugleich den Kreis der Leser durch die Form zu erweitern.

Für ›Die Horen‹ wurde, wie erwähnt, zwischen Schiller und Cotta ein Vertrag ausgehandelt. Dieser »Contract über die litterarische Monathsschrift Die Horen« wurde von Schiller ausgefertigt, er trägt formal wie inhaltlich seine Handschrift. Jeden Monat sollte ein Heft (»ein Stück«) im Umfang von 8 Bogen in deutscher Schrift erscheinen, die Seite mit 30 Zeilen. Inhaltlich wurde festgelegt, daß alle Aufsätze »entweder historischen oder philosophischen oder ästhetischen Innhalts« und auch für Nichtgelehrte verständlich sein sollten. Nicht im Vertrag erwähnt, aber ausdrücklich zwischen Schiller und Cotta vereinbart war, daß politische Auseinandersetzungen in dieser Zeitschrift nicht geführt werden sollten. Schiller wollte ja seine Gedanken nicht so sehr auf die Gegenwart, sondern auf die Zukunft der Menschheit richten und versuchen, wie er in seiner in mehreren deutschen Zeitungen veröffentlichten Ankündigung schrieb, »die politisch geteilte Welt unter der Fahne der Wahrheit und Schönheit wieder zu vereinigen«.

Auch das Honorar wurde bis ins Detail festgelegt, es sollte variabel sein, das niedrigste 3 Louisd'or, das höchste (dann für Goethe extra bestimmte) 8 Louisd'or, der »Mittelpreiß« sollte 5 Louisd'or betragen.

Ein Redaktionsausschuß mit fünf Mitgliedern wurde bestimmt, in den – unter Schillers Aufsicht – Goethe, Fichte, Körner, Humboldt und Karl Ludwig von Woltmann (Historiker, Diplomat, Professor für Philosophie und Geschichte in Jena) berufen wurden. Dieser Redaktionsausschuß sollte die eingesandten Stücke beurteilen, »und die Majorität entscheidet über die Würdigkeit zur Aufnahme«. Das war ein Geburtsfehler der Zeitschrift. Es ist unmöglich, daß Entscheidungen über Annahme und Ablehnung von einem Kollektiv gefällt werden können. Lebendigkeit und Bedeutung der Zeitschrift wie auch das Recht der Autoren werden so zu sehr eingeschränkt. Ein Fehler war die Einrichtung auch insofern, als letztlich die ganze Arbeit doch auf Schiller fiel, er war der Motor, und wie sehr auch in einem späteren Stadium Goethe beratend mitwirkte, es kam nur auf Schiller an, und als er resignierte, war das Schicksal der Zeitschrift besiegelt.

Auf einen besonders wichtigen Punkt muß noch hingewiesen werden. Im Vertrag hatte sich Schiller – ob mit oder ohne Beeinflussung durch Cotta, ist nicht festzustellen – einen Passus ausgedacht, der schlechterdings als unverhüllte Autorenwerbung anzusehen ist: »Der Verleger der Horen bedingt sich bey allen beständigen Mitarbeitern das Vorkaufsrecht ihrer übrigen Schriften aus, wo sie sich nicht schon vor Erscheinung der Horen durch anderweitige Verträge gebunden haben.« Diese Vertragsklausel ist eindeutig. Was Schiller und Cotta damit vor allem beabsichtigten, ist klar: Es sollte der

Weg sein, auf dem sich Schiller definitiv von Göschen entfernen konnte, und es mußte der Köder sein, Goethe zu fangen. Es gibt keine Dokumente, wonach Goethe auf diese Klausel rekurriert hätte, aber es ist anzunehmen, daß Schiller ihn über die Hintergründe informiert und ihm die daraus sich ergebenden Möglichkeiten für einen Verlagswechsel erläutert hat. Es ist auch nicht bekannt, ob Autoren nach dieser Klausel verfahren sind; indirekt hat sie ihre Wirkung getan, denn einige der ›Horen‹-Beiträger wurden Autoren des Cotta-Verlages, nicht zuletzt auch Hölderlin und Jean Paul.

Das erste Heft ist beeindruckend: Beiträge von Schiller, Goethe, Fichte, Johann Heinrich Meyer (dem Kunstkenner und Zeichner aus Stäfa bei Zürich, den Goethe in Rom kennengelernt und von dort nach Weimar geholt hatte). Wilhelm von Humboldt, Herder, August Wilhelm Schlegel, Johann Jakob Engel (der Schriftsteller und Theaterdirektor aus Berlin), Kant, Klopstock und Jean Paul hatten für die erste Nummer Beiträge versprochen, dann aber um Aufschub gebeten. Bedeutender ließ sich eine Zeitschrift nicht konzipieren und in ihren ersten Heften verwirklichen. ›Die Horen‹ waren das maßgebliche geistige Forum dieser Zeit, sie erhielten einen Rang, der später mit einer Verlagszeitschrift nicht mehr erreicht werden konnte. Literatur, Kunst und Philosophie waren mit ihren wichtigsten Repräsentanten vertreten, Gegensätzliches vereint im Streben, der rein zweckgerichteten Aufklärungsphilosophie die Idee eines harmonischen Menschenbildes entgegenzustellen. Die Zeitschrift setzte sich selbst einen hohen Anspruch, dem Publikum war er vielleicht zu hoch und erst recht einer wachsenden Kritik wie einer neidischen Kollegenschaft gegenüber. Schiller sandte seinen Beitrag *Über die ästhetische Erziehung des Menschen in einer Reyhe von Briefen* am 9. Januar 1795 an Cotta mit dem Kommentar: »Diese Briefe, welche sich über die ganze Kunsttheorie noch verbreiten werden, muß ich für das beßte erklären, was ich je gemacht habe und was ich überhaupt hervorbringen kann«, Briefe, »mit denen ich hoffe zur Unsterblichkeit zu gehen«. Körner hatte am 7. November 1794 spontan reagiert: »Seit langer Zeit hat nichts so sehr auf mich gewirkt, als Deine aesthetischen Briefe.« Goethes Reaktion war aufschlußreich, er blieb distanzierter, fand diese Briefe »angenehm und wohlthätig«, aber er sah darin doch auch das eigene Denken bestätigt und aufgenommen: »wie sollte es anders seyn? Da ich das was ich für recht seit langer Zeit erkannte, was ich theils lebte, theils zu leben wünschte auf eine so zusammenhängende und edle Weise vorgetragen fand.« (An Schiller, 26. 10. 1794.) Fichte steuerte seinen – übrigens einzigen – Beitrag bei, mit dem Titel: *Ueber Belebung und Erhöhung des reinsten Interesses für Wahrheit*; einen zweiten Beitrag *Ueber Geist und Buchstab in der Philosophie* sollte Schiller ablehnen. Meyer lieferte *Ideen zu einer künftigen Geschichte der Kunst*; Schiller hatte den Beitrag aufgenommen, weil er es einzigartig fand, daß ein Mann wie Meyer das Glück hatte, sich in Italien umsehen zu können, und daß einer, der sich in Italien umsehen konnte, Meyers Kunstverstand besaß. »Deßwegen ist eine solche Arbeit kostbar, weil seltene Dinge zusammentreffen müssen, um sie möglich zu machen.« Humboldts Beitrag *Über den Geschlechtsunterschied* wurde von Schiller als »schöne und große Idee« gelobt, und Herders Beitrag *Das eigene Schicksal* fand er für die ›Horen‹ »vorzüglich passend«, »weil sie etwas mystisches an sich haben, und durch die Behandlung doch an irgend eine allgemeine Wahrheit angeknüpft werden«. Diese ersten Hefte waren nicht besser zu machen. Das Format war großzügig, für den Satz waren besondere Lettern ausgewählt, der Druck adäquat, Papier und Bindematerialien ebenfalls besonders ausgesucht, der Umschlag in klassischer Typographie gehalten. Die Honorare waren großzügig bemessen. Die erste Auflage betrug 1500 Exemplare, wurde aber bald durch einen Nachdruck auf 2000 erhöht. Cotta war mehr als zufrieden, er hatte das Seine gegeben, vielleicht sogar zuviel, wie wir noch sehen werden.

Goethe folgte zunächst mit Freuden Schillers Einladung und war voller Bereitschaft, für ›Die Horen‹ zu denken und zu ihrem Gelingen beizutragen; er stand Schiller mit seinem Rat zur Verfügung; wo er konnte, sprang er ein, die Briefe belegen es. Neben Schiller lieferte er von allen Autoren die meisten Beiträge, zwar nicht die erwünschten ›Hauptwerke‹, *Wilhelm Meister*, *Faust* und *Herrmann und Dorothea*, doch Heft für Heft Beiträge, die bedeutsam sind.

Im ersten Heft, dem ersten »Stück« des 1. Jahrgangs 1795, wurde Goethes *Erste Epistel* veröffentlicht, sie war in Form einer Horazischen Epistel für Schiller geschrieben. Es folgte die Novellensammlung *Unterhaltungen deutscher Ausgewanderten*. Diese Prosageschichten waren spannend, sie griffen unmittelbar auf Zeitereignisse zurück, was eigentlich nicht in die bewußt unpolitische Konzeption der ›Horen‹ paßte, ebensowenig wie jene Verteidigung des Revolutionär-Neuen, mit der jeder Deutsche aufgefordert wurde, der alten Sklaverei eine Ende zu machen und nach der Guillotine zu rufen, um kein schuldiges Haupt zu verfehlen; Schiller griff in die in Fortsetzung erscheinenden *Unterhaltungen* ein, um Goethe auf das Fehlen eines balancierenden Punktes aufmerksam zu machen. In den nachfolgenden »Stücken« wurde dann der Disput ausbalanciert. Höhepunkt der *Unterhaltungen* ist zweifellos der wunderbar rätselhafte Text des *Mährchens*, dessen Rätselhaftigkeit bis in heutige Zeit Interpretatoren und Autoren beschäftigt hat. Peter Handkes ›Märchen‹ *Die Abwesenheit* wurde von ihm inspiriert.

Das fünfte »Stück« des 4. Jahrgangs wurde in Zusammenarbeit mit Goethe fertiggestellt, der selbst einen Aufsatz über den *Litterarischen Sansculottismus* beisteuerte. 1795, im fünften »Stück« des 1. Jahrgangs, erschienen Goethes *Römische Elegien*; sie waren ursprünglich für das erste Stück der ›Horen‹ vorgesehen; als Schiller die Texte am 26. Oktober 1794 von Goethe erhielt, war er überrascht, daß dieser sie nicht im ersten »Stück« gedruckt sehen wollte. Goethe erwartete negative Kritik; er kannte sein Weimarer Publikum und dessen moralische Konventionen: »Ich wünschte«, schrieb er am 26. Oktober 1794 an Schiller, »daß Sie sie nicht aus Händen gäben, sondern sie denen, die noch über ihre Admissibilität zu urteilen haben vorläßen.« Ob Schiller dies getan hat, wissen wir nicht; er reagierte zwei Tage später zustimmend: »Für die Elegien danken wir Ihnen alle sehr. Es herrscht darinn eine Wärme, eine Zartheit und ein ächter körnigter Dichtergeist, der einem herrlich wohl thut unter den Geburten der jetzigen Dichterwelt. Es ist eine wahre GeisterErscheinung des guten poetischen Genius.« In der Tat wurden aber die *Elegien* nach der ›Horen‹-Veröffentlichung so »herrlich wohl« nicht aufgenommen, der engere Freundeskreis Goethes, Herder, der Herzog Carl August, Frau von Stein, nahm Anstoß an der Veröffentlichung;[6] andere reagierten enthusiastisch, so Karl Theodor von Dalberg, der urteilte, diese *Elegien* überträfen alles, was Ovid, Properz und Catull geschrieben hätten. Im neunten »Stück« des dritten Bandes (1795) erschien Goethes Übersetzung des Homer zugeschriebenen Hymnus *Auf die Geburt des Apollo*. Vom vierten »Stück« des 6. Bandes ab wurde in elf Fortsetzungen Goethes Übersetzung des *Benvenuto Cellini* abgedruckt. Lichtenberg kommentierte am 17. September 1796 die verschiedenen Folgen der Übersetzung in den ›Horen‹: »Mit Ihrem Benvenuto Cellini haben Sie mir und allen, die ich kenne, ein sehr großes Geschenk gemacht.«

Alles schien optimal, doch bald begann die Misere, die jedes Periodikum zu erleben und durchzustehen hat: Die Arbeiten der Autoren, jener, auf die es ankam, blieben mehr und mehr aus; Produktivität läßt sich nicht kommandieren, das war für Schiller bittere Erfahrung. Ablieferungstermine können stimulierende, aber doch auch sehr oft lähmende Wirkung haben, und was sich lediglich auf Kommando einstellt, hat oft nicht die gewünschte Qualität. Schon am 29. Dezember 1794 klagte Schiller gegenüber Körner: »Unsrer guten Mitarbeiter sind bey allem Prunk den wir dem Publikum vormachen, wenig; und von diesen guten ist fast die Hälfte für diesen Winter nicht zu rechnen ... Göthe will seine Elegien nicht gleich in den ersten Stücken eingerückt, Herder will auch einige Stücke erst abwarten, Fichte ist von Vorlesungen überhäuft, Garve krank, Engel faul, die andern laßen nichts von sich hören. Ich rufe also: Herr hilf mir, oder ich sinke!« Das war noch vor dem Erscheinen des ersten Heftes! Später kamen unter den Autoren Spannungen auf: Von Goethe erbat sich Schiller einen Vorabdruck des *Wilhelm Meister*, doch Goethe konnte dem nicht entsprechen, weil der Roman Unger zugesagt war und dieser sich einem Vorabdruck widersetzte. Von Kant und Jean Paul zugesagte Beiträge blieben aus. Bei Garve bestellte Schiller den Beitrag »Über das Verhältnis des Schriftstellers zum Publikum«, doch Garve lieferte nicht; Fichte war erbittert über die Ablehnung seines zweiten Beitrags; er stellte die Mitarbeit ein und begann, die Haltung der Zeitschrift zu kritisieren.

War das Niveau, der selbst gestellte und von den Autoren verkündete Anspruch, war der »Prunk, den man dem Publikum vormachte«, nicht doch zu hoch? An Herzog Friedrich Christian von Augustenburg schrieb Schiller am 9. Juni 1795 unter dem Deckmantel der Devotion Aufschlußreiches: »An meinem Eifer das Gute zu sammeln, wo ich es nur irgend finde, fehlt es nicht, aber so reich Deutschland an Journalen und Schriftstellern ist, so arm ist es doch wieder an guten Autoren und an frischen gesunden Produkten des Genies und des philosophischen Geistes. Dieser Mangel ist mir, ich gestehe es, noch nie so bekannt gewesen, als seit Erscheinung meines Journals, an dem eine so große und nicht unwichtige Societät Antheil nimmt, und wo es dennoch so schwer hält, dem Publicum immer etwas Befriedigendes vorzulegen. Es gereicht zwar der Nation zum Ruhme, daß sie schwerer zu befriedigen ist, aber es wäre zu wünschen, daß die Geschicklichkeit der Schriftsteller diesen hohen Foderungen auch entsprechen möchte.«

Diese »hohen Foderungen« hatte das Publikum nicht, insbesondere nicht bei philosophischen Beiträgen, den Kernstücken der ›Horen‹; viele Beiträge wurden als zu schwer lesbar und als zu kompliziert kritisiert; die Buchhändler retournierten die Exemplare, Cotta senkte die Auflage, erst auf 1500, dann auf 1000 Exemplare.

Vielleicht hätte sich die Zeitschrift doch noch gehalten, aber es kam ein merkwürdiger Umstand hinzu, der die Gemüter der Zeitgenossen erregte, die ohnehin durch die »Prunk«-Sprache der Autoren und durch den andere Organe verdrängenden Monopolanspruch verstimmt waren. Die ersten Kritiken, vielleicht von jenen Autoren geschrieben, die zur Mitarbeit an den ›Horen‹ nicht eingeladen waren, klangen eher unfreundlich. Dann aber erschien eine ausführliche Besprechung in der ›Allgemeinen Literatur Zeitung‹ in Jena. Das war auffallend, vergleichbar in heutiger Zeit mit Lob oder Verriß in der ›Frankfurter Allgemeinen Zeitung‹. Autor der Rezension war Christian Gottfried Schütz, Professor der Poesie und Beredsamkeit in Jena und auch Herausgeber dieser Zeitung; der Rezensent war begeistert, vertrat die Meinung, daß ›Die Horen‹ nun bald alle anderen Journale verdrängen, ja, sie überflüssig machen würden; solche Meinung kannte man bisher ja nur als die des Herausgebers selbst. Das Ganze wurde zum Skandal, als sich durch eine Indiskretion herausstellte, daß Cotta diese Rezension bestellt und den Verfasser bezahlt oder, wie die Öffentlichkeit meinte, bestochen hatte. Verständlicherweise ging dieser Vorgang durch alle Gazetten, und mit einigem Recht stürzten sich nun die Kritiker auf Verleger, Zeitschrift und vor allem auf den Herausgeber. Jetzt nahm man dem Unternehmen Anspruch und Selbstbewußtsein wirklich übel. Das, was Schiller seinen Zeitgenossen geben, der Menschheit zum Ziel setzen wollte, nämlich die »ästhetische Erziehung des Menschen«, wurde nicht angenommen und immer heftiger kritisiert. Carl Ludwig Fernow schrieb am 12. November 1795 aus Rom an

Christoph Martin Wieland: »Ich bewundere Schillers ästhetische Briefe, den trefflichen Stil und den wunderbaren Schöpfergeist ihres Verfassers ... aber so wie seine Kraft einzig ist in ihm, so wünsche ich, möchte auch seine Darstellung ihm einzig bleiben; ich fürchte die Nachahmer, sie werden uns mit einem Schwall schwülstiger Philosophie überströmen, mögen es die Götter verhüten! Nicht nur für die hiesigen Künstler sind diese Briefe Hieroglyphen, und ich muß bei ihnen mein ganzes Zutrauen aufs Spiel setzen, um sie glauben zu machen, daß ihr Inhalt kein abstrakter Unsinn ist.« Friedrich Nicolai urteilte in einem Brief vom 30. Juni 1795 an den Herzog von Augustenburg: »Nachgerade scheint es, diese Herren glauben, wenn sie auch die trivialsten Gegenstände in ihrer scholastischen Terminologie sagen, so wäre dies Philosophie. Die ›Horen‹ geben die seltsamsten Beweise davon. Was da an Schönheit, über Kunst, über Männliches und Weibliches in diesen scholastischen Quidditäten geredet wird, zeigt doch wirklich, daß diese Herren nicht recht wissen, was sie wollen. Fast von allen Orten Deutschlands her klagen die Leute darüber. Mir tut es leid, daß unsere deutsche Prosa abermahl und von rechten guten Köpfen verdorben wird. Sie sollte sich eben bilden und geht nun wieder zurück. Schrieben je die Alten so? Wenn man ein englisches Buch liest, so wird man ganz froh. Bald werde ich nichts Deutsches mehr lesen.« Johann Wilhelm Ludwig Gleim teilte am 5. April 1795 Herder mit: »Wer machte doch die Lobrede der Horen in der Literaturzeitung? Mir hat dieser Posaunenton im mindesten nicht gefallen.« Die Kritik an den ›Horen‹ wurde übermäßig, es entspannen sich regelrechte Autorenfehden in den Zeitungen. Wilhelm von Humboldt unterrichtete am 17. Juli 1795 Schiller: »Hennings hat schon vor Monaten ich glaube im Archiv der Zeit, eine Rec[ension] der Schützischen Rec[ension] der Horen abdrucken lassen, die mit den Horen ganz honnett, aber mit dem Rec[ensenten] desto ärger umgehn soll.« Humboldt sammelte Berliner Urteile und teilte sie Schiller mit; so habe der Buchhändler und Verleger Unger gesagt, die ›Horen‹ müßten mit diesem Jahr aufhören, weil alle Welt damit unzufrieden sei. Schiller antwortete Humboldt am 21. August: »Ihr letzter Brief mit den Horen-Nachrichten hat mich sehr belustigt; das ist indessen nicht zu läugnen daß Sie und ich verdient haben, in unserer Erwartung getäuscht zu werden, weil unsere Erwartung nicht auf eine gehörige Würdigung des Publikums gegründet war. Ich glaube nun, daß wir Unrecht gethan, solche Materien und in solcher Form in den Horen abzuhandeln, und sollten sie fortdauren, so werde ich vor diesem Fehler mich hüten. Die Urtheile sind zu allgemein und zu sehr übereinstimmend, als daß wir sie zugleich verachten und ignorieren könnten.« Die Schar der Kritiker wuchs und wuchs. In der ›Neuen Bibliothek der Schönen Wissenschaften‹ verurteilte Manso und in den ›Annalen der Philosophie‹ in Halle Professor Jakob Schiller und Goethe. Als Herder im 9. Stück seinen Aufsatz *Homer ein Günstling der Zeit* veröffentlicht hatte, wurde er von Friedrich August Wolf des Plagiats angeklagt. Goethe beobachtete die kritischen Stimmen sehr genau. Am 28. Oktober unterbreitete er Schiller den Vorschlag: »Sollten Sie sich nicht nunmehr überall umsehn? und sammeln was gegen die Horen im allgemeinen und besondern gesagt ist und hielten am Schluß des Jahrs darüber ein kurzes Gericht, bey welcher Gelegenheit der Günstling der Zeit auch vorkommen könnte. Das hällische philosophische Journal soll sich auch ungebürlich betragen haben. Wenn man dergleichen Dinge in Bündlein bindet brennen sie besser.« Schiller wußte, welch eine wahre »ecclesia militans« sich gegen die ›Horen‹ formiert hatte. »Ausser den Völkern, die Herr Jacob in Halle commandiert und die Herr Manso in der Biblioth[ek] d[er] S[chönen] W[i]ssenschafte[n] hat ausrücken lassen, und außer Wolfs schwerer Cavallerie haben wir auch nächstens vom Berliner Nicolai einen derben Angriff zu erwarten. Im Xten Theil seiner Reisen soll er fast von nichts als von den Horen handeln und über die Anwendungen Kantischer Philosophie herfallen, wobey er alles unbesehen, das Gute wie das Horrible, was diese Philosophie ausgeheckt, in einen Topf werfen soll.« Es war in der Tat eine Schwierigkeit für Schiller, diesen Angriffen zu begegnen. Die Beiträge in den ›Horen‹ waren anonym, viele der Kritiker verwechselten deshalb die Autoren der Beiträge. Schiller beklagte sich bei Körner, doch dieser gab sich alle Mühe, ihn zu beruhigen, wenn er am 6. November an ihn schrieb, »daß die Horen sehr vielen Angriffen ausgesetzt seyn würden war zu erwarten. Die Rezension in der Literaturzeitung – mit der ich auch nicht zufrieden war – hat hier und da wohl eine widrige Wirkung machen müssen. Jetzt ist nichts weiter zu thun, als um die Schreyer sich gar nicht zu beküm[m]ern, sondern alles aufzubieten, was den Gehalt und die Mannichfaltigkeit der Aufsätze vermehren kann. In den Horen selbst darf, däucht mich, schlechterdings niemanden geantwortet werden, der sich unbescheidne Ausfälle erlaubt.«

Schiller erhielt eine Flut protestierender Briefe, Briefe von Freunden, anonyme Briefe. Schließlich resignierte er. »Wenn es Leser giebt«, schrieb er am 3. September 1795 an Cotta, »die lieber die Waßersuppen in andern Journalen kosten als eine kräftige Speise in den Horen geniessen wollen, und die in den 56 Bogen die sie nunmehr von uns gelesen nicht mehr finden, als in den jetzt herauskommenden Journalen zusammen genommen zu finden ist, so ist dieses freylich sehr übel, aber zu helfen weiss ich nicht. Für ein solches Publikum ist es mißlich ein Journal zu schreiben, an dem man selber Freude hat ... Wenn aber aller dieser Bestrebungen ungeachtet die öffentliche Stimme gegen uns ist, so muss die Unternehmung aufgegeben werden. Mir ist es unmöglich, mich lange gegen Stumpfsinnigkeit und Geschmacklosigkeit zu wehren, denn Lust und Zuversicht allein sind die Seele meines Wirkens.« Als Reaktion auf viele kritische Urteile ist Schillers Brief an Cotta vom 30. Oktober 1795 zu verstehen: »Es ist unendlich lächerlich, die Anfänger in der Philosophie und die Schmierer zu Leipzig und Halle über meine æsthetischen Briefe ergrimmt zu sehen, während daß Kant selbst, der competenteste Richter in dieser Sache mit Bewunderung davon spricht, obgleich ich in mehreren Punkten ihn selbst zu widerlegen unternahm.«

So kam keine Lust und Zuversicht mehr auf, im Gegenteil, die gesamte Lage verdüsterte sich. »Mit dem Guten gefällt man selten«, Schillers Einsicht ist banal, aber sie trifft, und sie stimmt noch heute. Seine daraus resultierende Erwägung, »Mitarbeiter auftreten [zu] lassen, die dem Publikum gefallen, wenn sie gleich mir sehr fatal seyn sollten«, war keine Lösung. Am 7. Dezember 1795 bereits war der Entschluß zum Aufgeben der ›Horen‹ endgültig gefaßt; Grund sei nicht das Publikum allein, sondern die »unwiderstehliche Neigung, in meinen Arbeiten keinem fremden Gesetz zu gehorchen und besonders der poetischen Thätigkeit mich vorzugsweise zu überlassen, und *zweytens* die schlechte Unterstützung von Seiten der Mitarbeiter an den Horen«. Herzog Friedrich Christian gegenüber versuchte Schiller (am 9. 1. 1796) noch einmal die Situation zusammenzufassen. »Die Foderungen der Gelehrten und die Wünsche des Lesers von Geschmack sind einander gar zu oft entgegen gesetzt; jene verlangen Tiefe und Gründlichkeit, welche leicht eine Dunkelheit und Trokkenheit erzeugt, dieser fodert Leichtigkeit und Schönheit, welche gar leicht zu Oberflächlichkeit verleiten. Die große Schwierigkeit, zwischen beyden Klippen glücklich vorbey zu kommen, wird die Mängel unserer Arbeit einigermaßen entschuldigen.« Und noch einmal formulierte er in diesem Brief sein ursprüngliches Vorhaben: »die Seichtigkeit im Raisonnement und den geistlosen schlaffen Geschmack in Poesie und Kunst, welche in unsere Zeiten eingerissen haben, nach allen meinen Kräften zu bekämpfen, und den herrschenden Geist der Frivolität durch männlichere Grundsätze zu verdrängen. Mein Unternehmen kann mißlingen, aber ich kann nie bereuen, es versucht zu haben.« Das klingt schon deutlich nach Abgesang. Cotta riet ihm weiterzumachen, er wollte die Zeitschrift halten, auch wenn ihr Absatz unter 1000 Exemplare fallen sollte.

Am 24. August 1797 übermittelte Goethe von Frankfurt aus Schiller einen (jedenfalls im Rückblick) bedeutenden Vorschlag: »Ich will Ihnen doch noch von einer Arbeit sagen, die ich angefangen habe und die wohl für die *Horen* seyn wird. Ich habe gegen zweyhundert französische satyrische Kupfer vor mir, ich habe sie gleich schematisirt ... Ich fange an sie nun einzeln zu beschreiben und es geht recht gut, denn da sie meist dem Gedanken etwas sagen, witzig, simbolisch allegorisch sind, so stellen sie sich der Imagination oft eben so gut und noch besser dar als dem Auge, und wenn man eine so große Masse übersehen kann, so lassen sich über französischen Geist und Kunst, im allgemeinen, recht artige Bemerkungen machen und das Einzelne, wenn man auch nicht *lichtenbergisieren* kann noch will, läßt sich doch immer heiter und munter genug stellen, daß man es gerne lesen wird. In der Schweitz finde ich gewiß noch mehr und vielleicht auch die frühern. Es würde daraus ein ganz artiger Aufsatz entstehen, durch welchen das Octoberstück einen ziemlichen Beytrag erhalten könnte.«

Es ist merkwürdig, Schiller reagierte so, wie die nachfolgende Goethe-Forschung reagieren sollte: Er war kaum interessiert an diesem Vorschlag und hätte es doch sein sollen, allein schon der peinlichen redaktionellen Situation der ›Horen‹ wegen. Schiller war jedoch jetzt mit ganz anderen Briefen Goethes beschäftigt, mit dessen Kritik an seiner Ballade *Die Kraniche des Ibykus* nämlich und auch mit dessen Bericht über den Besuch Hölderlins. Freilich, Schiller konnte nicht wissen, was Goethe damals in Frankfurt wirklich unternahm. Am 3. August war Goethe in Frankfurt angekommen, zum ersten Mal seit vier Jahren hatte er seine Mutter wiedergesehen. Die Hauptaufregung war die Nachwirkung der Besetzung Frankfurts durch die Franzosen vom 14. Juli bis 8. September 1796. Alles sprach über die Reparationen und die Überteuerung, das Publikum, so Goethe, sei in einem beständigen Taumel von Erwerben und Verzehren, und es entstehe eine »große Neigung des lesenden Publikums zu Journalen und Romanen«, und zwar deshalb, weil diese Zerstreuung um der Zerstreuung willen brächten. Man beobachte eine gewisse Scheu gegenüber poetischen Produktionen, die »Poesie«, so Goethe, »ist in der breiten Welt ... so unbequem wie eine treue Liebhaberinn«.

Und am 16. August schrieb er an Böttiger:
ich muß aus dem lebhaften Frankfurt doch auch etwas von mir hören lassen. Der Aufenthalt ist gegenwärtig hier sehr interessant, jedermann ist noch voll von den kurz vergangenen Geschichten und da die Gefahr vorüber ist, erlustigt man sich an der Erinnrung so mancher unangenehmen, traurigen und schrecklichen Augenblicke. Die ernsthaften stillen Österreicher in der Stadt, die lustigen, ewig beweglichen Franzosen in der Nähe geben manchen interessanten Anblick und Gelegenheit zu mancher artigen Erzählung, der Umgang mit Menschen welche fast alle bedeutende Personen dieses Kriegsdramas gekannt und mit ihnen in Verhältniß gestanden, ist sehr unterhaltend. So sieht man auch die französische Revolution und ihre Wirkungen hier viel näher und unmittelbarer, weil sie so große und wichtige Folgen auch für diese Stadt gehabt hat und weil man mit der Nation in so vielfacher Verbindung steht.

Bey uns sieht man Paris immer nur in einer Ferne, daß es wie ein blauer Berg aussieht, an dem das Auge wenig erkennt, dafür aber auch Imagination und Leidenschaft desto wirksamer seyn kann. Hier unterscheidet man schon die einzelnen Theile und Localfarben.

»Die Französische Revolution und ihre Wirkungen« – das ist in dieser Zeit doch eine erstaunliche Wendung. Goethe begreift die Revolution als Wandel, es kommt ihm darauf an zu verstehen, wie sich die innerfranzösischen Verhältnisse geändert haben.

Wo Goethe in Frankfurt jene französischen Kupferstiche eingesehen hat, ist ungeklärt. Er nahm sogleich eine Auswahl und Einteilung vor und fand dafür ein besonderes System, eine Einteilung, gegen Fremde gerichtet, gegen Einheimische und unter diesen besonders gegen Künstlerfeinde:

I. *Fremde.*

a.) England.
b.) Den Papst.
c.) Oesterreich.

II) *Einheimische*

a.) Schreckensreich
b.) Modefratzen.
  1.) In ihrer Albernheit dar und gegen einander gestellt
  2.) Paarweis in galanten und leidenschafftlichen Verhältnissen unter einander
  3.) In Verhältnissen zu veralteten Fratzen
  4.) In Finanz oder andern politischen Verhältnissen.
c.) Gegen Künstlerfeinde.

Einige Tage vor dem 16. August hatte Goethe die Gemäldesammlung des Frankfurter Bankiers Johann Friedrich Städel besucht und am Tag danach aus der Erinnerung acht Gemälde beschrieben, die sich bei Städel befanden. Er wollte zu dieser Zeit auch eine Erinnerung an Johann Heinrich Füssli für die ›Horen‹ schreiben. All das mag ihn bewogen haben, jene Beschreibung der französischen Kupferstiche zu geben.

Eines ist sicher: Wir haben Goethes Rezension einer Anzahl französischer satirischer Kupferstiche im Hinblick auf seine Haltung zu den Wirkungen der Französischen Revolution wichtig zu nehmen. Er selbst hat diesem Satireprojekt große Bedeutung beigemessen. Als die ›Horen‹ eingestellt wurden, hatte er diese Rezension für die ›Propyläen‹ vorgesehen, aber auch dieser Plan ist nicht ausgeführt worden. Die Rezension wurde von Goethes Sekretär Geist nach Diktat niedergeschrieben, sie erschien zum ersten Mal 1896 in freilich nicht zuverlässiger Textgestalt im 47. Band der Weimarer Ausgabe.[7]

Im Januar 1798 war nun definitiv die Entscheidung gefallen. Man diskutierte jetzt die *Xenien*, der ›Musenalmanach‹ lag in 3. Auflage vor, aber um ›Die Horen‹ blieb es still, und man ließ sie »selig einschlafen«. Schiller war wieder ganz intensiv mit dem *Wallenstein* beschäftigt, und so konnte er am 5. Januar an Cotta schreiben: »Ich bins recht wohl zufrieden, daß die Horen aufhören, und bitte bloß allen Eclat zu vermeiden und bei Versendung des eilften und zwölften Stücks den Buchhandlungen es zu notifizieren, ohne eine öffentliche Erklärung.« Freilich sollte der Xenienalmanach noch einmal neu aufgelegt werden. »Um uns vor dem Publicum eine Consolation wegen Aufhörens der Horen zu geben, wäre mirs besonders lieb, wenn in den nächsten 4 Wochen eine Zweyte Auflage des MusenAlmanachs im Intelligenzblatt der Litt[eratur] Zeitung ... könnte angezeigt werden.«

Am 26. Januar 1798 wurde Goethe von Schiller unterrichtet:
Eben habe ich das Todesurtheil der drei Göttinnen Eunomia, Dice und Irene förmlich unterschrieben. Weihen Sie diesen edeln Todten eine fromme christliche Thräne, die Condolenz aber wird verbeten.

Cotta hatte schon voriges Jahr nur eben die Kosten wieder, und wollte sie auch noch dieß Jahr so vegetieren lassen, aber ich sah wirklich keine entfernte Möglichkeit sie zu continuiren, weil es uns ganz und gar an Mitarbeitern fehlt, auf die man sich verlassen kann, und ich, ohne eigentlichen reellen Geldgewinn, ewige Sorge und kleinliche Geschäfte bei dieser Redaction hatte, wovon ich mich durch einen entschlossenen Schritt befreyen mußte.

Wir werden, wie sichs von selbst versteht, beim Aufhören keinen Eclat machen, und da sich die Erscheinung des 12ten Stücks 1797 ohnehin bis auf den März verzögert, so werden sie von selbst selig einschlafen. Sonst hätten wir auch in dieses 12te Stück einen tollen politisch-religiösen Aufsatz können setzen lassen, der ein Verbot der Horen veranlaßt hätte, und wenn Sie mir einen solchen wißen, so ist noch Platz dafür.

Goethe ging auf diesen Vorschlag eines »tollen politisch-religiösen Aufsatzes« für die ›Horen‹ nicht ein. »Daß Sie unsere Freundinnen wollen einschlafen lassen war mir nicht ganz unerwartet«, antwortete er einen Tag später, und er fuhr fort: »Was sagen Sie aber zu dem Gedanken daß man Monatschriften nur auf ein Jahr herausgeben sollte? ... Man müßte sich zum Gesetz große Mannigfaltigkeit machen, interessante, nicht zu lange Aufsätze, in dem Einen Jahre gewiß alles ganz, und seine Sache so machen daß es am Ende noch als ein ganzes Werk verkauft werden könnte.« Doch auf diese Idee sollten weder Schiller noch Cotta reagieren. Nun ging es darum, die letzten Hefte gut zu »bestücken«, was freilich nicht gelang. Goethe war auch nicht dazu zu bewegen, außer den langwierigen Fortsetzungen seines *Cellini* noch anderes, Neues, Attraktives zu geben. Das letzte Heft bestand nur noch aus Gedichten von Louise Brachmann; diese in Weißenfels (von 1777 bis 1822) lebende Schriftstellerin war bislang unbekannt gewesen, sie hatte aufgrund der ersten Hefte der ›Horen‹ Schiller Gedichte eingeschickt, und dieser schätzte sie (»Unter dem Heer von Gedichten, welche dem Herausgeber eines aus allen Enden unsers versereichen prosaischen Deutschlands zufließen, ist die Erscheinung einer schönen und wahren poetischen Empfindungen ... eine desto angenehmere Ueberraschung«). Er ließ sich von seinem Urteil leiten und rückte die Gedichte von Louise Brachmann in die ›Horen‹ ein, aber in die Annalen der Literaturgeschichte sind sie nicht eingegangen. Am 12. Juni 1798 erschien das letzte Heft der ›Horen‹ in Jena.

3. ›Die Horen‹ 281

Ist es Zufall, daß Schiller in seinem Brief an Goethe vom 26. Januar 1798 auf die Idee eines »tollen politisch-religiösen Aufsatzes« kommt? Wollte er neben der ästhetischen Erziehung des Menschen eine politische anregen? Wollte er, in einer Zeit deutscher Erniedrigung, die Idee Europa stärken? Der Brief vom 26. Januar wird von Schiller so fortgesetzt: »Mit meiner Gesundheit geht es seit gestern wieder beßer, aber die Stimmung zur Arbeit hat sich noch nicht wieder eingefunden. Unterdeßen habe ich mir mit Niebuhrs und Volneys Reise nach Syrien und Egypten die Zeit vertrieben, und ich rathe wirklich jedem der bei den jetzigen schlechten politischen Aspecten den Muth verliert, eine solche Lecture; denn erst so sieht man, welche Wohlthat es bei alledem ist, in Europa gebohren zu seyn. Es ist doch wirklich unbegreiflich, daß die belebende Kraft im Menschen nur in einem so kleinen Theil der Welt wirksam ist, und jene ungeheuren Völkermassen für die menschliche Perfectibilität ganz und gar nicht zählen. Besonders merkwürdig ist es mir, daß es jenen Nationen und überhaupt allen NichtEuropæern auf der Erde nicht sowohl an moralischen als an aesthetischen Anlagen gänzlich fehlt. Der Realism, so wie auch der Idealism zeigt sich bei ihnen, aber beide Anlagen fließen niemals in eine menschlich schöne Form zusammen. Ich hielt es wirklich für absolut unmöglich den Stoff zu einem epischen oder tragischen Gedichte in diesen VölkerMassen zu finden, oder einen solchen dahin zu verlegen.« Schiller konnte seine »Wohltat, in Europa geboren zu sein«, in eigene Werke umsetzen.

Unmittelbar nach dem Entschluß, ›Die Horen‹ einzustellen,[8] folgten Schillers dramatische Werke und ihre gerühmten Aufführungen, die *Wallenstein*-Trilogie, *Maria Stuart*, *Die Jungfrau von Orleans*, *Wilhelm Tell*, *Die Braut von Messina*. Goethe konnte *Herrmann und Dorothea* veröffentlichen, und Lavater sah diese Veröffentlichung am 29. November 1797 als »ein Versöhnopfer für die Xenien« an.

Bis zu den *Wahlverwandtschaften* von 1809 hat Goethe

keine große neue Dichtung geschaffen (von der *Natürlichen Tochter* abgesehen), aber er vollendete *Wilhelm Meisters Lehrjahre*, schuf Trauerspiele, übersetzte die Lebensgeschichte Cellinis, schrieb Gedichte und Elegien und hatte auch seine »öffentlichen« Ämter wahrzunehmen, die Intendanz des Theaters, die Aufsicht über wissenschaftliche Einrichtungen in Jena und Weimar, die Neugestaltung der Theatergebäude in Weimar und Lauchstädt; er wurde Präsident der Jenaischen »Mineralogischen Gesellschaft«, und er vertiefte sich in die Geschichte der Farbenlehre. Am 26. August 1796 trägt er in sein Tagebuch ein: »Absendung des 8ten Buchs Wilh. Mstrs.«

Im Oktober 1796 erschien der letzte Teil des Romans als sechster Band der Werkausgabe bei Unger – damals, als der erste Band der *Lehrjahre* erschienen war, hatte Goethe, wie wir gesehen haben, den Roman noch gar nicht abgeschlossen. Der siebte Band der *Neuen Schriften* verzögerte sich bis 1800. Goethe sah unmittelbar keine neuen substantiellen poetischen Stoffe vor sich, und Schiller empfahl ihm, die verstreut publizierten Gedichte in diesem siebten Band zu sammeln, also die *Balladen* und *Romanzen* sowie die *Elegien* und die *Venezianischen Epigramme*. Doch schon bevor Unger 1804 starb, begann Goethes Beziehung zu Cotta.

Exkurs: Die *Xenien*: »Aber ich lobe das Spiel«

Literaturkampf, Autorenfehde – nie mehr ist in den folgenden 200 Jahren ein solcher Streit entbrannt, nie mehr wäre er überhaupt möglich gewesen, nie mehr hat ein kleines, schmales Buch wie der ›Musen-Almanach für das Jahr 1797‹ solches Aufsehen erregt, nie mehr ist es vorgekommen, daß ein Kritiker (wie damals Gervinus[9]) nach Jahrzehnten festgestellt hat, daß die dort so polemisch gefällten Urteile einem soliden Urteil standhielten, und niemals mehr hat jemand, der angegrif-

Titelblatt und -kupfer des ›Musen-Almanachs für das Jahr 1797‹.

fen wurde, Jahrzehnte danach (bei der Umbettung Schillers innerhalb Weimars 1827) in der Öffentlichkeit bekundet, daß er zu Recht angegriffen wurde. Wäre für das 20. Jahrhundert ein solcher Literaturkampf denkbar gewesen, in dem untereinander verfeindete Dioskuren, etwa Thomas Mann und Bertolt Brecht, sich verbündet hätten, um Gericht über die Zeitgenossen zu halten und deren Werke zu verbannen? Undenkbar, der ideologische Graben wäre zu tief gewesen. Thomas Mann allerdings und Hugo von Hofmannsthal hatten sich einmal, wie Rudolf Alexander Schröder mündlich berichtet hat, zu einem Literaturgespräch verabredet, Schröder, Borchardt und Heymel warteten, Hofmannsthal kam von der Unterredung zurück, sein Kommentar: »Ich wußte ja, daß er ungebildet ist, ich wußte ja, daß er dumm ist, aber ich wußte nicht, daß er so albern sein kann.« Keine Basis für »Xenien« heute.

Genese und Wirkung sind gut belegt, hauptsächlich im

Briefwechsel zwischen Schiller und Goethe. Dieses Werk ist Quelle (vielleicht auch Ursache) des ganzen Vorgangs, Dokument der Zusammenarbeit zweier Schriftsteller, aber eben auch Dokument dafür, daß die Mehrheit des Publikums wie auch die Kritik den hohen ästhetischen Anspruch der ›Horen‹ als Zumutung empfand und ihn ablehnte. Schon um Weihnachten 1795 kam Goethe auf die Idee, Epigramme auf deutsche Zeitschriften zu machen, ähnlich den »Xenien« des Martial, welche Goethe zu den *Venezianischen Epigrammen* angeregt hatten. Am 23. Dezember 1795, da Schiller noch überlegt, ob und wie den Rackenitz, Becker und Genossen in den ›Horen‹ zu begegnen sei, gibt Goethe die entscheidende Weisung: »Den Einfall auf alle Zeitschriften Epigramme, iedes in einem einzigen Disticho, zu machen, wie die Xenia des Martials sind, der mir dieser Tagen gekommen ist, müssen wir cultiviren und eine solche Sammlung in Ihren Musenalmanach des nächsten Jahres bringen. Wir müssen nur viele machen und die besten aussuchen.« Am 25. Dezember schickt er Proben, am 29. billigt Schiller lebhaft den prächtigen Gedanken, erweitert den Plan über die Zeitschriften hinaus auf allerlei Themen und bezeichnet rasch eine Reihe Zielscheiben ringsumher. »Ich denke aber«, so meint Schiller, »wenn wir das hundert voll machen wollen, werden wir auch über einzelne Werke herfallen müssen, und welcher reichliche Stoff findet sich da! Sobald wir uns nur selbst nicht ganz schonen, können wir heiliges und profanes angreifen. Welchen Stoff bietet uns nicht die Stolbergische Sippschaft, [Joseph Friedrich von] Rackenitz, [Friedrich Wilhelm Basilius von] Ramdohr, die metaphysische Welt, mit ihren Ichs und Nicht-Ichs [Fichte], Freund [Friedrich] Nicolai unser geschworener Feind, die Leipziger GeschmacksHerberge, [August Moritz von] Thümmel, Göschen als sein Stallmeister, u[nd] d[er]gl[eichen] dar!« Nichts also wird verschont, Gott und die Welt nicht, nicht die Kollegen, man selbst nicht und auch nicht die Verleger, die »Stallmeister«.

Die *Xenien* sind zwar in weihnachtlicher Stimmung entstanden, und doch sind sie »wild«, nicht »zahm«, wie ihre späteren Nachkommen. Ihre Entstehung zeigt vier Stadien, vom Dezember 1795 bis zum Erscheinen im Oktober 1796, als sie, wie der venezianische Sprengstoff des vorausgegangenen Almanachs, einen ungeheuren Streit auslösen, einen »Krieg« eröffnen.

Die Freunde waren überrascht, auch Wilhelm von Humboldt, der im Februar 1796 folgende Nachricht von Schiller erhielt: »Die Xenien, von denen ich Ihnen einmal schrieb, haben sich nunmehr zu einem wirklich interessanten Produkt, das in seiner Art einzig werden dürfte, erweitert. Göthe und ich werden uns darinn absichtlich so ineinander verschränken, daß uns niemand ganz auseinander scheiden und absondern soll. Bey einem solchen gemeinschaftlichen Werk ist natürlicherweise keine strenge Form möglich; alles was sich erreichen läßt ist eine gewisse Allheit oder lieber Unermeßlichkeit, und diese soll das Werk auch an sich tragen. Eine angenehme und zum Theil genialische Impudenz und Gottlosigkeit, eine nichts verschonende Satyre, in welcher jedoch ein lebhaftes Streben nach einem festen Punkt zu erkennen seyn wird, wird der Character davon seyn. *Unter* 600 Monodistichen thun wir es nicht, aber wo möglich steigen wir auf die runde Zahl von 1000. Von der Möglichkeit werden Sie Sich überzeugen, wenn ich Ihnen sage, daß wir jetzt schon in dem dritten Hundert sind, obgleich die Idee nicht viel über einen Monat alt ist.«

Im Januar 1796 war Goethe bei Schiller in Jena, und die beiden rammten in Abständen von wenigen Tagen immer neue »Pfähle ins Fleisch unserer Collegen«.

Beide Schriftsteller hatten ihre »Hauptgeschäfte«, Goethe die *Lehrjahre*, Schiller den *Wallenstein*, doch die *Xenien*-Produktion machte ihnen Spaß und ging schnell voran. »Die erste Abschrift der Xenien ist endlich fertig geworden und ich schicke sie sogleich«, notierte Goethe im Brief an Schiller vom 4. Februar 1796: »Sie sehen zusammen schon ganz lustig aus, nur wird es ganz gut seyn, wenn wieder einmal eine poëtische Ader durch die Sammlung durchfließt; meine letzten sind, wie Sie finden werden, ganz prosaisch, welches, da ihnen keine Anschauung zum Grunde liegt, bey meiner Art wohl nicht anders seyn kann.« Schiller: »Die Sammlung wächßt uns unter den Händen, daß es eine Lust ist. Es hat mich gefreut auch mehrere politische unter den neuen anzutreffen; denn da wir doch zuverläßig an den unsichern Orten confisziert werden, so sähe ich nicht, warum wir es nicht auch von dieser Seite verdienen sollten.« Im März 1796 wurde diskutiert, ob man die *Xenien* außerhalb des ›Musenalmanachs‹ veröffentlichen sollte, und zwar als selbständiges, individuell ausgestattetes Buch. Erst als Cotta im Mai 1796 nach Jena kam, redete er ihnen diesen Plan aus.

Beide steigerten sich jedoch immer weiter in die Produktion hinein. Goethe schickte Schiller am 10. Juni 1796 dreißig neue Epigramme: »leider ist auch hier der Haß doppelt so stark als die Liebe ... Überhaupt wird mich beym Durchgehen ... im allgemeinen, der Gedanke leiten, daß wir bey aller Bitterkeit uns vor kriminellen Inkulpationen hüten.« Schiller: »Ich bin auch sehr dafür, daß wir nichts criminelles berühren, und überhaupt das Gebiet des frohen Humors so wenig als möglich verlaßen. Sind doch die Musen keine Scharfrichter! Aber schenken wollen wir den Herren auch nichts.« Schließlich sollte Schiller das Ganze gliedern, redigieren und in die letzte Fassung bringen. Am 27. Juni sandte Schiller 676 Stücke an Goethe. Dieser schickte das Manuskript im Juli zurück mit einer bedauernden Bemerkung: »Die Xenien erhalten Sie mit meinem Gutachten zurück, die ernsthaften und wohlmeinenden sind gegenwärtig so mächtig, daß man denen Lumpenhunden, die angegriffen sind, mißgönnt daß ihrer in so guter Gesellschaft erwähnt wird.« Schiller erinnert an das Wort von Wallenstein: »Im Kriege selber ist das Letzte nicht der Krieg.« So faßt der Spruch *An den Leser* alles zusammen:

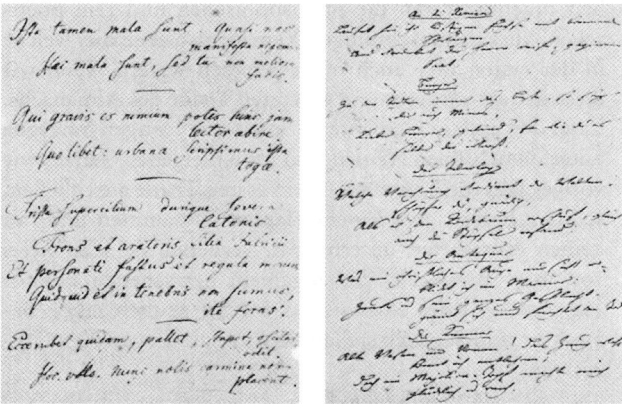

Goethe und Schiller: *Xenien.* Zwei Seiten aus dem wechselseitig benutzten »Ur-Xenien«-Heft (1795/1796) (GSA/SWK).

Lies uns nach Laune, nach Lust, in trüben,
                            in fröhlichen Stunden,
Wie uns der böse Geist, wie uns der gute gezeugt.

Sollten die einzelnen Texte gezeichnet sein? Goethe wollte mehr und mehr seinen Namen zurückziehen. Am 1. August 1796 resümierte Schiller:

Nach langem Hin und Herüberschwanken kommt jedes Ding doch endlich in seine ordentliche wagrechte Lage. Die erste Idee der Xenien war eigentlich eine fröhliche Posse, ein Schabernak auf den Moment berechnet und war auch so ganz recht. Nachher regte sich ein gewisser Ueberfluß und der Trieb zersprengte das Gefäß. Nun habe ich aber, nach nochmaligem Beschlafen der Sache, die natürlichste Auskunft von der Welt gefunden, Ihre Wünsche und die Convenienz des Almanachs zugleich zu befriedigen.
Was eigentlich den Anspruch auf eine gewiße Universalität erregte und mich bey der Redaktion in die große Verlegen-

heit brachte, waren die philosophischen und rein poetischen, kurz die unschuldigen Xenien; also eben die, welche in der ersten Idee auch nicht gewesen waren. Wenn wir diese in dem vordern, und gesetzten Theile des Almanachs, unter den andern Gedichten bringen, die lustigen hingegen unter dem Namen *Xenien* und als ein eigenes Ganze, wie voriges Jahr die Epigramme dem ersten Theile anschließen, so ist geholfen. Auf Einem Haufen beysammen und mit keinen ernsthaften untermischt, verlieren sie sehr vieles von ihrer Bitterkeit, der allgemein herrschende Humor entschuldigt jedes einzelne, so wie Sie neulich schon bemerkten und zugleich stellen sie wirklich ein gewißes Ganzes vor ...

Und da nach dem neuen Plane diejenigen politischen Xenien von Ihnen, welche bloß Lehren enthalten und gar niemand treffen, von den satyrischen ganz getrennt sind, so habe ich unter jene Ihren Nahmen gesetzt.

Dieser letzten Entscheidung Schillers stimmte Goethe am 2. August zu: »Ich hoffe Sie bald zu besuchen und es freut mich, daß Sie sich einen Weg ausgedacht haben wie wir den Spas mit den Xenien nicht verlieren. Ich glaube es ist der ganz richtige ... Wer weiß was uns einfällt um übers Jahr wieder auf eine ähnliche Weise zu interesiren.« Am 18. August kam Goethe nach Jena, die letzte Redaktion wurde vorgenommen. Da Tübingen von den Franzosen okkupiert und die Postverbindung unsicher war, wurde der Druck des *Xenien*-Anhangs gegen Mitte August in der Offizin des Herrn Göpfert zu Jena vorgenommen. Schiller hatte die lästige Aufgabe, den Bindevorgang zu überwachen, und so schrieb er am 9. Oktober an Goethe: »So sehe ich mich frühe für das Böse gestraft, das wir den schlechten Autoren erzeigt haben.« Endlich, Mitte Oktober 1796, konnte die J. G. Cotta'sche Buchhandlung Tübingen das Erscheinen des ›Musenalmanach für das Jahr 1797‹ melden: »Außer etwa 200 Seiten Gedichte von verschiedenen berühmten Verfassern enthält derselbe noch einen Anhang von mehr als 400 Epigrammen, die sich auf den neuesten Zustand der Literatur beziehen, und eine in ihrer Art ganz neue Erscheinung sind.« Den Schluß des Almanachs bildeten also die *Xenien*, insgesamt 414 Stücke, die ohne Angabe der Verfassernamen erschienen.

Ihrer Konzeption nach sind die *Xenien* das gemeinsame Werk von Schiller und Goethe. Goethe äußerte dies noch im Jahre 1828 (zu Eckermann am 16.12.1828): »Freunde wie Schiller und ich, Jahre lang verbunden, mit gleichen Interessen, in täglicher Berührung und gegenseitigem Austausch, lebten sich in einander so sehr hinein, daß überhaupt bei einzelnen Gedanken gar nicht die Rede und Frage sein konnte, ob sie dem Einen gehörten oder dem Andern. Wir haben viele Distichen gemeinschaftlich gemacht, oft hatte ich den Gedanken und Schiller machte die Verse, oft war das Umgekehrte der Fall, und oft machte Schiller den einen Vers und ich den andern. Wie kann nun da von Mein und Dein die Rede sein! Man müßte wirklich selbst noch tief in der Philisterei stecken, wenn man auf die Entscheidung solcher Zweifel nur die mindeste Wichtigkeit legen wollte.« Auch Schiller hatte die Unteilbarkeit der Autorschaft am 1. Februar in zwei Briefen hervorgehoben. An Körner: »Wir haben beschloßen, unsere EigenthumsRechte an die einzelnen Theile niemals auseinander zu setzen (welches auch bey der Muthwilligkeit der Satyre nicht wohl anzurathen wäre) und sammeln wir unsre Gedichte, so läßt ein Jeder diese Epigrammen ganz abdrucken.« Und an Humboldt: »Bey aller ungeheuren Verschiedenheit zwischen Göthe und mir wird es selbst Ihnen öfters schwer und manchmal gewiß unmöglich seyn, unsern Antheil an dem Werk zu sortieren, denn da das *Ganze* einen laxen Plan hat, das Einzelne aber ein Minimum ist, so ist zu wenig Fläche gegeben, um das verschiedene Spiel der beyden Naturen zu zeigen. Es ist auch zwischen Göthe und mir förmlich beschloßen, unsere Eigenthumsrechte an die einzelnen Epigrammen niemals auseinander zu setzen, sondern es in Ewigkeit auf sich beruhen zu lassen; welches uns auch, wegen der Freyheit der Satyre, zuträglich ist. Sammeln wir unsere Gedichte, so läßt jeder diese Xenien *ganz* abdrucken.« An den ersten Teil dieser Vereinbarung haben sich beide Dichter gehalten, nicht jedoch an die Abmachung, die *Xenien* geschlossen in ihre eigenen Werkausgaben aufzunehmen. Schiller nahm insgesamt 81 Stücke in seine Werke auf, Goethe nur sechs Stücke. Bis heute ist eine klare Sonderung nicht möglich, im übrigen auch nicht angeraten.

Der ›Musenalmanach‹ enthielt außerdem Goethes *Alexis und Dora*, weitere 20 Gedichte von ihm, etwa 40 von Schiller, auch Gedichte von anderen Autoren, Friedrich von Matthisson, Sophie Mereau, Karl Ludwig von Woltmann, und ferner eine Rubrik »Tabulae Votivae«. Schiller hatte hier 103 der von ihm und Goethe ausgesonderten Epigramme veröffentlicht, und Goethe hatte unter den Überschriften »Vielen«, »Einer« und »Die Eisbahn« drei Reihen zusammengestellt, die er später als »Frühling, Sommer, Herbst und Winter« unter dem Haupttitel »Vier Jahreszeiten« in seine Werke aufnahm.

Fast ein Jahr lang wurde über kein Buch so viel berichtet und gestritten wie über diesen ›Musenalmanach‹, es ging nicht um die darin veröffentlichten Beiträge, sondern ausschließlich um die *Xenien*. Die Wirkung war über alle Erwartung groß. Cotta mußte den Almanach mehrfach nachdrucken, ob er aber seine reine Freude daran gehabt hat, ist doch zu bezweifeln.

Goethe meldete am 8. Oktober 1796 aus Weimar, daß die »mordbrennerischen Füchse« schon ihr Wesen trieben, Zustimmung und Ablehnung hielten sich die Waage. Johannes Falk, der 1824 ein Buch schreiben sollte, *Goethe aus näherem persönlichen Umgange dargestellt*, erklärte die Charakterisierung Wielands als »zierliche Jungfrau« für sehr richtig. Wieland aber bedauerte, daß er in den *Xenien* gelobt werde, weil viele andere ehrliche Leute mißhandelt würden; er war der Meinung, daß Schiller und Goethe sich »ein unendlich mal größeren Schaden getan, als alle ihre literarischen Widersacher und Diaboli ihnen zusammengenommen in ihrem ganzen Leben tun können«. Wieland mißbilligte den *Xenien*-Angriff auf den Schriftsteller Johann Wilhelm Ludwig Gleim. Herder war erzürnt, als er durch Böttiger von den *Xenien* erfuhr, und er gab ihm zur Antwort: »Ich hasse die ganze verdammte Gattung und wünschte, daß dies die letzten in unserer Sprache wären. Jeder ehrliche Mann, der seines Weges fortgeht, kann eine Klette ans Kleid oder einen Schandfleck ins Gesicht geworfen bekommen, und man sagt: Es war eine Xenie.« Böttiger meldete aus Weimar: »Alles ist in Aufruhr über diese Unverschämtheit.« Der alte Gleim selbst aber reagierte gelassen auf die Angriffe, die ihm persönlich galten, und meinte: »Solche Katzbalgereien sollten der Goethe und der Schiller verabscheuen.«

In der Nachbarschaft, in Gotha am Hofe des Herzogs Ernst, fanden sich viele, die zum Gegenangriff auf Schiller und Goethe aufriefen. Goethe sah sich in deutlicher Opposition zu dieser Gesellschaft. Am 30. Oktober 1796 berichtete er dem in Italien weilenden Heinrich Meyer: »Wir haben in dem Schillerischen Musenalmanach eine sehr lebhafte Kriegserklärung gegen das Volk gethan und sie so gewürzt daß sie wenigstens jedermann lesen wird, denn da die Gesellen mit ihrer Druckserey, Schmeicheley, Schleicherey und heiligen Kunstgriffen aller Art immer, theils im Stillen fortfahren, theils auch sich gelegentlich mit einem vornehmen Christenblicke öffentlich sehen lassen; so bleibt nichts übrig als ihnen hartnäckig und lebhaft zu zeigen, daß man in der Opposition verharren werde ... Ich hoffe, wir sollen uns bey unserm bösen Ruf erhalten und ihnen mit unserer Opposition noch manchen bösen Tag machen. Sie haben zwar die Menge für sich aber es wird ihnen doch immer weh, wenn man auf ihre Schattengötzen auch nur mit der Laterne zugeht und dann ist das lustigste daß, wie bey andern Parteyverhältnissen, die Familien unter sich nicht einig sind und ehe man sichs versieht einmal ein Sohn oder eine Tochter sich zu unserm *credo* herüberneigt.«

Kurze Zeit später kamen die ersten »Anti-Xenien« heraus, 1797 Johann Caspar Friedrich Mansos *Gegengeschenke an die Sudelköche in Jena und Weimar*. Diese »Anti-Xenien« riefen ihrerseits weitere auf den Plan, deren Verfasser in Schmähschriften, Satiren, Parodien, »Mückenalmanachen« ihren Unmut gegen die »Xenien-Ritter« ausließen. Matthias Claudius reagierte im ›Wandsbecker Bothen‹ mit einigen Gegen-Xenien (als Beispiel das Xenion *Der berühmte Almanach*: »Fallen ist der Sterblichen Loos. So fällt hier der Schiller, | Wie der Meister; doch stürzt dieser gefährlicher hin«). Die Brüder Schlegel waren die schärfsten Kritiker. Friedrich Schlegel hatte bereits die in den ›Horen‹ anonym erschienene Erzählung *Agnes von Lilien* als Text von Goethe kritisiert, die Autorin aber war Caroline von Wolzogen. Die beiden Schlegels überboten sich in Angriffen auf Schiller und Goethe. August Wilhelm Schlegel veröffentlichte seine literarisch freilich unmöglichen Schmähungen aber erst in Wendts ›Musenalmanach für das Jahr 1832‹.

Die Schlegels ärgerten sich auch, als 1828/29 der Briefwechsel zwischen Schiller und Goethe erschien. Dieser Briefwechsel richtete erneut die öffentliche Aufmerksamkeit auf den Almanach des Jahres 1797, und so gab es eine »Danziger Edition der Xenien«. Varnhagen von Ense urteilte damals: »Die ›Xenien‹ brachen wie ein plötzliches Strafgericht in das verwilderte und verschwächte Treiben, das sich in Gebiete der Geistesbildung üppig eingenistet hatte. Ein allgemeiner Schrei des Schmerzes, der Angst, des Ingrimms und der Gegenwehr erscholl bei diesen Streichen; man rief Himmel und Erde zu Zeugen an, daß dergleichen Gewalt ganz unerhört sey; man hoffte die Friedensstörer ihren Frevel büßen und die gefeierten Dichter als beschämte Buben heimkehren zu sehen. Was die Schwäche und Gemeinheit sich angemaßt, sollte als richtiger Besitz, ein dünkelhaftes Behagen als unverletzlicher Zustand gelten und von der Gesamtheit geschützt werden. Aber man hatte vergessen, daß in der Literatur das Faustrecht besteht, und kein Besitz und Stand gilt, als der mit Waffen in der Hand behauptet und jeden Tag erneut wird. Der Erfolg bewährte das gute Recht der aufgetretenen Ritter; die Geschlagenen mußten weichen, der Raum ward freier und manche besudelte Stelle glücklich gereinigt. Die Xenien haben vollständig gesiegt, und ihr Feldzug wird in den Jahrbüchern literarischen Ruhmes ehrenvoll mitgezählt.« Auch Georg Gottfried Gervinus würdigte in seinen fünf Bänden der *Geschichte der poetischen Nationalliteratur der Deutschen* die *Xenien*, sie hätten in Deutschland eine »literarische Revolution« hervorgerufen. »Wir könnten den Gang unserer Darstellung in den letzten Abschnitten daran erläutern, so ganz sind diese Aussprüche in dem strengen Sinne des Urteils gemacht, das ein Mann sich bildet, der die Zeitereignisse schon als Geschichte ansieht, und sich in die Ferne der Zeiten denkt, wo die Schuppen der Befangenheit auch von den Augen des gewöhnlichen Lesers abfallen.«

Die *Xenien* boten freilich nicht nur Kampf, sie zielten auch auf Zeittypisches, sie nahmen sich beispielsweise Leipzig zur Buchmesse vor, wie Josephs II. bereits erwähntes »Diktum an die Buchhändler« zeigt; das Xenion spielt auf eine Resolution des Kaisers an, die die Praktiken der Nachdrucker befürwortete. Dort heißt es: »Um aber Bücher zu verkaufen, braucht es keine mehrere Kenntnis, als wie um Käs zu verkaufen: Nämlich ein jeder muß sich die Gattung von Büchern oder Käs einschaffen, die am mehresten gesucht werden, und das Verlangen des Publikums durch Preise reizen und benutzen.« Gegen diese Praktiken ist das Xenion gerichtet.

Präzise wurde die allgemeine Zeitstimmung zu fassen gesucht: die Ereignisse im Gefolge der Französischen Revolution, die hohe Ziele verkündet hatte. Das Xenion Nr. 90 ist überschrieben *Das goldne Zeitalter*:

Ob die Menschen im ganzen sich bessern?
>ichglaub es, denn einzeln,
Suche man wie man auch will,
>sieht man doch gar nichts davon.

Für Goethe und Schiller bleibt jedoch ein *Höchstes*.

Ein unendliches ahndet, ein Höchstes
>erschafft die Vernunft sich,
In der schönen Gestalt sieht es verkörpert der Blick.

Letztlich sind die *Xenien* als Zeichen des Bündnisses zwischen Goethe und Schiller zu sehen, eines Bündnisses, das auf gegenseitiger Hochachtung, gewiß nicht auf totaler Harmonie beruhte. Beide spürten wohl eine Wechselwirkung, und sie haben dies im Xenion *Wechselwirkung* so ausgedrückt:

Kinder werfen den Ball an die Wand und fangen ihn wieder;
>Aber ich lobe das Spiel, wirft mir der Freund ihn zurück.

Loben wir das Spiel!

4. Ein »glückliches Ereignis«. Goethes und Schillers Beziehung zu Cotta

Am 13. Juni 1794 schreibt Schiller einen Brief an Goethe. Es ist sein erster Brief an ihn, die erste Fühlungnahme zwischen den beiden. Der Brief leitet eine Epoche ein. Er ruft eine nicht wiederholbare Kommunikation hervor. Die Briefe von beiden Seiten, von vornherein für die Öffentlichkeit bestimmt, bilden später ein ungewöhnliches Buch, das über 1000 Briefe umfaßt. In ihm ist auch der Beginn der Epoche einer neuen Beziehung Goethes zu einem Verleger dokumentiert, unmittelbar festgehalten.

4. Goethes und Schillers Beziehung zu Cotta 295

Anfang Juni waren die von Unger geschickten Belegexemplare des 2. Bandes von *Goethe's Neuen Schriften* eingetroffen. Neu ist in ihnen das Epos *Reineke Fuchs*; Goethe hatte noch während des Feldzugs in Frankreich daran geschrieben, eine zwischen Übersetzung und Umarbeitung schwebende Behandlung der alten Tierdichtung, in der der Fuchs mit kekker Bravour und listiger Verschlagenheit allen Gefahren entgeht und schließlich zum »Kanzler des Reichs« avanciert. Goethe ließ jeden direkten Aktualitätsbezug aus, aber dennoch war das Epos durchaus eine aktuelle Stellungnahme zu den großen Zeitereignissen – wie anders soll man die folgenden Hexameter lesen, die auch belegen, mit welcher Kunst und Lockerheit Goethe das sechsfüßige Metrum beherrschte:

Doch das Schlimmste find' ich den Dünkel
                        des irrigen Wahnes,
Der die Menschen ergreift: es könnte jeder im Taumel
Seines heftigen Wollens die Welt beherrschen und richten.
Hielte doch jeder sein Weib und seine Kinder in Ordnung,
Wüßte sein trotziges Gesinde zu bändigen, könnte sich stille
Wenn die Toren verschwenden, in mäßigem Leben erfreuen.
Aber wie sollte die Welt sich verbessern? Es läßt sich ein jeder
Alles zu und will mit Gewalt die andern bezwingen.
Und so sinken wir tiefer und immer tiefer ins Arge ...

Im privaten Bereich gab es Veränderungen. Am 8. Juni 1793 erhielt Goethe aus Frankfurt die von ihm gewünschten Bücher aus der Bibliothek seines Vaters. Am 12. August besprach er, während eines Besuchs in Frankfurt, den Verkauf des Hauses im Hirschgraben, Mutter Aja zog um, die Bibliothek des Vaters und sein ergiebiger Weinkeller wurden verteilt oder verkauft; Goethe reservierte für sich Bücher aus der Bibliothek.

Hinter ihm lagen der Frankreichfeldzug, mit der Kanonade von Valmy am 20. September 1792, und die Belagerung von

Mainz im Juni/Juli 1793. Auf Wunsch von Herzog Carl August hatte Goethe diesen Feldzug mitgemacht, doch damit war seine aktive Mitwirkung an den großen politischen Ereignissen seiner Zeit beendet. Goethe war aus der Weltpolitik ausgetreten. Er zog noch einmal das Fazit seines politischen Denkens; wir haben es bereits zitiert: »ich will lieber eine Ungerechtigkeit begehen als Unordnung ertragen.« Forster etwa hätte in Goethes Ungerechtigkeit höchste revolutionäre Gerechtigkeit entdeckt, aber als die beiden sich trafen, sprachen sie über alles, nur nicht über Politik. Ich meine, daß dieser Satz Goethes Denkweise in jener Zeit vollkommen entspricht, er wollte zumindest in seinem persönlichen Bereich, in seiner von ihm entworfenen Welt Ordnung schaffen und Ordnung halten, so wie er sie dann in *Herrmann und Dorothea* dichterisch realisieren wird. Jetzt, Ende 1793, und im folgenden Jahr versuchte er, solche Ordnung zu erreichen, und er band sich in dieser Zeit auch an keinen Verlag mehr.

Ende Dezember 1792 hatte er die ihm angebotene Ratsstelle in Frankfurt abgelehnt und damit seinen Standort Weimar besiegelt. Am 17. Juni 1794 belohnte ihn der Herzog: Das wertvolle Anwesen am Frauenplan, das Goethe seit Juni 1792 zur freien Verfügung stand und in dem er geborgen, häuslich und zärtlich mit Christiane lebte, wurde ihm nun vom Herzog geschenkt. Carl August machte dieses Geschenk in »wahrer, persönlicher Anhänglichkeit« und als Dank für seine Mitwirkung beim Feldzug in Frankreich und bei der Belagerung von Mainz. Der Urkunde waren »zur schicklichen Einrichtung des Hauses« 1500 Taler beigefügt; die Fürstliche Kammer zahlte weiter die Grundsteuer. Fürstlicher Dank.

Schillers Brief vom 13. Juni 1794 traf also einen veränderten Goethe. Aus der Weltpolitik ausgetreten, weiterer aktiver Teilnahme sich verweigernd, besiegelte er Weimar als seinen Lebens- und Schreibort.

Was mag er sich gedacht haben, als Schillers Brief bei ihm

eintraf? Die Begegnungen der beiden hatten bisher unter einem Unstern gestanden, den Goethe freilich nicht einmal als solchen erkannte. Mitte Dezember 1779 hatte der Weimarer Herzog in Begleitung Goethes auf der Rückreise aus der Schweiz die »Hohe Karlsschule« in Stuttgart besucht, an der Schiller als Eleve garnisoniert war. Während Goethe die sonstigen Stationen seiner Reise im Tagebuch minutiös festhielt, findet sich hierüber kein Eintrag. Welch eine Konstellation! Schiller sah den berühmten Autor des *Götz* und *Werther* und gleichzeitig den privilegierten Staatsbeamten, der kurz zuvor seine Ernennung zum Geheimen Rat erhalten hatte. Hier in jeder Hinsicht also ein Arrivierter, dort der unter Zwängen des württembergischen Herzogs Leidende, der *Die Räuber* im Kopfe trug und bereit zu Rebellion und Flucht war. Im Juli 1787 traf Schiller dann in Weimar ein, schon als der gefeierte Autor der *Räuber*, des *Fiesko* und des *Don Carlos*, er durfte wohl im »Musenhof« einer freundlichen Aufnahme sicher sein. Doch es kam anders. Goethe, mit dem er vornehmlich zusammentreffen wollte, weilte zu diesem Zeitpunkt in Italien. Herder empfing Schiller freundlich, bekundete aber seine Gleichgültigkeit, wenn er Schiller sagte, er habe nichts von ihm gelesen! »Überhaupt gieng er mit mir um, wie mit einem Menschen, von dem er nichts weiter weiß, als daß er für etwas gehalten wird«. Wieland kannte Schillers Dramen wohl, aber sie waren nicht nach seinem Geschmack, zu roh, zu direkt, nicht fein, nicht delikat genug. Karl Ludwig von Knebel, Goethes Freund und Hüter seines Hauses am Frauenplan, lud Schiller noch in Abwesenheit Goethes zu einem Besuch in den Garten des Hauses ein. Schiller aber war von Knebel, der, wie wir wissen, an Goethes Arbeiten lebhaften Anteil nahm, enttäuscht, Goethe habe ihn, wie »alle Menschen, die sich zu seinem Zirkel zählen, gemodelt«, »eine gewiße kindliche Einfalt der Vernunft bezeichnet ihn und seine ganze hiesige Sekte. Da sucht man lieber Kräuter oder treibt Mineralogie«, schrieb er über diesen Besuch am 12. August

1787 an Körner, »als daß man sich in leeren Demonstrationen verfienge.« Die Gesellschaft Weimars im ganzen behagte Schiller auch nicht, er fand »soviele Familien, eben so viele abgesonderte Schneckenhäuser, aus denen der Eigenthümer kaum herausgeht, um sich zu sonnen«. Mit Recht konnte er sich hier überlegen fühlen: »Ich bin wirklich zu sehr Weltkind unter ihnen, die ganz unerfahrener Natur sind.« Goethes Geburtstag feierte er aber dann doch in dessen Abwesenheit im Hause Goethe mit, wie er am Tage danach an Körner berichtete: »Wir fraßen herzhaft und Göthens Gesundheit wurde von mir in Rheinwein getrunken. Schwerlich vermuthete er in Italien, daß er mich unter seinen Hausgästen habe, aber das Schicksal fügt die Dinge gar wunderbar.« Am 18. Juni 1788 war Goethe zurück in Weimar, die ›Welt‹ wußte das, und Schiller erhoffte sich eine Begegnung. Eine solche, freilich ganz flüchtige, fand erst Anfang September in Rudolstadt im Haus der Lengefelds statt. Am 20. September rezensierte Schiller den *Egmont* in der ›Allgemeinen Literatur Zeitung‹, er wartete auf eine Reaktion Goethes, aber diese blieb aus. Schiller war und blieb verstimmt. Dem Freunde Körner gegenüber verlor er am 2. Februar und 9. März 1789 jede Contenance und gestand, daß ihm Goethe »verhaßt« und nun einmal »im Wege« sei: »Oefters um Goethe zu sein, würde mich unglücklich machen ... Ich glaube in der That, er ist ein Egoist in ungewöhnlichem Grade ... Ein solches Wesen sollten die Menschen nicht um sich herum aufkommen lassen. Mir ist er dadurch verhaßt, ob ich gleich seinen Geist von ganzem Herzen liebe und groß von ihm denke.« Und: »Dieser Mensch, dieser Goethe, ist mir einmal im Wege, und er erinnert mich so oft, daß das Schicksal mich hart behandelt hat. Wie leicht ward *sein* Genie von seinem Schicksal getragen, und wie muß *ich* bis auf diese Minute noch kämpfen.« Goethe selbst blieb auf Distanz, zu solchen Äußerungen wie Schiller ließ er sich nicht hinreißen, wenn ihm auch Schillers Dramen, die von der Jugend Deutschlands bejubelt wurden, nicht lagen und er mit den Thesen der philosophischen Aufsätze wohl auch nicht übereinstimmen konnte und durfte. Durch den Herzog lobte er Schiller nach Jena fort und hätte gewiß nichts dagegen gehabt, wenn Schiller, durch den Bürgerbrief der Nationalversammlung motiviert (was beide freilich erst Jahre später erfuhren), nach Paris umgezogen wäre. Man kann es Goethe nicht verdenken – könnten wir uns heute vorstellen, daß Thomas Mann und Bertolt Brecht gemeinsam in der Dichtersiedlung Park Rosenhöhe in Darmstadt lebten? So war Goethe froh, daß Schiller nach Jena umzog; die Professur, obschon ohne Honorar, konnte Schiller nicht ablehnen, es hätte den Bruch bedeutet. Schiller, der Diplomat, Schiller, der Literaturpolitiker; er wußte, wenn er mit den ›Horen‹ und mit Cotta etwas in der literarischen Szene bewegen wollte, dann ging es nicht ohne Goethe. »Ich betrachte ihn wie eine stolze Prüde, der man ein Kind machen muß.« Deutlicher kann man es nicht sagen. Und er machte der stolzen Prüden mit seinem Brief vom 13. Juni 1794 ein Kind; der Brief ist ein Muster einer Werbung, ein Muster seiner »ergreifenden Beredsamkeit«, wie Lichtenberg sie nannte:

Hochwohlgeborner Herr,
Hochzuverehrender Herr Geheimer Rat.
Beiliegendes Blatt enthält den Wunsch einer, Sie unbegrenzt hochschätzenden, Gesellschaft, die Zeitschrift von der die Rede ist, mit Ihren Beiträgen zu beehren, über deren Rang und Wert nur Eine Stimme unter uns sein kann. Der Entschluß Euer Hochwohlgeboren, diese Unternehmung durch Ihren Beitritt zu unterstützen, wird für den glücklichen Erfolg derselben entscheidend sein, und mit größter Bereitwilligkeit unterwerfen wir uns allen Bedingungen unter welchen Sie uns denselben zusagen wollen.
Hier in Jena haben sich die Herren Fichte, Woltmann und von Humboldt zur Herausgabe dieser Zeitschrift mit mir vereinigt, und da, einer notwendigen Einrichtung gemäß, über alle einlaufenden Mskrpte die Urteile eines engern

Ausschusses eingeholt werden sollen, so würden Ew. Hochwohlgeboren uns unendlich verpflichten, wenn Sie erlauben wollten, daß Ihnen zu Zeiten eins der eingesandten Mskrpte dürfte zur Beurteilung vorgelegt werden. Je größer und näher der Anteil ist, dessen Sie unsre Unternehmung würdigen, desto mehr wird der Wert derselben bei demjenigen Publikum steigen, dessen Beifall uns der wichtigste ist. Hochachtungsvoll verharre ich

Euer Hochwohlgeboren
gehorsamster Diener und aufrichtigster
Verehrer

Jena, 13. Jun. 1794   F. Schiller.

Dieser Brief brach den Bann. Seine demütige, ja, unterwürfige, bedingungslose und verehrungsvolle Haltung verfehlte ihre Wirkung auf Goethe nicht. Dieser antwortete zwar noch distanziert, kam aber dann doch schon auf jenes Produktive zu sprechen, das später den Schriftwechsel auszeichnen sollte:

Ew. Wohlgeb.

eröffnen mir eine doppelt angenehme Aussicht, sowohl auf die Zeitschrift welche Sie herauszugeben gedencken, als auf die Theilnahme zu der Sie mich einladen. Ich werde mit Freuden und von ganzem Herzen von der Gesellschaft sein.

Sollte unter meinen ungedruckten Sachen sich etwas finden das zu einer solchen Sammlung zweckmäßig wäre, so theile ich es gerne mit; gewiß aber wird eine nähere Verbindung mit so wackern Männern, als die Unternehmer sind, manches, das bey mir ins Stocken gerathen ist, wieder in einen lebhaften Gang bringen.

Schon eine sehr interessante Unterhaltung wird es werden sich über die Grundsätze zu vereinigen nach welchen man die eingesendeten Schriften zu prüfen hat, wie über Gehalt und Form zu wachen um diese Zeitschrift vor andern auszuzeichnen und sie bey ihren Vorzügen wenigstens eine Reihe von Jahren zu erhalten.

Ich hoffe bald mündlich hierüber zu sprechen und empfehle mich Ihnen und Ihren geschätzten Mitarbeitern aufs beste.
W. d. 24. Jun. 1794.   Goethe.
Dies ist der Beginn einer einmaligen Beziehung zweier großer Geister. Keine »Männer«-Freundschaft, keine Duz-Brüderschaft – sie behandelten sich wie Diplomaten manchmal befreundeter, manchmal verfeindeter Großmächte, die sich bei gemeinsamen Aktionen verbündeten, aber ihre unterschiedlichen Standpunkte behielten. In der Rückerinnerung wurde dann jedoch das Gemeinsame betont. »Für mich war es ein neuer Frühling, in welchem alles froh nebeneinander keimte und aus aufgeschlossenen Samen und Zweigen hervorging«, erinnerte sich Goethe später; sein Gedenkaufsatz für Schiller trägt den Titel *Glückliches Ereignis*. Dies Ereignis resultierte aus der Begegnung der beiden am 20. Juli 1794: Nach einer Sitzung der ›Naturforschenden Gesellschaft‹ in Jena seien sie in ein Gespräch über die »Metamorphose der Pflanzen« geraten, Goethe ließ »mit manchen charakteristischen Federstrichen, eine symbolische Pflanze vor seinen [Schillers] Augen entstehen. Er vernahm und schaute das alles mit großer Teilnahme, mit entschiedener Fassungskraft; als ich aber geendet, schüttelte er den Kopf und sagte: das ist keine Erfahrung, das ist eine Idee. Ich stutzte, verdrießlich einigermaßen: denn der Punkt der uns trennte, war dadurch aufs strengste bezeichnet.« Dies ist das Charakteristische in der Beziehung der beiden, das Gemeinsame, Zusammenfassende wird immer wieder angestrebt und formuliert, aber kaum ist das geschehen, wird dann doch das Trennende und Unterscheidende hervorgehoben. Die 1000 Briefe der zehn Jahre währenden Korrespondenz sind im wahrsten Sinne des Wortes Gespräche, sie lüften keine poetischen Geheimnisse, sie klären Positionen, deren Unterschiedlichkeit bei der Wesensverschiedenheit der beiden überaus spannend ist. Schillers beständige Zurufe motivieren Goethe, feuern ihn an, Goethe ›bekennt‹ auch mehr

von sich, als er das je getan hat: »Sie wollten, daß ich von mir selbst reden sollte, und so machte ich von dieser Erlaubnis Gebrauch.« Und er fragt: »Ich möchte wissen, wie Sie in solchen Fällen zu Werk gegangen sind.« Schiller stellt über den subjektiven Aspekt hinaus Forderungen an den Text. Und hierbei kommen dann die unterschiedlichen Auffassungen der beiden zutage. Wir haben dies gesehen bei der Zusammenarbeit während der Entstehung des *Wilhelm Meister*, als Goethe auf einen Einwand Schillers antwortet: »Es liegt in der Verschiedenheit unserer Naturen, daß es [das Werk] Ihre Forderungen niemals ganz befriedigen kann.«

Dieses Briefbuch sucht seinesgleichen, ihresgleichen suchen aber auch die beiden Partner. Anfänglich standen sie einander »im Wege«, das »Du« kam nie über ihre Lippen, keiner hatte Verständnis für die persönlichen Lebensverhältnisse des anderen. Doch sie fanden sich, manchmal als Teil ihrer selbst, manchmal als Gegenpol. Drei Wochen nach Schillers Tod schreibt Goethe an Zelter: »Ich dachte mich selbst zu verlieren, und verliere nun einen Freund und in demselben die Hälfte meines Daseyns.« Als Höhepunkt deutscher Klassik wird dieser Briefwechsel bezeichnet, als Begegnung des Lebens mit dem Bewußtsein, des mütterlichen Dunkels mit patriarchalischer Vernunft. Carl Schmitt, ein aufmerksamer Kenner, sieht in ihm »europäische Bogenspannungen«, der Briefwechsel sei »europäischer Besitz« und »das lebendigste Dokument aus ihrer Bauhütte«. Georg Lukács gibt ihm 1947 den Rang eines »historischen Dokuments von höchster Wichtigkeit für die Kunstanschauung einer großen Zeitenwende« und eines »aktuell bedeutsamen kunsttheoretischen Erbes«, das weiterwirken wird. Ein Beispiel solchen Weiterwirkens kann noch aus demselben Jahr 1947 gegeben werden. Bertolt Brecht hielt sich nach seinem USA-Exil in der Schweiz auf und bearbeitete dort für eine Aufführung die Hölderlinsche Übertragung der *Antigone des Sophokles*; am 25. Dezember 1947 hält er in seinem Arbeitsjournal fest, er lese Lukács' Essay zum Goethe-Schiller-Briefwechsel und dadurch angeregt am 2. Januar 1948 die Briefe selbst, vor allem Schiller interessiere ihn; ihn »amüsiert Schillers Vergnügen an tragischen Gegenständen«, seine Betonung der Ideen, des Begriffs, der Theorie, und Schiller sehe »erstaunlich deutlich die Dialektik in dem Verhältnis Epos – Drama«, während seine, Brechts, Hinweise »oft mißverständlich«, da »kritisch oppositioneller Natur« seien. Es ist nicht verwunderlich, daß Brecht sich in jener Tradition sieht, die von Schiller ausgeht, während Thomas Mann, erst recht Hesse, auf Goethes Ich-Erfahrung setzen. Auch Dürrenmatt steht Schiller näher, ganz so, wie Max Frisch Goethe näher steht, wenn er die Einsicht formuliert, es sei nicht die Zeit für Ich-Geschichten, und doch vollziehe sich menschliches Leben »am einzelnen Ich, nirgends sonst«.

Ein erster Höhepunkt des Briefwechsels gleich zu Beginn: In seinem Brief vom 23. August – war es eine Geburtstagshuldigung? – entwarf Schiller eine großartige Beschreibung ihrer beider Denkweisen, analysierte, wie Goethe »die ganze Natur zusammen[nimmt], um über das Einzelne Licht zu bekommen, in der Allheit ihrer Erscheinungsarten suchen Sie den Erklärungsgrund für das Individuum auf«. Auch hier reagierte Goethe äußerst voreingenommen, er sah Schiller »die Summe meiner Existenz ziehen und mich, durch Ihre Theilnahme, zu einem emsigern und lebhafteren Gebrauch meiner Kräfte aufmuntern«. Es ist dieser Brief, der Goethe inspiriert hat, »mit Freuden« ein Zusammenwirken zu beginnen: »Denn da ich sehr lebhaft fühle daß mein Unternehmen das Maas der menschlichen Kräfte und ihre[r] irdischen Dauer weit übersteigt, so möchte ich manches bey Ihnen deponiren und dadurch nicht allein erhalten, sondern auch beleben.« Die Kommunikation mit Schiller hat Goethe zu diesem »Deponieren«, zu diesem Aufheben im Sinne von Aufbewahren und Ins-Höhere-Wenden benutzt.

Schiller ließ nicht nach, immer wieder im Zeichen Cottas

zu mahnen, bekannte Schriftsteller und vor allem Goethe zur Mitarbeit an Cottas Publikationen aufzufordern. »Cotta mag recht haben«, schrieb Goethe an Schiller am 6. Dezember 1794, »daß er *Nahmen* verlangt er kennt das Publicum das mehr auf den Stempel als den Gehalt sieht.« Zu solchem »Stempel« wollte sich Goethe nicht gebrauchen lassen, er blieb distanziert, er wartete auf die rechte Gelegenheit; vor allem mit dem Honorar wollte er nichts überstürzen, denn erst dann, so schrieb er an den drängenden Schiller, »machte man seinen Calcul und seine Bedingungen, denn freylich unsere Feldfrüchte über H. Cottas beliebigen Scheffel messen zu lassen möchte in der Continuation nicht dienlich seyn«. Die ersten Berührungen zwischen Goethe und Cotta waren also spärlich. Eine einzige persönliche Begegnung fand am 24. April 1795 in Jena statt, als Cotta auf der Rückreise von der Messe bei Schiller Station machte. An seinen Kompagnon Zahn schreibt Cotta am 4. Mai: »Wir haben einen sehr vergnügten Tag, in Göthens Gesellschaft, zusammen zugebracht.« Briefe aus dieser Zeit sind nicht überliefert.

Die entscheidende Begegnung fand im September 1797 statt. Goethe, auf der Reise in die Schweiz, kam über Frankfurt und Darmstadt am 29. August nach Stuttgart, um dort den Bildhauer Johann Heinrich Dannecker zu besuchen. Er logierte mit Sekretär Geist im Hotel Römischer Kaiser und hatte Gründe für eine schlaflose Nacht; Schiller schrieb er, daß »ich Sie heute Nacht, als den Heiligen aller, am schlaflosen Zustande leidenden Menschenkinder, öfters um Ihren Beystand angerufen, und mich auch wirklich durch Ihr Beyspiel gestärkt gefühlt habe, eines der schlimmsten Wanzenabentheuer im Bauche des römischen Kaisers zu überstehen«. Schiller hatte Goethes Reise bei Cotta avisiert und mit Brief vom 21. Juli sorgfältig vorbereitet. »Göthe reißt in etlichen Tagen nach der Schweitz und wird ohne Zweifel bey Ihnen einsprechen. Nehmen Sie ihn freundlich auf, er sieht auf so was, und sehen Sie daß Sie ihn mit einigen interessanten Personen bekannt machen. Schreiben Sie es auch vorläufig an Kaufmann Rapp, ich hab ihm dieses Haus empfohlen, und denke daß sich Rapp dieser Bekanntschaft recht erfreuen wird.« Cotta schickte ihm Nachricht zu Gottlob Heinrich Rapp, und Goethe nahm Cottas »gefällige Einladung« an, um so dankbarer, »als ich diese Zeit..., besonders bey den heißen Tagen in Wirthshäusern viel gelitten habe und mich in dem häußlichen Kreise einer wohlwollenden Familie wieder zu erquicken hoffe«. Er führte in Stuttgart ein reichlich gesellschaftliches Leben; abends las er bei Rapp aus *Herrmann und Dorothea* vor. Als Rapp die fünfjährige Tochter entfernen wollte, damit sie die Vorlesung nicht störe, legte Goethe Fürbitte für das Mädchen ein, das dann bleiben durfte und zu Füßen der Mutter der Lesung zuhörte. Goethe habe es sehr erfreut, als das Kind nach Beendigung seiner Lesung bat, »der Herr möge weiterlesen«. An Schiller schrieb er am 12. September, er habe eine schöne Lesung »vollbracht«: »Ich hatte alle Ursache, mich des Effects zu erfreuen, den er [d. i. *Herrmann*] hervorbrachte«. Am 7. September reiste er durch den Schönbuch nach Tübingen und kehrte bei Cotta ein: »Bey Herrn Cotta«, berichtete er Schiller am 17. September, »habe ich ein heiteres Zimmer, und, zwischen der alten Kirche und dem academischen Gebäude, einen freundlichen, obgleich schmalen, Ausblick ins Neckarthal.« Cotta behandelte ihn mehr als freundlich, er vermittelte Begegnungen mit Professoren der Universität, begleitete ihn auf Spaziergängen, zeigte ihm universitäre Einrichtungen und besichtigte die Zoologische Bibliothek mit ihm. »Hier«, berichtete Goethe am 11. September an Christiane, »bin ich bey Herrn Cotta sehr gut aufgehoben, die Stadt selbst ist abscheulich, allein man darf nur wenige Schritte thun um die schönste Gegend zu sehen.« Und am selben Tag an Carl August:

Wie auslöschlich die Züge der Gegenstände im Gedächtniß seyen, bemerke hier mit Verwunderung, indem mir doch auch keine Spur vom Bilde Tübingens geblieben ist, das wir

doch auch, auf jener sonderbaren und angenehmen, ritterlichen Expedition, vor so viel Jahren [1779], berührten.
Die Academie ist hier sehr schwach, ob sie gleich verdienstvolle Leute besitzen und ein ungeheures Geld auf die verschiednen Anstalten verwendet wird; allein die alte Form widerspricht jedem fortschreitenden Leben.
Sowenig es Goethe also in Tübingen gefiel, zu Cotta erwuchs eine immer bessere Beziehung. An Schiller schrieb er am 12. September: »Je näher ich Herrn Cotta kennen lerne, desto besser gefällt er mir. Für einen Mann von strebender Denkart und unternehmender Handelsweise, hat er so viel mäßiges, sanftes und gefaßtes, so viel Klarheit und Beharrlichkeit, daß er mir eine seltne Erscheinung ist.« Die letzten Tage bis zum 15. September waren mit Spaziergängen, Besuchen und Besichtigungen ausgefüllt, am Morgen des 16. September verließ Goethe mit Schreiber Geist und Kutscher Kolb Tübingen durchs Donautal in Richtung Schweiz, wo er in Schaffhausen den Rheinfall mit der Überschrift »Erregte Ideen« ausführlich beschrieb (als beim Besuch des Wasserfalls über der Gewalt der stürzenden Wassermassen ein Regenbogen hervortrat, notierte er: »Sicherheit neben der entsetzlichen Gewalt«). Dann fuhr er nach Zürich weiter, wo er am 19. September seine glückliche Ankunft an Cotta meldete: »In der Erinnerung Ihrer gefälligen Aufnahme und so mannigfaltiger angenehmen und nützlichen Unterhaltung, nicht weniger in dem Genuß Ihrer Vorsorge, die sich auch auf meine Reise erstreckte«. Und wenige Tage später traf bei Cotta ein Brief Schillers vom 21. September ein: »Göthe kann mir von seinem Aufenthalt bey Ihnen nicht genug gutes sagen. Er ist in Ihrem Hause sehr zufrieden gewesen, spricht mir von Ihnen selbst mit wahrem Interesse«, dann zitierte er ihm aus Goethes Brief und schloß seine Epistel: »Mich freut es nicht wenig, daß Sie bei dieser Gelegenheit mit G in ein näheres Verhältniß getreten sind. Es kann zu etwas sehr bedeutendem führen, wenn Sie es benutzen.«

Cotta war durchaus bereit, diese Gelegenheit zu »benutzen«. In seinem Antwortbrief an Schiller erwähnte er seine »unbeschreibliche Freude«, da er es sich nie hätte träumen lassen, »bei Göthe so wol angeschrieben zu seyn. Bei einem so seltenen Mann wie diser ist, mus diß doppeltes Vergnügen verursachen ... Ich werde die Stunden nie vergessen, die ich mit ihm zubrachte und nichts bedauern, als daß ich mit Ihnen und ihm nicht mein Leben zubringen kan; man wird in solchem Umgang ein ganz andrer Mensch und nie fühlt man den Werth und Unwerth des Menschen mehr, als wenn man aus solchen Beispielen [sieht], was er werden kan, und aus seinen eigenen, was er nicht ist.« Cotta bekannte Schiller gegenüber auch, er habe sich bei dieser ersten ausführlichen Begegnung mit Goethe viel zu schüchtern gefühlt, um »in dieser Hinsicht« etwas zu erwähnen, er wolle nicht, daß seine Fürsorge »den Schein von Eigennuz« bekomme. Dann aber drückte Cotta einen Wunsch aus, der einerseits für ihn neu und ungewöhnlich war, andererseits die Haltung und Eigenart Goethes genau einkalkulierte: Er bat Schiller, jene Position einzunehmen, die Goethe von sich aus immer wieder Verlegern gegenüber gewünscht hatte, bat ihn um die Rolle eines Vermittlers zu Goethe:

Nur einmal äusserte ich den Wunsch, auch in literarische Verbindung mit ihm tretten zu können, und er schien nicht ganz abgeneigt zu seyn. – Wenn Sie die vielen Beweise Ihres Wolwollens noch dadurch vermehren wolten, daß Sie den Mittelsmann hiebei machen würden, so würden Sie mich sehr verbinden. Ich hege freilich immer den stolzen Wunsch, daß ein angefangenes Verhältniß der Art nie getrennt werden möchte, und ich werde daher auch immerhin das Möglichste thun, es zu erhalten und diejenigen, die sich mit mir in solche Verbindung einlassen, es nie bereuen zu machen.

Wenn Sie daher bei G. sich verwenden wolten, so würde ich gerne jede Bedingung eingehen, und mich dabei wo es mögl. wäre zu bezeugen, daß er finden solte, daß ich ausser dem Handlungsinteresse noch ein anderes kenne.

Damit war die Basis der Verbindung Goethes zu Cotta geschaffen. Cotta mußte wegen der Verpflichtungen, die Goethe eingegangen war, zwar noch lange warten, bis sich sein ehrgeiziger Wunsch erfüllte, einziger Verleger Goethes zu sein – erst 1802 erschienen die ersten Werke Goethes mit dem Imprint des Cotta-Verlages –, doch der Weg war geebnet. Schiller fungierte bereitwillig als Vermittler, einmal, um dem Cotta-Verlag zu weiterer Reputation zu verhelfen und ihn zum wichtigsten Verlag in Deutschland zu machen, zum andern wohl in der Absicht, wie die Briefe zeigen, Goethe von seinen naturwissenschaftlichen Arbeiten fort in die Gefilde des Poetischen zu locken; immer wieder drängte Schiller Goethe zur »fortgesetzten poetischen Tätigkeit«, immer wieder beschwor er die »Entwicklung Ihres Wesens«, er sah stets einen »notwendigen Gang der Natur«, »Sie müssen eine gewisse, nicht sehr kurze, Epoche gehabt haben, die ich Ihre analytische Periode nennen möchte, wo Sie durch die Teilung und Trennung zu einem Ganzen strebten, wo Ihre Natur gleichsam mit sich selbst zerfallen war und sich durch Kunst und Wissenschaft wiederherzustellen suchte. Jetzt, deucht mir, kehren Sie, ausgebildet und reif, zu Ihrer Jugend zurück, und werden die Frucht mit der Blüte verbinden. Diese zweite Jugend ist die Jugend der Götter und unsterblich wie diese.« Mit einer gewissen Genugtuung übernahm Schiller aber auch die Tätigkeit des Vermittlers, dessen, der in Goethes Auftrag Honorare diskutierte und zu erhöhen trachtete. Schiller tat dies nicht, um letztlich auch seine Honorierung in ihrer Relation zu zeigen, er handelte durchaus in Goethes Sinn, der andere Angebote in sein Kalkül zog, dies aus Gründen der Noblesse aber nicht selbst, sondern durch den Freund wissen ließ. Noch Jahre nach dem Tod Schillers bedauerte er den Verlust dieses Vermittlers und bekundete, wie sehr er ihm fehle.

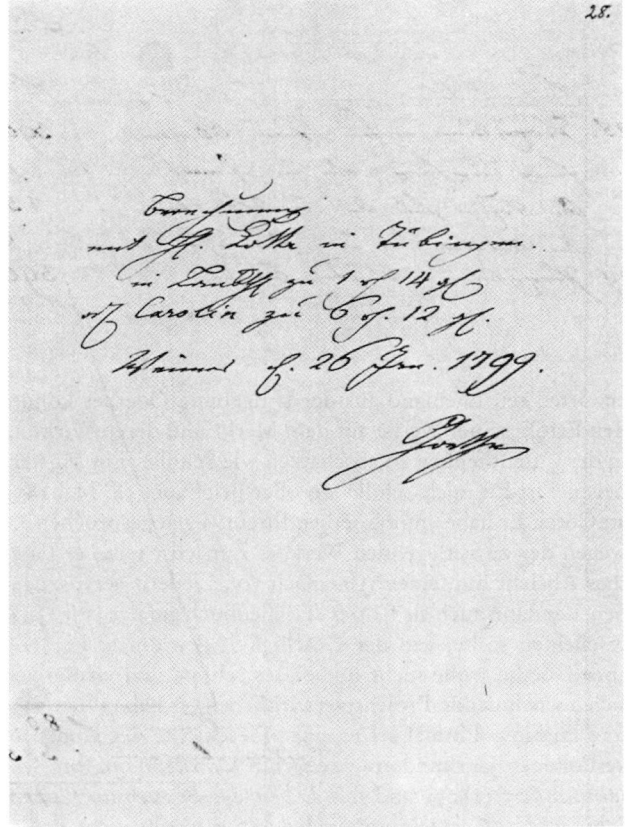

Goethes eigenhändige Abrechnung seines ›Soll und Haben‹ für Cotta, 26. Januar 1799 (SNM). Siehe auch die folgenden Seiten.

In Schillers und Goethes Verhältnis zu Cotta ist deutlich, daß es nicht Goethe war, der Schiller als Vermittler bestimmte, sondern Cotta. Schiller fühlte sich zu verantwortlicher Empfehlung aufgerufen, er riet zu und riet ab, er warnte und empfahl dem Verleger zuzugreifen, auch wenn kein Geschäft zu

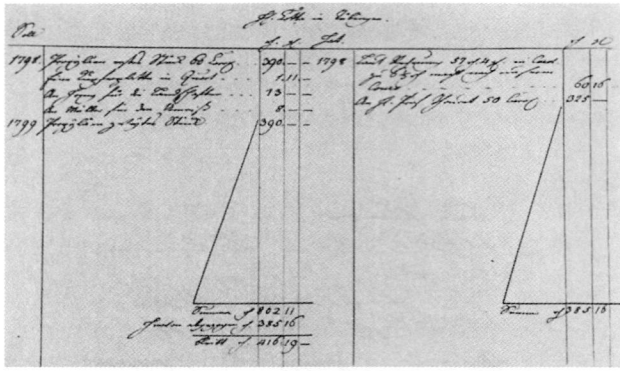

erwarten sei. Niemand aus der Umgebung Goethes konnte den Erfolg seiner Werke auf dem Markt und deren Wirkung in der Öffentlichkeit so abschätzen wie Schiller. Ein Musterbeispiel ist für mich Schillers großer Brief vom 18. Mai 1802 an Cotta. Er habe »mit Goethen Ihrentwegen gesprochen ... wegen der zu verlegenden Werke«. Zunächst teilte er Goethes Absicht mit, einen Almanach von Liedern herauszugeben, der dann auch als Cottas ›Taschenbuch auf das Jahr 1804‹ erscheinen sollte, »22 der Geselligkeit gewidmete Lieder«, aber Goethe wolle nicht nur dieses schöne und erfolgreich sich ausnehmende Projekt verwirklichen, er habe noch weitere im Sinn. Einmal sei es eine »Geschichte der Kunst im verfloßenen Jahrhundert«, weiterhin *Winckelmann und sein Jahrhundert* (1805) und das *Leben des Benvenuto Cellini*. Schiller teilte Cotta unumwunden mit, er glaube nicht, daß er irgendeinen Gewinn durch diese Werke haben würde, doch – und nun kommt jene Äußerung, die nicht nur eine Summe seiner Einschätzung Goethes darstellt, sondern auch die Beziehung eines Autors zum Verleger beleuchtet: »Vielleicht könnten Sie aber alle diese Risicos nicht achten, in der Hofnung, sich auf einmal an dem *Goethischen Faust* für alle Verluste zu entschädigen. Aber außerdem, daß es zweifelhaft ist,

Auszug aus Cottas Geschäftsbuch mit Goethes ›Soll und Haben‹ 1795-1802 (SNM).

ob er dieses Gedicht je vollendet, so können Sie sich darauf verlaßen, daß er es Ihnen, der vorhergehenden Verhältniße und von Ihnen aufgeopferten Summen ungeachtet, nicht wohlfeiler verkaufen wird, als irgend einem andern Verleger, und seine Foderungen werden groß seyn. Es ist, um es gerade heraus zu sagen, kein guter Handel mit G. zu treffen, weil er seinen Werth ganz kennt und sich selbst hoch taxiert, und auf das Glück des Buchhandels, davon er überhaupt nur eine vage Idee hat, keine Rücksicht nimmt. Es ist noch kein Buchhändler in Verbindung mit ihm geblieben, er war noch mit keinem zufrieden und mancher mochte auch mit ihm nicht zufrieden seyn. Liberalität gegen seine Verleger ist seine Sache nicht.«

Dies trifft absolut zu. Immer wieder animierte Schiller Cotta, auch die kleineren Werke Goethes zu übernehmen und Goethe »anlockende Offerten« zukommen zu lassen: »Ein Mann wie Goethe, der in Jahrhunderten kaum einmal lebt, ist eine zu kostbare Akquisition, als daß man ihn nicht, um welchen Preis es auch sey, erkaufen sollte.« Cotta reagierte, doch diesen Unternehmungen waren Erfolg und aktuelle Wirkung nicht beschieden. Es ist merkwürdig, daß also am Beginn der Beziehungen Goethes zu Cotta Mißerfolge standen. Doch sie belasteten das Verhältnis nicht. Goethe zeichnet sich vor anderen Autoren aus, daß er die Schuld an jenen ersten Mißerfolgen nicht dem Verleger zuschob. Der Verleger durfte das Gefühl haben, daß die Bücher ihm noch im Scheitern Ehre einbrachten, und das Defizit konnte er mit dem Gewinn seiner ›Musenalmanache‹ verrechnen. So war der Anfang der Beziehung Schillers und Goethes zu Cotta alles in allem doch auch ein »glückliches Ereignis«.

5. »*durch Vermittlung des Herrn Hofrath Schiller zustande gekommen*«

Schiller hat es geschafft: Goethe ist bei Cotta angekommen. Setzen wir hierfür als Datum den 27. Mai 1798. Seit dem 20. Mai weilt Goethe in Jena, er ist sehr froh von Weimar abgefahren, da er freundliche Kritik zu *Herrmann und Dorothea* erhalten hat und so »wenigstens auf der letzten Strecke meiner poetischen Laufbahn mit der Kritik in Einstimmung gerathe«. Er ist häufig mit Schiller zusammen, sie gehen spazieren, sprechen über Humboldts Analyse von *Herrmann und Dorothea* und diskutieren wieder Grundsätze der ganzen epischen Gattung, das Gespräch ist fruchtbar, »weil es die wichtigsten Fragen über poetische Dinge zur Sprache bringt«. Freitag und Samstag, den 25. und 26. Mai, arbeitet er am Entwurf seines Briefes an Cotta, und am Pfingstsonntag, dem 27. Mai, schickt er den ausführlichen Brief mit den Materialien für die ›Propyläen‹. (Sie sollten ursprünglich auf Vorschlag von Schiller den Titel ›Der Künstler‹ tragen.) Die Konzeption der ›Propyläen‹ ist kennzeichnend für Goethes Publikationsabsicht: Es solle kein sogenanntes ›Lesebuch‹ sein, aber er wünscht sich ein lesbares, dem gebildeten Publikum »willkommenes« Werk, das auf Dauer bestehe und dessen »weite Ausdehnung« außer Zweifel sei; keine unbescheidene Absicht, kein anmaßender Wunsch; und gleich die dezidierte Forderung: »Das Werk wird nicht eher angekündigt als bis es erscheint.« Kurze Zeit später, am 31. August 1798, noch einmal eine Direktive für Cotta, die verständlich ist aus der Ablehnung der »Prunk«-Sprache, dem »Posaunenton« der ›Horen‹: »Nur wünsche ich daß Sie weiter kein Wort des Lobes oder der Empfehlung hinzuthun.«

Wir wissen, daß ungeachtet solch zurückhaltender Ankündigung und trotz sorgsamen Vorgehens bei der Präsentation das Unternehmen rasch aufgegeben wurde. Die ›Propyläen‹ wurden ein Verlustgeschäft, von den 1300 verschickten Exemplaren wurden nur 450 abgesetzt. Cotta hatte keinen Mut, dies Goethe zu berichten. Er schrieb an Schiller, und dieser informierte Goethe, daß die Zeitschrift nicht zu retten sei. »Ich darf an diese Sache gar nicht denken«, schrieb er am 5. Juli 1799, »wenn sie mein Blut nicht in Bewegung setzen soll, denn einen so niederträchtigen Begriff hat mir noch nichts von dem deutschen Publikum gegeben.« Schiller wollte zwar die Zeitschrift noch nicht aufgeben und auch mit Rücksicht auf das von Cotta investierte Kapital den Versuch machen, »ob man die Schrift nicht jetzt noch poussiren kann«, und so schlug er Goethe vor, »wenn Sie etwas aus dem Faust hineinrückten, so würde es viel gute Folgen haben«. Doch Goethe vermutete, dies sei nur »der Fall von dem verlornen Pfeil, dem man einen anderen nachschießt«. Es gab aber durchaus auch Auseinandersetzungen um die Inhalte: Der Berliner Bildhauer Gottfried Schadow griff Goethes Ansicht über die Kunst in Berlin auf und kritisierte seine abwertende Darstellung des Naturalismus.[10] Die ›Propyläen‹ konnten nicht gehalten werden.

Mit dem 27. Mai 1798 also setzte die intensive Verbindung zwischen Goethe und Cotta ein. Bis zum Tode Goethes währte sie, schon in ihrer zeitlichen Erstreckung ist es eine einmalige Verbindung zwischen Autor und Verleger. Wir lesen nicht ohne Bewegung den Schluß des vorletzten Briefes von Goethe an Cotta vom 16. Juni 1831: »Doch sey es nicht muthlos geschlossen! vielmehr mit der Versicherung: daß ich jeden guten Augenblick zu nutzen trachte um derjenigen die an mir Theil nehmen, bis ans Ende werth zu seyn.« Eine größere Substanz kann es in einer Verbindung nicht geben, klarer kann eine Haltung nicht sein, dies nicht nur in der Beziehung eines Autors zu seinem Verleger, sondern ganz allgemein in der Beziehung zweier Menschen. Cotta war seit dem 27. Mai 1798 am Ziel seiner Wünsche; wenn das erste und das zweite gemeinsam projektierte Unternehmen auch fallierten, er durfte sicher sein, Verleger »künftiger Schriften« Goethes zu werden, dieses großen Autors, von dem er wahrlich nicht wissen konnte, daß er als der größte deutsche Schriftsteller in die Geschichte eingehen würde; die beharrliche Verfolgung dieses Ziels ist ein Zeichen seines verlegerischen Ingeniums.

Allerdings mußte er sich gedulden, Goethe stellte ihn auf eine harte Probe: zuerst die beiden nur Verluste bringenden Unternehmungen der ›Horen‹ und der ›Propyläen‹, dann reine Nebenwerke: *Mahomet* und *Tancred. Nach Voltaire*, 1802, im selben Jahr *Was wir bringen. Vorspiel, bey Eröffnung des neuen Schauspielhauses zu Lauchstädt*; dann *Benve-*

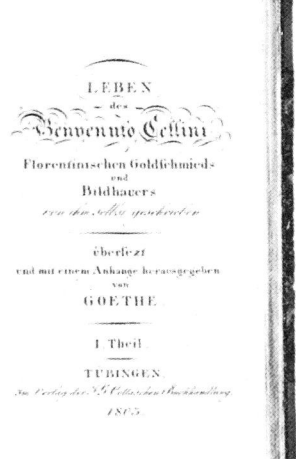

Titelblatt und -kupfer zu Goethes *Leben des Benvenuto Cellini*,
Erster/Zweyter Theil, Tübingen: Cotta 1803.

nuto Cellini (1803) und die Brief- und Aufsatzsammlung *Winckelmann und sein Jahrhundert* (1805).

Eine Neuerscheinung bot das Jahr 1803. Im ›Taschenbuch auf das Jahr 1804‹ erschien *Die natürliche Tochter*, Goethes letztes Bühnenstück (wenn man den *Faust* von 1808, hier außer acht läßt), ein letztes in der Reihe der Dramen, *Der Bürgergeneral*, *Die Aufgeregten* und *Der Groß-Cophta*, noch einmal Revolutionswirren widerspiegelnd, ein Stück, das bereits in der *Campagne in Frankreich* skizziert und als Trilogie geplant war. *Die natürliche Tochter*, am 2. April 1803 uraufgeführt, wurde kein Erfolg, weder auf dem Theater noch bei der Kritik. Schiller (der Goethe übrigens auf die Quelle des Stücks, auf die *Mémoires historiques de Stéfanie-Louise de Bourbon-Conti, écrit par elle même*, aufmerksam gemacht hatte) war einer der wenigen – wie Schelling und Fichte –, die ein Lob für das Stück fanden: »Es ist ganz Kunst und ergreift dabei die innerste Natur durch die Kraft der Wahrheit« (am 22. 4. 1803 an Iffland). Herder äußerte sich im Gespräch durchaus einsichtig, schloß aber mit dem bekannten »Trumpf«, den Goethe nicht überliefert: »Deine ›Natürliche Tochter‹ gefällt mir viel besser, als Dein natürlicher Sohn!« soll er Goethe gesagt oder geschrieben haben, der daraufhin jegliche Beziehung zu Herder abbrach, so verletzt konnte er sein. In unserem Jahrhundert änderte sich die Bewertung. Rudolf Alexander Schröder hat in seinem Essay über *Die natürliche Tochter* darauf hingewiesen, daß Goethe in der *Campagne in Frankreich* dieses Stück als einen seiner Versuche bewertet, »sich gegenüber einer immer fremder und fragwürdig werdenden Zeit und Welt ins Gleiche zu setzen«. Schröder bezeichnet *Die natürliche Tochter* als den »großartigsten Versuch der Zeitbändigung, den Goethe jemals unternommen, zugleich der letzte im großen angelegte Versuch einer unmittelbaren Anrede an diese Zeit und an sein Volk«. In neuerer Zeit hat Dolf Sternberger das Stück als »Parabel von der Verfolgung« gelobt: »Es ist über all dem auch Wahrheit in der Dichtung, zum Exempel in der ›Natürlichen Tochter‹ von Goethe. Wenn man ein gelehrtes Kunstwort, einen Begriff der Theorie wünscht, so würde ich eine solche Dichtung, insofern sie Wahrheit vorzeigt, eine Parabel nennen, freilich eine Parabel ohne den Ertrag einer Lehre. ›Die natürliche Tochter‹ können wir als eine Parabel von der Verfolgung auffassen, vielleicht nicht nur als solche. Nicht daß unsere Erfahrung vollständig in der Parabel aufgehoben wäre: So ›allgemein-menschlich‹ (und so allgemein-unmenschlich) sie auch angelegt sein mag, sie wird die Gewalt der wirklichen einzelnen historischen Erfahrung niemals aufzuwiegen imstande sein. Denn nicht nur unser Wissen ist Stückwerk (wie der Apostel sagt), sondern unser Dichten auch. Die Wahrheit, die in der Dichtung zutage tritt, verschafft uns zwar nicht Befreiung – dazu braucht es andere als poetische Mittel oder gar Erlösung –, sie ist unserer eignen menschlichen Bemü-

›Revolutionskalender‹, aufgeklebt auf den Schuber
des ›Taschenbuchs auf das Jahr 1804‹, Tübingen: Cotta
(darin Goethes Trauerspiel *Die natürliche Tochter*) (SNM).

hung überhaupt versagt. Aber die poetische Wahrheit verschafft uns doch die Wohltat, daß unser dunkles Geschick in die Helligkeit der Sprache gerückt wird.«

Erst sehr viel später also konnte Cotta die Früchte seiner Beziehung zu Goethe ernten. Hier die Hauptstationen: Die auf zwölf Bände geplante, dann 13 Bände umfassende erste Werkausgabe von 1806-1810 (Sigle A), die zwanzigbändige Werkausgabe von 1815-1819 (Sigle B), das Hauptunternehmen, die vierzigbändige Gesamtausgabe »letzter Hand« von 1827-1830 (Sigle C). Als bedeutende »Novitäten« konnte

Cotta währenddem folgende Werke in Einzelausgaben vorlegen: *Dichtung und Wahrheit* (1811-1817 [mit der *Italienischen Reise*]), *Der West-östliche Divan* (1819), *Wilhelm Meisters Wanderjahre*, 1. Fassung (1821); *Faust I* erschien zuerst als 8. Band innerhalb der Ausgabe A, von dem dann, wie von anderen Werken auch, zusätzlich eine separate Einzelausgabe vom gleichen Satz wie die Gesamtausgabe hergestellt wurde.

Die Verbindung zwischen Goethe, Schiller und Cotta ist in zahlreichen Briefen dokumentiert; Besuche waren relativ selten, die Verbindung über Dritte gelegentlich. Der Briefwechsel zwischen Schiller und Cotta wurde zum ersten und einzigen Mal 1876 veröffentlicht, herausgegeben von Wilhelm Vollmer; eine zuverlässige Edition, die bereits nach den Originalhandschriften erarbeitet und mit zahlreichen Anmerkungen, Tabellen und Register vorbildlich ausgestattet ist – ein Musterfall auch für die allgemeine Geschichte des Buchwesens.

Nach dieser Edition bot es sich wie selbstverständlich an, auch den Briefwechsel zwischen Goethe und Cotta zu veröffentlichen. Aber es gab Schwierigkeiten über Schwierigkeiten, selbst bei der separaten Publikation der Briefe Goethes an Cotta. Die Briefe Cottas erschienen den Philologen mehr oder weniger als reine Geschäftskorrespondenz, und Goethe sah »man« nicht gern in geschäftlichen Niederungen. Dorothea Kuhn hat die Geschichte des Briefwechsels zwischen Goethe und Cotta minutiös recherchiert.[11] Die bisherige Geringschätzung der Briefe Cottas war ein Irrtum, die Schriftstücke beider auf bloße Geschäftskorrespondenz festzulegen, schlicht falsch. Diese Briefe bewahren das Unmittelbare einer faszinierenden menschlichen Beziehung mit Höhen und Tiefen auf, sie belegen die Erfahrung zweier Männer, ihre Lebens- und Arbeitsanschauungen und eben ihr Bemühen, das Gemeinsame, das »Werk« zu schaffen, das Werk zu schreiben, das Werk zu verlegen. Goethe sah seinen Partner im »Handelszwang«, dies war dessen Position, nicht die seine.

Aber er erkannte ebenso, daß durch den Prozeß der Buchproduktion sein geistiges Gut zur Ware wurde und sich auf dem Markt zu halten hatte, also geschäftlichen Usancen, Prinzipien oder gar Zwängen ausgesetzt war; er ist ihnen, wo er sie für vernünftig hielt, gefolgt, er hat ihnen widerstanden oder sie geändert, wenn ihm dies für die Wirkung seines Werks richtig erschien. Goethe legte auch hier die Maßstäbe an, die er eben an Geschäfte anzulegen pflegte.

Goethe und Cotta haben sich nichts geschenkt, und man hat bei der Lektüre dieser Briefe durchaus den Eindruck, als wüßten beide, worauf sie sich einließen, als hätte jeder eine spezifische Aufgabe, eine spezifische Rolle, und als »spielten« sie ihre Rollen. Jedenfalls sind für mich zwei Äußerungen vom Beginn ihrer Beziehung aufschlußreich. Goethe meinte am 30. Oktober 1805 beruhigend zu Cotta: »Ein Trost bleibt dabey, daß diejenigen die sich früher gewöhnen die Vorfälle des Lebens im Großen zu überschauen, auch bey allen Übeln ein schönes Gegengewicht in sich selbst finden.« – Kommt ein Verleger »zu sich«, eben indem er Konflikte mit dem Autor durchzustehen hat und sie durchstehen kann? Cotta antwortete am 12. November 1805 in »reinster Verehrung«: »Der Geist besiegt ja ewig die sonst bloß todte Kraft. Hoffen wir das Beste und seyen wir für das Schlimmste gefaßt! Diß in der That darf in disem Augenblick nicht blosser Wahlspruch für mich seyn, sondern Norm meines Handelns.« Dies in der Tat, er brauchte diese Zuversicht, im Durchgang durch das »Schlimmste« das Beste zu erreichen.

Es gibt zahlreiche Arbeiten, die das große Thema dieser Autoren-Verleger-Beziehung untersucht haben, Bücher, Abhandlungen, Essays, Aufsätze, Gedenkartikel, Vorträge, wissenschaftliche und essayistische, literatur- oder buchhandelskundliche Arbeiten. Von den älteren waren mir wichtig die Arbeiten von Andreas Wachsmuth, Georg Witkowski, Otto Friedrich Vaternahm, Kurt Markert, Ian C. Loram, dann Herbert G. Göpfert, Friedhelm Kemp und Reinhard

Wittmann.[12] All diese Arbeiten behandeln ihr Thema jedoch ohne den Vorteil, den ich genießen durfte (Kemp und Göpfert kamen nur teilweise in den Vorzug, den des Textes, nicht den des Kommentars). Ich konnte meinen Überlegungen die textkritische und kommentierte Ausgabe des Briefwechsels zwischen Goethe und Cotta zugrunde legen, die Dorothea Kuhn – nach jahrzehntelangen Recherchen – in drei Bänden so verdienstvoll und vorbildlich herausgegeben hat.[13] Isaac Newton hat mit einer kleinen Bemerkung die Geschichte wissenschaftlichen Fortschritts charakterisiert: »Wenn ich weiter sehen konnte, so war dies, weil ich auf den Schultern von Riesen gestanden habe.« Robert K. Merton, der amerikanische Soziologe, knüpfte an diese Bemerkung einen fröhlichen »Leitfaden durch das Labyrinth der Gelehrsamkeit« an, indem er die originale Version dieses Zitates fand: »Ein Zwerg, der auf den Schultern eines Riesen steht, kann weiter sehen als der Riese selbst.«[14] Ich kann nur hoffen, daß ich durch die von Dorothea Kuhn ausgebreiteten Materialien »weiter« sehen konnte. Und ich danke Dorothea Kuhn, so, wie dies Bertolt Brecht gegenüber Alfred Döblin einmal getan hat: »Ich halte Ihre Werke für eine Fundgrube des Genusses und der Belehrung und hoffe, daß meine eigenen Arbeiten Funde daraus enthalten. Ich glaube, ich kann mich in keiner würdigeren Form als der des Exploiteurs bei Ihnen einstellen.«[15] Ich stelle mich also auf die Schultern von Dorothea Kuhns Arbeit und benutze ihre Edition, in der eigene Funde durchaus noch zu machen sind.

V. DIE ERSTE GESAMTAUSGABE.
GOETHE UND COTTA

1. »ich darf und mag freilich dise Speculation nicht aus der Hand lassen«. Zur ersten Gesamtausgabe

Schiller war Ende 1799 nach Weimar umgezogen und hatte 1802 dort ein Haus erworben (für einen Kaufpreis von 4200 Talern, der ihn so verschuldete, daß an eine angemessene Ausstattung des Hauses nicht zu denken war); da er in diesem Hause starb, gilt es bis heute als ›Wohnhaus Schillers‹. Cotta konnte sich auf seinen Berater Schiller verlassen, der stets bereit war, »Erkundigungen« bei Goethe einzuziehen und »ihn zu sondieren«. »Kann ich aus Goethen einen poetischen Funken herausschlagen, so soll es an mir nicht fehlen«, schrieb er am 8. Juni 1804 an Cotta, »aber leider sehe ich jezt wenig Anschein dazu, da ihm andre Sachen den Kopf warm machen.« Die anderen Sachen waren naturwissenschaftlicher Art. Goethe studierte im Juni die Akten zur Geschichte der Londoner Sozietät für seine »Geschichte der Farbenlehre«, drei Tage lang packte er eine aus Leipzig eingetroffene Mineraliensammlung aus; am 25. September wurde er zum Präsidenten der ›Naturforschenden Gesellschaft‹ ernannt. Goethe reagierte typisch, er dankte (am 26.9.1804 an W. K. F. Succow) für die Ehre, doch: »Da mir aber hiebey neue Obliegenheiten zuwachsen, so wünschte ich, ehe ich mich im Stande befinde, diese ehrenvolle Pflicht zu übernehmen von der Verfassung, wie von der gegenwärtigen Lage der Societät und ihren fernern Absichten und Vorsätzen unterrichtet zu seyn.« Am 22. Oktober 1804 wurde er Präsident der ›Mineralogischen Gesellschaft‹ in Jena. Dann wurde er im Weimarer

Theater aktiv, er probte Schillers *Tell* und inszenierte im November Schillers *Huldigung der Künste* zur Feier der Vermählung des Weimarischen Erbprinzen Carl Friedrich mit der Großfürstin Maria Pawlowna am 12. November 1804. Und noch eines machte ihm den Kopf »warm«: Am 13. September hatte er seine Ernennung zum Wirklichen Geheimen Rat mit dem Prädikat »Excellenz« erhalten (»Ew. Durchl.«, schreibt er am 29. September an den Herzog, »haben Ihre Geheimen Räthe [außer ihm Schmidt, Voigt und Wolzogen] vor der ganzen Welt für excellente Leute erklärt, wofür wir uns zu unterthänigstem Dank verpflichtet fühlen. Was mich insbesondere betrifft; so finde ich alle meine Wünsche erfüllt, wenn Sie mich, bester Fürst, nur für leidlich halten wollen, solange ich noch in dem Ihrigen fortwirken, Ihre Befehle zu vollziehen und Ihren Wünschen vorzuarbeiten strebe«). Goethe wurde also von nun an zu Recht »Excellenz« tituliert. Cotta hat Goethe übrigens von Anfang an mit »gnädiger Herr Geheimrat« und vom 27. September 1800 an stets mit »Excellenz« angeredet. »Eure Excellenz«, so beginnen seine Briefe, und sie schließen fast immer mit »Euer Excellenz unterthäniger Cotta«.

Schillers Brief vom 16. Oktober 1804 mußte Cotta an ein erstes Ziel seiner Wünsche bringen. Doch zuvor, am 6. Oktober, gab es noch eine Aufregung. Cotta glaubte erfahren zu haben, daß »Sie schäzbarster Freund« (so redete er Schiller an) »mit einem lyrischen Bewillkommnungs Gedichte: *Der Zug des Bacchus aus Indien* für die Erbprinzliche Eheleute beschäftiget seyen«, und er wünschte bei der möglichen Veröffentlichung nicht vergessen zu werden. Er hatte auch sogleich einen Einfall für die Ausstattung: »Man könte eine schöne Verzierung aus der bildenden Kunst: der alte Bacchustriumph aus und nach den herrlichen Denkmälern des Alterthums ... wählen.« Schiller reagierte in jenem Brief vom 16. Oktober empfindlich: »An ein Gedicht auf unsre Erbprinzeßin habe ich nie gedacht und ich erstaune, wie man eine solche Lüge ohne alle Veranlaßung erfinden kann. Denn einen Zug des Bacchus aus Indien zu dichten ist mir weder bei dieser Gelegenheit noch sonst jemals in den Sinn gekommen. Ueberhaupt möchte ich mich bei dieser Veranlaßung, wo sich soviele schlechte Federn in Bewegung setzen am allerwenigsten rühren.« Sein Zorn ist zwar objektiv verständlich, denn jeder wahre Künstler wehrt sich gegen Aufträge von außen, nicht jedoch subjektiv, denn er hatte mit Goethe vereinbart, daß dieser aus erwähntem Anlaß jene *Huldigung der Künste* inszenieren sollte, er hatte sich also doch »gerührt«. Das Eintreffen des Briefes vom 16. Oktober löste aus einem weiteren Grund einen »Jubeltag« bei Cotta aus: In einer fränkischen Zeitung hatte er gelesen, Schiller sei gestorben; als nun Schillers Brief vom 16. Oktober bei ihm eintraf, beendete er ›drei schreckliche Tage‹, und Cotta bekräftigte, daß das Datum ein »Jubeltag für meine Familie bleiben« sollte.[1]

Der eigentliche Grund zum Jubeln war jedoch die von Cotta sehnsüchtig erwartete Nachricht, Goethe sei zu einer Gesamtausgabe in seinem Verlag bereit. Schiller teilte mit:

Goethe denkt jetzt an eine Heraugabe seiner sämtlichen Schriften in einer HandAusgabe, ohne Pracht und Verzierung. Nach den Erkundigungen die ich darüber bei ihm eingezogen ist er gesonnen, das Werk so zu veraccordieren, daß die sämtlichen Bände im Verlauf von dritthalb Jahren erscheinen sollen und in 5 Jahren, von Erscheinung des ersten Transports an gerechnet, das Recht einer neuen Auflage an ihn heim fallen soll. Der Verleger müßte sich also freilich tummeln um in diesem kurzen Zeitraum das Werk zu verkaufen. Wie ich ihn sondiert habe, so scheint er nicht weniger als 4 Carolin für den gedruckten Bogen zu erwarten, und er rechnet das Ganze auf etwa 380-400 Bogen. Einige ungedruckte Sachen aus seiner frühern Jugend sind darunter, auch denkt er vom Faust soviel dazu zu geben als er fertig hat, wenn er auch nicht dazu käme, ihn ganz zu vollenden. Ueberlegen Sie Sich nun, ob Sie auf seine Vorschläge eingehen wollen, und wenn Sie dazu Lust haben, so wäre es gut ihn einmal, doch ganz im allgemeinen, um ein Verlagswerk zu ersuchen, daß er dadurch veranlaßt würde, Ihnen seine sämtliche Werke anzubieten.

An diese für Cotta so wichtige Botschaft, die zu vermitteln Schillers Genugtuung erregte, schließt sich freilich sogleich ein typisches Autoren-Monitum an, der Vorbehalt eines Autors gegenüber den weiteren Produktionen ›seines‹ Verlags: »Man sagt hier, daß Sie die Herderischen Schriften verlegen würden. Wenn dieß der Fall ist so wünsche ich nur, daß Sie Sich durch einen guten Accord gedeckt haben mögen, denn die Unternehmung scheint mir doch ein wenig riskant zu seyn.« Die Nachricht stimmte, doch Cotta wiegelte ab, spielte die Bedeutung der mit ihren 45 Bänden immerhin nicht kleinen Ausgabe herunter, die »so an mich kam, daß ich nicht anders konte«, und versuchte Schiller zu beruhigen, daß er mit dieser Ausgabe »gar nichts wage«.[2]

War Schiller sich seiner Sache nicht sicher, wenn er Cotta empfahl, er möge Goethe nicht nach einer Gesamtausgabe, sondern nur »ganz im allgemeinen« nach einem »Verlagswerk« fragen? Der Taktiker Schiller mußte zweifeln, ob Goethe das zwischen ihnen Besprochene auch wirklich realisieren wollte, es war sogar fraglich, ob er es realisieren konnte. Am 1. Oktober traf Schiller mit Goethe zusammen, wohl, um mit ihm die Inszenierung der *Huldigung der Künste* durchzusprechen, die Ankunft des Erbprinzen stand für Anfang November bevor, und (so Goethe an Cotta am 22. 9.) sie »giebt auch viel zu denken und zu schaffen«. In diesem Gespräch muß Schiller eine Gesamtausgabe angeregt haben, denn unmittelbar danach entwarf Goethe den Plan einer Ausgabe, er nannte ihn »Aufsatz« und sandte ihn am 2. Oktober an Schiller: »Hier auf Ihre gestrige Anregung ein Aufsatz! mögen Sie ihn gefällig durchdenken und mir mit Ihrem guten Rathe beistehen!« Goethe bat also Schiller um Rat für die Konzeption dieser Ausgabe, die er mit ihm diskutieren wollte, keinesfalls wollte er jetzt schon die Nachricht an Cotta gegeben wissen. Darum also fühlte sich Schiller veranlaßt, Cotta doch zur Vorsicht zu mahnen.

Der Plan, den Goethe auf Anregung Schillers niederschrieb, sein »Aufsatz«, ist erhalten. In Goethes Nachlaß, in den sogenannten »Akten«, nach Sachgebieten in Mappen abgelegten Schriftstücken, entdeckte Dorothea Kuhn das Dokument; Goethe hatte es dem Sekretär Geist diktiert, und Schiller hatte einen Kommentar gegeben.

Goethes Entwurf ist sowohl hinsichtlich der Anlage der Ausgabe als auch seiner Honorarüberlegungen sehr dezidiert:

Unterzeichneter hat die Absicht seine Schrifften neu heraus zu geben und zwar sollte von keiner vollendeten Prachtausgabe, vielmehr von einer sauberen, und Geschmackvollen Handausgabe, mit deutschen Lettern, die Rede seyn.

Enthalten würde dieselbe alles was von meinen ästhetischen Arbeiten einige Dauer verdient, worunter sich auch einiges ungedruckte befindet.

Zu vertheilen wären in sechszehen, oder wenn man will in zwölf Bände folgende Werke:

Die Laune des Verliebten
Die Mitschuldigen
Mahomet
Tancred

Berlichingen
Egmont
Stella
Clavigo

Iphigenia
Tasso
Eugenia

Claudine
Erwin und Elmira
Jery und Bädely
Lila
Die Geschwister

Der Cofta
Der Triumph der Empfindsamkeit
Die Vögel
Was wir bringen
Der Bürgergeneral

Faust.

Werther
Wilhelm Meister

Hermann und Dorothea
Reinecke Fuchs

Kleinere Gedichte

Kleinere prosaische Schrifften

Dem Band *Der Cofta* hatte Goethe noch angefügt: *Scherz List und Rache. Zauberflöte.* Zu *Faust* hatte Schiller am Rande bemerkt: »Puppenspiel«. Nach *Reinecke Fuchs* hatte Goethe *Achilleis* eingesetzt. Dann notierte er:

Hierbey wäre zu bemerken:

Die Laune des Verliebten, Lustspiel in einem Act und Alexandrinern, ist das älteste überbliebene von meinen Stücken.

Faust wird abermals als Fragment erscheinen, was er denn auch wohl mehr oder weniger immer bleiben wird.

Die sämmtlichen Arbeiten werden durchgegangen, um

ihnen eine Correctheit zu geben, die ihnen an der Eigenthümlichkeit nicht schadet, wobey man sich zwar nicht völlig auf sein eigenes Urtheil verlassen, aber, unter dem Beyrath einsichtsvoller Freunde, keine Mühe sparen wird.

Die Absicht des Verfassers ist: dem Verleger das Recht zu dieser Ausgabe auf fünf Jahre, vom Anfange des Drucks an zu überlassen, dergestalt daß wenn diesen Winter Anstalt zum Geschäfft gemacht wird der Contract bis 1810 dauere hernach aber der Verfasser oder die Seinigen das Recht haben eine neue Ausgabe zu veranstalten.

Dieß ist der erste Entwurf welcher bey einer fernern Berathung zum Grunde gelegt werden kann.

W. den 2 Octbr 1804   Goethe

Schillers Kommentar unter demselben Datum lautet:

Nach meiner Meinung würde der ganze Bestand der Goethischen Werke in drey Maßen getheilt und innerhalb dreyer Messen geliefert.

Jedes Drittheil, mag es nun aus 4 oder 5 Bänden bestehen, kostete den Käufer 9 rth und folglich netto 6 rth. Für dieße 9 rth erhält der Käufer entweder 4 Bände zu 32-36 Bogen oder 5 Bände zu 25-30 Bogen, wobei also die Stärke der Bände weder im Kaufpreiß noch im Contract mit dem Autor einen Unterschied macht.

Wenn der Verleger dem Autor für jedes Drittheil 1000 Ducaten bezahlt, so ist er (den Kaufpreiß für jedes Drittheil = 6 rth netto gerechnet) mit 1300 Exemplaren die er verkauft aus seinen Kosten.

Weil sich aber bei der zweiten und dritten Lieferung der Grad des Absatzes schon genauer bestimmen läßt, so wäre vielleicht für beide contrahierende Theile rathsam, nur einen provisorischen Contract für die Erste Lieferung zu machen und bei den folgenden sich nach dem Grade des Absatzes zu richten.

Wird das Ganze, zur Bequemlichkeit der Käufer, in 4 Transporten geliefert so könnte der Kaufpreiß für jede Lieferung 6 rth oder 4 rth netto gesezt werden. In diesem Fall bezahlte der Verleger für jede Lieferung 2250 rth und die Summe des ganzen Honorars bliebe völlig dieselbe. Nur würde der Käufer etwas auf Kosten des Verlegers begünstigt; wofür aber der leztere die Hofnung eines stärkeren Absatzes haben würde.

Ich bemerke daß das Honorar welches ich vorschlage das doppelte von demjenigen ist, welches Wieland für seine Werke erhalten.

Dies waren die Dokumente, auf deren Basis Schiller seinen Brief vom 16. Oktober 1804 an Cotta geschrieben hatte. Schiller nannte darin keine Details, er resümierte Goethes Memorandum und war, wie erwähnt, vorsichtig genug, Cotta zu raten, bei Goethe eben nur nach »einem Verlagswerk« zu fragen. Schiller kannte aber auch die unsichere Rechtslage, und er wußte, daß der Verleger Unger Goethe bedrängte, einen achten Band seiner Ausgabe der *Neuen Schriften* herauszugeben. »Ich kann«, schrieb Goethe am 29. August 1803 an Zelter, »weder zu- noch absagen. Nicht ab, weil ich wirklich gern die Zahl voll machte, nicht zu, weil meine nächsten Arbeiten an Cotta versagt sind, mit dem ich sehr zufrieden zu seyn Ursache habe.« Unger gab sein Drängen verständlicherweise nicht auf und suchte Goethe über befreundete Personen umzustimmen. Doch von A. W. Schlegel mußte Unger am 30. April 1804 hören: »Goethe'n habe ich oft gesprochen, und Gelegenheit genommen ihn an Ihre Anträge zu erinnern, ohne daß ich ihn zu einer bestimmten Antwort hätte bringen können. Zu einer erneuerten Ausgabe seiner sämtlichen Werke scheint er noch gar keine Lust zu haben«. Doch Schlegel irrte; Goethe war durchaus bereit, aber er wollte eben die Ausgabe bei Cotta und nicht bei Unger veröffentlichen. Indes, der Knoten löste sich von selbst, da Unger am 26. Dezember 1804 starb. (Später wird sich

Göschen melden, um gegenüber Cotta ältere Rechte an Goethes Werken einzuklagen.)

Das war also der Hintergrund, vor dem Schiller Cotta zu behutsamem Vorgehen anhielt, und dieser ging auf den Rat ein. In seinem Antwortbrief an Schiller vom 26. Oktober dankte er seinem »schäzbarsten Freund« »Für Ihre freundschaftl[iche] Güte in dem, was Sie mir von Göthe's Planen eröfnet«. Da er wußte, wie wichtig eine solche Ausgabe für ihn und seinen Verlag werden könnte, wollte er sich in keinem Fall bei Goethe vordrängen, um sich vielleicht einen »Refüs« einzuhandeln. »ich darf und mag freilich dise Speculation nicht aus der Hand lassen und bitte Sie mich nach Ihrer Freundschaft dabei zu vertreten.« Er war »alles zufrieden, was Sie mir vorläufig meldeten«, und doch hatte er in Schillers Überlegung, wonach sich der Verleger sehr »tummeln« müsse, einen Haken erkannt, den er von vornherein beseitigen wollte: »nur sollte G. den Termin nicht von Anfang der Herausgabe sondern von der Vollendung rechnen und disen statt auf 5 – auf 7 oder doch 6 Jahre sezen. Auch würde ich hoffen, daß nach disem Zeitraum ich das VorzugsRecht hätte.« Cotta ließ sich aber auch aus einem anderen Grund nicht zu einer eiligen Anfrage bei Goethe hinreißen. In Goethes letztem Brief an ihn war eine Anlage erwähnt, ein »Zeddel«, der jedoch nicht beilag, Cotta hatte dies bei Goethe reklamiert: »Ich schrib also um disen und ehe ich hierüber nicht Antwort habe, schikt es sich nicht wohl, daß ich an ihn schreibe.« So behutsam, so feinfühlig wußte Cotta seinen Autor zu behandeln. Im übrigen möge doch Schiller selbst die Sache einfädeln: »Sie werden übrigens das Ganze am besten einzuleiten wissen.« Nach dem 26. Oktober hörte Cotta nichts mehr von dieser ihm so wichtigen Angelegenheit. In einem Postscriptum seines Briefes vom 4. Dezember fragte er Schiller: »Von Göthe sch[r]iben Sie mir nichts: Sie haben doch mein leztes erhalten.« Am 13. Dezember antwortete Schiller: »Von Goethen habe ich in Absicht auf seine heraus zu gebende sämmtliche Schriften schon lange nichts mehr gehört, wenigstens für jezt scheint er nicht daran zu denken.« Ende Dezember gab Schiller dann doch ein Zeichen, und danach glaubte Cotta, die Gretchenfrage an Goethe direkt richten zu können, wie dies am 7. Januar 1805 geschah. Er unterspielte sein ihm so wichtiges Anliegen geschickt, sprach von Ludwig Ferdinand Hubers Tod, des Herausgebers und Verfassers von Beiträgen des ›DamenCalenders‹; und daß er gerade deswegen allerdings hoffe, »Euer Excellenz mir doch dißmal die Bitte nicht abschlagen [werden], einige Gedichte gnädig zu überlassen«. (Goethe überließ ihm keine Gedichte für den Kalender, schickte aber am 31. Juli seinen *Epilog zu Schillers Glocke*.) Dann jedoch kam Cotta zu seinem Hauptanliegen, das er in drei Zeilen formulierte: »Hofrat Schiller hat mir von einer grossen Unternemung geschrieben, die ich vileicht Hochdero Gnade werde verdanken dörfen, wozu ich mich besonders empfehle.« Goethe antwortete am 15. Januar eher gelassen, manche »innre und äußere Hindernisse« hätten ihn abgehalten, »entfernten Freunden von mir Nachricht zu geben«. Das äußere Hindernis war Goethes erwähntes Engagement bei der Vermählung des Erbprinzen Carl Friedrich, das innere sein gesundheitliches Befinden, denn er hatte in diesen Tagen eine nicht ungefährliche Nierenkolik durchzustehen. Goethe ließ sich in seiner Antwort an Cotta auf Details nicht ein. Da er von Schiller wußte, Cotta würde ihn im Mai auf dem Wege nach Leipzig besuchen, konnte seine Antwort auf die für Cotta so wichtige Frage nach der »grossen Unternemung« noch sibyllinisch sein: »Wir erwarten Sie mit Vergnügen um über einige bedeutendere Angelegenheiten zu sprechen.« Cotta bestätigte Goethes Brief am 5. Februar: »Für die gnädigen Zusicherungen bezeuge ich meinen untertänigen Dank und freue mich im Voraus darauf«.

Aus Goethes Brief geht jedoch hervor, daß er nicht informiert war, wie detailliert Schiller Cotta unterrichtet hatte. Das mag damit zusammenhängen, daß sich die Verständigung zwischen Goethe und Schiller in diesen ersten Monaten des Jahres 1805 sehr kompliziert gestaltete. Goethe wußte, daß Schiller ernsthaft krank war. Am Morgen des Neujahrstages wollte er einen Neujahrsgruß an Schiller schreiben. Er erschrak, als er sein Billett durchlas, er hatte ihm einen Gruß zum »letzten Neujahrstag« geschrieben. Er zerriß das Blatt, beschrieb ein neues, und als er bei dieser zweiten Niederschrift an die ominöse Stelle kam, konnte er sich nur mit Mühe von der Erwähnung des »letzten Neujahrstags« zurückhalten. Am 24. Januar schickte er Schiller seine Übersetzung von Diderots *Rameaus Neffe* und bat um seine »Meinung«; Schiller reagierte mit einigen Anmerkungen, im übrigen aber mit Klagen über seine Krankheit, seinen Katarrh, wie er schrieb, und erwähnte darüber hinaus die Krankheit seiner Kinder, kurz, sein Haus sei ein »reines Lazarett«. Im Februar erkrankte Goethe an einer Lungenentzündung, beider Korrespondenz erfolgte nun vom Bett aus. Goethe: »So sagen Sie mir doch wie es Ihnen geht?« Und Schiller: »Es ist mir erfreulich wieder ein paar Zeilen Ihrer Hand zu sehen, und es belebt wieder meinen Glauben, daß die alten Zeiten zurückkommen können, woran ich manchmal ganz verzage. Die zwey harten Stöße, die ich nun in einem Zeitraum von 7 Monaten auszustehen gehabt, haben mich bis auf die Wurzeln erschüttert, und ich werde Mühe haben, mich zu erhohlen.« Am 1. März 1805 schienen beide gesundheitlich wiederhergestellt, und Schiller besuchte »seinen lieben Goethe«.[3]

Im März erlitt Goethe einen gefährlichen Rückfall, von dem er sich nur schwer erholte. Noch am 6. April lag er im Bett und überarbeitete mit Heinrich Voß, dem Sohn des Johann Heinrich, Texte, die für ihn nun schon im Zusammenhang mit der projektierten Ausgabe standen. Am 19. April kam er Schiller gegenüber noch einmal auf die Rechtslage zurück: »Da bey Cottas nächster wahrscheinlicher Anwesenheit von einer Heraugabe meiner Wercke die Rede seyn könnte; so find ich es nöthig Sie mit den älteren Verhältnissen zu Göschen bekannt zu machen. Ihre Freundschaft und Einsicht in das Geschäft überhebt mich die unerfreulichen Papiere gegenwartig durchzusehen. Auserdem bemercke ich daß Göschen eine Ausgabe in 4 Bänden unter den falschen Jahrzahlen 1787 und 1791 gedruckt wovon niemals unter uns die Rede war.« Göschen hatte von Einzelwerken Goethes immer wieder neue Auflagen herausgebracht, von *Clavigo* und *Götz* je zwei, von *Egmont* und *Werther* je drei, von *Tasso* fünf, und von *Iphigenie* hatte er sieben Nachauflagen gedruckt, von denen Goethe nichts erfuhr und für die er auch keine Honorare erhielt. Schiller scheint sich mit den Verlagskontrakten Goethe – Göschen beschäftigt und keine Hindernisse für eine Vereinbarung mit Cotta gefunden zu haben. Jedenfalls dankte Goethe schon einen Tag später Schiller »für die Durchsicht der Papiere«, es freue ihn, »daß wir wegen jener Obliegenheiten einerley Meynung sind«. Die beiden Autoren konnten einer Meinung sein, die beiden Verleger trugen ihre unterschiedlichen Auffassungen heftig aus. Am 7. Oktober 1805 erhielt Cotta einen Brief Göschens, in dem dieser mit Recht erwähnt, er habe mit Goethe einen Vertrag über die bei ihm erschienenen Werke abgeschlossen, und dies »für die Erste und folgende Auflage«. Göschen schreibt in der Einzahl, schreibt die »folgende Auflage«, nicht »Auflagen«, er hätte also nach strenger Auslegung nur das Recht für die erste und die folgende zweite Auflage beanspruchen können. Cotta geht darauf nicht ein, ihm war ein anderer Gesichtspunkt wichtig, und er trägt ihn in seinem Brief vom 18. Oktober 1805 an Göschen souverän vor: »Durch die Heraugabe von Wielands Werke, scheint es mir, haben Sie dem deutschen Buchhandel eine ganz andere Wendung gegeben: bis zu jener Epoche war, wenn ich mich nicht trüge, das Verhältniß der Schriftsteller zu Verlegern noch nie zu rechtlichen Discussionen gekommen: es war mehr freundschaftliche Verhältnisse, wobey das Interesse der Verleger öfters mehr gewann, als das der Schriftsteller, besonders derjenigen, deren Werke grossen Abgang fanden. Sie waren der erste, der durch jenen Verlag die Schriftsteller auf die grossen Vortheile aufmerksam machten, die ihnen mit Recht für ihre Geistesarbeiten gebührte[n], und Sie haben dadurch in den Augen eines jeden rechtlichen Mannes sich ein Verdienst erworben. Nun ist es eine natürliche Folge, daß aus dem nun mehr auf rechtlichen Principien gegründete Verhältnisse für manche Verleger ein Nachtheil entspringt, der sonst nicht stattgehabt hätte. Es tritt nun das Gesetz an die Stelle *des blossen guten Willens*, und mir scheint daher, daß Sie bei jeden Appell an das Publikum gegen Herrn von Göthe nichts gewinnen können. Ist es nemlich an dem, wie Sie mich versichern und wie ich gar nicht bezweifele, daß Sie einen Vertrag über die erste und folgende Auflage der bei Ihnen erschienen[!] *älteren Werke* geschlossen haben, so scheint mir habe dieser Vertrag nur Verbindlichkeit, wenn Herr Geheime Rath von Göthe diese älteren Werke in eine besondere Ausgabe herausgeben würde, da er aber alle seine Werke herausgeben will, so werden Sie rechtlich dagegen so wenig einwenden können, als ich, da von meinem Verlag auch mehrere Göthische Producte darin erscheinen werden«. Cotta deutet auch an, Goethe könne Göschen untersagen, ältere Werke neu aufzulegen. Er schließt seinen Brief an Göschen mit den Sätzen: »Wenn von Ihrer Seite mit Grund etwas gegen die Herausgabe der sämtlichen Werke gesagt werden könnte, so hätten Sie es ausdrücklich in Ihrem Contract bedingen müssen: – daß die in Ihrem Verlag erschienenen Werke, niemals in der Sammlung aller Göthischen Werke aufgenommen werden dürfte. Ist dieses nicht der Fall, so können Sie, meiner Ansicht nach, keine Einwendung machen, und Herr Geheime Rath von Göthe kann sogar verlangen, daß Sie keine neue Auflage von seinen älteren Werken mehr machen, weil Er nun keine davon mehr machen will, um dem Verlag seiner sämtlichen Werke nicht zu schaden. Ich gebe Ihnen dieß übrigens blos als meine Bemerkung zu Ihrer Prüfung, denn von meiner Seite kann ich alles ruhig abwarten.« Cotta führte die Kontroverse also grundsätzlicher Art: Hat der Verleger das alleinige Verlagsrecht für eine und alle folgenden Auflagen, dies damals auch noch ohne zeitliche Beschränkung, oder hat der Autor ein nur ihm gehörendes Eigentums- und Nutzungsrecht, das ihm gestattet, seine Werke in der Fassung, Form und innerhalb des Zeitraums vorzulegen, den er sich wünscht? In seinem Streit um die Rechte am Werk Wielands hatte Göschen seinerzeit das Vorrecht des Autors ins Feld geführt, freilich ging es ihm damals um das Recht schon veröffentlichter Werke, das Recht eben, bereits veröffentlichte Werke in eine Gesamtausgabe aufnehmen zu können. Cotta aber ging weiter, er stellte den Anspruch, daß der Autor den Inhalt seiner Gesamtausgabe und die Form seiner möglichen Textrevisionen selbst bestimmen könne und daß Einzelwerke in einer neuen Gesamtausgabe eben als Neues, als neuer Teil eines Ganzen, anzusehen seien. Goethe zeigte sich befriedigt von Cottas Erklärung, sie sei »sehr Sach- und Zweckgemäß, wir wollen seine weiteren Schritte abwarten«. Doch zu solchen Schritten von seiten Göschens kam es nicht. Am 24. Februar 1806 berichtete Goethe Cotta, »Herr Göschen hat an mich noch gar nichts gebracht, welches doch das erste gewesen wäre. Irre ich nicht, so fühlt er daß ich ihm eine Frage zu thun habe die sich nicht gut beantworten läßt.«

Cotta konnte nun Goethes Werke veröffentlichen, die beiden Verleger jedoch blieben zerstritten. Als der ›Börsenverein der Deutschen Buchhändler‹ nach seiner Gründung 1825 in Leipzig ein Gebäude errichtete, wurden in einem der Wandelgänge nahe beieinander zwei Büsten aufgestellt, die eine von Göschen, die andere von Cotta. Viscount Goschen bemerkt hierzu: »die eine die eines freigebigen, hilfreichen Freundes in der Not in Schillers frühen Tagen des Ringens mit den Widerwärtigkeiten des Lebens; die andere die eines reichen Versorgers auf seinem Pfade von Triumph zu Triumph. Die während ihrer Lebenszeit eifrigen und eifersüchtigen Konkurrenten um die Gunst der berühmtesten deutschen Dichter teilen sich nun friedlich in die Achtung der Nachwelt als große und hervorragende Gestalten in den Annalen eines an Ehren reichen Berufes«.

Es ist merkwürdig, wie in den Tagen vom 19. bis zum 26./27. April sich die Briefe Goethes und Schillers drängten. Goethe hatte Anmerkungen zu seiner Übertragung von *Rameaus Neffe* entworfen, Schiller kommentierte sie, Goethe studierte die Kommentare und nahm sie meistenteils auch in sein Manuskript auf. Dieses schickte er dann Schiller wieder zu, damit er es an Göschen nach Leipzig weiterleiten sollte. Er habe, wie er am 25. April schrieb, bei seinen Anmerkungen »manches Bedenken«, aber er spende sich Trost mit einem Wort aus Ovids *Tristia*, »sine me ibis Liber«, auch ohne mich ist das Buch gegenwärtig, »denn ich möchte nicht gerne überall gegenwärtig seyn, wohin es gelangen wird«. Und er fuhr fort: »Ich habe indes an der Geschichte der Farbenlehre zu diktieren angefangen«; am 26./27. April, in seinem letzten Brief an Schiller, sandte er ihm ein kurzes Schema zur Übersicht, aber Schiller konnte darauf nicht mehr reagieren.

Am Nachmittag des 9. Mai 1805 war Johann Heinrich Meyer bei Goethe; er wurde vor die Türe gerufen, um die Nachricht zu empfangen, Schiller sei um 17.45 Uhr gestorben. Meyer hatte nicht den Mut, diese Nachricht an Goethe weiterzugeben, und verließ das Haus, ohne sich zu verabschieden. Auch Christiane hatte von Schillers Tod erfahren, sagte aber Goethe an diesem Tag und Abend nichts davon. Goethe erfuhr es am nächsten Morgen. Wir wissen dies aus der Schilderung, die Voß d. J., nach Christianes Bericht, gab: »Den Morgen entdeckt ihm's die Vulpius aber auf die schonendste Weise ohne das Wort Tod auszusprechen. Da wendet sich Goethe seitwärts, und weint, ohne eine Sylbe zu sagen.«

»Ich dachte mich selbst zu verlieren«, schrieb er Zelter am 1. Juni, »und verliere nun einen Freund und in demselben die Hälfte meines Daseyns.« Von einem »Riß in das Leben meines Vaters« sprach Sohn August, »welchen weder Zeit noch Mitwelt zu heilen imstande war«. Goethe suchte am nächsten Tag Frau von Stein auf. Sie hielt fest, wie sehr Schiller Goethe ein »unersetzlicher Verlust« bleiben würde. »Er sprach«, so notierte sie, »heute so schön und original über den physischen und geistigen Menschen.« Sie wollte ihn bewegen, Schillers Leiche noch einmal zu sehen, doch Goethe lehnte ab, »o, nein, die Zerstörung!« In der Nacht zum 12. Mai, nach Weimarer Sitte zwischen 24 Uhr und 1 Uhr morgens, fand die Beisetzung in einem einfachen Tannensarg im sogenannten Landschaftskassengewölbe auf dem alten Friedhof der St.-Jakobs-Kirche in Weimar statt, der Begräbnisstätte für Standespersonen ohne eigenes Erbbegräbnis. Anstelle der üblichen Zunfthandwerker trugen Freunde den Sarg. Goethe ließ sich durch Krankheit entschuldigen. In seinem *Epilog auf Schillers »Glocke«* sollte er schreiben: »Da hör ich schreckhaft mitternächtges Läuten, | Das dumpf und schwer die Trauertöne schwellt. | Ist's möglich? Soll es unsern Freund bedeuten?«

Wir haben erwähnt, daß einer der ersten Briefe, die Goethe zu Schillers Tod erreichten, von Cotta stammte; am 15. Mai 1805 drückte er seinen »Kummer über den Verlust unsers unsterblichen Freundes« aus und fuhr in seinem Briefe fort: »erlauben Sie mir daher die Mittheilung eines Planes! Das Theater will hier eine Todten Weihe geben, mir entstand dadurch die Idee, das Publikum auf eine für die Hinterlassene delikate Weise aufzufordern sie zum Besten derselben zu benuzen. Die hiesige Direktion ist dazu bereit, Berlin, Hamburg p. würden nachfolgen und der Ertrag müßte nicht unbedeutend seyn. Ich hörte Sie würden für das dortige Theater etwas dazu Geeignetes verfassen – könte die Mitteilung desselben durch meine Hand nicht das schiklichste Mittel zur Aufforderung der verschiednen Direktionen für den angefürten Zweck werden? Ich eilte, dise Idee noch vor meiner Ankunft nach Weimar, die Samstag oder Sontag nach Himmelfarth statt finden wird, mitzuteilen.« Goethe antwortet am 1. Juni:

Auf Ihre Anfrage, werthester Herr Cotta, ob man nicht unserm Schiller ein Trauerdenkmal auf dem deutschen Theater setzen sollte, kann ich gegenwärtig nur so viel sagen, daß ich auf mannichfaltige Weise dazu aufgefodert bin. Nach meiner Überzeugung soll die Kunst, wenn sie sich mit dem Schmerz verbindet, denselben nur aufregen, um ihn zu mildern und in höhere tröstliche Gefühle aufzulösen; und ich werde in diesem Sinne weniger das, was wir verloren haben, als das was uns übrig bleibt darzustellen suchen.

Mein Plan ist gemacht und ich hoffe ihn nächstens auszuführen; doch wüßte ich keinen Termin zu bestimmen. Gelingt es mir eine der Aufgabe nicht ganz unwürdige Arbeit hervorzubringen; so bin ich wohl geneigt solche auch andern Theatern abzulassen und würde zu diesem Zweck Manuscript und Partitur Ihnen mit Vergnügen zustellen.

Goethes Plan war gemacht. Aus den *Tag- und Jahres-Heften* von 1805 erfahren wir, daß sein erster Gedanke nach Schillers Tod die Vollendung des *Demetrius* gewesen sei; er hatte mit Schiller oft über diese Arbeit gesprochen, nun »brannte er vor Begierde«, diese Unterhaltung »dem Tode zu Trutz« fortzusetzen, er wollte Schillers Gedanken, Ansichten und Absichten bis ins einzelne wahren und die Zusammenarbeit »zum letzten Mal auf ihrem höchsten Gipfel ... zeigen«. In allen Theatern sollte das Stück dann gespielt werden, es wäre »die herrlichste Totenfeier gewesen«, die er sich und den Freunden hätte bereiten können. Doch dieser Plan scheiterte, der Umgang mit dem toten Schiller, mit dem »Katafalk«, war Goethes Einbildungskraft abträglich. Als er Cotta am 1. Juni 1805 antwortete, hatte er schon anderes im Sinn. Er wollte in Lauchstädt zu Ehren Schillers *Die Glocke* dramatisiert aufführen, und er bat am 4. August Carl Friedrich Zelter, ihn in Lauchstädt zu besuchen und ihm eine »passende Symphonie« »von irgend einem Meister« zu nennen. Am 10. August 1805 wurde in Lauchstädt nach der Aufführung des dritten bis fünften Akts der *Maria Stuart* Schillers *Glocke* szenisch dargeboten und Goethes Epilog von der Schauspielerin Amalie Wolff-Malcolmi vorgetragen. Am 12. August, ehe Goethe von Lauchstädt abreiste, schrieb er an Cotta: »Die dramatische Aufführung der Glocke hat sehr gute Wirkung gethan und durchaus die Erwartung des Publicums übertroffen.« Über seinen zehnstrophigen Epilog sprach Goethe nicht, er ist eine versifizierte Summe von Schillers Werk- und Lebensleistung: »Denn er war unser! Mag das stolze Wort | Den lauten Schmerz gewaltig übertönen!« Das Gedicht schließt mit den beiden Versen: »Er glänzt uns vor, wie ein Komet entschwindend, | Unendlich Licht mit seinem Licht verbindend.«

Am 9. Mai 1810 wurde in Weimar eine zweite Gedenkfeier veranstaltet mit Szenen aus Schillers Stücken und dem Vortrag von Goethes *Epilog*, der dafür erweitert wurde. Für die Feier am 10. Mai 1815, die Schiller und Iffland gewidmet war, fügte Goethe dem *Epilog* noch zwei weitere Stanzen hinzu.

Goethes eigentliches poetisches Vermächtnis für Schiller aber entstand erst viel später: Die Beisetzungsstätte im Landschaftskassengewölbe wurde 1826 aufgehoben. In dem durch das Verfallen der Särge entstandenen Durcheinander suchte man Schillers Schädel und Gebeine, um sie später in der Fürstengruft ehrenvoll zu bestatten. Am 24. September 1826 ließ sich Goethe Schillers Schädel für einige Zeit in sein Haus bringen – ein für Goethe ungewöhnlicher Vorgang, wenn man seine Scheu vor dem »Katafalk«, vor Sterben, Tod, Beerdigung, Verwesung bedenkt. Doch hatte Goethe sich 45 Jahre lang mit Osteologie beschäftigt, seit Lavaters physiognomischen Untersuchungen hatte ihn der menschliche Schädel interessiert, und später hatte er sich von dem Anatomen und Phrenologen Franz Joseph Gall in dessen Schädellehre einführen lassen. So entstand am 25./26. September 1826 das Gedicht »Im Ernsten Beinhaus war's«, das am Ende der zweiten Fassung der *Wanderjahre* nach den Prosasprüchen »Aus Makariens Archiv« 1829 zum ersten Mal veröffentlicht wurde; in Band 7 der »Nachgelassenen Werke« von 1833 wurde es noch einmal gedruckt, diesmal unter dem Titel *Bei Betrachtung von Schillers Schädel*. Goethe nennt das Gedicht in einem Brief an Zelter vom 24. Oktober 1827 »Reliquien Schillers«, ein eindeutiger Hinweis also, wichtig, weil im Gedicht der Name Schiller selbst nicht vorkommt. Das Gedicht stellt die Summe dar, die Goethe aus seinem elfjährigen ununterbrochenen Umgang mit Schiller zieht. Sie widerlegt die Meinung, daß im Grunde die Beziehung auf einer Antipathie beruht habe, Goethe habe Schiller nie das Du angeboten, er habe Arbeiten vor ihm verheimlicht wie z. B. die *Natürliche Tochter*, Schiller habe häufig bei Freunden Goethes Zögern und Willensschwäche beklagt, und Goethes »häusliches Elend« sei für Schiller stets unzumutbar gewesen. Und doch hatte Schiller Goethes wegen eine glanzvolle Möglichkeit ausgeschlagen, von Weimar nach Berlin zu übersiedeln, und Goethe hatte trotz aller Einflüsterungen, etwa von seiten der Brüder Schlegel, seine Freundschaft mit Schiller hochgehalten und ihn Göschen und Cotta gegenüber immer wieder als Vermittler benutzt. So beruhte die Beziehung der beiden letztlich auf gegenseitiger Freiheit, auf gleichwertiger intellektueller Partnerschaft und im großen und ganzen doch wohl auch auf einer Leichtigkeit und Heiterkeit im Umgang. Natürlich hatte Goethe erkannt, daß Schillers Neigung zur Philosophie, zu Kants Theorien, seiner – Goethes – Produktivität abträglich war, aber schon 1801 hatte er sich über Schillers Größe geäußert. »Schiller«, so drückte es Goethe in einem Gespräch am Teetisch mit Christiane von Wurmb aus, »erscheint hier, wie immer, im absoluten Besitz seiner erhabenen Natur; er ist so groß am Teetisch, wie er es im Staatsrat gewesen sein würde. Nichts geniert ihn, nichts engt ihn ein, nichts zieht den Flug seiner Gedanken herab; was in ihm von großen Ansichten lebt, geht immer frei heraus ohne Rücksicht und ohne Bedenken. Das war ein rechter Mensch, und so sollte man auch sein! – Wir andern dagegen fühlen uns immer bedingt; die Personen, die Gegenstände, die uns umgeben, haben auf uns ihren Einfluß; der Teelöffel geniert uns, wenn er von Gold ist, da er von Silber sein sollte, und so, durch tausend Rücksichten paralysiert, kommen wir nicht dazu, was etwa Großes in unserer Natur sein möchte, frei auszulassen. Wir sind die Sklaven der Gegenstände und erscheinen geringe oder bedeutend, je nachdem uns diese zusammenziehen oder zu freier Ausdehnung Raum geben.« Als Eckermann Schiller mit den neuen Tragikern verglich, hatte Goethe die Antwort sofort parat: »Schiller mochte sich stellen wie er wollte, er konnte gar nichts machen, was nicht immer bei weitem größer herauskam als das Beste dieser Neueren; ja wenn Schiller sich die Nägel beschnitt, war er größer als diese Herren.« Solche Hochachtung, solche Größe drückt das Gedicht über die Reliquien, über die in kostbarem Andenken stehenden, fast heiligen Überreste Schillers aus. Inmitten solcher »starren Menge« bewahrt das Gedicht »unschätzbar herrlich ein Gebild«, und es war, »als ob ein Lebensquell dem Tod entspränge«.

Das Gedicht steigert sich zu den letzten vier Zeilen hin, Gott-Natur kann sich dem Menschen offenbaren: Im Geist ist die Idee des Ganzen vorhanden, eine »gottgedachte Spur« schafft diesem Geist und diesem Ganzen Ausdruck. Goethe drückt die Sonderstellung der letzten vier Zeilen auch dadurch aus, daß er die letzte Terzine des Gedichts mit einer weiteren Zeile zum Vierzeiler erweitert.

Für Goethes »Angelegenheiten« mit Cotta war Schiller »ein so lieber als glücklicher Mittelsmann« gewesen, doch natürlich hielt Goethe mehr noch seine große poetische und intellektuelle Leistung hoch. Als seine Schwiegertochter ihm einmal sagte, Schillers Dichtung langweile sie, da wies er sie schroff zurück: »Ihr seid viel zu armselig und irdisch für ihn.«

Die angekündigte Begegnung zwischen Goethe und Cotta fand, wie Dorothea Kuhn annimmt, am 3. oder 4. Mai 1805 statt, und sicherlich wurde über Goethes Memorandum zur Gesamtausgabe gesprochen. Goethes »Promemoria« ist auf den 1. Mai datiert. Im erwähnten Brief vom 15. Mai aus Leipzig meldete sich Cotta bei Goethe für den 26. des Monats an. Am 9. Mai war Schiller gestorben, und Cotta hatte den Wunsch, »für seine Hinterbliebenen nun thätig zu seyn«, dies hielte er »für das mir zugefallene Vermächtniß des Unvergeßlichen«. Doch wie groß der Verlust durch den Tod eines Verlagsautors, eines Freundes auch sein mochte, Cotta wußte, welche wesentliche Rolle Schiller in der Beziehung Goethes zu ihm gespielt hatte, die des Erkundenden, Vermittelnden, Anregenden, Mahnenden und Ausgleichenden. Deshalb stellt er in seinem Brief die ihm wichtigste Bitte: »Kummer über den Verlust unsers unsterblichen Freundes kan ich aus dem Meinigen abnemen, ich unterdrüke daher alles, nur die Bitte nicht, den theilnemenden Vertreter bei Ihnen in Ihnen nun Selbst zu finden.« Der avisierte Besuch bei Goethe am 26. Mai fand nicht statt. Cotta war zwar an diesem Abend in Weimar, wie wir aus Karl Bertuchs Tagebuch wissen, ein Treffen mit Goethe kam jedoch nicht zustande; Goethe war krank. Andererseits ist wohl anzunehmen, daß er mit Cotta über den Tod Schillers nicht sprechen wollte, nicht sprechen konnte. Am 14. Juni schickte er sein Memorandum zur Gesamtausgabe, dieses »Promemoria welches Herr Cotta schon kennt«, und eine Ergänzung mit »einem herzlichen Gruß und den Wunsch einer glücklichen Nachhausekunft in jedem Sinne« nach Tübingen. Von der Konzeption, die Goethe am 2. Oktober 1804 als seinen »Aufsatz« an Schiller übermittelt hatte, weicht das neue Memorandum in der Einteilung der Bände in einigen Punkten ab.

Goethe änderte gegenüber dem ersten Plan sowohl die Konzeption als auch die Bandfolge. Die wesentlichen Änderungen betreffen die in Band 1 vorgezogenen Gedichte und die für Band 2 und 3 vorgesehenen *Lehrjahre*. Er diktierte Riemer das neue Konzept, der Plan liegt in Riemers Handschrift mit Goethes eigenhändiger Unterschrift vor, das Neue bzw. Ungedruckte ist rot unterstrichen. Goethe traf folgende Einteilung:

I. Vermischte Gedichte; *Einiges neue*.
II. Wilhelm Meister. Erster und zweyter Band.
III. Wilhelm Meister. Dritter und vierter Band.
IV. *Die Laune des Verliebten*. Die Mitschuldigen. Die Geschwister. Mahomed. Tankred. *Elpenor. Fragment*.
V. Götz von Berlichingen. Egmond. Stella. Clavigo.
VI. Iphigenia. Tasso. Eugenie.
VII. Claudine. Erwin und Elmire. Jery und Bäthly. Lila. Scherz, List und Rache. *Zauberflöthe. Zweyter Theil. Fragment*.
VIII. Kophta Triumph der Empfindsamkeit. Vögel. Bürgergeneral. Was wir bringen.
IX. Reinecke Fuchs, Herrmann und Dorothea (*Nach neueren prosodischen Überzeugungen bearbeitet.*) Achilleis. *Erster Gesang*.
X. Faust. Fragment, *um die Hälfte vermehrt*. Puppenspiel. *Vermehrt*. Andere analoge Gedichte, ältere und *neuere*.
XI. Werther. Kleine prosaische Schriften.
XII. Desgleichen

Dies war der Stand vom 1. Mai 1805. Am 14. Juni fügte Goethe hinzu:

Zu vorstehendem Promemoria welches Herr Cotta schon kennt habe nur noch hinzufügen:

Das Recht für diese Auflage würde auf fünf bis sechs Jahre zugestehen.

Ich wünschte dafür
zehentausend Thaler
zu erhalten und zwar eintausend bei Übersendung des ersten Manuscripts, das übrige in drey auf einander folgenden Ostermessen als 1806, 1807, 1808 jedesmal 3000 rt sächsisch.

Cotta akzeptierte Goethes Vorstellungen am 5. Juli, brachte aber fünf Änderungsvorschläge ein und beschloß diesen Brief mit dem Satz: »Ich schmeichle mir bei meiner Rükkehr gegen das Ende dises Monats die Bestätigung des Obigen von Hochdero Gnade zu vernehmen, da ich glaube, daß Alles auf Billigkeit gegründet ist und Euer Excellenz meine Gesinnungen ebenfalls wie ich mir schmeichle, von keiner unvortheilhaften Seite bekant sind.« Goethe gab diese Bestätigung mit Brief vom 12. August von Bad Lauchstädt aus, wohin er wegen seines Nierenleidens gereist war. Seine Bestätigung sei verspätet »durch allerley Zerstreuungen« (eine merkwürdige Formulierung, denn immerhin hatte Goethe am 10. August am Lauchstädter Theater für die Weimarer Hofgesellschaft zu Schillers Ehren besagte Inszenierungen verantwortet). Goethes »Erklärung« nimmt exakt zu Cottas fünf Änderungsvorschlägen Stellung; aus ihr wird deutlich, wie wichtig ihm die vertragliche Seite dieser Gesamtausgabe war.

Cotta: »Ich überneme den gnädig angebotenen Verlag Ihrer Werke für 10,000 Th. sächs. in den festgesetzten Terminen, da das Ganze aber ein bedeutendes Kapital beträgt, so seze ich voraus, 1) daß das Recht für disen Verlag sich auf 6 Jahre, von der Herausgabe der lezten Lieferung an gerechnet, erstrecken werde; also zB. 1808 Ostern erscheint die lezte Lieferung, so habe ich bis 1814 Ostern das Recht des Verlags.«

Goethe ad 1) »Da bey einer Übereinkunft für beyde Theile das Gewisse wünschens werth ist; so möchte wohl der Termin von Herausgabe der ersten Lieferung zu rechnen seyn. Wogegen ich zufrieden bin daß er auf acht Jahre erstreckt werde also z. B. von Ostern 1806 biß Ostern 1814.«

Eine bedeutsame Änderung. Cotta wünschte sich als Vertragsdauer sechs Jahre vom Erscheinen der *letzten* Lieferung an, Goethe, durch Erfahrung gewitzt, konnte sich vorstellen, daß aus irgendeinem Grunde, sei es durch Verzögerungen, die Verleger, Drucker oder Zeitumstände bewirkten, sei es durch solche, die beim Autor selbst liegen könnten, diese *letzte* Lieferung sich lange, vielleicht um Jahre, verzögern könnte und er dann sein Verlagsrecht noch weitere sechs Jahre festlegen müßte, und so beharrte er auf seinem Vorschlag: Die Vertragsdauer beginnt mit der ersten Lieferung und endet – hier machte er einen neuen Vorschlag – nicht sechs, sondern acht Jahre nachher. Dabei ging er geschickt vor und kam in seinem Beispiel auf dasselbe Datum wie Cotta.

Cotta: »2. ich bin nicht blos an die festgesezte, saubere und geschmakvolle HandAusgabe mit deutschen Lettern gebunden, sondern darf auch andre Formen wählen, wenn ich es zB. rätlich fände, die Idee einer TaschenAusgabe auszufüren«.

Goethe ad 2) »Bin es zufrieden.«

Ich meine, hier durchschaute Goethe Cottas Überlegungen nicht. Die Formulierung »andre Formen« ist unklar: Soll es sich hierbei um die Taschenausgabe handeln oder um eine Ausgabe mit einer anderen Schrift als der mit der »deutschen Letter«, der Fraktur also? Vielleicht liegt in dieser Unklarheit der Grund für späteres Ärgernis.

Cotta: »3. ich habe nach Verfluß der sechs Jahre das Vorrecht vor jedem andern Verleger bei Eintrettung in gleiche Verbindlichkeit.«

Goethe ad 3) »Bin gleichfalls damit zufrieden. (Würde nur heisen nach Verlauf der acht Jahre.)«

Cotta: »4. Sie vertretten mich bei den bisherigen Verlegern Göschen, Unger –«

Goethe ad 4) »Als mich Schiller zu Heraugabe meiner Wercke aufforderte machte ich ihn mit allen meinen früheren

Verhältnissen bekannt, da er denn äusserte daß kein gegründeter Einspruch geschehen könne, worüber ich noch ein Blat von seiner werthen Hand besitze. Sollte indeß dergleichen vorkommen so erlauben Sie daß ich es mittheile und mich Ihres Rathes bediene.«

Goethe war dieser Punkt unangenehm. Er hatte, wie erwähnt, Schiller am 19. April 1805 gebeten, seine »unerfreulichen Papiere« im Zusammenhang mit Göschen durchzusehen. Das von Goethe angeführte »Blat« Schillers ist nicht überliefert. Der Punkt der Vertretung, nämlich die Freistellung von Rechten, die Göschen oder Unger eventuell juristisch hätten geltend machen können, blieb unklar.

Cotta: »5. bis zum Absaz der ersten Auflage findet keine neue statt, falls dieser auch länger als 6 Jahre erforderte.«

Goethe ad 5) »Diese Bedingung ist, wie die Schrift zeigt, später eingeschrieben und Sie haben in der Eile der Expedition wohl nicht gedacht daß dieselbe den ersten Punct gleichsam aufhebt. Damit sich der Autor nicht um die Stärcke der Auflage, nicht um die Weise zu bekümmern brauche wie der Verleger die Wercke in's Publicum bringt, ist dort eine Zeit festgesetzt welche allen Mishelligkeiten vorbeugt. Durch No 5 aber würde der Termin aufgehoben, wodurch manche Weiterung entspringen könnte.«

Hier hat Goethe sehr genau einen möglichen Konflikt vorausgesehen. Erstens verwechselt Cotta wieder die gewährten acht mit sechs Jahren, zweitens müßte er klar unterscheiden zwischen Auflage und Ausgabe. Was Cotta wollte, ist doch wohl dieses: Sollte sich der Verkauf der Ausgabe bei ihm länger als sechs resp. acht Jahre vom Beginn der ersten Lieferung an hinausziehen, so sollte auch kein anderer Verleger, den Goethe nach § 1 bestimmen könnte, eine neue Ausgabe veranstalten dürfen. Mit Recht sieht Goethe hier einen Widerspruch zu dem in § 1 Vereinbarten, der zu »Mishelligkeiten« führen könnte. Mit Recht will sich der Autor nicht mit Problemen der Auflagenhöhe und des Verkaufs belasten.

Cotta andererseits muß, angesichts der zu zahlenden Honorare, schon die eingeschränkte Vertragsdauer als wesentlich ansehen und zudem befürchten, daß Göschen und Unger, wie er am 30. August an Goethe schrieb, »nun alles aufbieten werden, den Vorrat der ältern und neuern Schriften, die in der wolfeilen Auflage doch nur 9 rt kosten, durch herabgesezte Preisse noch schnell abzusezen und also einen Theil des Publikums der nächsten Zeit mir abzugewinnen«. Das sind klare Positionen. Dorothea Kuhn kommentiert diesen Vertragsvorgang: »Wichtig ist in diesem Zusammenhang, daß Goethe betont, die Auflagenhöhe sei Sache des Verlegers und daß diesem damit das Recht auf Doppeldrucke zugestanden ist; nur eben nicht auf eine neue Ausgabe nach dem Ablauf der Rechtsdauer.« Von einer neuen »Ausgabe« ist jedoch überhaupt nicht die Rede, während der Vertragsdauer kann Cotta so viele Auflagen drucken, wie er nur will. Keinesfalls aber ist hier ein Zugeständnis Goethes zu »Doppeldrucken«, seien diese nun unverändert oder verändert, abzuleiten. Cotta hat nach Goethes Einwand diesen Punkt 5 zurückgezogen, doch stimmt es nicht, wenn Dorothea Kuhn folgert, Goethe habe seinerseits im Brief vom 28. September »schließlich eine Bestätigung erteilt«.

Lakonisch, imperativ, prägnant – Goethe blieb sich treu, doch wenn er bei einer Verhandlung die Grundprinzipien geklärt und Einverständnis erzielt hatte, dann traten auch bei ihm Vertrauen und Wohlwollen ein. Er hat in den *Wahlverwandtschaften*, die ja nur kurze Zeit später geschrieben wurden, wie erwähnt, die Forderung aufgestellt, man solle das Geschäft vom Leben trennen, jenes verlange Ernst und Strenge, dieses Willkür, »das Geschäft die reinste Folge, dem Leben tut eine Inkonsequenz oft not, ja sie ist liebenswürdig und erheiternd«. Und: »Es ist mit den Geschäften wie mit dem Tanze: Personen, die gleichen Schritt halten, müssen sich unentbehrlich werden; ein wechselseitiges Wohlwollen muß notwendig daraus entspringen«.

Wie sehr Goethe dieses Wohlwollen empfand, zeigt sein Brief vom 30. September an den »werthesten Herrn Cotta«. Er ist erleichtert, daß die Vertragsbedingungen durchdiskutiert und festgelegt sind, und so läßt er sich aus Anlaß der Übersendung des Manuskripts von *Wilhelm Meisters Lehrjahren* noch einmal freundlich und locker über das Unternehmen aus, das nach seinem Wunsch »heiter aussehen möge«. Mir scheint dieser Brief charakteristisch für den Autor Goethe, charakteristisch für seine von ihm so gewollte Beziehung zum Verleger, daß ich ihn im Wortlaut wiedergeben möchte:

Mit der heutigen fahrenden Post ist Wilhelm Meister abgegangen. Er wird, da wir zwey der bisherigen Bände nunmehr in einen Band zusammennehmen, den zweyten und dritten Band der Werke ausmachen.

Sie können nunmehr, werthester Herr Cotta, den Druck und das ganze Arrangement überlegen, ja Sie schicken mir vielleicht eine Probe des Drucks und Papieres. Ich wünsche, daß das Ganze heiter aussehen möge.

Doch ist mir daran nicht so viel gelegen, als an der Correctheit des Druckes, als worum ich inständigst bitte. Sie sehen, das Exemplar ist mit großer Sorgfalt durchgegangen und corrigirt, und ich würde in Verzweiflung seyn, wenn es wieder entstellt erscheinen sollte. Haben Sie ja die Güte einem sorgfältigen Mann die Revision höchlich anzuempfehlen, wobey ich ausdrücklich wünsche, daß man das übersandte Exemplar genau abdrucke, nichts in der Rechtschreibung, Interpunction und sonst verändre, ja sogar, wenn noch ein Fehler stehn geblieben wäre, denselben lieber mit abdrucke. Genug, ich wünsche und verlange weiter nichts als die genauste Copie des nun übersendeten Originals.

Die kleineren Gedichte, welche den ersten Band ausmachen sollen sind alle wieder ins Manuscript geschrieben und sollen auch, wohl geordnet, ehstens ankommen. Ich denke doch ungeachtet des Kriegswesens kann man diese Dinge der Post anvertrauen.

Was ich in den vierten Band bringe, darüber bin ich mit mir selbst noch nicht einig. Ist es mir einiger Maßen möglich; so tret ich gleich mit Faust hervor. Er und die übrigen Holzschnittartigen Späße machen ein gutes Ganze und würden bey der ersten Lieferung gleich ein lebhafteres Interesse erregen. Bezeichnen Sie mir den letzten Termin, wann Sie das Manuscript vom vierten Bande haben müssen, damit ich einiger Maaßen meinen Überschlag machen kann.

Sagen Sie mir doch auch ein Wort wie es in Ihrer Gegend steht und aussieht und lassen mich gleich erfahren, wenn die Sendung von Wilhelm Meister angekommen ist.

Der ich recht wohl zu leben wünsche.

2. Die Entstehung der »Werke« und Cottas »Hoffen wir das Beste und seyen wir für das Schlimste gefaßt!«

Im März 1807 liegen die ersten vier Bände der *Werke* in drei verschiedenen Ausgaben vor, mit Erscheinungsdatum 1806. Weder Cotta noch Goethe machen viel Aufhebens davon. Cotta schickt ihm die Bände am 2. März mit »heutigem Postwagen«; er muß sich für ein »MißGeschick« entschuldigen, die in Velin gebundene Ausgabe verzögerte sich durch eine Nachlässigkeit des Druckers, denn für diese Ausgabe hatte der Drucker versehentlich zwei verschiedene Papiere benutzt. Cotta mußte also den Druckgang nachholen lassen, so daß die Velin-Ausgabe erst im Mai ausgeliefert werden konnte. Die avisierten Exemplare treffen am Nachmittag des 16. März bei Goethe ein. Zwei Tage später schreibt er an Cotta, die verschiedenen Ausgaben »nehmen sich recht gut aus«. Aber er kann es nicht unterlassen, sein Bedauern wegen der Verzögerung der Velin-Exemplare auszudrücken. »Ich bedaure den Irrthum wegen der Velin-exemplare weil gerade diejenigen Liebhaber, welche etwas anzuwenden geneigt waren, dadurch verkürzt werden.« Man versteht das »verkürzt werden« nicht recht, denn von bibliophilen Liebhaberausgaben wissen wir, daß aufgrund der besonderen Bindeart die Interessenten häufig auf die Auslieferung warten müssen. Insgesamt also doch eine mäßige Reaktion! Cotta jedoch scheint zufrieden. »Der Beifall«, schreibt er am 5. April, »mit den übersandten Exemplaren war mir gar angenehm zu vernehmen.« Dies ist seine einzige Bemerkung zur Ausgabe, sonst behandelt sein Brief andere Gegenstände. Für Jubilate meldet er seine »untertänige Aufwartung« an, »ich darf hier wol gestehen, daß dises Glük zu geniessen, wol einer der Hauptgründe der Reise ist: denn was werde ich in Leipzig für BücherGeschäfte machen.« Eine reine Untertreibung! Trotz verheerender Kriegslasten bietet Cotta zu dieser Ostermesse, wie, nach Dorothea Kuhns Recherchen, im ›Morgenblatt‹ vom 6. Mai 1807 zu lesen ist, nicht weniger als fünf Journale in Fortsetzung und zehn neue, zum Teil mehrbändige Werke an. Es ist diese Osterproduktion, die einen Mann wie Carl August Böttiger am 19. April 1807 an Cotta schreiben läßt: »Ich bewundre übrigens Ihre stupende Energie auch wieder beim Anblick dieses Novitätenzettels. Ja warlich, was Napoleon unter den Gekrönten und Gesalbten des Herrn ist, das sind Sie unter den Buchhändlern.« Dorothea Kuhn, die in ihren Anmerkungen Cottas »BücherGeschäfte« gründlich dokumentiert, merkt hier an, daß dieser Vergleich mit Napoleon von den Zeitgenossen immer wieder bewundernd, aber auch polemisch und hämisch gezogen wurde. Das Etikett hält sich noch bis heute, in mancher Verlags- und Buchhandelsgeschichte wird Cotta als »Napoleon des Buches« bezeichnet.

Doch warum so wenig Aufhebens von seiten Cottas und Goethes, als mit den ersten vier Bänden die ersehnten Früchte der Verbindung vorlagen? Gewiß hatte dies viel mit den Zeitläuften zu tun. Cotta schrieb an Charlotte von Schiller am 10. November 1806: »Alle meine Meßwaaren liegen noch in Nürnberg ... ein großer Schaden für mich ... da dieser Feldzug [Napoleons] außerordentlich nachtheilig in meinen Geschäften ist.« Es hing aber auch viel mit Goethes wechselndem gesundheitlichen Befinden zusammen, ebenso damit, daß er mit der geplanten Revision der für die Werke vorgesehenen Texte nicht so rasch wie gedacht zu Rande kam, es hing zusammen mit dem überaus mühsamen Prozeß der Entstehung der *Farbenlehre*, vor allem aber auch mit Goethes Einschätzung der Zeitverhältnisse, mit seiner Haltung Napoleon gegenüber. Die Zeitgenossen wußten nicht recht zu beurteilen, ob sie in Napoleon ein Genie oder einen Dämon erkennen sollten, ob er Unterdrücker oder Befreier war. Auch Cottas Haltung schwankte. An Goethe schrieb er am 12. November 1805: »Napoleon wird – man mag ihn betrachten wie man will – als etwas Außerordentliches dastehen, und was sich in einem solchen Fall entwickeln würde, müßte die Zeit-Geschichte mit unglaublichen Dingen anfüllen. Der Geist besiegt ja ewig die sonst bloß todte Kraft. Hoffen wir das Beste und seyen wir für das Schlimste gefaßt! Diß in der That darf in disem Augenblick nicht blosser Wahlspruch für mich seyn, sondern Norm meines Handelns. Es gibt der Augenblicke aber manche, wo das Gemüth kaum damit zurechte kommen kan.« Auch in Cottas Journalen wurden unterschiedliche Meinungen geäußert. In den ›Europäischen Annalen‹ zum Beispiel wurde Napoleon durchaus als Befreier von feudaler Aristokratie gewürdigt. Was Cotta als »Vaterländisches Unglück« ansah, wurde von seinen ›Europäischen Annalen‹ anders beurteilt. Dorothea Kuhn hat eine Stellungnahme von Friedrich Buchholz über die Süddeutschen entdeckt: »Unstreitig seyd ihr zu bedauern; aber euer Wohlstand wird nicht für immer dahin geschwunden seyn, und um so schneller zurükkehren, je vollständiger Alles untergeht, was die Industrie lähmte, und der Reichthum concentrirte. Der Weltbürger freuet sich zum voraus der neuen Entwikelung, der ihr entgegengeht.«

Zunächst aber war von Freude und neuer Entwicklung

nicht die Rede. »Wir leben!« – so emphatisch beginnt Goethes Brief vom 20. Oktober 1806 an Cotta: »unser Haus blieb von Plünderung und Brand, wie durch ein Wunder verschont ... Der Kaiser ist angekommen, am 15 October 1806.« Cotta seinerseits hatte Goethe am 7. Februar 1806 ein solches »Zeichen des Lebens« gegeben: »Im Reich der Todten bin ich also nicht, doch auch nicht im Reich der Fröhlichen: denn nun drukt mich auch Vaterländisches Unglück.«

Seit 1805 überzog Napoleon die deutschen Lande mit seiner Armee. Marschall Ney rückte am 29. September 1805 in Stuttgart ein und übte dort ein hartes Militärregiment aus. Da die französische Armee nach Süden zog, entging Tübingen den obligaten Repressalien. Zunächst waren nur Österreich und Rußland die Gegner, Preußen und damit die anderen deutschen Fürsten zögerten lange vor einer Kriegserklärung. Die Franzosen hatten die Österreicher mehrfach geschlagen und auch jetzt wieder eine Armee in Ulm eingeschlossen, die sich am 24. Oktober ergeben mußte. Darauf bezieht sich Goethe am 25. November 1805 gegenüber Cotta: »Indessen an der Donau die wundersamsten Dinge geschehen füllt sich unser Thüringen mit Soldaten. Das incalculable der Zustände läßt Furcht und Hoffnung in suspenso und jederman sucht nur über den Augenblick hinzukommen.« Napoleon war am 24. Oktober in München, am 14. November in Wien eingerückt. Das »vaterländische Unglück« war die Schlacht von Austerlitz, die »Dreikaiserschlacht« am 2. Dezember 1805, bei der Napoleon Kaiser Alexander von Rußland und Franz I. von Österreich vernichtend schlug, so daß die Kapitulation angeboten und Friede geschlossen werden mußte; Österreich verlor Gebiete an Bayern und Württemberg, die Kurfürsten dieser beiden Länder erhielten als Kriegsgewinnler eine seltsame Königswürde.

Eigentlich war es ein Wunder, daß unter solchen Zeitumständen die Werkausgabe überhaupt entstehen konnte. Goethe wurde während der Jahre 1805 und 1806 mehrfach von

Nierenkoliken heimgesucht, die sich erst im Juli/August 1806 nach einer Kur in Karlsbad besserten. Mit Riemer arbeitete er an den Druckvorlagen und Korrekturen, die der postalischen Umstände wegen verständlicherweise nur mit großen Verzögerungen zwischen Weimar und Tübingen ausgetauscht werden konnten. Goethe forderte für die Typographie wie für die Druckkontrolle immer wieder Probeabzüge an. Am 20. Juni 1806 hatte er bei solchen Proben »nichts zu erinnern«. »Freylich wird es noch eine Zeitlang währen, bis die Süddeutschen Druckereyen in einer gewissen galanten Art den Norddeutschen gleich kommen.« Das wird Cotta nicht erfreut haben, denn unter den Kriegsumständen war eine Herstellung in Norddeutschland ausgeschlossen, und die süddeutschen Druckereien arbeiteten unter größten Schwierigkeiten.

Goethe kam mit verschiedenen Bearbeitungen, die er für die Werkausgabe vornehmen wollte, nicht wie gewünscht voran; fast ein Jahr hatte er mit Riemer am *Faust* gearbeitet, in der Hoffnung, er könne ihn vielleicht doch noch im vierten Band der »Dramen« bringen, aber die Hoffnung zerschlug sich; er sollte nun doch, wie ursprünglich vorgesehen, im zehnten Band erscheinen. Cotta wollte bei dieser ihm so wichtigen Edition nicht zu lange warten und schlug eine Separatausgabe vor. Goethe stimmte zu; »je weiter es ausgesät wird, desto besser ist es«. Aber Cottas Idee, der Ausgabe einen Bilderschmuck beizugeben, widersprach er. »Den Faust«, schreibt er am 25. November 1805, »dächt' ich, gäben wir ohne Holzschnitte und Bildwerk. Es ist so schwer, daß etwas geleistet werde, was dem Sinne und dem Tone nach zu einem Gedicht paßt. Kupfer und Poesie parodieren sich gewöhnlich wechselsweise. Ich denke der Hexenmeister soll sich allein durchhelfen.« Und der Hexenmeister tat dies denn ja auch, wahrlich.

Auch die Arbeit am Fragment gebliebenen *Elpenor* zog sich hin. Nach dem Karlsbader Aufenthalt arbeitete Goethe im August an einer neuen Versfassung, gab aber auf, beauf-

Vorabdruck aus *Faust* I in Cottas ›Morgenblatt für gebildete Stände‹, Nr. 84 vom 7. April 1808.

tragte schließlich Riemer mit der Jambenfassung und behielt sich dann die »letzte Redaction« vor. Am 27. Oktober 1806 ging das Manuskript nach Tübingen. »Da die fahrende Post noch nicht abgeht, so schicke ich den *Elpenor* einstweilen mit der reitenden« (an Cotta am 28. 10. 1806).

Unter größten Schwierigkeiten führte Goethe in dieser Zeit seine Untersuchungen zur »Farbenlehre« weiter. Goethe war ein Autor, der sich bei seiner Produktion immer wieder selbst unter Druck und Zwang setzen mußte, oftmals geschah es dergestalt, daß er einen eben geschriebenen Teil in Satz, ja zum Druck gab, in der Hoffnung, dies werde ihn anhalten, das Ausstehende rasch zu vollenden, etwa, wie wir gesehen haben, bei *Wilhelm Meister.* »Von der Farbenlehre sind sechs Bogen gedruckt, drey des ersten und drey des zweyten Theils. Unter einem Jahre, sehe ich wohl, bringe ich das Werk nicht zusammen. Ich sage das voraus, damit es nicht etwa auf Ostern angekündigt werde.« Das war dann die gegenläufige Sorge Goethes, der Verleger könnte die Ausgabe zu rasch ankündigen. Die beiden Bände der *Farbenlehre* erschienen 1808 und 1810 in zwei Textbänden und einem Tafelband.

Immer wieder mahnte Goethe Cotta zur »Correctheit des Druckes« und bat ihn »nochmals inständig«, darüber zu wachen. In diesem Zusammenhang war das Monitum auch nötig. »Ferner bitte, meinen Nahmen Goethe, und nicht Göthe drucken zu lassen.« Merkwürdig, daß solches noch 1806 nötig war. Doch Goethe ist hieran auch selbst schuld: Göschen und Unger, und ebenso die Nachdrucker, hatten Goethes Namen unterschiedlich wiedergegeben; da Goethe seine Satzvorlagen oft aus den alten Drucken, selbst aus den Raubdrucken nahm, kamen solche unterschiedlichen Namensschreibungen immer wieder vor.

Autoren haben im allgemeinen zu den Produktionen des Verlages, in dem sie publizieren, ein ambivalentes Verhältnis. Einerseits schätzen sie es, in einem Verlag, der gute, fortschrittliche, zukunftsweisende Bücher verlegt, zu erscheinen, andererseits ist jedes Buch, das der Verleger außer dem eigenen bringt, eines zu viel. Eifersüchtig beachten sie vor allem das, was dem Verleger jeweils besonders wichtig zu sein scheint. Es ist erstaunlich, wie oft und wie dringlich Cotta sein »Anliegen« (um Beiträge zum ›DamenCalender‹) bei Goethe vortrug. Und beharrlich fragte er auch in jenen schwierigen Zeiten nach Texten, die Goethe gewiß nicht so leicht aus der Hand geben mochte, Gedichte und »Passendes« aus dem

Faust. Man kann Cotta verstehen, der ›DamenCalender‹ verkaufte sich gut, das Kalendergeschäft überhaupt war notwendig, denn mit vielen Büchern aus seiner Produktion war kaum Gewinn zu erwirtschaften. Er brachte in diesen Jahren jeweils vier Kalender heraus, den ›Karten-Almanach‹, den ›Almanach des Dames‹, eine in Kalenderform edierte *Staatsgeschichte Europas* und das ›Taschenbuch für Damen‹. Als Cotta sich am 7. Februar 1806 an Goethe wandte, er lebe »schon wieder in der CalenderZubereitungsZeit und bin daher so frei, die Bitte zu wagen, mich doch mit einem Beitrag für meinen DamenCalender zu erfreuen«, glaubte Goethe, sich dieser Bitte nicht entziehen zu dürfen. Doch wieder einmal reagierte er auf seine Weise: Er gab kein Gedicht heraus und auch kein Stück aus einem seiner ihm wichtigen Werke, sondern Nebenarbeiten, an denen ihm aber doch wieder viel lag. Er trug sich damals mit dem Gedanken, Partien aus dem Briefroman des Ugo Foscolo, *Ultime lettere di Jacopo Ortis*, zu übersetzen – ein patriotischer Roman, dessen Held Werthers Schicksal teilt; aber er führte diesen Plan nicht aus. Irgendwie, so der Eindruck, wollte er wohl doch nicht im ›DamenCalender‹ erscheinen. Als Cotta ihn dann immer wieder seinen ›DamenCalender‹ »in freundliche Erinnerung« brachte, antwortete Goethe am 24. Januar 1808 dezidiert und bekannte seine »Apprehension« und seine ›Idiosynkrasie‹. »Für den DamenCalender mußte sich denn wohl etwas finden; doch erlauben Sie mir eine Apprehension zu äußern, die ich gegen dieses Büchelchen hege. Es ist die Einrichtung, daß Kupfer, die nicht zum Text gehören, eingeschaltet werden. Es kann seyn, daß andre nicht so empfindlich sind; aber ich läugne nicht, schon bey fremden Arbeiten macht mir's ein peinlich Gefühl, wenn ich mit willigem Antheil einen artigen kleinen Roman lese und auf einmal ein ganz heterogenes Muttergottesbild, oder eine Scene aus Wallensteins Lager mir der Quere kommt. Verzeihen Sie diese Bemerkung. Ich habe aber lieber aufrichtig meine Idiosynkrasie bekennen wollen, als den Verdacht zu befürchten, daß ich aus Nachlässigkeit oder Unfreundlichkeit Ihre Wünsche nicht erfüllte.« Cotta hätte diese Einstellung Goethes kennen sollen, da jener sie ihm ja schon einige Zeit vorher aus Anlaß der Bebilderung des *Faust* mitgeteilt hatte.

Ein anderes Feld, das die Beziehung des Autors zum Verleger erschweren kann, sind politische Motivationen und Stellungnahmen, die der Verleger abgibt oder die der Verlag durch die Werke seiner Autoren ausdrückt. Cottas sicherlich zweitwichtigste Tätigkeit war eine politische, er war württembergischer Landtagsabgeordneter und tat sich als solcher bei Zollverhandlungen seines Landes und, wie wir noch sehen werden, in Fragen des Urheber- und Verlagsrechts besonders hervor. Ich habe schon einmal, aus Anlaß von Ungers Journal ›Deutschland‹ und Cottas ›Horen‹, ausgeführt, daß jeder Verleger doch immer wieder versucht ist, jene Botschaft, die indirekt in der Summe seiner Bücher enthalten ist, auch direkt in einer programmatischen Zeitschrift auszudrücken. So viele Versuche es gab und gibt, sie müssen letztlich daran scheitern, daß es – selbst bei einem gewissen politischen Grundkonsens der Autoren eines Verlages – nie und nimmer Einigkeit in allen zeitgenössischen Fragen, in der Einstellung zu Politik, Geschichte, Ethik, Religion und schon gar nicht bei Fragen literarischer Wertung geben kann. Während der Verleger offen sein muß, frei für die Freiheit des anderen, ja, selbst bereit, für die Meinungen des anderen, die er nicht teilt, einzustehen, kann und muß der Autor nur seinem eigenen Weg folgen, und mag dieser auch unkenntlich oder verschlungen sein, ein Irr- oder Holzweg; mag er vielfach die Richtung ändern, er kann nicht anders, er muß seinem Stern folgen.

Cotta hatte seine ›Allgemeine Zeitung‹ 1798 als ›Neueste Weltkunde‹ in Tübingen gegründet und sie dann als täglich erscheinende ›Allgemeine Zeitung‹ nach Stuttgart verlegt; die Beiträge erregten immer wieder Anstoß bei der politischen

Hofzensur, später bei der französischen Ortsregierung, so daß Verlagsort und Redaktion nach Ulm und Augsburg verlegt werden mußten. Doch allen Schwierigkeiten zum Trotz hielt Cotta an dieser Zeitung fest. Grundidee war eine unparteiische, täglich erscheinende europäische Zeitung, und Cotta wünschte sich keinen anderen als Friedrich Schiller zum Herausgeber; der Plan aber hatte sich zerschlagen, die literarische Monatsschrift ›Horen‹, an der Schiller wiederum sehr viel lag, mußte ebenfalls aufgegeben werden. Trotzdem hatte Cotta immer wieder den Wunsch, der tagespolitischen ›Allgemeinen Zeitung‹, seiner »Anstalt«, seinem »Blatt«, ein weiteres »Institut«, das aber ein ausschließlich literarisches Publikationsorgan sein sollte, hinzuzufügen. Dieses Organ sollte von vornherein aus dem Streit der Meinungen herausgehoben und vollkommen unpolitisch sein – ein Widerspruch in sich, denn jede gute Literatur ist neu und dadurch fremd, ist kritisch und dadurch politisch. Aus dieser Vorstellung entstammt schließlich das ›Morgenblatt für gebildete Stände‹, das ab dem 1. Januar 1807 täglich erschien. Am 15. August 1806 hatte Cotta Goethe mitgeteilt: »Mit Neujahr denke ich für Süddeutschland ein ähnliches Institut wie *der Freimüthige* zu begründen: dörfte ich mir nicht schmeicheln, daß Sie thätigen Antheil daran nemen würden?« Von Goethe kam keine Antwort. Dieser Brief fiel aber, wie erwähnt, ausgerechnet in die Zeit der schwierigsten Kriegssituation in Weimar, und Cotta hätte wissen müssen, daß die Erwähnung des ›Freimüthigen‹ für Goethe eher abschreckend als einladend war. Der ›Freimüthige‹ war eine unter Kotzebues Redaktion seit 1803 erscheinende ›Berlinische Zeitung für gebildete, unbefangene Leser‹, eine Klatschzeitung, der vor allem jedes Aktuelle heilig war. Mitarbeiter der Zeitung war Goethes Freund und späterer Gegner, Carl August Böttiger; schon das hätte Cotta stutzig machen müssen, vollends jedoch hätte ihn die Tatsache, daß sich die Zeitung mehrfach kritisch und hämisch über Goethe selbst geäußert hatte, von seinem Vorhaben abhalten müssen.

Im Oktober 1806 wiederholte Cotta jedoch seine Bitte: »Mit dem Frieden gedenke ich eine nichtpolitische Zeitung herauszugeben ... dörfte ich auf Ihren gnädigen Beitritt hoffen und könten Sie mich nicht mit einigen Beiträgen, mit denen ich gar zu gern debütiren möchte, erfreuen?« Keine Antwort von Goethe. In einer Anzeige in der ›Allgemeinen Zeitung‹ hob Cotta sein Anliegen dann aber doch gegen die Zeitung ›Der Freimüthige‹ ab. Zweck des ›Morgenblatts für gebildete Stände‹ sei, »eine Anstalt zu begründen, die mit Ausnahme jedes politischen Gegenstandes Alles umfassen soll, was dem gebildeten Menschen interessant seyn kan, und die also keine andere Tendenz haben wird, als diejenigen Kenntnisse zu verbreiten, welche zur geistigen und sittlichen Kultur nothwendig sind, und auf dem Wege der Unterhaltung die angenehmste Belehrung gewähren.«

Ausdrücklich wollte sich Cotta nun mit der Absicht, »Wahrheit, Besonnenheit und Humanität in allen Urteilen sich zum Grundsatze zu machen«, von anderen Organen, insbesondere vom ›Freimüthigen‹, unterscheiden. Doch Goethe, der von Cotta seit Erscheinen regelmäßig Freiexemplare erhalten hatte, reagierte immer noch nicht. Als Cotta ihm am 2. Februar 1807 nochmals »schmeichelte«, Goethe möchte »auch an disem Institut Antheil nemen«, stellte ihm Goethe für das Jahr 1807 doch einige Beiträge zur Verfügung, freilich, wie schon öfter, eher Ephemeres als zentrale Werke.[4]

Eine peinliche Reibungsfläche war und blieb für Goethe die ›Allgemeine Zeitung‹ mit ihrer Berichterstattung aus Weimar. Ein solcher Bericht sollte zu einem ersten ernsten Eklat zwischen Goethe und Cotta führen; weil beide Seiten sich offen und klar äußerten, konnte die Arbeit an der Ausgabe jedoch weitergehen.

Die ersten vier Bände der Ausgabe der *Werke* erschienen also im März 1807 mit dem Datum 1806, die Bände 5-7 1807 und die Bände 8-12 1808. Schon während der Drucklegung der letzten Bände äußerte Goethe seine Zufriedenheit: »Daß bey unsern gemeinsamen Geschäften ich mein und der Meinigen Interesse ganz in Ihre Hände legen kann.« Am 26. Juli 1808 informierte er Cotta, wozu ihn seine »Musse« und sein »Humor« gebracht hatten, er konnte »einen Roman ... endigen, der wohl ein Paar niedliche Bändchen füllen möchte. Indem ich ihn vorlas konnte ich auf künftige gute Aufnahme hoffen. Der Roman ist gar ein angenehmes allgemein faßliches und auch den Schriftsteller bequem unterhaltendes Genre, ich habe große Lust mehr als bisher was ich zu sagen habe in dieser Form zu geben.« So kündigte Goethe also seine *Wahlverwandtschaften* an, ›angenehm, allgemein faßlich, unterhaltend, niedliche Bände füllend‹! Vielleicht war es eben eine Ankündigung für den Verleger; auch ein Autor tut gut daran, seinem Verleger Mut zu machen und nicht nur Zuspruch, Ermunterung und Ermutigung von seiner Seite zu erwarten.

Die *Wahlverwandtschaften* waren ursprünglich als kleinere Erzähleinlage in den *Wanderjahren* geplant. Goethe hatte das Diktat während der Karlsbader Kur im Juni 1808 begonnen, er diktierte den ganzen ersten Teil und im Juli den Schluß des zweiten. Zu diesem Zeitpunkt kündigte er Cotta den Roman an. In Jena, im April 1809, nahm er sich die Manuskripte wieder vor und arbeitete an Korrekturen, Erweiterungen und Umformulierungen. Wieder drängte er sich selbst zur Eile, indem er die ersten Teile seit Ende Juli 1809 drucken ließ. Zur Herbstmesse 1809 erschienen die beiden Bände. Sie wurden dann als Band 13 in die Werkausgabe eingefügt, die damit abgeschlossen war; über das Honorar hatten sich Goethe und Cotta rasch verständigt.

Was war es wohl, das Goethe motivierte, aus der Erzählung »Die Wahlverwandten« den Roman *Wahlverwandtschaften* zu machen? »Musse« und »Humor« empfand er, als er Riemer den Roman diktierte. Ich bin jedoch sicher, daß ihn die Ereignisse vom Oktober 1806 motiviert hatten; der Schock der Zeitereignisse, der den Entschluß zur Trauung auslöste, und der Schock der Reaktion auf die Trauung. »In den unsicheren Augenblicken des Krieges«, so hatte Goethe seine Heirat begründet, »wenn alle Bande sich auflösen, wird man auf die häuslichen zurückverwiesen.« In den *Wahlverwandtschaften* ist das genaue Gegenteil der Fall, dort führen »Spuren trüber leidenschaftlicher Nothwendigkeit« in ein tragisches Ende. Goethe selbst hat den Roman im ›Morgenblatt‹ vom 4. September 1809 angekündigt: »[Der Verfasser] mochte bemerkt haben, daß man in der Naturlehre sich sehr oft ethischer Gleichnisse bedient, um etwas von dem Kreise menschlichen Wissens weit Entferntes näher heranzubringen; und so hat er auch wol, in einem sittlichen Falle, eine chemische Gleichnißrede zu ihrem geistigen Ursprunge zurückführen mögen, um so mehr, als doch überall nur *eine* Natur ist, und auch durch das Reich der heitern Vernunft-Freyheit die Spuren trüber leidenschaftlicher Nothwendigkeit sich unaufhaltsam hindurchziehen, die nur durch eine höhere Hand, und vielleicht auch nicht in diesem Leben, völlig auszulöschen sind.« Ein tragischer Schluß deutet sich hier an, doch so einfach und leicht faßlich ist die Geschichte nicht. Einig sind sich alle Interpreten darin, daß dieser Roman, dessen Protagonisten Ehen geschlossen haben und schließen wollen, kein Eheroman ist. Walter Benjamin, der in seiner Kritik, die eine Suche nach dem Wahrheitsgehalt des Romans sein soll, ein großes Theoriegebäude errichtet, resümiert: »Der Gegenstand der ›Wahlverwandtschaften‹ ist nicht die Ehe«, auch nicht, so glaubt Benjamin zu wissen, »wahre Liebe«.[5] Ehe oder nicht Ehe, Ehe auf Zeit oder Zusammenleben ohne Trauschein, diese Themen werden im Roman angesprochen. Der Roman, liest man ihn heute, fasziniert durch seinen Kunstsinn, seinen meisterhaften epischen Bau, die Einheit des Ortes, die vollkommene Konsequenz seiner ungewöhnlichen Handlung, seine über sich hinausweisenden Figuren, vor allem aber – der Roman ist heutig kraft seiner ironischen Gebrochenheit. So wird ausgerechnet das Hohelied der Ehe der Figur Mittler in den Mund gelegt, jenem »seltsamen«, »wunderlichen«, »verdrießlichen« Mann, dessen rechthaberische Logik Ottilie in den Tod treibt und der als Vermittler am Letzten, eben »nicht zu Vermittelnden«, scheitert: »Die Ehe ist der Anfang und der Gipfel aller Kultur.« Ein Satz, der weltweit und bis heute die kulturprägende Kraft einer Institution spiegelt. Doch sofort im sich anschließenden Satz Mittlers wird eine Einschränkung vorgebracht, die freilich Mittler nicht bewußt, von dem vorwissenden Erzähler aber absichtlich hier eingesetzt ist: »Sie [die Ehe] macht den Rohen mild, und der Gebildet'ste hat keine bessere Gelegenheit seine Milde zu beweisen.« Im Laufe der Diskussionen, welche die Figuren des Romans führen, macht der Graf einen ungewöhnlichen Vorschlag, nämlich Ehen nur für fünf Jahre zu schließen; man müßte meinen, daß diese Möglichkeit ernsthaft diskutiert wird, aber sie fällt sofort der Konversation zum Opfer – Ironie des Erzählers. In Karlsbad und auch andernorts sah Goethe für seine Zeit durchaus »ungebundene Sitten«, und im Sommer 1807 setzte er den sächsischen Oberhofprediger Reinhard durch seine strengen Grundsätze »in bezug auf die Ehe« in Verwunderung. In seiner »Poetischen Selbstbuße« schrieb Goethe: »Niemand verkennt an diesem Roman eine tief leidenschaftliche Wunde, die im Heilen sich zu schließen scheut, ein Herz, das zu genießen fürchtet.« Man darf jedoch den Roman nicht einseitig auf Autobiographisches beziehen, man darf die übersteigerte Gestalt des Eduard nicht mit Goethe gleichsetzen, Ottilie nicht mit Minna Herzlieb, der Achtzehnjährigen, nicht mit Sylvie von Ziegesar, die er in Karlsbad kennengelernt und als »Tochter, Freundin, Liebchen« im Gedicht bedacht hatte. Sicher wirkt in der Figur der Charlotte die strenge Gestalt, die strenge Schule der Charlotte von Stein mit. Aber es gilt, daß in den *Wahlverwandtschaften* (in denen ja weit weniger ›gewählt‹ als vielmehr unter Zwängen gehandelt wird) »kein

Strich enthalten [ist], der nicht erlebt, aber kein Strich so, *wie* er erlebt worden«.

Band 13 der *Werke* war also 1809 erschienen. Wie erwähnt, wurde die Ausgabe in Lieferungen vorgelegt: 1-4, 5-7, 8-12 und schließlich Band 13. Für den Verleger (und den Autor) kam dabei ein Problem auf: Die Nachfrage war größer als von Cotta erwartet, daher mußte er bei der zweiten Lieferung eine höhere Druckauflage ansetzen als bei der ersten und bei der dritten wieder eine höhere als bei der ersten und zweiten. Um die Ausgabe komplett zu halten, war es deshalb nötig, bei der zweiten Lieferung die erste nachzudrucken und bei der dritten Lieferung die Lieferungen 1 und 2. Nun konnten die damaligen Druckereien, wie erwähnt, den Satzblock nicht aufbewahren; es wurde Neusatz nötig, und so schlichen sich Setzerfehler ein. Mir scheint es juristisch keine Frage zu sein, daß Cotta zu diesen Nachdrucken berechtigt war. Ein Fehler jedoch war die Verlagsanzeige im Januarheft 1808 des ›Intelligenzblatts zum Journal des Luxus und der Moden‹:

Goethe (von) sämmtliche Werke 12. Bde. gr. 8
2te Auflage. Weiss Drckp. Subscr. Pr. 2 Carolin.
ord. Drckp. Pr. 1 1/2 Carolin.

Diese Anzeige signalisierte eine *zweite* Auflage der *Oktavausgabe*, zu der Cotta nicht berechtigt war. Doch handelte es sich wahrscheinlich nicht um eine komplette Neuausgabe, sondern eben um Mischexemplare mit Nachdrucken einzelner Druckbogen, die man zur Vervollständigung der gesamten Edition benötigte. Immerhin wurde Goethe, was die vertraglichen Abmachungen betraf, hierdurch verunsichert. Vielleicht war auch Cotta seiner Sache nicht sicher, jedenfalls leistete er im August 1808 eine freiwillige Honorarzahlung. Waltraud Hagen hat die komplizierte Entstehungsgeschichte der Ausgabe A gründlich dargestellt.

Die Ausgabe der *Werke* wurde unterschiedlich aufgenommen, ein starkes Echo war nicht zu verspüren. In den Briefen der Zeitgenossen schwingt mit, daß die Ausstattung der Ausgabe keinen besonderen Gefallen fand; vielleicht wirkte hier auch die Rezension der ›Allgemeinen Literatur Zeitung‹ nach, die zur ersten Lieferung geschrieben hatte: »Von den drey angezeigten Ausgaben ist die auf Velin-Papier, laut einer öffentlichen Bekanntmachung, verunglückt, und daher gar nicht erschienen; die auf dem sogenannten ordinären Druckpapier aber verdient recht eigentlich eine Edition nicht auf Papier velin, sondern Papier vilain genannt zu werden, und die auf weißes Druckpapier, haben wir um nicht viel besser gefunden. So schlecht das graue, dünne und fleckige Papier ist, so schlecht ist der Druck.« Goethe hatte ja zunächst der Druckqualität der Aushängebogen zugestimmt, im Laufe der Zeit aber mißfiel auch ihm das Druckergebnis.

Am 22. August 1811 beklagte sich Goethe bei Cotta über einen Raubdruck in Wien. In Kommission beim Wiener Verlag Geistinger waren 17 Bände von *Goethe's sämmtlichen Schriften* erschienen (bis 1817 erschienen die weiteren neun Bände). Goethe ärgerte sich über die Inkorrektheit des Textes und dessen Anordnung, die von der Ausgabe der *Werke* abwich, aber er kannte die sogenannte Rechtsgrundlage dieses »Raubs«, wenn er die »alte grobe unedle Maxime« ansprach, »die sich noch von Kaiser Joseph her schreibt, der zwar ein sehr braver Herr, aber mitunter sehr platt war«. Cotta reagierte darauf mit jener Überlegung, zu der ihn sein Vertrag mit Goethe berechtigte: »Um übrigens auch den Nachdrukern eine Aufgabe zu geben«, so am 17. September 1811 an Goethe, »will ich eine HandAusgabe von Ihren Werken mit Petit gedruckt für 3 Laubthaler ankündigen.« Goethe war die Antwort darauf so »bedeutend«, daß er sogleich zurückschrieb, die Note einer »Estafette« mitgab und Cottas Antwort durch die »reitende Post« erbat. Goethes Brief vom 28. September 1811[6] ist ein Meisterstück diplomatischer Kunst eines Autors. Goethe war nämlich mit diesem »Abdruck« seiner »Wercke im kleineren Formate« nicht einverstanden; daß er so lange nach der Oktavausgabe erscheinen sollte, schien

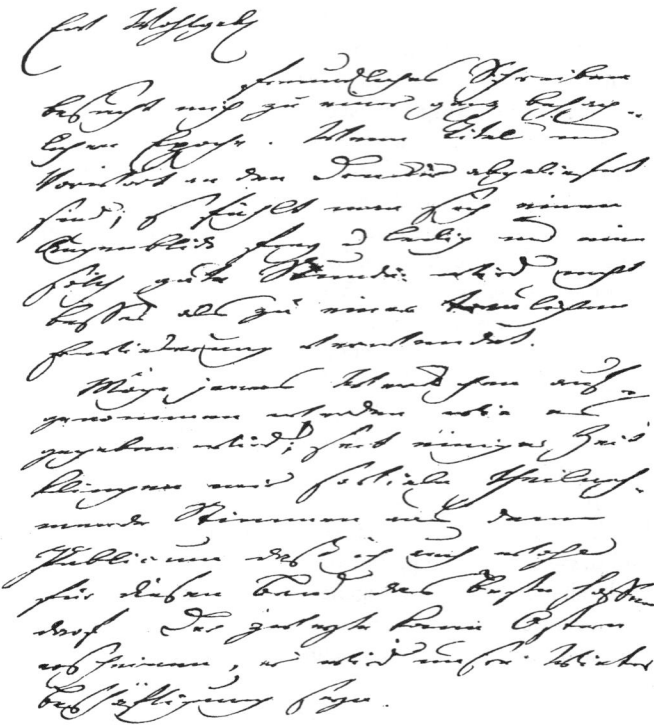

Goethes Brief an Cotta vom 28. 9. 1811 (SNM)
(Graphologische Deutung S. 702f.; Transkription S. 751f.).⁶

ihm »in mancher Rücksicht bedencklich«. Durch seine Beschäftigung mit der Autobiographie war er offensichtlich auf neue Materialien gestoßen, die er noch in eine neue Gesamtausgabe einbezogen sehen wollte. »Sollte es nicht besser, wircksamer und vortheilhafter seyn«, schrieb er in diesem Brief vom 28. September, »gleich jetzt zu einer correckten, und completen Auflage zu schreiten, die um so vollständiger seyn könnte, als meine Confessionen den Weg bahnen, manches was für sich nicht bestünde als einen Theil des Ganzen

2. Die Entstehung der »Werke«

[handwritten facsimile]

aufzustellen.« Cotta antwortete drei Tage später, am 1. Oktober. Ihn dünkte eine neue Gesamtausgabe »nicht räthlich«, und er führte vernünftige Gründe an: Die Besitzer der ersten Ausgabe würden wegen der zeitlichen Nähe kaum eine zweite kaufen; in die neue Ausgabe würden die neuen Werke Goethes, also *Dichtung und Wahrheit* und *Wanderjahre*, aufgenommen werden müssen und könnten vorher nicht einzeln veröffentlicht werden, und weiter mußte er darauf hinweisen, daß die Zeiten im Buchhandel nicht so vorteilhaft seien, »als

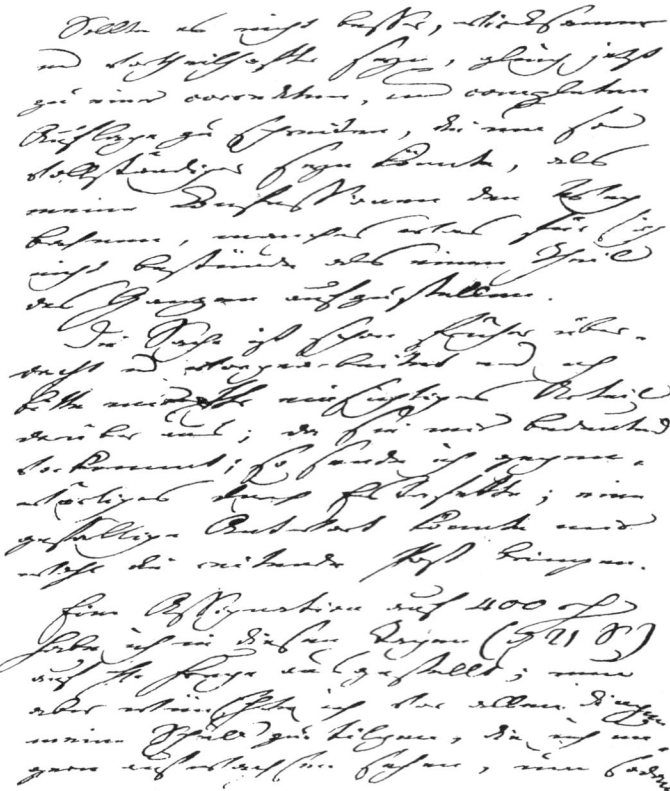

daß es nicht räthlich wäre, die etliche Jahre noch zuzuwarten, bis wieder das Bessre eintritt und mir gegen Nachdruck in Frankreich und Österreich mehr Sicherheit oder gänzliche Sicherheit vorhanden ist«. Cotta mußte so reagieren. Sein Vertrag sicherte ihm den Verkauf der ersten Ausgabe bis 1815 zu. Bei einer neuen Ausgabe mußte ein Vertrag neu ausgehandelt werden, und das bedeutete für den Verlag zunächst die Unsicherheit, die Ausgabe überhaupt zugesprochen zu bekom-

2. Die Entstehung der »Werke«

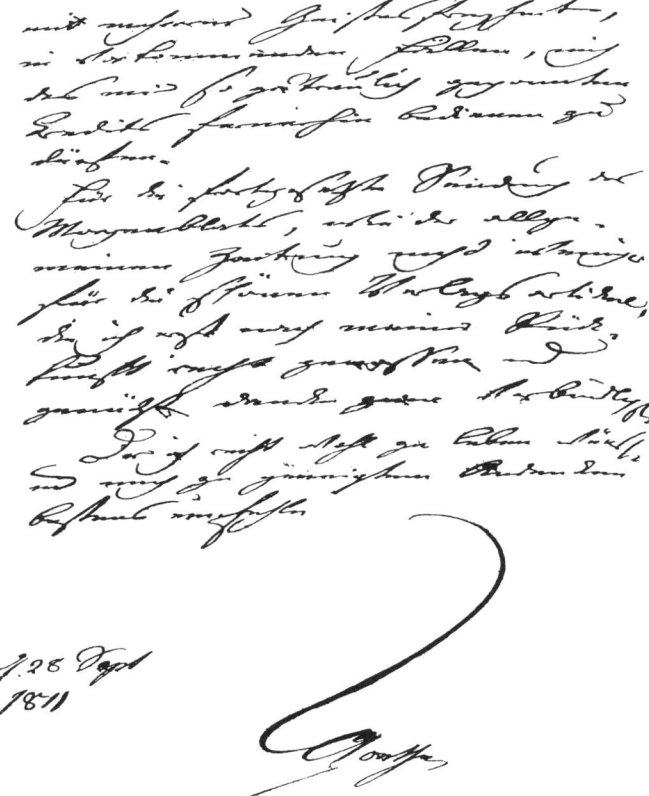

men, sowie einen neuen Honorareinsatz. Cotta hatte die Konkurrenzgefahr im Sinn, wenn er schrieb, er wünsche sich sehr, daß Goethe »die Gnade« hätte, »diß künftige Verhältniß einer vollständigen Ausgabe wenigstens für uns festzusezen«.

Doch Goethe blieb bei seiner Haltung. Am 14. Oktober 1811 schrieb er an Cotta, er würde diese ganze Frage lieber mündlich besprechen. Dann kam er aber noch einmal auf die

Anzeige jener Ausgabe von 1808 in dem Sinne zu sprechen, daß er damals nicht reagiert habe, weil zu diesem Zeitpunkt Cotta laut Vertrag noch sechs Jahre zum Verkauf dieser Ausgabe gehabt habe und weil er Cotta »so manches schuldig geworden, was mich zu einer lebhaften Danckbarkeit aufrief«. »Sollte aber jetzt«, so kündigte er das Ende dieser Dankbarkeit deutlich an, »kurz vor Ablauf des contracktlichen Termins, eine neue, der ersten fast gleiche Auflage, für geringen Preis ins Publicum gespendet werden; so sehe ich eine vorbereitete, korreckte und vollständige Ausgabe meiner Wercke, welche ich doch auch noch erleben möchte, ins Unbestimmte hinausgerückt, besonders wenn ich den vorhandenen Nachdruck und die Unbilden der Zeit bedencke.« Und zum ersten Mal, ganz verständlich bei einer solch grundsätzlichen Überlegung, taucht auch die Frage der Sicherheit der eigenen Existenz auf:

> Diese meine Verlegenheit wird noch dadurch vermehrt, daß die Meinigen, denen ich in Betracht der Vergänglichkeit eines menschlichen Individuums, von meinen oekonomischem Verhältnissen, Notiz zu geben gewohnt bin, dieses Ereigniß mit einer besondern Ombrage betrachten, welche zu mildern ich mich nicht im Stande sehe. Vielleicht entspringen diese Besorgnisse aus einer Unkenntniß des Handelsganges und würden bey mündlicher wechselseitiger Erklärung wohl gehoben werden können.
>
> Ich habe geglaubt unserm schönen vertraulichen Verhältnisse schuldig zu seyn Ew Wohlgeboren diesen Anstos zu eröffnen und ich will nicht läugnen daß ich jene vorgeschlagne vorzurückende neue Ausgabe als ein AusgleichungsMittel dachte, wobey die Ihnen noch zustehenden zwey Jahre, auf irgend eine beliebige, billige Weise in Betracht kommen müßten.

Wiederum imperativ, lakonisch, prägnant. Cotta ist beeindruckt, und zunächst gibt er den Gedanken an eine Taschenausgabe auf. Freilich, es bohrt in ihm, man spürt es in diesen

Briefen, und am 2. November 1811 beschwört er das alte Verhältnis und fügt eine Drohung hinzu: »Ich gestehe Ihnen bei diesem Anlaß, daß mich nur das schöne, mir so schmeichelhafte Verhältniß mit Ihnen und das mit Schillern noch beim Buchhandel zurükhält, ich würde sonst mich zurükziehen aus diesem Gewühl, das mich so manche bittre Erfahrung gelehrt hat, und das mir nur in der angeführten Beziehung noch theuer und werth seyn kan und muß«.

Am 7. März 1812 kommt Cotta noch einmal auf die Taschenausgabe zurück, diesmal von Stuttgart aus, wohin inzwischen der Verlag übergesiedelt ist. Cotta erwähnt, daß der Wiener Nachdruck sich nun auch in Berlin »einschleiche« und doch wohl am besten durch eine Taschenausgabe abzuwehren sei. Goethe bleibt mit seiner Antwort vom 17. März bei seiner ablehnenden Haltung, die Taschenausgabe sei nicht günstig für ihn, und er sehe nicht, wie der ihm drohende Schaden abzuwenden sei. »Wie mein Vorteil mit dem Ihrigen zu verbinden sey. Ich komme mir selbst wunderlich vor wenn ich das Wort *Vortheil* ausspreche: Ich habe ihn in meiner Jugend gar nicht, in der mittleren Zeit wenig beachtet und weiß selbst jetzt noch nicht recht wie ich es angreifen soll. Und doch muß ich daran dencken, wenn ich nicht nach einem mühsamen und mäßigen Leben verschuldet von der Bühne abtreten will ... diesmal erlaubt ich mirs um Sie zu überzeugen daß mein Zaudern nicht aus veränderten Gesinnungen, sondern aus den veränderten Umständen sich herschreibe.«

Eine heikle Situation. Der Vertrag mit Goethe gab Cotta zwar das Recht, eine Taschenausgabe zu veranstalten, doch verzichtete er darauf, wohl eingedenk der Erfahrung, daß ein Verleger, auch wenn er gute Gründe hat, in großen Fragen nicht gegen den Willen seines Autors handeln darf. Damit war die Unternehmung der ersten Werkausgabe bei Cotta abgeschlossen. Goethe schickte ihm bereits am 12. November 1812 den Plan für eine neue Ausgabe zu, welche 21 Bände umfassen sollte, aber Cotta griff die Anregung nicht auf. Am

6. Dezember 1812 schreibt er ihm: »Inzwischen wird es ohndiß nothwendig seyn, zu dieser Herausgabe doch das Ende des gegenwärtigen Kampfes abwarten zu müssen, der leider gar zu sehr in diesen Zweig des Handels nachtheilig einwirkt.« Napoleon war tief nach Rußland vorgestoßen, Moskau stand in Brand, wir kennen Goethes Bonmot (an Reinhard, 14. 11. 1812): »Daß Moskau verbrannt ist, thut mir gar nichts«. Doch nun begann der Niedergang Napoleons und seiner deutschen Hilfstruppen in Rußland. Cotta tat gut daran, diese Entwicklungen abzuwarten.

3. Cotta und Goethes »Nebenwerke« eigener Art

Zwei Jahre zuvor hatte Goethe Cotta mit zwei ihm wichtigen Unternehmungen bekannt gemacht. Er hatte Cotta nach Jena gebeten, und am 11. Mai 1810 fand dieser Besuch im Hause von Knebel statt. Goethe teilte Cotta zunächst mit, er habe das Manuskript der *Farbenlehre* wie vereinbart nach Beendigung der Niederschrift an die Druckerei von Karl Friedrich Ernst Frommann in Jena gesandt, wo es gedruckt und gebunden würde; die beiden Bände erschienen dann zur Ostermesse 1810. Cotta mußte »mit grossem Dank erkennen, daß ich auch der Verleger dises einzigen Werks seiner Art bin«, und er bot Goethe am 29. Mai 1200 Reichstaler als Honorar an. Wie recht Cotta hatte, Verleger des »einzigen Werks seiner Art« zu sein, konnte er damals gar nicht wissen. Für Goethe bedeutete die Beschäftigung mit dem Licht und den Farben einen wichtigen Teil seiner Lebensarbeit, und doch mußte er erfahren, daß ausgerechnet diese zu seiner größten Enttäuschung werden sollte, mit der er sich bis zu seinem Tod auseinanderzusetzen hatte. »Auf alles, was ich als Poet geleistet habe, bilde ich mir gar nichts ein«, sagte er zu Eckermann, in seine *Farbenlehre* aber habe er »die Mühe eines halben Lebens hineingesteckt«. Doch als Eckermann ihn am 30.

Karl Friedrich Ernst Frommann (1765-1835). Kreidezeichnung von Johann Joseph Schmeller (1830) (SWK).

September 1823 mit der Bemerkung provozierte, Goethe stehe mit seiner Lehre allein, brach sich bei Goethe ein »Gefühl der Superiorität« Bahn: »konnte ich nicht stolz sein, wenn ich mir seit zwanzig Jahren gestehen mußte, daß der große Newton und alle Mathematiker und erhabenen Rechner mit ihm in bezug auf die Farbenlehre sich in einem entschiedenen Irrtum befänden und daß ich unter Millionen der einzige sei, der in diesem großen Naturgegenstande allein das Rechte wisse?« 50 Jahre nach Goethes Tod hat der Inhaber des physiologischen Lehrstuhls und Rektor der Berliner Universität Goethes Lehre als »totgeborene Spielerei eines autodidaktischen Dilettanten« abgetan. Hätte Goethe dieses Urteil erlebt, er hätte es als »stupide Anmaßung« seiner Gegner bezeichnet, denn er war sich seiner Sache sicher: »Um Epoche in der Welt zu machen«, lautet der berühmte Ausspruch gegenüber Eckermann, »dazu gehören bekanntlich zwei Dinge: erstens, daß man ein guter Kopf sei, und zweitens, daß man eine große Erbschaft tue.« Seine Erbschaft, so meinte er, sei eben Newtons Irrtum, und »*mir* ist [er] zuteil geworden«. Immer wieder kam Goethe darauf zurück, er habe durch nichts den Menschen so gut kennengelernt wie durch seine »wissenschaftlichen Bestrebungen«; Fragen der Wissenschaft seien allemal Fragen der menschlichen Existenz und ihrer Entwicklung; als Eckermann ihn am 23. Oktober 1828 fragte, wie und auf wie lange diese Entwicklung angelegt sei, hielt ihm Goethe seine apokalyptische Prognose entgegen: »Ich sehe die Zeit kommen, wo Gott keine Freude mehr an ihr [der Menschheit] hat und er abermals alles zusammenschlagen muß zu einer verjüngten Schöpfung. Ich bin gewiß, es ist alles danach angelegt, und es steht in der fernen Zukunft schon Zeit und Stunde fest, wann diese Verjüngungsepoche eintritt.« Aber, fuhr Goethe »in besonders guter, erhöhter Stimmung« fort: Wir könnten noch Jahrtausende »auf dieser lieben alten Fläche, wie sie ist, allerlei Spaß haben«. Die Dokumente zur Wirkungsgeschichte der *Farbenlehre* sind geradezu Legion. *Die Farbenlehre und kein Ende*, so lautet der Titel einer Untersuchung aus dem Jahre 1965. Die letzte bedeutende, die Diskussion vielleicht abschließende Arbeit ist Albrecht Schönes Werk von 1987, das die »Farbenlehre« als »Farbentheologie« deutet. Schöne ist der Ansicht, daß Goethe mit der *Farbenlehre* zwar keine »Epoche in der Welt« machen konnte, aber »Sätze von bestürzender Aktualität« geschrieben habe. Wir »Nachgeborenen aber, zur Naturzerstörung wie zur Selbstvernichtung fähig geworden, werden dieses tief befremdliche und anstößige Werk mit neuen Augen lesen müssen – als wäre es für sie geschrieben und enthielte im Irrtum eine unverhoffte Wahrheit.«[7]

Obschon Cotta die Problematik der *Farbenlehre* unbekannt war, sprach er überschwenglich von seinem Besuch. Am 29. Mai notierte er den »innigsten Dank« über den »hohen Genuß« der »freundlichen Abendstunde in Jena« und am 18. Juli das Glück jener »mir unvergeßliche[n] Stunden mit Eurer Exzellenz in Jena«.

Das zweite Projekt, das Goethe Cotta bei dem Besuch am 11. Mai 1810 vorstellte, war jenes »bedeutende Unternehmen einer Selbstbiographie«, die er in zwei Abteilungen zu veröffentlichen gedachte. Goethe hatte den Plan, eine Autobiographie zu schreiben, zum ersten Mal am 19. Januar 1802 gegenüber Schiller geäußert: »Bey einiger Reflexion ... fiel mir auf was man für ein interessantes Werk zusammen schreiben könnte, wenn man das was man erlebt hat, mit der Uebersicht, die einem die Jahre geben, mit gutem Humor aufzeichnete.« In der ›Jenaischen Allgemeinen Literaturzeitung‹ besprach er am 26. Februar 1806 einen von S. M. Lowe edierten Sammelband, *Bildnisse jetzt lebender Berliner Gelehrten*: »Die Anforderung an lebende Gelehrte, kurze Selbstbiographien zu schreiben, in der Absicht, sogleich damit das Publicum zu beschenken, ist ein sehr glücklicher Gedanke ... Es giebt zweyerley Arten die Geschichte zu schreiben, eine für die Wissenden, die andere für die Nicht-Wissenden ... Die andere Art ist die, wo wir, selbst bey der Absicht eine große Einheit darzustellen, auch das Einzelne unnachläßlich zu überliefern verpflichtet sind.« Dies scheint auch ein Programm für *Dichtung und Wahrheit* gewesen zu sein. Goethe hatte schon während der Vorbereitung der ersten Werkausgabe bei Cotta den Eindruck des Unfertigen, Vorläufigen, ja, Fragmentarischen seiner Produktionen und zögerte, wie wir gesehen haben, immer wieder lange, die Texte zum Druck freizugeben. Die Plünderung und Brandschatzung Weimars im Oktober 1806 nach der Schlacht bei Jena waren ihm nun doch Anlaß, sein Zögern zu überwinden. An Cotta schrieb er am 24. Oktober 1806: »In jener unglücklichen Nacht waren meine Papiere meine größte Sorge, und mit Recht. Denn die Plünderer sind in andern Häusern sehr übel damit umgegangen und haben alles wo nicht zerrissen, doch umhergestreut. Ich werde nach dieser überstandenen Epoche um desto mehr eilen meine Manuscripte in Druck zu bringen. Die Tage des Zauderns sind vorbey, die bequemen Stunden in denen wir uns mit Hoffnung schmeichelten, unsere Versuche zu vollenden und was wir nur entworfen hatten, auszuführen.«

Und noch eine Äußerung aus dem Jahre 1806 ist wichtig. An Philipp Hackert schrieb er am 4. April: »Seit der großen Lücke, die durch Schillers Tod in mein Daseyn gefallen ist, bin ich lebhafter auf das Andenken der Vergangenheit hingewiesen, und empfinde gewissermaßen leidenschaftlich, welche Pflicht es ist, das was für ewig verschwunden scheint, in der Erinnerung aufzubewahren.«

Goethe hatte also »größte Sorge« um sein Werk und um seinen Gesundheitszustand, er verstand das Ende des Heiligen Römischen Reiches Deutscher Nation und die Napoleonischen Kriege als eine Zeitwende. Er glaubte auch eine Änderung des Publikumsgeschmacks zu bemerken, der sich mehr und mehr den Romantikern zuwandte, deren Äußerungen ihm ja fremd waren. All dies drängte ihn nun doch zur Selbstdarstellung und zur Selbsthistorisierung. Im Vorwort zu *Dichtung und Wahrheit*, in jenem fingierten Brief, spricht Goethe auch von seiner neuen Einstellung zum Publikum: »Denn wenn wir in früherer Zeit leidenschaftlich unsern eigenen Weg gehen, und um nicht irre zu werden, die Anforderungen Anderer ungeduldig ablehnen, so ist es uns in spätern Tagen höchst erwünscht, wenn irgend eine Teilnahme uns aufregen und zu einer neuen Tätigkeit liebevoll bestimmen mag.«

Im Jahre 1807 kam Goethe Riemer gegenüber immer wieder auf Erlebnisse seiner Kindheit und Jugend zurück. Er erzählte vom Studentenulk in Leipzig, er berichtete Frommann am 16. Dezember 1807 »von der goldenen Zeit in Weimar«, und auf der Rückfahrt von Jena nach Weimar im Dezember schilderte er dem Reisegefährten Riemer »die Geschichte seiner Verliebung in Lili Schönemann«. Aber noch machte sich Goethe nicht an die Ausführung seiner Autobiographie. Zwar war 1808 die erste große Ausgabe seiner Werke abgeschlossen, und er begann, »sich selbst historisch zu werden«.

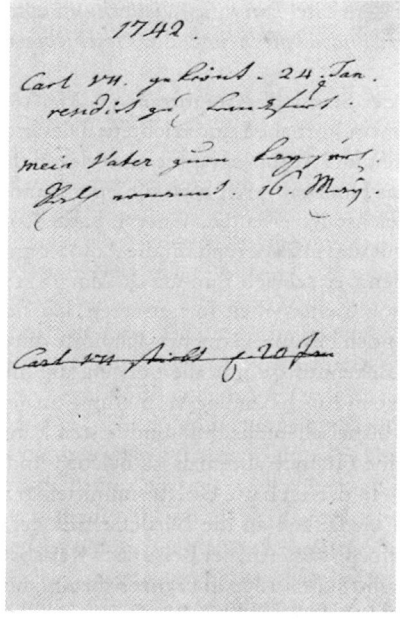

Goethe: Seite aus dem ›Biographischen Schema 1809‹ (eigenhändig; vgl. WA I 26, S. 349-64) (FDH).

Noch lagen die *Wahlverwandtschaften* nicht vor, und noch hatte er mit seinem »Hauptgeschäft«, der *Farbenlehre*, zu tun. Doch schon am 11. Oktober 1809 schrieb bzw. diktierte Goethe ein fragmentarisches Schema zu seiner Autobiographie; dieses arbeitete er bis Dezember 1809 weiter aus und ergänzte es 1810; es umfaßte die Jahre 1742-1809; als erste historische Daten waren darin die Krönung Karls VII. 1742 und der Aachener Friede festgehalten, der 1748 durch Rußlands militärische Hilfe den österreichischen Erbfolgekrieg zugunsten von Maria Theresia beendet hatte; den Abschluß bildeten »Pandorens Wiederkunft«, Goethes Festspiel *Pandora*, das 1808 in Heft 1 und 2 der Zeitschrift ›Prometheus‹ unter dem Titel *Pandoras Wiederkunft* erschienen war, die *Wahlverwandtschaften* und die *Geschichte der Farbenlehre*.[8]

Das war der Stand, als Goethe am 11. Mai 1810 Cotta in Jena von seinem Vorhaben unterrichtete. Dieser erklärte sich spontan bereit, die Autobiographie zu verlegen. Ein Jahr später wurde das Honorar vereinbart, für jeden Band sollte Goethe 1500 Reichstaler erhalten. Goethe hatte Cottas Besuch besonders gut und inspirierend für die Autobiographie aufgenommen, denn er schrieb ihm am 4. Mai 1811: »Die Lust meine biographische Arbeit fortzusetzen, hat sich seit Ihrer Gegenwart noch bey mir vermehrt. Ich hoffe durch diese unschuldigen Bekenntnisse mit allen denen, die mir wohlwollen, aufs neue in eine lebendige Verbindung zu gerathen, und das was ich bisher allenfalls thun und leisten können, besonders für meine Freunde abermals zu beleben und interessant zu machen.« In der Tat hatte Goethe unmittelbar nach Cottas Besuch den Gedanken an die Niederschrift der Biographie energisch aufgegriffen. Auf der Reise nach Karlsbad, bei einem Aufenthalt am 18. Mai 1810 in Franzensbrunn, notierte er ins Tagebuch: »Unterhaltung über Biographica und Aesthetica.« Und weiter wird folgendes im Tagebuch festgehalten:

Heroische, Reise-, Liebes-Motive, charakteristische, einen gewissen Zustand bezeichnende.

Ironische Ansicht des Lebens in höhern Sinne, wodurch die Biographie sich über das Leben erhebt. Superstitiose Ansicht; wodurch sie sich wieder gegen das Leben zurückzieht. Auf jene Weise wird dem Verstand und der Vernunft, auf diese der Sinnlichkeit der Phantasie geschmeichelt; und es muß zuletzt, wohl behandelt, eine befriedigende Totalität hervortreten. ...

Jeder der eine Konfession schreibt ist in einem gefährlichen Falle, lamentabel zu werden; weil man nur das Morbose, das Sündige bekennt und niemals seine Tugenden beichten soll.

Konstellation und Horoskop bei meiner Geburt.
Von Deutscher Litteratur nicht die Rede. Große Ausländer, Voltaire, Montesquieu. Vorbereitung zum künftigen Schicksal der Welt alles außer Deutschland ...
Tendenz der Deutschen zu einer Art von Humanitätskultur. Heruntersteigen der Vornehmen, um sich werth zu machen.

Wenige Tage nach diesem Eintrag entwarf Goethe in Karlsbad ein weiteres Schema für die Biographie und sammelte dazu nun schon Stoffe und Materialien. Am 25. Oktober 1810 schreibt er an Bettine Brentano: »Ich will dir nämlich bekennen, daß ich im Begriff bin, meine Bekenntnisse zu schreiben; daraus mag nun ein Roman oder eine Geschichte werden, das läßt sich nicht voraussehn; aber in jedem Fall bedarf ich deiner Beyhülfe. Meine gute Mutter ist abgeschieden und so manche andre die mir das Vergangne wieder hervorrufen könnten, das ich meistens vergessen habe. Nun hast du eine schöne Zeit mit der theuren Mutter gelebt, hast ihre Mährchen und Anecdoten wiederhohlt vernommen und trägst und hegst alles im frischen belebenden Gedächtnis. Setze dich also nur gleich hin und schreibe nieder was sich auf mich und die Meinigen bezieht und du wirst mich dadurch sehr erfreuen und verbinden.« Bettine war also auch ein Bestandteil jenes »Zauberapparates«, von dem Goethe in den Annalen zum Jahre 1811 gesprochen hatte, den historischen Quellen, Zeugnissen, Briefen, Tagebüchern und eben den Mitteilungen von Freunden.

Im Januar 1811 war die Sammlung der Materialien abgeschlossen. Noch aber arbeitete er an der Biographie Philipp Hackerts; am Montag, dem 28. Januar, ordnete er »das letzte Drittel von Hackerts Biographie« (sie erschien 1811: »*Philipp Hackert*. Biographische Skizze, meist nach dessen eigenen Aufsätzen entworfen von Goethe«). Am Dienstag, dem 29., dann der Eintrag im Tagebuch: »Eigene Biographie«. Im Februar wiederholen sich diese Einträge des Diktats von

Biographischem. Am 2. April 1811 wurde Biographisches »Abends den Frauenzimmern vorgelesen«. Im Mai 1811 wurde der erste Teil abgeschlossen und in Bücher eingeteilt, am 17. Juli ging das erste Buch an Frommann in Jena zum Satz; bis zum 7. September 1811 folgten in kürzeren Abständen die übrigen vier Bücher. Riemer hatte Goethe als Titel »Aus meinem Leben« und »Wahrheit und Dichtung« vorgeschlagen. Goethe griff dies beifällig auf, nahm aber die kleine Umstellung vor: »Dichtung und Wahrheit«, aus »euphonischen Gründen, weil dort in jener Verbindung zwei gleiche Buchstaben sich stoßen und zusammenkleben«. Am 26. Oktober 1811 erschien das Werk unter dem Titel »*Aus meinem Leben. Dichtung und Wahrheit*. Von Goethe. Erster Teil« in Cottas Buchhandlung in Stuttgart, pünktlich zur Herbstmesse; im Oktober überwies Cotta das Honorar von 1500 Reichstalern nach Weimar.

Ein Jahr später, datiert auf den 10. Mai 1812, kam ein Schreiben Goethes aus »Carlsbad bey den drey Mohren« mit merkwürdiger Einleitung bei Cotta an. Wie gerne hätte er, Goethe, gewünscht, »dass der edle Schiller noch leben möchte; er war bey unsern Angelegenheiten ein so lieber als glücklicher Mittelsmann. Was mich betrifft; so fühl ich immer aufs neue wie peinlich es ist mit Personen, mit denen man nur in sittlichem Verhältniss zu stehen wünscht, über öconomische Gegenstände zu handeln. Daher lies uns auch wohl beyde unsere letztere Zusammenkunft unbefriedigt und ich fühle mich gedrungen nunmehr nachzuhohlen was ich damals zu eröffnen versäumte.« Nach dieser Einleitung trug Goethe vor, es sei ihm nur dann möglich, den 2. Band seiner biographischen Arbeiten weiterzuverfolgen und zu publizieren, wenn Cotta diesen Band mit 2000 Talern honorieren und auf den ersten 500 Taler nachzahlen könnte. »Ich beziehe mich auf alles was ich früher über meine Lage eröffnet und füge nur soviel hinzu: dass abermals dringende Umstände meine Erklärung beschleunigen mit der ich ungern hervortrete.« Cotta erfüllte Goethes Wunsch. Dieser schickte das Manuskript Ende 1812 nach Stuttgart, und so konnte der 2. Band zur Ostermesse 1813 erscheinen.

Es ist nicht überliefert, ob Cotta des Schriftstellers Goethe Ausführungen über das Schreiben gelesen hat, die am Schluß des zweiten Teils stehen: »Schreiben ist ein Mißbrauch der Sprache, stille für sich lesen ein trauriges Surrogat der Rede. Der Mensch wirkt alles was er vermag auf den Menschen durch seine Persönlichkeit«. Goethe relativierte das herbe Verdikt zwar sofort,[9] doch griff er den Gedanken bei seinen Vorbereitungen zum *Divan* wieder auf, als er die Dichtungen der alten Perser würdigte: »wie das Wort so wichtig dort war, weil es ein gesprochen Wort war«. Reden, Sprechen, Sagen, Singen und Hören, diese Elemente einer für ihn beileibe nicht untergegangenen Kultur der Sprache und des Sprechens waren für den jungen wie für den auf seine Jugend zurückblickenden Goethe stets wesentlich.

Teil 3 von *Dichtung und Wahrheit* erschien im Mai 1814. Mit ihm war die Autobiographie, vorläufig, abgeschlossen, denn für ein halbes Jahrzehnt unterbrach Goethe nun seinen Prozeß der Selbsthistorisierung. Wieder schob sich eine neue Arbeit vor, der *West-östliche Divan*, und mit ihm neue persönliche Erlebnisse. Da er aber bei der Schilderung des Lili-Erlebnisses nichts allzu Persönliches über jene Lili von Türkheim schreiben wollte, die zu dieser Zeit noch lebte (sie starb im Mai 1817), verschob sich die Fortsetzung. Statt dessen wird die *Italienische Reise* vorgezogen, die 1816/17 unter dem Titel »Aus meinem Leben. Dichtung und Wahrheit. Von Goethe. 2. Abteilung, 1./2. Teil. Auch ich in Arkadien« in zwei Bänden erschien; erst in der »Ausgabe letzter Hand«, deren 20. Band zugleich den abschließenden »Zweiten römischen Aufenthalt« brachte (1829), erhielt sie den Titel »Italienische Reise«. Goethe nahm sich nun auch die Beschreibung der späteren Weimarer Zeit vor, aber er wählte dazu die chronikartige Darstellungsform seiner *Tag- und Jahres-Hefte* oder »Annalen«. Einer Anzeige seiner »Vollständigen Ausgabe letzter Hand« zufolge sollte darin eine Autobiographie enthalten sein, die alle autobiographischen Schriften zusammenfassen würde. Doch das ließ sich nicht verwirklichen. Erst im Oktober 1821, nachdem die *Wanderjahre* vorläufig abgeschlossen waren, griff Goethe die Arbeit an *Dichtung und Wahrheit* wieder auf. Im Februar 1825 nahm er erneut den *Faust* vor, und diese Arbeit wurde nun bis zum Sommer 1831 zu seinem »Hauptgeschäft«. Am 9. November 1830 hielt er im Tagebuch fest: »Ich las Abends im 3. Bande meines Lebens und nahm die Vorarbeiten zum 4. vor die Hand. Ich vergegenwärtigte mir die damaligen Zustände und arrangirte das Manuscript in ein neues Portefeuille, um es besser sehen zu können.« Am 3. März begann er noch einmal einen »ernsten Angriff« auf diese Arbeit. Das gelang ihm fortgesetzt bis zum 12. Oktober 1831, und kurze Zeit vor seinem Tode konnte Goethe als sein letztes Werk die Geschichte seiner Jugend vollenden. Dieser vierte Teil erschien erstmals 1833 im achten Band der Nachlaßabteilung seiner »Vollständigen Ausgabe letzter Hand«.

Exkurs: In der Korrespondenz gespiegelt

Überblickt man die ersten zehn Jahre der Autor-Verleger-Beziehung zwischen Goethe und Cotta, so gewinnt man den Eindruck einer außerordentlich fruchtbaren, soliden Verbindung. Mit Schiller war Cotta herzlich befreundet gewesen, mit Goethe war er eher partnerschaftlich verbunden. Da blieb freilich auch Distanz, die aus der von Cotta bewunderten Autorschaft Goethes wie aus dessen gesellschaftlicher Stellung resultierte. Beide spielten ein Spiel, jeder hatte seine Rolle, der Autor, der Verleger, jeder achtete den anderen. Goethe forderte viel, aber nie Unmögliches. Cotta konnte seine Forderungen, bei allen Schwierigkeiten, die Buchproduktion und Buchvertrieb in dieser Zeit bedeuteten, leichter erfüllen, als er gelegentlich behauptete. Durch Schiller und Goethe hatte er ein großartiges Verlagsprogramm schaffen können, die wichtigsten Autoren seiner Zeit wurden von seinem Verlag veröffentlicht: Herder, Hölderlin, Wieland, Jean Paul, Schelling, Fichte, Tieck, Hebel, die Brüder Humboldt, die Brüder Schlegel. Cotta war *der* Verleger der »Klassiker der Moderne« jener Jahre. Goethe selbst war sich seiner Sache wie seiner Stellung sicher. Cottas Überlegung, sich aus dem Verlagsgeschäft zurückzuziehen, wenn er die Werke Goethes nicht mehr betreuen könnte, wäre für jenen zwar unangenehm, aber gewiß nichts existenzbedrohend gewesen. All dies gab der Kommunikation Souveränität und Gelassenheit. Es ist auch nicht so, daß sich die Korrespondenz zwischen den beiden lediglich auf Geschäftsdinge beschränkte, daß es sich also ausschließlich um Geschäftsbriefe handelte. Kurzweilig, so urteilte Marcel Reich-Ranicki, seien diese Briefe nicht, sie hätten nur in Ausnahmen literarischen Glanz und bedeuteten das Ende einer vom deutschen Buchhandel »liebevoll gehegten Legende«, der Legende nämlich, »daß sich hier zwei Fürsten ihres Fachs als ebenbürtige Partner gegenüberstanden«. Cotta, so Reich-Ranicki, sei für Goethe »stets nur ein Geschäfts-, nie ein Gesprächspartner« und die vom deutschen Buchhandel »so gern besungene Zusammenarbeit nur möglich gewesen, weil der Verleger immer tat, was der Autor wünschte«. Wenn der Verleger dazu in der Lage war, ist dies wahrlich keine schlechte verlegerische Haltung! Aber auch der versierteste Verleger kann die Wünsche eines Autors auf die Dauer zu beider Nutzen nur erfüllen, wenn er mit ihm, seinem Werk und dessen Herausforderungen übereinstimmt und ihre vielleicht anstößigen Innovationen, Idiosynkrasien, Empfindlichkeiten, Urteile und Vorurteile wenn nicht billigt, so doch verstehen und verantworten kann. Und auch der Autor muß dem, was seinen Verleger im ganzen ausmacht, was die Gesellschaft von Autoren, die dieser bildet, betrifft, wenn nicht zustimmen, so doch Verständnis entgegenbringen. Für mich haben diese Briefe den Glanz des Unmittelbaren, des Konkreten, des Authentischen, und angesichts der einmaligen Erscheinung Goethes, der sich dieser Einmaligkeit bewußt war und sie auch ausspielte, ist intellektuelle Ebenbürtigkeit ohnehin ausgeschlossen.

In jedem Fall war Cotta für Goethe ein wichtiger Korrespondenzpartner. Dies belegt der Briefwechsel, der immer wieder über Verlagsangelegenheiten hinaus aktuelle Themen und Probleme und auch Berichte zu wichtigen Vorgängen enthält. Drei solche Vorgänge möchte ich hervorheben.

a. Napoleon, die »höchste Erscheinung, die in der Geschichte möglich war«

Goethe hat sich nicht allzu häufig über Napoleon geäußert, auch nicht über die persönliche Begegnung mit ihm, stets enthalten seine Berichte Elemente des Geheimnisvollen. Keine Darstellung aber ist so deutlich wie die, die er Cotta gab.

Goethe begegnete Napoleon auf dem Fürstentag zu Erfurt 1808, der Kaiser hatte vom 27. September bis 14. Oktober Zar Alexander I. sowie die von seinen Gnaden ernannten Könige von Sachsen, Bayern, Württemberg und Westfalen, die Rheinbundfürsten und den Bruder des Preußenkönigs um sich geschart. Napoleon hielt Hof im wahrsten Sinne des Wortes, und er betrieb Realpolitik, indem er vom Zaren das französisch-russische Bündnis erzwang und die deutschen Könige und Fürsten vasallenartig an sich band; er machte sich damit den Rücken frei für seinen Kriegsplan gegen Spanien und schuf sich in den deutschen Ländern ein Empire de Recrutement für die Cadres seiner Armee. Deutsche Intellektuelle jubelten ihm zu, Hegel sah in ihm den verkörperten Weltgeist, Kassel sollte eine neue deutsche Hauptstadt werden, Johannes von Müller, der sich, was Napoleon betraf, von einem Saulus zu einem Paulus wandelte, begrüßte den Plan, er selbst sollte das Standardwerk über Napoleon schreiben; Jakob Grimm war als Bibliothekar in Kassel vorgesehen und Beethoven als Kapellmeister, doch dies verhinderten die Wiener (die ihm im Falle seines Bleibens eine lebenslängliche Rente aussetzen wollten).

Carl August, der wußte, daß die Unabhängigkeit seines Herzogtums zu dieser Zeit an einem seidenen Faden hing, wollte nun sein Land in Erfurt so eindrucksvoll wie möglich repräsentiert wissen, und deshalb bat er Goethe um Anwesenheit. Am 2. Oktober empfing Napoleon Goethe zur Audienz in seinem Hauptquartier. Nach Goethes Eintragungen in seinem Tagebuch schien ihn die Begegnung mit Napoleon in jener Zeit kaum zu interessieren. Hauptsächlich wollte er sich bei »Serenissimo« aufgehalten haben, dem Sohn von Carl August und Luise Augusta, dem Erbprinzen, dem Erbherzog und, nach Napoleon, dem Erbgroßherzog, mit dem Goethe von Jugend auf eng befreundet war. Am 1. Oktober notierte Goethe einen Spaziergang mit Christiane durch Erfurt. Und am nächsten Tag: »2. [Oktober. Erfurt.] Zum Lever. Nachher beym Kaiser« – damit endet der Eintrag, es folgen nur noch unwesentliche Nachrichten über »Visiten«. Die Unterredung, in französischer Sprache geführt, dauerte eine knappe Stunde, das wenige authentische Material haben Biographen und Forscher gesammelt. Goethe hat später in seiner *Unterredung mit Napoleon* von 1824 mehr Stimmungshaftes als Konkretes mitgeteilt, jedoch ausführlich die Unterhaltung über *Werther* dargestellt. Als sicher ist überliefert, daß Napoleon ihn mit »Voilà un homme« begrüßte, es war »das wunderbare Wort des Kaisers, womit er mich empfangen hat«, wie Goethe Reinhard am 14. November 1808 mitteilte. Napoleon lud ihn nach Paris ein, und der Gedanke an die Parisreise beschäftigte Goethe längere Zeit. Sonst aber ließ er in diesen Tagen nichts von der Begegnung verlauten. Kanzler von Müller berichtet dies in seinen Erinnerungen: »*Goethe*

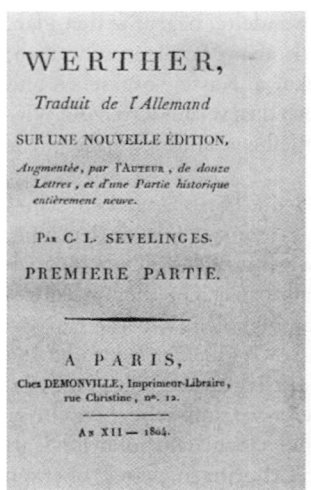

Titelblatt und -kupfer der französischen Ausgabe ⟨Goethe:⟩ *Werther*, Paris 1804 (SWK).

beobachtete lange ein tiefes Schweigen über den Hergang bei dieser Audienz, sei es, weil es überhaupt in seinem Charakter lag, sich über wichtige, ihn persönlich betreffende Vorgänge nicht leicht auszusprechen, sei es aus Bescheidenheit und Delicatesse. Daß aber *Napoleons* Äußerungen ihm einen mächtigen Eindruck hinterließen, konnte man ihm sehr bald abmerken, obschon er selbst den Fragen seines Fürsten [Carl August] nach dem Inhalte der Unterredung auf geschickte Weise auszuweichen verstand«. Keine Frage, Goethe war doch tief beeindruckt. Seine vorhandene Bewunderung erhielt neuen Boden, und seine Bewertung Napoleons, jener »höchste[n] Erscheinung, die in der Geschichte möglich war« (an Knebel, 3. 1. 1807), wurde ihm bestätigt. Für ihn verkörperte Napoleon das Dämonische schlechthin, nach seiner Meinung jene Verbindung zwischen Genie und Produktivität. Schon ein Jahr zuvor hatte Goethe einen französisch geschriebenen Vortrag von Johannes von Müller, den dieser am 29. Januar 1807 vor der Berliner Akademie der Wissenschaften über »De la gloire de Frédéric« gehalten hatte – einen Vortrag, der sowohl Friedrich dem Großen als auch Napoleon galt –, ins Deutsche übertragen und in Cottas ›Morgenblatt‹ veröffentlicht.[10]

Das Wort »Genie« im Hinblick auf Napoleon mit »Dämon« wiederzugeben, ist ein kühnes Unterfangen, doch vielleicht ist jedes politisch handelnde, Wirkungen und Jahrhundertspuren auslösende Genie ein Dämon. Was Goethe 1829 rückblickend feststellte, wird er 1808 exakt so empfunden haben: »So kann ich mich des Gedankens nicht erwehren, daß die Dämonen, um die Menschheit zu necken und zum besten zu haben, mitunter einzelne Figuren hinstellen, die so anlockend sind, daß jeder nach ihnen strebt, und so groß, daß niemand sie erreicht.« Goethe führte in diesem Zusammenhang Raffael, Mozart und Shakespeare an und erwähnte »das große Angeborene der Natur« bei ihnen: »So steht Napoleon unerreichbar da.«

Am 14. Oktober 1808 erhielt Goethe (mit Wieland und dem Mediziner Stark) die »Croix de la légion d'honneur«. Goethe bekundete Napoleons Minister Maret gegenüber seine »reconnaisance respectueuse et profonde«. Er legte den Orden immer an, wenn er offiziell auftrat, und legte ihn auch nicht ab, als Napoleon geschlagen und vertrieben war; als Freunde ihn darauf aufmerksam machten, rief Goethe spontan aus: »Was wollt Ihr! Ich habe auch meine Liebeslieder und meinen ›Werther‹ nicht zum zweiten Mal gemacht.« Napoleon war für Goethe *die* Herausforderung, Napoleon war »unerreichbar«, »unvergleichlich«, und Goethe sah es als seine Aufgabe an, ihm standzuhalten. Daß er diesem »Höheren« standgehalten hat, ja, daß ein Höherer »mich gleichsam gelten ließ«, »daß mein Wesen ihm gemäß sey« – diese für ihn so wichtige Erfahrung hat er ausgerechnet Cotta anvertraut – es ist nicht überliefert, ob Goethe Böttigers Cotta-Etikett »Napoleon der Bücher« kannte –, und darin ist kein Zufall zu sehen, Cotta sollte wissen, wie sehr Napoleon ihn schätzte. Sein Urteil sollte damit auch öffentlich sein, da er ja »von vielen Freunden« sprach, die daran Anteil nehmen: »Von so vielen Freunden, und vorzüglich von Ihnen war ich überzeugt, daß Sie lebhaften Antheil nehmen würden, an dem was mir Gutes widerfahren; und ich will gerne gestehen, daß mir in meinem Leben nichts Höheres und Erfreulicheres begegnen konnte, als vor dem französischen Kaiser, und zwar auf eine solche Weise zu stehen. Ohne mich auf das Detail der Unterredung einzulassen, so kann ich sagen, daß mich noch niemals ein Höherer dergestalt aufgenommen, indem er mit besonderem Zutrauen, mich, wenn ich mich des Ausdrucks bedienen darf, gleichsam gelten ließ, und nicht undeutlich ausdrückte, daß mein Wesen ihm gemäß sey«.

Nirgendwo anders und nie wieder hat sich Goethe über Napoleon und dessen Verhalten ihm gegenüber so entschieden geäußert und sich und sein Werk mit dem Unvergleichlichen verglichen. Goethe wußte dafür die Kritik derer zu ertragen, die in Napoleon nur den Eroberer und Tyrannen sahen, von dem es sich zu befreien galt. Er wehrte sich gegen die Lamentierer, die etwas beklagten, »das denn doch in Deutschland kein Mensch sein Lebtag gesehen, noch viel weniger sich darum bekümmert hat«. Die in den sogenannten Befreiungskriegen entstehende Deutschtümelei stieß ihn ab, für ihn war das alles provinziell. Später freilich urteilte er über den nationalen Selbstbehauptungswillen ›seiner Deutschen‹ positiver und übte, etwa in den Bemerkungen zu *Des Epimenides Erwachen*, auch eine Art Selbstkritik an seiner vormaligen Napoleon-Verehrung.

b. Christiane, »meine liebe kleine Freundin«

Es ist aus Goethes ganzer Existenz heraus verständlich, daß seine Beziehung zu Christiane Vulpius, seiner späteren Frau, auch in der Korrespondenz mit Cotta ihren Niederschlag fin-

Goethe: Christiane. Nach antiken Mustern
stilisierte Bleistift- und Kreidezeichnung, 1788/89 (SWK).

det und, zu Goethes Bedauern, ja, Zorn, auch in der Berichterstattung in Cottas Zeitungen. Goethes Beziehung zu Christiane war viel zu spektakulär, als daß sie als rein privates Verhältnis der Öffentlichkeit hätte entzogen werden können. Noch heute erwähnen die Biographen den 12. Juli 1788, das Datum der ersten Begegnung Goethes mit der Dreiundzwanzigjährigen und gleichzeitig das Datum ihrer ersten körperlichen Verbindung.[11] Aber sonst ist diese Beziehung für Biographen immer noch ein heikles Kapitel: Gönnerhaft gestattet man dem Olympier einen Ausrutscher, Genialität fordert eben ihren Preis. Ich meine, daß Goethe selbst zu einem guten Teil Schuld an dieser Fehleinschätzung trägt. Es war sein gutes Recht, seinen »Hausschatz« zu verbergen, ihn für sich zu haben und der Öffentlichkeit zu entziehen, aber er selbst gab dann doch sehr merkwürdige Kommentare zu dieser Beziehung ab. Zunächst verschwieg er sie Frau von Stein über ein ganzes Jahr; als diese es durch ihren Sohn Fritz, Goethes Zögling, erfuhr, brach sie am 8. Juni 1789 alle Beziehungen zu Goethe ab. Charlotte von Stein war tief empört und doppelt zornig, als Goethe ihr gegenüber reagierte: »Und welch ein Verhältnis ist es? wer wird dadurch verkürzt? wer macht Anspruch an die Empfindungen die ich dem armen Geschöpf gönne? Wer an die Stunden die ich mit ihr zubringe?« ›Das arme Geschöpf‹, ›die liebe Kleine‹, ›die kleine Freundin‹, ›das kleine Naturwesen‹ – dies sind die mißverständlichen Vorgaben Goethes zur despektierlichen Einschätzung von Christiane durch Mit- und Nachwelt.

So wurde die »Hausmamsell« dann wirklich von der Weimarer Gesellschaft als Unperson empfunden, die Freunde Goethes teilten sein Schweigen, und selbst Schiller nahm Christiane schlechterdings nicht zur Kenntnis. Es ist keine Frage, dieses »arme Geschöpf« liebte Goethe, er war ihr ein und alles, 28 Jahre lebten sie zusammen, fünf Kinder gebar sie ihm, und sie war, wie sie es selbst charakterisierte, ihrem »lieben Geheimen Rath« ein Leben lang »ein wahrer Hausschatz«. Auch Goethe aber war höchst zufrieden über das Maß an Häuslichkeit, Geborgenheit, Fürsorge, Dienstbereitschaft, aber auch Zärtlichkeit und Sinnlichkeit. Hat er es ihr hinreichend gezeigt? Jedenfalls litt Christiane, weil sie wußte, wie die Gesellschaft von ihr sprach, als einer Unwürdigen, dumm, laut, trunksüchtig, der sich Goethe verbunden habe. Sie litt auch unter Goethes anderen Frauenbeziehungen, unter jenen Nachrichten, die aus Jena und Karlsbad nach Weimar herüberschwappten. Sie konnte ja nur ahnen, wie sehr Goethe solche Impulse für sein Leben und sein Werk brauchte, und konnte nicht wissen, daß diese Nebenbeziehungen in der Mehrzahl der Fälle platonisch waren. »Was willst du denn mit allen Äuglichen anfangen? Das wird zuviel. Vergiß nur nicht ganz Dein Ältestes, mich, ich bitte Dich, denke auch zuweilen an Dich. Ich will indes fest auf Dich vertrauen, man mag sagen, was man will. Denn Du bist es doch allein, der meiner gedenkt« – so Christiane in einem ihrer Briefe. Daß Goethe nicht immer den besten Part einnahm, ist auch den Erinnerungen der Schauspielerin Caroline Jagemann zu entnehmen, die beklagte, daß Goethe Christiane zu sehr ihren »niederen Neigungen« überließ: »Der Totaleindruck, den ich von dem großen Manne erhielt, war kein ganz vorteilhafter«.

Die Beziehung wurde (zumindest vorübergehend) zum Skandal, als Goethe Christiane am 19. Oktober 1806 überraschend heiratete. Rufen wir uns Goethes Lebenssituation in Erinnerung. Es war Krieg. Preußen hatte bis August mit einer Kriegserklärung gewartet, erst als Napoleon Ansbach und Bayreuth besetzte, trat es in den Krieg ein und mit ihm Kursachsen, durch das Bündnis verpflichtet; Herzog Carl August mußte als preußischer General sein Militär mobilisieren. Am 14. Oktober jedoch schlug Napoleon die preußischen Armeen auf Weimarischem Territorium bei Jena und Auerstädt vernichtend. Goethes Sicht auf diesen Tag findet sich im Tagebuch: »Früh Kanonade bey Jena, darauf Schlacht bey Kötschau. Deroute der Preußen. Abends um 5 Uhr flogen die Kanonenkugeln durch die Dächer. Um ½ 6 Uhr Einzug der Chasseurs. 7 Uhr Brand, Plünderung, schreckliche Nacht. Erhaltung unseres Hauses durch Standhaftigkeit und Glück.« Die preußischen Truppen flohen durch Weimar, französische Husaren jagten ihnen nach und besetzten und plünderten die Häuser. Immer wieder berichtet er Cotta von den Vorgängen. Am 20. Oktober gibt er ihm die Nachricht: »Wir leben! unser Haus blieb von Plünderung und Brand, wie durch ein Wunder verschont.« Wer sich den Plünderern widersetzte, wurde hart bestraft. Charlotte von Stein verbarg den schwerverwundeten General von Schmettau, ihre Wohnung wurde vollkommen verwüstet. Melchior Kraus, Goethes alter Freund, Direktor des Zeicheninstituts, wehrte sich und wurde so mißhandelt, daß er kurz danach starb. Auch das Haus von Goethes Schwager Vulpius wurde ausgeplündert. In der Nacht drangen randalierende Husaren in Goethes Haus ein und drohten, ihn niederzuschlagen. Riemer berichtet,

Gesichtsmaske Goethes, von Carl Gottlob Weißer, am 13. 10. 1807 für den Phrenologen Gall abgenommen (SWK).

daß Christiane die Marodeure entschlossen gestellt, sie hinausgedrängt und die Tür zugesperrt habe. Am nächsten Morgen kam der für die Einquartierung vorgesehene Marschall Lannes, eine Wache zog vor dem Haus auf, die Gefahr war gebannt. Doch sie drohte noch einmal, als die Wache abgezogen war und die zweite Einquartierung nicht auf sich warten ließ; es herrschte, so notierte Goethe im Tagebuch am 16. Oktober, »die größte Sorge«. Was er über die Nacht vom 4. auf 5. Oktober am 24. Oktober an Cotta schrieb, wurde schon zitiert, er werde sich »desto mehr eilen [s]eine Manuscripte in Druck zu bringen«, die Tage des Zauderns seien nun vorbei. Und in der Tat sollte »kein weiterer Aufenthalt eintreten«.

Noch etwas ereignete sich an diesem 16. Oktober. Der »Geheime Rat« Weimars, dem Goethe angehörte, bat um Audienz bei Napoleon im Schlosse, um ihm die Bitte zur Einstellung der Plünderungen und zum Erhalt des Sachsen-Weimarischen Staatswesens vorzutragen. Doch nur der Jurist Christian Gottlob von Voigt und Wilhelm Friedrich Ernst Freiherr von Wolzogen erschienen; Goethe ließ sich – erstaunlich bei diesem für sein Land existentiell wichtigen Anliegen – durch Krankheit kurzfristig entschuldigen. Wahrscheinlich fühlte er sich nicht in der Lage, seinen Herzog vor Napoleon zu verteidigen, immer wieder hatte er Herzog Carl August vor seinem Engagement als preußischer General gewarnt. Gleichwohl, Goethe mag kein gutes Gewissen gehabt haben, in solch patriotischer Stunde nicht zur Verfügung gestanden und somit versagt zu haben. Er reagierte später auf seine Weise, als er in Weimar Baron Denon traf, den Generalinspekteur der französischen Museen, der von Napoleon eingesetzt war, um Kunstschätze in den eroberten Ländern für Paris zu requirieren. Goethe erreichte, daß bei diesem wohl größten Kunstraub der Zeit Weimar und Jena verschont blieben.

Lebensangst, »größte Sorge«, Mitgefühl bei den Katastrophen der Freunde, »Stunden der Prüfung«, Gefühle staatsmännischen Versagens, völlige Desorientierung, Unsicherheit über die Zukunft des Weimarer Staatsgefüges, Unsicherheit über die Zukunft schlechthin, Furcht, sein Schreiben und Wirken überhaupt könne zu Ende sein – das waren Goethes existentielle Nöte dieser Tage. Er hatte nur einen Halt, seine Lebensgefährtin Christiane; sie war seine »Retterin«, sie war tätig, umsorgte ihn und half auch den ausgeplünderten Freunden. Sie war in diesen, von Goethe als tödlich empfundenen Tagen ein Bild des Lebendig-Tätigen. Am Freitag, dem 17. Oktober, schrieb er an den Oberkonsistorialrat Günther:

> Dieser Tage und Nächte ist ein alter Vorsatz bey mir zur Reife gekommen; ich will meine kleine Freundinn, die so viel an mir gethan und auch diese Stunden der Prüfung mit mir durchlebte völlig und bürgerlich anerkennen, als die Meine.
> Sagen Sie mir würdiger geistlicher Herr und Vater wie es anzufangen ist, daß wir, sobald möglich, Sonntag, oder vorher getraut werden ... Könnten Sie die Handlung nicht

selbst verrichten, ich wünschte daß sie in der Sakristey der StadtKirche geschähe.

Am Sonntag, dem 19. Oktober 1806, wurden Goethe und Christiane dort getraut. Die Nachricht erregte Aufsehen, zunächst nur in Weimar. Charlotte von Stein, von den Plünderern hart betroffen, gab sofort ihrer Kränkung Ausdruck: »Die Schiller hat wenig verloren, Goethe gar nichts ... Und während der Plünderung hat er sich mit seiner Maitresse öffentlich in der Kirche trauen lassen, und war dies die letzte kirchliche Handlung, denn all unsre Kirchen sind nun Lazarette und Magazine.« Weimars Frauenwelt war außer sich, daß Goethe sich mit dieser Unwürdigen verbunden habe, das hämische Getuschel über die angeblich dumme und trunksüchtige, ordinäre und laute Christiane wurde deutlich. Charlotte von Schiller spottete, Goethe habe nun seine »dicke Hälfte« bekommen; Pauline Gotter, Tochter des mit Goethe bekannten Geheimsekretärs und Theaterautors Friedrich Wilhelm Gotter, sprach von der »Frau Gemeinerätin«. Johanna Schopenhauer hielt sich zurück, sie schrieb am 24. Oktober an ihren Sohn Arthur: »Goethe hat [in bezug auf die Trauung] gesagt, in Friedenszeiten könne man die Gesetze wohl vorbeigehen, zu Zeiten wie die unseren müsse man sie ehren.« Ob ihm wirklich darum zu tun war, in diesem Zeitpunkt die Gesetze zu ehren? Sicher ist es für ihn charakteristisch, nun, da alle Konventionen verfielen, ein Beispiel für Konventionen zu setzen. Vielleicht dachte er auch, daß diese ungewöhnliche Eheschließung in solchen Zeitläuften am wenigsten beachtet, am wenigsten falsch beurteilt würde. Das Hauptmotiv war aber sicher das der Dankbarkeit Christiane gegenüber; 28 Jahre hatte sie ihm gedient, und nun hatte sie sogar ihr Leben für ihn eingesetzt. Ihm mußte darum zu tun sein, in diesem Augenblick die Existenz Christianes und die seines Sohnes durch die Legalisierung ihrer Verbindung zu sichern. Er muß aber wohl trotzdem größte Angst empfunden haben. Voß' Sohn schrieb am 6. Dezember 1806 an den

> Weimar, 6 Nov. Göthe ließ sich unter dem Kanonendonner
> der Schlacht mit seiner vieljährigen Haushälterin, Dlle. Vulpius,
> trauen, und so zog sie allein einen Treffer, während viele tau-
> send Nieten fielen. Nur der Ununterrichtete kan darüber lächeln.
> Es war sehr brav von Göthe, der nichts auf gewöhnlichem Wege
> thut. Wieland erhielt vom Prinzen Joachim aus freien Stüken
> eine Sauvegarde, und der Marschall Ney besuchte ihn selbst.
> Göthe hatte die Marschälle Lannes und Augereau, und dann den
> Kunstfreund Denon zu Gästen. Wertuch rettete sein grosses In-
> stitut gleichfalls durch liberale Bewirthung französischer Generale,
> und indem er bewies, daß er die besten Erfindungen und Einrich-
> tungen den Franzosen verdanke.

Nachricht über Goethes Eheschließung mit Christiane Vulpius in Cottas ›Allgemeiner Zeitung‹ vom 24. 11. 1806, S. 1311 (SNM).

mit Goethe befreundeten Freiherrn von Seckendorf, daß Goethe ihm in diesen Tagen »Gegenstand innigsten Mitleidens« war: »Ich habe ihn Tränen vergießen sehen: ›Wer‹, rief er aus, ›nimmt mir Haus und Hof ab, damit ich in die Ferne gehen kann?‹« Was auch immer die Gründe für diese rasche Entscheidung gewesen sein mögen, sie drängte sich ihm auf. Warum wohl ließ Goethe die Trauringe mit dem Datum des 14. Oktober gravieren? Es war das Datum des Shakespeare-Tages, und es war das Datum der Niederlage bei Jena. Jena war ja nicht nur eine Schlacht, Goethe sah die Folgen voraus: die mögliche Auflösung von Kursachsen, das Aufgeben von Festungen, das Überlaufen zum Feind, Herzog Carl Augusts unrühmliche Kapitulation, die Preisgabe politischer oder gar moralischer Positionen. Der ›Dämon‹ Napoleon herrschte, er eilte nach Berlin, nach Sanssouci, wo er sich den Degen Friedrichs des Großen aneignete. Hatte Goethe das Gefühl, nun trotzdem weitermachen zu wollen? Für ihn hatte von dem Tage der Trauung an eine neue Epoche seines Lebens begonnen, und die davorliegende historische Epoche hat er als seine »antediluvianische Zeit« bezeichnet.

Man kann Goethes Zorn verstehen, als er die folgende Notiz in der ›Allgemeinen Zeitung‹ vom 24. November 1806 las:

»Weimar, 6 Nov. Göthe ließ sich unter dem Kanonendonner der Schlacht mit seiner vieljährigen Haushälterin, Dlle. Vulpius, trauen, und so zog sie allein einen Treffer, während viele tausend Nieten fielen. Nur der Ununterrichtete kan darüber lächeln. Es war sehr brav von Göthe, der nichts auf gewöhnlichem Wege thut.« Am 18. Dezember 1806 wurde in der ›Allgemeinen Zeitung‹ unter der Nr. 352 nochmals Klatsch kolportiert, diesmal waren der Zielpunkt Goethes Schwager Vulpius und Johannes Daniel Falk, ein Schriftsteller, der seit 1797 in Weimar lebte, mit Goethe in losem Kontakt stand und der eine Arbeit hinterließ mit dem Titel *Goethe aus näherm persönlichen Umgang dargestellt*.

Goethe war empört. Er diktierte am Weihnachtstage einen Brief, den er aber nicht abschickte; er schrieb von der »niederträchtigen Art, wie darinne Vulpius und Falk behandelt werden«, »ekelhaft« sei es, wenn »die gemeinsten Klatschereyen ... uns aus dem Brennspiegel einer Zeitung von Ulm her zurückgeworfen werden«; er bat Cotta, ihm die Zeitung vom kommenden Jahr an nicht mehr zuzuschicken. Am 25. Dezember faßte Goethe diesen nicht abgesandten Brief meisterlich in wenigen Sätzen zusammen: »Gestern dicktirte ich«, schrieb Goethe, »einen langen Brief an Sie, werthester Herr Cotta, den ich aber zurückhalte weil es nicht gut ist über unangenehme Dinge weitläufig zu seyn. Nur mit Wenigem will ich Sie aufmercksam machen, wie seit einiger Zeit, in Ihrer allgemeinen Zeitung, *Weimar*, seine Verhältnisse, seine fürstlichen Personen, seine Privatleute sehr unschicklich und unanständig behandelt werden. Davon mag 352 ein Zeugniß ablegen. Halten Sie das Gute was wir zusammen noch vorhaben für bedeutend, fühlen Sie die Schönheit unsres Verhältnisses in seinem ganzen Umfang; so machen Sie diesen unwürdigen Redereyen ein Ende, die sehr bald ein wechselseitiges Vertrauen zerstören müßten. Nicht weiter! G«

Cotta war von dieser Notiz in seiner Zeitung ebenfalls überrascht worden, der »Schlag« habe ihn fast gerührt, als er diese »infame Anzeige« in der ›Allgemeinen Zeitung‹ gelesen habe, »die aus einer unbegreiflichen Etourderie« des Redakteurs aufgenommen worden sei. Goethes Schreiben freilich hatte ihn persönlich gekränkt. Am 9. Januar 1807 richtete er einen ausführlichen Brief an ihn, in dem es unter anderem heißt:

> Doch nichts, nichts hat mich noch so tief geschmerzt und beunruhigt, als jene toll unbescheidne Nachrichten über Weimar – und zu diesem Schmerzen und Beunruhigung kommt nun eine innige Betrübniß, veranlaßt durch Ihren Brief. Ich spreche nun vom Menschen zum Menschen, vom Mann zum Mann – Sie haben ihn nicht schonend für mich verfaßt: denn ich bin unschuldig und in den langen Jahren, da ich das Glük habe, von Ihnen gekannt zu seyn, kan auch nichts statt gefunden haben, wo Sie in mir nicht einen tiefen Verehrer, einen fein fühlenden und Ihnen innig ergebenen Mann solten erkannt haben. Hätte es Ihnen doch gefallen mögen, statt:
>
> > fühlen Sie die Schönheit unsers Verhältnisses p.
> > zu sezen da Sie   – fühlen –
>
> so wäre mir das Schreklich Unangeneme dieses Vorfalls doch durch Ihre wahre Würdigung meiner schön gemildert worden – nun habe ich beim Unwillen noch Kummer.

Cotta verhielt sich hier durchaus ungeschickt: »Unschuldig« ist eben ein Verleger nie, er muß für das, was unter seinem Imprint erscheint, die Verantwortung übernehmen. Goethe, der trotz allem den Fortgang des Herstellungsprozesses seiner Werke nicht belasten wollte, lenkte in seinem Schreiben vom 23. Januar ein: »Wenn auch für Sie, mein werthester Herr Cotta in meinem Briefe etwas unerfreuliches gewesen; so schreiben Sie es unsrer Lage nicht meinen Gesinnungen zu. Von Preußen zertreten, von Franzosen geplündert, von Süddeutschen verhöhnt zu werden und das alles zusammen in etwa 14 Tagen, das war denn doch eine ziemlich rauhe Probe. Wir wollen hoffen bey glücklichem Wiedersehen von alle dem Bösen, als einem Vergangenen reden zu können.« Doch er konnte mit seiner Klage nicht aufhören, am 24. Januar schrieb er an Cotta: »Es ist recht traurig, daß in Zeiten, wo man so viel zu leiden hat, auch noch durch diejenigen die Übel vermehrt werden, welche sie nur erzählen, aber nicht hervorbringen sollen. Doch ist das Zeitungs- und Tageblatts-Wesen leider schon so ausgeartet, daß sich nichts Gutes mehr davon hoffen läßt. Verzeihen Sie, daß ich abermals beschwerlich bin; allein ich konnte diesem Auftrag nicht ausweichen und bleiben Sie übrigens meiner alten unveränderten Gesinnung versichert«. Trotz dieses ernsten Vorfalles ging, wie erwähnt, die Arbeit an der Ausgabe weiter, wenngleich dieser Angelegenheit wegen doch ein Stachel in Goethe zurückblieb.

Festzuhalten ist, daß Goethe bei diesem Vorgang Christiane zu wenig geschützt hat. Als ihr Bruder ihr die neueste Häme mitgeteilt hatte, wandte sie sich an Goethe in Jena, und dieser beruhigte sie am 2. Juli 1808: »Daß sie in Weimar ... übels von dir gesprochen mußt du dich nicht anfechten lassen. Das ist in der Welt nun einmal nicht anders, keiner gönnt dem andern seine Vorzüge, von welcher Art sie auch seyen, und da er sie ihm nicht nehmen kann; so verkleinert er, oder läugnet sie, oder sagt gar das Gegentheil. Genieße also was Dir das Glück gegönnt hat und was du dir erworben hast und suche dir's zu erhalten. Wir wollen in unsrer Liebe verharren und uns immer knapper und besser einrichten, damit wir nach unserer Sinnesweise leben können ohne uns um andre zu bekümmern.«

Goethe reagierte wieder ganz auf seine Weise. Er nahm das Vorteilhafte auf, das Christiane ihm bot, er brauchte dies für seine Art der Existenz, er verdrängte die Gerüchte, das Murren der Gesellschaft und hielt ohne irgendeinen Zweifel an der Verbindung fest – dies war sein Einsatz. Und Christiane ging in seinen poetischen Haushalt ein. Schon früh hatte er ihrer in den folgenden Zeilen aus den *Römischen Elegien* gedacht:

Laß dich, Geliebte, nicht reun,
> daß du so schnell dich ergeben,
> Glaub' es, ich denke nicht frech,
>> denke nicht niedrig von dir.
> Vielfach wirken die Pfeile des Amors, denn einige ritzen
>> Und vom schleichenden Gift kranket auf Jahre das Herz;
> Aber mächtig befiedert, mit frisch geschliffener Schärfe,
>> Dringen die andern ins Mark, zünden auf einmal uns an.

1798 huldigte er Christiane mit dem Gedicht *Die Metamorphose der Pflanzen*, das mit den beziehungsreichen Versen endet:

> O! gedenke denn auch wie,
>> aus dem Keim der Bekanntschaft,
> Nach und nach in uns holde Gewohnheit ersproß,
> Freundschaft sich mit Macht aus unserm innern enthüllte,
>> Und wie Amor zuletzt Blüten und Früchte gezeugt.
> Denke wie mannigfach bald diese bald jene Gestalten,
>> Still entfaltend, Natur unsern Gefühlen geliehn,
> Freue dich auch des heutigen Tags! die heilige Liebe
>> Strebt zu der höchsten Frucht gleicher Gesinnungen auf,
> Gleicher Ansicht der Dinge,
>> damit in harmonischem Anschaun
> Sich verbinde das Paar finde die höhere Welt.

Viele der Christiane-Gedichte, *Der Besuch*, *Morgenklagen*, *Die glücklichen Gatten*, betten die Zuneigung zu ihr in diese »höhere Welt« ein. Zum 25. Jahrestag ihrer Begegnung schickte ihr Goethe von einer Reise – mit der Adresse »Frau von Goethe« unter dem Datum vom 26. August 1813, zur informellen Silberhochzeit also – das Gedicht *Gefunden*: »Im Schatten sah' ich | Ein Blümchen stehn, | Wie Sterne leuchtend, | Wie Äuglein schön.« Das »ich« verpflanzt dieses Blümchen in den Garten am schönen Haus, »Nun zweigt es immer | Und blüht so fort«. Und kurz vorher war das Gedicht *Gleich und gleich* entstanden: Die Blume stand »In lieblichem Flor; | Da kam ein Bienchen | Und naschte fein: - | Die müssen wohl beide | Für einander sein«. Goethe hat Christiane nicht nur in seiner Dichtung festgehalten, vornehmlich aus den ersten beiden Jahrzehnten ihrer Beziehung gibt es nicht wenige Zeichnungen, die Goethe von Christiane angefertigt hat. Die meisten von ihnen sind offensichtlich nach antikem Muster stilisiert, der Zeichner will über die Ähnlichkeit hinaus einen idealen Typus schaffen. Und doch scheinen die Verse aus den *Römischen Elegien* zu dieser Zeichnung geschrieben oder diese Zeichnung zu den Zeilen entstanden zu sein:

Einst erschien sie auch mir, ein bräunliches Mädchen,
                                             die Haare
    Fielen ihr dunkel und reich über die Stirne herab.
Kurze Locken ringelten sich ums zierliche Hälschen
    Ungeflochten und kurz krauste der Nacken das Haar.

Vieles in Goethes Beziehung zu Christiane ist ein typisch Goethisches Geheimnis geblieben. Es sollte auch nicht »erforscht« werden. Doch der Verbindung sollte größere Gerechtigkeit widerfahren. Für Goethe bedeuteten Christiane und die Jahrzehnte mit ihr zweifellos mehr, als sich in den unmittelbaren Zeugnissen ausdrückt. Ein Beispiel dafür ist mir Goethes Gedicht *Tagebuch* aus dem Jahre 1810, in dem die »Herrin« souverän sein sinnliches Leben dominiert.[12]

Immer wieder jedoch muß es verwundern, wie wenig Goethe Christiane öffentlich in Schutz nahm. Am 13. September 1811 besuchten Christiane Goethe und Bettine von Arnim gemeinsam eine Kunstausstellung, die Goethes Berater in künstlerischen Fragen, Johann Heinrich Meyer, eingerichtet hatte. Bettine äußerte sich abschätzig über Meyer, Christiane meinte, ihr früherer Hausgenosse sei beleidigt worden, und antwortete laut. Es ist nicht belegt, wie weit die Auseinandersetzung ging, ob es etwa zu Tätlichkeiten kam. Jedenfalls wurde Bettines Brille zerschlagen; Weimars Frauenwelt hatte ihren Skandal über Goethes »dicke Hälfte«, und Marie von Kügelgen schrieb 1814, Bettine habe »in ganz Weimar erzählt, es wäre eine Blutwurst toll geworden und hätte sie gebissen ... und wirklich soll die Goethe keinem Ding so ähnlich sehen wie einer Blutwurst«. Hier reagierte Goethe endlich, er verbot den Arnims sein Haus.

Vielleicht hätte er früher entschiedener handeln sollen. Cotta hatte er das »Nicht weiter!« zugerufen; in dem nicht abgesandten Brief an ihn macht Goethe sich »Vorwürfe, daß ich früher über einiges Unangenehme hingegangen bin. ... Ich bin verdrießlich über mich selbst, nicht daß ich das jetzt sage, sondern, daß ich Sie nicht früher aufmerksam gemacht habe.«

Als Goethe Christiane zur Geheimrätin machte, war diese bereits in den Vierzigern. Goethe sah sich nun gezwungen, das zu tun, was er bisher vermieden hatte, nämlich Christianes Eigenarten zu kritisieren, andererseits half er ihr wiederum dadurch, daß er ihr Caroline Ulrich als Gesellschafterin und Anstandsdame zur Seite stellte. ›Uli‹ war gewandt in gesellschaftlichem Umgang und konnte Christiane wenigstens vor den schlimmsten Anwürfen schützen. Freilich, die Ehe wurde immer mehr ein Produkt von Goethes Lebenskunst. Mehr und mehr zog er von Weimar nach Jena, fuhr zur Kur, machte Reisen. Wenn sie sich in ihren letzten Jahren trafen, so schien hier eine tiefere Beziehung bereits zu Ende gegangen. Als Goethe in jenen Sommertagen bei der Familie Willemer in Frankfurt weilte, schrieb er Christiane, die wegen einer Kur nach Bad Berka hatte fahren müssen, Berichte seiner Begegnung mit Marianne; es sind Briefe, die durchaus persönlich gehalten waren. Aber vermißte Goethe Christiane wirklich? Und was muß der Diener Carl Stadelmann gedacht haben, als Goethe ihm solche Briefe diktierte? Christiane antwortete auch nicht mehr von eigener Hand, sondern überließ dies ihrer Gesellschaftsdame Uli. Für Christiane blieb Goethe der »liebe Geheime Rath«, und beide zusammen spielten eben die ›Rollen‹ Geheimrat und Geheimrätin.

Am 22. Mai 1816, zwei Wochen vor ihrem Tod, schrieb Christiane einen Brief an Goethe, der mit den Worten endet: »Leb nun wohl, gedenke mein.« Die angefügte Nachschrift läßt ihre Fürsorge für den »lieben Geheime Rath« erkennen: »*Champagner* ist dießmal in unserm Keller gar nicht zu finden, Ramann hat mir noch keinen geschickt. *Werthheimer*, 2 Bouteillen, folgen anbei.«

Nach langem Krankenlager und schwerem Todeskampf starb Christiane am 6. Juni 1816 gegen Mittag. Der Eintrag in Goethes Tagebuch von diesem Tag lautet: »Gut geschlafen ... Nahes Ende meiner Frau. ... Letzter fürchterlicher Kampf ihrer Natur. Sie verschied gegen Mittag. Leere und Totenstille in und außer mir. Ankunft und festlicher Einzug der Prinzessin Ida und Bernhards. ... Abends brillante Illumination der Stadt. Meine Frau um 12 Nachts ins Leichenhaus. Ich den ganzen Tag im Bett.« Am 8. Juni notiert er: »Meine Frau früh um 4 Uhr begraben«. Beide Tagebucheintragungen erscheinen merkwürdig genug; einerseits war »Leere und Todtenstille«, an diesem Tag entstand der Vierzeiler: »Du versuchst, o Sonne, vergebens, | Durch die düstren Wolken zu scheinen! | Der ganze Gewinn meines Lebens | Ist ihren Verlust zu beweinen« und (an Boisserée am 24. 6. 1816) »mein Zustand [grenzt] an ... Verzweiflung«, andererseits erwähnt er am selben Tag den festlichen Einzug der Prinzessin Ida von Sachsen-Meiningen und ihres Gemahls, und außerdem beeindruckte ihn »die brillante Illumination der Stadt«. In dieser Zeit arbeitete Goethe weiter am *Divan*, seine Gedanken mochten Marianne Willemer und jener so besonderen Beziehung gegolten haben. Bei Christianes Natürlichkeit hatte er sich jedoch stets heimisch gefühlt. War ihre Ehe oft von äußeren wie inneren Distanzen begleitet, sie währte 28

Goethe. Ölgemälde von Johann Daniel Bager, um 1773.
Kopie von Hermann Junker, 1895
(FDH/Foto: Ursula Edelmann).

(Zu den Abkürzungen siehe S. 770.)

Johann Heinrich Merck (1741-1791). Ölgemälde von Ludwig Strecker, 1772 (Merck-Archiv, Darmstadt).

Friedrich Johann Justin Bertuch (1747-1822). Ölgemälde von A. Jacobs nach Gustav Adolph Hennig, 1819 (SWK).

Charlotte von Stein (1742-1827).
Anonyme Silberstiftzeichnung, um 1780 (SWK).

Georg Joachim Göschen (1752-1828).
Lithographie von Samuel Gränicher (um 1800)
(Deutsche Bibliothek, Leipzig).

Johann Friedrich v. Cotta (1764-1832). Ölgemälde von K.J.Th. Leybold, 1823 (SNM).

Wilhelmine Cotta (1771-1821).
Ölgemälde von Gottlieb Schick, 1802 (Staatsgalerie Stuttgart).

Friedrich Schiller (1759-1805). Brustbild in Pastell und Deckfarben von Ludovike Simanowiz, 1793 (Vorstudie zum Ölgemälde 1793/94) (SNM).

Goethe. Stahlstich nach einer Kreidezeichnung
von Johann Heinrich Lips, 1791
(FDH/Original SWK).

West-oestlicher Divan. Doppeltitel der Erstausgabe, Stuttgart: Cotta 1819 mit der in Kupfer gestochenen und kolorierten arabischen Überschrift J.G.L. Kosegartens: »Der östliche Divan vom westlichen Verfasser« (GMD).

Marianne Jung (1784-1860;
seit 1814 verh. v. Willemer).
Pastellgemälde von Johann Jacob de Lose, 1809
(FDH).

Christiane Vulpius (1764-1816), Kreidezeichnung von Friedrich Bury, 1800 (SWK).

Goethe in seinem Arbeitszimmer, dem Schreiber John diktierend.
Ölgemälde von Johann Joseph Schmeller, 1829/31
(SWK).

Johann Friedrich Freiherr von Cotta
Lithographie von unbekanntem Künstler (nach 1815)
(GMD).

Goethe. Ölgemälde von Joseph Karl Stieler, 1828 (Bayerische Staatsgemäldesammlungen, München/Foto: Joachim Blauel-Artothek).

Karl Friedrich Zelter (1758-1832). Ölgemälde von Karl Begas, 1827 (Ausschnitt) (SWK).

Jahre. Freilich: Wir sehen bei einer Ehe meist nur die Fassade, doch der Briefwechsel gibt ein Bild ehelicher Verbundenheit.

Am Tod Christianes nahmen nur wenige Anteil. Johanna Schopenhauer schrieb in einem Brief an Elisa von der Recke: »Es kränkt mich, daß niemand mit Mitleid ihres Todes gedenkt, daß alles, das viele Gute, welches doch in ihr lag, vergessen ist und nur ihre Fehler erwähnt werden, selbst von denen, welchen sie wohltat und die ihr im Leben auf alle Weise schmeichelten.« Elisa von der Recke antwortete: »Wodurch die Verstorbene sich mir empfohlen hat, ist, daß ich sie nie von anderen Böses sprechen hörte; auch war ihre Unterhaltung, soweit ich sie kannte, immer so, daß ich mir es wohl erklären konnte, daß ihr anspruchsloser, heller, ganz natürlicher Verstand Interesse für unsern Goethe haben konnte, der mir seine Frau mit diesen Worten vorstellte: ›der Frau mit dem Zeugnisse, daß seit sie ihren ersten Schritt in mein Haus tat, ich nur ihr Freuden zu danken habe‹.«

28 Jahre hatte er ihr Freuden und Freude zu danken – gewiß eine lange Zeit im Leben eines Menschen. 28 Jahre hatte sie ihm ein Leben ermöglicht, wie er es hatte führen wollen. Das Haus am Frauenplan war Goethes angenehme und produktive Lebens- und Arbeitsstätte gewesen.

c. Goethe als Verlagslektor

> Denn wer den Schatz, das Schöne will heben
> Bedarf der höchsten Kunst, Magie der Weisen
> (*Faust* II 4178)

Auch Cotta, wie die Verleger heute, suchte Autoren durch Wettbewerbe und Preisausschreiben zu finden. Am 2. Januar 1807 wurden im ›Morgenblatt‹ »Preisaufgaben« der Cotta'schen Verlagsbuchhandlung angekündigt. Für die »beste Satire in gereimten Versen über den Egoismus« war ein Preis von 50 Dukaten ausgesetzt, für »das beste Trauerspiel« 200 Dukaten als erster, 50 Dukaten als zweiter Preis und für »das beste Lustspiel« sogar 300 Dukaten als erster und 75 Dukaten als zweiter Preis. Interessant ist der Handelswert der Gattungsformen: für die Satire, für die ein Thema bestimmt wurde, der niedrigste Preis, das Lustspiel mit Unterhaltungswert erhält einen höheren Preiszuschlag als das Trauerspiel. Cotta war an großer Publizität gelegen, und so sollten die Preisrichter höchste öffentliche Autorität haben und auch bei der Preisvergabe genannt sein. Am 20. August 1808 griff er nach dem Höchsten und fragte bei Goethe an: »Die Redaction des Morgenblattes hat auf die ausgesetzten Preise mehrere Trauerspiele erhalten, worunter 2-3 vorzüglichen Werth haben: dörfte ich es wagen sie Hochdenselben zur Entscheidung zu übersenden?« Goethe war – zu meiner Überraschung – einverstanden: »Mögen Sie mir die Trauerspiele zuschicken so will ich aufrichtig meine Meinung darüber sagen.«

Dorothea Kuhn hat die Hintergründe erforscht: Für den Wettbewerb waren zahlreiche Satiren eingegangen, aber von der Redaktion des ›Morgenblattes‹ für nicht preiswürdig befunden worden. Bei den Trauerspielen war die Ernte auch nicht sehr ergiebig, immerhin wurde ein zweiter Preis vergeben. Georg Reinbeck, Redakteur des ›Morgenblattes‹, hatte in Vorauswahl vier Trauerspiele ausgesucht, die nun an den »competenten Richter« Goethe weitergegeben werden sollten. Reinbeck empfahl Cotta, diese Stücke in Verlag zu nehmen, sie seien »eine erfreuliche Erscheinung in unserer Literatur«. Es handelte sich um die vier Stücke *Idmon*, *Seila*, *Die Sühne der Enkel* und *Simson*; der Autor des letzteren könnte ein gewisser Wilhelm Blumenhagen gewesen sein, die anderen Autoren sind unbekannt.

Goethes Urteil vom 14. November 1808 ist wiederum lakonisch, prägnant, imperativ: »Die vier Trauerspiele, welche

Sie mir zugesandt, habe ich sogleich durchgesehen und kann darüber, wie Sie wahrscheinlich schon selbst vermuthen [eine schöne Captatio benevolentiae – Cotta hatte immerhin vom »vorzüglichen Werth« der Stücke geschrieben!], wenig Tröstliches vermelden. Ich begreife wohl, daß es eine milde Critik giebt, die sich mit solchen Dingen befassen und sie mit Aufmerksamkeit würdigen mag; für mich aber existieren sie gar nicht, und wären mir solche Mscpte zufällig in die Hände gekommen, schon nach den ersten Seiten hätte ich sie aus der Hand gelegt.«

Dann geht Goethe aber doch noch auf die einzelnen Stücke ein. *Idmon* sei ein »abgetragenes griechisches Gewebe«, *Seila* »völlig kraftlos«, *Sühne der Enkel* »gäbe ein ganz gutes Gespenstermährchen; aber als Schauspiel taugt es ganz und gar nichts«, und in *Simson* wird »nichts geleistet«. Er habe sich Cottas wegen doch noch eingehender mit den Texten beschäftigt, sie scheinen ihm symptomatisch für »eine besondere Cultur, die jetzt in Deutschland ... herrscht«. Und er fährt fort: »In allen vier gegenwärtigen Stücken ist von tüchtiger Sinnlichkeit, blühender Phantasie, Erhebung des Herzens und Geistes und von manch anderm, was zur Dichtkunst unerläßlich ist, die mindest mögliche Spur.« Er wünscht, man möge von seinen Äußerungen öffentlich keinen Gebrauch machen, »warum soll man gegen das Mittelmäßige grausam seyn«, er lehnt also die Veröffentlichung seines Urteils, wie das ›Morgenblatt‹ es versprochen hatte, ab. Redakteur Reinbeck ist mit Goethes Verdikt nicht einverstanden, es sei »offenbar einseitig«, er mag Goethes Urteil »nicht ganz trauen«, hier »waltet ein Unrecht«, und dann: »Die Folge wird es ausweisen, daß sie in unserer Literatur nicht unbeachtet bleiben werden.« Nun, sie blieben unbeachtet, der Redakteur irrte, Goethe behielt recht. Das ›Morgenblatt‹ verkündete das Urteil so: »Des unverkennbaren rühmlichen Strebens der Verfasser und der vielen schönen Einzelheiten ungeachtet ist doch keines dieser vier Trauerspiele zu Ansprüchen an einen bedeutenden Rang in unserer dramatischen Literatur berechtigt. Es fehlt den Meisten bey lobenswerther Regelmäßigkeit und Simplicität jener prometheische Funken, jene Tiefe des Gemüths, durch welche ein Werk der Kunst allein Leben athmet. Vortheilhaft zeichnet sich zwar in jeder Hinsicht das Trauerspiel *Simson* aus, in welchem ein ächt poetischer Geist uns oft anspricht, das aber als dramatisches Kunstwerk manches zu wünschen übrig läßt.«

Es ist das einzige Mal, daß Cotta Goethe gewissermaßen als Lektor einzusetzen suchte. Goethe fährt in seinem Brief an Cotta fort: »Über dergleichen Dinge ist eigentlich gar nichts zu sagen.« Dann sagt er doch etwas, sagt, für mich jedenfalls, Gravierendes, Wesentliches: »Denn indem ächte Kunstwerke ihre eigene Theorie mit sich bringen, und uns den Maaßstab in die Hand geben, nach dem wir sie messen sollen; so thäte es bey solchen tappenden Versuchen halbgeübter Dilettanten noth, man stellte erst ein theoretisches Kunstmodell auf, an dem sich ihre Unzulässigkeit bald offenbaren würde.« Noch einmal bekundet er seine »Überzeugung«, »daß keinem von diesen Stücken irgend eine Art von Preis gebühre: denn man kann sie, wenn man es streng nehmen will, in dramatischer, theatralischer und tragischer Hinsicht, sämmtlich absurd nennen.«

Der Maßstab für die Beurteilung eines Manuskripts liege also in ihm selbst, weil jedes literarische Werk seine eigene Theorie besitze. Ein erstaunliches kunsttheoretisches Urteil![13] Goethes Äußerungen Cotta gegenüber, in der Funktion des, modern gesprochen, Lektors, Kritikers oder Jurors, verweisen implizit auf seine eigene Kunsttheorie. Eine solche ästhetische Theorie oder gar ein »theoretisches Kunstmodell« hat Goethe nie diskursiv-abstrakt entfaltet. »Was der poetische Geist erzeugt«, habe Goethe, nach Heinrich Ludens Bericht, in einem Gespräch vom 19. August 1806 geäußert, »muß von einem poetischen Gemüt empfangen werden. Ein kaltes Analysieren zerstört die Poesie und bringt keine Wirklichkeit hervor. Es bleiben nur Scherben übrig, die nichts dienen und nur inkommodieren.« 1790 erschien Kants *Kritik der Urteilskraft*. Ihre Unerbittlichkeit erregte die Gemüter, Schiller lobte sie, Herder und Wieland lehnten sie ab, Goethe verweigerte sich ihr. In der Kunst sei zu *fühlen*, man dürfe sich von Vernunft und Wissenschaft nicht einschränken lassen. Im *Werther* spricht Goethe von dem Fürsten: »Auch schätzt er meinen [Werthers] Verstand, meine Talente mehr als dies Herz, das doch mein einziger Stolz ist, das ganz allein die Quelle von allem ist, alle Kraft, alle Seligkeit und alles Elendes. Ach, was ich weiß, kann jeder wissen – mein Herz habe ich allein.« Und doch, Goethes Äußerungen zu Kunst, Dichtung und Ästhetik durchziehen viel mehr die verschiedensten Schriften seiner unterschiedlichen Arbeitsgebiete, von der Farbenlehre über die bildende Kunst, die belletristische Prosa bis hin natürlich zu seinen explizit literaturkritischen Arbeiten. Besonders seine literarische Prosa weist eine Vielzahl ästhetischer und die Dichtung begründender Äußerungen auf. Trotz ihrer oft nur induktiven Erschließbarkeit, oder gerade deswegen, besitzen Goethes Kunstreflexionen eine enorme Wirkungsmächtigkeit – erinnert sei nur an Diltheys Begründung der Geisteswissenschaften durch den Bezug auf das Goethesche »Erlebnis«, an die Grundlegung einer morphologischen Literaturwissenschaft durch Oskar Walzel, an die mit dem Namen Emil Staiger verbundene immanente Werkbetrachtung oder an die wiederholten literaturwissenschaftlichen Bemühungen um eine Theorie der literarischen Gattungen. In Anbetracht dieses Kosmos, den Goethes Reflexionen zur Kunst eröffnen, ist Beschränkung angebracht. Es gilt hier, das Augenmerk auf jene Elemente in seinen kunsttheoretischen Überlegungen zu richten, die sein ›Lektoratsgutachten‹ für Cotta beleuchten.

Goethes Frontstellung gegen die nur-rationalistische Aufklärung und gegen jede Form von Regelpoetik – für sein gesamtes Schaffen charakteristisch – führt zu einer weit ausgreifenden Bestimmung der grundlegenden Funktion aller Künste: In der zu Unrecht häufig übergangenen Erzählung in Briefen mit dem Titel *Der Sammler und die Seinigen* lesen wir (im 8. Brief): »Nur aus innig verbundenem Ernst und Spiel kann wahre Kunst entspringen.« Im 6. Brief wird auch die Wirkung von Kunst benannt: »Und doch gibt es einen allgemeinen Punkt, in welchem die Wirkungen aller Kunst, redender sowohl als bildender, sich sammeln, aus welchem alle ihre Gesetze ausfließen. – Und dieser wäre? – Das menschliche Gemüt.« Und um jeder Verkürzung des Menschen auf die bloße Verstandestätigkeit vorzubeugen, setzt Goethe hinzu: »Aber der Mensch ist nicht bloß ein denkendes, er ist zugleich ein empfindendes Wesen. Er ist ein Ganzes, eine Einheit vielfacher, innig verbundner Kräfte, und zu diesem Ganzen des Menschen muß das Kunstwerk reden, es muß dieser reichen Einheit, dieser einigen Mannigfaltigkeit in ihm entsprechen.« Zur Erläuterung dieses Wirkungsaspektes der Künste wird im Anschluß an die zitierte Stelle ein idealtypisches Modell der Entstehung jedes gelungenen Kunstwerks skizziert: Ihren Ausgang nimmt die Kunst von einer besonderen, einzigartigen Erfahrung des Künstlers. Beschränkte er sich auf die Wiedergabe dieses Äußeren, so wäre sein Kunstwerk reine Wiederholung. Abstrahierte der Künstler vom Individuellen und zielte er auf die Darstellung des Gattungsbegriffs, so würde er nur eine wissenschaftliche Abhandlung liefern. Strebte er, darüber hinausgehend, auf das Ideale aller Gattungen, auf das Absolute, das sich in ihm manifestiert, so bliebe er Philosoph. Erst wenn der Künstler, nachdem er diese Stufen durchlaufen hat, alle vorher genannten allgemeinen Aspekte am einzelnen Erlebnis darstellt, sie auf dieses zurückbezieht, kann ein gelungenes Kunstwerk sich bilden. Damit dieser Kreislauf vom Besonderen über das Allgemeine zum bedeutenden Einzelnen möglich ist, bedarf es der Schönheit. »Der menschliche Geist befindet sich in einer herrlichen

Lage, wenn er verehrt, wenn er anbetet, wenn er einen Gegenstand erhebt und von ihm erhoben wird; allein er mag in diesem Zustand nicht lange verharren, der Gattungsbegriff ließ ihn kalt, das Ideale erhob ihn über sich selbst; nun aber möchte er in sich selbst wieder zurückkehren, er möchte jene frühere Neigung, die er zum Individuo gehegt, wieder genießen, ohne in jene Beschränktheit zurückzukehren, und will auch das Bedeutende, das Geisterhebende nicht fahren lassen. Was würde aus ihm in diesem Zustande werden, wenn die Schönheit nicht einträte und das Rätsel glücklich löste! ... Ein schönes Kunstwerk hat den ganzen Kreis durchlaufen, es ist nun wieder eine Art Individuum, das wir mit Neigung umfassen, das wir uns zueignen können.«

Vor dem Hintergrund dieses Verständnisses der Entstehung und Wirkung von Kunst kann Goethe unterschiedliche Modi der Verfehlung dieses Ideals typisieren – und möglicherweise lassen sich die Autoren der von ihm negativ beurteilten Manuskripte in eine dieser Kategorien einordnen: Die Nachahmer verfehlen die der Kunst eigene Wahrheit, da sie sich auf die Wiedergabe der Wirklichkeit beschränken, während die Imaginisten sich von der Erfahrung völlig lösen und sich nur der Einbildungskraft anvertrauen. Die Charakteristiker nehmen das Einzelne nicht wahr, sondern zielen ausschließlich auf das Allgemeine, wohingegen die Undulisten das Allgemeine in jeder beliebigen Form für darstellbar halten. Die Kleinkünstler können, weil sie zu sehr im Detail verharren, kein Ganzes gestalten, während die Skizzisten zwar den Zusammenhang in Ansätzen entfalten, ihn jedoch nie konkret durchführen können.

Dieses normative Modell bildet, auf den ersten Blick, einen Widerspruch zu Goethes Aussage, wonach »ächte Kunstwerke ihre eigene Theorie mit sich bringen«. Dieser scheinbare Widerspruch läßt sich jedoch auflösen, wenn die eben herausgearbeiteten Momente von Entstehung und Wirkung des Kunstwerkes genauer aufeinander bezogen werden. Das

Kunstwerk muß auf den Menschen als Einheit des Vielfältigen wirken; der Künstler geht von seiner Erfahrung aus, die er in einer Kreisbewegung über das Allgemeine zum Individuellen zurückführt. Dies ist nur möglich durch die Gestaltung von Kunstschönheit. Der Ursprung jedes Kunstwerks liegt für Goethe also in der Erfahrung. Erfahrung wird von ihm jedoch nicht als passiv sich ereignende verstanden, sondern sie ist etwas Aktives. Erfahrung wird vom Künstler produziert, hervorgebracht, erschaffen. Dieser Ursprung der Kunst bestimmt ihr Verhältnis zur äußeren Natur, zu ihrem Gegenstand. Das vom Künstler produzierte Erlebnis bewirkt, daß er »sowohl in die Tiefe der Gegenstände als in die Tiefe seines eignen Gemüts zu dringen vermag, um in seinen Werken nicht bloß etwas leicht und oberflächlich Wirkendes, sondern, wetteifernd mit der Natur, etwas Geistig-Organisches hervorzubringen und seinem Kunstwerk einen solchen Gehalt, eine solche Form zu geben, wodurch es natürlich zugleich und übernatürlich erscheint.« Kunst ist also bestimmt durch ihren geistig-organischen Charakter und die unauflösbare gegenseitige Durchdringung von Form und Inhalt. Inhalt und Form sind bei Goethe keine polaren Begriffe; sie sind verschiedene Aspekte des einen »Kunstwahren«. Es gibt kein Erlebtes, keinen Stoff ohne Form, wie jedem Stoff bereits eine Form innewohnt. Indem der Künstler in seinem Werk die innere Form des von ihm produzierten Erlebnisses herausarbeitet und durch die Herausarbeitung dieser inneren Form seiner Erfahrung allgemeine Gestalt gibt, entsteht der Kunstgehalt, der, da auf der besonderen Erfahrung beruhend, individuell, aufgrund der inneren Formung jedoch allgemein ist. Die Kunst muß also von der erfahrenen Natur ausgehen, diese Erfahrung jedoch im gestalteten Bild mitteilbar machen. Folglich kann Goethe sagen: »Poesie deutet auf die Geheimnisse der Natur und sucht sie durchs Bild zu lösen.« Drei Aspekte lassen sich an der vom Kunstwerk geleisteten Verwandlung unterscheiden: Wahrheit, Schönheit und

Vollendung. Wahrheit bezeichnet jenes Moment der Transformation, das die notwendige Beziehung des Einzelnen zum Allgemeinen verdeutlicht. Schönheit bezeichnet die sinnlich wahrnehmbare Qualität des Kunstwerks, die Gestaltung des Bildes. Vollendung bezeichnet die Entsprechung von innerer und äußerer Form.

Mit diesen Aspekten ist der organische Zusammenhang des Kunstwerks im Sinne Goethes durch die Leistung des »Kunstwahren« bestimmt: das Einzelne (die vom Künstler produzierte Erfahrung) enthält, aufgrund seiner inneren Form, zugleich das Ganze. Und das Ganze ist nur als Ganzes erkennbar, weil es auf der Auffassung des Einzelnen im Hinblick auf den Zusammenhang beruht. Folglich ist jedes Kunstwerk, vorausgesetzt, es handelt sich um ein echtes Kunstwerk, die Einheit von Allgemeinem und Individuellem in einer individuellen Gesamtheit. Als Ganzes betrachtet, ist also jedes einzelne Kunstwerk ein Symbol, über dessen Leistung Goethe sagt: »Die Symbolik verwandelt die Erscheinung in Idee, die Idee in ein Bild, und so, daß die Idee im Bild immer unendlich wirksam und unerreichbar bleibt und, selbst in allen Sprachen ausgesprochen, doch unaussprechlich bliebe.«

Damit ein Kunstwerk zum Symbol werden kann, wird vom Künstler verlangt, daß er einen eigenen Stil ausgebildet hat. Der Stil ist für Goethe die höchste Ausprägung von Kunst. »Das Resultat einer echten Methode nennt man Stil, im Gegensatz der Manier. Der Stil erhebt das Individuum zum höchsten Punkt, den die Gattung zu erreichen fähig ist, deswegen nähern sich alle große[!] Künstler einander in ihren besten Werken.« Und: »Es ist uns bloß angelegen, das Wort Stil in den höchsten Ehren zu halten, damit uns ein Ausdruck übrig bleibe, um den höchsten Grad zu bezeichnen, welchen die Kunst je erreicht hat und je erreichen kann.« Hans-Georg Gadamer hat in *Wahrheit und Methode* die Bedeutung des Stilbegriffs für Goethes Kunstauffassung eindrücklich beschrieben: »Ein Künstler bildet sich einen Stil, sofern er nicht mehr liebevoll nachahmt, sondern zugleich sich selbst damit eine Sprache macht. Obwohl er sich an die gegebene Erscheinung bindet, ist dieselbe keine Fessel für ihn – er bringt dennoch sich selbst dabei zum Ausdruck. So selten die Übereinstimmung von ›treuer Nachahmung‹ und individueller Manier (Auffassungsweise) auch ist, gerade sie macht den Stil aus.«

Diese kurze Beleuchtung der Goetheschen Kunsttheorie verdeutlicht, daß sie sich rigoros von jeder Regelästhetik und -poetik unterscheidet. Ein einzelnes Kunstwerk ist weder durch Bezug auf die Entstehungsumstände noch in bezug auf eine literarische Tradition oder in bezug auf andere Werke desselben Künstlers verstehbar und keineswegs durch unabhängig von ihm bestehende Regeln oder, mit Goethe zu sprechen, »Gesetze«. Vielmehr verleiht der Künstler seinem Werk, wenn er es mittels seines Stils zum Symbol gestaltet, seine eigenen, nur für das Werk gültigen Prinzipien, die nur hier gültigen Gesetze. Verstehbar und beurteilbar wird es allein, wenn der Leser die innere Form dieses Symbols erfaßt und so Individuelles und Allgemeines, Idee und Begriff wechselseitig aufeinander beziehen kann.

Folglich enthält Goethes Stellungnahme an Cotta, aufs knappste zusammengedrängt, den Grundgedanken seiner Ästhetik: Allein die Versenkung ins einzelne Kunstwerk und die Aufnahme von dessen Struktur, ohne jede Voreingenommenheit, sind der Maßstab für dessen Beurteilung.

Für mich ist solcher Maßstab, wonach echte Kunstwerke aus sich selbst heraus zu beurteilen sind, von großer Bedeutung. Wie konnte und kann ein Verleger, wie ein Lektor eines literarischen Verlages die tägliche Arbeit der Prüfung der eingesandten Manuskripte leisten? Welche Maßstäbe werden hier angelegt? Die in der Öffentlichkeit an mich am häufigsten gerichtete Frage lautet: Nach welchen Kriterien beurteilen Sie die Ihnen übergebenen Manuskripte, gibt es einen für alle jungen wie älteren, unbekannten wie prominenten Autoren objektiven Maßstab? Ich mußte die Fragenden oft mit der Antwort enttäuschen, daß es einen objektiven Maßstab, den wir von außen an ein Manuskript anlegen könnten, nicht gibt, nicht geben kann. Entscheidende Kriterien, so habe ich es unzählige Male gesagt, sind für mich die im Manuskript liegende (oder eben nicht liegende) Substanz und Qualität, die Substanz dessen, was der Autor an persönlicher Beobachtung, Erfahrung und Gefühl durch die Qualität von Sprache und Form seinem Leser vermittelt und nachvollziehbar macht.

Jetzt kann ich meine persönliche Einstellung mit Goethes Ansicht belegen, wonach »tüchtige Sinnlichkeit, blühende Phantasie, Erhebung des Herzens und Geistes« wesentlich sind, zugleich aber auch das formale Vermögen, es in literarische Gestalt umzusetzen.

VI. »DIESSMAL MICH ZU ZWANZIG BÄNDEN VERPFLICHTEN KANN«. DIE ZWEITE GESAMTAUSGABE BEI COTTA (1815-1819)

1. »Das Schicksal der Deutschen« – November 1812 bis Dezember 1814

Am 12. November 1812 hatte Goethe Cotta eine neue Ausgabe seiner Werke vorgeschlagen. Cotta hatte, wie berichtet, die Entscheidung darüber vertagt, um das Ende des Krieges abzuwarten, der, wie er meinte, »gar zu sehr in diesen Zweig des Handels nachtheilig einwirkt«. Goethe hatte dann in der Zwischenzeit noch einmal, im Brief vom 7. Februar an Cotta, erwähnt, er habe »als Winterarbeit Redaction und Revision« seiner Werke vorgenommen: »Ein vollständiges Exemplar soll parat liegen, wenn günstigere Umstände die Herausgabe fordern und erlauben.« Dies sollte am 21. Dezember 1814 der Fall sein.

Die Zeit vom November 1812 bis zum Dezember 1814 war ereignisreich, ereignisreich nicht nur für Goethe, sondern auch für die Welt. Es waren die Jahre der Befreiungskriege, die Jahre von 1813 bis 1815, in denen die deutschen Länder, Italien und Spanien sich von der französischen Herrschaft befreiten und dem Kaiserreich Napoleons I. ein Ende bereiteten. Am 15. Dezember 1812 passierte Napoleon auf der Flucht aus Rußland inkognito in einer auf Schlitten gestellten Postkalesche Weimar. Seinem Gesandten, Etienne Baron de Saint-Aignan, bevollmächtigter Minister bei den sächsischen Höfen, gab er Grüße an Goethe auf. Carl August, der auch Grüße von der Kaiserin Maria Ludovica von Österreich an Goethe zu übermitteln hatte, sollte sie überbringen. Als der

Herzog Goethe am nächsten Tag die beiden Grußbotschaften ausrichtete, spottete er: »Weißt du denn schon, daß St. Aignan beauftragt ist, dir vom Kaiser der Nacht schöne Grüße zu bringen? So wirst du von Himmel [i. e. Maria Ludovica] und Hölle [i. e. Napoleon] beliebäugelt.« Carl August war vom Saulus zum Paulus geworden, er wartete nun auf die Niederlage Napoleons, um sich von drückenden Auflagen zu befreien. Goethe war nicht bereit, die allgemeine Stimmung gegen Napoleon mitzumachen, immer noch sah er in ihm eine dominierende Geschichtsmacht. Er konnte kein neues System erkennen, welches das bisherige ablösen, keine Ordnung, welche der Unordnung folgen sollte, und er traute auch dem immer lauter sich äußernden vaterländischen Gefühl nicht. Er habe, so schrieb er Knebel am 24. November 1813, die Deutschen »noch nie verbunden gesehen als im Haß gegen Napoleon. Ich will nur sehen was sie anfangen werden, wenn dieser über den Rhein gebannt ist.« Freilich, Goethe übersah nicht, daß sich eine breite Bewegung für einen Befreiungskrieg gegen den äußeren Feind bildete, die zugleich auch gegen die bürgerlichen Freiheiten gerichtet war. »Das Volk steht auf, der Sturm bricht los«, so dichtete der junge Theodor Körner, der Sohn von Schillers engstem Freund Christian Gottfried Körner. Goethe bevorzugte seine Dramen für den Spielplan des Weimarer Theaters und wollte ihn auch weiterhin fördern, aber der junge Dichter starb bei einer waghalsigen kriegerischen Aktion, nicht ohne ein letztes Gedicht geschrieben zu haben, in dem er sein Gewehr als »Eisenbraut« verherrlichte. Später, am 14. März 1830, als Eckermann Goethe »etwas unvorsichtig« fragte, warum er nicht »in jener großen Zeit auch die Waffen ergriffen« habe, verteidigte er sich: »Kriegslieder schreiben und im Zimmer sitzen! – Das wäre meine Art gewesen! – Aus dem Biwak heraus, wo man nachts die Pferde der feindlichen Vorposten wiehern hört: da hätte ich es mir gefallen lassen! Aber das war nicht *mein* Leben und nicht *meine* Sache, sondern die von Theodor Körner.

Ihm [sic!] kleiden seine Kriegslieder auch ganz vollkommen. Bei mir aber, der ich keine kriegerische Natur bin und keinen kriegerischen Sinn habe, würden Kriegslieder eine Maske gewesen sein, die mir schlecht zu Gesicht gestanden hätte.«
»Auch können wir dem Vaterlande nicht alle auf gleiche Weise dienen, sondern jeder tut sein Bestes, je nachdem Gott es ihm gegeben.«

Nicht das Volk stand auf, der Widerstand gegen Napoleon ging von intellektuellen Zirkeln aus. Die Truppen der geschlagenen und fliehenden Grande Armée zogen sich nahezu unbehelligt zurück, und Napoleon konnte eine neue Armee formieren, die er in diesen Monaten geradezu aus dem Boden stampfte. Es sei kein Krieg, »von dem die Kronen wissen«, schrieb Körner, und so war es auch, die Regierenden fürchteten den Gewaltigen noch zu sehr, waren ihrer Sache nicht sicher und auf Mäßigung aus. Kurz nach Napoleons nächtlichem Passieren von Weimar hatte der preußische General Graf von Yorck auf eigene Verantwortung in der Mühle des Dorfes Poscherun bei Tauroggen am 30. Dezember 1812 mit dem russischen General Diebitsch eine Konvention abgeschlossen, durch die das preußische Hilfscorps im russischen Feldzug von 1812 für neutral erklärt wurde. Der preußische König Friedrich Wilhelm, noch von Franzosen umgeben, mußte zwar Yorck absetzen und zum Hochverräter erklären, doch leitete diese Konvention die Erhebung Preußens ein. Am 28. Februar 1813 schlossen Preußen und Rußland, unter dem Einfluß des Freiherrn vom Stein, das »Bündnis von Kalisch«. Am 17. März erließ Friedrich Wilhelm in Breslau den Aufruf »An mein Volk«, am 27. März wurde Frankreich der Krieg erklärt. Während die Franzosen weite Teile Deutschlands räumten, konnte Napoleon noch einmal mit seiner neuformierten Armee in erbitterten Kämpfen zwei Schlachten gegen die Preußen gewinnen und die Verbündeten zum Rückzug nach Schlesien zwingen. Metternich sollte unter Androhung des Kriegseintritts Österreichs Napoleon nach dem am 4. Juni geschlossenen Waffenstillstand zu einer Friedensvereinbarung bringen. Metternich hat diese Begegnung vom 26. Juni aufgezeichnet. Napoleon habe ihm sofort erwidert, er habe zwei Schlachten gewonnen und werde den Krieg nicht beenden. Seine jetzige Armee sei eine Armee von Kindern, habe Metternich entgegnet. Daraufhin habe Napoleon ihn zornig angefahren: »Sie sind nicht Soldat und wissen nicht, was in der Seele eines Soldaten vorgeht. Ich bin im Felde aufgewachsen, und ein Mann wie ich schert sich wenig um das Leben einer Million Menschen«; im übrigen habe er die Franzosen immer geschont und, wenn immer möglich, Deutsche und Polen geopfert: »Ich habe in dem Feldzug von Moskau dreihunderttausend Mann verloren, es waren nicht mehr als dreißigtausend Franzosen darunter.« – »Sie vergessen, Sire«, habe Metternich empört ausgerufen, »daß Sie zu einem Deutschen sprechen.« Napoleon habe entgegnet, er setze den Krieg fort, er wisse, dieser könne ihn »den Thron kosten, aber ich werde die Welt unter seinen Trümmern begraben«. Metternich, so ist es aufgezeichnet, soll ihm gesagt haben: »Sie sind verloren, Sire.« – Was hätte Goethe gesagt? Wie hätte er reagiert, wenn ihm solche Äußerungen der von ihm so bewunderten »höchsten Erscheinung« bekanntgeworden wären? Wie hätte er dazu Stellung genommen, etwa in jenem denkwürdigen Gespräch am 13. Dezember jenes Jahres, das er mit dem erwähnten Historiker Heinrich Luden führte, dem Verfasser einer *Geschichte des deutschen Volkes* und dem vom geschäftstüchtigen Bertuch angeregten künftigen Herausgeber des Organs ›Nemesis. Zeitschrift für Politik und Geschichte‹. Diese Zeitschrift sollte auf die Gegenwart ausgerichtet sein, und Luden wollte Goethe zu Äußerungen im Hinblick auf Napoleon gewinnen. Goethe aber ging auf Distanz. Heinrich Luden gehörte einer jungen Generation an, die nicht mehr weltbürgerlich dachte, sondern national schwärmte; ein zeittypischer Gegensatz, der überzeugte junge Patriot und Goethe, der dem jungen Professor als der

»alte Goethe« vorgekommen sein mag und dem schon die Verse seines Epimenides im Sinne waren: »Der Jugend Nachtgefährt' ist Leidenschaft, | Ein wildes Feuer leuchtet ihrem Pfad; | Der Greis hingegen wacht mit hellem Sinn | Und sein Gemüth verschließt das Ewige.« Er riet dem jungen Professor, auf das Unternehmen zu verzichten und bei seinen Gelehrtenarbeiten zu bleiben. Luden fühlte sich überrascht, ja, verletzt. Es gebe doch die »Erhebung« des deutschen Volkes, Möglichkeiten für eine bessere Zukunft, und es bestehe die heilige Pflicht eines Menschen mitzuwirken, Napoleon müsse bekämpft werden. Goethe antwortete im Hinblick auf Napoleon, »daß die Windrose viele Strahlen hat«, und er fuhr fort: »Sie sprechen von dem Erwachen, von der Erhebung des deutschen Volks und meinen, dieses Volk werde sich nicht wieder entreißen lassen, was es errungen und mit Gut und Blut teuer erkauft hat, nämlich die Freiheit. Ist denn wirklich das Volk erwacht? Weiß es, was es will?« Und: »Das Schicksal der Deutschen ist, mit Napoleon zu reden, noch nicht erfüllt. Hätten sie keine andere Aufgabe zu erfüllen gehabt, als das römische Reich zu zerbrechen und eine neue Welt zu schaffen und zu ordnen, sie würden längst zu grunde gegangen sein. Da sie aber fortbestanden sind, und in solcher Kraft und Tüchtigkeit, so müssen sie nach meinem Glauben noch eine große Zukunft haben, eine Bestimmung, welche um so viel größer sein wird, denn jenes gewaltige Werk der Zerstörung des römischen Reiches und der Gestaltung des Mittelalters, als ihre Bildung jetzt höher steht.« Goethe ließ nicht nach: »Glauben Sie ja nicht, daß ich gleichgültig wäre gegen die großen Ideen Freiheit, Volk, Vaterland. Nein; diese Ideen sind in uns; sie sind ein Teil unsers Wesens, und niemand vermag sie von sich zu werfen. Auch liegt mir Deutschland warm am Herzen. Ich habe oft einen bittern Schmerz empfunden bei dem Gedanken an das deutsche Volk, das so achtbar im einzelnen und so miserabel im ganzen ist. Eine Vergleichung des deutschen Volkes mit andern Völkern erregt

1. »Das Schicksal der Deutschen«

uns peinliche Gefühle, über welche ich auf jegliche Weise hinwegzukommen suche; und in der Wissenschaft und in der Kunst habe ich die Schwingen gefunden, durch welche man sich darüber hinwegzuheben vermag; denn Wissenschaft und Kunst gehören der Welt an und vor ihnen verschwinden die Schranken der Nationalität; aber der Trost, den sie gewähren, ist doch nur ein leidiger Trost und ersetzt das stolze Bewußtsein nicht, einem großen, starken, geachteten und gefürchteten Volke anzugehören. In derselben Weise tröstet auch nur der Gedanke an Deutschlands Zukunft. Ich halte ihn so fest als Sie, diesen Glauben. Ja, das deutsche Volk verspricht eine Zukunft, hat eine Zukunft.«

Als Metternichs Vermittlung bei jener Unterredung am 26. Juni ergebnislos blieb, trat Österreich in Erfüllung des Geheimvertrags von Reichenbach auf die Seite der Verbündeten Preußen und Rußland, und England und Schweden schlossen sich der Koalition an. Im August begannen die kriegerischen Handlungen. Napoleon schlug zunächst die Hauptarmee der Verbündeten bei Dresden; gegen die Heere, die Napoleon selbst nicht kommandieren konnte, errang die Allianz unter den Feldherren Bülow, Blücher und Kleist Siege. Blücher erzwang am 3. Oktober bei Wartenburg den Elbübergang, woraufhin die verbündeten Armeen die Umschließung Napoleons einleiteten, der sich daraufhin aus Dresden zurückzog. In der Völkerschlacht bei Leipzig vom 16.-19. Oktober 1813 entschied sich der Feldzug. Zunächst war Napoleon noch siegreich, aber dann änderte sich das Bild, und am 19. Oktober mußte er den Befehl zum Rückzug geben, um die drohende Gefahr totaler Abriegelung zu verhindern.

Für Goethe und für Weimar waren es turbulente Zeiten. Mitte April waren die Preußen in Weimar, dann aber wurde die Stadt von den Franzosen bedrängt, selbst Napoleon kam noch einmal und ließ sich von Carl August die Aufwartung machen. Goethe hatte am Karsamstag, dem 17. April, Weimar auf Anraten seiner Freunde verlassen. Er fuhr früh um sechs mit Schreiber John in einer Kutsche Richtung Böhmen, er war verkleidet und mit einem preußischen Paß versehen. Am 20. April wurde er von einer »Abteilung der Königlich Preußischen Freischar der Schwarzen Jäger« erkannt, die ihn baten, ihre Waffen zu segnen. »Zieht mit Gott, und alles Gute sei eurem frischen deutschen Mute gegönnt«, soll Goethe gesagt haben. Am nächsten Tag traf er in Dresden im Hause von Christian Körner Ernst Moritz Arndt. Dieser ließ seinem Franzosenhaß freien Lauf. Arndt hielt in seinen Erinnerungen fest, daß Goethe ihm erzürnt zugerufen habe: »Schüttelt nur an euren Ketten, der Mann [i. e. Napoleon] ist euch zu groß, ihr werdet sie nicht zerbrechen.«

Im August ist Goethe zurück in Weimar, im Oktober beginnen die wechselnden Einquartierungen, erst die Franzosen, dann die Österreicher. Im Tagebuch vermerkt er, daß sich am 20. Oktober morgens Franzosen und nachts Kosaken zeigten. Kanonen sind zu hören, Gefechte, Truppendurchzüge. Am 22. Oktober stehen plötzlich »wilde Horden von Kosaken« vor seinem Haus: »Nachdem uns ein zwar gehofftes aber doch immer schweres Geschick lange gedroht«, schreibt Goethe an die Gräfin Josephine O'Donell, die Hofdame der Kaiserin Maria Ludovica, am 30. Oktober, »so brach es endlich am 21. und 22. October über uns herein, und wir hatten von der rohen losgelassenen Gewalt alles zu fürchten und vieles zu ertragen. Wenn Sie sich vorstellen daß wir in acht und vierzig Stunden die ganze Stufenleiter vom Schreckbarsten bis zum Gemeinsten durchgeduldet haben, so werden Sie gewiß Ihres Freundes mit Antheil gedenken.« Am 23. Oktober wird der österreichische Feldzeugmeister Colloredo bei ihm einquartiert; dieser ärgert sich heftig darüber, daß Goethe ihn mit dem Orden der französischen Ehrenlegion empfängt! Colloredo rächt sich, indem er auf Goethes Kosten (vor allem auf Kosten des Weinkellers) alle Tage 24 Personen zu seinem Tisch bittet. Endlich zieht Colloredo aus, wahrscheinlich auf Vermittlung Metternichs, den Goethe am 26.

kurz gesprochen hat. Und nachdem ihn Wilhelm von Humboldt, jetzt Minister zu Berlin, einige Tage besucht hat, glaubt er, das Schlimmste überstanden zu haben. Er schreibt am 29. Oktober 1813 an Cotta: »daß das Ungeheure an mir und den Meinigen dergestalt vorübergegangen ist daß wir uns nicht zu beklagen haben«. Cotta ist erfreut über den glücklichen Ausgang »jener schiksalvollen Tage«. Daran knüpft er die Hoffnung: »Mögen dise Tage die Vorboten einer schönern Zeit gewesen seyn, die zu bewirken ganz in der Macht Napoleons gestanden hätte, ohne daß sie mit so vielem Blut und Kummer zu erkämpfen nötig gewesen wäre! Diß scheint mir sein grösster Vorwurf zu seyn, denn von ihm hieng es ab, ein Heiland der Welt zu werden.« Bei dieser Erinnerung hatte Cotta wohl im Sinn, daß er Napoleon immer attestiert hatte, er habe »höhere Zwecke«, als nur Länder zu erobern.

Auch bei Cotta breiteten sich nun Enttäuschung und Empörung aus. Der Brief Goethes vom 29. Oktober aber barg für Cotta eine große Überraschung: »Zu überlegen gebe ich ob Sie nicht *Herrmann und Dorothea* in Taschenformat abdrucken und um wohlfeilen Preis ausstreuen mögen.« Mit Recht sah Goethe jetzt einen günstigen Zeitpunkt für eine neue Wirkung dieses Epos, das ja ein Gegenbild zu Kriegsunruhen darstellte und an alte Tugenden der Ordnung und des Beständigen erinnerte. An Heinrich C. A. Eichstädt, den Herausgeber der ›Jenaischen Allgemeinen Literaturzeitung‹, schrieb er am 27. Januar 1814: »Man hat *Hermann und Dorothea* dem Zeitgeist auch als ein Opfer darbringen wollen, Ich kann es nicht mißbilligen; denn ich wundre mich selbst, da ich das Büchlein lange nicht angesehen, wie genau nach so großen Veränderungen der Sinn noch paßt und zutrifft.« Cotta war glücklich über Goethes Vorschlag, auf eine solche Ermächtigung hatte er lange gewartet, denn der Verlag Vieweg hatte unter sehr eigenwilliger Auslegung der Vereinbarung mit Goethe *Herrmann und Dorothea* seit dem Erscheinen 1798 unentwegt nachgedruckt und ständig auf sein

Verlagsrecht gepocht. Cotta erfüllte Goethes Wunsch umgehend, druckte das Werk in der eigenen Druckerei in Stuttgart und lieferte es im Februar 1814 aus; für seine Ausgabe wählte Cotta ein größeres Format als Vieweg, um das Druckbild des Epos schöner zu gestalten und besonders, um die Hexameterverse nicht brechen zu müssen.[1]

Auch wenn Goethe am 29. Oktober 1813 meinte, »das Ungeheure« sei an ihm und den Seinigen vorbeigegangen, so waren seine Sorgen nicht beendet. Noch immer waren Reste französischer Truppen aus Leipzig vorhanden, meist wurden sie von russischen Truppen in Richtung Süden verfolgt. Am 6. November geriet Goethe wieder in Not, »zwölf Mann Donisch Kosaken« drangen mit Gewalt in sein Haus ein. Doch er konnte sich von ihnen befreien. Inzwischen war klargeworden, Napoleon war geschlagen, und zwar definitiv, seine Truppen waren dezimiert, es gab unendlich viele Tote und Verwundete, Deserteure, zurückgebliebene Festungsbesatzungen; wen der Krieg verschont hatte, holte sich nun die grassierende Typhusseuche. Und noch einmal errang Napoleon einen kleinen Sieg. In Hanau stellten sich ihm am 31. Oktober bayerisch-österreichische Truppen unter General Wrede entgegen, um ihm den Rückweg abzuschneiden. Napoleon konnte den Sperriegel durchbrechen und mit einem Teil seiner Armee französischen Boden erreichen, doch von den 700000 bei Dresden mobilisierten Mann waren es nun kaum mehr 200000.

Die Napoleonische Ordnung Deutschlands war zusammengebrochen, die Rheinbundfürsten suchten sich den siegreichen Alliierten anzuschließen, um ihre Besitztitel zu erhalten und bei der »Restauration« Europas eine Stimme zu haben. Überall schossen Freicorps aus dem Boden, Freiwillige, die den Krieg mit Frankreich weiterführen und definitiv beenden wollten. Goethes Sohn August wollte sich einem solchen Verband anschließen, der Vater wußte es zu verhindern. Auch Herzog Carl August von Weimar engagierte sich wieder militärisch, diesmal für die andere Seite, als russischer General stellte er ein kleines Militärkontingent auf. Die Verbündeten beschlossen, den Krieg gegen Napoleon fortzusetzen, und überschritten bei Kaub den Rhein. Am 30. März kapitulierte Paris, Napoleon konnte die Lage nicht abwenden, da nun auch Wellington von Spanien aus in den Süden Frankreichs eindrang und gegen Paris marschierte. Am 6. April 1814 dankte Napoleon in Fontainebleau ab; aus den Memoiren des Außenministers Caulaincourt wissen wir, daß er seine Marschälle noch einmal zum Widerstand aufrufen wollte, diese sich ihm aber verweigerten; in der Nacht zum 11. April versuchte er, vergeblich, seinem Leben mit Gift ein Ende zu setzen. Am 20. April verabschiedete er sich von seiner Garde und reiste unter Aufsicht von Kommissaren der Verbündeten nach Elba ins Exil. Am 30. Mai wurde von den Verbündeten der Friedensvertrag von Paris unterzeichnet, der Frankreich in seinen Grenzen von 1792 beließ; die Vereinbarung lebte von der durch eine geschickte französische Diplomatie aufgebauten Fiktion, das alte königliche Frankreich sei von dem revolutionären kaiserlichen zu trennen. Frankreich durfte zwar bei der Liquidation und Neuordnung des Napoleonischen Großreiches nicht mitbestimmen, aber es erreichte doch, daß es bei den kommenden Verhandlungen über die europäische Neuordnung in Wien immerhin mitsprechen konnte. In Europa hatte man den Eindruck, daß nun ein Friedenszustand erreicht sei, der nach dem Bankrott der Napoleonischen Europapolitik eine Art europäisches Gleichgewicht darstellen könnte.

Es war solche Friedenseuphorie, die am 17. Mai 1814 den Generaldirektor der Königlichen Schauspiele in Berlin, August Wilhelm Iffland, veranlaßte, an den Weimarer Hofkammerrat Franz Kirms heranzutreten, er möge bei Goethe erkunden, ob dieser gewillt sei, ein Festspiel zur Feier der Rückkehr der Sieger über Napoleon und des feierlichen Einzugs der verbündeten Monarchen von Preußen, Österreich und Rußland zu verfassen. Goethe überdachte den Antrag »vierundzwanzig Stunden, nach allen Seiten«, dann meinte er Kirms gegenüber am 18. Mai, den ehrenvollen Antrag doch ablehnen zu müssen. »Wie gern ich Gelegenheitsgedichte bearbeite, habe ich oft gestanden ... Wie weh es mir also thun muß, eine einzige Gelegenheit wie die, welche sich von Berlin darbietet zu versäumen, bedarf keiner Worte ... Vier Wochen sind ein gar zu kurzer Termin; sie wären es nicht, wenn ich mich in Berlin befände, oder wenigstens von dem dortigen Theater und den äußeren Verhältnissen früher persönliche Kenntniß genommen hätte.« Doch rasch überlegte er sich's anders. Zwei Tage später ließ er Iffland die Zusage mitteilen, und dieser reagierte auf Goethes Bereitschaft begeistert: »Seit Luthers Reformation ist kein so hohes Werk, dünkt mich, geschehen, als die jetzige Befreiung von Deutschland ... es gibt keine höhere Feier als die, daß der erste Mann der Nation über diese Begebenheit schreibt.« Goethe entwarf in Berka in wenigen Tagen ein Konzept für »Des Epimenides Erwachen«, schickte es zur Begutachtung an Iffland und arbeitete nach seinem eigenen Bekunden Tag und Nacht an der Ausführung, so daß bereits am 15. Juni erste Teile, darunter die lyrischen Partien, die zu Kompositionen bestimmt waren, per Stafette nach Berlin geschickt werden konnten. Iffland hatte die Idee, das Stück in Berlin drucken zu lassen, und zwar bei Duncker und Humblot. Goethe war einverstanden und sagte zu, daß er seinerseits diese Arbeit vor Ostern nächsten Jahres nicht wieder abdrucken lassen würde. Sein Vorschlag war, eine schöne Quartausgabe zu veranstalten, und außerdem riet er, eine Ausgabe im Taschenformat herstellen zu lassen. Am 23. Juni kam der Komponist Bernhard Anselm Weber zusammen mit dem Verleger Carl Friedrich Duncker in Weimar an, man fuhr nach Bad Berka, wo die Arbeit gemeinsam mit Riemer weitergeführt wurde. Riemer war eigens nach Berka bestellt worden, er hatte am 24. März 1812 seine Stellung als Sekretär aufgegeben und eine Stelle als Professor am Weimarer Gymnasium angetreten. Das Druckmanuskript wurde am 7. Juli 1814 beendet, von Friedrich Theodor David Kräuter (Sekretär seit dem 3. April bis Goethes Tod) abgeschrieben und am 12. Juli nach Berlin geschickt. »Es hat mir zuletzt die meiste Qual gemacht«, schrieb Goethe an Knebel am 9. Juli 1814, »denn bis so ein gebornes Kind getauft wird, ist der Umständlichkeiten kein Ende.« Er hoffte jedoch, diese Arbeit nicht nur für Berlin, sondern auch für die Zukunft unternommen zu haben (an Karl Liebich, 7.7. 1814).

Man kann gut nachvollziehen, warum Goethe das Ansinnen, in vier Wochen ein durch die Umstände so exponiertes Stück zu schreiben, zunächst ablehnte, Gefühl wie Instinkt warnten ihn; andererseits fühlte er sich gefordert, Antwort zu geben auf die vielen Fragen, die ihn erreichten, und es drängte ihn nun, seine Überzeugung zu den Freiheitsbewegungen und zu den Kriegen der Jahre 1813 und 1814 zu bekunden. Von vornherein ging es ihm um eine großangelegte, opernhafte Dichtung, in der die Musik die Hauptrolle spielen sollte, doch wollte er auch den anderen Bühnenkünsten – Bühnenbild, Choreographie und der Kostümierung – große Aufmerksamkeit widmen. »Das *Erwachen des Epimenides* kann man am füglichsten ein *Fest*spiel nennen«, schrieb er dem Komponisten Weber am 21. Dezember 1814, »indem es das erste Mal zu einem bedeutenden Feste gegeben wird, und, wenn es Gunst erlangt, nur an Festtagen wiederholt werden kann.« Die »Achse, worauf sich mein Stück herumdreht« (so an Zelter am 15.4.1815), bildet die Gestalt des Griechen Epimenides, der nach der Legende die Herden seines Vaters weidete, in einen 56 Jahre währenden Schlaf verfiel und danach zum Seher seines Volkes wurde.[2] Bei den Griechen schlief Epimenides also 56 Jahre, Goethe hatte die Zeit nicht nachgerechnet, die die Götter ihn ruhen ließen. Entschuldigt Epimenides sein Fernbleiben von aktiver Anteilnahme mit mythischem Schlaf? Im Vorspann zur Dichtung heißt es, »der

Dichter sucht das Schiksal zu entbinden«. Das versucht Goethe auch später im *Divan*, in der christlichen Legende von den Siebenschläfern wird das Motiv des langen Schlafs dargestellt, diese Schläfer schlafen 200 Jahre in einer Höhle, vor den Verfolgungen des Kaisers Decius durch den Erzengel Gabriel beschützt.[2a]

Goethe hatte vorher schon einmal ein Festspiel geschaffen, *Pandora*, das ursprünglich zur Feier des Tilsiter Friedens konzipiert war. Im Oktober 1807 war er von den beiden ihm bekannten Wiener Schriftstellern Leo von Seckendorff und Joseph Ludwig Stoll um einen Beitrag für eine Zeitschrift gebeten worden; sie setzte sich schon mit dem anspruchsvollen Namen ›Prometheus‹ das große Ziel, dem geistigen Leben im deutschsprachigen Raum nach dem Jahr 1806 neuen Auftrieb zu geben. In Heft 1 und 2 erschienen die Verse 1 bis 402, die Verse 277-291 aber fehlten. Inzwischen hatten sich die Herausgeber mit dem Verleger des ›Prometheus‹, Joseph Geistinger, zerstritten. Stoll versuchte, die Zeitschrift zu Cotta zu überführen, aber auch dies scheiterte. Es ist undurchsichtig, wie Geistinger eine Art Genehmigung von Goethe erlangte, das Festspiel drucken zu können. Es erschien 1810 unter dem Titel »*Pandora* von Goethe. Ein Taschenbuch für das Jahr 1810«. Geistinger behauptete, Goethe durch Bertuchs Industriecomptoir ein Honorar überwiesen zu haben. Dieser größte aller Wiener Nachdrucker hat also wenigstens ein Werk Goethes »rechtmäßig« veröffentlicht.[3]

Im Festspiel *Pandora* werden in symbolischer Form Gefährdung und Hoffnung der Menschen angesprochen; Gefährdung ging für die Menschen von Diktaturen und kriegerischen Unternehmungen aus, von Produktivkräften, die nicht den Pflug, sondern Waffen schmiedeten. Von Ende Oktober 1807 bis Juni 1808 hatte Goethe an dem Festspiel gearbeitet, dessen Bühnenbild zweigliedrig angelegt ist, eine Seite gilt Prometheus, die andere seinem Bruder Epimetheus. Wilhelm von Humboldt, der das Stück von Goethe erhielt, sprach von einer der »wunderbarsten Produktionen« Goethes. Im Mittelpunkt steht der Kontrast der beiden ungleichen Brüder, des kalten, rastlosen, gewerbefleißigen Prometheus und des empfindsamen, unglücklichen und müßigen Epimetheus. Nach dem Mythos wird Pandora auf Befehl des Zeus von Hephaistos erschaffen; sie kommt auf die Erde, mit einem Gefäß, in dem alle Übel und Krankheiten eingeschlossen sind, um die Menschheit für den Frevel des Feuerdiebstahls durch Prometheus zu bestrafen. Prometheus warnt seinen Bruder Epimetheus, aber Pandora und Epimetheus heiraten.

Ursprünglich sollte die Dichtung »Pandorens Wiederkunft« heißen, doch Goethe konnte das Stück nicht zu Ende führen. Von der Fortsetzung des Fragment gebliebenen Werkes, von der Wiederkunft der Göttin also, die der eigentliche Höhepunkt des Dramas sein sollte, ist nur ein kurzes Schema vom 18. Mai 1808 überliefert, Goethe hat es nicht mehr aufgenommen, die Arbeit an den *Wahlverwandtschaften* drängte das mythologische Festspiel in den Hintergrund, und nach dem *Epimenides*, in dem die Vision einer künftigen idealen Kulturepoche der Menschheit beschworen wird, konnte er dieses Werk nicht noch einmal aufgreifen.[4]

Es ist aber evident, daß Goethe, als er dann doch Ifflands Bitte entsprach, diese Arbeit im Sinne hatte. Er habe die Gelegenheit wahrgenommen, schrieb er im Juni 1814 an Iffland, »der Nation auszudrücken, wie ich Leid und Freude mit ihr empfunden habe und empfinde«.

Im Stück *Epimenides* erringt zunächst der Dämon der Unterdrückung einen Sieg, unterstützt von der Reaktion, dem Dämon der List, und schlägt Liebe und Glaube in Fesseln. Dann aber entsteht von unten her eine mächtige Bewegung, der Chor von Hoffnung und Einigkeit wirkt helfend mit, ein Jugendfürst stürzt nun den Tyrannen und weist den Weg zu Freiheit und zu Eintracht. Epimenides erfährt: »Schön ists, dem Höchsten sich vertraun ... Er lehrte mich das Gegenwärtge kennen.« Das ist der Sinn des Stückes, dieser Hinweis auf das Gegenwärtige. Und der Chor weiß es: »Nun sind wir Deutsche wiederum, | Nun sind wir wieder groß.«

Goethe hatte sich beeilt, den Text im Juli 1814 fertigzustellen, doch die Buchherstellung verzögerte sich, und ein Termin für die Aufführung war nicht in Sicht, die Gründe blieben unbekannt. Goethe jedenfalls war über die Verzögerung tief verärgert und glaubte, daß sein Stück durch die Wirklichkeit der Jahre 1814/15 überholt worden sei. Im Herbst 1814 trat der Wiener Kongreß zusammen, eine Geselligkeit jagte die andere; der Kongreß tanze, aber er agiere nicht, hieß es. Doch im Oktober 1814 konnte er schließlich eröffnet werden. Was auch immer man über ihn befinden mag, er hat die europäischen Verhältnisse für lange Zeit festgelegt. Am 7. März 1815 erreichte Wien die Nachricht, daß Napoleon Ende Februar von Elba geflohen und auf dem Wege nach Paris sei. Während des 100 Tage dauernden Nachspiels des Napoleonischen Kaisertums wurde die Kongreßarbeit nicht unterbrochen; bevor der definitive Sieg bei Waterloo errungen war, waren die Verhandlungen mit der Unterzeichnung der Wiener Kongreßakte am 9. Juni 1815 zum Abschluß gekommen. Das, was sich die Freiheitsbewegung ersehnt hatte, nämlich Freiheit und Einheit der deutschen Nation, wurde von den Diplomaten beiseite geschoben. Immerhin enthielt die deutsche Bundesakte das Grundgesetz für einen neu zu schaffenden »Deutschen Bund«; anstelle des alten Reiches und des Napoleonischen Rheinbundes trat der Bund von 38 souveränen Staaten, dessen Bundestag unter Österreichs Vorsitz stehen sollte. Wilhelm von Humboldt hatte dieses System eines Deutschen Bundes, eines Bundes der Fürsten der Einzelstaaten, befürwortet, er sah darin für Deutschland eine »Existenz zwischen den Zeitaltern«. Humboldt sprach dem Bund eine europäische Aufgabe zu, nämlich die Erhaltung des Gleichgewichts und die »Sicherung der Ruhe« in Europa. Er lehnte eine eigene Außenpolitik ab, sie könne nur zum Unglück für Deutschland werden. Einmal in internationale Verwicklung verstrickt, so schrieb Humboldt, könnte niemand hindern, »daß nicht Deutschland als Deutschland auch ein Erobererstaat würde, was kein echter Deutscher wollen kann«. Metternich, der geheime Lenker, wußte, daß grundlegend Neues nicht zu schaffen war. Er hatte den »geheimsten Gedanken«, »daß das alte Europa am Anfang seines Endes« stehe, das neue Europa aber noch nicht sichtbar sei. »Ich gestehe zu«, schrieb er gegen Ende seines Lebens, »die Lage erkannt zu haben, aber auch die Unvermögenheit, in unserem Reiche und in Deutschland ein neues Gebäude aufzuführen, weshalb meine Sorge vor allem auf die Erhaltung des Bestehenden gerichtet war.«

Für Goethe mußte das Resultat des Wiener Kongresses auch eine Bestätigung seiner politischen Haltung in all diesen Jahren gewesen sein. Freiheit und Gleichheit, so hatte er ja zu Anfang des Jahres 1789 geschrieben, seien nur im Taumel des Wahnsinns möglich. Nun, ein Vierteljahrhundert später, waren Freiheit und Gleichheit wieder nicht erreicht; Revolution und Restauration scheinen zusammenzugehören, ihre Dialektik scheint die Geschichte der modernen Welt zu bestimmen.

Die Aufführung des *Epimenides* wurde immer wieder verschoben. Iffland war am 22. September 1814 gestorben, der neue Intendant, Graf Carl Friedrich Moritz Paul von Brühl, war mit Weimar eng verbunden, und er setzte sich für die Aufführung ein. Sie sollte nun am 30. März 1815 stattfinden, zur Wiederkehr des Tages der Einnahme von Paris. Doch was war das für ein Datum! Napoleon war auf dem Weg von Elba nach Paris; der Wiener Kongreß, auf dem Machtkämpfe und Länderschacher immer mehr die Oberhand gewannen, gab den Völkern, die den Sieg erkämpft hatten, keinerlei Rechte – dies alles stand im Widerspruch zu Epimenides' Hoffnung. In Goethes Festspiel wurde die Befürchtung ausgedrückt, die er während des vergeblichen Wartens auf die Aufführung in einem Epigramm an die Berliner Intendantur ausgesprochen

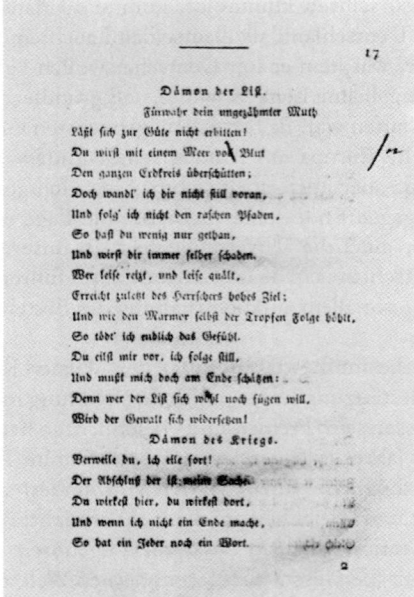

Goethe: *Des Epimenides Erwachen* (1813). S. 17 des Textheftes mit handschriftlicher Korrektur Goethes (SWK).

hatte: »Epimenides, denk' ich, wird in Berlin, | Zu spät zu früh erwachen.«[5] Dann aber ging alles sehr schnell. Duncker erhielt am 8. März die letzten Korrekturen. Am 25. März schrieb er an Goethe: »Die Zeit der Aufführung Ihres Epimenides hat uns nun so ereilt, daß ich Preßen und andere Triebfedern und mich selbst tüchtig in Bewegung setzen muß um bis nächstens Donnerstag am 30 ten, wo die erste Vorstellung statthaben wird, fertig zu werden.« Aus diesem Brief erfährt Goethe jedoch Ungewöhnliches. Auf Wunsch des Intendanten Graf Brühl wurde der Professor am Friedrich-Wilhelm-Gymnasium in Berlin, J. A. C. Levezow, gebeten, ein »Vorwort an die Zuschauer« zu schreiben, »um das Publicum in den Stand zu setzen diese große dramatische Dichtung richtig zu betrachten und tiefer zu genießen«. Als das Buch am 30. März erschien, *Des Epimenides Erwachen. Ein Festspiel von Göthe*, war ihm in der Tat ein achtseitiges, mit K. L. gezeichnetes, römisch paginiertes Vorwort vorgeheftet. Goethe mag nicht wenig überrascht gewesen sein. Es ist unseres Wissens das einzige Mal, daß eine erste Ausgabe eines Werkes von Goethe mit einem Vorwort eines Dritten erschien, und noch dazu, ohne daß Goethe den Text gekannt hatte! Verleger und Vorwortschreiber hatten Glück. Am 13. April schrieb Goethe an J. A. C. Levezow: »Die Absicht des wohlgelungenen Vorworts in seinen drey Theilen ist dem Endzweck vollkommen gemäß und konnte nicht verfehlen eine schnellere, günstigere Aufnahme zu bewirken.«[6]

Die Aufführung fand schließlich an diesem 30. März 1815 statt. Seinem Freund Knebel berichtete Goethe am 5. April: »Epimenides ist am 30. März endlich in Berlin erwacht, gerade zu rechter Zeit, um dasselbige, was sich die Deutschen bisher so oft in dürrer Prosa vorgesagt, symbolisch zu wiederholen, daß sie nämlich viele Jahre das Unerträgliche geduldet, sich sodann aber auf eine herrliche Weise von diesem Leiden befreyt. Jedermann wird hinzufügen, daß neue Thatkraft nöthig ist, um das Errungene zu schützen und zu erhalten.«

So endet nun auch (in einer späteren Fassung) das Festspiel, der Chor mit »kriegerischer Musik«: »Haut entzwey und reißt euch los! | Hinan! – *Vorwärts* – hinan«. Und der Jugendfürst nimmt diese starken Worte auf: »Hinan! – *Vorwärts* – hinan | Und das Werk es wäre gethan.« Epimenides aber weiß, daß der Höchste ihn »lehrte ... das Gegenwärtge kennen«.

In Berlin wurde das Stück wenig gespielt, in Weimar dreimal, sein Text erschien 1815 bei Duncker & Humblot in Berlin unter dem Titel »*Des Epimenides Erwachen. Ein Festspiel von Goethe*«. Von dieser Erstausgabe gab es auch ein Text-

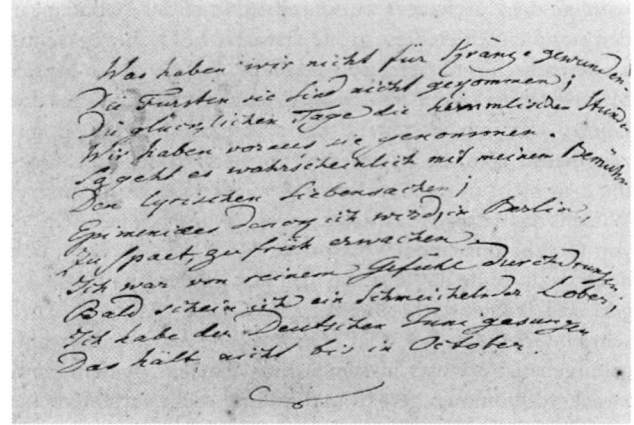

Goethe: Reinschrift des ›Zahmen Xenions‹ anläßlich der verzögerten Aufführung des *Epimenides* (»Was haben wir nicht für Kränze gewunden«), 1815 (GSA/SWK).

buch, das bei den Aufführungen in Berlin und Weimar an der Theaterkasse verkauft wurde; danach wurde diese Fassung des *Epimenides* zu Goethes Lebzeiten nicht mehr gedruckt. Vor der Erstpublikation dieser Fassung wurde das Chorlied »Brüder, auf! die Welt zu befreien« unter dem Titel *Vorwärts! Chor* gesondert veröffentlicht, und zwar in der Sammlung *Das erwachte Europa*, Berlin 1814, und in Cottas ›Morgenblatt‹ am 17. November 1814.[7]

Goethe war letztlich enttäuscht über die kühle Aufnahme; dem Publikum war durch die allegorische Einleitung der Zugang ohnehin erschwert, auch Knebel meinte, daß »manches in der Allegorie zu fein und daher zu unbestimmt für den anschauenden Sinn« war.

Später wurde dem Stück aus dem Nachlaß noch eine letzte Strophe hinzugefügt. Sie gehört zu den von Goethe zurückgehaltenen, erst posthum veröffentlichten *Zahmen Xenien*, die mutmaßlich nach Abschluß des Wiener Kongresses entstanden sind. Die Verse drücken Goethes Enttäuschung darüber aus, daß sich die hochgespannten Erwartungen an den *Epimenides* nicht erfüllten und daß der Wiener Kongreß im Grunde eben die bestehenden Verhältnisse festschrieb. Als »Freund des Bestehenden« aber wollte Goethe nicht gelten. Doch immer wieder mußte er dies hören, später sollte Ludwig Börne ihn in seinen *Briefen aus Paris* gar als »Fürstenknecht«, als »Despotendiener« und als »hindernde Kraft« bezeichnen.

Goethes Erwachen ist anders als das des Griechen Epimenides in seiner Höhle. Kannte er die chinesische Einsicht: Eh nicht das Äußerste erreicht ist, verkehrt sich nichts ins Gegenteil? Goethe setzt dem Weltganzen seine individuelle Welt entgegen, dem Ernst das Spiel. Mitten in der Arbeit am *Epimenides*, plötzlich, am 7. Juni 1814, hält er im Tagebuch fest: »Hafis Divan«.

2. *»Kleine Privatzustände an dem ungeheuren Maßstabe der Weltgeschichte gemessen«. Der »Divan« (1814-1819)*

Goethe hüllt sein Divan-Spiel, die zeitgeschichtlichen Hintergründe wie den autobiographischen Charakter wesentlicher Teile in ein Geheimnis. Es ist deshalb von besonderer Bedeutung, daß er das wichtigste Zeugnis zur Genese des ganzen Komplexes, der sich nun vor die Neuausgabe seiner Werke schiebt, seinem Verleger mitteilen will. Dies in einem Brief an Cotta, am 6. Mai 1815 dem Sekretär Kräuter diktiert und nicht abgeschickt: »Ich habe mich nämlich im Stillen längst mit *orientalischer Literatur* beschäftigt, und um mich inniger mit derselben bekannt zu machen, mehreres in Sinn und Art des Orients gedichtet. Meine Absicht ist dabey, auf heitere Weise den Westen und Osten, das Vergangene und Gegenwärtige, das Persische und Deutsche zu verknüpfen, und beyderseitige Sitten und Denkarten über einander greifen zu lassen«. Goethe erwähnt dankend Cottas vorjähriges Geschenk. Am 10. Mai 1814 hatte Cotta nämlich die »Gnade«, Goethe neben den verlangten Belegexemplaren von *Cellini* und dem 4. Band seiner Werke ›einige Neuigkeiten seines Verlags‹ zu übersenden. Unter diesen Neuigkeiten war ein Buch: »*Der Diwan von Mohammed Schemseddin-Hafis.* Aus dem Persischen zum erstenmal ganz übersetzt von Joseph von Hammer-Purgstall«, in zwei Bänden in der Cotta'schen Verlagsbuchhandlung Stuttgart und Tübingen 1812/13 erschienen. Seinen Leseeindruck hält Goethe in den *Tag- und Jahres-Heften* auf das Jahr 1815 fest: »Schon im vorigen Jahre waren mir die sämmtlichen Gedichte *Hafis* in der *von Hammer'schen* Übersetzung zugekommen, und wenn ich früher den hier und da in Zeitschriften übersetzt mitgetheilten einzelnen Stücken dieses herrlichen Poeten nichts abgewinnen konnte, so wirkten sie doch jetzt zusammen desto lebhafter auf mich ein, und ich mußte mich dagegen productiv verhalten, weil ich sonst vor der mächtigen Erscheinung nicht hätte bestehen können. Die Einwirkung war zu lebhaft, die deutsche Übersetzung lag vor, und ich mußte also hier Veranlassung finden zu eigener Theilnahme. Alles was dem Stoff und dem Sinne nach bei mir Ähnliches verwahrt und gehegt worden, that sich hervor, und dieß mit um so mehr Heftigkeit, als ich höchst nöthig fühlte, mich aus der wirklichen Welt, die sich selbst offenbar und im Stillen bedrohte, in eine ideelle zu flüchten, an welcher vergnüglichen Theil zu nehmen meiner Lust, Fähigkeit und Willen überlassen war.« Eine aufschlußreiche Bemerkung über die Auslösung eines schöpferischen Prozesses bei Goethe. Gegen große Vorzüge anderer Dichter gibt es für ihn als Schriftsteller ein einziges Rettungsmittel, nämlich sich dagegen »productiv« zu verhalten, es als »Veranlassung« für eigene »Theilnahme« zu nehmen.

Was hat Goethe an Hafis so fasziniert? Hafez (»der den Koran auswendig weiß«), 1326 in Schiraz geboren und dort

1390 gestorben, stand, wie Goethe, im Dienst von Fürsten. Seine ersten Gedichte galten dem Wesir des Mongolen-Vasallen Abu Ishaq Indhü; später wurde er Professor der moslemisch-theologischen Hochschule Medrese in Schiras, und wieder genoß er die Gunst des Wesirs, des fanatischen orthodoxen Mozzaffariden Mobarezo'd-Din, und die des Schahs Sedschan; er lobte die Fürsten, kritisierte sie aber auch, unter seinem Einfluß wurde das Verbot des Weintrinkens zeitweise aufgehoben. »Schah Sedschan« im »Buch der Betrachtungen« ist Carl August in Weimar, dem gewünscht wird, sein Reich möge beständig sein, und der Betrachter empfindet es als sein »höchstes Gut«, »einen Herrn gefunden zu haben«. Wie Goethe Napoleon, so begegnet Hafis dem Anführer des zweiten Mongolensturms, Timur Lang. Die Gestalt des Timur im »Buch des Timur« zielt fraglos auf Napoleon. Vielleicht müßten, schreibt Goethe in den »Noten und Abhandlungen«, ein paar Jahre hingehen, »damit uns die allzunah liegende Deutung ein erhöhtes Anschaun ungeheurer Weltereignisse nicht mehr verkümmerte«. Boisserée notiert in seinem Tagebuch vom 3. August 1815 Gesprächsformulierungen Goethes: »Aneignung des Orientalismus – Napoleon, unsere Zeit bieten reichen Stoff dazu. Timur. Dschingiskan Natur-Kräften ähnlich in einem Menschen erscheinend.« So im Gedicht *Der Winter und Timur*: Nicht Menschen vernichten den Diktator, sondern Naturkräfte. In *Dichtung und Wahrheit* ist das Dämonische eine »die moralische Weltordnung durchkreuzende Macht«, und sie kann nicht durch Menschen, sondern nur »durch das Universum selbst« überwunden werden.

Der Legende nach habe Timur Hafis Gotteslästerung vorgeworfen, weil dieser von Engeln gesungen habe, die in einer Schenke den »Lehmklumpen Adam« mit Wein tränkten und so den Menschen »ewigen Rausch« bestimmten. Angeblich habe Hafis zu Timur gesagt, daß er mit Weintrinken das Erlangen der Erkenntnis und mit der Schenke die Stätte der Erkenntnis meine. Die Arche Noah sei eine Art Weinpokal, da Noah, auch nach jüdischer Tradition, als Erfinder des Weines gilt. Der Wein weise auf den himmlischen Ursprung des Menschen, das irdische Liebesspiel sei nur Vorspiel des himmlischen, so sei menschliche Sehnsucht auch Sehnsucht nach dem himmlischen Ursprung des Menschen. In einem der letzten für den *Divan* am 11. September 1818 in Karlsbad entstandenen Gedichte (Goethe hatte eben von Willemer erfahren, daß dessen Frau Marianne verzweifelt, krank und schwermütig sei, und von ihr einen Brief empfangen, der ihr tiefes Leiden ausdrückte), mit dem Titel *An Hafis*, lesen wir:

> Was alle wollen weißt du schon
> Und hast es wohl verstanden:
> Denn Sehnsucht hält, von Staub zu Thron,
> Uns all in strengen Banden.

Goethe bewunderte Hafis' Frömmigkeit. Der Tod ist für Hafis nur die Pforte zur Vereinigung mit Gott. Berühmt sind seine Verse: »Wieviel Liebende auch töte seine grenzenlose Schönheit, gleich ersteht ihm aus dem Jenseits neues liebendes Gedränge.« Hafis kritisierte aber auch die Auswüchse solcher Haltung, so etwa die des grausamen Diktators Mubarisuddin, der von sich gesagt hat, 800 Menschen, gewissermaßen bei Unterbrechung der Koran-Lektüre, enthauptet zu haben. Wahrscheinlich konnte sich Goethe eher mit einem anderen Vers von Hafis identifizieren: »Ich bin meinem Arm sehr dankbar, daß ich nicht die Macht habe, Menschen zu quälen.« Goethe schätzte an Hafis, seinem »Zwillingsbruder«, Frömmigkeit und Sinnengenuß. Hafis ist für ihn »heiliges Exempel«, der »heilige Hafis« sei sein »lieblicher Lebensgeleiter«. Vor allem bewunderte er dessen unerreichte Meisterschaft des Ghasels, dieses in zwei Ebenen, der irdischen und der mystischen, zugleich angesiedelten Poems. Die einzelnen, in sich abgeschlossenen Doppelverse sind zwar kontrapunktisch verschlungen und thematisch mit größter Vielfalt ausgestattet, erreichen aber doch eine große poetische Einheit. Was für Goethe die Bibel, war für Hafis der Koran, und nicht von ungefähr steht in den »Noten und Abhandlungen« unter dem Titel »Alt-Testamentliches«: »Denn wie alle unsere Wanderungen im Orient durch die heiligen Schriften veranlaßt worden, so kehren wir immer zu denselben zurück, als den erquicklichsten, obgleich hie und da getrübten, in die Erde sich verbergenden, sodann aber rein und frisch wieder hervorspringenden Quellwassern.« Immer wieder kommt Goethe auf die Bibel zurück, auch auf Episoden der Leidensgeschichte Jesu. Aus *Dichtung und Wahrheit*, das ungefähr zur gleichen Zeit entstand, weiß man, wie sehr Goethe die Darstellung des Antlitzes Jesu auf dem Schweißtuch der Veronika, das »keineswegs [das] des in Gegenwart Leidenden, sondern eines herrlich Verklärten und himmlisches Leben Ausstrahlenden« war, beeindruckt hat.[8] Das Gedicht *Beiname* aus dem Buch Hafis, die Zwiesprache zwischen dem Dichter und Hafis, spielt darauf an:

> Hafis drum, so will mir scheinen,
> Möcht' ich dir nicht gerne weichen:
> Denn wenn wir wie andre meinen,
> Werden wir den andern gleichen.
> Und so gleich ich dir vollkommen
> Der ich unsrer heil'gen Bücher
> Herrlich Bild an mich genommen,
> Wie auf jenes Tuch der Tücher
> Sich des Herren Bildnis drückte,
> Mich in stiller Brust erquickte,
> Trotz Verneinung, Hindrung, Raubens,
> Mit dem heitren Bild des Glaubens.

Hafis wie Goethe hatten ihre Religiosität gegen Selbstgerechte und Orthodoxe, gegen »Verneinung, Hindrung,

Rauben« zu verteidigen. Sulpiz Boisserée sollte Goethe einmal anvertrauen, Hafis sei für ihn ein »anderer Voltaire«, ein Erzaufklärer also, »so frech – ich kehr mich an euren Himmel nicht, kann ich mir ein paar Huris hineinstellen.« Er wehrte sich auch gegen eine allzu eindeutige Auslegung der Werke von Hafis. Im Gedicht mit dem ursprünglichen Titel »Widerruf« und dann mit dem definitiven und sehr bezeichnenden Titel *Wink* lesen wir: »Das Wort ist ein Fächer!«, und so stellte sich Goethe auch gegen »Verneinung und Hindrung« und betonte immer wieder, daß Religiosität nicht zur Verdüsterung des Lebens führen müsse. Hafis und Goethe sind Weltbejaher, ihr Tiefsinn verträgt sich mit Frohsinn, ja, gelegentlich mit Leichtsinn. Für beide ist das Element der Heiterkeit charakteristisch, sie wollen das heitere Bild des Glaubens.[9]

Für Goethe war Hafis lebendig. Er entnahm seiner Dichtung oder ihren persischen Vorlagen, was ihm wichtig war, und verwandelte sie zu seinem großen Gesang von Stirb und Werde. Aus den persischen Vorlagen von Hafis' *Diwan* stammt das Bild von der Kerze, die zur Flamme wird, und das Gleichnis vom Schmetterling, der sich läuternd verbrennt. Bei Goethe wurden diese Bilder und Gleichnisse zu Sinnbildern der Verwandlung, der Läuterung auch, zum Bild der eigenen Existenz. Für ihn ist die Erde nicht dunkel, er ist kein trüber Gast. Wenn Suleika sagt: »Höchstes Glück der Erdenkinder | Sei nur die Persönlichkeit«, antwortet Hatem: »Kann wohl sein! so wird gemeinet; | Doch ich bin auf andrer Spur: | Alles Erdenglück vereinet | Find' ich in Suleika nur.«[10]

Am 21. Juni 1814, zwei Wochen nach der Erwähnung des *Divan* im Tagebuch, entstand *Erschaffen und Beleben*, das erste Gedicht im Zusammenhang des *Divan*-Zyklus. Man kann zunächst an den rohen Versen keinen Gefallen finden, aber wenn wir den Dichter »verstehen« wollen und »ins Land der Dichtung« gehen, dann sehen wir, daß Goethe die Idee des Gedichts einer persischen Vorlage entnommen hat. Der

Neugeborene sei ein halber »Klumpen« so lange, bis Noah das »Wahre« gefunden habe, nämlich den Wein im »Humpen«, und der »Klumpe« fühlt den Schwung, sobald er sich mit Wein »benetzet«. Für den Leser ist ein solches Bild wenig inspirierend, aber wir wissen, wie wichtig die Topoi vom Singen und Trinken, vom Liebenden und der Sehnsucht nach dem Göttlichen für Hafis wie für Goethe waren:

> So, Hafis, mag dein holder Sang,
> Dein heiliges Exempel
> Uns führen, bei der Gläser Klang,
> Zu unsres Schöpfers Tempel.

Das war am 21. Juni 1814. Am 25. Juli trat Goethe seine Reise »zu unsres Schöpfers Tempel« an, aber die Reise führte nicht gen Osten, um im »reinen Osten« »Patriarchenluft zu kosten«, sie war eine Flucht, eine Flucht rück- und vorwärts, zurück in die alte Heimat, vorbei an den Stätten alten Liebens, vorwärts mit dem sicheren »Phänomen«: »Doch wirst du lieben.« Das einleitende Gedicht des *Divan*-Zyklus, am 24. Dezember 1814 in Weimar geschrieben, trägt den Titel *Hegire*, es ist die französische Form des arabischen Hidschra, Flucht, eine Bezugnahme auf Mohammeds Hidschra. Goethe folgte dem Beispiel des Propheten, dessen Loslösung von Mekka und Emigration nach Medina im Jahre 622 den Beginn der muslimischen Zeitrechnung markiert. In seiner Vision beginnt auch für den, der die *Divan*-Verse schreibt, eine Emigration, eine Epoche in seinem Lebenskunstwerk.

> Dort, im Reinen und im Rechten,
> Will ich menschlichen Geschlechten
> In des Ursprungs Tiefe dringen,
> Wo sie noch von Gott empfingen
> Himmelslehr' in Erdesprachen,
> Und sich nicht den Kopf zerbrachen.

Das bezieht sich eindeutig auf den Koran wie auf die Bibel, auf die »Himmelslehr'« und ihre intellektuellen Ausleger. Mohammeds Flucht wollte Goethe noch einmal im späteren Alter gestalten, doch er kam nicht mehr dazu. Mohammed war für ihn ein Prophet, unmittelbar zu Gott, und er brauchte weder lesen noch schreiben zu können. Dies war für Goethe überhaupt nicht wesentlich, in seinen verschiedenen Auszügen aus dem Koran hatte er sich notiert, Mohammed sei »nichts als ein Gesandter«, er sei »nur ein Prediger«, und der Glaube sei weit, nur der Gedanke eng. Goethe formulierte ganz islamisch:

> Wie das Wort so wichtig dort war,
> Weil es ein gesprochen Wort war.[11]

Mohammed hat bekanntlich wie Christus keine von seiner Hand geschriebenen Worte hinterlassen. So sind seine Worte wie die von Christus auch »Dichterworte« im ursprünglichen Sinne: »Um des Paradieses Pforte | Immer leise klopfend schweben, | Sich erbittend Ew'ges Leben.«

Goethes Reise ist produktiv, am ersten Tag schreibt er zwei, am zweiten neun Gedichte. Am 28. Juli ist er in Frankfurt, wo er, am väterlichen Haus vorbeigehend, die alte Standuhr schlagen hört. Tage später, mit der Unterschrift »W[ies]B[aden] d[en] 31ten Jul[i] 1814«, entsteht dann das Gedicht, das in der Handschrift den Titel trägt: »Buch Sad, Ghasele 1«, das später *Selbstopfer* heißen sollte, im ›Taschenbuch für Damen auf das Jahr 1817‹ *Vollendung* und für den Druck des *Divan Selige Sehnsucht*:

> Sagt es niemand, nur den Weisen,
> Weil die Menge gleich verhöhnet,
> Das Lebendge will ich preisen
> Das nach Flammentod sich sehnet.

> In der Liebesnächte Kühlung,
> Die dich zeugte, wo du zeugtest,
> Überfällt dich fremde Fühlung
> Wenn die stille Kerze leuchtet.
>
> Nicht mehr bleibest du umfangen
> In der Finsternis Beschattung,
> Und dich reißet neu Verlangen
> Auf zu höherer Begattung.
>
> Keine Ferne macht dich schwierig,
> Kommst geflogen und gebannt,
> Und zuletzt, des Lichts begierig,
> Bist du Schmetterling verbrannt.
>
> Und so lang du das nicht hast,
> Dieses: Stirb und werde!
> Bist du nur ein trüber Gast
> Auf der dunklen Erde.

In vierzeiligen Strophen mit trochäischen Versen und Kreuzreim, einer Strophenform, die im *Divan* am häufigsten gebraucht wird (und die im übrigen die meistbenutzte Strophenform des erzählenden Romanzenzyklus der deutschen Literatur ist), wird ruhig und gelassen das Lebendige gepriesen. Wir haben erwähnt, daß Goethe Motive aus den persischen Vorlagen des Hafisschen *Divan* übernommen hat, Bilder und Gleichnisse der Läuterung und der Verwandlung. »Was, wenn Verwandlung nicht, ist dein drängender Auftrag«, sollte Rilke einmal schreiben, und Goethe verkündet das in der letzten Strophe, deren Trochäen verkürzt sind. Der, der dies in Wiesbaden am 31. Juli 1814 schreibt, ist wahrlich kein trüber Gast und empfindet die Erde nicht als dunkel, er ist auf »andrer Spur«: »alles Erdenglück vereinet | find' ich in Suleika nur«.

Am 4. August trifft Goethe in Wiesbaden mit Johann

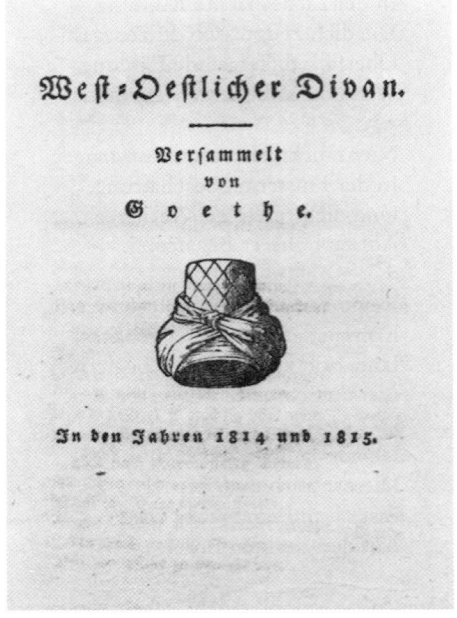

Vorabdruck von Gedichten und Sprüchen aus dem *West-Oestlichen Divan* in Cottas ›Taschenbuch für Damen auf das Jahr 1817‹ (Titelvignette: Holzschnitt von L. Heß).

Jakob von Willemer zusammen, der ihm flüchtig die »Demoiselle Jung« vorstellt, Marianne, die seine »liebe Kleine«, seine Suleika, seine Geistespartnerin im *Divan* werden sollte. Am 18. September sehen sie sich wieder an der Gerbermühle bei Frankfurt, Willemers Landhaus. Der Tag ist »höchst schön ... Mariane wohl«, berichtet Goethe nach Weimar.[12] Am 23. September besucht Willemer den in Heidelberg zur Besichtigung der Boisseréeschen Sammlungen mittelalterlicher und niederdeutscher Kunst weilenden Goethe, die »Frauenzimmer« kommen nach; Willemer wird die Gelegenheit benutzt haben, mit Goethe unter vier Augen über seine Absicht,

Marianne zu heiraten, zu sprechen. Goethe, der Situation seines ehemaligen Eroticons eingedenk, hat ihn in seiner Absicht bestärkt. Am 27. September 1814 heiraten Willemer und Marianne, eilig, überstürzt, ohne Frist und Aufgebot; da Marianne ihre Geburtsurkunde nicht beibringen kann, wird sie ohne das Frankfurter Bürgerrecht bleiben. Goethe beeilt sich nicht, Christiane von der Heirat zu benachrichtigen, erst am 12. Oktober diktiert er Stadelmann für Christiane: »Abend zu Frau Geheimeräthin Willemer: denn dieser unser würdiger Freund ist nunmehr in *forma* verheirathet. Sie ist so freundlich und gut wie vormals. Er war nicht zu Hause.« Er wohnt in Frankfurt bei einer Anverwandten, Frau Schlosser, und ihren beiden Söhnen; bis 20. Oktober bleibt er dort.

Sein Tagebuch hält diesen Donnerstag, den 20. Oktober, mit folgenden Worten fest: »Besuche: Mariane ... Abgefahren um 2 Uhr.« Später hatte er dann wieder Grund, sich über Cottas ›Morgenblatt‹ zu ärgern, dessen Redaktion eine Satire auf Goethes Aufenthalt in Frankfurt veröffentlicht hatte: »Nach siebenzehn Jahren ... sieht das beruhigte Frankfurt ... ihn wieder in ihren Mauern, wo er geboren wurde, Deutschlands Stolz und ihren Ruhm, den größten jetzt lebenden Dichter: *Goethe*«; doch die Satire erdichtet eine nicht stattgefundene theatralisch bekränzte Ehrung, die lange für wahr gehalten wurde.[13]

In den Sommermonaten des Jahres 1814 entstanden viele Gedichte, sie machen schon »ein kleines Ganze, das sich wohl ausdehnen kann, wenn der Humor wieder rege wird« (an Riemer, 29. 8. 1814). Der Humor blieb rege, und die Sammlung dehnte sich immer weiter aus. Im Tagebuch unter dem Datum vom 14. Dezember ist eine neue Bezeichnung für die bisherigen »Gedichte an Hafis« eingetragen: »Deutscher Divan«. Damit hatte Goethe für sich eine tragende Konzeption gewonnen, die er nun abzurunden trachtete. Am Weihnachtsabend 1814 entstand das Gedicht *Hegire*, rückwirkend als Einleitung und Prolog gedacht, und in eben diesen Tagen auch das Gedicht *Gute Nacht!*, das eine Art Epilog darstellt. In der *Hegire* gibt Goethe, wie schon erwähnt, eine Art poetische Selbstcharakterisierung, gleichzeitig will er noch einmal die vergangene Zeit beschwören, in der »Throne bersten und Reiche zittern«, will noch einmal den Versuch machen, »in dieser Zeit unsere kleinen Privatzustände an dem ungeheuren Maaßstabe der Weltgeschichte zu messen«. Sein persönliches Erleben (»Sorge, Furcht, Angst, Schrecken und Leiden mit soviel anderen getheilt«) will er verbinden mit den politischen Ereignissen dieser Jahre, in denen eine Epoche endete und eine neue begann, in der Napoleon aufstieg und fiel, in der das Heilige Römische Reich unterging und der Versuch einer neuen Friedensordnung unternommen wurde. So wurden ihm die Gedichte des *Divan* fast unversehens zum »Vehikel seiner politischen Glaubensbekenntnisse«. Seine Lieder aber möchte er nun, wie er im Schlußgedicht des *Divan*, im Gedicht *Gute Nacht!*, schreibt, »an den Busen meinem Volke« legen, damit »das Neue« »immer wächst nach allen Seiten«. Damit schien der Komplex »Deutscher Divan« abgeschlossen. Im sogenannten Wiesbadener Register ordnete Goethe unter dem Datum vom 30. 5. 1815 den bis Ende 1814 vorliegenden 53 Gedichten weitere 47 Gedichte zu (darunter auch die noch zu schreibenden). Doch was Goethe nicht ahnte: Die Arbeit sollte erst beginnen.

Goethe betrieb in den kommenden Monaten ein systematisches Studium aller ihm erreichbaren Werke über den Orient, zunächst Hammer-Purgstalls *Fundgruben des Orients* und seine *Geschichte der schönen Redekünste Persiens*. Er las Reiseberichte, neue Übersetzungen, führte Gespräche mit Orientalisten und schaffte orientalische Handschriften für die Herzogliche Bibliothek an. Da er Hafis nicht im Original lesen konnte, die Handschrift ihm aber von eminenter Bedeutung schien, widmete er sich auch dem »Schönschreiben« »mit Eifer«.[14] Er studierte Quellen, so die berühmten sieben arabischen Gedichte *Die Moallakat* (die in der Moschee von Mekka aufgehängt sind und deutsch 1802 erschienen: »Die hellstrahlenden Plejaden am arabischen poetischen Himmel«), er las Marco Polos Bericht und immer wieder den Hafisschen *Diwan* und den Koran. Goethe hat die ihm wichtigsten Quellen in einem ungewöhnlichen Widmungsblatt dargestellt.

Aus diesen Arbeiten entstanden 1816-1818 die »Noten und Abhandlungen«, in der Erstausgabe trugen sie den Titel »Zu besserem Verständnis«, und die Verse:

> Wer das Dichten will verstehen
> Muß in's Land der Dichtung gehen;
> Wer den Dichter will verstehen
> Muß in Dichters Lande gehen.

Die Einleitung enthält den berühmten Satz: »Alles hat seine Zeit.« Wie wahr! Die »Noten und Abhandlungen« sind aber weit mehr als Anweisung zu besserem Verständnis. Mit Fug und Recht werden sie als selbständiger zweiter Teil des *Divan* bezeichnet. Heute sind wir über Goethes orientalische Studien durch Katharina Mommsens Buch *Goethe und die arabische Welt* genau unterrichtet.[15] Goethe, so Katharina Mommsen, hat die männliche wie weibliche Seite der arabischen Geistesart aufgenommen. Wenn Scheherezade dem Erzähler Goethe als Muse zur Seite steht, wenn Mohammed und der Koran den Lyriker Goethe inspirieren, so faszinieren ihn an den Beduinendichtern deren nomadische Lebensform, Naturnähe, Phantasiereichtum, ihr Mut, ihre Gastfreundschaft, ihre Lebenskraft. Es ist äußerst aufschlußreich, daß arabische sprichwörtliche Wendungen Goethe ein Leben lang begleitet haben. Dem ganz an den Anfang des *Divan* gestellten Motto zum »Buch des Sängers« liegt die sprichwörtliche arabische Redensart »Schön wie das Zeitalter der Barmekiden« zugrunde, die Goethe in einem Werk über den Propheten Mohammed gefunden hatte. Er griff sie auf und verwendete sie zu einer sehr verschlüsselten persönlichen Aussage:

> Zwanzig Jahre ließ ich gehn
> Und genoß was mir beschieden;
> Eine Reihe völlig schön
> Wie die Zeit der Barmekiden.

Im Kapitel »Ältere Perser« der »Noten und Abhandlungen« berichtet Goethe, daß die Barmekiden von den Feueranbetern in Balch abstammen, einer Stadt, in welcher sich »die Tempel des reinen Feuers erhielten, große Klöster dieses Bekenntnisses entstanden und eine Unzahl von Mobeden sich versammelten. Wie herrlich aber die Einrichtung solcher Anstalten müsse gewesen sein, bezeugen die außerordentlichen Männer, die von dort ausgegangen sind. Die Familie der Barmekiden stammte daher, die so lange als einflußreiche Staatsdiener glänzten, bis sie zuletzt, wie ein ungefähr ähnliches Geschlecht dieser Art zu unsern Zeiten, ausgerottet und vertrieben worden.« Im Kapitel »Kalifen« nimmt er noch einmal das Barmekiden-Thema auf: »Daher bleibt noch immer als die glänzendste Epoche berühmt die Zeit wo die Barmekiden Einfluß hatten zu Bagdad ... Die Zeit der Barmekiden heißt daher sprichwörtlich: eine Zeit localen lebendigen Wesens und Wirkens, von der man, wenn sie vorüber ist, nur hoffen kann, daß sie erst nach geraumen Jahren an fremden Orten unter ähnlichen Umständen vielleicht wieder aufquellen werde.« Die Zeit der Barmekiden war die literarisch und politisch bedeutende Epoche des 8. Jahrhunderts, in dem dieses altpersische Geschlecht großen Einfluß auf Bagdad, auf die Kalifen hatte. Goethe beeindruckte, daß ein Sprichwort ein Geschlecht von Andersgläubigen so hoch pries, aber hauptsächlich wird er von der Tatsache betroffen gewesen sein, daß es sich bei den Barmekiden um »einflußreiche Staatsdiener« handelte. Hier mußte Goethe nolens volens an einen Vergleich Bagdads mit Weimar denken und auch sich als einen solchen Staatsdiener sehen, und seine Hoffnung, daß »eine Zeit lebendigen Wesens und Wirkens« »nach geraumen Jahren an fremden Orten unter ähnlichen Umständen vielleicht wieder aufquellen werde«, ist ja ein starker Hinweis auf diesen autobiographischen Bezug. So, mit den alten Persern und mit Hafis, will Goethe seine Poesie seinem Volke an die Brust legen, und er möchte Großes mit seiner Poesie erreichen. Dichten ist zwar »ein Übermut«, aber »schöpft des Dichters reine Hand | Wasser wird sich ballen«.

Am 24. Mai 1815 bricht Goethe nach Wiesbaden auf, er reist zwar über Frankfurt, sieht aber die Willemers nicht und hat auch keine Eile, sie wiederzusehen. Unterwegs und in Wiesbaden arbeitet er am *Divan* weiter; es entstehen die ersten Suleika-Gedichte. Politisch, militärisch herrscht Unruhe, Napoleon ist wieder aufgetreten. Am 21. Juni wird in Wiesbaden – so Goethes *Tag- und Jahres-Hefte* – die Schlacht von Waterloo »zu großem Schrecken als verloren gemeldet, sodann zu überraschender, ja betäubender Freude, als gewonnen angekündigt«. Im Juli reist er mit dem Freiherrn vom Stein und Ernst Moritz Arndt nach Köln, im August begegnet er in Wiesbaden Boisserée, der ihn von nun an bis zu seiner Rückkehr nach Weimar im Oktober begleiten wird. Erst am 12. August trifft er in der Gerbermühle die Willemers; als Geschenk für Marianne hat Goethe Hafis' *Diwan* im Gepäck – es soll ein folgenreiches Geschenk werden. Am 28. August wird ihm auf der Gerbermühle der Geburtstag ausgerichtet, ein schwieriges Unternehmen, denn er liebte diese Art Feiern nicht, und so ist es seit Jahren sein erster und auch sein letzter in Frankfurt gefeierter Geburtstag. Ins Tagebuch trägt er für diesen Tag geheimnisvoll und beziehungsreich ein: »Divan. Anfang – Ende.« Das Buch »Suleika« beginnt zu entstehen und mit ihm die Namen der Protagonisten. »Da du nun Suleika heißest | Sollt ich auch benamset sein. | Wenn du deinen Geliebten preisest, | Hatem! das soll der Name sein.« Den

Blick von der Gerbermühle auf Frankfurt. Aquatinta-Radierung von Rosette Städel, zu Goethes Geburtstag, 28. 8. 1816 (FDH).

Namen »Hatem« entnahm Goethe den Dichtungen Saadis: Hatem aus dem Stamme Thai war »der Freigebigste aller Araber«. Auch den Vorspruch entlehnte Goethe wörtlich einem osmanischen Dichter, dem Sultan Selim I.; in einem symbolischen Distichon wähnte der Sänger, in der Nacht vom Mond zu träumen, aber unvermutet ging »die Sonne« auf. Die Sonne. Die andere Spur. Am 12. September erhielt Marianne von Goethe das erste an sie direkt gerichtete Gedicht:

> Hatem.
> Nicht Gelegenheit macht Diebe,
> Sie ist selbst der größte Dieb,
> Denn sie stahl den Rest der Liebe,
> Die mir noch im Herzen blieb.
> ...

Sein Leben sei nur von ihr »gewärtig«, und er erfreue sich in ihren Armen »erneuerten Geschicks«. Das war eine eindeutige Erklärung, die poetische Form nur ein letzter Versuch zur Distanz. Goethe, der Erfahrene, ging aus sich heraus, erklärte sich, konnte erahnen, was in Marianne vorging, die, ein Leben lang in ihren Gefühlen unerfüllt, nun in dem von ihr so sehr verehrten Mann die Erfüllung sah. Wir Heutigen müssen wohl erkennen, daß Goethe, der großartige Regisseur seines eigenen Lebenskunstwerkes, hier schon das Scheitern einer Beziehung zweier anderweitig gebundenen Menschen mitinszenierte.

Marianne, und dies ist das Wunder dieses Buches, antwortet vier Tage später mit einem Gedicht, das die entgegengebrachte Liebe ebenso deutlich erwidert, das poetische Kraft aufweist und das dem Empfänger alle Ehre macht. Und das der deutschen Sprache ein neues Wort schenkt: »Hochbeglückt«. Ein poetischer Wechselgesang beginnt:

> Suleika.
> Hochbeglückt in deiner Liebe
> Schelt ich nicht Gelegenheit;
> Ward sie auch an dir zum Diebe,
> Wie mich solch ein Raub erfreut!
> ...
> Scherze nicht! Nichts von Verarmen!
> Macht uns nicht die Liebe reich?
> Halt ich dich in meinen Armen,
> Jedem Glück ist meines gleich.

Der Meister nahm das Zeugnis der Huldigung entgegen, er korrigierte es leicht, schrieb es ab und legte es zu den anderen Manuskripten. Spätere Forscher meinten, Marianne habe eine Vorfassung Goethes umgedichtet, doch ist dies nicht mehr zu verifizieren, die Urschrift fehlt, und als Zeugnis der Verfasserschaft gilt Mariannes Brief vom 5. April 1856 an Herman Grimm. Aber Goethe wußte nun auch, was er angerichtet hatte. Es war sein »Duodrama«. Und er reagierte, wie er immer reagiert hatte: mit einer Flucht. Bei Marianne aber hatte Hafis' *Diwan* Schöpferisches ausgelöst. Es ist erstaunlich, wie rasch und intensiv sie sich in dieses Werk des Hafis einfühlte und wie sie jene Kunst erlernte, die Goethe in den »Noten und Abhandlungen« unter der Rubrik »Chiffer«[16] beschrieben hat: »wenn nämlich zwei Personen, die ein Buch verabreden und, indem sie Seiten- und Zeilenzahl zu einem Briefe verbinden, gewiß sind, daß der Empfänger mit geringem Bemühen den Sinn zusammenfinden werde«.

In den »Chiffern«-Briefen von Goethe und Marianne sind einzelne Strophen und Zeilen aus den Gedichten von Hafis so kunstvoll komponiert, daß über die Bekundung von Liebe, über ein sinnreiches Spiel hinaus, »Lieder vom schönsten Ausdruck« entstanden. Drei von den vier überlieferten »Chiffern«-Briefen hat Goethe in sein Exemplar des *Diwan* eingeklebt.[17]

Am 18. September 1815 bricht Goethe nach Heidelberg auf, den Freunden erzählt er nicht, daß sein Rückweg nach Weimar eben nicht über Frankfurt führen wird. Die Willemers besuchen ihn am 23. September in Heidelberg. Marianne gibt ihm das Gedicht »Bringt der Ostwind frohe Kunde«. Noch einmal erleben sie in Heidelberg »freudiges Gefühl«, glückliche Tage.

Er führt Marianne in den Schloßgarten, zeigt ihr den Ginkgobaum. Das ist das zweite Mal, daß Goethe sie auf den Ginkgobaum aufmerksam macht, noch in Frankfurt hat er Marianne ein Blatt von diesem Baum geschickt. Er gehört zu den Nadelhölzern, den Koniferen; ursprünglich in China und Japan beheimatet und dort in buddhistischen Tempeln und Klostergärten als heiliger Baum verehrt, kam er im 18. Jahrhundert nach Europa und um 1780 auch nach Heidelberg. Seine Blätter tragen einen Einschnitt in der Mitte, so daß man annehmen könnte, sie seien aus zwei Blättern zusammengewachsen. Goethe sieht darin jenen »geheimen Sinn«, von dem er in der ersten Strophe seines Gedichtes

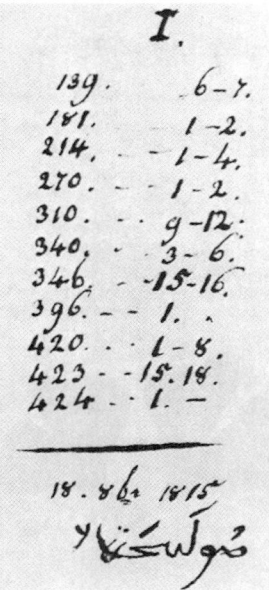

In Goethes Exemplar von Hammers ›Hafis‹-Übersetzung
eingeklebter Chiffren-Brief Marianne von Willemers
(siehe WA I 6, S. 492 f.) (SWK).

Ginkgo biloba[18] schreibt. Boisserée notierte in sein Tagebuch, Goethe habe das Blatt von Frankfurt aus an Marianne geschickt, »als Sinnbild der Freundschaft ... man weiß nicht, ob es eins ist, das sich in zwei Teile teilt, oder zwei, die sich in eins verbinden«.

Am Abschiedstag spazieren Willemers und Goethe durch den Heidelberger Park. Er nimmt Marianne zur Seite und führt sie an den Brunnen; dann schreibt er in arabischen Schriftzeichen, die er am Tage vorher bei dem Heidelberger Orientalisten Heinrich Eberhard Gottlob Paulus gelernt hat, den Namen »Suleika« in den Sand: »Dem Staub, dem beweglichen, eingezeichnet, | Überweht sie der Wind; aber die

VI. Die zweite Gesamtausgabe bei Cotta

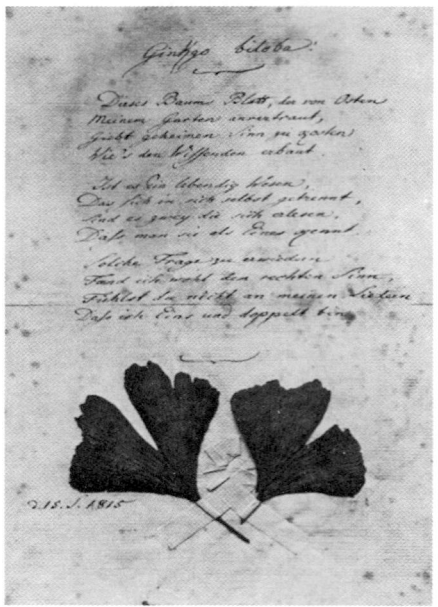

Goethe: *Ginkgo biloba*.
Eigenhändige Reinschrift des Gedichts für Marianne v. Willemer
mit eingeklebten Ginkgo-Blättern; 15. 9. 1815 (Privatbesitz).

Kraft | Besteht, bis zum Mittelpunkt der Erde | Dem Boden angebannt.« Am Tage danach, am 26. September, verlassen die Willemers Heidelberg, immer noch im Bewußtsein, Goethe zwar nicht auf der Rückreise, jedoch zu anderen Gelegenheiten wiederzusehen. Er aber weiß es anders. Im Tagebuch vom 25. September lesen wir: »Abend Music. Gespräch. Abschied.« Am 26.: »Abreise der Freunde. Divan. Blieb zu Hause«. Goethe stürzt sich in seine persischen Studien. Am Tage nach der Abreise der Willemers besucht er in Heidelberg den Altertumsforscher Georg Friedrich Creuzer, aus dessen Autobiographie *Aus dem Leben eines alten Professors* hervorgeht, daß Goethe mit ihm über den Symbolgehalt der griechischen und asiatischen Mythen gesprochen hat und dabei der Doppelsinn jener alten Mythen mit dem »Eins und doppelt« des Ginkgobaumes verglichen wurde. Davon sprechen die zweite und dritte Strophe des Gedichts; die Fragen dieses Gedichts sind rhetorisch: »Sind es zwey die sich erlesen, Daß man sie als Eines kennt?« und »Fühlst du nicht an meinen Liedern | Daß ich Eins und doppelt bin.« Sollte Marianne nicht an seinem persönlichen Handeln, sondern an seinen Liedern sein eigentliches Sein erfahren? Ein paar Tage später, noch in Heidelberg, entsteht Hatems Gedicht »Locken! haltet mich gefangen« (welche Locken sind dies, Mariannes oder Christianes?). Hier treibt Goethe sein poetisches Spiel, er reimt derart, daß an der Stelle, an welcher der Name Goethe auftauchen müßte, Hatem steht:

> Du beschämst wie Morgenröte
> Jener Gipfel ernste Wand,
> Und noch einmal fühlet Hatem
> Frühlingshauch und Sommerbrand.

Das folgende Gedicht der Suleika »Nimmer will ich dich verlieren!«, das in den berühmten Versen endet: »Denn das Leben ist die Liebe, | Und des Lebens Leben Geist«, sind lange Marianne zugeschrieben worden. Doch dies ist nicht das Gefühl einer Frau, und so fand sich auch in Boisserées Nachlaß ein Entwurf Goethes zu diesem Gedicht. Möglich, daß Marianne es angeregt hat, denn in dem Brief an Herman Grimm vom 5. April 1856 schrieb sie: »Ich habe manches angeregt, veranlaßt und erlebt«.[19] Das andere Gedicht »Ach! um deine feuchten Schwingen, | West, wie sehr ich dich beneide: | Denn du kannst ihm Kunde bringen, | Was ich in der Trennung leide«, stammt als Gegenstück zum Heidelberger ›Ost-Lied‹ aus Mariannes Feder, vermutlich auf der Heimreise von Heidelberg nach Frankfurt geschrieben. Eckermann, der die

Urheberschaft nicht kannte, lobte es in seinem Buch *Beiträge zur Poesie mit besonderer Hinweisung auf Goethe* als typisch für den Meister und rühmte zu Recht die Schlußverse: »Sag' ihm, aber sags bescheiden: | Seine Liebe sei mein Leben, | Freudiges Gefühl von beiden | Wird mir seine Nähe geben.«

Solch poetischer Wechselgesang ist einzigartig in der Geschichte der Literatur. Es gibt zwar die großen (literarischen) Geliebten und Liebenden, Beatrice, Laura, Diotima; es gibt die poetischen Wechselgesänge zwischen Lehrern und Schülern, wie z. B. zwischen Ausonius und Paulinus von Nola – doch kaum Beispiele solch *gemeinsamer Produktion* auf höchstem poetischen Niveau. Ich erinnere mich, daß nach dem Erscheinen von Bertolt Brechts *Gesammelten Gedichten* eine Schauspielerin den Suhrkamp Verlag verklagen wollte, weil man ein Gedicht aufgenommen habe, das nicht von Brecht, sondern von ihr stamme; das war zwar richtig, aber Brecht hatte das Gedicht mit ein paar Korrekturen zu einem eigenen gemacht; in der zweiten Auflage nahmen wir das Gedicht dennoch heraus.

Goethe und Marianne von Willemer sehen sich nicht wieder. Am 20. Juli 1816, einige Wochen nach Christianes Tod, brach Goethe auf Einladung Cottas zu einer Reise via Frankfurt nach Baden-Baden auf, doch kurz hinter Weimar »warf der Fuhrknecht«, wie Goethe am 22. Juli 1816 an Cotta schrieb, »höchst ungeschickt den Wagen um«, Meyer wurde verletzt, beide kehrten nach Weimar zurück.

Am 6. Oktober 1815 ordnete Goethe die Gedichtsammlung neu, insbesondere die »Suleika«-Gedichte wurden nun geschlossen in einer Gruppe wiedergegeben; im Tagebuch ist zu lesen: »Divan in Bücher eingetheilt.« Goethes Handschriften (die das Goethe-und-Schiller-Archiv in Weimar verwahrt und die man aus Konrad Burdachs 1911 veranstaltetem Faksimiledruck von 28 Gedichten kennt) wurden abgeschrieben und für den Satz vorbereitet. Am 24. Februar 1816 erschien Goethes »Selbstanzeige« im ›Morgenblatt‹ Nr. 48: »Der Dichter betrachtet sich als einen Reisenden. Schon ist er im Orient angelangt. Er freut sich an Sitten, Gebräuchen, an Gegenständen, religiösen Gesinnungen und Meinungen, ja er lehnt den Verdacht nicht ab, daß er selbst ein Muselmann sey.«

Doch trotz des Produktionsbeginns war das poetische Vorhaben des *Divan* immer noch nicht abgeschlossen. Wieder nahm Goethe wissenschaftliche Studien auf; in ihrem Verlauf schrieb er bedeutende Reflexionen zu Kunst und Leben, Geschichte und Gesellschaft und entwickelte neue Überlegungen zur Stellung der Rhetorik. Hervorragend und bis heute gültig sind Goethes Ausführungen zur Technik der Übersetzung. Seine Forderung sollte jedem Übersetzer als Herausforderung gelten: Man möchte »die Übersetzung dem Original identisch machen ..., so daß eins nicht anstatt des andern, sondern an der Stelle des andern gelten solle«.[20]

Ein großes Thema waren für Goethe erneut Religion und Frömmigkeit. Im Abschnitt »Ältere Perser« stellte er fest, daß sich die Gottesverehrung der »alten Parsen« auf das reine Anschauen der Natur gründe. Ihre »so zarte Religion« ist »auf die Allgegenwart Gottes in seinen Werken der Sinnenwelt« ausgerichtet. Hier konnte Goethe eine vollkommene Übereinstimmung mit seinen eigenen religiösen Vorstellungen finden: In allen Schöpfungen der Welt ist Gott, Religion als Re-ligio zur Natur, als ein Offensein, das durch keine konfessionellen Schranken eingeengt sein kann. Er habe, so erklärt er später in einem Brief vom 22. März 1831 an Boisserée, »keine Confession gefunden, zu der ich mich völlig hätte bekennen mögen«. Doch nun, so fährt er im Brief fort, entdecke er, daß er sich schon immer als »Hypsistarier qualifizieren« wollte: »Nun erfahr ich aber in meinen alten Tagen von einer Sekte der *Hypsistarier*, welche, zwischen Heiden, Juden und Christen geklemmt, sich erklärten, das Beste,

Vollkommenste, was zu ihrer Kenntniß käme, zu schätzen, zu bewundern, zu verehren und, insofern es also mit der Gottheit im nahen Verhältniß stehen müsse, anzubeten. Da ward mir auf einmal aus einem dunklen Zeitalter her ein frohes Licht, denn ich fühlte, daß ich Zeitlebens getrachtet hatte, mich zum Hypsistarier zu qualificiren; das ist aber keine kleine Bemühung: denn wie kommt man in der Beschränkung seiner Individualität wohl dahin, das Vortrefflichste gewahr zu werden?«

Durch diese Arbeiten weiteten sich die »Noten und Abhandlungen« immer mehr zum bedeutsamen und selbständigen Teil des *Divan* aus. Goethe teilte nun selbst das Buch in die zwei Hälften ein. Ende Januar 1818 wurden die arabischen Überschriften zu den einzelnen Büchern entworfen. Am 23. September 1818 entstand das letzte Gedicht: *Höheres und Höchstes*.

Dann begann bei Frommann in Jena der Herstellungsprozeß, der sehr kompliziert war. Goethe schrieb die fertigen Gedichte mit schwarzer Tinte und in lateinischer Schrift selbst ins reine; erhalten haben sich 184 Blätter; insgesamt sind 300 von Goethe geschriebene Texte zum *Divan* überliefert. Er hat die von ihm selbst geschriebenen Texte für sich aufbewahrt und »niemals als Druckmanuscript«, sondern eben als sein »persönliches Exemplar« angesehen und Freunden daraus vorgelesen. In diesen Tagen ließ er von seinem Schreiber Kräuter eine Abschrift machen, die dann an Frommann ging. Goethe verwandte große Sorgfalt auf die Vorbereitung der Ausgabe, er hielt sich seit Anfang 1818 vorwiegend in Jena auf, also am Ort der Druckerei. Während des Drucks hat er dann die Gedichtbücher umgestellt und auf zwölf verringert und immer wieder neue Manuskripte in das bereits numerierte Druckmanuskript eingeschoben. Auch während des Herstellungsganges hat er immer wieder die Gedichte revidiert und die Fahnen auch an Kosegarten zur Korrektur der orientalischen Namen weitergeleitet. Goethe führte selbst die Korrespondenz mit Frommann. In diesen Wochen und Monaten wechselten Cotta und Goethe nur wenige Briefe, doch am 11. August 1819 konnte Goethe berichten: »Der *Divan* ist nun endlich beysammen und ich bin sehr zufrieden diese Arbeit los zu seyn, die sich im Fortschreiten auf manche Weise immer schwieriger machte.« Am 22. August meldete Frommann den Abschluß des Druckes.

Die Erstausgabe erschien im Sommer 1819 in einer Auflage von 2000 Exemplaren (30 Exemplare auf Velin gedruckt). Goethes Honorar betrug 2000 Taler. Der Oktavband hatte einen Umfang von 556 Seiten. Nach dem Register folgten auf den Seiten 555 und 556 noch zwei Gedichte in der arabischen Übersetzung von Kosegarten, die jeweils deutsch und arabisch gedruckt waren. Das erste trägt die Überschrift *Silvestre de Sacy* und war als Huldigung an den berühmtesten französischen Orientalisten gedacht, an Baron Antoine Isaac Silvestre de Sacy, den Begründer der Arabistik und Islamwissenschaft in Europa zu Anfang des 19. Jahrhunderts:

> Unserm Meister, geh! verpfände
> Dich, o Büchlein, traulich-froh;
> Hier am Anfang, hier am Ende,
> Östlich, westlich, A und Ω.

Jedes Gedicht beginnt auf einer neuen Seite, nur die kurzen Sprüche sind wie in Goethes Handschriften in Gruppen zusammengefaßt und lange Gedichte auf mehrere Seiten gleichmäßig verteilt. Jedes Buch beginnt auf einer rechten Seite und endet auf einer linken. Leider waren in dieser ersten Ausgabe Druckfehler festzustellen, Fehler, die von Goethe und seinen Mitarbeitern übersehen worden waren, und auch Fehler, die dem Korrektor der Frommannschen Druckerei, wo man mit »Diskretion« Goethes Interpunktion und Orthographie geändert hatte, zuzuschreiben sind. Am 21. Januar sandte Goethe ein korrigiertes Exemplar an Frommann zur Weiter-

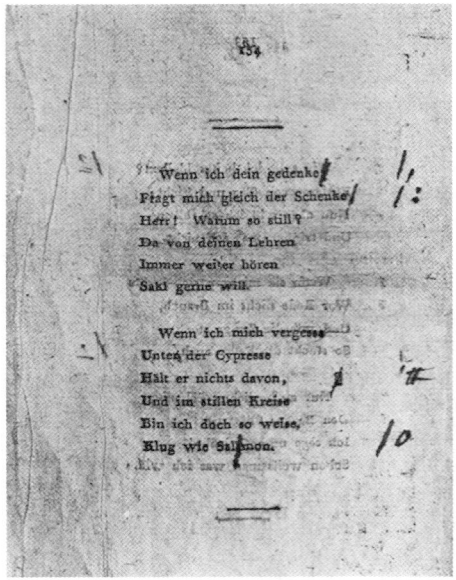

Korrekturbogen zum Erstdruck des *West-oestlichen Divan*,
Stuttgart: Cotta 1819, mit Goethes Änderungen (GMD).

leitung nach Wien, damit man dort »eine völlig reinliche Ausgabe« veranstalte. (Diese Wiener Ausgabe hatte einige Fehler verbessert.) Der *Divan* erschien im 21. Band. Die auf 1819 datierte Einzelausgabe ist eine Separatausgabe aus Band 21 der »Original-Ausgabe« bei Kaulfuß und Armbruster mit Erscheinungsjahr 1820. Karl Wilhelm Göttling erhielt später, bei der »Ausgabe letzter Hand«, den Auftrag, eine Revision der Texte zu übernehmen, aber auch hier ist der Abdruck der Texte nicht vollkommen korrekt. In Goethes *Poetischen und prosaischen Werken in zwei Bänden*, Stuttgart und Tübingen 1836, erschienen erstmals *Divan*-Gedichte aus dem Nachlaß, 1842 folgten weitere Gedichte in Band 16 der »Nachgelassenen Werke« (zur »Ausgabe letzter Hand«). Im ganzen ist die

Textgeschichte kompliziert, da einige der Handschriften, auf die Eckermann und Riemer zurückgreifen konnten, verschollen sind. Bis heute kann also nicht geklärt werden, ob die von Goethe erstrebte »völlig reinliche Ausgabe« vorliegt, vielleicht haben wir nicht den vollkommen authentischen Text, vielleicht auch nicht den besten, aber wir haben doch einen Text, der die Wirkung dieses Buches verständlich macht.

Als das Buch 1819 erschien, war die Wirkung beim Publikum gering. Die Zeit hatte sich gewandelt; das ›Junge Deutschland‹, die Karlsbader Beschlüsse, verschärfte Zensurbestimmungen haben die Literatur dieser Zeit politisiert. Der Schriftsteller Goethe hatte mehr Feinde als Freunde. In einer Beilage des Cottaschen ›Morgenblattes‹, im ›Literaturblatt auf das Jahr 1820‹, schrieb Adolf Möhner: »Kurz, die gelehrten Zeitungen mögen uns noch so viel vorpredigen von Vermittelung zwischen der morgenländischen und abendländischen Dichtkunst; das Buch ist eines der wunderlichsten, die Goethe jemals geschrieben hat, es ist sozusagen ein Rätsel ohne Schlüssel, und da wir Leser sind, welche bequem unterrichtet und vergnügt sein wollen, so geht unser Geschmacksurteil dahin, daß der West-Östliche Divan durchaus nicht nach unserem Geschmack ist.« Christian Dietrich Grabbe rechnete in seinem Lustspiel *Scherz, Satire, Ironie und tiefere Bedeutung* von 1822 den *Divan* zu den »faulen Heringen«. Es formierte sich geradezu eine geschlossene Front von Gegnern; Pamphletisten wie Spann und Pustkuchen polemisierten und schrieben höhnische Satiren. Den schärfsten Angriff führte Börne in einem Brief vom 27. Mai 1830: »Habe Goethes ›West-Östlichen Divan‹ geendigt. Ich mußte ihn mit Verstand lesen; mit Herz hab ich es früher einmal versucht, aber es gelang mir nicht ... Das zahme Dienen trotzigen Herrschern hat sich Goethe unter allen Kostbarkeiten des orientalischen Basars am begierigsten angeeignet. Alles andere fand er, dieses suchte er, Goethe ist der gereimte Knecht, wie Hegel der ungereimte.«[21] Dagegen hat Heine ihn später, nach Goethes Tod, verteidigt; 1835 schrieb er: »Den berauschendsten Lebensgenuß hat hier Goethe in Verse gebracht, und diese sind so leicht, so glücklich, so hingehaucht, so ätherisch, daß man sich wundert wie dergleichen in deutscher Sprache möglich war.« Und über die Prosa der »Noten und Abhandlungen« ließ er verlauten: »Manchmal ist aber auch jene Prosa so magisch, so ahnungsvoll wie der Himmel, wenn die Abenddämmerung heraufgezogen, und die großen goetheschen Gedanken treten dann hervor, rein und golden, wie die Sterne. Unbeschreiblich ist der Zauber dieses Buches.«

Der *West-östliche Divan* wurde im Grunde aber weder bei seinem ersten Erscheinen noch hundert Jahre später angemessen beachtet und richtig verstanden. Immer wieder wird darauf hingewiesen, daß man noch vor dem Ersten Weltkrieg die Erstausgabe des *Divan* in Buchhandlungen finden und bei Cotta beziehen konnte. Man entdeckte lange nicht, daß Goethe etwas geleistet hatte, für das er wenige Jahre später selbst den von Wieland stammenden Begriff »Weltliteratur« in Anspruch nahm. »Nationalliteratur will jetzt nicht viel sagen«, äußerte er am 31. Januar 1827 zu Eckermann, »die Epoche der Weltliteratur ist an der Zeit und jeder muß jetzt dazu wirken, diese Epoche zu beschleunigen.« Er tat's, freilich, die Zeitgenossen bemerkten es nicht. »Pro captu lectoris habent sua fata libelli«, Goethe übersetzt das berühmte Zitat: »Auch Bücher haben ihr *Erlebtes*«.[22]

3. Goethe am 21. Dezember 1814: »In Betrachtung ...
vielleicht das letzte mal ... meine Werke endlich einmal
complet käuflich zu sehen« (zwischen 1814 und 1816)

Am 24. Dezember 1814 war das Gedicht mit den Zeilen entstanden: »Unter Lieben, Trinken, Singen | Soll dich Chisers Quell verjüngen«. In solcher Hochstimmung, unter Beschwörung von Chiser, dem Hüter des Lebensquells, der Hafis unsterblichen Ruhm verhieß, schrieb Goethe den erwähnten Brief vom 21. Dezember 1814 an Cotta. Doch schränkte er seinen Optimismus wieder ein, indem er seinen Blick auf jenen Ort richtete, »woher uns das algemeine Heil kommen soll«, denn der Fortgang des Wiener Kongresses ließ noch keinen Entschluß zu größeren Unternehmungen zu. »Da indeß Ew Wohlgebohren mir die besten Hoffnungen geben und der Wunsch meine Werke nächstens wieder hervortreten zu sehen auf eine friedliche Aussicht hindeutet, so erlauben Sie daß ich über diese mir so wichtige Angelegenheit mich umständlich erkläre.« Und er erklärte sich ausführlich, aber doch, wie stets, imperativ. Die neue Ausgabe solle ihm ein höheres Honorar einbringen als die erste Ausgabe, weil er »dießmal mich zu Zwanzig Bänden verpflichten kann, so würde wohl auch hiernach der Maaßstab anzulegen seyn«. Für diesen Maßstab erwähnte er, daß »es vielleicht das letzte mal seyn möchte, daß mir persönlich der Genuß aus den Arbeiten und Bemühungen meines ganzens Lebens zu Theil wird, dem ich um so mehr entgegen sehen darf, als ich den allgemeinen Wunsch des Publikums, meine Werke endlich einmal complet käuflich zu sehen, auf meiner ganzen dießjährigen Reise, laut vernommen«. Das ist das eine. Das andere: Mit Recht sieht er sich historisch, sieht, wie Leben und Werk eine Einheit bilden. »Meine biographischen Eröffnungen haben die Wirkung gethan die ich hoffte, indem, außer dem Antheil den man meinen Arbeiten im ethischen und ästhetischen Sinne schenkt, man auch nunmehr darinn die Stufen meiner Bildung aufsucht, die man umsomehr zu eignen Vortheil zu erkennen strebt, als so manche jüngere, sich an mir gebildet zu haben mit Offenheit und Vergnügen gestehen. Es sind deßhalb im vergangenen Jahre, nach Ausgabe des dritten Theils, so viele und mannigfaltige Ansinnen an mich ergangen, denen ich, wenigstens zum Theil, bey der gegenwärtigen Ausgabe genug thun kann.«

Das sind also seine Gesichtspunkte für die Honorarforderung: 20 Bände; und die Annahme, er sei das letzte Mal zu einer solchen Ausgabe imstande, die als neue Texte auch seine »biographischen Eröffnungen« enthalten sollte: »Unter diesen Betrachtungen will ich unbewunden gestehen: daß ich die Summe von Sechzehn Tausend Thalern sächsisch, dem was ich zu liefern und zu leisten gedenke, angemessen glaube, dagegen ich den Termin bis Ostern 1823 gerne zugestehe, so wie auch nach Verlauf dieser Zeit das Vorrecht vor andern Buchhändlern, bey gleichen Bedingungen.«

Er hatte diese Arbeit vorbereitet, einige Manuskripte, schreibt er, könnten sofort abgeschickt werden, wenn man sich auf diese Bedingungen verstünde. »Mich zu fernerem wohlwollenden Andencken, angelegentlich empfehlend ergebenst Goethe«. Cotta, in Wien beim Kongreß weilend, in politischen Diensten also, antwortet am 11. Januar 1815. Er will keinen Posttag versäumen, um Goethe zu antworten, »daß mir Ihre Wünsche zu erfüllen stets das Angenehmste seyn wird und so mag also auch die ausgesprochene Summe von rt 16,000 den Grund unsers Contracts machen, den ich aufsezen und mir zugehen zu lassen bitte«. Sonst spricht der Brief von anderem, Cotta glaubt, daß im Hinblick »auf unsern gefährlichsten Feind, den Nachdruck«, wenigstens im deutschen Bereich eine Hoffnung bestehe, nicht jedoch für Österreich, wo es halt niemanden gäbe, der »das Schrekliche dises Korsaren Werks einsieht«. Im übrigen erwähnt er »politische Angelegenheiten« und dabei das Unglück, daß Sachsen zerstückelt wird und größtenteils an Preußen fällt.[23]

Am 20. Februar 1815 schickt Goethe den »*Entwurf eines Contracts* zu gefälliger Prüfung«, den »*Entwurf einer Anzeige*«, ein »*Inhalts Verzeichniß* der 20zig Bände«, Satzanweisungen für die ersten beiden Bände und ein »Blatt«, das seine »Bereitwilligkeit zum Damen-Calender und Morgenblatt mitzuwirken« bekundet.

Der Kontraktentwurf folgt im wesentlichen den brief-

3. Zwischen 1814 und 1816

lichen Mitteilungen vom 21. Dezember 1814.[24] Neu ist darin ein Angebot: »Man ist nicht abgeneigt, einen Theil der Summe gegen 5 pro Cent Interesse, und halbjährige jedem Theil freystehende Aufkündigung stehen zu lassen, wenn daraus für den Herrn Verleger einige Bequemlichkeit entspränge.« Ein interessanter Vorschlag, der Autor benutzt seinen Verleger als Bank, der Verleger kann mit dem Geld arbeiten, hat aber 5 % Zins zu zahlen. Goethe führte meines Wissens hier eine Regelung ein, die damals selten benutzt, im Laufe der Zeit aber immer häufiger angewandt wurde; für heutige Autoren ist sie gegebenenfalls eine finanzielle Erleichterung, kann aber auch ein steuertechnisches Problem darstellen.

In Goethes »Entwurf einer Anzeige« wird erwähnt, »daß auch manches mitgetheilt werden soll, was durch die Bekenntnisse aus dem Leben des Verfassers eingeleitet und sowohl faßlich als genießbar gemacht worden, und künftig noch harmonischer in sich werden kann«. Das Inhaltsverzeichnis[25] führt Titel und Reihenfolge der Werke auf. Cotta war sich natürlich bewußt, daß er mit dieser zweiten Gesamtausgabe den Beziehern der ersten einiges zumutete, denn nur weniges bot die Ausgabe ja wirklich neu. So rückte Cotta im ›Intelligenzblatt‹ No. 1, 1816, folgende Ankündigung ein:

Für die Besitzer der ersten Ausgabe wird auf die folgende Art gesorgt: Sie stellen ihren ersten Band bey Seite und an dessen Statt die gegenwärtigen zwey ersten Bände unter dem Titel: Erster Band, erste Abtheilung, erster Band, zweite Abtheilung. Alsdann ginge die Bändezahl der *ersten Ausgabe* fort bis zu dreyzehn, welcher die Wahl-Verwandtschaften enthält.

Nun wird ein eigner 14ter Band für sie gedruckt, worin dasjenige nachgetragen wird, was in die vorhergehenden Bände eingeschaltet worden. Vom 15ten Bande an schließen sich die sechs letzten Bände der *neuen Ausgabe* ununterbrochen an, so daß die Besitzer der *ersten Ausgabe* auf diese Weise neun Bände abgeliefert erhalten.

Mit Goethes Entwurf der Anzeige gingen auch Bemerkungen zu den beiden ersten Bänden an den Maître en page, also den Metteur, den Setzer und Umbruchredaktor. Dorothea Kuhn hat recherchiert, daß in Cottas Stuttgarter Druckerei 16 bis 18 Mitarbeiter unter der Leitung von Wilhelm Reichel beschäftigt waren. An der Ausgabe arbeiteten, sobald das Manuskript von der Zensur genehmigt worden war, ein Setzer und ein Drukker, und Reichel selbst besorgte die Korrektur, schickte die Fahnen zu Durchsicht und Imprimatur an den Verlag, wo anfänglich Cotta, später ein Mitarbeiter die Ausführung der Korrekturen übernahmen und das Imprimatur gaben.

Goethes Bereitschaft, am ›DamenCalender‹ und am ›Morgenblatt‹ mitzuwirken, wird bei Cotta große Freude ausgelöst haben. Goethe entschuldigte sich in »Bemerkungen« zum Brief vom 20. Februar 1815, es sei nicht »Eigensinn« gewesen, daß er sich nicht häufiger beteiligt habe. »In der deutschen Litteratur ist nicht leicht zu wirken wenn man seine Kräfte nicht zusammenhält, ja es ist zu bemerken, daß durch die vielen Tagesblätter und Wochenhefte gar manches gute verschlungen, und mit dem geringern ins Gleiche gestellt wird, dieß liegt in der Natur der Sache und ist nun einmal nicht zu ändern.« Doch Goethe verfaßte in der folgenden Zeit so viele Beiträge für Cottas Periodika wie nie zuvor; er hat sie freilich auch oft für die Ankündigung der eigenen Werke benutzt, so für die Ankündigung der neuen Ausgabe im ›Morgenblatt‹, für die Ankündigung des *West-östlichen Divan* und für den *Epilog zu Schillers Glocke*.

Am 18. März 1815 gab es noch einmal einen Austausch politischer Ansichten. Cotta teilte Goethe mit, daß er als Abgeordneter des Oberamtes Böblingen zum 15. März 1815 in die erste Ständeversammlung berufen und zum Stimmführer ernannt worden war. Diese Wahl »raubte mir jeden Augenblick, so daß ich erst in acht Tagen ruhig Hochdero gnädiges werde erwidern können«. Goethe schrieb ihm am 27. März, er erfreue sich Cottas »fortgesetzter Thätigkeit auch fürs

Ganze: Es ist gewiß gegenwärtig kein größeres Verdienst, als für das Wohl einzelner Staaten zu arbeiten, weil alles Zweckmäßige und Wohlerreichte als Beyspiel und Anfeurung allen zu Gute kommt.« Er wird später darüber noch anders urteilen, doch an diesem 27. März schickte er »mit der heutigen fahrenden Post ein Paket in Wachstuch«, und dieses enthielt die ersten vier Bände seiner *Werke*, zwei Bände der *Gedichte* und zwei des *Wilhelm Meister*. Wieder wurde er mit dem Phänomen Napoleon konfrontiert, er sprach in seinem Brief von den »neuern ungeheuren Ereignissen«, bei denen »die ganze Welt mehr gespannt als erregt« sei: Es war der Beginn der ›Hundert Tage‹, der Rückkehr und definitiven Verbannung Napoleons. Am 2. Juni schickte Cotta den Verlagsvertrag an Goethe, den dieser am 15. Juni unterschrieb. Der Vertrag belegt, daß Cotta mit allen Forderungen in Goethes Entwurf einverstanden war. Cotta hatte also ein Recht zur Veranstaltung einer Taschenausgabe bei Goethe nicht durchgesetzt. Goethe hatte seine Erfahrungen bei der ersten Ausgabe gemacht, und er bestand darauf, dieses Recht nicht zu vergeben.

Im Jahr 1815 wurde die Kommunikation zwischen den beiden durch Cottas politische Geschäfte eingeschränkt, die Briefe wurden kürzer, zwei ursprünglich vorgesehene Besuche fanden nicht statt. Zur Herbstmesse erschienen die ersten beiden Bände der neuen Ausgabe, ein Jahr später die 2. Lieferung, mit den Bänden 3-8. Goethe war zufrieden mit der drucktechnischen Qualität: »Ew: Wohlgeboren vermelde dankbar, daß die Exemplare der zweyten Sendung glücklich angekommen sind. Druck und Papier nehmen sich recht gut aus, auch den Maître en page muß man höchlich loben, daß er ohne übermäsigen Aufwand von Raum, die Gedichte, besonders den Epimenides wohl eingetheilt hat« (an Cotta, 22. 10. 1816). 1817 erschienen die 9.-14., 1818 der 15.-18., und 1819 war die Ausgabe mit dem 19. und 20. Band abgeschlossen.

Kurrelmeyer hat festgestellt, daß die Nachfrage auch nach

dieser Ausgabe größer war, als Cotta erwartet hatte; im Jahre 1817, als die Bände 1-8 bereits gedruckt waren und der Satz der Bände 9 und 10 noch in Arbeit war, wurde die Auflage erhöht, die ersten acht Bände sowie die Bogen 1-17 des 9. und die Bogen 1-5 des 10. Bandes mußten neu gesetzt werden.

Band 20 erhielt dann einen zunächst nicht vorgesehenen Zusatz. Goethe hatte im Brief vom 26. Februar 1816 an Cotta über »unberufene Rathgeber« geschrieben, die sich, freilich namentlich nicht genannt, gegen die neue Ausgabe »mit der absurden Forderung [rührten], daß sie chronologisch solle eingerichtet werden«. Er bat Cotta, dieses Thema in seinen Blättern nicht aufzunehmen, denn er selbst meditiere einen kleinen Aufsatz, »worin ich heiter und faßlich dieser Störung begegne«. Goethe hat das auch getan, am 19. März heißt es im Tagebuch: »Aufsatz wegen der chronologischen Ausgabe meiner Werke, Briefe u. d. g.«, und am 30. März wurde dieser Aufsatz »fürs Morgenblatt mundirt«. Er erschien dort am 26. April 1816 unter dem Titel *Über die neue Ausgabe der Goethe'schen Werke* und dann unter dem Titel *Summarische Jahresfolge goethescher Schriften* am Schluß des Bandes 20, mit einer zusätzlichen Notiz vom März 1819.

Goethes Überlegungen sind wichtig, sie behandeln eine Frage, die die Goethe-Editoren bis in die heutigen Tage bewegt. Wie wollte Goethe seine Werke angeordnet wissen, wie sollen sie tradiert werden? Wie möchte der Leser heute die Werke Goethes lesen? In zeitlicher Folge, so wie die Werke entstanden, in thematischem Zusammenhang oder nach literarischen Gattungen? Bei Goethe, und im Grunde genommen bei ihm als einzigem der bedeutenden Schriftsteller (Lessing vielleicht noch ausgenommen), kommt als weiteres Element der ständige Zusammenhang mit den biographischen Fakten hinzu. Goethe äußert sich dezidiert: Zwar habe man in der Ausgabe der Schillerschen Werke ein Beispiel chronologischer Anordnung, aber die Basis sei verschieden, da bei Schiller die Epochen seiner Bildung deutlich seien, er habe seine Werke in relativ kurzer Zeit niedergeschrieben. »Die Goetheschen Arbeiten hingegen«, so der Verfasser,

sind Erzeugnisse eines Talents, das sich nicht stufenweis' entwickelt und auch nicht umherschwärmt, sondern gleichzeitig, aus einem gewissen Mittelpunkte, sich nach allen Seiten hin versucht, und in der Nähe sowol als in der Ferne zu wirken strebt, manchen eingeschlagenen Weg für immer verlässt, auf andern lange beharrt. Wer sieht nicht, daß hier das wunderlichste Gemisch erscheinen müßte, wenn man das was den Verfasser gleichzeitig beschäftigte in Einen Band zusammenbringen wollte; wenn es auch möglich wäre, die verschiedensten Productionen dergestalt zu sondern, daß sie sich alsdann wieder, der Zeit ihres Ursprungs nach, neben einander stellen ließen.

Dieses ist aber deßhalb nicht thulich, weil zwischen Entwurf, Beginnen und Vollendung größerer, ja selbst kleinerer Arbeiten oft viele Zeit hinging, sogar bey der Herausgabe die Productionen theilweise umgearbeitet, Lücken derselben ausgefüllt, durch Redaktion und Revision erst eine Gestalt entschieden wurde, wie sie der Augenblick gewährte, in welchem sie den Weg einer öffentlichen Erscheinung betraten.

Dies waren also die Gründe vom März 1816 für eine gattungsorientierte Edition.[26]

Goethe kommt im Zusatz vom März 1819 noch einmal darauf zurück. Was die chronologisch geordnete Ausgabe betrifft: »die Unmöglichkeit eines solchen Unternehmens spricht sich im Vorstehenden genug aus.« Schon im Mai 1818 hatte Goethe gegenüber Cotta die Absicht geäußert, im letzten Band der Werkausgabe für den interessierten Leser eine kurze chronologische Übersicht seiner Arbeiten hinzuzufügen. Der 20. Band war bereits im Druck, als Cotta Goethe am 23. Januar 1819 an diese »chronologische Übersicht« sowie an ein »Register« erinnerte. Aufgrund dieses »aufmunternden Schreibens« habe er, so antwortete Goethe am 20. Februar 1819, »die oft vorgenommene, höchst mißliche und beschwerliche Arbeit, von meinen Schriften chronologische Rechenschaft zu geben, abermals angegriffen, und hoffe in etwa 14 Tagen wo nicht das Ganze, doch einen Theil zu übersenden. Wie auch schon im Morgenblatt gesagt worden, laßen sich meine Schriften vom Leben nicht sondern, deshalb ich auch schon 5 biographische Bändchen geschrieben habe.« Und am 3. März 1819: »Nach einer achtwöchentlichen ununterbrochenen Arbeit, die mich jedoch nicht weiter als bis zum Schluß des vorigen Jahrhunderts führte, muß ich mich entschließen, die chronologische Darstellung meiner schriftstellerischen Arbeiten nur summarisch mitzutheilen. Der Aufsatz erklärt das Nähere: Möge Zeit, Lust und Kraft das Weitere fördern.« In der zusätzlichen Erklärung vom März 1819 erläutert Goethe noch einmal entschuldigend, warum eine Darstellung der chronologischen Folge seiner schriftlichen Arbeiten so schwierig ist. Dasjenige, was von seinen Bemühungen veröffentlicht wurde, sind »nur Einzelnheiten, die auf einem Lebensboden wurzelten und wuchsen, wo Thun und Lernen, Reden und Schreiben, unablässig wirkend einen schwer zu entwirrenden Knaul bildeten«. Und er fährt fort: »Man begegnete daher vielfachen Schwierigkeiten, als man jener Zusage nur einigermaßen nachleben wollte. Man hatte versucht die Anlässe, die Anregungen zu bezeichnen, das Offenbare mit dem Verborgenen, das Mitgetheilte mit dem Zurückgebliebenen, durch ästhetische und sittliche Bekenntnisse zusammen zu knüpfen: man hatte getrachtet Lücken auszufüllen, Gelungenes und Mißlungenes, nicht weniger Vorarbeiten bekannt zu machen, dabey anzudeuten, wie manches zu einem Zweck Gesammelte zu andern verwendet, ja wohl auch verschwendet worden. Kaum aber war man mit solchen Bemühungen, den Lebensgang folgerecht darzustellen, einige Lustra vorgeschritten als nur allzudeutlich ward, hier dürfe keine cursorische Behandlung statt finden, sie müsse vielmehr derjenigen gleichen, wie sie schon in den fünf

Goethe: Entwurf des Umschlags für Heft 1 der Zeitschrift ›⟨Über⟩ Kunst und Alterthum‹ von 1816 (CG VI B 280) und die Ausführung der Broschur durch Heinrich Meyer (SWK).

biographischen Bänden mehr oder weniger durchgesetzt worden.« Es folgt eine knappe Chronologie seiner Werke, beginnend 1769 mit *Die Laune des Verliebten* und endend 1818 mit dem 3. Heft von ›Ueber Kunst und Alterthum‹, wobei sich das 4. Heft bis ins Jahr 1819 »verzieht«. Die Frage nach einer chronologischen Anordnung bei der Edition der Werke Goethes ist jedoch bis heute nie verstummt.

Exkurs: Zur Konzeption von Goethe-Ausgaben

Unsere Betrachtung »Goethe und seine Verleger« soll mit des Dichters Tod enden. Goethe und seine Verleger nach 1832 ist ein anderes Thema, das eine Behandlung verdiente bis hin zu Anton Kippenberg, der, seit 1905 Verleger des Insel-Verlages, Goethe zum Kompaß seiner Arbeit erklärte und der Goethes

Begriff der »Weltliteratur« zum Inhalt seines Verlagsprogramms machte. Kippenberg zeichnete sich als Goethe-Forscher und -Sammler aus; seine wohl größte private Sammlung, dokumentiert in den Bänden der ›Sammlung Kippenberg‹, wird im Goethe-Museum Düsseldorf aufbewahrt.

Für unseren Zusammenhang ist die Frage wichtig, wie Gesamtausgaben der Werke Goethes angelegt sein sollen, da Goethe selbst, wie wir aus dem Vorangehenden gesehen haben, zur Struktur der Ausgabe seiner Werke ganz bestimmte Vorstellungen hatte.

1985 und 1987 begannen zwei neue Studienausgaben der Werke Goethes, die Münchner Ausgabe *Sämtliche Werke nach Epochen seines Schaffens* im Hanser Verlag und die Frankfurter Ausgabe *Sämtliche Werke. Briefe, Tagebücher und Gespräche* in vierzig Bänden im Deutschen Klassiker Verlag. Die Münchner Ausgabe ist »nach Epochen«, also *prinzipiell* chronologisch angelegt, die Frankfurter Ausgabe folgt einem historisch verbürgten Gattungsschema und ist *im einzelnen* chronologisch ausgerichtet.

In der Regel ordnen Goethe-Ausgaben das Werk des Autors nach literarischen Gattungen. Die Berliner Ausgabe teilt die Edition in poetische, autobiographische und kunsttheoretische Werke ein, die Hamburger Ausgabe und die Artemis-Ausgabe gliedern mehr oder weniger nach Gedichten, dramatischen Dichtungen, Romanen und Novellen, autobiographischen Schriften und den verschiedenen Bereichen des theoretischen, einschließlich des naturwissenschaftlichen Werks in je eigenen Bänden und Bandfolgen.

Eine bedeutsame Edition ging streng chronologisch vor, die Ausgabe *Der junge Goethe*, von Max Morris in sechs Bänden im Insel Verlag Leipzig 1909-1912 herausgegeben; auf ihr beruht die von Hanna Fischer-Lamberg bei de Gruyter veranstaltete wissenschaftliche Ausgabe des *Jungen Goethe* (1963-1974), ebenfalls in sechs Bänden. Bestimmend für die chronologische Anordnung ist die Kohärenz des Jugendwerks; ohne Rücksicht auf die gattungsmäßigen Verschiedenheiten ist hier »der junge Goethe« dokumentiert.

Eine erste Äußerung Goethes über das Problem der Anordnung nach Gattungen und nach Chronologie findet sich in seinem Brief vom 22. August 1811 an Cotta, in dem er sich über den Wiener Nachdruck der ersten Cotta-Ausgabe (Sigle A^a) mokiert: Die Nachdrucker »scheinen durch die unschicklichste Verwirrung und Umstellung der Theile, eine gewisse Originalität inventirt zu haben, oder was sie sonst zu einem solchen Arrangement bewogen haben mag«. Diese Ausgabe, teilweise mit, teilweise ohne Legitimation Cottas erfolgt, ordnet Goethes Werke zum ersten Mal konsequent nach literarischen Gattungen. Goethes Brief an Cotta wird in der Folge immer wieder von den Verfechtern der chronologischen Anordnung zitiert. Doch wie wir sehen werden, hat der Wiener Nachdruck einen klaren Grund: Damit die Ausgabe in Österreich urheberrechtlich geschützt werden konnte, mußte sie irgendwie originell angelegt, möglichst in Österreich gedruckt sein. So wurden eben in der Theaterstadt die ersten sechs Bände der Ausgabe mit dem Titel »Theater von Goethe« bezeichnet, und darauf zielt Goethes Äußerung über die sonderbare »Originalität«. Er beklagt sich also hier nicht über eine Gattungsordnung als solche, sondern über die Umstellung der Texte gegenüber der von ihm autorisierten Cotta-Ausgabe. Die Ankündigung einer neuen Ausgabe von Goethes Werken, wie wir sie zitiert haben, zeigt ganz deutlich Goethes Gattungspräferenz. Und die Beilage zum Brief an Cotta vom 12. November 1812 formuliert eindeutig: »Sie [die neue Ausgabe] wird, was die Ordnung der verschiedenen Arbeiten betrifft, nach Maaßgabe der ersten Cottaischen eingerichtet.«

Das entschiedenste Plädoyer gegen eine chronologische Ausgabe ist dann aber die hier zitierte Ausführung im ›Morgenblatt‹ 1816 und die im Band 20 der zweiten Cottaschen Ausgabe (B) abgedruckte *Summarische Jahresfolge Goethescher Schriften.*[27]

*4. »wo das Gesetz nicht hilft, da muß die Klugheit rathen« –
aber zuviel Klugheit läßt manchmal stolpern (1815-1819)*

Die Beziehung zwischen Goethe und Cotta in diesem Jahrzehnt, da die zweite Gesamtausgabe entstand, war nahezu reibungslos. Beide bemühten sich, das gemeinsam Gewünschte und gemeinsam Verabredete zu realisieren. Diese Jahre aber, geprägt eben durch die großen politischen und kriegerischen Unruhen der Zeit, waren auch durch tiefgreifende Vorgänge in Goethes Leben und Umgebung bestimmt. Am 12. Dezember 1815 wurde Goethe Staatsminister; durch den Wiener Kongreß war Sachsen-Weimar zum Großherzogtum geworden, Carl August dadurch Großherzog, und so konnte er Goethe »in Anbetracht seiner ausgezeichneten Verdienste um die Beförderung der Künste und Wissenschaften« zum Staatsminister ernennen; Goethe erhielt ein eigenes Ressort, das nach seinen Wünschen ausgerichtet war und zu dessen Bereich Ende 1817 elf Institute zählten; diese Einrichtung ermöglichte ihm auch – nach einem sehr bemerkenswerten Memorandum vom 19. Dezember 1815[28] –, seinen Sohn August als Mitarbeiter, Kräuter als Sekretär und John als Schreiber fest anzustellen. Am 7. Februar fand die unglückliche Aufführung von *Des Epimenides Erwachen* statt. Am 6. Juni 1816 starb Christiane, »gegen Mittag«. Es wurde ruhig im Haus am Frauenplan; auch Caroline Ulrich, die vertraute Hausfreundin, hatte 1814 das Haus verlassen, als sie Riemer heiratete.

Im Jahre 1816 kam noch einmal Unruhe auf, als Sohn August mit Ottilie von Pogwisch vermählt werden sollte; sie verlobten sich am 31. August, heirateten ein Jahr später am 17. Juni. Das von Goethe im Alter so sehr erstrebte ruhige Familienleben kam jedoch nicht zustande.

Unruhig also das Leben Goethes in jener Zeit. Unruhig auch das von Cotta, der mit seinen politischen Tätigkeiten mehr ausgelastet war, als er wünschte. »Möchte ich nur meine

4. Zwischen 1815 und 1819

dornige politische Laufbahn einmal geendiget sehen!« klagte er am 26. September 1816. Goethe übermittelte ihm seine »aufrichtigste Theilnahme ... die ich empfinde, wenn ich vernehmen muß, was Sie wegen Ihren wahrhaft patriotischen und gemäßigten Gesinnungen erdulden müssen. Die neuerlichen Vorfälle, wovon die Allgemeine Zeitung Nachricht giebt, haben mich sehr geschmerzt. Freylich muß man sich sagen, daß man ähnliche Scenen in ähnlichen Fällen schon erlebt, soll man denn aber die Hoffnung ganz aufgeben, daß die Welt jemals zu vernünftigen Gesinnungen kommen werde und daß der Conflict zwischen den Kräften und Gewalten jemals beyzulegen seyn möchte.« Am 2. September 1817 konnte Cotta Goethe melden, daß er »nach einer langen Abwesenheit von Haus« »eigentlich zu meinen Geschäften und den Wissenschaften wieder zurükkehren kan, indem das politische Leben, Dank seye dem Himmel dafür! für mich geschlossen ist«. Cottas politische Tätigkeit war vorerst mit der Auflösung der Ständeversammlung in Stuttgart beendet. Doch noch ein Zweites hatte er Goethe zu melden: Sein »physisches Leben« hätte er beinahe vor einigen Tagen enden müssen, »da sich ein Pferd mit mir überschlug und es zu den wunderbarsten Rettungen gehörte, ohne irgend eine Verletzung das Pferd wieder besteigen zu können«. Nun sei ihm gewissermaßen ein »doppeltes Erstehen aus dem Tode« gewährt worden, und nun könne er sich vor allem dem Werk Goethes wieder zuwenden und dem »grossen Genuß«, welchen er Goethes neuesten Druckwerken schulde! Goethe reagiert darauf ganz typisch, einerseits will er »nicht läugnen, daß mich Ihre politische unruhige Laufbahn nicht allein um Ihretwillen betrübt, sondern auch um meinetwillen geschmerzt hat«. Und er wünscht: »Möchten Sie nach einem so glücklichen Erfolg Ihrer Bemühungen auch der vaterländischen Literatur wieder einige Aufmerksamkeit schenken und auch mich auf meinen Wegen, so weit sie führen können, theilnehmend begleiten.« Bei aller Strenge, die er gegenüber Cottas Verlagsunternehmen walten läßt, legt er Wert auf diese Begleitung. Der Cotta-Verlag plante, einen Musenalmanach herauszugeben, und sowohl Herausgeber als auch Cotta wollten einen Beitrag von Goethe haben. Goethe lehnt ab, weil er seine Arbeit nicht zersplittern mochte. Aber er berichtet Cotta auch, er habe »unzählige Anmutungen dieser Art mit den günstigsten Erbieten«, also große honorarträchtige Angebote anderer Verlage, abgelehnt. Und Cotta wird gern gelesen haben, daß die Ablehnung erfolgt, eben »weil ich ... unser Verhältniß nicht beeinträchtigen mag«. Dies, die beiderseitige Bemühung, in angenehmem Verhältnis zueinander zu stehen und nichts zu unternehmen, was dieses negativ beeinflussen könnte, war die Basis der Beziehung.

Schließlich kam aber doch noch ein Mißton auf. Ein unglückliches, vermeidbares Ereignis, das leicht hätte verhängnisvoll werden können. Anlaß war der von Cotta schon immer als »unser gefährlichster Feind« apostrophierte Vorgang des Nachdrucks. Aus Wien hatte er Goethe am 11. Januar 1815 berichtet, daß in Österreich keine Aussicht auf eine Änderung der Nachdruckpraxis bestehe. Schon im Januar 1810 war das Gerücht entstanden, daß der Wiener Drucker Geistinger Goethes *Sämmtliche Werke* nachdrucken werde. Cotta hatte immer wieder erfolglos versucht, diesen Nachdruck zu verhindern. Am 10. Januar 1810 hatte ihm Varnhagen von Ense mitgeteilt, daß die bei Geistinger, dem »diebischen Nachdrukker«, erscheinenden Bände »aufs schändlichste redigirt, ohne Sinn und Ordnung« herauskämen. In der Tat sind als Raubdruck zwischen 1810 und 1817 in Wien *Goethe's sämmtliche Schriften* in 26 Bänden erschienen, und zwar mit dem Impressum »Gedruckt bey Anton Strauß. In Commission bei Geistinger«. Am 19. März 1816 entschied sich Cotta zu Gegenmaßnahmen und gab in einem Halbsatz Goethe die folgende Meldung: »Zur Steuerung des Nachdruks muß ich in Wien eine Ausgabe machen lassen«. Diese wichtige Mitteilung schwächte er jedoch sogleich ab, »dort wollen sie nun aber schlechterdings TitelKupfer ... und ein ... Portrait von Eurer Excellenz«

einfügen. Goethe ging auf diese Mitteilung in seinem Antwortbrief vom 25. März 1816 mit folgendem Satz ein: »Auch die Wiener Ausgabe kann ich nicht anders als billigen, wo das Gesetz nicht hilft, da muß die Klugheit rathen.« Er vermittelte Cotta sein ein Jahr zuvor entstandenes Porträt von Carl Joseph Rabe (der 1814/15 als Goethes Gast in Weimar gewohnt hatte, um ihn, Christiane und August zu porträtieren), das nun in der neuen Ausgabe als Titel-Vignette Verwendung finden sollte; in einem Postscriptum seines Briefes an Cotta vom 22. Oktober 1816 bat er, die Vorlage leicht zu ändern, weil sein »linkes Auge etwas größer ist, als das Rechte«.[29]

Cotta handelte durchaus vernünftig, wenn er nun seinerseits mit dem österreichischen Verleger Carl Armbruster und dessen Kompagnon Kaulfuß eine Ausgabe in Wien veranstaltete. Armbruster hatte am 28. November 1819 an das k. k. Centralbücherei Revisionsamt den Antrag gestellt, den *West-östlichen Divan* »in die hiesige Original-Ausgabe Goethescher Werke aufzunehmen«. So konnte ein Raubdruck in Österreich verhindert werden. Denn der Vorsteher des Amtes gab Armbruster am 1. Dezember 1819 den Bescheid: »Der Censurordnung vom 12. Octob. 1810 zufolge darf keine Schrift hier nachgedruckt werden, welche hier im Manuscripte censuriert und erweislich in der Österr. Monarchie gedruckt wurde«.

Cotta ließ also einige seiner in Stuttgart erscheinenden Bände in Wien drucken und veranstaltete dort die eigene Ausgabe; dies schützte vor unberechtigtem Nachdruck. Für die Text- und Druckgeschichte der Werke Goethes ist diese Wiener Ausgabe, die in einer Auflage von 2500 Exemplaren erschien, aufschlußreich: »*Goethe's Werke*. Erster – Sechs und zwanzigster Band. Original-Ausgabe. Wien 1816-1822. Bey Chr. Kaulfuß und C. Armbruster. Stuttgart. In der J. G. Cotta'schen Buchhandlung. Gedruckt bei Anton Strauß«. Manche Texte, die in Stuttgart gedruckt wurden und Fehler enthielten, konnten in der Wiener Ausgabe bereinigt werden, wie oben angedeutet wurde. Andererseits entstanden hier völlig neue Probleme. Die Wiener Ausgabe besitzt eine sehr eigenwillige lokal- und verlagsgebundene Orthographie und Interpunktion, denn die Wiener Korrektoren haben ihrerseits Änderungen vorgenommen. Für den Druck der *Italienischen Reise* in Band 23 und 24 der Wiener Ausgabe gingen die Aushängebogen durch die Druckerei Frommann in Jena nach Wien, da das Goethesche Druckmanuskript sich nicht mehr in der Druckerei befand. Die Korrekturen Goethes, von denen Frommann in seinen Briefen an Cotta spricht, betrafen die Korrekturbogen zum Erstdruck des Werkes, der bei Cotta erschien, aber, wie mehrere Goethesche Einzelwerke bei Cotta, in Jena bei Frommann gedruckt wurde. In diesen Korrekturbogen nahm Goethe noch zahlreiche Änderungen vor, so daß damit das Druckmanuskript überholt war.

Eine interessante Sonderstellung nimmt der Druck des *Divan* in der Wiener Ausgabe ein, der dort unrechtmäßig, das heißt, von Cotta nicht legitimiert, als 21. Band erschien. Für den Druck hatte Goethe das dem Erstdruck von 1819 zugrundeliegende Manuskript aufgehoben und dieses als Vorlage für den Satz nach Wien geschickt. »Ew. Wohlgeboren erhalten hiebey das Manuscript zum Divan, zugleich auch ein corrigirtes Druckexemplar; doch wäre der Wiener Drucker und Corrector vorzüglich an letzteres zu weisen, weil solches gegenwärtig auf alle Weise zuverlässiger ist als das Manuscript.« Die Wiener Ausgabe beruht also auf einer besseren Vorlage als die Originalausgabe bei Cotta und ist in einer Reihe von Fällen textlich genauer, näher am Original als die Stuttgarter Ausgabe.

Goethe kannte die besondere Nachdrucksituation in Österreich und hat daher Cottas Vorhaben gebilligt. Aber Cotta hatte einen großen Fehler begangen, indem er Goethe nicht über die Entstehung dieser Ausgabe unterrichtete, obwohl er doch wissen mußte, wie sehr Goethe an herstellerischen Details der Buchproduktion Anteil nahm; er hatte Goethe für diese Ausgabe auch weder Freiexemplare noch Honorar angeboten. So kam es, daß Goethe die Absprachen, die Vorbereitungen wie überhaupt das ganze Wiener Unternehmen vergessen hatte, und so entstand auch das Unheil, das sich in der Johanna Franieckschen Buchhandlung zu Karlsbad, deren Chef auch in Sachen Goethescher Verlagsproduktionen sehr bewandert war, ereignete. Am 21. September 1823 schreibt Goethe nach einem Aufenthalt in Karlsbad an Cotta, daß er zwar bei den »Heilwassern« mehr Wohltätigkeit und Herstellung gefunden habe, »als [er] nur hoffen konnte«, aber daß ihn doch »verdrießliche Momente überraschten«:

Ich fand mich nämlich im Buchladen, zum eisernen Kreuz in Carlsbad, mit mehreren Freunden und Fremden, denen man eine Ausgabe meiner Wercke, Wien und Stuttgard, den letzten Band vom vorigen Jahre, unbewunden vorlegte. Man war im Handel und fragte mich was denn wohl von dem vorliegenden Abdruck zu halten sey? Ich antwortete, vielleicht zu naiv: daß ich gar nichts davon wisse! Und bey näherer Betrachtung mußte es doch bedencklich scheinen, eine *Original Ausgabe*, wovon der Verfasser keine Kenntniß hat und der Verleger sich nicht nennt, vor Augen zu sehen. Sodann überzeugte mich nur weniges Nachblättern daß hier die krassesten Druckfehler der ersten Abdrücke abermals vervielfältigt und gleichsam verewigt worden.
Anwesende fragten mich ferner: wie es denn komme, daß man die ächte Ausgabe nur bis zum 20sten Theil, diesen Nachdruck aber bis zum 26sten vorfinde? Wodurch die Besitzer der ersten sehr benachtheiligt wären. Welche Frage ich denn auch nicht genug zu beantworten im Stande, in meiner eigensten Sache als gleichgültig, nachlässig und unvorsichtig erscheinen mußte.
Haben Sie die Güte mich darüber aufzuklären zu meiner Beruhigung: denn ich darf wohl versichern daß es der einzige unangenehme Eindruck ist den ich von meinem heurigen, sonst so glücklichen Sommeraufenthalt mit nach Hause bringe. Alles Weiteren enthalt ich mich, und darf die Versicherung kaum hinzufügen: daß sich für mich selbst,

solange mir hier zu verweilen gegönnt ist als auch künftig für die Meinigen, das so werthe, zwischen uns bestehende Verhältniß, welches mich immer an die Vermittlung Schillers erinnert, immer fort ungetrübt sich erhalten möge.

Cotta antwortet am 18. Oktober. Auch er geht zunächst auf das wohltätige Heilwasser ein, schreibt dann aber, daß Goethe die Wiener Ausgabe »Verdruß« mache, schmerze ihn »doppelt«, und er fügt hinzu (hier drückt sich schlechtes Gewissen aus): »Diß ist seit Jahr und Tag das Unangenehmste was mich täglich quält.« Warum hat er Goethe dies nicht doch früher eingestanden? Warum war dies kein Gesprächsthema am 15. Mai 1823, als Cotta Goethe auf der Reise zur Leipziger Messe besuchte? Jetzt mußte er erklären, was er ihm nur angedeutet hatte, nämlich daß er zur Steuerung des Nachdrucks im Österreichischen mit dem Verleger Armbruster eine wohlfeile Auflage in Wien gedruckt habe: »und ich glaube Eurer Excellenz auch hierüber geschrieben zu haben«. Cotta erinnert sich also nicht genau an seinen Brief vom 19. und Goethes Bestätigung vom 25. März 1816. Er mußte nun Goethe auch gestehen, daß er wegen der Behandlung des *Divan* mit Armbruster Streit bekommen hatte, der zu einem Prozeß und dann zu einem schiedsrichterlichen Spruch führen sollte. Cotta hatte nach dem Erscheinen des 20. Bandes von Goethes Werken Armbruster mitgeteilt, daß die Ausgabe damit abgeschlossen sei, doch Armbruster erinnerte an die Konkurrenz durch Geistingers Raubdruck und drängte auf Fortsetzung durch den *West-östlichen Divan*. Der Vorgang ist definitiv nicht zu klären, und es bleibt auch unklar, wer Herr des Wiener Unternehmens war. Cotta hatte zwar die Ausgabe mitfinanziert, doch waren die Verhältnisse zu wenig übersichtlich, als daß er die Sache rasch hätte beenden können. Er erwähnte Goethe gegenüber, daß ihn der Verlust von Geld, »der sehr bedeutend ist«, weniger schmerze als vielmehr »die verdrißliche Stunde, die dise Geschichte Ihnen verursachte – Trösten müssen wir uns beide damit, daß kein andrer Öster. Nachdruk dadurch aufkommen konnte«. Cotta wußte, was auf dem Spiel stand, er wußte, daß von Goethe noch eine weitere Ausgabe vorbereitet wurde und dieser frei war, einen Verleger zu wählen. Deswegen drückte er wohl hier auch seine Hoffnung aus, daß Goethe »aus den frühern Vorgängen von mir überzeugt [sei], da ich ja den größten Werth darauf sezen muß und seze, in dieser Verbindung mit Ihnen zu stehen«. Goethe reagierte verspätet am 14. Januar 1824, er war lange krank gewesen, mit »höchst beschwerlichem Katharr«. Cottas Erläuterungen, so schrieb Goethe, »mußten freylich alle die schmerzlichen Gefühle auf einmal wieder erregen, an die ein deutscher Autor Zeit seines Lebens nur allzuoft erinnert wird und welche diesmal den verdüsterten Geist so schwarz als möglich umhüllten«.

Es ist klar, daß diese »schmerzlichen Gefühle« nicht so ohne weiteres verschwinden würden. Ist das ohnehin belastete Verhältnis des Autors zu seinem Verleger in einem Punkt empfindlich gestört, wirkt dies nach. Goethe hat sich den Vorgang zwei Jahre später wieder in Erinnerung gerufen, als die Frage zu entscheiden war, wer die »Ausgabe letzter Hand« verlegen sollte. Damals »vermittelte« für Goethe bei den Verlegern der Kunsthistoriker und in dieser Zeit zu seinen engsten Freunden zählende Johann Sulpiz Melchior Dominicus Boisserée. »Sie können denken«, schrieb Goethe an Boisserée, »wie wehe es mir thäte ein so gegründetes Verhältniss aufgeben zu müssen; aber ein schneller Entschluß ist mir in meinem hohen, sehr oft bedrohten Alter ausdrücklich durch die Verhältnisse geboten.« In diese Zeit, genauer in die Mitte des Juni 1825, fällt das Konzept eines Briefes an Boisserée, geschrieben vom Sekretär John; der Brief wurde nicht abgeschickt. Hans Dieter Steinhilber zitiert aus ihm einen Halbsatz: »Seit dem unseligen Wiener Nachdruck hat sich von beyden Seiten kein rechtes Vertrauen wieder einfinden wollen«. Der ganze Satz aber lautet: »Auch hab ich die beste Hoffnung daß mein Bezug zu Herrn Cotta sich wieder leben-

Sulpiz Boisserée (1783-1854).
Bleistift- und Kreidezeichnung
von Johann Joseph Schmeller (1826)
(SWK).

dig wie vormals herstellen möge, seit dem unseligen Wiener Nachdruck hat sich von beyden Seiten kein rechtes Vertrauen wieder einfinden wollen«.[30] Steinhilber gibt den Vorgang also inkorrekt wieder. Und zumindest hätte er auf Goethes Brief an Boisserée vom 19. August 1825 verweisen müssen. Hier heißt es: »Jede Annäherung des Herrn v. Cotta zu meinem Sohn, jede abschließende Verbindung mit demselben würde mir von höchstem Werthe seyn wenn ich noch selbst Amen dazu sagen könnte«. Es war also gewiß nicht so, wie Steinhilber suggerieren will, daß »seit dem unseligen Wiener Nachdruck« kein »rechtes Vertrauen« mehr zwischen Goethe und Cotta geherrscht habe. Daß Goethe den Vorgang nicht vergaß, ist freilich selbstverständlich. Doch in einer so diffizilen Beziehung wie der eines Autors zu seinem Verleger und umgekehrt müssen Enttäuschungen, widrige Vorfälle, unglückliche Entwicklungen, insofern diese nicht vorsätzlich bedingt sind, durchgestanden und überwunden werden können. Jede menschliche Beziehung, so auch die zwischen Autor und Verleger, bewährt sich erst unter der Belastung.

VII. DIE »AUSGABE LETZTER HAND«.
DIE »WICHTIGSTE SACHE MEINES LEBENS«

*1. Von der »leidenschaftlichen Empirie in den reinen Kreis
historischen Lichts«*

Goethes Reaktionen auf aktuelle Vorgänge sind für ihn charakteristisch. Im selben Brief vom 14. Januar 1824, in dem er bekundet, wie sehr er sich verletzt und getäuscht fühlt, zieht er schon die Konsequenz. Es war die Zeit, da Goethe wieder mit dem Komplex der *Wanderjahre* umging. Zur Ostermesse 1821 war die erste Fassung von *Wilhelm Meisters Wanderjahren* erschienen; sofort griff die Presse das Buch an, und auch von den Lesern wurde es kritisiert. Man las viel lieber das Produkt gleichen Titels, die *Wanderjahre* von Johann Friedrich Wilhelm Pustkuchen, dem Theologen und Schriftsteller, der sich über die ›Freiheiten‹ der *Lehrjahre* mokierte und in mehreren Passagen Goethe heftig angriff. Pustkuchens Werk wurde ein Publikumserfolg. Die Kritik opponierte vergebens gegen dieses Machwerk, erreichte aber nur das Gegenteil, denn es verdichtete sich hierdurch die in dieser Zeit gegen Goethe gerichtete Stimmung. Goethe verhielt sich wie viele Autoren: Äußerlich schien ihn das nicht zu bekümmern, tatsächlich aber ärgerte es ihn. Zunächst hielt er sich zurück und veröffentlichte im März 1822 *Geneigte Theilnahme an den »Wanderjahren«* im ›Morgenblatt‹. Doch war er schon zur Überarbeitung entschlossen, die ihn bis 1829 beschäftigen sollte. Alle Gestalten dieses Buches wissen, daß »Zweck und Ziel« ihres Daseins »Geheimnis, von höchster Hand verborgen« sind, daß sie aber ihren Weg durch »Denken und Tun, Tun und Denken« finden; sie sind nützliche Gestalten,

Goethe: Erstausgabe der *Wanderjahre* (Stuttgart und Tübingen: Cotta 1821) mit montiertem Goethe-Porträt (Bleistiftzeichnung von Frl. v. Foelkersahm) aus dem Besitz Ulrike von Levetzows (FDH).

tätige Wesen. Das Buch ist durchzogen von Topoi der Arbeit, von Formulierungen wie »wetteifernde Tätigkeit«: »daß ein Mensch etwas vorzüglich leiste, darauf kommt es an«. »Tun ohne Reden muß jetzt unsere Losung sein.«

Keine Fortsetzung schmerzlicher Gefühle also, welche den Geist eines deutschen Autors dieser Zeit verdüstern müssen, wie Goethe es schrieb. Er wollte Neues und auch für die Allgemeinheit Wichtiges leisten. Er beabsichtigte nicht nur, die Basis des Autor-Verleger-Verhältnisses neu zu klären, sondern auch die Situation des Autors in seiner Zeit neu zu bestimmen, des Autors, der sein Schreiben als Beruf ansieht.

1. Marienbad und die »Trilogie der Leidenschaft« 481

Damit die Arbeit an seinem Werk und an einer neuen, definitiven Ausgabe »ununterbrochen« fortgehe, teilt er Cotta am 14. Januar 1824 mit, daß er »fleißige, wohlmeinende Gehülfen herangezogen« habe. Er spricht nun wieder von der zu erweiternden Chronik seines Lebens: »Sie dient schon in ihrer jetzigen Gestalt zur Norm wie meine sämmtlichen Papiere, besonders der Briefwechsel, dereinst verständig benutzt und in das Gewebe von Lebensereignissen mit verschlungen werden könne ... indem eins wie das andere, aus der Staubwolke einer leidenschaftlichen Empirie, in den reineren Kreis historischen Lichtes tritt.« Doch Goethe sieht Arbeit vor sich, sie ist durch den Umfang seines gesamten Werkes bestimmt, aber auch durch die Revision der alten Texte wie den von ihm angestrebten Abschluß verschiedener großer Schriften, die nun auf ihn zukommen. Aber er kann dies nicht mehr allein schaffen: »Wie nun aber diese Bemühungen, und der zur Sustentation und Honorirung der Gehülfen erforderliche nicht geringe Aufwand, endlich dem Autor und den Seinigen, nicht weniger dem Verleger zu gute kommen werde, in wiefern deshalb eine vollständige Ausgabe baldigst zu veranstalten sey, dies können Ew: Hochwohlgeboren ganz allein übersehen und näher bezeichnen, worüber ich mir gelegentlich Ihre einsichtige Eröffnung erbitte.« Und er schließt diesen Brief vom 14. Januar an Cotta: »Der ich in immer gleichem Vertrauen, mit Überzeugung eines folgereichen Zusammenwirkens, die Ehre habe mich zu unterzeichnen.«

Cotta zeigt sich, in seiner Antwort vom 15. Februar, »außerordentlich erfreut« – denn einerseits hatte die doch im Grunde fragwürdige und ihn belastende Affäre der Wiener Ausgabe keine unmittelbaren Folgen, es steht sogar eine neue Gesamtausgabe als Möglichkeit vor ihm, andererseits aber verlangt dieser Gegenstand »die ernstlichste Aufmerksamkeit«, »damit Alle die Verhältnisse dabei beachtet und bedacht werden, die zu erwägen und zu besorgen sind«. Cotta kennt das Problem, weiß, daß seine vorangegangene Gesamtausgabe noch im Buchhandel liegt, und ahnt, daß er für die Rechte ungewöhnliche Honorare bezahlen muß. Dann aber erwähnt er sein »Bündnis« mit Elisabeth von Gemmingen-Guttenberg, die er in zweiter Ehe an dem Tag, an dem er Goethe diesen Brief schreibt, heiratet; er empfiehlt sie der Freundschaft Goethes, nur die »seltnen Eigenschaften« von Frau Elisabeth konnten ihn zu diesem Entschluß bringen, »der mir ein schönes moralisches Wesen, einen ausgebildeten Verstand und seltne Talente zuführt, so daß was ich suchte und mir noth that, eine geistvolle Freundin zur Seite zu haben, für den Abend meiner Tage [Cotta steht vor seinem 60. Geburtstag] gewiß gefunden habe«. In der Tat bestätigen Cottas Mitarbeiter und einige Autoren die schöne Seele Elisabeths, seine Kinder aus erster Ehe jedoch stimmen in dieses Lob nicht ein; sie machen den Eifer von Cottas neuer Frau für die vielen neuen, wenig Gewinn bringenden Unternehmungen Cottas verantwortlich. Goethe gratuliert ihm, die Nachricht »einer neu sich hervorthuenden glücklichen Aussicht Ihrer Lebensbahn« habe ihm viel Freude bereitet.

Später wandte sich Goethe oft an Frau von Cotta persönlich, da sie das ›Taschenbuch für Damen‹ betreute.[1] Wegen »unserer gemeinschaftlichen Angelegenheit« wollte er sich wieder bei Cotta melden, er informierte ihn jedoch über eine Anfrage des Verlegers der Weygandschen Buchhandlung, Johann Christoph Jasper, der beabsichtige, um »dem öfteren Verlangen des Publicums ... entgegen zu kommen«, *Werthers Leiden* in einer »neuen Auflage der Welt zu übergeben«, und der ihn dafür um »einige Worte als neue Vorrede« gebeten habe. Cotta riet Goethe dringlich ab, das Ansinnen des Verlegers sei »sehr unbescheiden«, er habe dazu keine Rechtsgrundlage, und so sei es doch »räthlicher«, einen neuen Text der Gesamtausgabe »zuzuweisen«. Doch Goethe dachte anders darüber, es sollte ja eine Jubiläumsausgabe werden, denn eben waren 50 Jahre vergangen, seitdem der

Werther zum ersten Mal erschienen war (auch Autoren, nicht nur die dafür oft kritisierten Verleger sind Zahlenfetischisten!). Am 25. März 1824 beendete Goethe die von ihm vorgesehene »poetische Einleitung«: »Noch einmal wagst du, vielbeweinter Schatten, | Hervor dich an das Tageslicht«. Wieder fand er einen Mittler: Johann Friedrich Rochlitz, Schriftsteller in Leipzig, Weimarischer Hofrat und seit 1800 mit Goethe befreundet, vermittelte das Gedicht an den Verlag Weygand und handelte als Honorar für die fünf Strophen, ungleich lang, mit zusammen 50 Versen, 50 Dukaten (also 150 Taler) aus. Am 1. Mai wurden diese 50 Verse an Weygand geschickt. Mit Recht konnte Weygand seine »Neue Ausgabe« als »vom Dichter selbst eingeleitet« für das Jahr 1824 ankündigen (jedoch mit der eingedruckten Jahreszahl 1825).

Das Gedicht endet mit den berühmten Zeilen, die, leicht verändert, aus dem *Tasso* stammen: »Verstrickt in solche Qualen halbverschuldet | Geb' ihm ein Gott zu sagen was er duldet.« Das eigentliche Motiv, »Werther« noch einmal anzusprechen, zeigte sich erst später, als Goethe nämlich dieses Gedicht, jenes »Produkt eines höchst leidenschaftlichen Zustandes«, jenes großartige Selbstporträt, *An Werther* betitelt, in die Sammlung der drei Gedichte mit dem Titel *Trilogie der Leidenschaft* von 1827 aufnahm.[2] »Weygand [wollte] eine neue Ausgabe meines Werther veranstalten und bat mich um eine Vorrede, welches mir ein höchst willkommener Anlaß war mein Gedicht an Werther zu schreiben. Da ich aber immer noch einen Rest jener Leidenschaft im Herzen hatte, so gestaltete sich das Gedicht wie von selbst als Introduction zu jener Elegie.« Goethe hat die drei Gedichte entgegen ihrer Entstehungsfolge in der Trilogie angeordnet: Das an erster Stelle stehende Gedicht *An Werther* entstand zuletzt (25.3.1824), das letzte Gedicht *Aussöhnung* zuerst (18.8.1823); mit den Entwürfen des zweiten Gedichts, der *Elegie*, begann Goethe am 5. September, am 19. September 1823 war die Reinschrift vollendet.

Ulrike von Levetzow (1804-1899).
Anonymes Pastellgemälde, undatiert; ca. 1821
(SWK).

Der biographische Hintergrund, die Arbeitssituation, das Liebes- und Leidenserlebnis, die zur *Trilogie der Leidenschaft* führten, sind bekannt. Im Februar und März 1823 erkrankte Goethe schwer, wahrscheinlich an einem Herzinfarkt, zu manchen Stunden hatte er das Bewußtsein schon verloren; die Ärzte waren ratlos, doch die Krankheit verschwand, wie sie gekommen war. Goethe fühlte sich, als er im Juni in Marienbad eintraf, wie ein Verwandelter, Verjüngter; er, der nach den *Wanderjahren* vorwiegend wissenschaftlich gearbeitet hatte, dessen dichterische Quelle versiegt zu sein schien, ironisierte sich als Forscher, der »nur« forscht, »die Einzelheiten sammelt«,[3] und der nun doch Gedichte schrieb.

Wieder, wohl zum dritten Mal, trifft er in Marienbad Ulrike von Levetzow, verliebt sich so tief, daß er Herzog Carl August bittet, die Familie Levetzow und Ulrike zu befragen, ob sie, die kaum Zwanzigjährige, den Vierundsiebzigjährigen heiraten wolle, dies mit einem beträchtlichen finanziellen Rahmen und Pensionsangebot. Goethe erhält eine zögernd unklare Absage, die Familie Levetzow reist am 17. August 1823 nach Karlsbad ab. Goethe verläßt Marienbad in Verzweiflung, fährt nach Eger; wenige Tage später taucht er in Karlsbad auf, doch am 5. September notiert er im Tagebuch den endgültigen »tumultuarischen Abschied«. Von Karlsbad über Eger fährt er nach Weimar, unterwegs im Wagen schreibt er an seiner *Marienbader* (eigentlich Karlsbader) *Elegie*, der er das Motto aus *Tasso* gibt: »Und wenn der Mensch in seiner Qual verstummt, | Gab mir ein Gott zu sagen was ich leide.« Das Gedicht ist fraglos eine der großen lyrischen Schöpfungen Goethes. Ob die Gattungsbezeichnung »Elegie« zutrifft, ist bis heute umstritten.[4] Doch sicher sind die 23 Strophen mit großer Kunst geschrieben, in streng durchgehaltener sechszeiliger Stanzenform mit fünfhebigen Jambenversen und fast durchgängig klingenden Reimen, die in jeder Strophe in zwei Kreuzreimen und einem Reimpaar als Abschluß angeordnet sind (gleich drei Reimpaare: ababcc). Kennzeichnend ist die Symbolik des letzten Reims: »Sie [die Götter] drängten mich zum gabeseligen Munde, | Sie trennen mich, und richten mich zu Grunde.«

Als Goethe gegen Ende des Jahres einen schweren Rückfall seiner Herzkrankheit erleidet, muß ihm Zelter die *Elegie* immer wieder vorlesen; Zelter hat seine Überlebenstherapie selbst festgehalten: Die »Pein« soll helfen.[5] Und sie half. Und es half die Arbeit an der Dichtung. Das zuerst entstandene Gedicht *Aussöhnung* wurde als Schlußgedicht zur bedeutsamen Apotheose der Aussöhnung: »Die Leidenschaft bringt Leiden!« Doch Musik mit »Engelschwingen« versöhnt.

Goethe hat in Marienbad oft die Petersburger Pianistin Marie Szymanowska besucht und mit ihr und durch ihr Klavierspiel seine »krankhafte Reizbarkeit« dieser Tage zu heilen gesucht.[6] Frau Szymanowska ihrerseits vermag ihn vom 30. Oktober bis 5. November 1823 in Weimar mit ihrem Spiel zu trösten und ihn mit seinem Schicksal auszusöhnen; dies der biographische Hintergrund, weshalb das zuerst entstandene Gedicht *Aussöhnung* (das er der Szymanowska in französischer Version überreicht hatte) als sinnbildlicher Höhepunkt an den Schluß rückt:

> Da fühlte sich – o daß es ewig bliebe! –
> Das Doppel-Glück der Töne wie der Liebe.

Das paßt zu Ulrike, die unverheiratet bis 1899 lebte und die die Beziehung zu Goethe im hohen Alter so kommentierte: »Keine Liebschaft war es nicht.«

Goethe hatte also in jenen Tagen zu Marienbad die Gleichzeitigkeit von Dämonie und Kunst, von Leidenschaft und Poesie, von Verzweiflung und Musik neu erlebt. Sein Roman *Wahlverwandtschaften*, in dem wahrlich dämonische Tiefen der Leidenschaft ausgelotet werden, war ohne versöhnende Kunst, ohne Musik geblieben. Jetzt konnte er sich dem »Götterwert der Töne wie der Tränen« aussetzen. Die *Elegie* endet mit dem Ausdruck der Leidenschaft und der Verzweiflung: »Schon rast's und reißt in meiner Brust gewaltsam, | Wo Tod und Leben grausend sich bekämpfen.«

Sieben Monate nach der Niederschrift der *Elegie* trat dann – wie erwähnt – Weygand mit der Bitte um ein Vorwort zur Jubiläumsausgabe *Werther* an ihn heran. Goethe nahm sich den Text noch einmal vor: Hatte er vor einem halben Jahrhundert schon ähnliches gefühlt, erlebt, ausgedrückt? Für Werther hatte es außer der Offenbarung der Liebe keine Lösung gegeben, der Werther ein halbes Jahrhundert später läßt sich durch Leidenschaft nicht vernichten. Ihm wird die »Aussöhnung« durch Natur und Kunst zuteil. Da Goethe das Gedicht *An Werther* an die erste Stelle der Trilogie rückt und da es so persönlich gehalten ist, wird die *Elegie* zum Selbstbildnis des alten Goethe, der zu sich gefunden hat, zerrissen zwar bis an die Grenze der Existenz, aber doch ausgesöhnt im »Doppel-Glück der Töne wie der Liebe«.

2. »Denken und Tun«. Der Beginn der Vorbereitung zur »Ausgabe letzter Hand«

Indes, das Erlebnis in Marienbad konnte trotz seiner poetischen ›Aufarbeitung‹ nicht folgenlos für Goethes Selbstverständnis bleiben. Zwar geht es ihm nach wie vor um Veränderung, Verwandlung und Erneuerung; zu Kanzler von Müller sollte er am 24. April 1830 bemerken: »Ey, bin ich denn darum 80 Jahre alt geworden, daß ich immer dasselbe denken soll? Ich strebe vielmehr, täglich etwas anderes, *Neues* zu denken, um nicht langweilig zu werden. Man muß sich immerfort verändern, erneuen, verjüngen, um nicht zu verstoken.« Und doch: Das Marienbader Erlebnis hatte ihm Grenzen aufgezeigt, Grenzen in den Hoffnungen der Verjüngung, Grenzen der Erlebnisfähigkeit einer neuen erotischen Beziehung gegenüber, Grenzen seiner Natur, Grenzen seiner körperlichen Bewußtheit, Grenzen, die sein fortschreitendes Alter ihm setzte. Aus dieser schmerzhaften Erfahrung, aus der Einsicht, bei aller Menschen- und Freundesverbundenheit letztlich allein, einsam zu sein, leitet er aber keine Verzweiflung ab, im Gegenteil, eine von ihm stark gefühlte Lebensdankbarkeit führt ihn dazu, sich immer neu sich selbst und den »Forderungen des Tages« zu stellen. In einem Brief an den 35 Jahre jüngeren Freund Boisserée vom 22. Oktober 1826 sehe ich das Credo seines letzten Jahrzehnts:

Verzeihen Sie, mein Bester, wenn ich Ihnen exaltirt scheine: aber da mich Gott und seine Natur so viele Jahre mir selbst gelassen haben, so weiß ich nichts Besseres zu thun, als meine dankbare Anerkennung durch jugendliche Thätigkeit auszudrücken. Ich will des mir gegönnten Glücks, so lange es mir auch gewährt seyn mag, mich würdig erzeigen, und ich verwende Tag und Nacht auf Denken und Thun, wie und damit es möglich sey.

Tag und Nacht ist keine Phrase, denn gar manche nächtliche Stunden, die dem Schicksale meines Alters gemäß ich schlaflos zubringe, widme ich nicht vagen und allgemeinen Gedanken, sondern ich betrachte genau, was den nächsten Tag zu thun? das ich denn auch redlich am Morgen beginne und soweit es möglich durchführe. Und so thu ich vielleicht mehr und vollende sinnig in zugemessenen Tagen, was man zu einer Zeit versäumt, wo man das Recht hat, zu glauben oder zu wähnen, es gebe noch Wiedermorgen und Immermorgen.

Eine für Goethe – und gewiß nicht nur für ihn – *unglaublich* aufschlußreiche Einsicht: Denken und Tun *genau* zu bestimmen. Eines gegönnten Glücks *täglich* würdig zu sein. *Nützliches* zu tun, da nach der Ordnung der Dinge das stirbt, was nutzlos ist. Nützliches zu tun in der *Gegenwart des Todes*, da »Wiedermorgen und Immermorgen« im Alter fraglich und unbestimmt werden.

Goethes letztes Jahrzehnt ist bestimmt durch die Konzentration auf das Nahe und zugleich auf das Ferne großer geistiger Räume. Die äußerliche Ferne, Reisen zum Beispiel über den Bereich Weimar, Jena hinaus, findet nicht mehr statt. Weimar wird und bleibt seine Welt, er baut sich sein Haus am Frauenplan als seine Weltstadt aus. Zeugnisse seines Lebens und Arbeitens werden ausgestellt, Sammlungen und Bücher, Geschenke und Diplome, Bilder und Büsten, die man von ihm schuf. Dies ein Museum seiner selbst nennen liegt nahe, doch Goethe, letztlich ein Einsamer, errichtet sich hier wohl einen Halt für die tägliche Erfüllung der Forderung des Tages. Viele Besucher bitten um Einlaß; wer eine Empfehlung

2. Vorbereitungen zur »Ausgabe letzter Hand«

vorweisen kann, wird auch eingelassen. Viele, die über die Schwelle des Hauses am Frauenplan treten dürfen, erhalten freilich den Eindruck, Exzellenz gebe sich steif und kalt; daß er seine Orden liebe, sie gerne trage, wird ihm oftmals verübelt. Vielen Deutschen ist er zu wenig deutsch, vielen Christen zu wenig fromm. Friedrich Wilhelm Riemer, Goethes wichtigster Mitarbeiter an der »Ausgabe letzter Hand«, bemerkt zu diesen Reaktionen der Besucher: »Man mußte auch etwas bringen, wenn man etwas mitnehmen wollte«, und: »Lauernder Blick, unverhehltes Aufpassen, karglautes oder apodiktisches Erwidern konnten sich freilich keiner großen Offenheit von seiner Seite getrösten.« Eckermann notiert am 14. März 1830 eine Äußerung Goethes: »Bald soll ich stolz sein, bald egoistisch, bald voller Neid gegen junge Talente, bald in Sinnenlust versunken, bald ohne Christentum und nun endlich gar ohne Liebe zu meinem Vaterlande und meinen lieben Deutschen«.

Besonders prekär sind die Besuche von Schriftstellern bei Goethe, aber dies gilt nicht nur für ihn. Aus eigener Erfahrung weiß ich, wie kompliziert solche Begegnungen sind. An Hermann Hesses Garteneingang befand sich ein Schild: »Keine Besuche, bitte«, und an der Eingangstür wurde mit den Worten des chinesischen Philosophen Meng Hsiä für den alternden Dichter Verschonung vor Besuchern gefordert; hier stand einmal: »Leider! Thomas Mann.« Hesse hatte den großen Wunsch, Max Frisch möge ihn besuchen. Als aber ein solcher Besuch für Frisch möglich wurde, war Hesse gestorben. Samuel Beckett empfing auf meinen Wunsch in kurzen Abständen Edward Bond und Peter Handke; beide redegewandten Schriftsteller versanken aus Respekt vor der poetischen Autorität und unter dem Eindruck von Becketts Erscheinung in Schweigen, und so entstanden sehr einseitige Unterhaltungen, nach denen Beckett wünschte, keine Schriftsteller mehr treffen zu müssen. Es ist nur zu verständlich, daß Goethe Begegnungen mit Schriftstellern seiner Zeit auswich. Lord Byron aber, der ihm seinen *Sardanapalus* von 1823 gewidmet hatte, hätte er wohl gern gesehen; Byron betrachtete sich »als literarischen Vasall, der dem ersten aller lebenden Schriftsteller als seinem Lehnsherren seine Huldigung darbringt – ihm, der die Literatur seines eigenen Landes geschaffen und die ganz Europas erleuchtet hat«; Goethe erhielt das Blatt mit der handschriftlichen Widmung Byrons, doch dessen Verleger hatte sie beim Druck des Buches vergessen! William Thackeray wurde freundlich empfangen; er schuf später eine Zeichnung, die für den alten Goethe charakteristisch ist. Eckermann hat immer wieder festgehalten, wie intensiv Goethes Beziehung zur zeitgenössischen französischen Literatur war. Seit 1826 hatte Goethe die französische Zeitschrift ›Le Globe‹ abonniert und sich mit den darin veröffentlichten jungen französischen Schriftstellern beschäftigt. Mit deutschen Schriftstellern freilich hatte er seine Schwierigkeit. Eckermann hält dies am 14. März 1830 in einem bemerkenswerten Eintrag fest:

Ja, mein Guter, Sie werden es nicht anders finden. Und ich selbst kann mich noch kaum beklagen; es ist allen anderen nicht besser gegangen, den meisten sogar schlechter, und in England und Frankreich ganz wie bei uns. Was hat nicht Molière zu leiden gehabt, und was nicht Rousseau und Voltaire! Byron ward durch die bösen Zungen aus England getrieben und würde zuletzt ans Ende der Welt geflohen sein, wenn ein früher Tod ihn nicht den Philistern und ihrem Haß enthoben hätte.

Und wenn noch die bornierte Masse höhere Menschen verfolgte! Nein, *ein* Begabter und *ein* Talent verfolgt das andere. Platen ärgert Heine und Heine Platen, und jeder sucht den andern schlecht und verhaßt zu machen, da doch zu einem friedlichen Hinleben und Hinwirken die Welt groß und weit genug ist und jeder schon an seinem eigenen Talent einen Feind hat, der ihm hinlänglich zu schaffen macht.

Sicher gab es auch Besucher, die hochwillkommen waren: Zelter, mit dem er Kompositionstheorien und die Komposition eigener Werke besprach, die Brüder Humboldt (an Wilhelm von Humboldt ist Goethes letzter Brief, vom 17.3. 1832, gerichtet), der Botaniker Friedrich Sigmund Voigt und Carl Vogel, seit Juni 1826 Goethes Hausarzt, dem Goethe nach dem Tode des Sohnes August die Oberaufsicht über die Anstalten für Kunst und Wissenschaft übertrug; er, der intime Kenner, veröffentlichte 1833 die Abhandlung *Die letzte Krankheit Goethes*. Johann Heinrich Meyer, der mit Zelter und Knebel zu Goethes engsten Freunden zählte, war zum Gespräch immer willkommen. Kanzler (Friedrich Theodor Adam Heinrich) von Müller war ein beliebter, temperamentvoller Diskussionspartner; seine *Unterhaltungen mit Goethe* erschienen 1870 aus seinem Nachlaß und präsentierten einen anderen Goethe als den Eckermanns; in ihnen sprach Goethe direkt und drastisch zur Sache, »mit epigrammatischer Schärfe und schneidender Kritik«, wie Müller vermerkte. Ihm gegenüber, dem gesellschaftlich Gleichgestellten, konnte sich Goethe auch deutlicher äußern als gegenüber seinen Sekretären und Schreibern, und man kann selbst an Sätzen wie »O, ich kann auch bestialisch sein« nicht zweifeln. Ganz anders seine Beziehung zu Karl Ludwig Knebel; als Erzieher des zweiten Sohnes der Herzogin Anna Amalia war er nach Frankfurt gekommen und hatte das erste Zusammentreffen Goethes mit dem Prinzen Carl August vermittelt; bis ins Alter hinein blieben sie verbunden, obschon ihn Goethe seines grantigen Wesens und hypochondrischen Charakters wegen (»Knebel ist gut, aber schwankend und zu gespannt bei Faulenzerei und Wollen«) rügte; immerhin, Knebels Übersetzung des Lukrez hat Goethe jahrelang begleitet und wurde von ihm durch eine Rezension ausgezeichnet; man weiß aber auch, daß Goethe sich bei Knebels Schilderungen der Schweiz und besonders der des Rheinfalls eigener Erinnerungen wegen so aufregte, daß er mit gewaltigen Schritten durch sein Zimmer lief. Doch insgesamt gesehen waren die Besucher ihm eine Last, nur durch die gelegentlichen »bedeutenden Gespräche« mit Wissenschaftlern und Freunden gemildert. So konzentrierte er sich auf das, was er 1823 und 1826 sein »Hauptgeschäft«[7] nennen sollte, auf die Vorbereitung der »Ausgabe letzter Hand« und auf die Vollendung des *Faust*.

Wie bereitete sich Goethe auf jenes erste »Hauptgeschäft« vor? Er tat es, wie immer, in exaktester Manier.

In seinem Haus schuf er sich eine Umgebung, die ihm effizientes Arbeiten ermöglichte, er gründete ein Archiv, fand fähige Mitarbeiter und unternahm den buchhandelsgeschichtlich epochemachenden Versuch, die sein Lebenswerk krönende Gesamtausgabe durch Privilegien der einzelnen Bundesländer sowie Österreichs gegen den Nachdruck schützen zu lassen. Als er dies erreicht hatte, ließ er sich von Verlagsangeboten – bis hin zu einer sich anbahnenden Versteigerung – hofieren, um sich dann doch für Cotta zu entscheiden. Sein Vorgehen ist ohne Beispiel.

Wie schwierig und kompliziert die eigene Familie für Goethe auch war, seine Umgebung formte er sich derart, daß er einerseits seinen Arbeiten und Pflichten, andererseits einer gewissen Geselligkeit nachgehen konnte. Im Hause waren Köchinnen und wechselndes Dienstpersonal tätig, das freilich nicht so sehr, wie er dies gehofft hatte, von der Schwiegertochter Ottilie, sondern vom Diener Stadelmann beaufsichtigt wurde. Ein Kutscher betreute die Equipage, die 1799 angeschafft worden war und die man noch heute im Goethehaus besichtigen kann, ein stattliches Fahrzeug, das zu Reisen, zu Besuchen, aber auch zu repräsentativen Anlässen benutzt wurde.

Exkurs: Goethes »wohlmeinende Gehülfen«

Philipp Friedrich Seidel (bereits Diener des Vaters), Christoph Sutor, Johann Georg Paul Götze und Johann Ludwig Geist waren die jeweiligen Diener bis 1804.

1814 trat *Johann Carl Wilhelm Stadelmann* in Goethes Dienste, bis er 1826 entlassen wurde. Stadelmann war ein Original, er begleitete Goethe häufig auf Reisen, von denen er Anweisungen an das Personal und an die Schreiber gab; dies in Briefen, in denen er auf groteske Weise Goethes Stil zu kopieren suchte. Unter Goethes Anleitung beschäftigte er sich mit Mineralogie und Geologie, aber auch mit der Einrichtung des Archivs. Er wäre wohl bis Goethes Tod Diener gewesen, hätte er nur das chemische Experiment mit dem Weinglas geliebt, das unter bestimmten Bedingungen Regenbogenfarben reflektiert (Goethe: »Stadelmann ist ein Genie, der mit der Natur rivalisiert«), und nicht auch den Wein selbst: Er mußte entlassen werden. Goethe bringt ihn noch in einem optischen Institut unter, aber auch dort kann sich Stadelmann aus ebendemselben Grund nicht halten. Er landet im Armenhaus, aber auch hier trinkt er, wenn immer er einen Groschen erhält. Als die Vaterstadt Frankfurt 1844 das Goethe-Denkmal einweihen will, erinnert man sich seiner und lädt ihn nach Frankfurt ein. Er kommt, in einen Rock von Goethe gekleidet, sitzt bei der Feier in der ersten Reihe, doch zurückgekehrt, erhängt er sich auf dem Wäscheboden des Armenhauses. Ein erbärmliches, zugleich erbarmungswürdiges Schicksal in Goethes Umgebung. Doch man kann Goethe keinen Vorwurf machen.

Auf Stadelmann folgte am 1. Dezember 1826 *Gottlieb Friedrich Krause* für die Jahre bis zu Goethes Tod; Goethe fand guten Zugang zu ihm, in den Tagebüchern taucht er immer wieder freundlich erwähnt als »Friedrich« auf.

Goethes Mitarbeiterstab für die Arbeit an der »Ausgabe

letzter Hand« ist fast hierarchisch wie eine Pyramide gegliedert. Als Basis die Schreiber, gelegentlich unterstützt durch Mitarbeiter aus Bertuchs Industriecomptoir. Darüber die Berater und Experten, Riemer, Göttling, Meyer und Soret, die Goethe seine »lebendigen Lexika« nannte, in denen er gern »nachzuschlagen« pflege. Und dann in besonderer, erhöhter Position Eckermann und Kanzler von Müller.

Goethe arbeitete in dieser Zeit mit drei Schreibern bzw. Sekretären, mit John, Kräuter und Schuchardt.[8]

Johann August Friedrich John war seit 1814 bei Goethe beschäftigt, nebenher war er auch Kopist an der Großherzoglichen Bibliothek; er hat wohl die meisten der von Goethe diktierten Briefe geschrieben.

Friedrich Theodor David Kräuter war Schreiber an derselben Bibliothek, danach Bibliothekar; als Bibliotheksrat leitete er später die Bibliothek, die von Goethes Schwager Vulpius nur unordentlich betreut worden war; seit 1818 stand er in Goethes Diensten, als Schreiber und als Privatsekretär. Wie Goethe in den *Biographischen Einzelheiten* berichtet, ordnete Kräuter, ein »junger, frischer, in Bibliotheks- und Archivsgeschäften wohlbewanderter Mann«, sein Archiv und fertigte ein erstes Verzeichnis an. Er war der Motor der gesamten Archivarbeit und auch so etwas wie ein Koordinator des großen Redaktionsstabes. Nach Eckermanns Zeugnis war Goethe mit ihm hochzufrieden und lobte ihn mehrfach. Freilich, Kräuter war auch derjenige, der gegen die vollkommen abhängige Arbeit gelegentlich aufbegehrte: »Es ist traurig, wenn man um große Herren herum ist, da verliert man ganz seine Selbständigkeit, darf keinen Willen mehr haben, genug, man ist ihr Fangball, den sie nach eigener Willkür herumwerfen.« Doch Kräuter blieb bei seiner Arbeit, am Fortgang der Ausgabe hat er einen wichtigen Anteil.

Johann Christian Schuchardt, der letzte der Sekretäre Goethes, war Volljurist, Registrator bei der Goethe unterstellten Oberaufsicht der Anstalten für Wissenschaft und Kunst; später, 1863, wurde er Leiter des Freien Zeicheninstituts in Weimar. Er hatte Goethe einen Vorschlag eingereicht, wie die Sammlungen zu ordnen, zu sichten und zu katalogisieren seien, und Goethe hielt seinen Versuch für »gelungen«. Am 20. Februar 1825 wurde er zum Sekretär bestellt. Unter Goethes Aufsicht legte er die ersten wissenschaftlich fundierten Inventare der Sammlungen an, von denen er 1848/49 einen Katalog in drei Bänden veröffentlichte,[9] durch den erst der Reichtum und die Vielfalt der Goetheschen Sammlungen sichtbar wurden. Goethe schätzte ihn sehr, er kümmerte sich selbst um sein Quartier, und, was keinem anderen Mitarbeiter widerfuhr, er besuchte ihn dort am 23. Juni 1831.

Schuchardt hat Goethe genau beobachtet, etwa, wie er die Hände auf dem Rücken faltete, wenn er auf und ab ging in dem so einfachen Büro mit den schlichten Holzregalen und Kästen, mit dem ovalen Tisch und den harten Stühlen; immer wieder war er begeistert, wie leicht Goethe das Diktieren fiel, es sei, als lese er in seinem Kopf von einem vorgeschriebenen Papier ab, und er notierte, mit welchen Gesten Goethe seine Diktate begleitete: »Mit ausgebreiteten Händen und unter Beugung des Körpers nach der einen oder anderen Seite brachte er den Gegenstand ins Gleichgewicht und in kunstgerechte Stellung. War ihm das gelungen, so rief er gewöhnlich: ›So recht! Ganz recht!‹«

In den Tagebucheintragungen dieser Jahre begegnen wir seinem Namen fast auf jeder Seite: Konzepte und Munda durch Schuchardt. Ordnung in verschiedenen Dingen, von Schuchardt arrangiert. An Schuchardt diktiert bezüglich französischer und Weltliteratur. Schuchardt diktiert zu ›Ueber Kunst und Alterthum‹. Am 15. Januar 1829: »An dem Hauptgeschäft ernstlich fortgefahren«; am 31. Januar: »Concepte an Schuchardt diktiert«. Schuchardt war also sicher der am meisten geschätzte Mitarbeiter in diesem Sekretariatsbereich.

Zwischen Schreibern und Sekretären auf der einen sowie

Experten auf der anderen Seite gibt es also eine klare Distinktion. Die Schreiber und Sekretäre arbeiten in den Werkstunden und werden danach auch bezahlt. Die Herren des Goethe-Rates werden darüber hinaus »empfangen«, zum Mittagessen, zum Tee und am Abend. Schon am 8. September 1822 kann Goethe an Cotta vermelden:

> Dagegen hab' ich von Glück zu sagen daß eine Gesellschaft von Freunden mir auf's lebhafteste beysteht, und das was ein guter Geist mir früher und später gewährte zusammen zu halten und zu nutzen hilft. Es ist diesen Sommer in meiner Abwesenheit, eine Repositur zusammen gestellt worden, worin alles enthalten ist was jemals Gedrucktes und Ungedrucktes, von Werken, Schriften, Arbeiten und Vorarbeiten von mir ausging; wo alle Tagebücher zu Haus und in der Fremde, alle Fragmente und, was mehr ist, seit gewißen Jahren sämtliche an mich erlaßene Briefe und die bedeutendsten von mir ausgegangenen, in einigen Schränken aufbewahrt sind.
>
> Mit dieser Anordnung und mit einem vollständigen Verzeichniß ward ich bey meiner Rückkehr überrascht und ich verhandele nun mit meinen älteren und jüngeren Freunden wie davon Gebrauch zu machen seyn möchte, und wie, wenn ich auch abgerufen würde, doch nichts verloren seyn dürfte. Von allem nähere Kenntniß zu geben mir zunächst vorbehaltend.
>
> Ein Theil des Winters wird auf alle Fälle diesem Geschäft gewidmet, welches wir auf einen hohen Grad von Vollständigkeit und Sicherheit zu bringen gedenken. Ohne daß ich Namen ausspreche ist vorauszusetzen daß Hofr. Meyer und Prof. Riemer, die vieljährigen Mitarbeiter, mir immer zur Seite sind.

An anderer Stelle spricht Goethe von der »Beihülfe vorzüglicher Männer« und auch davon, daß er »fleißige, wohlmeinende Gehülfen herangezogen« habe. In der Tat, fleißig, wohlmeinend, kompetent und effektiv war dieser Goethe-Rat.

Friedrich Wilhelm Riemer (1774-1845).
Kreidezeichnung von Johann Joseph Schmeller (nach 1824)
(SWK).

Friedrich Wilhelm Riemer, Philologe und Schriftsteller, war Goethe aufs engste verbunden. Von 1801 bis 1803 war er Erzieher im Hause Wilhelm von Humboldts gewesen, 1802/03 erschien das von ihm bearbeitete *Griechisch-Deutsche Handwörterbuch*. Als knapp Dreißigjährigen berief ihn Goethe zum Erzieher seines Sohnes August. Er lebte in Goethes Haus und wurde ein Goethe immer vertrauterer Ratgeber in literarischen wie in philologischen Fragen, zuständig für alle Belange der Antike und Altphilologie. Wegen eines Zerwürfnisses mit August verließ er Goethes Haus und wurde 1812 Professor am Gymnasium, 1814 Bibliothekar (und 1836 Oberbibliothekar) an der Großherzoglichen Bibliothek in Weimar. Ab 1819 arbeitete er wieder für Goethe. Goethe betraute ihn und Eckermann mit der Herausgabe seines Nachlasses; er setzte 800 Taler dafür aus, wohl nicht ahnend, wie viele Jahre die beiden, insbesondere Eckermann, an den 20 Bänden des Nachlasses zu arbeiten haben würden.

Riemer war für Goethe bei beiden »Hauptgeschäften« unentbehrlich, für die »Ausgabe letzter Hand« wie für die weitere Arbeit an *Faust*, die Tagebücher belegen dies deutlich. Riemer ordnete die Gedichte neu, verifizierte die Titel, verglich Untertitel und Zwischentitel der Sammlungen. Immer wieder taucht im Tagebuch die Formulierung auf: »Faust mit Riemer«. Mit Riemer besprach er auch diktierte Texte und Briefe. Am 14. Dezember 1824: »Herr Professor Riemer, mit welchem verschiedene Conzepte durchgegangen wurden. Er blieb zu Tische und wir besprachen besonders auch die eigentlichen Entwicklungen der Sprache aus sich selbst und die großen dabey obwaltenden Schwierigkeiten, woher die Differenzen der verschiedenen Meynungen und die Unmöglichkeit sie zu vereinigen entspringt.« Am 8. März 1826: »Kam Professor Riemer. Weltgeschichtliche Vergleichung des Kampfes zwischen Herrschenwollenden und nicht Dienenwollenden... Speiste derselbe Mittags bei uns.« Am 24. März 1826: »Abends Professor Riemer. Die einzelnen Dictata mit ihm durchgegangen.« Am 15. Februar 1831: »Abends Professor Riemer, den Bogen Nr. 9 durchgegangen. Über Spracheigenheiten und Sprachgeheimnisse. Die fortdauernden Veränderungen in der Sprache. Neue Regeln, Recht und Unrecht abgeleitet.« Was solche Regeln betrifft, hatte Goethe seine Bedenken, wie er überhaupt »Experten« skeptisch gegenüberstand. Im Zusammenhang mit diesem Gespräch formuliert er im Tagebuch eine wichtige Einsicht: »Es ist den Männern vom Fach nicht übel zu nehmen, wenn sie sich's bequem machen. Wenn man statt des Problems ein anderes hinsetzt, so denkt die gleichgültige Menge schon, es wäre ihr geholfen. Jeder sucht sich in seinem Fach zu sichern und läßt den andern auch zu, sich mit den ihrigen zu befestigen. So habe ich mit Verwunderung in ihrem Fache sehr consequente, verständige, vortreffliche Männer gesehen, wie sie in andern Fächern das Absurdeste zugaben und nur sorgten, daß man ihre Kreise nicht störe. Auch in den Wissenschaften

Karl Wilhelm Göttling (1793-1869).
Kreidezeichnung von J.J. Schmeller (1827)
(SWK).

ist alles ethisch, die Behandlung hangt vom Charakter ab.« Was Wunder, Goethe schätzte Riemer: »Ich bewunderte seine Umsicht und tiefdringende Sprachkenntnis.« Er billigte seine Heirat mit Caroline Wilhelmine Johanna Ulrich, Christianes Gesellschafterin, von Goethe Uli genannt; Goethe hatte gerne von den »beiden Frauenzimmern« gesprochen.

Karl Wilhelm Göttling, Sohn eines Apothekers, Philologe und Archäologe, war in diesem Kreis Hauptautorität in Sachen Rechtschreibung. Er war Gymnasialprofessor in Rudolstadt und Neuwied, seit 1828 Professor der Altertumswissenschaften und Bibliothekar in Jena. Goethe hatte ihn bei einer seiner Reisen nach Jena kennengelernt, offenbar im Jahre 1822; jedenfalls bat er ihn damals, ihm eine Übersetzung der Fragmente aus dem *Phaeton* des Euripides anzufertigen. Goethe erwähnt ihn im Tagebuch erstmals am 8. Januar 1825: »Mundum des Hauptschreibens. Verschiedene Concepte. Professor Göttling.« Danach wird immer wieder das Erschei-

Johann Heinrich Meyer (1759-1832).
Kreidezeichnung von J. J. Schmeller (1824)
(SWK).

nen Göttlings im Hause Goethe notiert, zum Tee, zu Mittag und zu Abend. Für den 7. Oktober 1827 in Jena trägt Goethe ein: »Gegen 4 Uhr in die Bibliothek. Professor Göttling und die übrigen gesprochen. Alles in bester Ordnung gefunden.« Am 7. November 1829 kamen Göttling und Hofrat Vogel zu Mittag: »Kam erst zur Sprache, daß es mein weimarischer Jubiläumstag sey [am 7. November 1775 war Goethe nach Weimar gekommen]. Diesmal an einem Familientische versammelt, war die Gesellschaft heiter und geistreich.« Göttling war anwesend, als sich am 22. April 1830 August und Eckermann für die Reise nach Italien verabschiedeten; der letzte Eintrag im Tagebuch, Göttling betreffend, datiert vom 20. Juni 1830, er war mit Voigt im Hause Goethes, und Goethe hatte mit ihnen »gesprochen und das Nächste mit ihnen verhandelt«. Göttling, von Goethe als »Litterator« angesprochen, wurde von ihm bis zu seinem Tode zu den »Freunden« gezählt.

Das gleiche galt für *Johann Heinrich Meyer*, den Schweizer Maler und Kunsthistoriker. Goethe hatte ihn 1791 als Lehrer

Frédéric Jean Soret (1795-1865).
Kreidezeichnung von J. J. Schmeller (nach 1824)
(SWK).

an die Zeichenschule in Weimar geholt, deren Direktor er 1807 wurde. Meyer war Goethes engster Kunstberater; beide starben im selben Jahr. Zehn Jahre, von 1792 bis 1802, wohnte Meyer in Goethes Haus. Der Plan der ›Propyläen‹ entstand im Gespräch mit Schiller und ihm. In Goethes Zeitschriften gibt es Beiträge, die mit WKF unterzeichnet sind. Hinter diesem Kürzel verbergen sich die »Weimarer Kunstfreunde« Goethe, Schiller und Meyer, die ihre Beiträge gegenseitig redigierten. Meyer war bei der »Ausgabe letzter Hand« naheliegenderweise mit der Textrevision der kunsthistorischen Schriften beschäftigt.

Frédéric Jacques (auch Jean, Jakob) Soret, Naturforscher, Theologe und Schriftsteller aus Genf, wurde 1822 von der Erbgroßherzogin als Erzieher ihres Sohnes Karl Alexander nach Weimar berufen. Am 8. Dezember 1822 erwähnt ihn Goethe im Tagebuch zum ersten Mal, danach kommt er fast auf jeder Seite des Tagebuchs als Besucher und Gesprächspartner vor. Er nahm insbesondere großen Anteil an Goethes naturwissenschaftlichen Schriften, und so wurde er bei Textproblemen in diesem Bereich zu Rate gezogen. Soret wurde von Goethe stets konsultiert, wenn es galt, Übersetzungen der Werke ins Französische zu beurteilen. Eckermann hat ein schönes Porträt von ihm entworfen: »Herr *Soret* aus Genf, als freisinniger Republikaner zur Leitung der Erziehung Sr. Königlichen Hoheit des Erbgroßherzogs im Jahre 1822 nach Weimar berufen, hatte von gedachtem Jahre bis zu Goethes Tode zu ihm gleichfalls ein sehr nahes Verhältnis. Er war in Goethes Hause ein häufiger Tischgenosse, auch in seinen Abendgesellschaften ein oft und gerne gesehener Gast. Außerdem boten seine naturwissenschaftlichen Kenntnisse vielfache Berührungspunkte zu einem dauernden Umgange. Als gründlicher Mineraloge ordnete er Goethes Kristalle, so wie seine Kenntnisse der Botanik ihn fähig machten, Goethes *Metamorphose der Pflanze* ins Französische zu übersetzen und dadurch jener wichtigen Schrift eine größere Verbreitung zu geben.« 1836 kehrte Soret nach Genf zurück.

Alles in allem war es eine erstaunliche, akademisch gebildete, hervorragende Mannschaft, die sich Goethe hier für die Vorarbeiten und später für die Durchführung der »Ausgabe letzter Hand« herangebildet hat.

An der Spitze der Mitarbeiterpyramide aber stand *Johann Peter Eckermann*. Eckermann war der merkwürdigste, sonderbarste und wirkungsreichste der Mitarbeiter. Er stammte nicht wie alle anderen aus einem »Hause«, sondern aus einer »Hütte«, als der »Zuletztgeborne einer zweiten Ehe«, einer wahrhaft unterprivilegierten Familie, deren »Hauptquelle des Unterhaltes ... eine Kuh« war – so berichtet er selbst in der »Einleitung« zu seinem Gesprächebuch, in dem der Autor Nachricht gibt »über seine Person und Herkunft und die Entstehung seines Verhältnisses zu Goethe«. Ich finde die besondere Beziehung beider zueinander bereits in der Schilderung ihrer ersten Begegnung ausgedrückt: Er, der zu Fuß von Göttingen über das Werratal nach Weimar gekommen war,

Johann Peter Eckermann (1792-1854).
Kreidezeichnung von J. J. Schmeller (um 1825)
(SWK).

mit dem eigentlichen Ziel, in die Rheingegend weiterzuwandern, sah Goethe am 10. Juni 1823 zum ersten Mal und notierte unter diesem Datum: »eine erhabene Gestalt! ... so wie man sich wohl einen bejahrten Monarchen [sic!] denkt ... Es war mir bei ihm unbeschreiblich wohl; ich fühlte mich beruhigt, so wie es jemandem sein mag, der nach vieler Mühe und langem Hoffen endlich seine liebsten Wünsche befriedigt sieht. ... [Er] sagte, daß er mich noch einmal zu sehen wünsche und zu einer passenden Stunde senden wolle ... Mit Liebe schieden wir auseinander.« Dies der erste, schon Bände sprechende Eintrag: in der Beschreibung der ersten Begegnung mit dem verehrten Dichter schon der Ausdruck seiner Liebe. Auch Goethe war offensichtlich von dem Dreißigjährigen eingenommen und Eckermann »im hohen Grade glücklich, denn aus jedem seiner Worte sprach Wohlwollen«.

Nach seiner »Herkunft« konnte Eckermann solches nicht erwartet haben. 1792 war er in Winsen an der Luhe geboren, um aus seinen ärmlichsten Verhältnissen herauszukommen, meldete er sich freiwillig als hannoveranischer Jäger, wurde dann Schreiber, später Registrator bei der Militärverwaltung in Hannover. Nebenbei besuchte er das Gymnasium, 1821 quittierte er seinen Dienst. Da er aber sein Gehalt zwei Jahre weiter bezog, konnte er in Göttingen studieren. Doch bald brach er das Studium ab, er wollte kein Jurist, er wollte Schriftsteller werden. Unter dem Eindruck von Schillers, Klopstocks und vor allem Goethes Lyrik schrieb er Gedichte, die er an Goethe schickte; später schrieb er ein Drama. Danach las er, gemäß seiner Selbststilisierung, den *Wilhelm Meister*, *Faust* »und dachte nichts als an Goethe«; später folgte die Lektüre der »vorzüglichsten Stücke« von Shakespeare, Sophokles und Homer. Sein vermeintliches Ungenügen, diese hohe Dichtkunst zu verstehen, ließ ihn Biographien studieren, »um zu sehen, welche Bildungswege bedeutende Männer eingeschlagen, um zu etwas Tüchtigem zu gelangen«. Genau dies war der persönliche Wunsch des Autodidakten Eckermann, »etwas Tüchtiges« wollte er erreichen, und zwar auf dem Gebiet des Poetischen und Poetologischen. Er hatte jetzt seinen Dienst als Registrator wiederaufgenommen und nahm ein Jahr lang außerhalb seines Dienstes Privatstunden bei einem Gymnasiallehrer in lateinischer und griechischer Sprache; er machte rasche Fortschritte, Horaz, Vergil und Ovid konnte er schon einigermaßen übersetzen und Julius Cäsar »mit einiger Leichtigkeit« lesen. Mehr und mehr interessierten ihn Ästhetik und Dichtungstheorie, er versuchte sich in Aufsätzen, bis er schließlich 1822 ein Manuskript abschloß mit dem Titel *Beiträge zur Poesie mit besonderer Hinweisung auf Goethe*. Dieses sandte er wiederum an Goethe, doch er erhielt keine Antwort. Dann aber fand jener erste denkwürdige Besuch am 10. Juni 1823 statt. Goethe zeigte sich bei diesem Gespräch von seiner besten Seite und nahm den jungen Mann, der verwirrt, erstaunt, eingeschüchtert war, mit seinem ganzen Vermögen voll und ganz für sich ein; er kümmerte sich um sein Quartier in Weimar, ordnete an, daß Sekretär Kräuter ihn »herumführen« solle, vor allem aber lobte er Eckermanns Gedichte und sprach mit höchst anerkennenden Worten von dessen Ästhetik-Arbeit. Er versprach, »heute noch ... mit reitender Post« an Cotta zu schreiben und diesem die Veröffentlichung dringlich nahezulegen.

In der Tat schrieb Goethe einen Tag später an Cotta im Zusammenhang mit seiner Bemühung um Mitarbeiter für die »Ausgabe letzter Hand«: »Nun beobachte ich längst einen jungen Eckermann von Hannover, der mir viel Zutrauen einflößt; ich sende ein Manuscript mit der fahrenden Post, welches er von Ihrer Handlung verlegt wünscht ... Die Klarheit und Freyheit der Handschrift besticht schon und der Inhalt muß mir angenehm seyn, weil der junge Mann sich, wie Schubarth und Zauper,[10] an mir herangebildet hat. Er ist gegenwärtig hier und ich denke ihn mit gewissen Vorarbeiten zu beschäftigen.« Auch dies ist erstaunlich, einen Tag nach der Begegnung wußte Goethe schon, daß er ihn an sich binden wollte.

Aus Eckermanns Sicht müssen sich daraufhin die Ereignisse überschlagen haben. Das Wohlwollen des Meisters, die Einladung, in Weimar zu bleiben und ihn wieder zu besuchen, das Lob des Manuskripts, schließlich die Empfehlung an Cotta, die ja mehr als eine Empfehlung war und der dieser auch prompt entsprach (bereits im Oktober desselben Jahres erschien das Buch).[11] Mehr noch: Bei der Unterredung am nächsten Tag erhielt Eckermann ungefragt, damit »wir einander etwas näher kommen«, einen Auftrag. Eckermann wollte hier einen Gedanken Goethes bestätigen, der erste von ihm festgehaltene Aphorismus des Meisters vom Vortag lautete: »Wenn man eine Sache mit Klarheit zu behandeln vermöge, wird man auch zu vielen anderen Dingen tauglich sein.«

Der erste Auftrag also: Goethe gab Eckermann die beiden Bände der ›Frankfurter gelehrten Anzeigen‹ aus den Jahren 1772 und 1773, darin viele Rezensionen von Goethe, die aber nicht von ihm gezeichnet waren; Eckermann sollte sie herausfinden. Er, so meinte Goethe, sei dazu imstande, »da Sie meine Art und Denkungsweise kennen«. Und dann schloß sich sogleich ein weiterer Appell an: »Ich möchte wissen, ob sie wert sind, in eine künftige Ausgabe meiner Werke aufgenommen zu werden.« Welch ein Auftrag schon bei einer zweiten Begegnung, und welches Vertrauen in die Urteilsfähigkeit des jungen Mannes! Eckermann hatte keine Scheu, den Auftrag anzunehmen, er wolle sich gerne an diesen Gegenständen versuchen und wünsche nichts weiter, als daß es ihm gelingen möge, ganz in Goethes Sinne zu handeln. Goethe drang im selben Gespräch in Eckermann, er möge bis zu seiner Abreise nach Marienbad in Weimar bleiben und auch danach nicht nur ein paar Tage oder Wochen in Jena verweilen, vielmehr wünschte er, »daß Sie sich für den ganzen Sommer dort häuslich einrichteten, bis ich gegen den Herbst von Marienbad zurückkomme. Ich habe bereits gestern [also nach der ersten Begegnung, und dies, ohne Eckermann zu konsultieren!] wegen einer Wohnung und dergleichen geschrieben, damit Ihnen alles bequem und angenehm werde«. Eckermann fand »gegen so gute Vorschläge nichts zu erinnern« und war mit allem einverstanden. Eine Honorierung wurde nicht vereinbart. Eckermann war, wie Martin Walser dies in seinem Drama der Abhängigkeit so treffend formulierte, »In Goethes Hand«.[12]

Eckermann, der seine ganze Lebens- und Arbeitskraft dem Dienst an Goethe widmete und dafür auch häusliche Misere auf sich nahm, mußte aus pekuniären Gründen seine 40 Vögel – bezeichnenderweise Greifvögel, Falken und Sperber –, die er in seinem Zimmer hielt, aufgeben. Johanna Bertram, sein »Hannele«, mit der er sich 1819 verlobte, heiratete er erst 1831, von Goethe nur geduldet; sie starb drei Jahre später im Kindbett. Eckermann, der auf eine eigene Karriere verzichtete (wäre ihm eine selbständige, frei von Goethe, möglich gewesen und gelungen?) – dieser Aufopferungsbereite, Hingebungsvolle, aber in seinem Dienst Glückliche, wurde

Goethes intensivster Mitarbeiter und Gesprächspartner. War er schließlich ein Opfer von Goethes Egoismus, von Goethes Werkbesessenheit, von Goethes Drang, ja, Sucht, seine ›Hauptgeschäfte‹, die »Ausgabe letzter Hand« und den *Faust*, zu realisieren? Sicher ist, daß Goethe ihn für das Ausmaß seiner Tätigkeit zu gering honorierte, sowohl für die Arbeiten der neun Jahre bis zu seinem Tod als auch für die aus dem Nachlaß sich ergebenden Arbeiten. So war Eckermann immer wieder gezwungen, Privatstunden zu geben, doch erfüllte sich in der Arbeit für Goethe wohl sein Selbst, und er wünschte sich eben nichts anderes, als in Goethes Sinn zu handeln. So stürzte er sich in seine Aufgabe. Goethe beriet ihn in äußerlichen Dingen, änderte seine Haartracht, verordnete ihm Kleider, erzählte ihm von höfischen Manieren, vor allem aber stellte er ihn ständig als »Doktor Eckermann« vor und redete ihn mit »Doktor« an, obschon dieser Doktorgrad eine reine Erfindung war. Goethe hat dann freilich die Fiktion zur Tatsache gemacht: Als die Universität Jena ihm zu seinem fünfzigjährigen Amtsjubiläum, im November 1825, zwei Ehrendoktorate zur freien Verfügung stellte, ging eines an Eckermann. Für Eckermann waren dies Äußerlichkeiten, ihm galt nur seine Arbeit. »Er schleppt wie eine Ameise meine einzelnen Gedichte zusammen«, schrieb Goethe, »ohne ihn wäre ich nie dazu gekommen, es wird aber ganz artig werden ... er sammelt, sondert, ordnet und weiß den Dingen mit großer Liebe etwas abzugewinnen ... Ihn interessiert, was für mich kein Interesse mehr hat.« Gibt es höheres Lob, gibt es größere Genugtuung? Goethe diskutierte mit Eckermann die Vorschläge für die Redaktion der *Reise in die Schweiz 1797*, Eckermann notierte, was Goethe in den Gesprächen darüber geäußert hatte, und legte ihm dann seine Notizen vor. »Sie sind auf dem rechten Wege«, meinte Goethe sehr von oben herab, »Sie können nichts aus dem Stegreif und obenhin tun, sondern Sie müssen Ihren Gegenstand mit Ruhe durchdringen können, auf diesem

Wege aber wird das Höchste geleistet.« Solches Höchste strebte Eckermann an.

Neun Jahre lebte er für Goethe, und dieser wußte, was er an Eckermann hatte, wenn er dies auch nur in Fürsorge und nicht so sehr in üppiger Bezahlung ausdrückte. Ihm und Riemer vertraute er den Nachlaß an; ihm gab er jene Papiere zur Durchsicht, die er zunächst noch zu sekretieren wünschte; ihn fragte er, ob die Veröffentlichung gewisser Juvenilien tunlich sei; ihm überließ er die Redaktion älterer Schriften, er war *der* literarische Vertraute. »Mein Verhältnis zu Goethe war eigentümlicher Art und sehr zarter Natur«, schrieb Eckermann am 5. März 1844 an Heinrich Laube. »Es war das Verhältnis des Schülers zum Meister, das des Sohnes zum Vater, das des Bildungs-Bedürftigen zum Bildungs-Reichen.« »Ich sah ihn oft nur alle acht Tage, wo ich ihn in den Abendstunden besuchte, oft auch jeden Tag, wo ich mittags mit ihm, bald in größerer Gesellschaft, bald tête à tête zu Tisch sein das Glück hatte. Doch fehlte es unserem Verhältniss auch nicht an einem praktischen Mittelpunkt. Ich nahm mich der Redaktion seiner älteren Papiere an.« Dies ist ein Zeugnis, das, wenn auch für sich selbst ausgestellt, bei der Bescheidenheit seines Charakters wahr sein dürfte.

Aber ein anderes ist Eckermanns großes Verdienst. Goethe wurde im Alter in Gesellschaft immer schweigsamer. »Steine«, so notierte Goethe, »sind stumme Lehrer, sie machen den Beobachter stumm, und das Beste, was man von ihnen lernt, ist nicht mitzutheilen«. Daß dies Beste dann doch mitteilbar wurde, daß er Goethe dies »extorquieren« konnte, ist Eckermanns geschichtliche Leistung. Wie immer man die Authentizität der von ihm aufgezeichneten Gespräche beurteilen mag, etwa überhöht aus seiner Verehrung und seinem Harmoniebedürfnis, eines ist sicher, er hat es verstanden, den zusehends verstummenden Goethe zum Reden, ja, zum Klingen zu bringen, hat es verstanden, die Themen, Probleme, Ideen, Visionen wiederzugeben, die Goethe im Alter

2. Vorbereitungen zur »Ausgabe letzter Hand« · Exkurs

bewegt haben, und damit aufzuweisen, welch ein Kosmos es war, in dem Goethe sich bewegte. »Eckermann versteht am besten, literarische Productionen mir zu extorquiren durch den sens[ue]llen Antheil, den er an dem bereits Geleisteten, bereits Begonnenen nimmt.« Gewiß, er war »in Goethes Hand«, und Goethe hat seine Hingabe ausgenutzt, aber ist Eckermann nicht durch seine *Gespräche mit Goethe in den letzten Jahren seines Lebens*, die erst 1836 erschienen, berühmt geworden, ist er nicht durch die fast unübersehbaren Ausgaben und Auflagen seines Werkes bis in die heutige Zeit in die Literaturgeschichte eingegangen, und ist »der Eckermann« nicht auch heute für den, der sich mit Goethe beschäftigt, unentbehrliches Handwerkszeug, unerläßliche Quelle, großartige Fundgrube? Schon einmal wurde hier Brecht zitiert, der dem Zöllner dankte, da er dem Weisen seine Weisheit »abverlangt« hatte. Man muß Nietzsche nicht voll zustimmen, wenn er in *Menschliches, Allzumenschliches* schreibt, die *Gespräche* seien »das beste Buch«, das es je gegeben habe, doch unbestreitbar ist das Faktum, daß dieses Buch über die Jahrhunderte hinweg immer wieder gelesen wurde, immer wieder gelesen werden muß und immer wieder gelesen werden will. »Auf Wiederlesen«, so lautet Rilkes kennzeichnende Grußformel.

Über der Mitarbeiterpyramide gewissermaßen frei schwebend wirkt Kanzler von Müller. *Friedrich Theodor Adam Heinrich Müller*, 1807 geadelt, Jurist, ein in den Napoleonischen Kriegen und selbst gegenüber Napoleon persönlich bewährter Beamter, seit 1815 Kanzler in Weimar, gehörte ebenfalls in den engsten Kreis der Berater. Aber schon durch seine gesellschaftliche Gleichstellung mit Goethe war er nicht so sehr Arbeiter im Weinberge des Herrn als vielmehr rechtsanwaltlicher Berater und moralischer Mitstreiter. Dies letztere besonders in Verlagsdingen, wenn Müller Goethes Skepsis gegenüber Verlegern, Verlag, Buchhandel und Nachdruk-

Kanzler Friedrich von Müller (1779-1849).
Kreidezeichnung von J.J. Schmeller (nach 1824)
(SWK).

kern zu bestärken suchte. Auch nach Goethes Tod, im Zuge der Testamentsvollstreckung, blieb Müllers Verhältnis zu Cotta kühl. Es ist daher verständlich, daß er Goethes schärfstes Bonmot gegen die Verleger wohl mit heimlicher Freude aufgezeichnet hat. Seine *Unterhaltungen mit Goethe*, 1870 aus dem Nachlaß erschienen, gehören neben Eckermanns Aufzeichnungen zu den wichtigsten Überlieferungsträgern der mündlichen Äußerungen Goethes in der letzten Zeit seines Lebens.

Goethe überwachte die Arbeit dieses Stabes mit lockeren Zügeln, im Grunde ließ er den Dingen ihren Lauf, und nur gelegentlich griff er korrigierend ein. Doch die Strukturierung der Ausgabe hat er sich in allen Vorgesprächen vorbehalten. Er war ganz entschieden, die auch in diesem Kreis diskutierte chronologische Ordnung sollte es nicht sein. Die Ausgabe sollte den integralen Goethe umfassen, Altes und Neues sollte nicht getrennt, sondern als ein Amalgam erscheinen. Sein Werk hat sich eben nicht chronologisch stufenweise entwickelt, sondern gleichzeitig vergangene Erfahrungen, gegenwärtige Erlebnisse und Visionen der Zukunft aufgenommen. »Mein Werk ist das eines Kollektivwesens und es trägt den Namen Goethe« (17. 2. 1832). Solches Kollektivwesen ist nur von der Mitte und nicht von den Rändern her, nur ganz und nur gleichzeitig, nicht in chronologischer Entwicklung zu erfassen. Seine Arbeiten, diese wichtige Äußerung sei wiederholt, »sind Erzeugnisse eines Talents, das sich nicht stufenweis' entwickelt und auch nicht umherschwärmt, sondern gleichzeitig, aus einem gewissen Mittelpunkte, sich nach allen Seiten hin versucht und in der Nähe sowol als in der Ferne zu wirken strebt, manchen eingeschlagenen Weg für immer verlässt, auf andern lange beharrt.«

Es muß im Hinblick auf die Arbeit an der »Ausgabe letzter Hand« aber noch dessen gedacht sein, der wirklich letzte Hand an die Ausgabe gelegt hat: *Wilhelm Reichel*, Cottas Faktor und Korrektor in der Augsburger Druckerei, in der Goethes Werke gesetzt und gedruckt wurden. Wilhelm Reichel, Drucker aus Sachsen, arbeitete seit 1803 bei Bertuch und kam 1811 als Faktor zu Cottas Druckerei nach Stuttgart. Anfang 1825 übersiedelte er zu Cottas Druckerei in Augsburg. Er war Faktor, Disponent und Korrektor in einem, das heißt, als verantwortlicher Leiter betreute er einerseits die Druckerei, die von Cotta mit neuen Dampfmaschinenschnellpressen ausgestattet war, und disponierte die Aufträge, andererseits war er zuständig für die Richtigkeit des Drucks, und in dieser Eigenschaft korrespondierte er mit Autoren über das Problem der Satzfertigkeit von Texten. Goethe kannte ihn schon von Stuttgart her, manchem Brief Cottas lagen Anfragen Reichels bei. Seit 1825 führte er eine eigene Korrespondenz mit Goethe, dies auch der Grund, daß in diesem Zeitraum die Briefe Cottas an Goethe seltener wurden. Goethe hatte viel Vertrauen in ihn, manche seiner Korrekturen sah er nicht mehr vor dem Druck, manches Mal war er überrascht von »Verbesserungen«, manches Mal verärgert über falsche Korrekturen. In der Mehrheit jedoch schätzte Goethe seine Vorschläge und Arbeiten. »Was die Anstände und Bedenklichkeiten des Herrn Revidenten betrifft, so ist damit ganz recht verfahren worden und ich danke für die Aufmerksamkeit«, schrieb er am 3. 6. 1816 an Cotta. Ausführlich nahm Reichel zur Anlage der beiden Gedichtbände in der »Ausgabe letzter Hand« Stellung, er wies Goethe auf differierende Anweisungen hin, auf Unterschiede der Titelgebung, auf verschiedene Formulierungen für Titel und Schmutztitel. Insgesamt war Goethe mit Reichels Arbeiten »durchaus« zufrieden, lobte seine Sorgfalt, beschenkte ihn mit Medaillen und lobte ihn auch gegenüber Frommann und Sulpiz Boisserée.

Die Arbeit des Korrektors ist noch heute unerläßlich; je mehr sich die automatisierte Buchherstellung der Kontrolle durch das menschliche Auge entzieht, selbst wenn es immer weniger Manuskripte und nur mehr Disketten geben sollte, in einem bestimmten Stadium des Herstellungsprozesses muß der Korrektor über den Text wachen. Der Beruf ist riskant, er verlangt nicht allein Hingabe, sondern kann fast nur durch Selbstaufgabe geleistet werden; der Korrektor steht nicht nur auf der objektiven Basis einer Duden-Rechtschreibung, sondern er muß sich darüber hinaus in hohem Maße in den Autor hineinversetzen, muß dessen Eigenheiten, dessen Grammatik-, Orthographie- und Interpunktionseigenarten, dessen bewußt persönlichen Stil, die sprachlichen Erfindungen und Neuprägungen, soweit immer nur irgend zulässig, der allgemeinen Rechtschreibevorschrift überordnen. Es ist eine anstrengende, nervenaufreibende, aufopfernde, oft qualvolle Arbeit, die der Korrektor zu leisten hat, und sie ist undankbar, weil der Korrektor sich mit seinen Vorschlägen und Korrekturen nicht selten den Verdruß der Autoren zuzieht und zudem mit seinen Änderungen dem Verleger oft erhebliche

Kosten auferlegt. Hesse hat in seinem *Brief an einen Korrektor* dem Beruf ebenso gehuldigt wie seine Grenzen aufgezeigt. Ich erinnere mich dankbar an Frau Dr. Messinger, Korrektorin des S. Fischer und Suhrkamp Verlages in den fünfziger Jahren; sie sah den Korrektor als Vollender der Arbeit des Autors; und ich erinnere mich an manche Korrektoren unserer Verlage, die durch ihre penible Arbeit die Manuskripte der Autoren erst satzfertig machten.[13] Doch nur wenige können einen solchen Beruf ein Leben lang ausüben, oft versagen die Augen ihren Dienst, und manchmal streiken einfach die Nerven. Nicht anders erging es Goethes Korrektor Wilhelm Reichel, er ist, so Dorothea Kuhn, im Sommer 1836 »in geistige Umnachtung« gefallen.

Dies also war der Stab, den Goethe für die »Ausgabe letzter Hand« zusammengestellt hatte. Mehr als eine »Gesellschaft von jüngeren und älteren Freunden«, mehr als die »Beihülfe vorzüglicher Männer«, wie Goethe schrieb. Es war eine kompetente Mannschaft, die leidenschaftlich bei der Arbeit war, hingebungsvoll, als ginge es um die eigene Sache.

Meines Wissens hat es vor und nach Goethe keinen Schriftsteller gegeben, der sich mit einem vergleichbar großen Mitarbeiterstab umgeben und derart intensiv mit ihm zusammengearbeitet hat. In unserem Jahrhundert waren die meisten Schriftsteller Einzelgänger. Thomas Mann, Rilke, Hermann Hesse (von Kafka zu schweigen) schrieben und publizierten ihre Werke ohne äußere Hilfe, ja, sie schrieben die Manuskripte mit eigener Hand, so wie es Martin Walser heute noch tut. Eine Ausnahme bildete Bertolt Brecht, er hat selten, vor allem in den mittleren und späteren Jahren, ohne Mitarbeiter geschrieben und hat Vorlagen verwandt, die er sich von ihnen präparieren ließ; so etwa seine »aus dem Chinesischen« stammenden Gedichte; Elisabeth Hauptmann hatte sie aus einer englischen Übertragung ins Deutsche übersetzt, doch Brecht gab ihnen die letzte Fassung, und Sinologen staunen, wie nahe er dem chinesischen Original gekommen ist. In den späteren Jahren halfen ihm seine dichtenden Mitarbeiterinnen, und er half ihnen beim Schreiben, und so entstanden Gedichte, deren Urheberschaft nicht mehr eindeutig ist. Vor allem aber seine Theaterarbeit war Kollektivarbeit. Doch mit Goethes genial komponiertem Stab kann dies nicht verglichen werden, wenngleich beide, Goethe und Brecht – im Gegensatz zu Schiller und Thomas Mann beispielsweise –, einander darin ähneln, daß sie sich bei ihrem Schreiben der Kommunikation und Auseinandersetzung nicht verweigerten. Doch während für Brecht nichts fertig war, er auch Abgeschlossenem gegenüber meinte, »Alles braucht Änderungen«, um zu Lösungen und Schlüssen zu gelangen, gab es für Goethe deutlich Grenzen der Diskussion und Beeinflußbarkeit, und letztlich vertraute er seiner Imagination und beharrte auf dem »Geheimnis«.

3. »Der beste Orden« – das Privileg der Ausgabe

Goethes Brief an Cotta vom 14. Januar 1824, in dem er auf dessen Entschuldigung wegen des Wiener Nachdrucks antwortet und die Gefühle beschwört, die »den verdüsterten Geist so schwarz als möglich umhüllten«, endet sehr Goethisch, mit einer zukunftsweisenden Perspektive: Er berichtet, er sei wieder bei jener Arbeit, die er »Chronik« nenne. Dies war ein alter Plan. Als er im Jahre 1819 die Inhaltsfolge der damaligen Gesamtausgabe vorlegen wollte, sah er sich doch zu einer »tiefer eingreifenden Betrachtung« gezwungen; doch diese gelang ihm nicht wie beabsichtigt, und so blieb für das Ende des 20. Bandes ein eher nacktes chronologisches Verzeichnis. Jedoch die Absicht, seine Lebensereignisse mit den daraus hervorgegangenen schriftstellerischen Arbeiten zu verknüpfen, gab er nie auf. Im ersten Heft des vierten Bandes von ›Ueber Kunst und Alterthum‹ hatte er Notizen veröffentlicht, deren Titel *Lebensbekenntnisse im Auszug* lautet.

Nun sollten in den *Tag- und Jahres-Heften* die bis dahin »durchlebten Jahre« dargestellt werden. Eine solche Darstellung war Goethe über ein Jahrzehnt hin wichtig, weil sie neben der Aufschlüsselung von Daten und Fakten seines Lebens gleichzeitig die Struktur der künftigen Gesamtausgabe ergeben sollte, jene, wie er am 14. Januar 1824 an Cotta schreibt, »Norm wie meine sämmtlichen Papiere, besonders der Briefwechsel, dereinst verständig benutzt und in das Gewebe von Lebensereignissen mit verschlungen werden könne«. Goethe formuliert hier wiederum eine klare Absage an eine strikt chronologisch angeordnete Ausgabe. Wichtig ist für ihn weiterhin, daß alle »schon ausgegebenen Werke durchgesehen [würden,] um sie von allen Druckfehlern zu reinigen«. Man spürt, welche Bedeutung er der Struktur und der Textgestalt dieser neuen Ausgabe zumißt, und er verkündet nicht nur das Konzept, sondern auch gleich die Art und Weise seiner Verwirklichung mit Hilfe von Mitarbeitern. Cotta antwortet auf diesen wichtigen Brief mit einer so bedeutenden Perspektive am 15. Februar 1824 erfreut, aber auch zurückhaltend. Er will dem Plan der neuen Ausgabe, sobald er vorliege, »die ernstlichste Aufmerksamkeit schenken«. Am 30. Mai 1824 informiert Goethe Cotta über den Stand der Vorarbeiten zu dieser Ausgabe. Die Sicherung des Nachlasses sei auf einen »bedeutenden Punct« gediehen, das Archiv an einem Ort versammelt; von Eckermann wissen wir, daß Goethe seine Papiere im sogenannten Büstenzimmer, im Übergang von den Wohnräumen seines Hauses zum Gartentrakt, auseinanderlegen ließ, um sie für die Einordnung in den großen Schrank vorzubereiten; in diesem Zimmer blieben sie bis zu Goethes Tod. Sein Sohn und seine Gehilfen seien mit dem »Ganzen und Einzelnen ... jeder nach seiner Weise« bekannt. Er selbst arbeite intensiv an dem, was er nun die »Chronik meines Lebens« nennen sollte. Dies alles diene der neuen Ausgabe, die immer näher rücke, worüber mit Sorgfalt gesprochen werden müsse, und er bezieht die »Sorgfalt« auch auf die

Überlegungen zur Einleitung der Bände. Er möchte dies Cotta persönlich vorzeigen und vortragen, »denn die weitgreifende Bedeutsamkeit dieser Bemühungen läßt sich nicht mit Worten ausdrücken«. Cotta erkennt solche Bedeutsamkeit nicht, oder er weicht ihr aus. Zum letzten Mal hat er Goethe auf der Rückreise von Leipzig am 15. Mai 1823 besucht, das Thema des Gesprächs sind Probleme des Raubdrucks, über eine neue Ausgabe wird nicht gesprochen. Aber jetzt drängt Goethe. Doch Cotta kann sich nicht zu einem Besuch entschließen, er reist nach Augsburg zu Verhandlungen über die Modernisierung seiner Druckerei durch die Anschaffung moderner Dampfmaschinen, dann folgen ein Kuraufenthalt in Baden-Baden und eine Reise an den Bodensee zu Verhandlungen über die Dampfschiffahrt, an der Cotta ebenfalls finanziell beteiligt ist. Vom 26. bis 30. August nimmt Cotta an der Fahrt des Rheindampfschiffes der Niederländer von Rotterdam nach Mainz teil, um ein ganz modernes Schiff im Vergleich zu den Bodenseedampfern kennenzulernen. Am 14. Juni 1824 antwortet er Goethe recht flüchtig aus »dem Gedränge unsrer Landtags Geschäfte« heraus, er hoffe auf freiere Zeit, und »Weimar ist ja nicht so weit, um nöthigen Falls zur mündlichen Abrede nicht einen Sprung dahin zu machen«. Das war eine falsche Einschätzung der Lage. Cotta hätte spüren müssen, daß er mehr als diesen »Sprung« zu tun habe. Doch es kam zu keinem Besuch, zu keiner mündlichen Aussprache, und Goethe war sichtlich verärgert. In diese Zeit fallen auch die ersten Gespräche über die Herausgabe des Briefwechsels zwischen Schiller und Goethe, die eine tiefe Störung zwischen den beiden hervorrufen sollten. Es ist schwer einzusehen, warum Cotta Goethes Wunsch, er möge ihn in Weimar besuchen, nicht gefolgt ist; daß er in seinen Briefen an Goethe seine vielfachen anderen wirtschaftlichen Verpflichtungen verschweigt, ist verständlich, er kann und will Goethe nicht zeigen, in welchem Maße er andere Tätigkeiten als die des Verlagsgeschäftes übernommen hat. Goethe muß also feststellen, daß Cotta in dieser für ihn so entscheidenden Periode nicht zu der gewünschten Zusammenarbeit bereit ist.

Cotta widmete sich seinen ökonomischen Unternehmungen mit Vehemenz, mit Leidenschaft und mit unternehmerischem, das heißt auch vorausgesehendem, Scharfsinn. Er errichtete Druckereien und stattete sie mit den modernsten Maschinen aus, er gründete oder beteiligte sich an Papierfabriken, er erwarb große landwirtschaftliche Anwesen, so das Gut Hipfelhof bei Heilbronn, die Herrschaft Plettenberg mit dem Gutssitz in Dotternhausen. Cotta besaß diese Güter nicht nur, er verwaltete sie wirtschaftlich effizient und modern. Er war der erste, der in Württemberg die Leibeigenschaft seiner Bauern aufhob, und er kämpfte für die Gleichstellung der Juden im Land. In Baden-Baden erwarb er einen Klosterbau, den er zum Kurhotel ›Badischer Hof‹ umbauen und mit modernen Bädern ausstatten ließ. Er hatte finanzielle Interessen an der Entwicklung der Ballon- und Dampfschifffahrt und wurde Mitbegründer und Vorsteher der Württembergischen Sparkasse; manche sahen in ihm schon einen kommenden württembergischen Finanzminister. Aber er engagierte sich auch weiter in Buchhandelsfragen – so 1815 beim Wiener Kongreß, wo er zusammen mit Carl Bertuch eine Petition zum Schutz des Urheber- und Verlagsrechts einreichte. Doch immer dominanter wurde seine politische Tätigkeit: 1815 wird er Abgeordneter für den Bezirk Böblingen bei der ersten Verfassunggebenden Ständeversammlung in Württemberg; er bemüht sich um die neue Verfassung des Königreichs (die dann 1819 zustande kam). 1816 wird er in einem öffentlich angeschlagenen Pamphlet angegriffen, ein Attentat auf ihn mißlingt. Dann wird er für sechs Jahre in die Zweite Kammer des Landtags gewählt. 1825, in der Zeit der größten Schwierigkeiten mit Goethe, wird er von neuem zum Abgeordneten des Württembergischen Landtags gewählt – am 9. Dezember auch zum Vizepräsidenten der Zweiten

Kammer des Landtags. Cotta also wendete sich in dieser Zeit mehr seinen wirtschaftlichen Geschäften und seinen politischen Ambitionen zu als seinen verlegerischen Aufgaben – für einen Verleger ein gefährliches Verhalten –, und für Cotta sollte es auch brisante Folgen haben.

Goethe nahm Cottas Interessensverlagerung wahr, er zog die Konsequenz und beschloß, die Absicherung seines Hauptgeschäfts selbst in die Hand zu nehmen, nämlich zu versuchen, rechtliche Privilegien zum Schutz seines Werkes gegen den Nachdruck zu erreichen. Nur damit, das wußte er aus lebenslanger Erfahrung, war eine letzte Sicherheit für die Überlieferung seiner Texte gegeben; eine derart geschützte Ausgabe war für den Markt monopolisiert und wertvoll, und der Autor konnte hohe Einkünfte erwarten. Zum ersten Mal gab Goethe diese so bedeutsame Absicht Cotta im Brief vom 4. April 1825 bekannt: »es steht nahe daran daß, durch gemeinsame Übereinkunft der verehrlichen Bundes-Versammlung, mir zu der neuen Ausgabe meiner Werke die Privilegien von sämmtlichen höchsten Gliedern zugesichert werden dürften.« Goethe hatte seinen kurzen Brief zweimal diktiert und korrigiert, die Mitteilung sollte deutlich erfolgen, aber der Jurist wußte wohl, daß seine Eingabe an die Bundesversammlung nicht ohne weiteres zum Erfolg führen konnte. Cotta, dem die Bedeutung eines solchen Privilegs klar war, antwortete ihm umgehend, da er »als Verleger zu Allem bereit« sei, »eine für mich so ehrenvolle, meine buchhändlerische Lauffbahn krönende Unternemung ganz nach Ihren Wünschen auszuführen«; was das Privilegium betreffe, rät er Goethe, »aufs baldigste die nöthigen Schritte« einzuleiten. Und dieser leitete sie ein.

Goethes Motive sind vollkommen klar: Mit großem Aufwand, dem eigenen Einsatz und dem seiner Mitarbeiter wollte er eine neue Ausgabe schaffen, die seine von ihm zur Überlieferung bestimmten Texte in der Gestalt bringen sollte, die er wünschte, und in einer Anordnung, die er bestimmte. Es sollte verboten sein, daß diese Texte nachgedruckt und so gegebenenfalls mit neuen Fehlern verbreitet werden könnten. In Zukunft sollten diese Texte Basis für alle Übersetzungen sein, denn bisher waren Fehler von Nachdrucken auch in ausländische Ausgaben übertragen worden. Ein solches Privileg würde die Ausgabe in einer bis dahin nicht gekannten Weise rechtlich absichern und ein Monopol schaffen. Dieses Monopol würde für den Verleger von Vorteil sein, und daraus konnte der Autor »für sich und die Seinigen« größere Honoraransprüche ableiten. Das dritte wichtige Motiv wurde ebenfalls in die Diskussion gebracht, wenn auch nicht vordringlich: Gilt einmal ein solcher Schutz für das Werk *eines* Autors, kann er auch für andere Autoren gelten, und es könnte sich das entwickeln, was dann später tatsächlich erreicht wurde, nämlich ein allgemeines Urheber- und Verlagsrecht.

Goethe kannte den preußischen Staatsminister und Gesandten beim Bundestag in Frankfurt, Karl Ferdinand Friedrich von Nagler. Beide schätzten sich, als Minister wie als hommes de lettres. Ihm trug Goethe den Plan vor, ein solches Privilegium vom Bundestag zu erbitten. Von Nagler akzeptierte den Plan, hielt ihn für realisierbar und sicherte ihm seine persönliche und damit die Unterstützung Preußens zu. Am 2. November 1824 formulierte Goethe eine erste Denkschrift, die er an von Nagler schickte. Er erwähnte seine Stellung in der gegenwärtigen Literatur, im deutschen wie im ausländischen Bereich, beklagte die Beeinträchtigung durch die dauernden Nachdrucke, die auch seine Werke teilweise verfälschten, erinnerte ferner daran – und dies war mehr als ein Wink mit dem Zaunpfahl –, daß seine Schriften in Übereinstimmung stünden mit dem »bestehenden und zu wünschenden Guten«. Doch in dieser ersten Denkschrift unterlief Goethe ein gravierender Fehler, da er offenbar glaubte, daß an die Stelle früherer Zuständigkeit des Kaisers und der Fürsten nun der Bundestag getreten sei: »Sollte nun aber gegenwärtig der erhabene

Bundestag, der Verein aller deutschen Souverainitäten, nicht dasjenige als Einheit zu bestimmen geneigt seyn, was den Einzelnen vorher anzuordnen und festzusetzen zukam«. Dazu aber hatte der Bundestag keine Legitimation. Goethe bat von Nagler, die Denkschrift vertraulich zu behandeln und sie zuerst auf ihre Durchführbarkeit hin zu prüfen. Von Nagler sprach mit seinem Vorgesetzten, dem Minister des Auswärtigen, Graf Bernstorff, den Goethe im Jahre 1819 in Karlsbad kennengelernt hatte und der Goethes Werk ebenfalls zu schätzen wußte. Beide waren der Meinung, daß die Bundesversammlung zwar nicht befugt sei, ein solches Privileg zu gewähren, aber sie meinten, daß vielleicht die Gesandten aus Anlaß dieser Bitte »des Heros des deutschens Geistes« eine Ausnahme machen könnten. Von Nagler intervenierte in Wien bei Fürst Metternich und überreichte ihm zu dieser Frage ein preußisches Memorandum, wonach »auf das vorliegend angemeldete Gesuch des Herrn von Goethe zu beschließen sei, daß ihm ausnahmsweise in Rücksicht seiner ausgezeichneten Verdienste um die deutsche Literatur besondere Privilegia unentgeltlich erteilt werden«. Metternich wollte sich dafür verwenden, so waren also Preußen und Österreich gewonnen und damit die beste Voraussetzung für Goethes Gesuch geschaffen. Es datiert vom 11. Januar 1825:

Hohe deutsche Bundes-Versammlung!

Die von so erhabener Stelle dem großen Ganzen gewidmete Übersicht schließt eine wohlwollende Betrachtung einzelner Angelegenheiten nicht aus, und es ist in diesem Sinne, daß ich Nachstehendes einer hohen Bundes-Versammlung vorzulegen mich erkühne.

Als ein im Jahre 1815 mit der J.G.Cottaschen Buchhandlung zu Stuttgart auf sieben Jahre geschlossener Contract, über meine damals vorliegenden poetischen und ästhetischen Werke, mit Ablauf der Zeit zu Ende gegangen, dachte man auf eine neue erweiterte Ausgabe, welche nicht allein die zwanzig Bände jener frühern, sondern auch die

3. Das Privileg der Ausgabe

inzwischen einzeln abgedruckten Arbeiten, nicht weniger manches vorräthige Manuscript in sich fassen sollte. Ferner wünschte man auf die poetischen und ästhetischen auch die historischen, kritischen und artistischen Aufsätze folgen zu lassen und zuletzt, was sich auf Naturwissenschaft bezöge, nachzubringen.

Freylich mußte bey dieser Übersicht, wodurch die Bemühungen eines ganzen Lebens vor Augen treten, der Wunsch entstehen, für so mannichfache Arbeit proportionirten Vortheil und Belohnung zu erhalten, welche dem deutschen Schriftsteller meist verkümmert zu werden pflegen.

Das Mittel jedoch, einen anerkannten geistigen Besitz dem einzelnen Verfasser zu erhalten, hatte sich schon bald nach Erfindung der Buchdruckerkunst hervorgethan, indem, bey mangelnden allgemeinen Gesetzen, man zu einzelnen Privilegien schritt. Am Anfang des sechzehnten Jahrhunderts gaben kaiserliche Schutzbriefe genugsame Sicherheit; König und Fürsten verliehen auch dergleichen, und so ist es bis auf die neusten Zeiten gehalten worden.

Sollte nun aber gegenwärtig der erhabene Bundestag, der Verein aller deutschen Souveränitäten, nicht dergleichen als Gesammtheit auszuüben geneigt seyn, was die Einzelnen vorher anzuordnen und festzusetzen berechtigt waren und noch sind, und wäre nicht durch einen solchen Act das entschiedenste Gewicht auf deutsche Literatur und Geistesbildung kräftigst zu bethätigen?

Würde daher ein Autor, der so viele Jahre in seinem Vaterlande gewirkt, dessen reine, mit allem bestehenden und zu wünschendem Guten in Einklang beharrende Thätigkeit dem Einsichtigen vor Augen liegt, einen allzukühnen Wunsch aussprechen, wenn er ein solches Privilegium von den verbündeten und vereinten Mächten sich erbäte, und zwar für sich und die Seinigen, sodaß er sowohl einen Selbstverlag unternehmen, als auch, wenn er einem Verleger das Recht von seinen Geistesproducten merkantilischen Vortheil zu ziehen übertrüge, auf diesen den gesetzlichen Schutz erstrecken könnte?

Nun aber darf ich ohne Ruhmredigkeit aussprechen daß, während einer langen Lebenszeit, erhabene Herrscher, von welchen ein günstiges Geschick die geneigtesten glücklicherweise in gedeihlichem Wohlseyn erhalten hat, durch mehrfache Beweise von unschätzbarer Huld mich begnadigt und ausgezeichnet haben, weshalb ich denn wohl hoffen darf daß man Allerhöchsten Orts einen alten treuen Diener und Verehrer in Gesammtheit wohlwollend anzublicken geneigt seyn möchte, wobei denn der erlauchten und hochverehrlichen Ministerien und Herren Bundestags-Gesandten erprobte Mitwirkung gleichermaßen anzugehen die Freyheit nehme.

Durch solche Aussicht in meinem Unternehmen gekräftigt wage nunmehr nachstehende Bitte ehrerbietigst auszusprechen:

Daß mir durch Beschluß der hohen Bundes-Versammlung für die neue vollständige Ausgabe meiner Werke ein Privilegium ertheilt und dadurch der Schutz gegen Nachdruck in allen Bundesstaaten gesichert werde, unter Androhung der Confiscation und anderer Strafen, welche durch allgemeine, gegen das Verbrechen des Nachdrucks künftig erfolgende Bundesbeschlüsse noch festgesetzt werden möchten. Mit der Zusicherung, daß ich hiebey von Seiten aller deutschen Bundesstaaten gehandhabt, auch auf Ansuchen bey einzelnen Bundesregierungen mit besonderen Privilegien kostenfrey versehen werden solle.

Und so darf ich denn wohl zum Schlusse dieses für mich so wichtige und zugleich für die ganze deutsche Literatur bedeutende Geschäft einer hohen Bundes-Versammlung zu gnädiger Ansicht und günstigem Beschluß nochmals angelegentlich empfehlen.

Weimar, den [11.] Januar 1825

Nun war Goethes Vorstoß publik. Zur allgemeinen Verwunderung fand er aber keineswegs bloße Zustimmung, im Gegenteil, es mehrten sich Kritiker und Gegner, und dies mit dem Hinweis, daß Goethe in diesem Gesuch in der eigenen Einschätzung zu weit gegangen sei und zu hoch gegriffen habe, und sogar Goethes Freunde ärgerten sich über sein hartnäckiges Bemühen um ökonomische Vorteile. Seine Betonung materieller Ziele schien ihnen mit dem Bilde des Olympiers unvereinbar. Als Beispiel sei Johann Diederich Gries erwähnt, ein von Goethe hochgeschätzter Mann, Hofrat zu Jena, Übersetzer spanischer und italienischer Dichtung, mit der sich Goethe immer wieder beschäftigte; seine Calderón-Übersetzungen hatte er zitiert. Gries schrieb am 11. November 1826 an seinen Freund Bernhard Rudolf Abeken, früher Hauslehrer von Schillers Söhnen, Rektor in Osnabrück, einen Bewunderer Goethes und ein von Goethe geachteter Mann: »Boisserée, der im Anfang des Sommers lange bei Goethe war, erzählte mir, dieser sei auf den rasenden Einfall gekommen, die sämmtlichen Privilegien aller 39 Bundesstaaten der neuen Ausgabe seiner Werke ... vordrukken zu lassen ... Vergebens habe er alles aufgeboten, um ihn von diesem tollen Gedanken abzubringen; Goethe sei fest entschlossen, und seine Augendiener und Speichellecker, Riemer, Eckermann und Consorten, bestärken ihn noch darin ... Diese Leute sind es, die den schwachen Alten zu so unwürdigem Benehmen verführen. Sie laden eine schwere Verantwortung auf sich.« Wir wissen, daß Gries' These, Goethes Mitarbeiter hätten ihm das Privilegierungsgesuch nahegelegt, falsch ist, aber nachdem einmal ein solches Gerücht in der Welt war, hielt es sich hartnäckig. Doch nicht nur Freunde zweifelten an Goethes Vorgehen. Der württembergische Gesandte bei der Bundesversammlung, Herr von Trott, zwar ein Bewunderer von Goethes Werk, bedauerte in seinem Bericht an die württembergische Regierung, daß Goethe eines pekuniären Vorteils wegen eine »Ausnahme von der

Ordnung« des »Bundesvereins« begehre, dies sei im Grunde ein dunkler Fleck im Leben dieses bedeutenden Dichters, und Herr von Trott lehnte Goethes Gesuch rundweg ab: »Hier scheint Herr von Goethe selbst gefühlt zu haben, daß ein Privilegium des Bundes Anständen unterworfen sei und daß er zur Erreichung des Zweckes besonderer Privilegien der einzelnen Regierungen bedürfe. Man wird daher auf die Meinung geleitet, daß dem ganzen Gesuche Motive der Eitelkeit und die Erwartung, den Zweck durch die Erreichung einer schmeichelhaften Ausnahme mit einem Male, ohne Schwierigkeiten und Weitläufigkeiten zu erreichen, untergelegen haben.«

In der gründlichen Diskussion über Goethes Ansinnen aber wurde deutlich, daß die Bundesversammlung die zentrale Gewalt, mit der der unerlaubte Nachdruck durch Sanktionen zu verhindern gewesen wäre, nicht innehatte, nach ihrer Verfassung konnte sie auch keinen Einfluß auf die innere Verwaltung der Mitgliedsstaaten des Bundes ausüben, und es war ihr unmöglich, einzelne Funktionsträger zu binden. Die Gesandten freilich wollten dem verdienten Dichter eine schmähliche Abweisung seines Gesuchs und eine strikte Ablehnung seiner Bitte ersparen. Deshalb wandten sie sich im Juli 1825 an ihre Regierungen, und es ist erstaunlich, wie schnell diese im Laufe der nächsten Monate ihre Zustimmung erteilten. Bevor Goethe wußte, daß der Bundestag sein Gesuch aus Verfassungsgründen nicht annehmen konnte, traf am 15. Juli 1825 als erstes das sächsische Privileg bei Goethe ein; jetzt wurde ihm auch klar, daß nicht die Bundesversammlung, sondern die einzelnen Regierungen zustimmen mußten. Er stand nun vor der Entscheidung, sich an alle 39 Staaten einzeln wenden zu müssen. Doch von den 39 Staaten und Freien Städten des Deutschen Bundes verlangten 37 kein weiteres Gesuch von Goethe, nur Bayern und Württemberg verhielten sich weiterhin reserviert. Der Großherzog Carl August intervenierte in München und Stuttgart, und Goethe

3. Das Privileg der Ausgabe

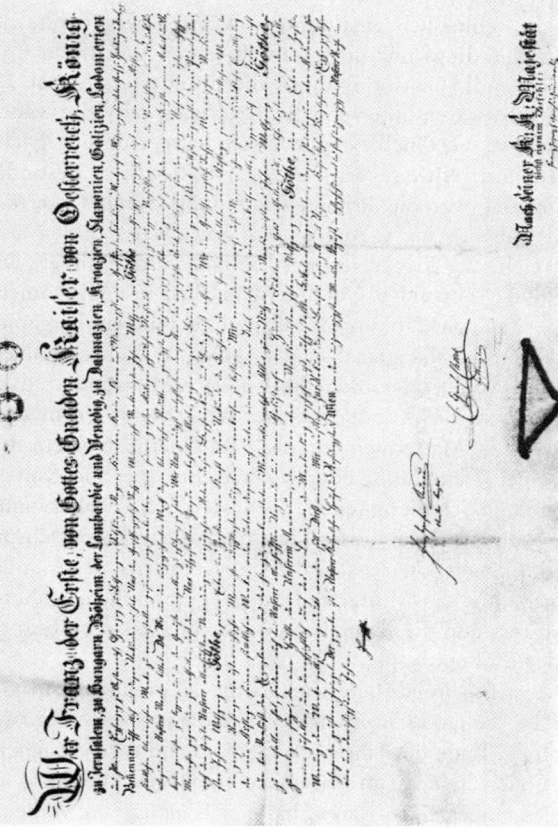

Österreichisches Privileg (1825) für die »Ausgabe letzter Hand« von Goethes »Werken« (SWK).

richtete dann ein gesondertes Gesuch an die beiden Regierungen, die schließlich zustimmten. Württemberg wollte den Schutz allerdings nur bis zu zwölf Jahren gewähren. Ende 1825 lagen die Genehmigungen aller Bundesstaaten vor. Die Privilegien waren unterschiedlich befristet; teilweise war die Schutzfrist, wie Goethe es gewünscht hatte, auf fünfzig Jahre ausgedehnt, teilweise war sie sogar unbefristet. Besonders spektakulär war die Privilegienerteilung durch Österreich und Preußen. Am 23. August 1825 hatte Kaiser Franz I. die österreichische Privilegierungsurkunde unterzeichnet. Dieses Privileg entsprach Goethes Wünschen in vollkommener Weise. Auch das Dokument selbst gefiel ihm, ein Pergament mit einem angehängten Siegel in goldener Kapsel, so registrierte es von Nagler und teilte es seinem Minister mit, damit die preußische Urkunde in keiner schlechteren Form zugestellt würde. Metternich unterrichtete Goethe in einem Brief von seiner Genugtuung über das Erreichte, aber auch von den besonderen Schwierigkeiten, die Österreich zu überwinden hatte,[14] da es ja unter dessen Herrschaft die nichtdeutschsprachigen Gebiete Ungarns, Galiziens, Kroatiens, der Lombardei gab, die das Mutterland an geographischem Volumen übertrafen und die ebenfalls in das Schutzgebiet einbezogen werden mußten.

Die größte Freude bereitete Goethe das preußische Privileg vom 23. Januar 1826. Er hatte lange darauf warten müssen. Nachdem Ende des Jahres als letzte noch die Privilegien der vier Freien Reichsstädte Bremen, Frankfurt, Hamburg und Lübeck eingegangen waren, hatte er Kanzler von Müller im Dezember gebeten, bei der preußischen Regierung zu intervenieren. Außerdem hatte Goethe von Nagler das österreichische Privileg vorgelegt und dazu noch eine von eigener Hand geschriebene Zusammenstellung seiner speziellen Wünsche an dieses Privileg. Von Nagler hatte dies weitergereicht und seinerseits hinzugesetzt, das Privileg möge auf mindestens 50 Jahre oder auf unbestimmte Zeit gewährt werden. Am 23. Januar 1826 hatte König Friedrich Wilhelm III. die Urkunde unterschrieben, und auf Goethes besonderen Wunsch wurde das Privileg in der »Gesetz-Sammlung für die Königlich Preußischen Staaten« (vom 21.4.1826) veröffentlicht. Ein Triumph für Goethe! Das Privileg war genau so ausgefallen, wie er es gewünscht hatte, die Schutzfrist war zeitlich nicht befristet, sie galt für den Dichter wie für die Erben und schützte den Verleger vor Nachdruck, indem es diesen unter Strafe stellte. »Ich bin Ihrem Vaterlande den größten Dank schuldig«, habe er, nach Fröbe, einem Berliner Besucher gegenüber verlauten lassen, »für den Schutz, den es mir in Beziehung auf mein Eigentum, das heißt die Herausgabe meiner Werke, gewährt hat«. Und Goethe selbst hielt fest, daß dieses preußische Privileg »der beste Orden« sei.

Goethe war bei diesem für ihn wesentlichen Interesse ans Ziel gekommen. Die ganze Angelegenheit hatte ihn aber doch auch sehr erschöpft. Am 26. Dezember 1825 schrieb er an seinen Freund, den Grafen Karl Friedrich Reinhard (mit dem er seit 1807 in Karlsbad bekannt war und der ihn auch mit den Brüdern Boisserée zusammengeführt hatte): »ich bin kaum aus dem Hause, kaum aus meinem Zimmer gekommen; im Verlaufe des vergangenen Jahrs hat mich die Privilegien-Angelegenheit durchaus in Athem erhalten, sie ist aber auch nunmehr so gut wie abgeschlossen. Immer genug für die Wege, die sie innerhalb der Bundesstaaten zu machen hatte ... Der Verlag meiner Werke scheint sich auch zu entscheiden, und so könnte ich denn das nächste Jahr zu einer wünschenswerthen Arbeit gelangen.«

Die Erlangung aller Privilegien erst konnte das Vorhaben der »Ausgabe letzter Hand« zu dem machen, was Goethe sich vorstellte. Er war aber durch dieses Jahr der Petitionspeinlichkeiten, die ihm vielleicht letztlich doch unwürdig erschienen waren, erfahrener geworden. Er stellte von nun an, wenn er das Privileg diskutierte, mehr als den Schutz des eigenen Werkes das hier für andere Autoren Erreichte in den Mittelpunkt. Als Johann Paul Harl, Philosophieprofessor in Erlangen, Goethe um ein Wort zu seiner Schrift gegen den Nachdruck bat, antwortete Goethe am 8. Oktober 1825:

> Während Sie an der für mich so wichtigen Angelegenheit ein freundliches Theilnehmen auszusprechen belieben und zugleich geneigt sind, daraus für das Ganze einigen Vortheil zu hoffen, hat sich die Gunst für mein Unternehmen immer thätiger und entschiedener bewiesen; daher ich denn überzeugt seyn darf daß, wenn ich nach vollendetem Abschluß sämmtliche Documente dem Publicum pflichtschuldigst vorlege, auch daraus manches Erfreuliche in's Allgemeine wird abzuleiten seyn.
>
> Erhalten Sie mir bis dahin einen geneigten Antheil und bleiben überzeugt daß ich das mir sich bereitende Gute erst recht genießen werde wenn ich einen günstigen Einfluß dieses Vorgangs auch meinen Freunden und Mitgenossen heilsam und ersprießlich werden sehe.

Mit seinem Gesuch bei der Bundesversammlung hatte Goethe gemäß der Verfassungslage des Organs keinen Erfolg gehabt, doch hatten die Gesandten, seine Verdienste anerkennend, letztlich für die Genehmigung ihrer Länder gesorgt. Goethe hat die Peinlichkeit, mit der dies behaftet war, auf seine Art verdrängt. Eigentlich, streng juristisch, hätten in der »Ausgabe letzter Hand« die Privilegien der einzelnen Länder einzeln aufgeführt werden müssen. Goethe wollte dies nicht, er wollte seine ursprüngliche Idee der Privilegierung durch die Bundesversammlung dokumentiert sehen, und so setzte er sich praktisch über die gegebene Rechtssituation hinweg. Auf dem Titelblatt der Ausgabe prangte daher der stolze, formaljuristisch weder ganz falsche noch ganz richtige Vermerk: »Unter des durchlauchtigsten deutschen Bundes schützenden Privilegien«. Nun konnte die Ausgabe jene Bedeutung erhalten, die Goethe und Sohn August im November 1825 im Brief an Cotta »ohne Anmaßung eine *National-Angelegenheit*« genannt hatten.

4. Fast eine Auktion: 36 Verlage versuchen, Cotta auszustechen

Die Nachricht von der Privilegierung der »Ausgabe letzter Hand« hatte sich wie ein Lauffeuer unter den Verlegern herumgesprochen und war *die* Sensation der Jubilate-Buchmesse Ostern 1825 in Leipzig. Für jeden Kenner der Verhältnisse mußte klar sein, was eine neue vollständige und letzte Ausgabe der Werke Goethes und deren Privilegierung für einen Verlag bedeuten konnten. Die »National-Angelegenheit«, das »NationalDenkmal«, wie Cotta in seinem Brief vom 7. Oktober 1825 an Goethe formulierte, mußte wegen der erst- und einmaligen Monopolstellung über das kaum zu überschätzende Prestige hinaus schlicht ein großes Verlagsgeschäft sein. Goethe sah dies ebenfalls so, und er wollte dafür honoriert sein, der »Schlußertrag« seines Werkes sollte ihn, Sohn und Enkel auf Jahre sichern. Er nahm deshalb die aus Leipzig und aus anderen Orten eintreffenden, sich überschlagenden Verlagsangebote gelassen auf. Noch korrespondierte er mit Cotta wegen dieser Ausgabe, noch dachte er nicht daran, mit Cotta zu brechen, andererseits aber gab es immer wieder Gründe, seinetwegen verstimmt zu sein. Der Wiener Nachdruck hatte Spätfolgen, da Goethe auf den Honorarausfall hingewiesen wurde; dies und die Tatsache, daß Cotta sich zu keinem Besuch verstanden hatte und auch die Frage der Ausgabe in seinen Briefen eher zurückhaltend, mit »Lauheit«, beantwortete, verärgerte Goethe. Er bedachte deshalb die eingehenden Angebote genauer, als er dies sonst vielleicht getan hätte, und er ließ sich Zeit mit seiner Entscheidung. Es gibt freilich in der Korrespondenz keinen Hinweis auf die Mutmaßung des Verlegers Varrentrapp aus Frankfurt (der, wie erwähnt, angeblich Goethes *Werther* ehedem abgelehnt hatte und also, nach dem Erfolg des Buches, Veranlassung gehabt hätte, verärgert zu sein), wonach Goethe die Verhandlungen absichtlich in die Länge zog, um die Verleger gegeneinander auszuspielen und sie zu einem möglichst hohen Honorarangebot zu treiben. Ebenfalls ist nicht belegt, daß die Verstimmung zwischen Goethe und Cotta, wie Fröbe annimmt, allgemein bekannt gewesen sei, ja, daß Goethe in aller Öffentlichkeit in Erwägung gezogen habe, »mit dieser Krönung seines Lebenswerks einen anderen Verlag zu betrauen«. Die grundsätzliche Bestimmtheit seiner Beziehung zu Cotta, sein »gegründetes Verhältniß« waren doch nur einem kleinen Kreis bekannt, im übrigen war die Tatsache der neuen Ausgabe und ihre Privilegierung wohl Grund genug, großes öffentliches Interesse bei Verlegern zu wecken.

Am 4. April 1825 hatte Goethe Cotta die »nahe« Privilegienübereinkunft mitgeteilt. »Wer könnte nun«, so ermunterte Goethe seinen Verleger, »in einem solchen bedeutenden, ja einzigen Falle mit Rath und That besser an Handen gehen als Ew: Hochwohlgeboren. Deswegen ich gegenwärtig vorläufige Meldung thue, mit Bitte mir Ihre einsichtigen Gedanken über die allenfallsige Behandlung des Geschäfts unschwer mitzutheilen und dadurch ein so lange bestandenes glückliches Verhältniß zu erneuen und zu krönen.

Der ich mit altem Vertrauen und frischen Hoffnungen die Ehre habe mich zu unterzeichnen.«

Cotta versicherte Goethe sogleich, »zu Allem bereit« zu sein, doch wieder kam er nicht nach Weimar, sondern fuhr an den Bodensee und reiste danach mit dem Dampfschiff auf dem Rhein. Am 7. Mai schrieb er eine Mitteilung an Goethe, er habe im Sinn, »in 14 Tagen mit Freund Boisserée auf einige Wochen nach Paris zu reisen«. Cotta hatte Goethes letzten Brief Boisserée zur Kenntnis gegeben. Boisserée wußte, daß Goethe andere Verlagsangebote erhalten hatte, und er informierte darüber auch Cotta. Da die Reise nach Paris zwei Monate dauern sollte, konnte Cotta im Hinblick auf Weimarer Entscheidungen nicht allzu beruhigt sein, und so drängte er nun Boisserée, er möchte Goethe noch einmal zu einer eindeutigen Stellungnahme bewegen. Boisserée tat dies auch. »Ihr neuster Brief«, schrieb also Boisserée am 14. Mai 1825 an Goethe, »traf nun gerade mit Cotta's Rückkehr vom Bodensee zusammen, und Ihrem Sinne nach glaubte ich ihm beiläufig im Gespräch blos bemerken zu müßen, daß Ihnen mehrere bedeutende Anerbietungen gemacht worden seyen! – Hierauf erwiederte er, das sey ihm Recht, dadurch erhalte man einen Maasstab, und er würde gewiß mehr thun, als was irgend ein anderer mit Gewißheit der Ausführbarkeit vorschlagen könne. Übrigens, fügte er hinzu, kenne er Ihren Plan noch nicht, er weder, auf welchen Umfang Sie das Werk anlegen, noch, auf welche Zeit Sie die Ausgabe überlaßen wollten; er habe Ihnen geschrieben, daß er wegen dieser wichtigen Angelegenheit nach Weimar zu kommen bereit, daß er aber einstweilen noch durch die dringendsten Geschäfte verhindert sey. – Wenn es Ihnen also zu lange dauren sollte, ehe er Sie besuchen könne, so, meinte er, würden Sie ihm wohl Ihren Plan und sonst einiges Nähere mittheilen, damit er wenigstens vorläufig sich erklären könne.« Sofort nach Eingang von Boisserées Brief gab Goethe im Antwortschreiben vom 20. Mai 1825 die gewünschte Erklärung, und sie war ihm, weil er eine Antwort vor Cottas Abreise nach Paris haben wollte, eilig und dringlich. Er schickte Cotta in einer Beilage zu diesem Brief ein genaues, detailliertes Inhaltsverzeichnis der für die Ausgabe geplanten 40 Bände »mit einigen Bemerkungen die zur vollkommenen Aufklärung dienen«, er möchte sich »wohl hieraus baldigst eine entscheidende Antwort versprechen«. Der Brief, wie immer in entscheidenden Momenten lakonisch, imperativ, prägnant, hatte zwei Konzepte.[15] Im endgültigen Brief ging Goethe über sie hinaus, dies vor allem in einem Punkt, der Cotta zeigen mußte, wie tief Goethe verstimmt war. Goethe erbat sich nun die »entscheidende« Antwort, die er rasch zu haben wünschte, schriftlich, und er schloß nun seinerseits einen Besuch Cottas aus: »Zu Beförderung derselben füge noch hinzu daß ich das Verlagsrecht auf 12 Jahre übertrage, jedoch dabey die möglichste Schnelligkeit des Abdrucks und Betriebes zur Bedingung machen würde. Ansehnliche Gebote die mir von der Leipziger Messe zugekommen, erlauben keine Verzögrung und ich bitte daher die Summe unbewunden auszusprechen welche Sie mir und den Meinigen als den Schlußertrag meines ganzen schriftstellerischen Lebens zusagen können. Sowohl dieser Hauptpunct als alle Beypuncte bedürfen, genau besehen, keiner persönlichen Zusammenkunft, noch mündlichen Besprechung; ich bitte daher aus ebengemeldeten Ursachen noch vor der Pariser Reise [um] eine gefällige Erklärung, welche mir den Weg den ich einzuschlagen habe ohne weiteres andeuten wird.« Der Brief ist von Johns Hand geschrieben, Goethe setzte eigenhändig die Formel »gehorsamst« und seine Unterschrift ein.

An diesem Tag, dem 20. Mai 1825, wurden in diesem Zusammenhang noch zwei weitere Briefe geschrieben, von Goethe selbst und von Carl August Böttiger. Goethe wandte sich seinerseits nun an Sulpiz Boisserée als Vermittler; auf Drängen Boisserées hatte Goethe das Inhaltsverzeichnis der 40 Bände an Cotta gesandt, es müsse mit dem Zögern Cottas ein Ende haben, er, Goethe, erwarte nun ein »entschiedenes erstes und letztes Angebot«. Der Brief ist deshalb wichtig, weil hier Goethe an demselben Tag, an dem er von Cotta ein Angebot erwartet, innerlich doch bereit ist, »ein so gegründetes Verhältniß« zu Cotta gegebenenfalls aufzugeben:

> Lassen Sie mich aufrichtig und vertraulich reden, es sey nur zwischen uns beiden: den Antrag wegen einer neuen Ausgabe meiner Werke that ich schon vor zwey Jahren an Herrn v. Cotta; er behandelte die Sache dilatorisch, das ich mir gefallen ließ, weil ich selbst noch viel daran zu thun hatte, verziehen wird es mir daher seyn wenn ich seinen letzten Brief in eben dem Sinne geschrieben fand.
> Wie leicht das Geschäft zu übersehen ist ergibt sich daraus, daß die bedeutenden Anträge von der Leipziger Messe

ohne weitere Vorkenntniß des Einzelnen geschehen. Auch hieraus ging hervor daß eine persönliche Zusammenkunft, eine mündliche Besprechung nöthig sey.
Herr v. Cotta, der die größten Unternehmungen mit Einem Blick übersieht, ist vor allen im Stande das gegenwärtige Geschäft zu überschauen, da ihm ja das Einzelne seit Jahren durchaus bekannt ist. Ich habe ihm jedoch nach Ihrer Andeutung den ausführlichen Plan übersendet und erwarte dagegen ein entschiedenes erstes und letztes Gebot: welche Summe dem Autor von dieser Unternehmung zu Gute kommen solle. Ich muß wünschen daß er sich hierüber so bald als möglich entscheide. Denn die gethanen Anträge, welche geheim zu halten versprochen habe, sind von der Art daß ich im kurzen entweder zusagen oder mich lossagen muß.
Sie können denken wie wehe es mir thäte ein so gegründetes Verhältniß aufgeben zu müssen; aber ein schneller Entschluß ist mir in meinem hohen, sehr oft bedrohten Alter ausdrücklich durch die Verhältnisse geboten. Machen Sie hievon nach Einsicht und Neigung den besten Gebrauch, da Sie beiden Theilen in jedem Sinne verwandt sind.

Boisserée machte daraufhin seinen Einfluß bei Cotta geltend, und dieser sollte auf Goethes Brief auch unmittelbar reagieren, denn inzwischen hatte er den Brief von Böttiger erhalten, der ebenfalls an diesem 20. Mai geschrieben worden war. Böttiger, wir erwähnten es schon, war eine zwielichtige Figur. Er war mit Cotta eng verbunden, dies schon seit dem Jahre 1817, als jener versucht hatte, Anschluß an den alten Adel der Cottas zu gewinnen und der mit allen gesellschaftlichen Wassern gewaschene Böttiger eine Verbindung zu den sächsischen Cottas vermitteln sollte, deren Stammbäume, wie Lohrer in ihrer Geschichte des Cotta-Verlags belegt, bis zu Nero und damit zu Romulus und Remus zurückführten. Seine Bemühung hatte auch Erfolg, denn am 24. November 1817 war Cotta vom Württembergischen König zum

Freiherrn Cotta von Cottendorf geadelt worden.[15a] Seit seinem Ruhestand 1821 betätigte sich Böttiger nun als Cottas gesellschaftliche Antenne in Weimar, er kolportierte Klatsch, Skandalgeschichten, in jedem Fall aber Indiskretionen für Cottas Zeitungen, und eben aus diesem Grunde und seiner Aufdringlichkeit wegen kam es zur Kontroverse mit Goethe. Böttiger kannte die neueste Stimmung in Leipzig und Weimar, die er Cotta so vermittelte: »In Leipzig macht Göthes vom Bundestag gesichertes Unternehmen der letzten, biographisch geordneten Ausgabe aller seiner Werke viel Gerede. Viele Buchhändler haben ihm Anerbietung gemacht. Er hat sie alle höflich beantwortet, nicht ablehnend. Zuletzt verbreitete sich das Gerücht, Sie hätten ihm ein Kapital von 40000 Thlr angeboten. Er wolle aber durchaus eine fortdauernde Tantième für seine Erben. Was wird geschehen?«

Cotta reagierte sofort. Nun hatte er den Ernst der Lage erkannt, und zwei Tage vor seiner Abreise nach Paris sah er sich »zur schleunigen Beantwortung« aufgerufen.

Ich habe nach unserm leztern Vertrag bei gleichen Bedingungen den Vorzug vor allen andern Verlegern, ich könte mich daher blos darauf beschränken, zu erklären, daß ich dem höchsten Gebot beitrette und daselbige überneme – allein diß läge nicht in meiner Handlungsweise, die mich vielmehr veranlaßt, zu erklären, daß ich mit Vergnügen 10000 Thaler mehr als das höchste Gebot Honorar für die neue Ausgabe Ihrer Werke von 40 Bänden auf 12 Jahre bezahle –

Es versteht sich, daß ich möglichste Schnelligkeit des Abdruks und Betriebes besorge, so wie, daß ich stets zeigen werde, welchen Werth ich auf dise Verbindung lege.

Nach 12 Jahren bei gleichen Bedingungen den Vorzug zu haben und zu erhalten, darf ich mir wohl schmeicheln –

Bis übermorgen ist unsre Abreise bestimmt, dörfte ich bitten, daß Sie mir nach Paris bei Herrn Bankier Lafitte und Cie Ihre Antwort zukommen liessen.

Man kann in der Beurteilung dieser Reaktion offenbar geteilter Meinung sein. Herbert G. Göpfert sieht darin »eine stolze, eines Verlegerfürsten würdige Antwort«, ich kann mich dem nicht anschließen. Am Anfang und am Ende seines Briefes bezieht Cotta eine juristische Position, was einem Autor gegenüber immer nachteilig ist; ein Autor will in aller Regel in Verlagsdingen überzeugt und nicht durch Vertragsklauseln gezwungen sein. Die andere Bemerkung aber, daß Cotta »mit Vergnügen« 10 000 Taler mehr als das höchste Gebot zu zahlen bereit sei, scheint mir unangemessen. Hier wären doch die Gebote der anderen Verleger abzuwägen gewesen, und Cotta hätte mit den anderen Angeboten in einen qualitativen Editionsvergleich eintreten können, zumal er den großen Vorteil hatte, Goethe auf die bisherigen Erfahrungen mit seiner technischen Herstellung und mit seinem Augsburger Korrektorenstab hinweisen zu können. Mir erscheint dieses »Mehr«-Angebot eher ein Ausdruck schlechten Gewissens, eine übertrieben großmogulische Geste, die der Beruhigung der Angelegenheit während seiner zweimonatigen Abwesenheit diente, vielleicht war sie aber auch in besonderer Weise für August von Goethe bestimmt, dem nach Cottas Meinung Geld über alles ging.

Goethe gab keine Antwort nach Paris. Er schwieg. Am Tage seiner Rückkehr, am 30. Juli, wandte sich Cotta eher beleidigt an ihn, er habe doch gebeten, ihn in Paris mit einer Antwort zu beehren, und täglich habe er gehofft, daß diese Bitte erfüllt würde. »Aber weder dort noch hier, wo ich heute eintraf, sehe ich diese Hoffnung erfüllt und ich darf wohl beisezen, daß mich dieses Stillschweigen schmerzt.« Von Varnhagen habe er gehört, daß Goethe sich wohlbefinde, so daß er sich »nicht zu erklären weiß, warum mein Schreiben bis jezt ohne Alle Erwiderung blieb. Ich tröste mich damit, daß die Ursache nicht in Ihrer Gesundheit ligt, und da ich sie auch nicht in meinem Benehmen zu finden weiß, so mögen es wohl zufällige Hindernisse seyn, die mich so lange Ihre gütige

Erwidrung entbehren lassen.« Wußte er wirklich keine Erklärung, und waren es doch die »zufälligen Hindernisse«, die Goethe nicht antworten ließen? Er erinnerte sich nun, wie gerne Goethe in komplizierter geschäftlicher Lage eine Vermittlung in Rat und Tat hinzuzuziehen wünschte, und darauf ging er nun ein: »Leider steht unser verewigter Freund, Schiller, uns nicht mehr zur Seite, der so freundlich und umsichtig das Finanzielle unsrer Verhältnisse sonst besorgte. Sein Andenken und alles, was sich damit vereinigt und demselben in einem langen Zeitraum zart und schön anreiht, mag mich vertretten und wird gewiß im Stande seyn jedes Mißverständniß zu heben, wenn irgend eines derselben bestehen sollte«. Und dann fügte er etwas an, was Goethe expressis verbis ausgeschlossen hatte: »Wünschten Sie mich zu sprechen, so bin ich nun frei zu jeder Zeit zu Ihnen zu kommen«.

Darauf ging Goethe erst gar nicht ein, und er schlug seinerseits vor, die Angelegenheit einem Vermittler zu übergeben, »und wenn wir jenen unschätzbaren Freund im vielfachsten Sinne, schon viele Jahre vermißen so haben wir von Glück zu sagen beyderseits zu so einem trefflichen jüngeren Manne ein reines trauliches Verhältniß gefunden zu haben«. Der treffliche jüngere Mann war Sulpiz Boisserée, der diese heikle Mission nach einigem Zögern annahm.

Freilich, in jenen letzten Monaten und insbesondere in der Zeit von Cottas Pariser Aufenthalt hatten sich bei Goethe gewisse Veränderungen ergeben. Sie waren einmal dadurch bedingt, daß er seinen Sohn August mehr und mehr in die »merkantilischen« Verhandlungen einführte, und zum andern, daß er sich in seiner Verstimmung Cotta gegenüber gedanklich auf eine mögliche andere Verlagsbeziehung einstellen mußte. Die Angebote, die ihn nach der Ostermesse erreichten, taten das Ihre. Goethe entwickelte zahlreiche Konzepte für Verhandlungen, teilweise diktierte er sie in eigenem Namen, teilweise so, daß August sie unterschreiben sollte.

Im Verlauf dieser Überlegungen spielte nun auch der Gedanke an einen Selbstverlag eine Rolle. Er war Goethe ja nicht fremd; selbst in seinem Gesuch an die Deutsche Bundesversammlung wird der Selbstverlag noch vor einem Verleger erwähnt. Der neue Anstoß zum Selbstverlag ging von Johann Wilhelm Hoffmann, Hofbuchhändler zu Weimar, aus. Er hatte die Verlagsbuchhandlung 1802 übernommen, Goethe kannte sie gut, schon im September 1786 ist sie in seinem Tagebuch erwähnt. Sie war wohl der Hauptlieferant für den Bücherkunden Goethe. In späterer Zeit dann war Hoffmann mehr mit Goethes Sohn August verbunden, bei ihm lud er seinen Groll gegen Cotta ab, der zu hohe Preise verlange, dessen Bücher von schlechter Qualität seien (»geschmacklos hingequetscht und voller Druckfehler«) und der mit dem damaligen Wiener Nachdruck ominöse Geschäfte auf Kosten Goethes gemacht habe. Am 25. April 1825 schrieb er an August, der Gedanke des Privilegiengesuchs müsse von Cotta kommen, der »verschiedene Hunderttausende zu seinen andern Millionen« bringen wolle. August hörte auf diesem Ohr nur zu gut, erwähnte immer wieder Cottas Reichtum und wiederholte die von Neidern geäußerte Vermutung, daß Cotta auf Kosten der Autoren seine Geschäfte mache. Insbesondere mit seinen Schiller-Editionen erziele er riesige Gewinne, Hoffmann nannte eine Summe von 400000 Talern und versuchte Goethe zu überzeugen, solchen Gewinn doch selbst zu realisieren; doch Goethe, wohl letztlich eigener Erfahrungen mit einem solchen Unternehmen aus früherer Zeit eingedenk, ließ diese Überlegung fallen. Danach gab Hoffmann eine weitere Offerte ab, für eine reguläre Oktavausgabe und für eine Taschenausgabe wollte er einen Gewinn von 350000 Talern erwirtschaften. Doch auch diesem Angebot trat Goethe nicht näher. Er schätzte Hoffmann zwar als Buchhändler, doch als Verleger war dieser nicht ausgewiesen, und eine 40bändige Ausgabe konnte weder in der Produktion noch in der Organisation von Vertrieb, Verkauf, Werbung und Presse von einem Nichtprofessionellen realisiert werden.

Man muß im Goethe-und-Schiller-Archiv in Weimar in Goethes Verlagsakten den Faszikel »Buchhändlerische Anträge« gesehen haben! Sicher wurde er von einem Schreiber oder Sekretär angelegt, doch sind die Papiere noch so angeordnet, wie Goethe sie mutmaßlich in die Hand genommen und gelesen hat. 36 Verlagsangebote waren insgesamt eingetroffen, man kann sich vorstellen, daß Goethe davon beeindruckt war, aber auch, daß sich dadurch für ihn alle Verhandlungen viel schwieriger als vorgesehen gestalteten und daß ihm eine Entscheidung im Laufe dieser Wochen und Monate schwerfallen mußte. Dorothea Kuhn und Waltraud Hagen haben diese »Buchhändlerischen Anträge« analysiert und zusammengefaßt: Goethe selbst hatte mit den Gebrüdern Brockhaus persönlich verhandelt und ihnen die größten Chancen eingeräumt; Vorverhandlungen wurden auch mit Joseph Max in Breslau und mit dem Verlagsbuchhändler Georg Andreas Reimer in Berlin geführt. Kurz nach Absendung seines Briefes vom 20. Mai an Cotta lagen Goethe neun Angebote vor, Ende des Jahres folgten weitere dreizehn, die restlichen trafen Anfang 1826 ein. Kuhn und Hagen haben die Verlage nach Honorarangeboten aufgeführt:

Hahn, Hannover, gemeinsam mit anderen Verlagen	118000 Taler
Heyer, Gießen	85000 Taler
Schlesinger, Berlin	60000 Taler
Die Brüder Brockhaus	50000 Taler, später auf 70000 Taler erhöht
Max, Breslau	30000 Taler
Hennings, Gotha	30000 Taler
Greiner, Graz	ca. 17000 Taler

Folgende Verlage machten ein Angebot ohne Honorar: Arnold, Dresden; Baumgärtner, Leipzig; Fleischer, Leipzig; Gleditsch, Leipzig; Hermann, Frankfurt; Leske, Darmstadt; Reimer, Berlin; Sauerländer, Aarau; Varrentrapp, Frankfurt;

Wallishaußer, Wien; Wesché, Frankfurt. Gewissermaßen außerhalb der verlegerischen Konkurrenz meldete sich das Bureau des ›Correspondenzblattes für Kaufleute‹ aus Gotha und bot ein Honorar von 200000 Talern an. In den *Quellen und Zeugnissen zur Druckgeschichte von Goethes Werken* sind diese Angebote und die daraus resultierenden Verhandlungen dargestellt und kommentiert.

Was muß in Goethe vorgegangen sein? Einen solchen unter den Augen der Öffentlichkeit sich abspielenden Vorgang hatte es bislang in der Literatur- und Verlagsgeschichte nicht gegeben. Goethe mußte daran liegen, daß sein Werk, der »Schlußertrag«, so originalgetreu wie möglich überliefert wird. Er wußte, alle Wirkung dieses Werkes, im Inland wie im Ausland, alle darauf basierenden Nachpublikationen, die Einzelausgaben, die Anthologien, die Übersetzungen, die immer umfangreichere Sekundärliteratur der immens wachsenden Goethe-Forschung – dies alles würde später von dieser Ausgabe abhängen, aber eben auch der andere »Schlußertrag« für »ihn und die Seinigen«. Und es war ihm klar, daß er selbst zur Entscheidung aufgerufen war, denn niemand, weder sein Sohn August noch die Räte des Goethe-Stabes, konnten ihm dies abnehmen. Sicher, er befand sich in guter Position, hatte erfahren, was er ›wert‹ war auf dem Buchmarkt und welche öffentliche Reputation er besaß. Eine einmalige Situation – sollte Goethe ihrer nicht Herr werden können? Man kann Friedenthal zustimmen, wenn er zu den 36 Verlagsangeboten feststellt: »Es ist fast eine Auktion, und sie zeigt Goethe zu seiner Befriedigung den weiten Umkreis seiner Geltung, das weite Goethe-Reich, das er sich aufgebaut hat. Es ist größer als der *Deutsche Bund* und dauerhafter.«

5. »*Ganz Deutschland fragt jetzt: wird Cotta den hochbegünstigten Göthe verlegen?*«

Indessen gingen die Verhandlungen zwischen Goethe, Boisserée und Cotta weiter, immer wieder durch Schwierigkeiten beeinträchtigt. Goethe hatte durch Diener Stadelmann das Manuskript eines Autors Mämpel erhalten und schickte es am 21. Juli 1824 an Cotta »zu gefälliger Beurteilung und beliebigen Entschluß«. Cotta, an einer Geschwulst erkrankt, nahm dies wörtlich, ließ sich Zeit, erst auf eine Mahnung reagierte er und reichte dann dem Autor das Manuskript als für seinen Verlag unpassend zurück; dieser beschwerte sich via Stadelmann bei Goethe, der sich ärgerte, daß Cotta eine Empfehlung von ihm so achtlos behandelt hatte; zum Autor soll Goethe gesagt haben: »Schade daß meine Empfehlung keinen beßern Effect hervorgebracht hat, doch hätte Herr von Cotta [das Manuskript] nicht so lange behalten sollen.« Die Diskussion über dieses Manuskript zog sich bis in jene Mai-/Juli-Tage von 1825 hinein, in denen es Cotta um ganz anderes, um Goethes »Ausgabe letzter Hand« ging. Das Manuskript von Mämpel wurde dann von Fleischer angenommen, der es auch veröffentlichte, und danach hatte der Autor die Stirn, von Goethe eine Geldentschädigung zu fordern, weil das Manuskript zu lange in seinem Cotta-Verlag liegengeblieben sei.

Manchmal war Goethe der Verhandlungen müde, er hoffte, sein Sohn August könnte sie übernehmen, und mußte dann doch immer wieder feststellen, daß dieser nicht so sehr der Überlegung folgte, welches der beste Verlag für die Ausgabe sei, sondern ausschließlich, wer das höchste Honorar dafür biete. Auch darüber wurde Cotta unterrichtet, und zwar von Ludwig Friedrich Froriep, ehemals Medizinalrat in Jena, später Mitgesellschafter von Bertuchs Industriecomptoir, und für Cotta gleichfalls ein Nachrichtenbeschaffer. Froriep verständigte Cotta am 2. Juli 1825: »Der Success Ihrer Ausgabe von Schillers Werken scheint auf G., den Sohn vielleicht mehr als den Vater, einen großen Eindruck gemacht zu haben. Seit dem was bey und von dem Bundestage geschehn ist um das Eigenthum der letzten Ausgabe von Gs Werken sicher zu stellen, beschäftigt sich G. vorzugsweise mit der Idee und der Vorbereitung zu dieser Ausgabe.« Unzufriedenheit mit Cotta bestehe wegen der Wiener Werkausgabe und wegen Cottas Zurückhaltung, während sich andere Verleger mit Angeboten überschlügen. »G. der Vater ist Ihnen fortwährend geneigt, bei dem Sohne ist dies weniger der Fall und dieser – hat auf den Vater den grössten (entscheidenden!) Einfluss. ... Wie Sie G. kennen spricht er sich, wenn er zufrieden oder unzufrieden ist, weniger durch bestimmte Worte, als durch Winke, und oft durch mimische Zeichen aus. Er ist Ihnen noch geneigt, aber –;«

Cotta, mit anderen Arbeiten überlastet, in politische Händel verstrickt, vielleicht auch betroffen und gekränkt durch das Mißtrauen, das ihm gegenüber bei Goethe immer wieder durchbrach, vielleicht in seinem Berufsethos verletzt, an einer Auktion mit anderen Verlagen teilnehmen zu sollen, da er sich doch selbst über eine lange Zeit hinweg Verdienste um die Herstellung und Verbreitung der Werke Goethes zumessen konnte – Cotta zögerte lange, zu lange. Und so war es wohl Frorieps Bemerkung: »Er ist Ihnen noch geneigt, aber...«, die ihn nun doch zu einem Angebot veranlaßte, das er in einem »Plan und Vorschlag« (vom 27. 8. 1825) vortrug:

Indem ich in meinem frühren vor meiner Pariser Reise geschriebenen Brief für das Honorar Ihrer sämtlichen Werke gesichert gegen jeden Nachdruck 10,000 rt mehr als jeder andere anbot, wollte ich zeigen, daß ich unser Verhältniß nicht blos auf die Contracte gegründet, sondern Ihnen zeigen möchte, daß ich dasselbige über Alles hochschäze – durch die Anerbietungen andrer bis zu 50,000 rt ist dieses Mehr Anerbieten zur Summe von 60,000 rt gestiegen, die Ihr Herr Sohn bis zu 100,000 rt erhöht wünschte. Diß und

vielleicht mehr ist möglich, je nachdem sich die Theilname des Publikums erweiset -
Mein Vorschlag ist daher: die 60,000 rt als Grund Honorar festzusezen für jede weitre über Zwanzig tausend meldende Subscribenten von Zehentausend noch 20,000 rt zu entrichten, so daß also 60,000 rt ohne Weitres festgesezt, wenn 30,000 Subscrib. sich meldeten dann 80,000, wenn 40,000-100,000 wenn 50,000 Subscrib. p. 120,000 rt und so weiter – von mir als Honorar bezahlt würden – Auf dise Weise vermehrte sich das Honorar nach der Theilname des Publikums, ohne es jedoch von dieser Allein es abhangen [zu] lassen und da wir die Subscriptions Zeit auf Ein Jahr festsezen könten, so würde sich auch bald eine bestimmte Ansicht ergeben –
Der Preiß müßte dabei sehr wohlfeil, ungefähr 14-16 rt für 40 Bände festgesezt werden, um möglichst vile Subscribenten zu erhalten
Ich schmeichle mir, daß ich mit diesem Plan auch den Erwartungen Ihres Herrn Sohnes entsprochen habe, in jedem Fall darf ich mir das Zeugniß geben, daß es nur aus den unwandelbaren Gesinnungen der hohen Verehrung gegen Sie, aus der delikatsten Beachtung der mir so theuren, längst bestandenen Verhältnisse mit Ihnen und aus dem Werth hervorgieng, den ich auf die Fortdauer derselben lege.

Goethe, offensichtlich erleichtert, bestätigte diese »Erklärung« am 2. September, hoffend, sie möchte nunmehr zur Basis der nächsten Verhandlungen werden. Diesen Brief unterschrieb Goethe mit »Vertrauend«. Und er fügte noch an, er schreibe dies eiligst am Vorabend »unseres mit Lust und Drang einsteenden Jubiläums«.

Am 3. September 1825 feierte Großherzog Carl August sein fünfzigjähriges Regierungsjubiläum, und auch Goethe rüstete sich für den 7. November, an dem – vorgezogen (Goethe war am 11.6.1776 in den weimarischen Staatsdienst eingetreten) – sein eigenes Amtsjubiläum ebenfalls gefeiert werden sollte. Im Grunde wünschte sich Goethe in der Feststimmung dieser Jubiläen den definitiven Abschluß seiner Verlagsangelegenheit. Boisserée berichtete er von der »das seltenste Fest feyernden Stadt« und bekannte: »Unendlich angenehm war mir's in diesen Tagen auch die Wiederherstellung alter theurer Verhältnisse und den Abschluß eines so wichtigen Geschäftes durch Ihre Vermittelung zugleich feyern zu können.«[16] Doch das Geschäft war noch nicht perfekt.

An demselben Tag, an dem Goethe den Abschluß feiern wollte, hatte er ein Gespräch mit Sohn August, der sich nun mit einem Vertragsentwurf an Cotta wenden sollte. Im Tagebuch vom 14. September 1825 lesen wir: »Mit meinem Sohne die Punctation für Cotta aufgesetzt«, und einen Tag später: »Mundum der Punctation an Cotta.« August schrieb denn auch am 16. September an Cotta: »beikommendes zu übersenden erbitte mir von meinem Vater die Erlaubniß und ergreife diese Gelegenheit um auszusprechen wie sehr ich mich freuen muß daß ein so lang geprüftes väterliches Verhältniß auch auf mich und die Meinigen erstreckt werden soll, je bedeutender und sicherer es für die Zukunft eingeleitet ist, desto werther muß es mir seyn und ich darf versichern daß ich es in seinem ganzen Umfang erkenne«.

Dieses »Beikommende« waren ein erster Vertragsentwurf, der Cottas Vorschlag vom 27. August als Basis aufnahm, und zwei Beilagen, die Technisches und die Privilegien betrafen. Der Vertragsentwurf[17] enthielt in 16 Punkten den Gegenstand der »neuen« Ausgabe: Sie sollte 40 Bände umfassen, das Honorar (vorerst 60000 Taler, zuzüglich 5000 bei Unterschrift; im endgültigen Vertragstext erhielt Goethe nach je 10000 verkauften Exemplaren wiederum 20000 Taler), die Frage der Vertragsverlängerung und das alsbald wie auch in der Zukunft heikel werdende Problem der Abrechnung der Zahl der Subskriptionen und der verkauften Einzelexemplare. Beilage A enthielt die Forderung nach hoher Druckqualität, die Frage nach Umfang und Erscheinungstermin der Lieferungen, den Zeitpunkt der Ablieferung der Manuskripte und die Forderung, größte Aufmerksamkeit müsse der Korrektur gelten. Goethe hatte seinen Arbeitsstab eingerichtet, nun sollte es auch Cotta tun, »so wünschte man daß ein geprüfter Litterator ins Mittel träte an welchen man das revidirte Hauptexemplar sendete und mit welchen man sich wegen unvorhergesehener Anstöße berathen könne«. In der Beilage B ist nochmals der Eingang der Privilegien erwähnt und Goethes Sorge, »wie die sämtlichen Verhandlungen und Privilegien durch den Druk in das Publikum zu bringen seyn möchten«. Es war Goethe wichtig, daß die Verhandlungen »am Bundestage« öffentlich gemacht würden, und so schlug er vor, daß man gemeinsam mit den Namen der Subskribenten die Privilegienverhandlungen »als einen Vorheft (Vorbändchen) dem Publico darbrächte«. Am 19. September schickte Goethe die Unterlagen an Cotta.

Am 7. Oktober beantwortete Cotta das Vertragsschreiben Goethes. Er sei mit allen Punkten einverstanden, lediglich bei den Verhandlungen über die Vertragsverlängerung möchte er sein »Vorzugsrecht bei gleichen Bedingungen« eingefügt sehen. Über die technischen Bedingungen bestehe Einigkeit (in der Tat richtete Cotta denn auch den so gewünschten Korrektorenstab in Augsburg ein, neben Reichel bestellte er den Mitarbeiter der ›Allgemeinen Zeitung‹, Albrecht Lebret, den Korrektor Gustav Schwab und den Redakteur Gustav Kolb). Gleichzeitig schrieb Cotta an August von Goethe und erwiderte ihm auf dessen Zukunftserwartungen: »Seyen Sie versichert, daß, je bedeutender das neu geschlungene Band für Jezt und für die Zukunft ist und seyn wird, desto mehr mein Bestreben dahin gehen wird, auf jede Weise zu zeigen, daß ich es zu den wichtigsten Ereignissen meines Lebens zählte, in dise Verbindung getretten zu seyn und daß jeder meiner Schritte die tiefe Hochachtung und hohe Verehrung gegen Ihren Herrn Vater bethätigen müssen«.

Die Antwort von Vater und Sohn Goethe verspätete sich. Goethe war mit den Fünfzigjahrfeierlichkeiten beschäftigt gewesen, so daß er erst am 20. November auf jene Punkte zurückkam, die in späterer Zeit stets Ärger hervorrufen und eine ständige Skepsis nähren sollten: Wie wird der Autor von der Zahl der Subskribenten und wie vom Verkauf einzelner Exemplare unterrichtet? Man muß das Beharren auf dieser Frage verstehen, denn von der Subskription und von dem Verkauf einzelner Exemplare hing ja ein weiteres Gesamthonorar ab. Doch wie war eine Übersicht zu gewinnen? Im selben Brief erwähnte er eine Unregelmäßigkeit, die deutlich macht, warum gerade diese Frage so wichtig war: Cotta vertrieb eine *Faust*-Einzelausgabe, die mit dem Ladenpreis von 1 Taler, 10 Groschen relativ teuer war (der Buchhändler Hoffmann hat Goethe diesen hohen Preis mitgeteilt und über die Qualität dieser Ausgabe vermerkt: »Löschpapier!«), und Cotta hatte es versäumt, Belegexemplare an Goethe zu schikken! Die weitere Forderung war nun, man solle die neue Ausgabe in zwei Versionen vorlegen; Vater und Sohn meinten, Cottas Begriff des »NationalDenkmals« aufgreifend, die neue Ausgabe dürfe man »ohne Anmaßung eine *National-Angelegenheit* nennen«, sie solle deshalb nicht nur als Taschenausgabe, sondern auch als schön gebundene Ausgabe in Oktav vorliegen. Im übrigen drängte Goethe, man solle nun doch zu einem Abschluß kommen, »da man sich in den letzten Zeiten vor gesteigerten Anerbietungen, sogar mit höchster Empfehlung kaum zu retten weis«. (Der Buchhändler Hoffmann hatte Goethe mitgeteilt, daß Großherzog Carl August sein Angebot unterstütze; dafür ist aber kein Beleg zu finden.) Cotta reagierte postwendend. Er versprach Goethe, eine Sonderabrechnung durch seine Buchhaltung einzuführen, damit die Subskribenten erfaßt und die einzeln verkauften Exemplare mit dem Autor abgerechnet werden könnten. Zu der von Goethe monierten *Faust*-Ausgabe nahm er freilich auf merkwürdige Weise Stellung; er verfüge, was niemand bezweifelte, über das Nachdruckrecht und habe so, weil die Ausgabe ständig lieferbar sein sollte, aus Vorsorge eine kleine Auflage gedruckt; aus der Kalkulation dieser kleinen Auflage stamme der relativ hohe Preis. Dies ist ein nicht stichhaltiges Argument, da Cotta im Falle des *Faust* wohl vom stehenden Bleisatz aus drucken konnte. Doch dann benutzte er zur Beteuerung seiner Unschuld eine Erklärung, die er besser hätte unterlassen sollen: Hätte er betrügen wollen, so schrieb er Goethe, so stünde nicht die neue Jahreszahl 1825 im Imprint, »was ja leicht hätte beim Alten gelassen werden können, wenn in meiner HandlungsWeise etwas möglich wäre, was den Schein nur der Unredlichkeit begründen könte«. Auf welche Betrugsidee wird da ein Autor gestoßen! So sollte ein Verleger nicht argumentieren – und dies gar einem skeptischen Autor gegenüber, schon gar nicht ein Cotta, der sich als »pünktlicher Handelsmann« den Anschein bewußter Unredlichkeit gewiß nicht geben wollte. Aber gerade dieses in solchem Zusammenhang verwandte Argument zeigt, wie sehr er sich von der andauernden Kritik von seiten seiner Kollegen und von der ja gegen ihn betriebenen Angebotspolitik der Konkurrenten beeindrucken ließ. Cotta beschließt seinen Brief mit einem entsprechend melancholischen Hinweis: Er freue sich an Goethes Festlichkeiten zum fünfzigjährigen Amtsjubiläum, er selbst habe nun auch 38 Jahre als Buchhändler zurückgelegt, »und wenn ich mir gleich das Zeugniß geben darf, daß mein redliches Bemühen nicht ohne manche schöne Wirkung blieb, und diß für Vieles Unangenehmes entschädigt, so wird es mir doch oft sehr schwer, auf dieser Bahn fortzuwandeln, die so manches mit sich führt, was gegen mein Zartgefühl anstößt«.

Gegen Cottas Zartgefühl verstieß sicher auch der folgende Brief vom 21. Dezember, den beide Herren Goethe unterschrieben; Goethe und Sohn August hatten sich, wie das Tagebuch vom 18. Dezember belegt, für diesen Brief sehr genau abgesprochen. Noch einmal der Wink mit dem Zaunpfahl, die vielen Angebote betreffend, welche »selbige in den letzten Zeiten mit solcher Dringlichkeit zurük[kehrten] und wurden so bedeutend daß wenn sie auch unserer ersten Ansicht nicht ganz entsprachen doch derselben ganz nahe kamen«. In diesen Tagen war das 150000-Taler-Angebot der Hahnschen Buchhandlung Hannover eingetroffen, und kein Geringerer als Kanzler von Müller favorisierte diese Konkurrenz. Angeblich, so meinten die Herren Goethe in dem Brief an Cotta, sollte es sehr leicht sein, einen Absatz von 40000 Exemplaren zu erreichen, »wenn solche dem Publikum auf eine gehörige Weise dargeboten würden«. Und darum sollte man jetzt sogleich auf diesen Verkauf hin »contrahiren«, um »das Honorar von Hundert Tausend Thalern sächsisch in bestimmten Terminen abgetragen zu sehen«. Es folgte dann noch die Festlegung, daß die Ausgabe in vier Jahren abgeschlossen sein sollte, jährlich zwei Lieferungen zu je fünf Bänden, zu deren sukzessiver Ablieferung der Autor sich verpflichten würde. Der Brief betonte noch einmal die Wichtigkeit der Ankündigungen, die das enthalten sollten, was von seiten des Autors hierbei auszusprechen wäre. Dann erhielt er aber eine Wendung, die Cotta nur als beißender Spott, wenn nicht als Hohn erscheinen mußte: Drei Jahre vor Ablauf des Vertrags wolle er über eine mögliche Verlängerung verhandeln; falls man sich nicht einigen könne, müsse der Autor frei sein, nicht nur Cotta, sondern auch »dem Mehr- oder Minderbietenden seine Rechte weiter anzuvertrauen«. Und nun folgt eine doch doppelzüngige Begründung, dies angesichts der Tatsache, daß jetzt die ursprüngliche Forderung von 100000 Talern wiederaufgenommen wird: »Denn es kann in diesem Falle wie man auch diesmal gesehen, nicht auf Mehr und Minder allein ankommen, sondern auf das Vertrauen, welches die Verlagshandlung einflößt; wie wir es denn auch diesmal, nach unseren frühesten Ansichten, mit voller Überzeugung Ew. Hochwohlgeboren zugewendet haben.« Aus der Schlußformulierung, die jetzige Regelung möge auch »zu Beruhigung unseres Familienzustandes fernerhin gereichen«, konnte Cotta erahnen, daß sich August von Goethe bei dieser neuen Forderung durchgesetzt hatte, und so war er tief betroffen, wie wenig »Vertrauen« ihm und seinem Verlag entgegengebracht wurde. Nun versank er Goethe gegenüber in Schweigen; er ließ sich auch zu keiner öffentlichen Bekundung hinreißen, selbst dann nicht, als Böttiger ihn am 21. Oktober 1825 mit einer Frage provozierte: »Ganz Deutschland fragt jetzt: wird Cotta den hochbegünstigten Göthe verlegen?«

In Sulpiz Boisserée hatte Cotta freilich einen Partner, der sich in dieser schwierigen Situation ganz besonders bewährte. Boisserée ließ Goethe seine Empörung über dessen letzten Brief an den Verleger deutlich spüren: Die 40000 verkauften Exemplare, von denen Goethe ausging, seien unrealistisch (was sich später bewahrheitete: es wurden zu seinen Lebzeiten nur knapp 14000 Exemplare verkauft); außerdem sei Cotta beleidigt, da Goethe ihm kein Vertrauen schenke und ihm die Höhe der Verlagsangebote nicht genannt habe, die er, Cotta, ja um 10000 Taler hätte überbieten wollen. Und weiter konnte Boisserée Goethe etwas vortragen, was dieser wohl verdrängt hatte: Im Falle der Überlassung der Gesamtausgabe an einen anderen Verlag hätte Cotta seine Rechte an den vielen Einzelausgaben, die er inzwischen verlegt hatte, nicht aufgegeben, das heißt, der neue Verlag hätte zwar die Gesamtausgabe geschlossen verkaufen dürfen, nicht jedoch einzeln jene Werke, die bei Cotta unter Vertrag standen. Goethe glaubte zwar, diese Argumente entkräften zu können, vor allem wies er auf gewisse Enttäuschungen hin, die er im Laufe der Jahre durch Cotta erfahren habe: »Seit vielen Jahren hatte ich kein vertraulich Wort mit Herrn Cotta gewechselt und wie sollte es nun auf einmal in der wichtigsten Sache meines Lebens ganz ohne Anstoß geschehen«. Aber Boisserée insistierte. Er riet Goethe, den Bogen der Forderung nicht zu überspannen, schließlich könne Cotta sein Vorzugsrecht aus dem früheren Vertrag geltend machen und auf seinem Überbietungsangebot bestehen, Cotta habe dies feinfühlig bislang nicht angemeldet. Dies verfehlte seine Wirkung auf Goethe nicht, bei ihm machte sich nun doch ein Gesinnungswandel bemerkbar. Er fühlte sich wieder mehr zur alten Verbindung mit Cotta hingezogen und entdeckte im Brief an Boisserée vom 12. Januar 1826 seine »entschiedene Vorliebe für das Verhältniß mit Herrn v. Cotta«. Er ahnte wohl auch, daß er durch seinen Sohn August, der unter dem Einfluß des konkurrierenden, die Chance seines Lebens witternden Buchhändlers Hoffmann stand, mit seinen Forderungen zu weit gegangen und mit dem Erweis seines Vertrauens zu zaudernd gewesen war. Er wolle nun, wie er Boisserée mitteilte, Vergangenes vergangen sein lassen, und bat in zwei Briefen (vom 28. 12. 1825 und vom 3. 1. 1826), Boisserée möge auf konziliantem Wege mit Cotta Einigung erzielen. Doch noch einmal brach Goethes Skepsis durch. Als er mit Boisserée den endgültigen Vertragstext diskutierte, beklagte er sich in harten Worten über das, was Cotta ihm angetan habe:

Lassen Sie mich jedoch das Hauptübel, das bey dieser Verhandlung obwaltet, aussprechen: es ist dieß: daß der Verleger jederzeit genau weiß was ihm und seiner Familie frommt, der Autor dagegen völlig darüber im Dunkeln ist. Denn wo sollte er in dem völlig gesetzlosen Zustande des deutschen Buchhandels Kenntniß nehmen was darinnen Rechtens ist, was Herkommens und was nach sonstiger Convenienz Buchhändler sich einander verzeihen und gegen die Autoren erlauben ... Sie haben, wie es einem Vermittelnden wohl ansteht, die Argumente des Herrn v. Cotta, welche derselbe gegen uns aufstellt, treu überliefert; sollen wir jedoch die Gegengründe, womit wir jene zu entkräften glauben, deutlich und unumwunden aussprechen, so kommen wir in den unangenehmen Fall das Vergangene wieder zur Sprache zu bringen, welches wir lieber, da von Erneuerung eines früheren guten Verhältnisses die Rede ist, der Vergessenheit überließen.

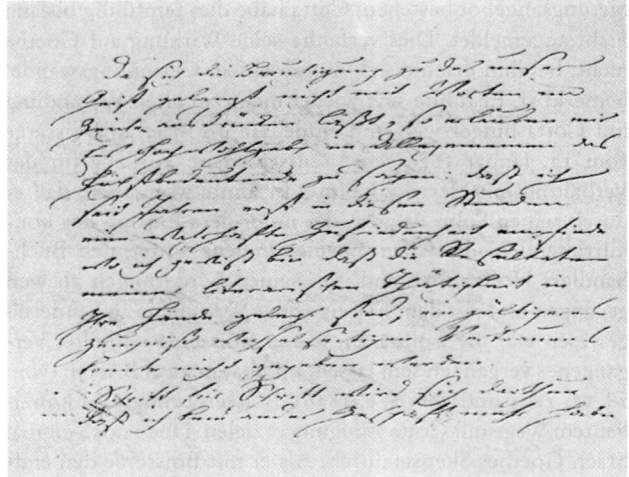

Goethes Brief an Cotta vom 3. Februar 1826 zum Vertragsabschluß der »Ausgabe letzter Hand« (SNM).

Vielleicht kommen wir auch zu dem Zwecke ohne daß wir Sie mit einer so unangenehmen Darstellung behelligen dürfen.

Doch Boisserée war schon weit in seinen Verhandlungen mit Cotta gediehen. Ende Januar 1826 konnte er Goethe melden, daß Cotta, ausgenommen die Vertragsdauer, mit allen anderen Punkten, so wie Boisserée sie mit Goethe diskutiert habe, einverstanden sei; die Vertragsdauer wolle er auf zwölf Jahre nach Erscheinen der letzten Lieferung festgelegt sehen. Cotta erklärte sich auch bereit, über die 40 Bände hinaus den Nachlaß zu denselben Bedingungen zu veröffentlichen. In seinem Begleitbrief vom 23. Januar 1826 setzte sich Boisserée entschieden für Cotta ein und beschwor Goethe, sich jetzt mit Cotta zu einigen, denn dieser habe nun seine Position, sein »Überangebot« von 10000 Talern, aufgegeben:

Es ist mir während den vielfältigen Unterhandlungen über

5. »wird Cotta den hochbegünstigten Göthe verlegen?«   551

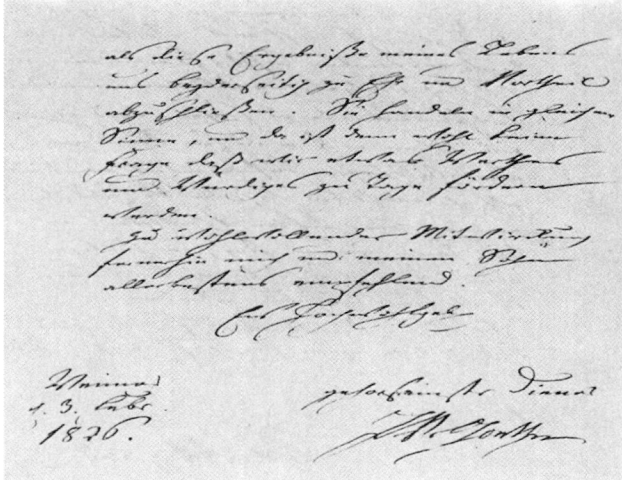

Ihre letzten gesteigerten Forderungen klar geworden, daß Cotta bisher allein durch die würklich tief gegründete Verehrung gegen Sie von diesem verdrießlichen Schritt abgehalten worden, und jetzt, da wir auf den äussersten Punct gekommen sind, halte ich es für meine heilige Pflicht Sie hierauf aufmerksam zu machen. – Gerade die persönliche Rücksicht die Cotta in einem so *wichtigen HandelsGeschäft* nimmt, giebt ihm, denke ich, ebenso sehr Anspruch, daß Sie das freundliche Verhältniß mit ihm fortsetzen, als es von der andern Seite wünschenswerth ja nothwendig ist, daß Sie Ihr glückliches Alter nicht mit widerwärtigen Dingen trüben laßen. –
Darf ich demnach hoffen, daß Sie abschließen, so bitte ich, um den Eindruck der letzten Verhandlungen zu verwischen und das neue Verhältniß mit Ihrem Sohn desto beßer zu begründen, behandeln Sie Cotta mit vollem Vertrauen, theilen Sie ihm die höheren Anerbietungen mit, und erzeigen Sie ihm überhaupt auch persönlich Freundliches

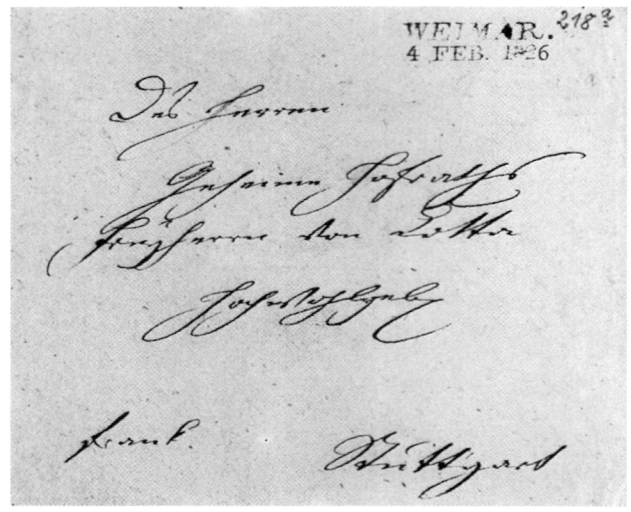

Goethes eigenhändige Adresse des Briefs an Cotta vom 3. (mit Poststempel 4.) Februar 1826 (siehe S. 550).

Goethe ließ sich überzeugen. Er sah diesen Brief als »die Entscheidung heranführend« an. Am 30. Januar 1826, also noch bevor der Vertrag unterzeichnet war, drückte Goethe Boisserée seine ihn so vollkommen erleichternde Zustimmung in der lakonischen Formulierung aus:

> Euer Wort sey ja! ja!
> also ja! und Amen!
> Das Nähere nächstens.

Am 7. Februar konnte Boisserée in seinem Tagebuch registrieren: »Brief von Goethe ganz enthusiastisch, daß ich seiner Plage und Sorge ein Ende gemacht habe.« Danach ging alles sehr rasch. Goethe richtete die Vertragsdauer nach dem Wunsch Cottas ein. Auf der Basis des ersten Vertragsentwurfes wurde nun ein endgültiger Text aufgesetzt. Es blieb bei den 60000 Talern als zu zahlender Vertragssumme, Goethe forderte im Hinblick auf die anderen Angebote, die Boisserée nun auch Cotta nennen durfte, eine zusätzliche Zahlung von 5000 Talern, und er stellte diese eher bescheidene Forderung wohl nur, um dem Sohn gegenüber das Gesicht wahren zu können. Alle anderen Punkte blieben so, wie früher erörtert. Die Frage der Freiexemplare wurde konkretisiert, die Übersicht über den Verkauf sollte eine noch näher zu bestimmende doppelte Buchhaltung übernehmen; die 40 Bände sollten in vier Jahren zu jährlich je zwei Lieferungen in fünf Bänden erscheinen, das Honorar jeweils nach Ablieferung des Lieferungsteils zur Messe fällig sein.

Am 3. Februar 1826 wurde der Vertragsentwurf von Goethe, am 14. Februar von Cotta unterzeichnet; die Unterschriften unter den definitiven Vertrag wurden am 3. und 20. März vollzogen. Am Tage der Unterzeichnung des Vertragsentwurfs, am 3. Februar also, zog Goethe noch einmal Bilanz und entwickelte in einem Brief an Cotta Perspektiven für Gegenwärtiges und Zukünftiges:

Da sich die Beruhigung zu der unser Geist gelangt nicht mit Worten und Zeichen ausdrücken läßt, so erlauben mir Ew Hochwohlgeboren im Allgemeinen das Höchstbedeutende zu sagen: daß ich seit Jahren erst in diesen Stunden eine wahrhafte Zufriedenheit empfinde wo ich gewiß bin daß die Resultate meiner literarischen Thätigkeit in Ihre Hände gelegt sind; ein gültigeres Zeugniß wechselseitigen Vertrauens konnte nicht gegeben werden.

Schritt für Schritt wird sich darthun daß ich kein ander Geschäft mehr habe als diese Ergebniße meines Lebens uns beyderseitig zu Ehr und Vortheil abzuschließen. Sie handeln in gleichem Sinne, und da ist denn wohl keine Frage daß wir etwas Werthes und Würdiges zu Tage fördern werden. Zu wohlwollender Mitwirkung fernerhin mich und meinen Sohn allerbestens empfehlend.

Am gleichen Tage dankte Goethe Boisserée für seine aufopfernden Vermittlungsdienste: »Was wollt ich nicht geloben, mein allertheuerster, wenn ich Sie eine Stunde sprechen könnte! Denn wie sollte mir Blat und Feder genügen! Ich muß mich nur sogleich eines mythologischen Gleichnisses bedienen: Sie erscheinen mir wie Herkules der dem Atlas, dem Prometheus zu Hülfe kommt. Wüßten Sie was ich dieses Jahr gelitten habe, Sie würden solche Bildlichkeiten nicht übertrieben finden.«

Ein Jahr lang hatten die Verhandlungen gedauert, es war ein hartes Ringen gewesen, das auch das gewachsene Verhältnis zwischen Goethe und Cotta berührt, ja erschüttert hatte. Doch schließlich konnte Cotta Goethes »wichtigste Sache« in seine Verlagsscheuer einbringen. In seinem Brief vom 14. Februar vermag er mit Worten nicht auszudrücken, wie sehr ihn Goethes Schreiben vom 3. Februar ergriffen und gerührt hat. »Woran ich nie zweifeln konnte, hat sich dadurch bewährt; Ihr hoher, schöner Sinn hat auch hier das Rechte ergriffen, was in diesem so delikaten Verhältnisse uns Allen wahrhafte Zufriedenheit gewähren kan. Den innigsten, herzlichsten Dank dafür. Mein tief betrübtes und bewegtes Gemüth hat sich dadurch wieder gehoben und so wie ich nun wieder mit Freude und Lust an dieses Geschäft gehe, so wird auch mein ganzes Bemühen es mit Würde und zu beiderseitiger Ehre und Vortheil zu betreiben und zu vollenden.« Danach unterschrieb auch Cotta den Vertrag und sandte ihn Goethe zu. So war klar, wer von nun an des »hochbegünstigten Göthe« Verleger sein würde.

Indes, kaum waren Einigung und Vertragsabschluß öffentlich bekannt, wurden Neider und Gegner wieder wach. Es waren Buchhändler, die sich bei Goethe beschwerten, Cotta sei in der Ausführung seiner Versprechungen im Hinblick auf Liefertermine und Druckqualität unzuverlässig, man befürchte zu hohe Ladenpreise oder deren Änderung während des Erscheinens der Ausgabe. Anonyme Schriften erreichten Goethe, er hätte allzu sorglos die Ausgabe an Cotta vergeben, was man

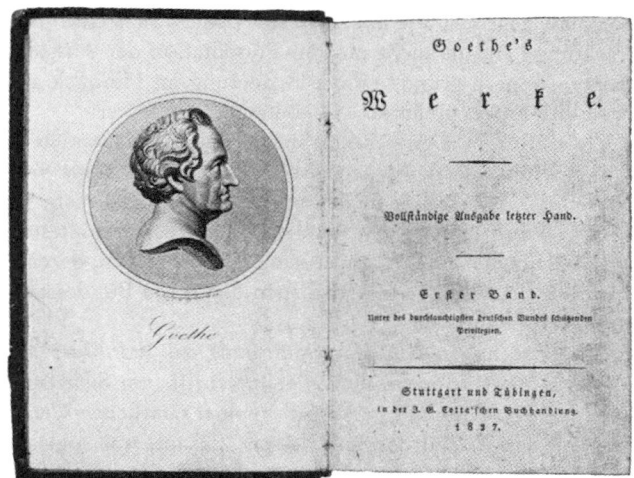

Titelseite und -kupfer (Goethes Porträt von Karl August Schwerdgeburth, nach Chr. D. Rauch?) von »*Goethe's Werke. Vollständige Ausgabe letzter Hand*« (Taschenausgabe), Erster Band, Stuttgart und Tübingen: Cotta 1827.

aber nach dem Gang der Dinge wohl wirklich nicht sagen kann. Goethe war freilich wieder verärgert, und dies bewog ihn in einem Brief an den Freund Carl Friedrich Zelter vom 26. August 1826 zu einer kritischen Äußerung über den gesamten deutschen Buchhandel: »Solche Windstöße sind gut, die Düsternheit der deutschen Buchhandeley immer mehr und mehr aufzuklären, die Decke zu lüpfen, unter welcher Autor und Publicum bedrängt und betrogen sind und die Sosien ihr lucratives Spiel forttreiben. Das Reich ist nun unter sich selbst uneinig, und wir wollen sehen, Vortheil davon zu ziehen.«

Goethe war durch solche Briefe gewarnt, er mußte, er wollte die Präsentation seiner Ausgabe beim Publikum wichtig nehmen. Deshalb galt seine Aufmerksamkeit allen Werbevorhaben des Verlages. Er selbst entwarf eine »Anzeige von Goethe's sämmtlichen Werken vollständige Ausgabe letzter Hand«. Nochmals wurde ein genaues Inhaltsverzeichnis der

40 Bände gegeben, und er schloß am 1. März 1826 eine »Betrachtung« an, die nicht nur der Präsentation der Ausgabe diente, sondern grundsätzliche Bedeutung im Hinblick auf das Editionsprinzip hatte. Die »Betrachtung« lautet:

Ziehe ich nun aber in Betrachtung, welcher Maßen ich in den Stand gesetzt worden, das so eben geschlossene Verzeichniß den Freunden deutscher Zunge vorzulegen; so wird es zur Schuldigkeit, vor allen Dingen den gefühltesten Dank für die hohe Vergünstigung auszusprechen, derentwegen ich sämmtlichen erhabenen deutschen Bundesstaaten verpflichtet bin.

Eine der hohen Bundesversammlung zu Frankfurt am Mayn übergebene bescheidene Bittschrift, um Sicherung der neuen vollständigen Ausgabe meiner sämtlichen Werke gegen den Nachdruck und dessen Verkauf, war sogleich durch die verehrlichen Gesandtschaften einstimmig geneigtest aufgenommen, mit der Erklärung, deshalb günstig an die respectiven Herrn Committenten berichten zu wollen.

Bald erfuhr ich die erwünschteste Wirkung, indem von den sämmtlichen allerhöchsten, höchsten und hohen Gliedern des deutschen Bundes eigens verfaßte Privilegien eingingen, wodurch mir das unantastbare Eigenthum meiner literarischen Arbeiten sowohl gegen den Nachdruck als gegen jeden Verkauf desselben gesichert wird.

Sind nun diese mir verliehenen, mit landesherrlicher Unterschrift eingehändigte Documente höchlichst zu schätzen wegen des Zeitlichen, das mir dadurch und den Meinigen gegründet wird: so sind solche zugleich mit dankbarer Verehrung anzuerkennen wegen der gnädigst und hochgeneigtest ausgesprochenen Rücksichten auf die vieljährig ununterbrochene Bemühung, ein von der Natur mir anvertrautes Talent zeitgemäß zu steigern und dadurch, besonders in literarischem und artistischem Sinne meinem Vaterlande nützlich zu seyn.

Und so kann mir nur der Wunsch noch übrig bleiben, die etwa vergönnten Lebenstage treulich anzuwenden, daß alles Mitzutheilende den höheren Zwecken der Zeit und ihrer Folge durchaus geeignet erscheinen möge.

Nun mögte von so Manchem, was hier noch zu sagen wäre, nur zu berühren seyn, wie man der gegenwärtig angekündigten Ausgabe die Prädicate von *sämmtlich*, *vollständig* und *letzter Hand* zu geben sich veranlaßt gefunden.

In wiefern hier die *sämmtlichen* Werke verstanden werden, ergiebt sogleich die Ansicht des Verzeichnisses. Man findet das bisher einzeln Abgedruckte auch schon früher zu Bänderreihen Vereinigte abermals beysammen. Hiernächst ist Manches, bisher zerstreut und außer Zusammenhang Gedruckte und deshalb minder Beachtete hinzugefügt; sodann alles was vorerst werth schien, aus den Papieren des Verfassers mitgetheilt zu werden.

Vollständig nennen wir sie in dem Sinne, daß wir dabey den Wünschen der neusten Zeit entgegen zu kommen getrachtet haben. Die deutsche Cultur steht bereits auf einem sehr hohen Punkte, wo man fast mehr als den Genuß eines Werkes, auf die Art, wie es entstanden, begierig scheint. Da man weniger geneigt ist, mit dem Autor sich zu einigen und mit ihm fortzuleben, als den Werth seiner Productionen zu schätzen; so ward dieser Zweck besonders ins Auge gefaßt, und die Bezeichnung: *vollständig* will sagen, daß theils in der Auswahl der noch unbekannten Arbeiten, theils in Stellung und Anordnung überhaupt vorzüglich darauf gesehen worden, des Verfassers Naturell, Bildung, Fortschreiten und vielfaches Versuchen nach allen Seiten hin klar vor's Auge zu bringen, weil außerdem der Betrachter nur in unbequeme Verwirrung gerathen würde.

Der Ausdruck *letzter Hand* jedoch ist vorzüglich vor Mißverständniß zu bewahren. Wo er auch je gebraucht worden, deutet er doch nur darauf hin, daß der Verfasser sein Letztes und Bestes gethan, ohne deshalb seine Arbeit als vollendet ansehen zu dürfen. Da ich nun aber, wie aus Vergleichung aller bisherigen Ausgaben zu ersehen wäre, an meinen Productionen von je her wenig zu ändern geneigt gewesen, weil mir das, was zuerst nicht gelang, in der Folge zu bessern niemals gelingen wollen, so wird man auch in dieser wenig verändert finden.

An die bisher nicht gekannten oder minder geachteten Aufsätze ist hingegen genugsamer Fleiß gewendet worden, so daß sie theilweise von einer späteren Bildung gar wohl Zeugniß geben können.

Freunde, die mir in der Folge sie zu nennen erlauben werden, haben mir treulich beygestanden, eine critische Auswahl zu treffen und verschiedene Arbeiten in verschiedenen Rücksichten, im ästhetischen, rhetorischen, gramatischen Sinne annehmlicher zu machen; wie auch denn zuletzt für übereinstimmende Rechtschreibung, Interpunktion, und was sonst zu augenblicklicher Verdeutlichung nöthig wäre, möglichst gesorgt worden ist.

Solche Männer sind es, welchen vollkommene Übersicht und Kenntniß von meinen Papieren und von dem zu gegenwärtiger Ausgabe bestimmten Vorrath gegeben wird, damit auf keinen Fall in dem einmal begonnenen Geschäft eine Stockung eintreten könne.

Wie nun hiernach die Verlagshandlung an ihrem Theile geneigt sey, auch in diesem Sinne sorgfältig zu verfahren, und zwar einen nicht prächtigen aber anständigen doppelten Ausdruck um einen annehmlichen Preis zu liefern, möge sie nunmehr selbst aussprechen.

Mir aber sey zum Schluß erlaubt Gönnern und Freunden, Lernenden und Lesern bemerklich zu machen, daß jede theilnehmende Unterzeichnung auch mir und den Meinigen unmittelbar zu Gute kommen würde, für welches neue Wohlwollen ich wie für das bisherige verbindlich dankend mich unterzeichne.

Weimar den 1. März 1826.   Goethe

Beleuchten wir die entscheidenden Punkte noch einmal: Zu Anfang wird die hohe Bundesversammlung zitiert, die seine »bescheidene [sic!] Bittschrift ... geneigtest« aufgenommen habe, danach seien ihm die gewünschten Privilegien zuteil geworden, und dies »von den sämmtlichen allerhöchsten, höchsten und hohen Gliedern des deutschen Bundes«, »wodurch mir das unantastbare Eigenthum meiner literarischen Arbeiten sowohl gegen den Nachdruck als gegen jeden Verkauf desselben gesichert wird«. Dann geht Goethe auf die beiden Begriffe »sämmtlich, vollständig« und »letzter Hand« ein. *Sämmtlich* – das sollte alles umfassen, was dem Verfasser »vorerst werth schien, aus den Papieren des Verfassers mitgetheilt zu werden« – eine höchst angreifbare Definition. *Vollständig* – dies sollte bedeuten, daß »theils in der Auswahl der noch unbekannten Arbeiten, theils in Stellung und Anordnung überhaupt vorzüglich darauf gesehen worden, des Verfassers Naturell, Bildung, Fortschreiten und vielfaches Versuchen nach allen Seiten hin klar vor's Auge zu bringen, weil außerdem der Betrachter nur in unbequeme Verwirrung gerathen würde«. Den Ausdruck *letzter Hand* definiert Goethe so, daß dies auch für Ausgaben anderer Autoren gültig sein kann: »Wo er auch je gebraucht worden, deutet er doch nur darauf hin, daß der Verfasser sein Letztes und Bestes gethan, ohne deshalb seine Arbeit als vollendet ansehen zu dürfen.«

Diesem Ankündigungstext fügte der Cotta-Verlag die technischen Einzelheiten der Ausgabe und der Bezugsbedingungen hinzu.

Goethe reagierte auch auf die kritischen Äußerungen der Buchhändler über Cotta und auf ihre Anwürfe gegen den Verlag wegen des schlechten editorischen Zustandes der Schiller-Ausgabe. In zwei Berliner Zeitungen sowie in seiner Zeitschrift ›Ueber Kunst und Alterthum‹ ließ Goethe folgende Stellungnahme veröffentlichen, in der er Übereinstimmung zwischen Cottas Verlagsankündigung und der Qualität der ersten Lieferung feststellte: »Format, Druck und Papier

> **Anzeige**
> von
> **Goethe's sämmtlichen Werken,**
> vollständige Ausgabe letzter Hand.
>
> Unter
> des Durchlauchtigsten Deutschen Bundes
> schützenden Privilegien.
>
> I. Band. Gedichte. Erste Sammlung: Zueignung, Lieder, gesellige Lieder, Balladen, Elegieen, Epigramme, Weissagungen des Bakis. Vier Jahreszeiten.
> II. Gedichte. Zweyte Sammlung: Sonette, Cantaten, Vermischte Gedichte, Aus Wilhelm Meister, Antiker Form sich nähernd, An Personen, Kunst, Parabolisch; Gott, Gemüth und Welt, Sprüchwörtlich, Epigrammatisch. (Beyde Bände, außer wenigen Einschaltungen, Abdruck der vorigen Ausgabe.)
> III. Gedichte. Dritte Sammlung: Lyrisches, Loge, Gott und Welt, Kunst, Epigrammatisch, Parabolisch, Aus fremden Sprachen, Zahme Xenien, erste Hälfte. (Dieser Band enthält Neues, Bekanntes gesammelt, geordnet und in die gehörigen Verhältnisse gestellt.)
> IV. Gedichte. Vierte Sammlung: Festgedichte, Inschriften, Denk- und Sendeblätter, Dramatisches, Zahme Xenien, zweyte Hälfte. (Sie-

S. 1 des Einzeldrucks der von Goethe 1826 für den Cotta Verlag entworfenen »Anzeige von *Goethe's sämmtlichen Werken*, vollständige Ausgabe letzter Hand« (vgl. WA I 42/1, S. 109).

kommen mit der ersten Anzeige völlig überein, und die Theilnehmer werden hoffentlich erkennen, daß hier ein lebender Autor selbst mit Beihülfe vorzüglicher Männer und einer aufmerksamen thätigen Verlagshandlung möglichste Sorge getragen. Nun verliert sich wohl auch die unfreundlichst immer wiederholte Hindeutung auf die letzte Ausgabe der Schillerischen Werke, die der würdige Verfasser leider nicht selbst besorgen konnte. Übrigens soll Lieferung nach Lieferung in den angekündigten Terminen erfolgen«.

Die erste Lieferung der Ausgabe mit fünf Bänden erschien zur Ostermesse 1827: *Goethe's Werke. Vollständige Ausgabe letzter Hand. Erster [bis Vierzigster] Band. Unter des durchlauchtigsten deutschen Bundes schützenden Privilegien. Stuttgart und Tübingen, in der J. G. Cotta'schen Buchhandlung 1827-1830.* Die letzte Lieferung der Taschenausgabe erschien im Dezember 1829, die der Oktavausgabe im März 1831.

Konnte Cotta nun, da er diese bedeutende »nationale Angelegenheit« in sein Haus eingebracht hatte, beruhigt sein? Das Recht wurde ihm nie mehr streitig gemacht, nach Goethes Tod wurde die Ausgabe durch den Nachlaß erweitert; 1833 erschienen 15 Nachlaßbände, darunter der zweite Teil des *Faust* und der 4. Band von *Dichtung und Wahrheit*; abgeschlossen wurde die Ausgabe im Jahre 1842 durch weitere fünf Supplementbände, so daß die »Ausgabe letzter Hand« insgesamt 60 Bände umfaßt.

Doch Anlässe zu Auseinandersetzungen zwischen Goethe und Cotta gab es während des Herstellungsprozesses immer wieder. Gleich am Anfang stand ein Ärger, weil die Ankündigungen in den Anzeigen der Tagespresse wie in den gedruckten Separatblättern zu spät erfolgten. Dauernder Stein des Anstoßes waren die Rabattforderungen des Buchhandels, denen Cotta mit großzügiger Partiegewährung entsprechen wollte,[18] das heißt, die Buchhändler erhielten bei einer gewissen Anzahl bestellter Exemplare zusätzliche Freiexemplare, die dem Autor nicht honoriert wurden. Goethe hatte im Vertrag eingewilligt, daß auf zehn verkaufte ein 11. Freiexemplar gegeben werden könnte (dies entspricht übrigens der heutigen Praxis der Partiegewährung von 11/10 Exemplaren). Aber Cotta und Boisserée drängten ihn zu wesentlich größerem Entgegenkommen, wenigstens bis zur Einführung der Subskription: Nun sollte auf vier verkaufte Exemplare ein Freiexemplar gegeben werden.[19] Nach solchem Rat und unter dem Eindruck des Buchhändlerprotests stimmte Goethe am

30. September dieser extremen Partiegewährung höchst widerwillig zu, vielleicht auch, weil er sah, daß Cotta gegenüber den Buchhändlern wirklich zu kämpfen hatte, denn die kritischen Stimmen mehrten sich, wie Cotta Goethe am 12. April 1827 berichtete: »Der Neid hat mir den größten Theil meiner Feinde zugezogen, aber schwerlich würde einer an meine Stelle treten wollen, wüßte er, was auf mir lastet, wie und warum ich mich bemühe. Man hält mich für reich für sehr reich, es ist möglich, daß ich wenigstens in Verhältniß diser Ansicht arm sterbe – denn wer kennt dann meine Opfer die ich Kunst und Wissenschaft brachte und noch bringe! wer kennt meine Verluste, meistens im Geist des wohlthätigsten Bestrebens erlitten, eines Bestrebens, dessen ich deßwegen erwähnen darf, weil ich es für Pflicht halte.« Ein weiterer Streitpunkt war, daß der Verlag die in den Anzeigen zugesagten Termine für die einzelnen Lieferungen nicht einhalten konnte; immer wieder mußte Goethe hören, der Verlag sei »wortbrüchig geworden«, obwohl er Goethe selbst die termingerechte Lieferung der Werke angekündigt hatte. Und wieder einmal war Goethe verstimmt. In dieser Zeit knisterte es ohnehin schon wieder im Gebälk der Beziehung Goethes zu Cotta, diesmal wegen der Herausgabe des Goethe-Schiller-Briefwechsels.

Im Juli 1827 tauchten im Herstellungsgang Schwierigkeiten auf. Der Korrektor Reichel in Augsburg hatte bei der »Ausgabe letzter Hand« nun seine letzte Hand angelegt und in einem Band eine neue Anordnung der Schriften getroffen, die eine Bogenverminderung zur Folge hatte, und dies, ohne Goethe zu verständigen. Mit Recht beschwerte sich dieser, daß ein so »bedeutender Entschluß« unmöglich ohne seine Verständigung hätte getroffen werden dürfen. Cotta entschuldigte sich, teilte Goethe sein Bedauern mit und bat ihn herzlich, ihm bald zu antworten und zu verzeihen. Goethe schwieg.

Bereits im April hatte Cotta von der Ankündigung eines

unberechtigten Nachdrucks von Goethes Werken in Gotha im Rahmen des Unternehmens einer »Miniatur-Bibliothek der deutschen Klassiker« erfahren. Er forderte Goethe am 9. Oktober 1827 auf, dagegen vorzugehen: »Wenn der Gothaer Nachdruk nicht unterdrükt wird, so ist dem deutschen Buchhandel die tödtlichste Wunde geschlagen – ich kan diß nachweisen und nicht die Buchhändler, die Verfasser sind dadurch behelliget.« Doch Goethe verweigerte ein Engagement in dieser Sache und schwieg weiter. Später dann, am 24. Oktober 1827, belehrte er Cotta über sein Verhalten: »Ich habe nämlich, wenn zwischen Freunden, nothwendig Verwandten und Verbundenen sich einige Differenz hervorthat immer lieber geschwiegen als erwiedert; denn in solchen Fällen bleibt ein jeder doch einigermaßen auf seinem Sinn und so entstehen aus gewechselten Äußerungen gewöhnlich neue Differenzen und die Mißverstände verwickeln sich anstatt sich aufzuklären. Dagegen, habe ich gefunden, die *Zeit* sey die eigentlichste Vermittlerin; in derselben entwickeln sich Handlungen, die einzige Sprache die zwischen Freunden giltig ist, um das wahre Verhältniß auszudrücken. In dem gegenwärtigen Falle darf ich versichern: daß wenn ich hätte voraussehen können Sie würden jene Äußerung: daß ein Mitwirken des lebenden Autors der Ausgabe seiner Schriften vortheilhaft seyn müsse, sich zu Gemüthe ziehen und als einen Vorwurf ansehen, sie sehr gerne zurückgehalten hätte und deshalb mit Ihnen vorher conferirt zu haben wünschte. Daß ungünstige Umstände die Mängel jener so verschrienen Schillerschen Ausgabe hervorgebracht war ich längst überzeugt.«

Doch welcher Art auch immer die Schwierigkeiten waren, letztlich arbeiteten Goethe und Cotta gemeinsam an der Realisierung und an der Präsentation dieser Ausgabe. Zwar gab es in der Kommunikation der beiden Männer, insbesondere wegen schwieriger Verhandlungen über den Goethe-Schiller-Briefwechsel, 1827 und 1828 eine lange Pause. Goethe konnte seinem Sohn August am 9. September 1828 jedoch berichten, daß Cotta Gelegenheit genommen habe, »einen wiederanknüpfenden Brief zu senden, ich habe ihm, nach genugsamer Überlegung natürlich, wohlwollend und sittlich-diplomatisch geantwortet«. So sittlich-diplomatisch scheint mir der Brief, den Goethe einen Tag später von Schloß Dornburg aus an Cotta richtete, nicht zu sein, im Gegenteil, durch den Tod des Großherzogs Carl August trat sein Verhältnis zu Cotta »bedeutend hervor«:

Ew: Hochwohlgeboren
gefälliges Schreiben erreicht mich in dem Augenblick da ein unersetzlicher Verlust mich anmahnt umherzuschauen und zu beachten was nun schätzenswerthes für mich auf dieser Erde übrig geblieben. Da tritt denn ohne Weiteres das Verhältniß zu Ew: Hochwohlgeboren bedeutend hervor und ich habe mir Glück zu wünschen daß ich ein Geschäft, woran mein und der Meinigen Wohlstand geknüpft ist den Händen eines Mannes anvertraut sehe, der mit entschiedenster Thätigkeit die edelsten Zwecke verfolgt und, sowohl durch Klugheit als Redlichkeit, sich allgemeines Ansehen und Zutrauen erworben hat.
Hiernach muß daher mein eifrigster Wunsch bleiben die wechselseitigen Bezüge klar und rein erhalten zu wissen, damit wir uns mit Zuversicht jener schönen Tage erinnern mögen, wo wir, unter den Augen, mit treuer Theilnahme eines nur zu früh abgeschiedenen Freundes, den Anfang einer Verbindung feyerten die so lange segenreich für uns dauern sollte.

Mit einer solchen Beurteilung, die einen Bogen schlägt vom Anbeginn bis zur Gegenwart, die eine Beziehung über Jahrzehnte hinweg summiert, konnte der Verleger wohl einverstanden sein. Cotta hatte erreicht, was sein höchstes Ziel gewesen war, er hatte jene Ausgabe, die Goethe als »die wichtigste Sache meines Lebens« bezeichnete, in seinem Verlag, und er betreute damit Goethes Werk insgesamt. Er war Goethes Verleger.

VIII. COTTA, DER VERLEGER GOETHES. 1825-1832

1. »ich wüßte auch nichts mit der ewigen Seligkeit anzufangen, wenn sie mir nicht neue Aufgaben und Schwierigkeiten zu besiegen böte«. Goethes und Cottas »Hauptgeschäfte«

Cotta hatte es also erreicht, er war, von einigen Rechten abgesehen, die ein paar Verlage noch für Einzelwerke beanspruchen konnten, der alleinige rechtmäßige Verleger Goethes, und dies bis zu seinem und Goethes Tod. Und sein Verlag behielt die Veröffentlichungsrechte noch darüber hinaus bis zum sogenannten Klassikerjahr 1867, in dem das ›ewige Verlagsrecht‹ aufgehoben und die Schutzfrist auf 30 Jahre festgelegt wurde.

Die Verbindung zwischen Goethe und Cotta gestaltete sich in den letzten Jahren ihres Lebens anders als zuvor. Goethe war mit der Vorbereitung der Lieferungen für die »Ausgabe letzter Hand« beschäftigt, Redaktion und Verhandlungen für die Edition seines Briefwechsels mit Schiller schritten mühsam fort; und er hatte sich mit der undankbaren Aufgabe herumzuschlagen, die *Wanderjahre* aus einer ›unfertigen‹ Fassung von 1821 neu zu ›komponieren‹. Goethe nannte als Umarbeitungsprinzip: »das Werklein von Grund aus aufzulösen und wieder neu aufzubauen«. Wie diffizil sich diese Arbeit für ihn entwickelte, zeigen die Kompositions-Entwürfe – nicht weniger als 50! –, die in der Weimarer Ausgabe veröffentlicht sind; es bedurfte, lesen wir in der in den Roman integrierten Erzählung *Der Mann von funfzig Jahren*, »gar manches Unreinen, um ins Reine zu kommen«. Die Art seines Arbeitens ist erstaunlich, seine Konzentrationsfähigkeit ein Phänomen. Sein Schreiben wurde in dieser Zeit immer ausschließlicher ein Diktieren. Der eigentliche Vorgang dieses Diktierens ist noch immer nicht erforscht, vielleicht ist dies auch gar nicht mehr möglich. Es liegt uns ein Zeugnis von Johann Christian Schuchardt vor, der über die Zusammenarbeit an den *Wanderjahren* und Goethes Diktiermethode berichtet: »Er tat dies so sicher, fließend, wie es mancher nur aus einem gedruckten Buche imstande sein würde. Wäre das ruhig und ohne äußere Störung und Unterbrechung geschehen, so würde ich kaum aufmerksam geworden sein. Dazwischen aber kam der Barbier, der Friseur ... der Kanzlist, welche alle die Erlaubnis hatten, unangemeldet einzutreten ... Wie beim Anklopfen das kräftige Herein! ertönte, beendigte ich den letzten Satz und wartete, bis der Anwesende sich wieder entfernte. Da wiederholte ich so viel, als mir für den Zusammenhang nötig schien, und das Diktieren ging bis zur nächsten Störung fort, als wäre nichts vorgefallen. Das war mir doch zu arg, und ich sah mich überall im Zimmer um, ob nicht irgendwo ein Buch, ein Konzept oder Brouillon läge, in das Goethe im Vorübergehen schaute (während des Diktierens wandelte derselbe nämlich ununterbrochen um den Tisch und den Schreibenden herum), aber niemals habe ich das geringste entdecken können.«

Karl Otto Conrady hat demgegenüber festgestellt, daß Goethe nach dieser so ganz ›freien‹ Art des Diktierens wohl nur partiell und sicherlich nicht immer verfahren ist. Tagebücher und Hinterlassenschaft seien ein Beweis, daß er auch gerne nach Konzepten und detaillierten Dispositionen gearbeitet habe, die er »Schemata« nannte. Oft habe er am Tag oder Abend etwas ausgearbeitet, was dann am folgenden Morgen die Grundlage des Diktats sein konnte.

Die große Aufgabe für Goethe in dieser Zeit, sein zweites »Hauptgeschäft«, war die Vollendung des *Faust*, und daß dies beim fortschreitenden Alter des Autors und seinem sehr wechselnden gesundheitlichen Befinden möglich war, ist ein Wunder. Am 22. Juli 1831 schloß Goethe den zweiten Teil des *Faust* ab; er verwahrte das Manuskript, das erst in den Nachlaßbänden der »Ausgabe letzter Hand« veröffentlicht werden sollte. Zu Kanzler von Müller sollte er sagen, er wüßte »auch nichts mit der ewigen Seeligkeit anzufangen, wenn sie mir nicht neue Aufgaben und Schwierigkeiten zu besiegen böte«.

Um ihn herum starben Nahestehende, der Großherzog Carl August, die Großherzogin Luise. Dichter seiner Generation, Schiller, Wieland, sind jünger und früher gestorben als er, auch die der Folgegeneration, Byron und Kleist etwa, ebenso starben Mozart, Schubert und Weber vor ihm. Es war Zeit, »daß sie gingen«, vertraute er Eckermann an, ja, sie mußten »ruiniert« werden, »damit auch anderen Leuten in dieser auf eine lange Dauer berechneten Welt noch etwas zu tun übrig bliebe«. Eine makabre Überlegung.

Am 6. Januar 1827 starb Charlotte von Stein vierundachtzigjährig; Goethes Verbindung zu ihr war in den letzten Jahren leidenschaftslos, gelassen gewesen. Sie wußte, wie Goethe über Tod und Begräbnisse dachte, und so hatte sie in ihrem Vermächtnis ausdrücklich hinterlassen, ihr Leichenzug solle Goethes Haus nicht berühren. – Am 26. Oktober 1830 starb Goethes Sohn August in Rom. Kanzler von Müller, der Goethe die Nachricht zwei Wochen später überbrachte, notierte: »Doch er empfing sie mit großer Fassung und Ergebung. ›Non ignoravi, me mortalem genuisse!‹ [Es ist mir nicht unbekannt, daß ich einen Sterblichen gezeugt habe], rief er aus, als seine Augen sich mit Thränen füllten.« Augusts Beziehung zu seinem Vater war lebenslang das ›Drama des begabten Kindes‹ gewesen; der Anspruch der Umgebung hatte ihn erdrückt, bei allem war und blieb er immer nur der Sohn, der alle seine Stellungen und Vorteile dem Vater verdankte und der sich nie aus seiner mittleren Beamtenposition herausarbeiten konnte. Die väterliche Übergröße mußte ihn entmutigen, der an ihn den gleichen Maßstab anlegende Anspruch der Gesellschaft geradezu lähmend wirken.

Symptomatisch für seine Situation – freilich in jener Zeit nicht unüblich – scheint mir das Buch, das der Vater ihm geschenkt hatte, kein leeres Skizzenbuch, in das der Sohn eigene Eintragungen hätte machen können (das erhielt er auch), sondern ein Stammbuch, in das er Äußerungen anderer eintragen sollte. Im Buch war freilich schon ein Eintrag zu lesen, den Fichte ihm gewidmet hatte: »Die Nation hat große Anforderungen an Sie, einziger Sohn des Einzigen in unsrem Zeitalter. Zählen Sie mich sodann unter diejenigen, die am aufmerksamsten beobachten werden, ob Sie würdig sich bilden, des Vaters Platz einst auszufüllen.«[1] Kein Wunder, daß sich August nicht entfalten konnte, daß er sich jung bereits Ausschweifungen und dem Alkohol hingab; er hat sich wenig gegen sein Schicksal gewehrt, ein einziges Mal in Ottiliens Zeitschrift ›Chaos‹: »Ich will nicht mehr am Gängelbande | Wie sonst geleitet seyn | Und lieber an des Abgrunds Rande | Von jeder Fessel mich befreyn.« Diese Befreiung sollte die Reise nach Italien bringen, freilich war auch das ja nur das durchschaubare Rezept des Vaters. In der Nacht vom 26. auf den 27. Oktober 1830 starb August an einem Gehirnschlag. Auf dem Friedhof an der Cestius-Pyramide wurde er begraben. Goethe ließ einen Grabstein errichten und bestimmte die Inschrift: »Patri antevertens« – dem Vater vorangehend. Neben allem, was dieser Tod für Goethe bedeutet haben mag (er hat später, in einem Brief an Zelter vom 23. 2. 1831, noch einmal die letzten Lebenswochen seines Sohnes August zusammengefaßt), mußte er auch die Hoffnung aufgeben, daß sein Sohn ihm bei Verlags- und Nachlaßverhandlungen zur Seite stehen könne. »Prüfungen erwarte bis zuletzt!« schrieb Goethe am 21. November 1830 an Zelter, und:

> Das eigentliche Wunderliche und Bedeutende dieser Prüfung ist, daß ich alle Lasten, die ich zunächst, ja mit dem neuen Jahre abzustreifen und einem jünger Lebigen zu übertragen glaubte, nunmehr selbst fortzuschleppen und sogar schwieriger weiter zu tragen habe.

Hier nun allein kann der große Begriff der Pflicht uns aufrecht erhalten. Ich habe keine Sorge als mich physisch im Gleichgewicht zu bewegen; alles Andere giebt sich von selbst. Der Körper muß, der Geist will, und wer seinem Wollen die nothwendigste Bahn vorgeschrieben sieht, der braucht sich nicht viel zu besinnen.

Als Goethe diesen doch eher erstaunlich kühlen und sachlichen Brief an Zelter schrieb, hatte er schon fünf Jahre daran gedacht, seinen Briefwechsel mit dem großen Freund zu edieren. Vielleicht unternahm er deshalb Zelter gegenüber immer wieder den Versuch einer Zusammenschau, einer Bilanz. Wir werden darauf noch zurückkommen.

Ende November 1830 erlitt Goethe einen schweren Blutsturz, aber ans Sterben, an den Tod dachte er nicht. Übers Sterben scherzte er forsch, Ninon de Lenclos sei neunzig geworden, »nachdem sie bis in ihr achtzigstes Hunderte von Liebhabern beglückt und zur Verzweiflung gebracht« habe. Den Tod versuchte er schlicht zu verdrängen. Als Schillers Leiche, dreißig Jahre nach der Beerdigung, exhumiert wurde, um in der Gruft beigesetzt zu werden, die einmal auch ihn aufnehmen sollte, schrieb er jenes Gedicht »Im ernsten Beinhaus war's«. Der Tod ist für ihn Übergang. Er glaubt an eine Fortdauer, dies belegt sein stolzes Wort, das Eckermann am 4. Februar 1829 notiert: »Die Überzeugung unserer Fortdauer entspringt mir aus dem Begriff der Tätigkeit; denn wenn ich bis an mein Ende rastlos wirke, so ist die Natur verpflichtet, mir eine andere Form des Daseins anzuweisen, wenn die jetzige meinen Geist nicht ferner auszuhalten vermag.«

Goethe hatte also seine beiden ›Hauptgeschäfte‹, die Werkausgabe und den *Faust*, und er konzentrierte sich mit erstaunlicher Intensität darauf. Für ihn war Cotta 1807, von 1816 bis 1822 und nun von 1825 an *sein* Verleger, sein einziger Verleger. Goethe war für Cotta jedoch nicht der einzige Autor. Allein eine solche Tatsache ist oft Quelle von Mißverständnissen, von Ärger, Auseinandersetzungen, Streit und vielleicht sogar Grund für den Wechsel eines Autors zu einem anderen Verlag, bei dem freilich dieselbe Lage wieder gegeben ist. Martin Walser hat das aus heutiger Sicht so ausgedrückt: Der Autor hat *einen* Verleger, den er schätzt, dem er vertraut, dem er sich auch einmal freundschaftlich verbunden fühlen kann, ja, den er gelegentlich sogar liebt. Dann aber muß er erfahren, daß sein Verleger nicht nur einen, sondern viele Autoren, einen »Harem von Autoren«, hat – über diese Situation muß der Autor, so Walser, hinwegkommen.

Cotta hatte ein klares Kalkül, als er Schiller und Goethe für seinen Verlag gewinnen wollte. Beide waren *die* großen Autoren ihrer Zeit. Cotta »erwarb« sie für seinen Verlag, Schiller mit dem Bekunden der Freundschaft und mit großzügigen Zuwendungen an ihn und seine Familie, Goethe mit der Bereitschaft, alle seine Werke zu verlegen, und mit Honoraren, die letztlich und zusammengenommen einzigartig in der Geschichte der Literatur waren. Beiden aber verpflichtete er sich, da er bereit war, ihr Werk in seiner Gesamtheit zu betreuen, sie in ihrer ganzen geistigen Physiognomie der Öffentlichkeit vorzustellen, auch ihre Einzelwerke zu veröffentlichen, selbst dann, wenn diese von vornherein ein Verlustgeschäft bedeuteten. Er war unablässig tätig, die Werke seiner Autoren mit allen Mitteln auf den Markt zu bringen. Darüber hinaus schuf Cotta zusätzliche Vorleistungen, indem er kostenintensive und fallierende Journale veröffentlichte, die ›Propyläen‹, die Hefte ›Ueber Kunst und Alterthum‹ oder ›Zur Naturwissenschaft überhaupt besonders zur Morphologie‹; sie sollten die Popularität Goethes steigern. Dabei mußte er erfahren, daß Goethe seinerseits den Einladungen zur Mitarbeit an den Cotta-Journalen, den Tageszeitungen, dem von ihm 1807 gegründeten und so überaus geschätzten ›Morgenblatt für gebildete Stände‹ und auch seinen Bitten um Mitarbeit an seinen diversen Kalendern nicht folgte, ja, die Anfragen oft gar nicht beantwortete. All dies nahm Cotta im wahrsten Sinn des Wortes »in Kauf«. Er war anderer Zinsen sicher. Die Fixsterne Goethe und Schiller, so kalkulierte er zu Recht – und so kalkulieren die literarischen Verleger auch im 20. Jahrhundert, jedenfalls noch bis heute –, sollten eine Sogwirkung auf andere Autoren ausüben, und so gelang es Cotta von Mal zu Mal, die meisten der bedeutenden Autoren der Zeit an seinen Verlag zu binden: Herder vor allem und Wieland, die mit großen Ausgaben bedacht wurden, und Hölderlin, Jean Paul, Schelling, Fichte, Tieck, Hebel, die Brüder Humboldt, die Brüder Schlegel – um nur die zu nennen, deren Glanz bis in unser Jahrhundert strahlt.

Auch als die vertraglichen Verhältnisse mit Goethe geklärt waren, Cotta also Goethes alleiniger Verleger war, setzte er seine anderen Aktivitäten fort. Mitte Februar 1827 verlegte er sein Stuttgarter Kartographisches Institut nach München. Überhaupt schien er eine Neigung für den entstehenden Medienort München zu entwickeln (am 4. 9. 1822 erhielt er vom bayerischen König Max Joseph die erbliche Freiherrnwürde, sein Sohn Georg den Titel eines Kammerherren, und der Kronprinz Ludwig forderte ihn auf, nach Bayern umzusiedeln). Am 1. Januar 1828 gründete Cotta in München die Tageszeitung ›Das Ausland‹, am 1. Januar 1829 die politische Zeitung ›Das Inland‹, die bis Juni 1831 bestand. Bei Würzburg errichtete er noch in diesen Jahren die Papierfabrik König, Cotta & Bauer. Dazwischen reiste er immer wieder als württembergischer Landtagsabgeordneter durch die Lande, vor allem zu Zollverhandlungen nach Berlin. Sein Lebensstandard, sein Erwerb von Gütern und Häusern, seine Beteiligungen ließen in der Öffentlichkeit den Eindruck großen Reichtums entstehen. Das gönnt man einem Verleger nicht, allzuoft wird ihm unterstellt, er trinke Sekt aus den Gehirnschalen verhungerter Autoren. So wuchs die ohnehin nicht kleine Schar kritischer, sich immer wieder öffentlich zu Worte meldender Gegner. Doch Cotta ließ sich davon nicht beirren. Das Ausmaß seiner Tätigkeit ist erstaunlich, doch die

Anspannung der Geschäfte hat ihn oft geschwächt und krank werden lassen.

Kein Wunder, daß die Beziehung zum Autor Goethe sich fundamental änderte. Cotta konnte sich nicht mehr um Detailfragen kümmern. Während es früher sein Stolz gewesen war, Korrekturen selbst zu lesen, Abrechnungen selbst handschriftlich aufzustellen, sich um Goethes Wünsche, auch um die der Familie, den Haushalt, Bücher und Auslandsinformationen betreffend, bis ins Detail zu kümmern, überließ er nun die technischen Fragen der Herstellung und der Einrichtung der Ausgabe seinen Mitarbeitern Lebret und Reichel; auch Cottas Sohn Georg schaltete sich gelegentlich in die Korrespondenz ein. Cotta meldete sich freilich jedoch immer dann, wenn es heikle Themen zu diskutieren und schwierige Probleme zu lösen galt. Schwierige Probleme entstehen meist da, wo man sie nicht erwartet. Die Edition des Briefwechsels zwischen Schiller und Goethe schien ein klarer, gewöhnlicher Vorgang. Aber eben aus solchem ergaben sich bei der besonderen Empfindlichkeit der Autoren die unerwarteten Schwierigkeiten. Es sind eben »mannichfaltige Bezüge«, die »zwischen dem Bewußten und dem Unbewußten« beim künstlerischen Genie zu beachten sind, wie Goethe in seinem letzten, an Wilhelm von Humboldt gerichteten Brief vom 17. März 1832 schrieb.

2. Das Briefgespräch zwischen Goethe und Schiller.
Geschichte der Edition des Goethe-Schiller-Briefwechsels

Es ist eindeutig: Cotta hatte als erster die Idee, Briefe, die zwischen Goethe und Schiller gewechselt worden waren, zu veröffentlichen. Er hatte schon bald nach Schillers Tod mit Caroline von Wolzogen (wie sie später in einem Brief an Goethe vom 21. 3. 1824 mitteilt) darüber gesprochen. Jetzt, am 19. Dezember 1806, wandte er sich an Goethe und empfahl wieder einmal das ihm so wichtige ›Morgenblatt für gebildete Stände‹: »es umfaßt ja außer dem Politischen Alles und da liegen in Ihrem Geist so unendlich viele Gegenstände, deren leise Berührung das Publikum sehr erfreuen mußte« – und so meinte er, daß auch einige Briefe Goethes und Schillers das Publikum erfreuen könnten: »Ein Paar der Brife zwischen Ihnen und Schiller gewechselt wären ein grosses Geschenk für mich.« Nun, das große Geschenk ließ auf sich warten.

17 Jahre später erfuhr Cotta von Goethe, daß dieser nun Briefe Schillers lese: »wie ich denn in den letzten Wochen«, so am 11. Juni 1823, »die sämtlichen Schillerschen Briefe von 1794 bis 1805, von der ersten Einladung zu den Horen an bis wenige Tage vor seinem Abscheiden, als den größten Schatz den ich vielleicht besitze zusammengebracht und geordnet habe«. Dorothea Kuhn merkt an, Goethe habe im Sommer 1823 mit der Zusammenstellung von Schillers Briefen begonnen. Doch er war schon 1822 auf Schillers Briefe gestoßen, und zwar bei der Arbeit an den *Tag- und Jahres-Heften*. Im Juni 1822 hatte er Schillers Witwe Charlotte gebeten, ihm seine eigenen Briefe zurückzugeben. Zunächst war Charlotte auch dazu bereit, doch wahrscheinlich unter dem Einfluß ihrer Schwester Caroline, die schon immer das Bild ihres Schwagers durch die Rivalität zu Goethe beeinträchtigt sah, zögerte sie, der Bitte zu entsprechen. Goethe beging einen Fehler, indem er ihr für eine kleine Summe den Rückkauf anbot; das genau bestärkte die ablehnende Haltung der beiden Frauen, wie wir aus den Briefen W. von Humboldts an seine Frau wissen. Goethe hatte Humboldt von seiner begeisternden Lektüre der Briefe Schillers berichtet und ihm auch die, später nicht weiter verfolgte, Idee mitgeteilt, »die Lücken von der Zeit, wo sie [i.e. Goethe und Schiller] zusammen waren, erzählend aus[zu]füllen«. »Zwischen Goethe und der Schiller«, heißt es in einem Brief Humboldts an seine Frau vom 12. November 1823, »ist eine Art Angelegenheit über die Briefe Schillers und Goethes.« Die »Angelegenheit« charakterisiert

Humboldt so: »Die Schiller aber möchte, und mit Recht, den aus diesen Briefen zu ziehenden Vorteil nicht für die Kinder aufgeben. Sie hält also Goethes Briefe zurück und hat einige von Goethe gemachte Vorschläge, sie für eine geringe Summe zurückzukaufen, abgeschlagen.«

Goethe setzte seine Lektüre fort, wollte nun einige Briefe Schillers veröffentlichen und schrieb an Caroline von Wolzogen am 22. März 1824: Die Briefe »geben Zeugniß von einem hohen, reinen, heitern, unschuldigen Verhältniß und werden das Verlangen des Publicums und den Antheil des Verlegers zu steigern geeignet seyn«. Goethe konnte in der Tat von der Substanz dieser Briefe überzeugt und gleichzeitig sicher sein, daß sie jenes einzigartige menschliche und geistige Phänomen eines einmaligen partnerschaftlichen und freundschaftlichen Bundes dokumentierten. Im Zusammenhang des Vorabdrucks der Schillerschen Briefe formulierte Goethe über Freundschaft: »Freundschaft kann sich bloß praktisch erzeugen, praktisch Dauer gewinnen. Neigung, ja, sogar Liebe hilft alles nicht zur Freundschaft. Die wahre, die tätige, produktive besteht darin, daß wir gleichen Schritt im Leben halten, daß Er meine Zwecke billigt, ich die Seinigen, und daß wir so unverrückt zusammen fortgehen, wie auch sonst die Differenz unserer Denk- und Lebensweise sein möge.« Besser kann Freundschaft nicht charakterisiert werden, und man versteht die Einsicht, »verloren ohne Schutzengel«, verloren aber auch ohne Freunde. – Der Abdruck einer Auswahl von 27 Briefen Schillers erfolgte 1824 im 1. Heft des 5. Bandes von ›Ueber Kunst und Alterthum‹.

Im Tagebuch der Jahre 1823 und 1824 finden sich viele Einträge, die bestätigen, daß Goethe in dieser Zeit Schillers Briefe intensiv gelesen hat. Aber immer noch weigerte sich Charlotte von Schiller, Goethes Briefe herauszugeben; sie besaß die Originale, und Abschriften gab es von diesen Briefen nicht. Goethe sprach mit Humboldt, der in dieser Zeit in Weimar war, über die rechtliche Situation. Es bestand damals ja keinerlei Regelung über Eigentums- und Veröffentlichungsrechte an Briefen. Heute ist die Frage durch Gesetz geregelt: Das Sacheigentum an Briefen gehört nicht dem Schreiber und Absender, sondern dem Empfänger, also dem, der diese Briefe besitzt; die Veröffentlichungs- und Verwertungsrechte bleiben beim Briefschreiber bzw. dessen Erben. Auf den damaligen Fall übertragen hieße das, daß die Briefe, die Schiller an Goethe gerichtet hatte, Goethes Eigentum waren, daß aber über die Publikationsrechte nur die Familie Schiller hätte entscheiden können; und umgekehrt: Goethes Briefe waren Eigentum der Schiller-Erben, über die Veröffentlichung konnte aber nur Goethe entscheiden. Humboldt war der Meinung, die Briefe Schillers seien Eigentum der Familie, und nur sie dürfe auch über die Publikation verfügen. In dieser rechtsfreien Situation machte Humboldt einen Vorstoß: »Ich habe nun dadurch«, schrieb er am 12. November 1823 an seine Frau, »daß ich Goethen meine Schillerschen Briefe gegeben, ihn aber gebeten habe, sie, wenn er sie gelesen hätte, der Schillern zu geben, und daß ich ihm so indirekt zu Gemüte geführt, daß von Schiller geschriebene Briefe von seinen Freunden billig als Eigentum der Kinder angesehen werden, eine neue Bewegung in die Sache gebracht«. Die »neue Bewegung« bestand darin, daß Goethe wie auch die Erben Schillers Humboldt in dieser Sache um Vermittlung angingen. Humboldt akzeptierte; freilich, so schrieb er im zitierten Brief an seine Frau, ob eine Vermittlung gelingen würde, stehe dahin, denn obgleich Goethe und Frau von Schiller sich »ehren und lieben, so bestehen sie doch gegenseitig auf ihren Meinungen«. Goethe und Caroline, schrieb Humboldt am 1. Dezember 1823 an seine Frau, »sind eigentlich auseinandergekommen, und sie urteilt bisweilen über seinen Charakter und sein Benehmen mit einer Strenge, die einem weh tut. Wahr ist indes, daß er sich gegen die Schillerschen Kinder nicht gut benommen hat.« Humboldt nahm seine Gespräche mit der Familie Schiller auf. Als Folge erreichte Goethe ein

Brief von Caroline von Wolzogen vom 21. März 1824: Die Familie Schiller stimme einer Veröffentlichung zu, jedoch solle Cotta, als »Ehrenmann und Freund«, eingeschaltet werden, der für diese »merkwürdige Korrespondenz« gewiß eine »bedeutende Summe« bezahlen werde. Alle sich aus der Veröffentlichung ergebenden Honorare sollten zwischen Goethe und der Schillerschen Familie hälftig geteilt werden. Sei Goethe damit einverstanden, erhalte er seine eigenen Briefe und dürfe auch über Schillers Briefe frei als sein Eigentum verfügen. Sie schloß den Brief: »Im Vertrauen, welches Schiller gegen Sie in der Seele trug, läge die Sache sonach in Ihren Händen. Ich kenne die Gesinnungen, in denen er in ähnlicher Lage für die Ihrigen gehandelt haben würde, und fühle, daß Sie nicht anders handeln können.«

Der Brief fand Goethes Zustimmung, mehr konnte er sich ja wahrhaftig kaum wünschen, und sicher hatte ihm auch Humboldt zugeredet, den Vorschlag zu akzeptieren. Dies tat Goethe dann in seiner bekannten Art. Er entwarf einen »Erlaß«,[2] den er der Familie Schiller schickte mit der Bitte, ihn nach Einsichtnahme und Einverständnis »in beliebiger Form« an Cotta weiterzuleiten.

In der Tat, dieses Papier war grundsätzlich, hatte »Erlaß«-Charakter. Es zeigt die definitive Absicht, den Briefwechsel zu veröffentlichen, und auch das so wichtige Faktum, daß Goethe die Redaktion selbst in eigener Verantwortung übernehmen wollte. Alle sich aus den Verkäufen ergebenden Honorare sollten, wie gesagt, hälftig geteilt werden. Zu diskutieren waren noch die Vertragsdauer und eine zweite wohlfeile Taschenausgabe. Was mag Goethe mit seinem Schlußsatz »Manches ins Besondere gehende behält man sich vor nachzubringen« wohl gemeint haben? Cotta müssen solche ›Nachbringungen‹ aus Erfahrung eher beunruhigt haben.

Zu diesem Zeitpunkt wußte Goethe immer noch nicht, ob und wann er über seine eigenen Briefe verfügen konnte. Auch Caroline spielte das Spiel, Cotta zu einem höheren Honorar, zu einer »bedeutenden Summe« zu bewegen, fleißig mit. »Sie werden durch meine Schwester das Resultat der Negotiation mit Göthe vernehmen«, schrieb sie am 24. März 1824 an Cotta:

> Es war nicht länger zu warten, und nichts anders zu erreichen möglich, jeder Aufschub gefährlich fürs Ganze Unternehmen, nach Umständen die ich Ihnen einmal mündlich mitzutheilen hoffe.
>
> Ich wünsche und hoffe, es convenirt Ihnen darauf einzugehen.
>
> Es wird ein einzig merkwürdiges Werk für die Deutsche Litteratur um die Sie schon so viel Verdienste haben.

Frau von Schiller schickte Cotta diesen sogenannten »Erlaß« am 26. März zu und schrieb ihm:

> Nach einer durch Goethe, mit Herrn von Humbolt, im November vorigen Jahres angeknüpften, und durch meine Schwester fortgesetzten Negociation, über die Herausgabe der Correspondenz, von der so lange die Rede war, sende ich Ihnen anbey das Resultat in einer Erklärung Goethe's mit. Wenn Sie diesen Antrag annehmen, und uns also die Hälfte des Honorares, wie die des Antheils an künftigen Auflagen garantirt ist, geben wir die Goethischen Briefe sogleich an ihn heraus.
>
> Goethe ist in dem Augenblick sehr warm über dies Unternehmen; seine Gesundheit ist so hergestellt, daß er hoffen kann, er werde dieses, und noch mehreres Andere vollenden; und nach der Meynung unserer Freunde ist es das günstigste, was wir unter den vorliegenden Umständen thun können, darauf einzugehen. Was er, wie Goethe selbst gesteht, an der Masse durch meines seeligen Mannes Briefe zuvor erhält, ersetzt er durch die Mühe und Auslage der Redaktion; und da seine Hand und sein Nahme freilich beym Publikum von hoher Bedeutung dabey sind, für Sie, wie für uns, so finden wir im Ganzen diese Proposition sehr billig und annehmbar.

Ihre so vielfach erprobte treue Freundschaft gegen meinen seeligen Mann und die Hinterbliebenen läßt mich hoffen, daß Sie auch hierbey in Rücksicht unserer, das Möglichste thun werden.

Ein einzig interessantes Werk für alle Zeiten wird dadurch entstehen.

Haben Sie die Güte mir Ihren Entschluß hierüber sobald als möglich mitzutheilen, damit wir die Goethischen Briefe mit Sicherheit abliefern können.

Cotta erkannte die Wichtigkeit der Angelegenheit, er wollte zu Goethe fahren, um mit ihm persönlich zu sprechen, mußte ihm aber wiederum im Brief vom 8. Mai 1824 eingestehen, »allein der Landtag nimmt meine ganze Thätigkeit so in Anspruch, daß ich kaum den Augenblick finden kan, ein paar Zeilen zu schreiben«, geschweige denn, einen Besuch zu unternehmen. »Frau von Schiller hat mir die freudige Nachricht gegeben, daß die Correspondenz zwischen Ihnen und Schiller nun in meinem Verlage erscheinen werde; ich kan nicht schildern, wie sehr mich diß vergnügt und wie gespannt meine Erwartung ist. Daß ich die vorgeschlagene Bedingungen sogleich zugestand, wird Frau von Schiller ausgerichtet, so wie meinen Wunsch beigefügt haben, daß ich seinerZeit die Originalien besizen möchte, als ein theures seltenes Denkmal für meine Nachkommen – Ist es möglich, so bin ich von Ihrer Gewogenheit die Erfüllung dises meines Wunsches gewiß«. Doch so gewiß konnte Cotta nicht sein; im übrigen ist es ja ein reichlich merkwürdiges Ansinnen, die Originale des Briefwechsels als Denkmal für die Nachkommen besitzen zu wollen. Das Argument des Verlegers hätte anders lauten müssen: Er wolle sich von der Authentizität selbst ein Bild machen, die Richtigkeit der Abschrift prüfen und vielleicht auch jene Passagen des Briefwechsels lesen, die Goethe zunächst nicht veröffentlichen wollte. Und er hätte sich auch auf Goethes Haltung allem Originalen gegenüber berufen können: Goethe, der große Sammler von originalen Dokumenten, wollte Inhalt und Form kennenlernen, Gehalt und Gestalt, das Äußere war für ihn stets eine Äußerung des Inneren. Doch Goethe, dies war vorauszusehen, konnte auf Cottas Ansinnen nicht eingehen, er hatte weiterreichende Überlegungen: Der Briefwechsel in seiner originalen Gestalt sollte auf die Dauer eines Vierteljahrunderts sekretiert werden. Darüber hatte er bereits mit Frau von Schiller Einverständnis erzielt. Der Grund hierfür ist leicht einsehbar: Lebende, die im Briefwechsel kritisch erwähnt, angegriffen oder gar beleidigt wurden, sollten geschont werden.[3]

Cotta hatte Frau von Schiller seine Zustimmung zur Veröffentlichung mitgeteilt und sie gebeten, ihm die Originale zur Verfügung zu stellen. Ganz unabhängig von Goethe zögerte jedoch auch Frau von Schiller; sie bat Goethe um Argumente für ihre Ablehnung. Goethe half ihr und entwarf für sie das Konzept einer Antwort:

An Herrn Cotta wäre folgendermaßen zu schreiben:
Da Ew. Hochwohlgeb. den angetragenen Verlag zu übernehmen sich bereitwillig erklärt, so habe ich alsbald die Goethischen Briefe in Original dem Herrn St. Minister übergeben welcher sogleich die Redaction beginnt und eine reine Abschrift wird fertigen lassen. Es freut uns beyderseits zur Erneuerung früherer Verhältnisse hier abermals Gelegenheit zu finden.
Die Überlassung des Original Manuscripts nach Vollendung des Drucks findet jedoch manches Bedenken und erst in Gefolg der Redaction wird sich ausweisen in wiefern solche thunlich sey.
Das Übrige was in diesem Geschäft noch näher zu bestimmen wäre, haben Ew. pp. die Güte mit Herrn St. M. von Goethe, mit welchem wir jederzeit Rücksprache nehmen, weiter zu verhandeln, da wir denn zu dem Verabredeten unsre Zustimmung zu geben nicht ermangeln werden.
Frau von Schiller übernahm diesen Entwurf, änderte ihn leicht, fügte einen Gruß hinzu und sandte ihn am 16. April an

Cotta. Cotta stimmte der Regelung zu. Aufgrund dieser Zustimmung war Frau von Schiller nun bereit, Goethe die eigenen Briefe auszuhändigen. Im Tagebuch vom 10. April 1824 ist zu lesen: »Kamen meine Briefe an Schillern von der Frau Hofräthin an. Ich sonderte sie sogleich und ordnete sie und war bis in die Nacht hinein damit beschäftigt.« Und das Projekt beschäftigte ihn weiter. Ende Mai hatte er die Hälfte der Briefe durchgesehen. Die Redaktion seiner Korrespondenz mit Schiller, so schreibt er am 30. Mai 1824 an Cotta, sei ein bedeutendes und in manchem Sinne wohl erfreuliches Geschäft, insgesamt drückten seine und Schillers Briefe »die tiefsten Geheimniße der Freundschaft« aus, doch er habe die editorische Arbeit unterschätzt, und es sei vieles zu überdenken. Goethe machte hier eine Erfahrung, die jedem Editor bis heute bekannt ist: Nichts ist so kompliziert wie die Edition von Briefen. Die Rücksicht auf Lebende, mögliche Proteste wegen allzu intimer Mitteilungen, die Schreibweise von Namen und Orten, die Prüfung sachlicher Angaben, die Kontrolle von Daten, die Erläuterung unklarer Stellen, die Beseitigung offensichtlicher Fehler und Mißverständnisse, die Nachprüfung von Zitaten und vieles andere mehr ist zu beachten. Der Brief vom 30. Mai 1824 enthielt für mehr als zwei Jahre Goethes letzte Äußerungen zum Briefwechsel Cotta gegenüber. Cotta antwortete ihm zwar noch, er trage den Gegenstand stets im Kopf, dann aber trat eine längere Pause in der Diskussion dieses Gegenstandes ein.

Goethe las in den Jahren 1824 bis 1826 kontinuierlich Schillers Briefe wie auch die eigenen. In seiner Umgebung wurde erwogen, ob nicht erst an eine separate Veröffentlichung der Briefe Goethes an Schiller gedacht werden sollte. Doch Goethe wehrte sich gegen die Idee eines solchen Bandes. Er wollte den auf Austausch der Gedanken beruhenden, sich gegenseitig befruchtenden Brief-*Wechsel*; und er bewertete die Schillerschen Briefe höher als die eigenen. »Diese sind freylich zur Aufklärung und Belebung höchst nothwendig«, schrieb er am

3. Juli 1824 an C. F. L. Schultz, »aber im innern und selbstständigen Werth kommen sie den Schillerischen nicht bey; er war geneigter zum reflectiren über Personen und Schriften als ich, und seine höchst freien brieflichen Äußerungen sind als unbedingter augenblicklicher Erguß ganz unschätzbar.« Die Tagebücher dieser Jahre belegen das ihn so faszinierende Gespräch: »Durchgängig die Schillersche Correspondenz von 1798... Beschäftigt die Schillerische Correspondenz zu ordnen... Gegen Abend Schillersche Correspondenz von 1802 ineinander geschaltet. Auch in den Tagebüchern nachgeschlagen und jener Zeiten mich erinnert.« Welche Zeiten, welche Ereignisse, welche Schaffensvorgänge! Goethe hatte zu Beginn seiner Beziehung zu Schiller gesagt, Schiller bedeute für ihn »eine zweite Jugend«, jetzt rekapitulierte er noch einmal alles, den *Xenien*-Kampf, die verschiedenen Phasen der *Wilhelm-Meister*-Diskussion; gerade hier waren die Unterschiede seiner Poetologie gegenüber Schillers Position deutlich: bei diesem die große theoretische Reflexion, während Goethe über *Wilhelm Meister* (an Knebel am 16. 3. 1814) schreibt, er habe »dieses Werklein, so wie meine übrigen Sachen, als Nachtwandler geschrieben«. Im Briefgespräch mit Schiller war ihm die Dialektik von Reflexion und Gestaltung, von Bewußtsein und Unbewußtem deutlich geworden. Goethe hat das ein Leben lang beschäftigt, so wenn er im geradezu vermächtnishaften letzten Brief an Wilhelm von Humboldt am 17. März 1832 von den »mannichfaltigen Bezügen« spricht, die beim künstlerischen Genie »zwischen dem Bewußten und dem Unbewußten« eintreten: »Bewußtseyn und Bewußtlosigkeit werden sich verhalten wie Zettel und Einschlag, ein Gleichnis das ich so gerne brauche.«

Wie sehr auch mögen Goethe die Werkstattgespräche über den *Faust* und den *Wallenstein* berührt haben. Er hatte lange darüber nachgedacht, ob er die Veränderung in der Korrespondenz, die sich durch Schillers Übersiedlung nach Weimar im Dezember 1799 vollzog, irgendwie kommentieren sollte, doch er verzichtete darauf. Er verzichtete schließlich auch darauf, die Lücken »erzählend« auszufüllen. Verständlicherweise wäre das Kommentieren und das erzählende Ausfüllen auch schwierig für ihn geworden, denn er hätte dann, mehr, als er es in den Briefen getan hat, auf die Differenzen zu Schiller eingehen müssen, die in vielen Sach- und poetologischen Fragen bestanden. Die Grunddifferenz war ja schon in jenem ersten Gespräch über Goethes *Metamorphose der Pflanzen* zutage getreten, bei dem Schiller Goethes These nicht als Erfahrung, sondern als bloße Idee bezeichnet hatte; es ist erstaunlich, daß trotz solcher grundsätzlichen Differenz eine freundschaftliche Beziehung hatte entstehen können. Goethes schöpferische Methode, seine méthodos, sein »Nachgehen«, war von Schiller nicht so sehr kritisiert als herausgefordert. Später formulierte er seine grundlegende – gegen Schiller gerichtete – kunsttheoretische Einsicht: »Es ist ein großer Unterschied, ob der Dichter zum Allgemeinen das Besondere sucht oder im Besonderen das Allgemeine schaut. Aus jener Art entsteht Allegorie, wo das Besondere nur als Beispiel, als Exempel des Allgemeinen gilt; die letztere aber ist eigentlich die Natur der Poesie; sie spricht ein Besonderes aus, ohne an's Allgemeine zu denken oder darauf hinzuweisen; wer nun dieses Besondere lebendig faßt, erhält zugleich das Allgemeine mit, ohne es gewahr zu werden, oder erst spät.« Dieser »große Unterschied« ist eine fundamentale Differenz der Weltanschauung. Noch einmal: Es ist erstaunlich, daß trotz dieses tiefen Gegensatzes die Verbindung hielt und produktiv blieb. Diese bewährte sich durchaus auch bei einem anderen Fall: Goethe hatte eine klare, Schiller widersprechende Auffassung von der »Natur der Poesie«, von der Dialektik von Reflexion und Gestaltung, von bewußtem und unbewußtem Schaffen. Schiller war sich über seine enge Verbindung zum deutschen Idealismus im klaren, und er hoffte auch, von Goethe zu profitieren. Äußerst charakteristisch hierfür ist das Briefgespräch zur Überarbeitung von Schillers

Ballade *Die Kraniche des Ibykus*. Daß die Kraniche in Zügen fliegen, erfährt Schiller von Goethe, und er fügt dies sofort in eine neue Fassung der Ballade ein. Andererseits ist Goethe beeindruckt, wie sehr Schiller von theoretischen Ausgangspunkten auf konkrete Erfahrung stößt. Goethe vollzieht dies bewundernd nach, er schreibt ihm von seiner Rheinreise, daß die Bewegung des Wassers beim Rheinfall Schaffhausen der Beschreibung Schillers in der Ballade *Der Taucher* entspräche. Schiller kommentiert: »Ich habe diese Natur nirgends als etwa bei einer Mühle studieren können, aber weil ich Homers Beschreibung von der Charybde genau studierte, so hat mich dieses vielleicht bei der Natur erhalten.« Idee oder Anschauung respektive Bewußtheit oder Unbewußtheit, dieses Grundproblem des schöpferischen Prozesses ist ja das eine große Thema des Briefgesprächs, und dieses Thema hat eine Perspektive, die bis in die Gegenwart reicht. Goethes *Farbenlehre* war von Anschauung geprägt; im Briefgespräch wird auch sie diskutiert, und es ist faszinierend zu lesen, wie die Goethesche Empirie Schillers spekulativem Geist begegnet. Goethes Gegner in der physikalischen Theorie und in der Mathematik war Newton; Goethe unterlag, Newtons Theoreme siegten, und in diesem Sinne hat sich die gesamte Physik bis zur Gegenwart entwickelt. Doch heute steht die moderne Physik wiederum vor der Frage nach der Gewichtung des Verhältnisses von Theorie und Anschauung.

Das zweite große Thema, welches das Briefgespräch durchzieht, ist das Problem der gestaltenden Form. Im Ausgangspunkt sind sich Goethe und Schiller einig: Nicht überholtes Vorbild sei die Antike, und wesentlich blieb noch immer die Erforschung der seinerzeit aufgestellten poetischen Gesetze und ihrer möglichen Anwendung auch auf die Stoffe und Inhalte gegenwärtiger Dichtung. Eine unendliche Fülle gattungstheoretischer Reflexionen ist in diesem Briefgespräch ausgebreitet, ganze literaturwissenschaftliche Schulen der Folgezeiten basieren auf diesen Erörterungen. Goethe akzeptiert Schillers Kritik an *Wilhelm Meister*, dem Roman »fehle es an einer gewissen poetischen Kühnheit, weil er, als Roman, es dem Verstande immer recht machen will«, dagegen lobt Schiller *Herrmann und Dorothea*, dem nichts von Goethes Geist fehle, das Werk führe ihn »in eine göttliche Dichterwelt«. Goethe stimmt dem zu. Er hofft, eine »reine Form hilft«, die habe der *Wilhelm Meister* nicht, so »wollen wir abwarten was uns der Genius im Herbste des Lebens gönnen mag«. Als er die Arbeit an *Faust* wiederaufnimmt, weicht er aber doch von Schillers hohen Formansprüchen ab, wenn er schreibt, »daß ich mirs bey dieser barbarischen Composition bequemer mache und die höchsten Forderungen mehr zu berühren als zu erfüllen denke«. Doch waren Goethe und Schiller darin wiederum groß, daß sie solchen Grundwiderspruch der Form als das je Eigene des anderen sehen und akzeptieren konnten. Überhaupt ist in dieser Beziehung zweier Autoren erstaunlich, wie sehr sie einander vertrauten; auf die eigene Sache konzentriert, waren sie doch nie einseitig und immer wieder offen für die Sache des anderen. Die Beziehungen unter Autoren beobachtend, die ja oft nur für das Eigene und gegen das des anderen eingenommen sind, darf man feststellen, daß dies wohl ein einmaliger Vorgang ist.

Martin Walser hat in seinem Vortrag *Mein Schiller*, in dem er Goethe polemisch gegen Schiller absetzt, festgestellt, daß gerade die letzten Jahre zwischen Goethe und Schiller gut und produktiv »gelaufen« seien: »Wäre das zwischen denen noch lange so gelaufen wie in der zweiten Hälfte der neunziger Jahre, dann wäre es ratsam gewesen, Goethe und Schiller nach der Art der Marx-Engels-Ausgabe herauszugeben«.[4]

Den Gedanken einer Kommentierung wollte Goethe dann doch nicht aufnehmen, sie wäre, wie gesagt, zu kompliziert geworden. An C. F. L. Schultz schreibt er am 3. Juli 1824: »Die Correspondenz geht ununterbrochen von 1794 bis 1805. Die ersten Jahre höchst reich und prägnant, weil wir uns erst begreifen mußten und, an verschiedenen Orten lebend, briefliche Unterhaltung ernstlich zu pflegen genöthigt wurden. Späterhin hatte sich die Gesinnung schon ausgeglichen, wir wohnten an Einem Orte und so ist wenig Schriftliches übrig geblieben.«

Am 20. Juli 1824 hatte Goethe die Schillersche Korrespondenz bis Ende 1796 durchgesehen und, wie er schreibt, die »Bedeutung des Ganzen immer mehr erkannt«. Sie lag für ihn darin, daß private Zeugnisse von zwei Dichtern, die gemeinsam die klassische Epoche der deutschen Literatur geschaffen haben, nun zusammengenommen, ineinander verschmolzen, »ein einzigartiges objektives Document würden ergeben, dieser Briefwechsel selbst sich zu einem klassischen Werk würde entfalten können«.

Im Dezember 1824 begann die Abschrift der Schillerschen Korrespondenz durch den Schreiber John, später wurden auch Goethes Briefe abgeschrieben. Während des ganzen Jahres war Goethe immer wieder mit der Korrespondenz beschäftigt, er hat die Abschriften kontrolliert, »Einschaltungen« gemacht und die Briefe »geordnet und schließlich korrigiert«.

Was hat er »korrigiert«? Aus seinen Eintragungen und dem Vergleich der abgedruckten Texte mit den Brieforiginalen, den zum ersten Mal Wilhelm Vollmer, der Herausgeber des Briefwechsels zwischen Schiller und Cotta, durchführte, ergeben sich Hinweise auf Goethes Redaktionsarbeit. Er sah, daß er nur wenige Briefe weglassen mußte und daß auch weniger Streichungen zum Schutze des Persönlichkeitsrechts Lebender als ursprünglich gedacht nötig waren. Dieser »Schutz« war ja eher ein moralisches Abwägen, denn eine juristische Verpflichtung zur Wahrung des Persönlichkeitsrechtes gab es noch nicht.

Sicher ist auch, daß Goethe als Redakteur nie beabsichtigt hat, irgend etwas zu beschönigen, irgend etwas zu ändern, was die persönliche wie literarische Beziehung der beiden betraf. Er versuchte auch keine Überhöhung, schon gar nicht irgendeine »Kanonisierung«; die blieb der späteren Goethe-Forschung vorbehalten. Goethe stand zu den Gemeinsamkeiten wie zu den Unterschieden, zu den Vieldeutigkeiten wie zu den Widersprüchen, er und Schiller waren »Geistesantipoden«, zwischen denen, wie er in dem Aufsatz *Glückliches Ereignis* befand, »mehr als Ein Erddiameter die Scheidung mache«. Und doch, sie waren und blieben einander unschätzbare Partner, jeder von ihnen war eine literarische Großmacht.

Daß die Fertigstellung eines satzfertigen Manuskripts doch nicht so zügig voranging, wie Goethe sich dies immer wieder vorgenommen hatte, lag an seinen beiden »Hauptbeschäftigungen«, der »Ausgabe letzter Hand« und der Weiterführung des *Faust*, aber auch daran, daß ihm die Bedeutung dieses Briefwechsels immer klarer und er deshalb im Weglassen von Briefen immer skrupulöser wurde. Er hatte zu bedenken, wie »politisch« diese Briefe wirken könnten, auch, wie sie bei Hofe – ganz zu schweigen von der wachsenden Zahl der Gegner – gelesen werden würden. Die Erben Schillers indes drängten, schon wegen des ausstehenden Honorars. Goethe schlug in einem Brief an Caroline von Wolzogen vom 10. Juli 1825 vor, eine Vorauszahlung von 2000 Talern aus eigenen Mitteln zu leisten, die Summe sollte zu Michaelis (29. September) fällig sein; nochmals bekräftigte er, daß alle Honorare der Publikation »im Sinne der alten unverbrüchlichen Freundschaft« hälftig geteilt würden, und ließ auch Sohn August die Vereinbarung bestätigen: »Zu obigem als Sohn mich auf jeden Fall verpflichtend«, unterzeichnete dieser den Brief. Merkwürdigerweise leistete Goethe die Zahlung nicht, wir kennen den Grund nicht, er gab der Familie Schiller auch keine weitere Erklärung dazu. Diese wurde unruhig und war schließlich verärgert. Schillers Sohn, Friedrich Wilhelm Ernst, Jurist, seit 1824 Assessor beim Appellationsgericht in Köln, übernahm es, Goethe an die Zahlung zu erinnern; er tat dies, *suaviter in modo, fortiter in re*, im Brief vom 22. März

1826, in dem er Goethe indirekt Vertragsbruch vorwarf und um die versprochene Zahlung bat.[5] Es bleibt unverständlich, warum Goethe die Zahlung auch dann nicht leistete. Es ist kaum denkbar, daß er dazu finanziell nicht in der Lage gewesen sein sollte, hatte er doch im Februar 1826 von Cotta jene von ihm noch zusätzlich ausgehandelten 5000 Taler bei der Unterschrift unter den Vertrag für die »Ausgabe letzter Hand« erhalten. Er wollte nicht zahlen. Am 29. März ließ er Ernst von Schiller durch seinen Sohn August wissen, die Redaktion sei in wenigen Monaten abgeschlossen und das Manuskript somit druckfertig; aus diesem Grunde fühle er (eine merkwürdige Folgerung) sich nicht mehr an seine Zusage vom vergangenen Jahr gebunden; am 24. Juni werde er Cotta das Manuskript zusenden, dann würden die Cottaschen Honorare anfallen. Doch wieder hatte Goethe das Maß der editorischen Arbeit falsch eingeschätzt, der von ihm vorgesehene Ablieferungstermin war nicht einzuhalten.

Erst nach einer Pause von über zwei Jahren nahm Goethe die Verbindung mit Cotta in Sachen Briefwechsel wieder auf; am 26. August 1826 schickte er ihm die wichtige Mitteilung: »Nach dem Tode der Frau von Schiller [sie war im Juli 1826 in Bonn an den Folgen einer Augenoperation gestorben] ist die Ausgabe meiner Correspondenz mit dem seligen Vater wieder zur Sprache gekommen. Das Manuscript liegt vollkommen reinlich zur Übergabe bey der Hand.«

Wie war es Goethe gelungen, das Manuskript im August 1826 definitiv satzfertig zu machen? In den Monaten davor hatte er – vielleicht sogar unter dem Eindruck der Lektüre seiner und der Briefe Schillers – eine Arbeit im Bereich seines »Hauptgeschäfts« *Faust* abgeschlossen, die für ihn kardinale Bedeutung hatte (und auf die wir zurückkommen werden). Jetzt war er frei für die Fertigstellung des Manuskripts des Briefwechsels.

Die Schillerschen Erben erhielten auch weiterhin von Goethe keine Nachricht. Als Ernst von Schiller innerhalb von zwei Monaten weder von Goethe noch von Cotta hörte, beschloß er, zu Goethe nach Weimar zu reisen, um ihm »zuzusetzen«, die Zahlung zu leisten, »die Sache ist so schreiend, daß ich glaube, Goethe wird sich schämen und zahlen«, wenn nicht, wolle er gerichtliche Schritte unternehmen.[6] Doch Goethe schämte sich nicht – und er zahlte auch nicht. So mußte sich Ernst von Schiller in Weimar am 6. September erst mit seinem Freund August treffen. Dieser erklärte ihm die editorischen Mühen seines Vaters, dessen enormen Einsatz und materielle Aufwendungen für die Recherchen und Abschriften; nach des Vaters Ansicht sei sein Angebot ein Entgegenkommen gegenüber der Familie gewesen, jedoch enthalte dies keine schuldrechtliche Verbindlichkeit. Im späteren Gespräch einigten sich Goethe und Ernst von Schiller, der auf seine Forderung verzichtete. Am 20. September berichtet Goethe im Tagebuch von dieser Einigung, auch habe er »sonstiges Frühere berichtigt«. Beide erarbeiteten einen »Erlaß« für Cotta. Dieser Erlaß basierte auf den früheren Honorarversprechungen Cottas, 2000 Taler pro Band und, falls die Korrespondenz in der Taschenausgabe erschiene, 4000 Taler zu zahlen. In Gegenwart von Ernst von Schiller wurden die 970 originalen Stücke der Korrespondenz in ein Kästchen verpackt, versiegelt, in Wachstuch gehüllt und der Weimarer Regierung »für die Schatulle des Fürsten« mit der Anweisung übergeben, das Konvolut bis zum Jahre 1850 »in Scrinio principis« zu verwahren, nach welchem Datum dann beide Erbnehmer nach eigenem Ermessen verfügen könnten. Beide, Goethe und Ernst von Schiller, unterschrieben den Erlaß. Ernst von Schiller dankte »ehrfurchtsvoll«: »Zugleich ergreife ich hierbey für mich und im Namen meiner vorstehend genannten Geschwister die Gelegenheit des Herrn Ministers von Goethe Excellenz ehrfurchtsvoll auszudrücken, daß wir die außerordentliche Thätigkeit welche Seine Excellenz der Redaction der v. Goethe-Schillerschen Correspondenz gewidmet, in ihrem ganzen Umfange anerkennen und uns für die liebevolle Weise, mit welcher Seine Excellenz in dieser gemeinschaftlichen Sache auch für uns gehandelt haben, von dem innigsten Danke durchdrungen fühlen, den ich hiermit in meinem und meiner Geschwister Namen Seiner Excellenz unterthänig darzubringen die Ehre habe.« Goethe fügte den 970 Briefen und Billetts eine Art Editionsbilanz bei, wonach »ein reinliches Manuscript in fünf Foliobänden die ganze Correspondenz von 1794 bis 1805 zwischen beyden Freunden völlig abgeschlossen« enthalte.[7]

Das Manuskript ging jedoch nicht direkt zu Cotta, sondern am 31. Dezember 1826 an Sulpiz Boisserée, der wieder die Rolle des Vermittlers einnehmen sollte. Boisserée wußte, daß Cotta dringlich auf eine Nachricht wartete, ja, indigniert darüber war, daß er bislang nur durch ihn vom Fortgang der Arbeiten unterrichtet worden sei. Boisserée bat Goethe inständig, er möge doch an Cotta persönlich schreiben: »Berufen Sie sich gefälligst darauf«, riet er, »daß ich ihm die Actenstücke würde übergeben haben, und sagen Sie ihm einiges Freundliche, warum Sie die Actenstücke durch meine Hände gehen lassen usw.« Goethe folgt dem Rat im Brief vom 26. Januar 1827, er bemüht sich um »Freundliches« und hofft, Cotta habe »eine frohe ruhige Stunde«, »da Sie Gegenwärtiges erbrechen«. Und mit einem ausgeklügelten Schlenker, der Cotta in Verlegenheit bringen, sein Gewissen wecken, ja, ein Schuldgefühl hervorrufen mußte, begründet er, warum er Boisserée so oft eingeschaltet habe: »Immer muß ich Sie in den wichtigsten Geschäften zu Hause und auf der Reise denken und scheue mich zu melden was nicht dringend nothwendig ist. Die Vermittelung unseres Boisserée beruhigt mich dabey, ich sende ihm gar manches daß er es zu gelegener Zeit mittheile.« Dann kommt er zur Sache: »An Freund Boisserée habe ich diese Tage gesendet was zwischen Ernst von Schiller und mir bey seinem letzten Hierseyn verhandelt worden. Unsere Vorschläge sind der früheren Verabredung gemäß und ich darf wohl sagen daß die Masse Manuscript wie sie da liegt einen tüchtigen Schlußstein macht meine und Schillers Werke zusammen zu halten und zu stützen. Der Begriff, was wir beyde gewollt, wie wir uns einander gebildet, wie wir einander gefördert, was uns gehindert wie weit wir mit unsern Leistungen gediehen, und warum nicht weiter? wird alles klarer und muß denen die auch bestrebsam sind zur guten Leuchte dienen.«

Im übrigen, das hängt Goethe diesem Brief noch an, habe er am 1. April Steuern zu zahlen, und deshalb erbitte er den zweiten Teil des vereinbarten Honorars für die »Ausgabe letzter Hand« in der zweiten Märzhälfte. Cotta antwortet verspätet, am 3. März 1827, und eher zurückhaltend. Boisserée sei verreist, er müsse erst seine ihm terminlich unbekannte Rückkehr abwarten. Ausdrücklich geht er auf Goethes Wunsch nach einer leicht vorgezogenen Honorarzahlung ein, er, Cotta, habe die Zahlung für die Ostermesse geplant, Zwischenzahlungen verursachten »bedeutende BankierKosten«. Leider gab es für Cotta einen Grund, dies so ausführlich zu erwähnen. Für die Finanzierung nicht nur der Goethe-Ausgaben, auch für die Ausgaben von Schiller und Herder hatte Cotta Kredite aufnehmen müssen, die ihn nun zu belasten begannen und die ihn vor allem seinem Sohn gegenüber in Schwierigkeiten brachten.[8]

Goethe erinnert ihn am 12. März 1827 wieder an das Unternehmen des Briefwechsels: »Die Schillerische Correspondenz liegt auf die näher zugesagte Erklärung zum einpacken bereit«, und wieder, nicht ohne Raffinesse dem Verleger gegenüber, der ja gewiß keine Schuld an der Verzögerung trug, bemerkt er, daß das baldige Erscheinen des Briefwechsels »großen Einfluß auf die Ausgabe der Werke beider Freunde« ausüben werde.

In den folgenden Wochen und Monaten beschränkt sich Cottas Kommunikation mit Goethe und dessen Sohn August ausschließlich auf Buchhändlerklagen gegenüber den Lieferungsverzögerungen bei der Schiller-Ausgabe, auf deren schlechte herstellerische Qualität, ferner auf die leidige Frage der unberechneten Partie-Exemplare der »Ausgabe letzter Hand«, auch immer wieder auf die zu spät erscheinenden oder mangelhaft ausgeführten Anzeigen der Taschenausgabe der »Ausgabe letzter Hand« und nicht zuletzt auf die Diskussion der Honorarabrechnungen. Erst am 31. Oktober 1827 kommt Cotta auf die Korrespondenz zurück, freilich mit einem entwaffnenden Geständnis. Er fragt Goethe, wann mit Satz und Druck des Briefwechsels begonnen werden könne, er fragt, wie die Ausgabe eingerichtet sein solle, und teilt ihm seine Vorstellung von der Form einer Oktavausgabe nach dem Muster von *Dichtung und Wahrheit* mit. Dann aber will Cotta besonders klug sein: Er hatte ja der Honorarforderung von 4000 Talern für die Taschenausgabe des Briefwechsels noch nicht zugestimmt, und um dies als Tatsache erst gar nicht akzeptieren zu müssen, erwähnt er ein früheres Übereinkommen, »was ich noch mit der verewigten Schillerin selbst in finanzieller Hinsicht berichtigte«. Doch schließlich muß er das für einen Verleger höchst bedauerliche Geständnis machen, daß er das »Instrument«, also die Vereinbarung, »nicht vorfinde, wahrscheinlich durch mein vieles Hin- und Herwandern unter andre Papiere verstekt«. Goethe muß betroffen gewesen sein, von einer Vereinbarung zwischen Cotta und Frau von Schiller war ihm nichts bekannt, nie hatte Cotta solches erwähnt, noch hatte Ernst von Schiller in den ausführlichen Gesprächen davon berichtet. Wird er von irgendeiner Seite getäuscht? Befürchtet er, daß auch sein durch Boisserée übermittelter »Erlaß« in Cottas Papieren untergehen könnte?

Im Anschluß an Cottas Brief vom 31. Oktober führt Goethe noch eine Korrespondenz mit Boisserée. Dieser schreibt ihm bereits am 2. April, daß Freund Cotta »wieder bis über die Ohren in den Landtagsgeschäften steckt, die diesmal gerade sehr verworren sind«; er sei jedoch mit dem Honorar für die Oktavausgabe einverstanden, doch habe er nicht gemeint, daß man sogleich mit dem Satz beginnen könne. Goethe wartet, schaltet jedoch am 11. November Boisserée ein: »Herr v. Cotta bringt die Schillerische Correspondenz wieder in Anregung, ohne die in solchen Fällen so nöthige Bestimmtheit. Er scheint eine partielle Ablieferung des Manuscriptes zu beabsichtigen, wobey denn freilich auch eine partielle Zahlung des Honorars erfolgen müßte. Ich werde ihm deshalb nächstens ausführlicher schreiben und wünsche ihm auch hierin zu Willen zu seyn, weil er denn doch am besten wissen muß, wie eine Sache anzugreifen ist und wie sie fortschreiten kann.« In der Tat, Cotta fehlt die »nöthige Bestimmtheit«, er zögert. Gewiß, seine Geschäfte gehen in dieser Zeit nicht gut; er glaubt, wie viele Verleger heute noch, daß Briefe sich in der Regel nicht besonders gut verkaufen lassen; außerdem ist das Manuskript ungewöhnlich umfangreich und die Produktion eines solchen Briefbandes kostenintensiv und mühsam.

Es ist Goethe, der die Korrespondenz wiederaufnimmt, indem er sich mit einem bestimmten Wunsch meldet. Sein doch sehr eigenwilliger Brief vom 17. Dezember 1827 erregt Cottas Ärger, ja, er löst eine vehemente Verstimmung und heftige Störung seines Verhältnisses zu Goethe aus. Goethe erwähnt, daß eine »lebhaftere Theilnahme des Publicums ... höchst erwünscht« sei, und er glaube, daß der Briefwechsel das Seinige dazu tun werde; »es ist dieses wundersame Manuscript, wie es vor mir liegt von größter Bedeutung; es wird im Augenblick die Neugierde befriedigen und für die Folge in literarischer, philosophischer, ästhetischer Hinsicht, ja nach vielen andern Seiten hin höchst wirksam bleiben.« Dann erinnert Goethe an den »Aufsatz«, den Boisserée im Januar an Cotta geschickt hatte. »Ihre Einstimmung in die gethanen Vorschläge wird dem Geschäft sogleich die erwünschte Richtung geben. Einer Assignation auf die verlangte Summe von Acht Tausend Thalern auf die Herren Frege und Comp. soll sodann die Absendung des Manuscriptes nachfolgen, welches

eine weit größere Masse enthält als ich jemals vermuthete.«
Danach folgt nun jener Abschnitt, der Cotta mitten ins verlegerische Herz traf, der die Zeitgenossen empörte und erzürnte, Schriftsteller wie Grabbe von einer »Hemdenauszieherei« sprechen ließ:

Ich lege, damit sich Dieselben davon selbst überzeugen können, einige Blätter bey und bemerke daß solcher einzeln gezählter Blätter 900 sind, nicht gerechnet die vielen späterhin nach und nach eingeschobenen; woraus denn hervorgeht daß gar wohl 5 bis 6. schickliche Octavbände damit gefüllt werden.

Daß ich ohne vorgängigen Abschluß des Geschäftes das Manuscript nicht ausliefere, werden Dieselben in der Betrachtung billigen, daß ich den Schillerischen Erben, worunter sich zwey Frauenzimmer befinden, responsable bin und ich mich daher auf alle Fälle vorzusehen habe. Der hiesige Schillerische Anwalt Herr Rath Kuhn übernähme den jenseitigen Antheil am schicklichsten und ich würde, nachdem ich nicht allein selbst befriedigt, sondern auch von dorther gesichert wäre, das schon längst eingepackte Kästchen auf die Post geben und ein Geschäft, das mir viele Mühe, Sorgen und Kosten gemacht, käme doch endlich zu Stande.

Denn ich will nur gestehen daß mir ein gutmüthiger Leichtsinn bey unentgeltlicher Übernahme der Redaction zu einem unberechenbaren Zeitaufwand und zu einem nicht geringen Schaden gereichte.

Der Stein des Anstoßes war der Satz »Daß ich ohne vorgängigen Abschluß des Geschäftes das Manuscript nicht ausliefere«. Ich muß gestehen, daß ich weder Cottas noch die sich anschließende große öffentliche Aufregung darüber teilen kann. Cotta wußte doch, was er vertraglich und durch seine Zahlung erwerben wollte. Goethe hatte ja in ›Ueber Kunst und Alterthum‹ Briefe Schillers abgedruckt und Cotta von Briefen beider auch Beispiele gegeben. Und schließlich handelte es sich um Texte von Goethe und Schiller, »ersten Schriftstellern«, wie Cotta selbst sie zu bezeichnen pflegte. Erinnerte sich Cotta nicht daran, daß Goethe gelegentlich solche Spiele mit Verlegern trieb, auch Vieweg hatte Honorar bieten und zahlen müssen, bevor er den Text von *Herrmann und Dorothea* lesen konnte. So sehr auch ich das verlegerische Prinzip achte, das exakt zu kennen, was man für den Verlag erwirbt, Cotta muß in diesem Fall gewußt haben, und er hat gewußt, um was es ging. Mit seiner Antwort ließ er sich erstaunlich viel Zeit, erst am 11. Februar 1828 schrieb er an Goethe: »Den Eindruck den dasselbe auf mein durch sehr bittere Erfahrungen ohnedieß sehr schwer gestimmtes Gemüth machte, will ich nicht zu beschreiben suchen, genug, daß es der Schlußstein eines sehr kummervollen Jahres war.« Für Cotta war 1827 ein schwieriges Jahr gewesen, die erwähnten Finanzschwierigkeiten, dazu das Eintreiben von Außenständen bei den Buchhandlungen führte zu Querelen und Zerwürfnissen bis hin zu Ehrenhändeln. Mit den Erben von Herder hatte Cotta langwierige Auseinandersetzungen, Nachdruck und die Zensur bei den eigenen Zeitungen stellten ihn vor große Probleme eines »kummervollen Jahres«. Dann aber brachte er im Brief zur Sprache, wodurch er sich beleidigt fühlte: »ein Mscrpt. von den ersten Schriftstellern ist mir für rt 8000 angeboten – die Einsicht desselben wird mir nicht zugestanden, denn nur wenn ich die verlangte Summe übermache, soll dieß Manuscript abgehen«. Gewiß, bei einem Werk von Meistern mache er eine Ausnahme von der Regel, eine Ware vorher zu beschauen, ehe man sie kaufe und bezahle, »wie aber wenn von der einen Seite Vertrauen vorausgesezt wird, von der andern Seite ein Mißtrauen gezeigt wird, das zu den ungewöhnlichen gehört?« Dies sei für ihn »die schmerzhafteste Erfahrung«. Und nun listete er auf, welche Vereinbarungen und Zusagen er in der mehr als dreißigjährigen Verbindung mit der größten Gewissenhaftigkeit erfüllt habe. Stets habe er das Seinige getan, insbesondere, wenn er die Verbindlichkeiten gegen die Schillerschen Erben bedenke, »worunter sich zwey FrauenZimmer befänden«, und er erwähnte, daß die Familie bereits 5026 Taler erhalten habe, mithin also 1026 Taler mehr als ihren Anteil, und er schloß: »Mögen Sie nun nach dieser offenen vor meinem Inneren gleichsam abgelegten Erklärung auch Ihr Inneres sprechen lassen – denn bey allem meinem Kummer kann ich mich doch und will ich auch nicht mich eines Gedanken entschlagen, dem nämlich, daß Ihr Inneres in jenem Schreiben sich nicht aussprach.« Dem Brief legte er die Schreiben bei, die er mit Charlotte von Schiller und ihrer Schwester Caroline von Wolzogen gewechselt hatte. Diese Briefe aber stimmten Goethe nicht eben freudig, im Gegenteil, die Nachricht von den Verhandlungen mit den Schiller-Erben, von denen er nichts gewußt und von denen auch Ernst von Schiller nichts berichtet hatte, verärgerten ihn gründlich, er fand sich zu keiner Antwort mehr bereit und schwieg lange.

Sulpiz Boisserée unterbrach die Pause. Als er Cotta den Vertrag zum Briefwechsel sandte, hatte er erwähnt, daß Goethe »in höchstem Grade empfindlich« sei und er Rücksicht auf den »79jährigen Alten« nehmen müsse, der »sehr verdrießlich und kränklich« sei. Goethes Stimmung kommt in einem Brief an Boisserée zum Ausdruck, den er unmittelbar nach Erhalt von Cottas Brief schrieb:

Der von Ihnen, mein Werthester, angekündigte Brief des Herrn v. Cotta ist angekommen, aber leider von der Art, daß man mit Ehren darauf nicht antworten kann. Da sich jedoch daraus ergibt, daß die Angelegenheit wegen der Schillerischen Correspondenz sich gar leicht beendigen läßt, so darf ich Sie wohl ersuchen, nach soviel Anderem auch dieses gefälligst zu übernehmen.

Man hat auf eine unverantwortliche Weise gehandelt, daß man mir die an die v. Schiller'schen geleisteten Vorschüsse und Stückzahlungen verheimlichte, und mich dadurch in dem Irrthum ließ, als sey ich gegen jene noch wegen des ganzen Betrags Ihres Antheils am Honorar verpflichtet und responsabel, weshalb ich denn auch mit allem Recht das Manuscript zurückhielt, bis ich nicht sowohl mich als vielmehr sie befriedigt wüßte.

Jedermann wird diese Vorsicht billigen, über welche Herr v. Cotta sich höchst unanständig gebärdet, indem er zugleich gestehen muß, daß er selbst durch jene Verheimlichung Schuld an der ganzen Verzögerung sey; denn warum geht er nicht eher mit diesem Bekenntniß hervor?

Doch ich muß inne halten, um nicht die tiefe Indignation wieder aufzuregen, die ich bey Lesung jenes Schreibens heftig empfand; ich eile vielmehr, Ihnen beyliegenden Aufsatz zu empfehlen, welcher, wenn ich nicht irre, alle Theilnehmer zufrieden stellt, wie es schon vor zwey Jahren hätte geschehen können, wäre man nicht, und zwar ganz ohne Noth, gegen mich rückhaltig gewesen.

Übrigens werden Sie, mein Freund, gewiß billigen, daß ich nachstehenden Vertrag als mit der J. G. Cottaischen Buchhandlung abzuschließen behandle. Denn diese ist es ja allein, welche bisher von Frege und Comp. in Leipzig anerkannt und auf deren Credit gezahlt worden.

Auch bleibt das mercantile Verhältniß unverrückt, wie sich das persönliche auch gestalten mag, und wird ja wohl die Correspondenz künftighin in einem schicklichen Geschäftsstyl zu führen seyn.

Boisserée entschuldigte Cotta, »der in der letzten Zeit eine Menge von Unannehmlichkeiten erfahren« habe. Dann aber sandte er den definitiven Vertragsvorschlag an Cotta, dieser antwortete Boisserée, er sei mit den Zusätzen einverstanden. »Der Gedanke, Ihnen Verdruß zu ersparen, setzt mich über alle Unannehmlichkeit hinaus, die mit der Vermittlung zwischen zwei sich wechselseitig gekränkt fühlenden Parteien nothwendig verbunden ist.« Am 8. März 1828 wurde der Vertrag über den *Briefwechsel zwischen Schiller und Goethe* rechtskräftig unterzeichnet.[9] Es mußte Goethe verärgern, daß Cotta am 23. März, nach Vertragsunterschrift, noch einmal auf die Zahlung der je 4000 Taler an die Schiller-Erben zurückkam. Goethe antwortete nicht mehr. Aus dieser Stimmung heraus ist der erwähnte und viel zitierte Zornausbruch Goethes vom 21. Mai 1828: »Die Buchhändler sind alle des Teufels!« verständlich.

Cotta empfand jedoch Goethes Schweigen als bedrückend, und so nahm er denn dessen Geburtstag zum Anlaß, die Verbindung neu anzuknüpfen; er schrieb, daß er »an diesem feierlichen Tag meine Gesinnungen gegen Sie und meine Schmerzen über Ihr langes Stillschweigen auszusprechen« gedenke; er sei auch gewiß, daß das, was ihn so gekränkt habe, nicht von Goethe ausgegangen sei (Sulpiz Boisserée hatte Cotta am 17. März 1828 beruhigen wollen, »ohne Zweifel sind hier Advocaten oder dergleichen GeschäftsMänner im Spiel gewesen, wodurch Goethe verleitet worden, die Sache so streng und förmlich zu nehmen«). Nachdem Goethe Cotta auf dessen »wideranknüpfenden Brief« »wohlwollend und sittlich-diplomatisch«, wie oben zitiert, geantwortet hatte, reagierte Cotta auf zweierlei Weise: Einmal intensivierte er den Prozeß der Herstellung des Briefwechsels, und zum anderen kündigte er endlich seinen Besuch bei Goethe an.

Nach diesem Besuch brauchte über den Briefwechsel nicht mehr korrespondiert zu werden, die Herstellung war im Gang, es gab keine weiteren Probleme. Am 30. November konnte Goethe berichten, daß der erste Band des Briefwechsels in seinen Händen sei, der zweite Band folgte im selben Monat, ein Jahr später die anderen vier Bände – so war der *Briefwechsel zwischen Schiller und Goethe in den Jahren 1794 bis 1805 in sechs Bänden* erschienen und für die Öffentlichkeit greifbar. Goethe hatte beabsichtigt, den ersten Band dem bayerischen König Ludwig I. zu widmen; dieser hatte Goethe dadurch ausgezeichnet, daß er seinen Hofmaler Joseph Stieler nach Weimar geschickt hatte, um ihn porträtieren zu lassen. Die Widmung an Ludwig, die dann erst im letzten

Band veröffentlicht wurde, verursachte dem Zugeeigneten »wahre Freude«.

Keine Frage, Goethe hatte damit für sich und Schiller auch hinsichtlich der privaten Äußerungen ein objektiv-klassisches Werk geschaffen, ein einzigartiges Dokument. In der Kunsttheorie waren sie ihrer Zeit voraus, gerade indem sie die Entwicklung der Philosophie und Ästhetik von Kant bis Hegel integrierten. Ihre Theorie war nirgends grau, immer war sie verknüpft, wie »Zettel und Einschlag«, mit den Bedingungen künstlerisch-schöpferischer Praxis. Verständlicherweise war dieser Beziehung eine Widersprüchlichkeit immanent, dies mußte so sein; daß jene »Freundschaft« trotzdem entstand, jene Freundschaft, die »praktisch erzeugt, praktisch Dauer gewinnt«, zählt zu den großen menschlichen Leistungen der beiden. Freundschaft bedeutete auch hier, »daß wir gleichen Schritt im Leben halten«. Goethe und Schiller haben sich nie auseinanderdividieren lassen, auch nicht in Äußerungen Dritten gegenüber. Schiller bekannte der Gräfin Schimmelmann gegenüber, daß es nicht nur die hohen geistigen Vorzüge seien, die ihn an Goethe bänden: »Wenn er nicht als Mensch für mich den größten Werth von allen hätte, die ich persönlich je habe kennen lernen, so würde ich sein Genie nur in der Ferne bewundern. Ich darf wohl sagen, daß ich in den sechs Jahren, die ich mit ihm zusammen lebte, auch nicht einen Augenblick an seinem Charakter irre geworden bin. Er hat eine hohe Wahrheit und Biderkeit in seiner Natur, und einen höchsten Ernst für das Rechte und Gute; darum haben sich Schwätzer und Heuchler und Sophisten in seiner Nähe immer übel befunden. Diese haßten ihn, weil sie ihn fürchten, und weil er das Flache und Seichte im Leben und in der Wissenschaft herzlich verachtet und den falschen Schein verabscheut, so muß er in der jetzigen bürgerlichen und litterarischen Welt nothwendig es mit vielen verderben.«

Goethe erlebte noch einige wenige Reaktionen auf die Veröffentlichung des Briefwechsels. Christian Dietrich Grabbe beispielsweise mokierte sich: Goethe habe mit der Herausgabe alle Welt mit den »Erbärmlichkeiten des Privatlebens« beider Autoren bekannt gemacht, und die Leser würden mit »Visiten- und Küchenkarten« gelangweilt. Doch wo finden wir in dem Briefgespräch solche »Erbärmlichkeiten«? Grabbe irrte. Die erste kritische Bewertung des Briefwechsels stammt von Varnhagen von Ense: »Kein anderes bringt ... dem Weihegenossen und Weihesuchenden, dem jüngern Schriftsteller überhaupt und dem aufstrebenden Dichter insbesondere eine so reiche, tiefgehende, erhebende und anmutige Unterweisung und Beispielkräftigung.«

Die Goethe-Forschung hat diese sakrale Überhöhung der Freundschaft des »Dioskurenpaares«, auf das, wie Karl Rosenkranz 1847 in seinem Goethe-Essay schrieb, »wir jetzt schon gewohnt sind, an unserem literarischen Himmel hinzublicken«, teilweise beibehalten. G. G. Gervinus, dem Begründer kritischer Literaturgeschichtsschreibung, blieb es vorbehalten, in seiner Schrift *Über den Götheschen Briefwechsel* kritischere Töne anzuschlagen: »Nie hat die Welt vielleicht zwei so total und in aller Hinsicht verschiedene Menschen in so naher und in einer so ganz eigenthümlichen Verbindung gesehen.« Gervinus betonte die Bedeutung des Buches für die Darstellung der schöpferischen Produktion der beiden Schriftsteller, verwahrte sich jedoch gegen eine »Weihehaltung« und einen Dioskurenmythos.

Diese beiden Einschätzungen blieben in der Goethe-Forschung der kommenden Jahrzehnte und eigentlich bis heute bestimmend, auch wenn Hans Pyritz – im Hinblick auf die Grenzen dieser Beziehung – eher von einer »Wirkungsgemeinschaft« spricht. Für mich liegt die Aktualität dieses Briefgespräches darin, daß es Einblick in den schöpferischen Prozeß ermöglicht. Moderne Dichtung, auch moderne Kunst haben davon profitiert.

Über 160 Jahre sind verstrichen, ohne daß sich in der Literatur Gleichwertiges an die Seite dieses Briefwerkes hätte stellen lassen.[10] In unserem Jahrhundert könnte man sich vorstellen, daß ein Briefgespräch zwischen James Joyce und Samuel Beckett ähnlich fruchtbar hätte sein können, doch obwohl die beiden befreundet waren, ist ein schriftlicher Austausch ihrer Gedanken nicht überliefert. Außerdem verweigerten sich beide ein Leben lang allgemeinen Theoremen. Das andere große Gespräch, das wesentlich hätte sein können, wäre das zwischen Franz Kafka und Bertolt Brecht gewesen. Auch hier hätte Wesentliches zum Vorschein kommen können, der eine individuell-parabolisch schreibend, der andere gesellschaftlich-typisierend, doch diese beiden waren noch weiter als »ein Erddiameter« voneinander entfernt.

3. Das Briefgespräch zwischen Goethe und Zelter. Eine von Goethe vorbereitete und begonnene, jedoch nicht von ihm vollendete Edition

Goethes Briefwechsel mit Schiller und Zelter sind oft verglichen worden; darum hier unsere der Zeit in manchem vorausgreifende Darstellung.

»Noch ein bedeutendes Wörtchen zum Schluß«, beendet Goethe seinen Brief an Zelter vom 4. Januar 1831: »Ottilie sagt: unsre Correspondenz sey für den Leser noch unterhaltender als die Schillerische. Wie sie das meynt und sich's auslegt, wo möglich nächstens zu guter Stunde«. Es ist nicht das erste Mal, daß die Korrespondenzen verglichen werden. Kurze Zeit vorher, am 28. Dezember 1830, gewissermaßen in einem Jahresabschlußbrief, berichtet Goethe: »Doch will ich nicht verhehlen, daß ich Deine Correspondenz und die Schillerische in Gedanken verglichen habe; wenn ich Dir das mittheile so wirst Du Dich dabey ganz wohl befinden. Ich wollte nur meine Gedanken hätten einen Geschwindschreiber ohne daß ich sie ausspräche. Möge Dir alles nach Deiner Art, Weise und Bedürfniß wo nicht gut doch leidlich gelingen«. Zelter antwortet darauf am 7. Januar 1831, Goethes Bemerkung »über die gleiche Richtung und Thätigkeit zweyer Naturen auf ein wie zufälliges Zenith, ist eben so zufällig natürlich, daß man nur bey Uebersicht des Ganzen darauf fällt, wie alles Verwandte immer näher an einander rückt um Eins und dasselbe zu seyn«. Und er fügt hinzu, Goethe möge nicht vergessen, ihm Ottiliens »bedeutendes Wörtchen« und wie sie das nun meint und wie sie es auslegt, zu erklären. – Zu dieser Auslegung und Erklärung ist es im Briefwechsel nicht gekommen.

Hundert Jahre später, 1927, vergleicht Max Hecker noch einmal diesen Briefwechsel mit dem zwischen Schiller und Goethe. Max Hecker nennt ihn »ungewöhnlich«, weil er »mit gleicher Sicherheit Erhabenstes und Niedrigstes« berühre, die »Zweiheit ihrer grundverschiedenen Naturen« sei »durch das Feuer der Freundschaft zu einer Einheit zusammengeschmolzen ... Dieser Briefwechsel ist bedeutend von seiner ersten Seite bis zur letzten; er versiegt nicht, wie es der Briefwechsel Goethes mit Schiller tut, am Schluß im Rinnsal dürftiger Zettelchen. Und wenn selbst im schriftlichen Verkehr mit Schiller Goethe fast überall als der Größere erscheint, so haben von Anfang an die Briefe Zelters, die sich in Ausdruck und Inhalt als sorglose Improvisationen einer eigenartig-eigenwilligen Persönlichkeit darstellen, die Teilnahme des unbefangenen Lesers mehr auf sich gezogen als die klare Gelassenheit Goethes«.[11]

Goethe lernte den in Berlin lebenden Carl Friedrich Zelter, den Baumeister, Musiker, Komponisten und Leiter der Berliner Singakademie, erst einige Jahre nach Beginn des Briefwechsels (1799), am 24. Februar 1802, in Weimar persönlich kennen. Zelter hatte unter dem Eindruck von Goethes *Wilhelm Meister* Gedichte von Goethe vertont und sie mit der Bitte um Weiterleitung an Friederike Helene Unger geschickt. Friederike Unger, geb. von Rothenburg, war Schriftstellerin, Frau des Verlegers und Leiterin des Verlags nach dessen Tod. Goethe schrieb ihr am 13. Juni 1796 seine bekannte bereits zitierte Selbsteinschätzung: »Musik kann ich nicht beurtheilen, denn es fehlt mir an Kenntniß der Mittel deren sie sich zu ihren Zwecken bedient; ich kann nur von der Wirkung sprechen, die sie auf mich macht, wenn ich mich ihr rein und wiederholt überlasse«. Er drückte den Wunsch aus, Zelter persönlich kennenzulernen, und wenn im achten Band des *Wilhelm Meister* auch kein Raum für Gesänge sei, so sei der Nachlaß Mignons noch nicht erschöpft, und er wolle nun alles, was in dieser Beziehung entstehe, dem Komponisten Zelter anvertrauen. Zelter, der von diesem Brief erst 1799 durch Unger Kenntnis erhielt, antwortete Goethe am 11. August 1799, und Goethes Reaktion vom 26. des Monats leitete einen Briefwechsel ein, der in großer, unmittelbarer Direktheit und Lebendigkeit bis zu Goethes Tod andauerte und zu einer engen freundschaftlichen Beziehung führte; Zelter war einer der ganz wenigen in der Umgebung Goethes, dem das Du angetragen wurde. Er war ein wichtiger Partner, geradezu ein Statthalter in Berlin, in einer Stadt, die Goethe – abgesehen von seinem Besuch 1778 – nur aus respektvoller Entfernung kannte. Es ist Zelter trotz vieler Versuche nicht gelungen, den Weimaraner in die preußische Großstadt zu locken. Zelters Kompositionen waren bei den Zeitgenossen umstritten, aber genau das, was kritisiert wurde, seine Vertonung untermale mehr die Texte, als daß es eigene, schöpferische musikalische Entwürfe seien, schätzte Goethe an ihnen. Goethes Verhältnis zur Musik war das eines Dichters. Ihm ging es in erster Linie um die Dichtung, er wollte seine Gedichte nicht von Musik verdecken lassen, Musik sollte dienen. Goethe bevorzugte ganz eindeutig das Strophenlied gegenüber einer überlagernden musikalischen Gestaltung. Dies legte er noch einmal in einem Gespräch mit Felix Mendelssohn-Bartholdy bei dessen letztem Besuch in Weimar Anfang Juni 1830 dar.

Zelters Fähigkeiten lagen nicht so sehr auf dem musikalisch-kreativen Gebiet, nicht so sehr in innovativen Kompositionsversuchen, er war eher ein musikorganisatorisches Genie. 1808 gründete er in Berlin den ersten Männergesangverein, der sich unter dem Namen »Liedertafel« über ganz Deutschland ausbreitete; die Sänger, die sich regelmäßig und einmal im Jahr zu großen Liederfesten trafen, pflegten das deutsche Liedgut. Die Singkreise der »Liedertafel« wurden allerorts in den deutschen Ländern gefördert, sie hielten und halten sich bis in unsere Gegenwart. Goethe ließ sich, in seinem musikalischen Urteil unsicher, leider oft zu sehr von Zelter beeinflussen; das erleichterte ihm viel, brachte ihm aber auch spürbare Nachteile ein. Zelter war eben ein Bewahrer der Tradition, dem Neuen gegenüber wenig aufgeschlossen. So ist auch Goethes Urteil über Beethoven sicherlich von Zelter bestimmt; als er in Teplitz Beethoven das einzige Mal persönlich begegnete und dieser ihm vorspielte, berichtete er Zelter von der »ganz ungebärdigten Persönlichkeit, die zwar gar nicht Unrecht hat, wenn sie die Welt detestabel findet, aber sie freilich weder für sich noch für andere genußreicher macht«.[12] Franz Schubert, der wohl die schönsten Kompositionen von Goethes Liedern geschaffen hat, blieb von Goethe unbeachtet. An Mozart interessierte ihn die weltweite Wirkung der *Zauberflöte* und damit mehr das »Phänomen« Mozart, weniger seine geniale Musik. Hector Berlioz schickte ihm seine Komposition zu acht Szenen des *Faust* und drückte in seinem Begleitbrief an den »Monseigneur« tiefe Ehrfurcht aus, seit Jahren halte ihn der *Faust* gefangen, nachdem die erste Lektüre einen »Schrei der Bewunderung« in ihm ausgelöst habe; Goethe bat Zelter um Beurteilung, dieser lehnte die Komposition mit groben Urteilsworten ab, so erhielt Berlioz nicht einmal eine Eingangsbestätigung.

Bei Bach wiederum, auch dies unter dem Einfluß von Zelter, wurde ihm »die ungeheure Gewalt der Musik« deutlich. Bachs Musik komme ihm vor, wie er am 21. Juni 1827 an Zelter schrieb, »als wenn die ewige Harmonie sich mit sich selbst unterhielte, wie sich's etwa in Gottes Busen, kurz vor der Weltschöpfung möchte zugetragen haben«. Es war eben dieser Eindruck, der Goethe zu der Absicht verleitete, eine »Tonlehre« zu wagen, sie sollte Musik als Kunst, mit dem Vorzug, von den Unzulänglichkeiten des Worts befreit zu sein, in Verbindung von Naturvorgang und menschlichem Bewußtsein darstellen. Aber es blieb beim Entwurf, bei einem Schema, das er jedoch von 1827 an in seinem Arbeitszimmer sichtbar aufhängte.

Doch wie diese Erfahrungen, Erlebnisse, Eindrücke, Lektionen, Beeinflussungen auch gewesen sein mögen, Goethe fühlte sich in seiner Musikauffassung durch Zelter bestätigt. In der Tat sind die Briefe dieser Korrespondenz »unterhaltender« als die zwischen Goethe und Schiller. Hier der Plauderton, die Anekdote, das Direkte, auch Zoten unter Männern, immer wieder jedoch auch das erzählende Zusammenfassen von Bekenntnissen und Ereignissen und stets die gegenseitigen Bitten um Ermutigung für die Arbeit. Dort der auf die (Detail-)Spitze getriebene poetologische Disput. Hier das Objektive privatisiert – dort das Private, Individuelle objektiviert. »Ich bin ins Plaudern gekommen«, diese Formulierung von Zelter gilt auch für Goethe, der jenen immer wieder mit seinem »Und so fortan« ermunterte.

Zelter war für Goethe so etwas wie die Verkörperung des gesunden Menschenverstands. Dies bewährte sich selbst in einer eher belanglosen Angelegenheit. Goethe hatte die Idee, Freunde und Mitwirkende an dem festlich begangenen 7. November 1825, dem 50. Jahrestag seines Eintreffens bei Carl August, mit einem Vierzeiler zu bedenken, der freilich nicht zu Goethes großen poetischen Erzeugnissen zählt. Darüber machte sich der ›Allgemeine Anzeiger der Deutschen‹ in Gotha lustig, indem er ein Gedicht veröffentlichte, das jenen Vierzeiler parodiert: *Goethes vielfacher Dank für die Feier seines Geburtstages in Berlin.* Man hätte die Sache auf sich beruhen lassen sollen, aber Kanzler von Müller wandte sich an seinen Gothaischen Ministerkollegen Riemer, schaltete dann auch Carl August ein, und schließlich schrieb Müller an Zelter und bat ihn, er möge sich öffentlich äußern. Doch dieser wies die »Kenner der Szene« zurecht: »Der Angriff ist plump und lächerlich, doch nicht ganz unnatürlich, von Kunst-, ja von Blutsverwandten hat unser Freund niemals viel gehabt ... keinen Finger will ich rühren; das Narrenpack will stimuliert sein, um Aufsehen zu machen.«[13]

Zumindest seit 1825 stand für Goethe fest, daß dieser Briefwechsel veröffentlicht werden sollte, und deshalb holte er gelegentlich zu Bekenntnissen und Beschreibungen seiner Situation aus. So schrieb er am 23. Februar 1831, vier Monate nach dem Tod seines Sohnes August, recht unvermittelt an Zelter, um »freundlich theilnehmend zu gedenken«, eine merkwürdig distanzierte Schilderung der letzten Tage seines Sohnes; ein Chronist berichtet, nicht so sehr ein Vater; dieser Vater wird allerdings erwähnt als einer, der schon »dichterisch« dort war, wo der Sohn nach dem Tod ankam: »Nach wenigen Tagen schlug er den Weg ein um an der Pyramide des Cestius auszuruhen, an der Stelle wohin sein Vater, vor seiner Geburt, sich dichterisch zu sehnen geneigt war.« Der Brief endet mit der Hoffnung auf eine Gelegenheit, aus den Reiseblättern des Sohnes eine Schrift zu machen, die das Gedächtnis »dieses eignen jungen Mannes« Freunden empfehlen könne. Die für Goethe eher fremde Formulierung schließt: »Und so, über Gräber, vorwärts!«[14]

Neben diesem Bericht über den Tod des Sohnes sind im Briefwechsel mit Zelter die gelegentlichen Meldungen über den Fortgang der Arbeit an *Faust* wichtig. Auch hier ist es interessant, daß nicht so sehr Details erwähnt als vielmehr Stimmungsberichte gegeben werden. In der Endphase der Arbeit an *Faust II* hatte Goethe drei Monate, von März bis Mai 1831, keinen Brief mehr an Zelter abgesandt; am 1. Juni regte er Zelter an, er möge ihm doch »aus der reichen äußern Erndte in die Du gesendet bist, mir von Zeit zu Zeit einige

Büschel zu[zu]schicken, indeß ich ganz ins innere Klostergartenleben beschränkt bin, um, damit ich es nur mit wenig Worten ausspreche, den zweyten Theil meines *Faust* zu vollenden.«

Zelter war der erste, dem dann der definitive Abschluß der *Faust*-Arbeit mitgeteilt wurde. Am 4. September 1831 schrieb Goethe: »Wenn Du aber nach dem *Faust* fragst, so kann ich Dir erwiedern: daß der 2te Theil nun auch in sich abgeschlossen ist. Ich habe seit so vielen Jahren recht gewußt was ich wollte, habe aber nur die einzelnen Stellen ausgeführt die mich im Augenblick interessirten. Dadurch wurden Lükken offenbar, welche ausgefüllt werden mußten. Dieses alles nun zurecht zu stellen, faßt' ich den festen Vorsatz es müsse vor meinem Geburtstag geschehen. Und so ward es auch«.

Über sechs Jahre hat sich Goethe mit der Sichtung und Ordnung dieses Briefwechsels beschäftigt. Es ist verständlich, daß er an Veröffentlichung dachte: Hier ist ein Abschnitt des Lebens zweier ungewöhnlicher Menschen fast unmittelbar überliefert. Sie vertrauten sich gegenseitig, und so vertrauten sie auch ihren Briefen Direktes und Persönliches an. Riemer hat in seinem »Vorbericht des Herausgebers« zwei Zeugnisse, Goethes über Zelter und Zelters über Goethe, zitiert. Goethe sah Zelters Drang, »zwischen einem ererbten, von Jugend auf geübten, bis zur Meisterschaft durchgeführten Handwerk, das ihm eine bürgerliche Existenz ökonomisch versicherte, und zwischen einem eingebornen, kräftigen, unwiderstehlichen Kunsttriebe, der aus seinem Individuum den ganzen Reichtum der Tonwelt entwickelte«, und so war für Goethe ein »doppelt wechselseitiges Bestreben« unentbehrlich. Und Zelter hat in einer eigenhändigen Niederschrift über Goethe folgendes festgehalten: »Was Goethe betrifft, so mag ein so dauerhaft vertrautes Freundschaftsband mit diesem außerordentlichen Manne manche Vermuthung veranlaßt haben ... Was ich von seiner Persönlichkeit aus der Tradition wußte, wo nicht selbst die Opposition anerkannter Zeitgenossen gegen die Wirkung seiner Schriften, rührte den tiefsten Grund in mir auf. Ich hatte Partey genommen für ihn, ohne sagen zu können wie und warum, und mein Glaube an jene Opposition, in der ich manchen persönlichen Freund zählte, verlor sich endlich ganz«.

In jenen sechs Jahren erinnerte Goethe Zelter immer wieder an eine wünschenswerte Veröffentlichung, ja, er riet ihm auch, jetzt schon mit »Gänsefüßchen« das zu bezeichnen, was er von sich aus veröffentlicht sehen wollte. Goethe war begeistert von Zelters Berichten der vielen Erlebnisse auf seinen Reisen, so über die stürmische Ostseefahrt nach Rügen, und von seinen Briefen aus Wien, aus Holland und dem Rheinland. Zelter hatte ihm von fünf dieser Reiseberichte Extraabschriften machen lassen und zugeschickt. Am 1. Februar 1831 war Goethe »eine Vorsicht beigegangen«: »Deine Reiserelationen machen höchst lichte Stellen in der Korrespondenz. Du hast Abschriften davon; die halte ja fest und geheim und sorge, daß weder jetzt noch künftig Abschriften genommen werden. Die Druckerleute sind um desto gefährlicher, da sie für ehrliche, ja generose Leute wollen gehalten sein und überall Recht haben wollen, weil kein Gesetz in dieser Anarchie obwaltet.« Eine kühne Behauptung, die jedoch Goethes Erfahrung widerspiegelt.

Am 23. November 1831 bat er Zelter, er möge ihm die eigenen Briefe zur Redaktion zurückschicken, was Zelter sogleich tat. Goethe war nun im Besitz sämtlicher für die Veröffentlichung bestimmten Briefe. Die Publikation hätte nun erfolgen können, aber die Briefpartner lebten und tauschten weiterhin rege Briefe aus; der Briefwechsel war noch nicht zu einem Ende gekommen. Nach seiner schweren Erkrankung im November 1830 hatte Goethe Riemer mit der Herausgabe des Briefwechsels beauftragt. Riemer hatte schon seit längerem an der Editionsvorbereitung des Briefwechsels mitgearbeitet, seine Beteiligung wird zuerst am 5. August 1826 festgehalten: »Erwünschte Abendunterhaltung mit Freund

Riemer gewährt uns jetzt die belobte Korrespondenz; wir gehen sie durch, revidieren, korrigieren, interpungieren, und so gibt es ein reines Manuskipt für jede Zukunft.« Goethe bat auch Sulpiz Boisserée um Zusammenarbeit mit Riemer in dieser Sache: »Zwei Abende der Woche lese ich sie mit Riemern durch, um Schreibfehler, Interpunktion und sonst zu berichtigen«, er erwähnte »die erbaulichsten Spitzen« dieser Korrespondenz, die man nicht »abstumpfen« sollte. Und er meinte, daß »Dünkel und Vorurtheil hätten sich zu beschweren und beide verflüchtigen sich mit der Zeit«: »Auch hierbei bewährt sich die alte Wahrheit: man soll wenig thun, aber Tüchtiges und es wirken lassen nach Zeit und Umständen.« Am 6. Dezember 1830 bat er Zelter um ein »legales Dokument«, er schickte es, und Goethe bestätigte den Erhalt.[15]

Im Brief an Zelter vom 19. Februar 1831 erwähnte Goethe, daß Riemer eine »nicht geringe Arbeit« übernommen habe, »das Recht, sich auf dem Titel als Herausgeber zu nennen, wird er mit großer Sorgfalt zu gewinnen wissen«. Goethe hatte bereits am 22. Januar 1831 testamentarisch Riemer zum Herausgeber bestimmt und ihm auch ein »billiges Honorar« zugesichert. Am 14. Juni 1831 wurde die Vereinbarung von Goethe und Riemer unterschrieben, und Goethe legte darüber hinaus fest, daß das Verlagsrecht für die Ausgabe, die acht Bände umfassen sollte, nur für eine Summe von mindestens 16000 sächsischen Talern zu vergeben sei.

Ende 1831 war für Goethe die Durchsicht beendet. »dem guten Riemer bleibt nunmehr Erwägung und Beurtheilung wegen auszulassender oder zu modificirender Stellen; er wird hoffentlich, bey überströmendem Schwall der allmächtigen Preßfreyheit, nicht allzugenau und knapp zu Werke gehn. Den Künftigen sey dies überlassen«. Zelter war einverstanden. »Riemern werd' ich viel zu danken haben um nicht in Eure Preßculpanz zu gerathen«.

Goethes Briefen an Zelter verdanken wir auch die Schilderung seines letzten Besuches in Ilmenau. Er war den Gratulationen zum 82. Geburtstag ausgewichen und reiste mit seinen beiden Enkeln in jene wohlvertraute Gegend, die ihn zuvor so oft mit Bergwerksangelegenheiten beschäftigt hatte, wo er aber auch an jenem 6. September 1780 »Über allen Gipfeln | Ist Ruh'« an die Wand der Jagdhütte auf dem Kickelhahn geschrieben hatte. Dies war nun vor einem halben Jahrhundert gewesen. Welche Erinnerungen mögen ihn bedrängt haben! Er wanderte zur Hütte, um die Inschrift zu »rekognoszieren«, wie er am 4. September 1831 an Zelter schrieb: »Nach so vielen Jahren war denn zu übersehen: das Dauernde, das Verschwundene. Das Gelungene trat vor und erheiterte, das Mißlungene war vergessen und verschmerzt.« Goethe freute sich über die Enkel, die unbelastet der schweren Arbeit der Handwerker zusahen, jener Menschen, »die das ganze Jahr weder Butter noch Bier zu sehen kriegen und nur von Erdäpfeln und Ziegenmilch leben«. Und dennoch war jener an die Grenze seines Lebens Gerückte, eingedenk des »warte nur: balde« (im Brief an Friedrich von Reinhard vom 7.9.1831), der Meinung, jene schwer Arbeitenden seien »heiterer als unsereiner, dessen Kahn so voll gepackt ist, daß er jeden Augenblick fürchten muß, mit der ganzen Ladung unterzugehen«.

Von Januar 1832 an schrieb Goethe nur noch wenige Briefe. Doch noch einmal, am 4. Februar 1832, also kurz vor seinem Tod, nachdem ihm Zelter berichtet hatte, wie sich Mitglieder der Berliner Akademie und selbst der preußische Minister für Kultur abfällig über die *Farbenlehre* geäußert hätten, empörte er sich über Akademiker und Politiker; er wollte und konnte sich, wie später auch Strindberg, nicht mit dem zeitgenössischen Urteil abfinden, zwar ein großer Dichter, jedoch kein innovativer Wissenschaftler zu sein. »Schon vor einiger Zeit hast Du mir gemeldet: daß einige gebildete Berliner sich freuen, außer Deinem Exemplar meiner Farbenlehre, vielleicht kein anderes in Berlin zu wissen. Ist etwa eins auf der königl. Bibliothek, so wird man es dort secretiren und als ein verbotnes Werk verläugnen. Zwey Octav-Bände und ein Quart-Heft sind seit dreyundzwanzig Jahren gedruckt, und es gehört zu den wichtigsten Erfahrungen meines hohen Alters, daß seit jener Zeit die Gilden und Societäten sich dagegen immer wehren und in gräulicher Furcht davor begriffen sind. Sie haben Recht! und ich lobe sie darum. Warum sollen sie den Besen nicht verfluchen der ihre Spinneweben früher oder später zu zerstören Miene macht«. Damals, so meinte Goethe in seinem Brief, habe er geschwiegen, doch jetzt habe er das Gefühl, deutlich werden zu müssen, und so holte er noch einmal weit aus:

> Es sind alles ehrenhafte, wohldenkende Männer in der Gesellschaft von der Du erzählst; aber freylich gehören sie einer Gilde, einer Confession, einer Partey an, welche durchaus wohl thut alles widerwärtig Eingreifende, das sie nicht vernichten können, zu beseitigen.
>
> Was ist ein Minister anders als das Haupt einer Partey, die er zu beschützen hat und von der er abhängt? Was ist der Akademiker anders als ein eingelerntes und angeeignetes Glied einer großen Vereinigung? Hinge er mit dieser nicht zusammen, so wär er nichts; sie aber muß das Ueberlieferte, Angenommene weiter führen und nur eine gewisse Art neuer, einzelner Beobachtungen und Entdeckungen herein lassen und sich assimiliren, Alles andere muß beseitigt werden als Ketzerey.[16]

Dieser Brief vom 11. März ist Goethes letzter Brief an Zelter: »Nun bitte ich aber fahre fort, wie Du in Deinem letzten Briefe gethan, die alten ewigen Naturmaximen, wornach der Mensch dem Menschen durch die Sprache verständlich wird, aphoristisch auszusprechen, damit in der Folge auch wohl einmal erfüllt werde was geschrieben steht«. Zelters letzter Brief vom 22. März: »Da kommt denn das Wort: *So ist es recht!* zu guter Stunde«, wird Goethe nicht mehr erreicht haben.

Zelter war nach seinem Besuch vom 22. bis 26. Juli 1831 in

Weimar voller Zuversicht, Goethe werde die Krankheit überstehen. Im Januar und Februar 1832 war seine Tochter Doris sechs Wochen lang in Goethes Haus. Als sie am 19. Februar 1832 abreiste, bat sie Goethes Arzt Dr. Vogel, sie über jede Verschlechterung zu informieren. Vogel tat dies auch mit Briefen vom 20. und 21. März, am 22. März aber mußte er Goethes Tod melden. Die Nachricht traf am 24. des Monats in Berlin ein; Doris versuchte, sie dem Vater zunächst zu verheimlichen, doch es war ihr nur einen Tag lang möglich. »Zelter ist ganz starr vor Schmerz, und die Seinigen haben ihn mit Mühe zu seinem Freund Langermann gebracht, damit er dort sich lösen könne von seiner Bestürzung«, berichtete der Arzt Ludwig Friedrich Froriep an Ottilie von Goethe. Zwei Tage, nachdem er die Todesnachricht erhalten hatte, schrieb Zelter an David Veit: »Sie haben Ihre Frau verloren, und mir ist mein Mann gestorben. So hat jeder seinen Schmerz, und ich will den meinen haben. Bisher war ich von ihm 36 Meilen entfernt, nun komme ich ihm mit jedem Tage näher, und er wird mir nicht entwischen.« Und so war es. Von diesem Moment an war Zelters Lebenskraft geschwächt, von diesem Schlag erholte er sich nicht mehr, er hatte seine Lebenskraft aus Leben und Wirken Goethes bezogen, Goethes Tod führte auch den seinen herbei. Zelter starb am 15. Mai 1832.

Lea Mendelssohn-Bartholdy gab in der ›Neuen Freien Presse‹, Wien, 19. April 1887, einen Bericht über seinen Tod: »Er endete wirklich an gebrochenem Herzen. Einige Abende vor der zehntägigen Krankheit ließ er sich, als er sich von seiner Tochter trennte, ein Licht geben, stellte es vor Goethes Büste, verneigte sich und sagte: ›Ihre Exzellenz warten auf mich, ich komme bald. Gute Nacht, Alter.‹ In seinen letzten Phantasien sprach er meist nur von Weimar.« Auch Varnhagen von Ense (an Kanzler von Müller, 2. 6. 1832) stellte fest: »Hingegen darf man mit allem Rechte sagen, daß Zelter an Goethes Tode gestorben sei, ihm war die Lebenslust und die Lebenskraft entwichen.«

Riemer nahm nach kurzer Zeit die Arbeit an der Redaktion des Briefwechsels wieder auf. Am 19. Juni 1832 glaubte er, sich an Doris Zelter wenden und seine Anteilnahme am Tode des Vaters nicht besser ausdrücken zu können, »als wenn ich Ihnen die Versicherung gebe, daß ich von nun mich unausgesetzt mit dem hinterlassenen Briefwechsel beschäftige, um sobald als möglich und der Sache selbst dienlich und förderlich ist, Band für Band zum Druck zu besorgen, indem es ja wohl gelingen wird, den möglichst vorteilhaftesten Vertrag mit einem Verleger abzuschließen«. In diesem Brief bat er, Doris Zelter möge ihm Goethes Briefe vom Anfang dieses Jahres bis hin zum letzten Brief schicken, man könne diese Briefe zwar aus den Konzepten, die vorhanden seien, abschreiben, aber Goethe habe doch manches geändert, und »so sind die Originale zu Genauigkeit unentbehrlich«. Die Originalbriefe Zelters waren in der Hand Goethes bzw. Riemers, sie seien, so schrieb dieser, »sämmtlich in guter Verwahrung und Ordnung«, er bat Doris Zelter, »allein da ich öfters der Namen wegen, oder anderer Worte, die der Kopist falsch geschrieben hat, die Originale nachsehen muß«, die Briefe noch einige Zeit behalten zu dürfen.

Mit ihrem Antwortschreiben vom 25. Juni 1832 sandte Doris Zelter die verlangten letzten Briefe Goethes, und Riemer konnte seine Arbeit fortsetzen und abschließen. 1834 erschien der »*Briefwechsel zwischen Goethe und Zelter in den Jahren 1796 bis 1832*. Herausgegeben von Dr. Friedrich Wilhelm Riemer, Großherzogl. Sächs. Hofrathe und Bibliothekar« in sechs Teilen (in vier Bänden gebunden). Max Hecker lobt die Ausgabe, rügt aber auch zahllose große und kleine Versehen, die durch Zelters schwer lesbare Handschrift entstanden waren. Freilich hatte die Ausgabe, wie Hecker feststellt, auch unter einem methodischen Mißgriff zu leiden, denn für die Reihenfolge der Briefe ist bei Schreiben, die sich über mehrere Tage hin erstrecken, nicht das Schlußdatum, sondern das Anfangsdatum maßgebend.

Das Auffallende aber ist, daß dieser Briefwechsel nicht bei Cotta, sondern bei Duncker und Humblot veröffentlicht wurde. Carl Friedrich Wilhelm Duncker, Inhaber des 1809 gegründeten Verlages Duncker und Humblot in Berlin, war 1814 durch *Des Epimenides Erwachen* mit Goethe in Verbindung gekommen. Duncker war im Juli 1832 in Weimar; zum erstenmal taucht er als Verleger in jenem schon erwähnten Brief Riemers an Doris Zelter vom 19. Juni 1832 auf: »Wahrscheinlich dürfte Herr Duncker sich zu dem Unternehmen verstehen, welches in vieler Hinsicht für Sie und den Absatz des Werkes vortheilhaft seyn würde. Zur Zeit ist noch nichts entschieden, und Herr Kanzler von Müller wird darüber die gehörige Auskunft zu geben wissen.«

In der Tat, Kanzler von Müller übernahm alle Verhandlungen, die Goethes Nachlaß betrafen, nicht immer zur Freude der Beteiligten. Ulrike von Pogwisch schrieb am 2. September 1832 an Doris Zelter: »Solange liegt der Brief nun, ich bin sehr oft unwohl, und die Art, wie der Geheime Rat Müller im Goetheschen Hause sich benimmt, macht mich immer wieder von neuem krank.« Die Aktivitäten des Kanzlers kennen wir durch Max Heckers Forschungen und durch Dorothea Kuhns Anmerkungen in ihrer Ausgabe des Goethe-Cotta-Briefwechsels. Kanzler von Müller, der für Cotta nie große Sympathien gezeigt hatte, nahm Verbindung mit den Verlegern Brockhaus in Leipzig, Joseph Max in Breslau und Reimer in Berlin auf. Die von Goethe bestimmte Summe von 16000 sächsischen Talern war diesen Verlagen zu hoch. Allein Brockhaus führte die Verhandlungen weiter; obschon er sich flexibel zeigte, kam es doch zu keiner Einigung. Cotta hatte zunächst seinen Sohn nach Weimar gesandt, um die Nachlaßfragen mit Kanzler von Müller zu besprechen. Später reiste der Kanzler selbst nach Esslingen, um drei Punkte zu verhandeln: Es ging um den strittigen Inhalt der Nachlaßbände, noch einmal um die leidige Frage der Partieexemplare und zuletzt um den Briefwechsel mit Zelter. Kanzler von Müller hatte, wie erwähnt, seine Vorbehalte gegen Verleger im allgemeinen und gegen Cotta im besonderen, und wahrscheinlich hatte er Goethes Bonmot von der »eigenen Hölle«, die es für Buchhändler geben solle, noch in Erinnerung. Müller hatte am 31. Dezember 1832 an den immer noch zur Vermittlung bereiten Boisserée geschrieben, es sei keine ruhige Verhandlung mit Cotta möglich gewesen, aber, immerhin, jener mache das höchste Angebot von allen Verlegern, er wolle 12000 Taler zahlen, und außer einer Ausgabe in Oktav wolle er auch gleichzeitig eine Taschenausgabe herausbringen. In diesem einen Punkt also war eine Übereinstimmung zwischen dem Kanzler und Cotta erreicht. Jener, heimgekehrt, schickte am 21. Oktober 1832 einen entsprechenden Vertragsentwurf nach Stuttgart, doch die Verhandlungen verzögerten sich. Nach Cottas Tod wollte sein Sohn offensichtlich die vom Vater genannte Summe nicht bezahlen, so kam nun wieder Duncker ins Spiel. Es gehört zu den Finessen von Müllers Verhandlung, daß er gegenüber Cottas Sohn auf 12000 Talern bestand, jedoch mit Duncker ein Honorar von 8000 Talern vereinbarte. Am 30. Juli 1833 wurde der Vertrag geschlossen, Riemer entwarf die Ankündigung, die vierseitig mit dem Datum des Goetheschen Geburtstags vom 28. August 1833 erschien. Doch Duncker hatte kein Glück mit der Ausgabe. Am 4. Juli 1834 hatte er nicht mehr als 700 Exemplare verkauft und weigerte sich dann, für das Register, das Riemer ausgearbeitet hatte, ein Sonderhonorar zu zahlen; lediglich für die Vorrede wurde Riemer bezahlt. Auch in den folgenden fünf Jahren wurden nur 125 Exemplare verkauft, danach verramschte der Verleger die Ausgabe. Dieses hätte Cotta sicherlich nicht getan.

»Zelters Person und Gegenwart tat mir sehr wohl« – das war Eckermanns Urteil über Zelter, welches sicher auch Goethes Meinung entsprach; dreißig Jahre lang hatte sich die Freundschaft der beiden Männer stets enger entwickelt, bis Goethes

Tod auch den Tod Zelters bedingte. Anton Kippenberg, für den Goethe den Kompaß seiner Lebens- und Verlagsarbeit bedeutete, war von der Persönlichkeit Zelters und seiner Zugehörigkeit zu Goethes engstem Kreise so begeistert, daß er dessen Lebensdokumente in seine Sammeltätigkeit einschloß. Er erwarb einen großen Teil von Zelters handschriftlichem Nachlaß und ergänzte diesen Grundstock immer wieder durch neue Ankäufe von Manuskripten; er fand die seltenen Erstdrucke der Kompositionen und Schriften und brachte sie in seinen Besitz. Es gelang ihm auch, eine große Sammlung zeitgenössischer Bildnisse, auf denen Zelter porträtiert war, zu erwerben. So kann man heute im Goethe-Museum Düsseldorf Carl Friedrich Zelter angemessen begegnen.

4. »Die Buchhändler sind alle des Teufels«. Autor und Verleger »in so bedeutenden Lebensverhältnissen verbunden«

Cotta also hatte auch die »Prüfungen« bestanden, welche der Goethe-Schiller-Briefwechsel ihm auferlegt hatte. Doch es gab für ihn stets neue Aufgaben, die neue Schwierigkeiten hervorriefen. Immer wieder mußte er sich in aktuelle Geschehnisse einschalten, so etwa bei den öfter aufkommenden Gerüchten über Nachdrucke und beim Dauergezeter um die dem Autor nicht honorierten Partieexemplare.

Nach fünfeinhalb Jahren fand 1828 endlich wieder eine persönliche Begegnung zwischen Goethe und Cotta statt. Cotta war in Berlin gewesen, um Zollfragen zu verhandeln, und reiste nun über Weimar nach München zurück. Am 27. September 1828 traf er mit seiner zweiten Frau bei Goethe ein. Goethe hatte registriert, daß Cotta ihn in den letzten zwei Jahrzehnten immer nur dann besuche, wenn er eine für andere Zwecke geplante Reise unternahm, nie sei er eigens für ihn nach Weimar gekommen. Doch Cotta hatte Glück, Goethe gefiel Cottas neue Frau ausnehmend gut: »daß Ihre und

Ihrer Frau Gemahlin Gegenwart«, schrieb Goethe am 8. Oktober 1828, »bey uns den angenehmsten Eindruck zurückgelassen, und daß wir uns oft an der Erinnerung ergötzen ein so werthes Paar auch persönlich verehrt zu haben. Gedenken Sie unsrer auf gleiche Weise, so kann das schon so lange dauernde wichtige Verhältniß nur immer schöner sich gestalten, und ein wechselseitiger Vortheil von den würdigsten Gefühlen gegenseitigen Vertrauens geadelt werden.« Immerhin, eine hohe Bewertung dieses Verhältnisses, und Cotta bedankte sich überschwenglich für den Empfang, erfreut und gerührt sei er »über Ihre freundlichst gütigste Aufnahme, über die ewig unvergeßliche Stunden, die Sie uns schenken wollten, und über die jugendliche Kraft und Lebendigkeit in der Unterhaltung, woraus sich Ihr so theueres Wohlseyn ergab ... Wir waren wieder in Weimar in Ihrer beseeligenden Nähe!« Man ist versucht, aus diesen Briefen zu schließen, die Beziehung zwischen Autor und Verleger könnte besser, herzlicher, ja, freundschaftlicher nicht sein, »ein wechselseitiger Vortheil von den würdigsten Gefühlen gegenseitigen Vertrauens geadelt« – und doch: In jeder freundschaftlich sich entwickelnden Beziehung zwischen Autor und Verleger bleibt immer ein Kern der Unsicherheit, des Zweifels, vielleicht auch des Mißtrauens. Aus der Sicht des Autors verfügt der Verleger über eine Macht, deren Entscheidungen den Autor in seiner Existenz betreffen. So schwelte auch bei Goethe eine Art Mißtrauen weiter, und in seiner direkten und spontanen Art konnte es deshalb zu überraschenden Verurteilungen kommen. Bei der Herstellung der 40 Bände rügte Goethe jede der Verzögerungen, die jedoch ganz und gar unvermeidlich waren angesichts der verworrenen Zeitumstände, der Folgen der Napoleonischen Kriege für die Vielzahl der deutschen Kleinstaaten mit ihren unterschiedlichen Verfassungen, Gesetzgebungen, Zensurbestimmungen und Postmodalitäten; die Korrekturgänge mit ihren Verzögerungen und Verlusten zwischen den wechselnden Druckereien und

Weimar waren nervenbelastend. Nur so ist erklärlich, daß kurz nach der Bekundung, das Verhältnis könne »nur immer schöner sich gestalten«, wieder ein Bannstrahl fiel; als ein erwarteter Druckbogen nicht eintraf, erzürnte sich Goethe, und am 21. Mai 1829, auf einem Spaziergang, notierte Kanzler von Müller jene berüchtigte Äußerung: »Als wir auf Cotta und seine ewigen Zögerungen bey der Herausgabe der Goetheschen Werke kamen, brach er heftig aus: ›Die Buchhändler sind alle des Teufels, für sie muß es eine eigne Hölle geben‹.« Wie gesagt, eine Äußerung auf einem Spaziergang also, spontan (freilich nicht ohne Witz) formuliert. Goethe ist nie mehr auf sie zurückgekommen, hat sie weder im Diktat noch im Tagebuch festgehalten, gewiß war sie von ihm nicht zur Veröffentlichung bestimmt.

Am 13. November 1828 schrieb Cotta an Goethe, er müsse wiederum zu einem einmonatigen Aufenthalt nach Berlin; er erwähnte, daß er sich um die Angelegenheiten der ›Jahrbücher für wissenschaftliche Kritik‹ zu kümmern habe; diese erschienen seit 1827 in seinem Verlag, herausgegeben von einer Sozietät, deren Vorsitzender Hegel war; der Absatz der Jahrbücher war schlecht, und Cotta wollte sich in Berlin um Subventionen bemühen. Der Hauptgrund seiner Reise aber, den er Goethe gegenüber nicht erwähnte, waren erneute Zollverhandlungen. Diesmal aber kam er weder auf der Hinreise noch auf der Rückreise in Weimar vorbei. Goethe registrierte dies genau, und er ließ es sich nicht nehmen, Cotta am 30. November 1828 eine Belehrung zu erteilen, die er freilich »Betrachtung« nannte: »Nun aber lassen Sie mich eine wichtige Betrachtung mittheilen, zu welcher ich durch Ihre neuliche erwünschte Gegenwart veranlaßt worden. Männer die in so bedeutenden Lebensverhältnissen verbunden sind sollten nicht so lange anstehen sich persönlich zu nähern und mündlich zu besprechen. Entfernung entfernt die Gemüther, es sey wie ihm wolle; ein Augenblick der Gegenwart hebt alle die Nebel auf, die sich in der Weite nur gar zu leicht vermehren und verdichten.« Das war deutlich. Auch ein Verleger von heute hat dieses Monitum gegenüber seinen Autoren zu beherzigen, das unmittelbare Gespräch ist auch heute noch allen Briefen oder Telephonaten vorzuziehen; »Entfernung entfernt die Gemüter«, dieser Satz ist von jedem Verleger zu beherzigen. Immer wieder kommt Goethe auf ein wünschenswertes persönliches Gespräch zurück. Am 19. Februar 1829 schließt er seinen Brief: »Manches andere auf die zu hoffende persönliche Zusammenkunft versparend«. Goethe hatte Cotta die poetische Widmung des Goethe-Schiller-Briefwechsels an den bayerischen König übergeben wollen, es war ihm nicht möglich; jetzt sandte er Cotta jene Arbeit zu, die ihn neben den *Wanderjahren* und dem *Faust* immer wieder beschäftigt hatte, seine Verteidigung der Schrift über die *Metamorphose der Pflanzen*; ein 1827 in Paris erschienenes botanisches Werk, *Organographie végétale* von Auguste Pyrame de Candolle, regte ihn an, gemeinsam mit seinem Freund Soret ein Kapitel seiner eigenen Schrift ins Französische zu übersetzen; er trieb dazu neue botanische Studien und wollte im revidierten Text seinen morphologischen Standpunkt gewissermaßen »in letzter Hand« darlegen. Da Goethe diese Arbeit sehr wichtig war, erfüllte Cotta seinen Wunsch und legte die Schrift in einer Auflage von 1400 Exemplaren zweisprachig auf: *Versuch über die Metamorphose der Pflanzen/ Essai sur la métamorphose des plantes*, eine dem Markt gewiß nicht entsprechende Publikation. Goethe forderte 1000 Taler Honorar, aber Cotta reduzierte es auf 500 Taler.

Das gewünschte Treffen fand am 2. Juni 1829 statt; Cotta bedankte sich für diesen Besuch, den »genußvollen herrlichen Tag, den Sie uns schenkten«. Er mußte Goethe freilich mitteilen, daß er nach seiner Reise schwer erkrankt sei. Doch erholte er sich wieder und stürzte sich sofort in seine verzweigten Tätigkeiten. Von »fast erdrückenden ständischen Geschäften« berichtete er im Brief vom 3. April 1830, als Vizepräsident der Kammer hatte Cotta den Finanzetat zu verabschieden. Aber dessen ungeachtet wollte er doch Goethe einen Gruß schicken, aus Anlaß einer von ihm erwarteten Beilage; sie brachte eine Übersicht über die Subskribenten der bislang verkauften 14684 Exemplare der Taschenausgabe (von der Oktavausgabe wurden 853 Exemplare verkauft), über Seiten hinweg wurden die Buchhandlungen, die subskribiert hatten, einzeln aufgeführt. Goethe reagierte nicht, die Absatzzahl konnte ihn wohl kaum erfreut haben. In einer späteren Abrechnung wurde der honorierte Absatz weiter reduziert, eben weil Partieexemplare nicht mit dem Autor verrechnet wurden.

Bei ihrem Besuch hatte er Frau Elisabeth von Cotta versprochen, ihr einen Beitrag für den von ihr redigierten ›DamenCalender‹ zu schicken. Am 9. Juli 1830 aber sagte er ab: Verziehen möge werden daß ich die Angelegenheit wegen des Damenkalenders nachschriftlich anbringe. Ich finde unter meinen kleinen Gedichten auch nicht das Mindeste, was sich zu einer solchen Mittheilung eignen könnte. Verfängliche Xenien liegen wohl noch vor, es möchte aber weder räthlich noch schicklich seyn, gegenwärtig und in solcher Gesellschaft damit hervorzutreten.

Auch habe ich die fernere Bearbeitung des Fausts durchgesehen, ob irgend eine anmuthende Stelle sich daraus absondern ließe; aber auch da hat alles nur im Zusammenhang einige Geltung, Character und Ton des Einzelnen würde dorthin gleichfalls nicht passen. Ich muß also um Entschuldigung bitten, welche ich um so eher zu erlangen hoffe, als mir ein Versuch im Augenblick etwas gehörig Bedeutendes hervorzubringen nicht glücken wollte.

Cotta wiederholte im August die Bitte seiner Frau, Goethe schwieg. Im September teilte er Goethe mit, daß auch der bayerische König Ludwig »unseres höchst verehrten Dichterkönigs« (dessen Gedichte später bei Cotta erschienen) poetische Beiträge für den ›DamenCalender‹ eingesandt habe. Aber auch die Erwähnung eines solchen Beiträgers konnte Goethe nicht erweichen. »Wie ich jedoch schon früher meldete, findet sich unter meinen Papieren durchaus nichts Würdiges zu solchen Zwecken«. Er hatte sich der wiederholten Anfrage wegen geärgert. An Zelter schrieb er am 18. Juli 1830: »Der treffliche Cotta brüstet sich in dem nächsten Damen-Taschenbuche mit königlichen Gedichten; ich konnte nichts dazu liefern und mußte die doppelt dringenden Anforderungen ablehnen. Was sie brauchen hab' ich nicht, und was ich habe können sie nicht brauchen«, und an Kanzler von Müller berichtete er am 10. September 1830: »Unter meinen Papieren ist durchaus nichts Brauchbares. Außer Invectiven und Lüsternheiten; an den erstern würde mancher Schadenfrohe Vergnügen finden, die zweyten dürften sich die Damen wohl im Stillen gefallen lassen, den Damenkalender jedoch würden sie diskreditiren.« Goethe gab also dieser Bitte nicht nach. Kurze Zeit später meldete sich Cottas Sohn Georg bei Goethe: Am 28. August, an Goethes Geburtstag, sei sein Sohn, Cottas Enkel, geboren worden, und er bat Goethe, er möge ihn »aus der Taufe heben«. Goethe kam nicht nach Stuttgart, doch er übernahm die Patenschaft für das Kind.

Inzwischen war ein neuer Nachdruckverdacht entstanden. Zwei Buchhandlungen in Hamburg kündigten eine Goethe-Ausgabe an, ohne einen Verlag zu nennen und mit sehr ungenauen editorischen Angaben, aus denen man folgern konnte, es handle sich um eine 60bändige Ausgabe. Die Sache klärte sich auf, beide Buchhandlungen bezogen sich auf die Cottasche Ausgabe, dem Gerücht lag – so ein Anwalt, den Cotta eingeschaltet hatte – »ein Irrtum« zugrunde. Trotz der relativ raschen Klärung zog sich die Korrespondenz darüber bis weit in das Jahr 1831 hinein. Allein daß es trotz eines öffentlich beachteten Privilegierungsvorgangs noch immer möglich sein sollte, unberechtigte Nachdrucke zu veranstalten, bedrückte Goethe. Wieder hüllte er sich längere Zeit in Schweigen.

Am 16. Juni 1831 meldete er sich erneut mit einem Brief bei Cotta. Er sprach von den »gegen Ende des vorigen Jahrs mich betroffenen Unglücksfällen«, die eine »völlige Umänderung in meinem Lebensgange« mitbrächten. Aber er war zuversichtlich: »In allen diesem, so wie in anderem fahr ich fort mäßig zu wirken.« So mäßig aber war sein Wirken gar nicht. Goethe arbeitete am Abschluß von *Faust II*.

5. Das »Hauptgeschäft«. Die Editionsgeschichte des »Faust« im Spiegel der Verlegerbeziehung. »auf diese [Cottas] Veranlassung das Werk heute vorgenommen«

›Urfaust‹

Peter Huchel, der von 1972 bis zu seinem Tod in Staufen im Breisgau lebte, lächelte vieldeutig, als ich ihn fragte, ob sein Gedicht *Der Fremde* auf Johann Faust gemünzt sei. Erhart Kästner, ebenfalls lange in Staufen ansässig, hat dem Gelehrten und Astrologen, dem Erz-Schwartzkünstler, dem Zeitgenossen der Humanisten, Luthers und der Bauernkriege einige Studien gewidmet. Georg Zabel (Georgius Sabellius Faustus) ist vermutlich um 1540 in Staufen gestorben, den Namen faustus, der Glückhafte, hat sich der »kecke, skrupellose Bursche«, wie Anton Kippenberg ihn nannte, erst später zugelegt. Die erste zusammenhängende Darstellung des Lebens von Dr. Faust erschien 1587, gedruckt vom Frankfurter Buchhändler Johann Spieß: *Historia von Dr. Johann Fausten, dem weytbeschreyten Zauberer unnd Schwartzkünstler / wie er sich gegen dem Teuffel auff eine benandte zeit verschrieben / was er hierzwischen für selzame Abentheuwer gesehen, selbs angerichtet und getrieben / biß er endtlich seynen wol verdienten Lohn empfangen*. Hier schon schließt Faust den Pakt mit dem Teufel, und hier bereits figurieren Mephistopheles, Famulus Wagner und Helena. Goethe kannte die *Historia* nicht, man nimmt an, daß er zuerst das Pfizersche Volksbuch kennenlernte, er entlieh es am 18. Februar 1801 aus der Herzoglichen Bibliothek in Weimar. Aber schon als Kind hatte Goethe aus anderen Quellen, populären Versionen, erste Eindrücke des Faust-Stoffes bekommen. Die *Historia* war bald nach dem Erscheinen in Frankfurt ins Englische übersetzt worden, und 1588 schrieb Christopher Marlowe danach seine *Tragical History of Doctor Faustus*. Auf dem Umweg über dieses überaus erfolgreiche Stück kam der deutsche Stoff in sein Ursprungsland zurück und wurde auch hier zum Volksschauspiel. Goethe hatte es sowohl in der Frankfurter als auch in der Straßburger Zeit als Puppenspiel gesehen; er hat die »bedeutende Puppenspielfabel« als Grundlage seiner Faust-Dichtung bezeichnet und diesen Eindruck sowohl in *Dichtung und Wahrheit* als auch in *Wilhelm Meisters theatralischer Sendung* festgehalten. In Leipzig, so lesen wir in *Dichtung und Wahrheit*, habe die Faustsage definitiv von ihm Besitz ergriffen. In Auerbachs Keller hatte Goethe die Faust-Zeichnung gesehen und wohl auch manchen Studenten und einen selbstgenügsamen Akademiker Wagner erlebt. Der junge Goethe wollte wissen, was »die Welt im Innersten zusammenhält«, und so studierte er mystisch-kabbalistische Schriften, Astrologie, die Werke von Paracelsus und Swedenborg, und er las Gottfried Arnolds *Unparteiische Kirchen- und Ketzerhistorie*, die Hermann Hettner später als ein »Schandgemälde der herrschenden Geistlichkeit aller Jahrhunderte und eine Schutzschrift für alle Ketzer und Mystiker« bezeichnet hat. »Seine [Arnolds] Gesinnungen«, bekannte Goethe in *Dichtung und Wahrheit*, »stimmten sehr zu den meinigen, und was mich an seinem Werk besonders ergetzte war, daß ich von manchen Ketzern, die man mir bisher als toll oder gottlos vorgestellt hatte, einen vorteilhaftern Begriff erhielt.« Der Teufelsverbündete Faust wuchs in Goethe heran. Auch die Gestalt Gretchens war ihm früh deutlich. Im 5. Buch von *Dichtung und Wahrheit* schreibt er über ein

Mädchen, das er schon als Vierzehnjähriger kennengelernt hatte: »Die Gestalt dieses Mädchens verfolgte mich von dem Augenblick an auf allen Wegen und Stegen: es war der erste bleibende Eindruck, den ein weibliches Wesen auf mich gemacht hatte.« Faust sollte Margarethe vor dem Dom begegnen. Goethe erinnert sich an dieses junge Mädchen: »da ich einen Vorwand sie im Hause zu sehen, weder finden konnte, noch suchen mochte, ging ich ihr zu Liebe in die Kirche und hatte bald ausgespürt wo sie saß; und so konnte ich während des langen protestantischen Gottesdienstes mich wohl satt an ihr sehen. Beim Herausgehen getraute ich mich nicht sie anzureden, noch weniger sie zu begleiten, und war schon selig, wenn sie mich bemerkt und gegen einen Gruß genickt zu haben schien.« Viele haben ein solches Erlebnis, Goethe hat es ein Leben lang verfolgt. In Sesenheim hatte er Friederike Brion verlassen, »ich hatte das schönste Herz in seinem tiefsten verwundet«. Auch dies Erlebnis nahm Goethe in seine »Poetische Beichte« auf.

Nachdem er in seiner Disputationsthese in Straßburg das Strafmaß für Kindesmörderinnen zu analysieren hatte, wurde er in Frankfurt Zeuge eines Prozesses, der mit der Hinrichtung der Kindsmörderin Susanna Margaretha Brandt am 14. Januar 1772 endete.[17] Im Hause seines Vaters hat man Abschriften der Prozeßprotokolle gefunden, und insbesondere seit man die Frankfurter Prozeßakten, die sog. Criminalia, kennt, weiß man, daß sich die berühmte Stelle aus *Dichtung und Wahrheit* auf diese Kindsmörderin bezieht, auf die Goethe auch in Gesprächen immer wieder zurückkam.[18] 1773 bis 1775 arbeitete er an einzelnen Szenen. Freund Merck erlebte die Entstehung, am 19. Januar 1776 schrieb er seinem Freund Nicolai: »Ich erstaune, sooft ich ein neu Stück zu ›Fausten‹ zu sehen bekomme, wie der Kerl zusehends wächst und Dinge macht, die ohne den großen Glauben an sich selbst und dem [sic!] damit verbundenen Muthwillen ohnmöglich wären.«

Goethe war gerade vier Wochen in Weimar, als sein Sturm-und-Drang-Freund Friedrich Leopold Graf zu Stolberg ihn besuchte und dann am 6. Dezember 1775 seiner Schwester Henriette von Bernstorff berichtete: »Einen Nachmittag las Goethe seinen halbfertigen ›Faust‹ vor. Es ist ein herrliches Stück. Die Herzoginnen waren gewaltig gerührt bei einigen Szenen.« Es gab noch weitere solcher Vorlesungen; einmal war Wieland Zeuge, als zu Goethes Geburtstag 1781 ein chinesisches Schattenspiel in Tiefurt aufgeführt wurde, in dem Iphigenie und Faust auftraten. Freilich, von »halbfertig« konnte nicht die Rede sein. Wir wüßten von diesem vorweimarischen *Faust* nichts, hätte nicht eine Hofdame der Herzogin, Luise von Göchhausen, von Goethes Vorlesung bewegt, das Manuskript von ihm erbeten und es abgeschrieben. Das Original ist verschollen, diese Abschrift aber, die erst 1887 von Erich Schmidt entdeckt wurde, überliefert den frühen Text, das also, was wir den ›Urfaust‹ nennen.[19]

»Faust. Ein Fragment«

In den ersten zehn Jahren in Weimar hatte Goethe nicht am *Faust* geschrieben, und auch andere große Stücke wie *Egmont*, *Iphigenie*, *Tasso* und der Roman *Wilhelm Meister* waren unvollendet geblieben. Persönliche Erlebnisse, vor allem aber seine Amtspflichten, das Scheitern staatspolitischer Reformen, die die Rückständigkeit des Herzogtums Sachsen-Weimar-Eisenach hätten beheben oder doch wenigstens verändern sollen – all diese Erfahrungen ließen sich nicht in die *Faust*-Konzeption einbringen. Goethe glaubte in dieser Zeit nicht mehr, die *Faust*-Dichtung abschließen zu können. Am 2. September 1786 unterzeichnete er mit Göschen den Vertrag über jene Ausgabe, für die *Faust* »als Fragment« vorgesehen war. Solche Verlagsverträge mögen für viele Autoren nur formalen Charakter haben, aber ein Vertrag ist ein Vertrag, man hat ihn unterschrieben und bemüht sich, ihn zu erfüllen. Für Goethe jedenfalls war dieser Vertrag mit Göschen der entscheidende Anstoß, die Arbeit an *Faust* wiederaufzunehmen. Im Herbst brach er zu seiner italienischen Reise auf, er hoffte, seine poetische Produktivität wiederzufinden, hoffte auf »einen zweiten Geburtstag, eine wahre Wiedergeburt, von dem Tage, da ich Rom betrat«. Er änderte die Ankündigung seiner Schriften bei Göschen, für die ja innerhalb von vier Bänden Fragmentarisches vorgesehen war. *Iphigenie* und *Egmont* wurden jetzt abgeschlossen. »An Faust gehe ich ganz zuletzt«, schrieb er an Carl August am 8. Dezember 1787, »wenn ich alles andre hinter mir habe. Um das Stück zu vollenden, werd ich mich sonderbar zusammennehmen müßen. Ich muß einen magischen Kreis um mich ziehen, wozu mir das günstige Glück eine eigne Stäte bereiten möge.« Diesen magischen Kreis versuchte Goethe in Rom immer wieder zu ziehen. In der März-»Correspondenz« des »Zweiten Römischen Aufenthalts« berichtete er unter dem 1. März 1788: »Zuerst ward der Plan zu ›Faust‹ gemacht, und ich hoffe, diese Operation soll mir geglückt sein. Natürlich ist es ein ander Ding, das Stück jetzt oder vor funfzehn Jahren ausschreiben, ich denke es soll nichts dabei verlieren, besonders da ich jetzt glaube, den Faden wieder gefunden zu haben. Auch was den Ton des Ganzen betrifft, bin ich getröstet; ich habe schon eine neue Szene ausgeführt, und wenn ich das Papier räuchre, so dächt' ich, sollte sie mir niemand aus den alten herausfinden. Da ich durch die lange Ruhe und Abgeschiedenheit ganz auf das Niveau meiner eignen Existenz zurückgebracht bin, so ist es merkwürdig, wie sehr ich mir gleiche und wie wenig mein Innres durch Jahre und Begebenheiten gelitten hat. Das alte Manuskript macht mir manchmal zu denken, wenn ich es vor mir sehe. Es ist noch das erste, ja in den Hauptszenen gleich so ohne Konzept hingeschrieben, nun ist es so gelb von der Zeit, so vergriffen (die Lagen waren nie geheftet), so mürbe und an den Rändern zerstoßen, daß es wirklich wie das Fragment eines alten Kodex aussieht, so daß ich, wie ich damals in eine frühere Welt mich mit Sinnen und Ahnden versetzte, ich mich jetzt in eine selbst gelebte Vorzeit wieder versetzen muß.«

Im Garten der Villa Borghese glückte ihm eine »nordische Szene«, die »Hexenküche«, und mit ihr begann eine neue formale Behandlung seines Stoffes. Er schrieb in fünffüßigen (gereimten) Jamben, dem später mit der deutschen Klassik identifizierten Versmaß. Und auch ein anderes Gestaltungsproblem löste Goethe in dieser Szenerie: Es war noch unklar, wie Faust, schon gealtert, als Jüngling um Gretchen wirbt; nun verzaubert und verjüngt ihn Mephistopheles durch den Hexentrunk. Aber trotz aller Anstrengungen kann Goethe *Faust* in Italien nicht beenden. »Lila ist fertig, Jery auch, meine kleinen Gedichte sind bald zusammengeschrieben«, meldete er am 28. März 1788 seinem Herzog, »so bliebe mir für den nächsten Winter, die Ausarbeitung Fausts übrig, zu dem ich eine ganz besondre Neigung fühle. Möge ich nur halb so reüssiren, als ich wünsche und hoffe!« Doch er reüssierte nicht, und die Rückkehr nach Weimar, die erforderliche Eingewöhnung in neue Verhältnisse und auch die persönlichen Schwierigkeiten hinderten ihn an der Fortsetzung dieser Arbeit. Am 5. Juli 1789 mußte er Carl August gestehen: »Faust will ich als Fragment geben aus mehr als einer Ursache.« Er versuchte freilich, dieses Fragmentarische sinnvoll zu ordnen. »Ich bin wohl und fleißig gewesen«, schrieb er am 5. November 1789 an Carl August. »Faust ist fragmentirt, das heißt in seiner Art für dießmal abgethan. Mittelsdorf schreibt ihn ab. Ein wunderlicher Concept ist ihm wohl nie vorgelegt worden. Es ist recht eigen alle diese Tollheiten von eben der Hand zu sehen, welche uns sonst nur: *Veste, liebe, getreue* vorzulegen gewohnt ist.«

Eine gewisse Distanzierung zu seiner ›Fragmentierung‹ läßt sich aus dieser Mitteilung herauslesen, und Johann Martin Mittelsdorf, Goethes Schreiber und Geheimer Registrator in Weimar, wird sich in der Tat über das »Concept« gewundert haben. Der Goethe des Jahres 1790 war ein anderer als der, der in den siebziger Jahren den Faust-Stoff aufgegriffen hatte. Jener fühlte sich isoliert und unverstanden: »niemand verstand meine Sprache.« Dann aber bedeuteten die Ereignisse in Frankreich für ihn »eine neue Epoche der Weltgeschichte«, so war klar, daß der Faust-Stoff in dieser Zeit nicht weiter ausgeführt werden konnte. Er blieb Fragment.

Am 10. Januar 1790 konnte er erleichtert in sein Tagebuch eintragen, er habe *Faust* an Göschen abgeschickt. Im Sommer 1790 lag mit zweijähriger Verspätung die erste *Faust*-Ausgabe vor: »*Goethe's Schriften*. Erster bis achter Band. Leipzig, bey Georg Joachim Göschen. 1787-1790. Siebter Band: Faust, ein Fragment. Jery und Bätely. Scherz, List und Rache, 1790.« *Faust, ein Fragment* erschien jedoch nicht nur im Rahmen der Gesamtausgabe, sondern 1790 bei Göschen auch als Einzelausgabe: »*Faust. Ein Fragment*. Von Goethe. Ächte Ausgabe.« Zahlreiche Raubdrucke wurden auf den Markt geworfen, manche auf schönerem Papier als die Originalausgaben bei Göschen, meist aber wiesen sie mehr Druckfehler auf als die »ächte« Ausgabe.

Daß *Faust* als Fragment auf einiges Unverständnis stieß, auch bei Goethes Freunden, war zu erwarten. Goethe behauptete, daß die ganze Nation seine Sprache nicht verstehe, aber dem war nicht so. Die ›Neue Nürnbergische gelehrte Zeitung‹ veröffentlichte am 30. Juli/3. August 1790 eine Rezension, in der es hieß: »Deutschlands großer Dichter, der in seiner ›Iphigenia‹ die Feinheit des griechischen Geschmacks sowie die Regelmäßigkeit der griechischen Kunst vollkommen zu erreichen wußte, gibt uns in diesem Theile ein Meisterstück in einer ganz andern Manier, das aber so unverkennbare, große Züge des Genies trägt, daß, wenn Goethe auch sonst nichts geschrieben hätte, dieses allein seinem Namen Unsterblichkeit verschaffen würde; [man wird] gestehen müssen: hier ist der deutsche Shakespeare.« Und eine andere

Rezension endete: »Nach der Lesung des Ganzen haben wir noch den Wunsch übrig: ach! daß doch ›Faust‹ kein Fragment wäre.«

»Der Tragödie Erster Teil«. 1797-1801

Es war das »glückliche Ereignis«, die freundschaftliche, partnerschaftliche Beziehung zwischen Goethe und Schiller, die bei jenem den Faust-Stoff wieder in Bewegung bringen sollte. Schiller nahm die Fragmentarisierung des *Faust* zum Anlaß seines wichtigen Anstoßes vom 29. November 1794: »mit nicht weniger Verlangen würde ich die Bruchstücke von Ihrem Faust, die noch nicht gedruckt sind, lesen, denn ich gestehe Ihnen, daß mir das, was ich von diesem Stücke gelesen, der Torso des Herkules ist. Es herrscht in diesen Scenen eine Kraft und eine Fülle des Genies, die den besten Meister unverkennbar zeigt, und ich möchte diese große und kühne Natur, die darinn athmet, so weit als möglich verfolgen.« Doch Goethe konnte diesem Wunsch nicht entsprechen, am 2. Dezember antwortete er Schiller: »Von Faust kann ich jetzt nichts mittheilen, ich wage nicht das Packet aufzuschnüren das ihn gefangen hält. Ich könnte nicht abschreiben ohne auszuarbeiten und dazu fühle ich mir keinen Muth. Kann mich künftig etwas dazu vermögen; so ist es gewiß Ihre Theilnahme.« Und Schiller gab wahrlich nicht nach, immer wieder erhob er »Fürbitte wegen ›Faust‹«. Doch Goethe schwieg in dieser Sache über Jahre hinweg. Am 21. Juni 1797 klagte er Schiller, daß sein Zustand »in dem Augenblicke wenig erfreuliches« habe, und dies werde sich in Wochen nicht ändern. Doch am Tage danach, am 22. Juni, teilte er Schiller unerwartet und unverblümt mit:

> Da es höchst nöthig ist daß ich mir, in meinem jetzigen unruhigen Zustande, etwas zu tun gebe, so habe ich mich entschlossen an meinen Faust zu gehen und ihn, wo nicht zu vollenden, doch wenigstens um ein gutes Theil weiter zu

bringen, indem ich das was gedruckt ist, wieder auflöse und, mit dem was schon fertig oder erfunden ist, in große Massen disponire, und so die Ausführung des Plans, der eigentlich nur eine Idee ist, näher vorbereite. Nun habe ich eben diese Idee und deren Darstellung wieder vorgenommen und bin mit mir selbst ziemlich einig. Nun wünschte ich aber daß Sie die Güte hätten die Sache einmal, in schlafloser Nacht, durchzudenken, mir die Forderungen, die Sie an das Ganze machen würden, vorzulegen, und so mir meine eignen Träume, als ein wahrer Prophet, zu erzählen und zu deuten.

Da die verschiednen Theile dieses Gedichts, in Absicht auf die Stimmung, verschieden behandelt werden können, wenn sie sich nur dem Geist und Ton des Ganzen subordiniren, da übrigens die ganze Arbeit subjectiv ist, so kann ich in einzelnen Momenten daran arbeiten und so bin ich auch jetzt etwas zu leisten im Stande.

Schon einen Tag später, am 23. Juni, entsteht ein »Ausführliches Schema zum ›Faust‹«. Zwar scheint Goethe seine bisherige Arbeit als »subjektiv« abzuwerten, doch es ist erstaunlich, wie er sie, vor allem in Auseinandersetzung mit Schiller, weiterentwickelt. Dieser kritisiert die lose Anlage des Fragments und das Fehlen von Brücken zwischen den Szenen. Gewiß hat Schiller keinen direkten Anteil an der Gestaltung, aber seine Einwände zwingen Goethe, sich immer wieder über die Struktur des Ganzen klarzuwerden. Jetzt muß er Faust an den Kaiserhof bringen, um ihn mit Helena verbinden zu können, und als unumgänglicher Bestandteil des Stoffes muß der Pakt mit dem Teufel geschlossen und die Entscheidung getroffen werden, ob die Gesellschaft mit Mephisto wie in den Volksbüchern zur Hölle oder zu einer Erlösung und Rettung vor dem Bösen führen solle. Erst jetzt wird die Faust-Gestalt im Sinne des Menschheitsdramas deutlicher, ihre Stellung zwischen Gott und dem Teufel, das Symbol einer sündigen, aber letztlich zur Erlösung strebenden

Menschheit, der am Ende Gnade und die ersehnte Erlösung zuteil wird.

Im Juli 1799 hoffte Goethe, *Faust*-Szenen würden »wie eine große Schwammfamilie aus der Erde wachsen«, doch dann trat wieder eine lange Pause ein. Schiller wandte sich, wie ausführlich dargestellt, am 24. März 1800 an Cotta und bat ihn, er möge Goethe durch eine »anlockende Offerte« veranlassen, den *Faust* zu vollenden. Cotta reagierte am 4. April, bot Goethe für den *Faust* 4000 Gulden an und fügte hinzu: »nehmen Sie meine Freiheit gnädig auf!« Es ist merkwürdig, aber Goethe ließ sich von diesem äußeren Anstoß bewegen und nahm die Arbeit an *Faust* wieder auf. »Cottas Freyheit«, schrieb er am 11. April 1800 an Schiller, »ist mir sehr angenehm. Ich habe einen Brief von ihm über *Faust*, den Sie mir wahrscheinlich zugezogen haben. Wofür ich aber danken muss. Denn wirklich habe ich auf diese Veranlassung das Werk heute vorgenommen und durchdacht.« Frucht dieses Durchdenkens ist die endgültige Zweiteilung des Werks und die Entscheidung für einen 5. Akt, dessen erste Fassung Goethe vielleicht sogar in dieser Zeit bis zum September 1800 niedergeschrieben hat. Hauptsächlich hat sich Goethe jedoch dann mit dem 3. Akt, dem Auftritt Helenas, beschäftigt; sie erlöst Faust aus der »nordisch«-mittelalterlichen Barbarei. Bis zum 7. April 1801 belegt Goethes Tagebuch seine Weiterarbeit an *Faust*, dann aber stockte die Arbeit abermals. Goethe erkrankte an einer schmerzhaften Gesichtsrose. Schiller schrieb am 10. Dezember 1801 resigniert an Cotta:

> Sie fragen mich nach Göthen und seinen Arbeiten. Er hat aber leider seit seiner Krankheit gar nichts mehr gearbeitet und macht auch keine Anstalten dazu. Bei den treflichsten Planen und Vorarbeiten die er hat, fürchte ich dennoch daß nichts mehr zu Stande kommen wird, wenn nicht eine große Veränderung mit ihm vorgeht.
> Er ist zu wenig Herr über seine Stimmung seine Schwerfälligkeit macht ihn unschlüssig und über den vielen Liebha-

ber Beschäftigungen, die er sich mit Wißenschaftlichen Dingen macht, zerstreut er sich zu sehr. Beinahe verzweifle ich daran, daß er seinen Faust noch vollenden wird. Schiller sollte die Vollendung nicht mehr erleben.

Erst fünf Monate nach Schillers Tod tauchte in der Korrespondenz mit Cotta das Thema *Faust* wieder auf. Goethe hatte mit dem Verleger eine dreizehnbändige Ausgabe der Werke vereinbart, und Cotta drängte, wie vormals Göschen, auf eine neuerliche Revision und Erweiterung. »Was ich in den vierten Band bringe«, schreibt er am 30. September 1805 an Cotta, »darüber bin ich mit mir selbst noch nicht einig. Ist es mir einiger Maßen möglich; so tret ich gleich mit Faust hervor. Er und die übrigen Holzschnittartigen Späße machen ein gutes Ganze und würden bey der ersten Lieferung gleich ein lebhafteres Interesse erregen. Bezeichnen Sie mir den letzten Termin, wann Sie das Manuscript vom vierten Bande haben müssen, damit ich einiger Maaßen meinen Überschlag machen kann.« Cotta mißversteht das »Holzschnittartige«, und er bittet Goethe um Zeichnungen für die Holzschnitte, doch Goethe sagt ihm, wie schon erwähnt, am 25. November 1805 ab.

Goethes Tagebuch verzeichnet im Frühjahr 1806 häufig: »Faust mit Riemer«; der Prolog im Himmel entsteht, Goethe übernimmt motivische Anregungen aus dem Buch Hiob, und der Prolog gibt nun den großen Rahmen ab, in dem sich die ganze Handlung entwickeln soll. Sie läßt sich fassen in die beiden berühmten Einsichten: »Es irrt der Mensch solang er strebt« und »Ein guter Mensch, in seinem dunkeln Drange | Ist sich des rechten Weges wohl bewußt«.[20]

In dieser Zeit entstehen auch die ersten Verse der Helena-Tragödie, die jedoch noch nicht in die vereinbarte Gesamtausgabe aufgenommen werden. Am 25. April notiert Goethe im Tagebuch, daß das letzte Arrangement des *Faust* nun zum Druck gehe.

Als Cotta bei der Rückkehr von der Leipziger Buchmesse Goethe am 25. April 1806 in Weimar besuchte, konnte er das Manuskript persönlich in Empfang nehmen. Wegen der Kriegsereignisse und insbesondere der Besetzung Deutschlands durch Napoleonische Truppen verzögerte sich der Druck bis zur Ostermesse 1808, dann erschien *Faust*, und zwar im Rahmen der dreizehnbändigen Gesamtausgabe bei Cotta als achter Band. Gleichzeitig wurde auch eine Einzelausgabe bei Cotta veröffentlicht: »*Faust*. Eine Tragödie von Goethe. Tübingen 1808«. Das Werk stand sofort im Zentrum der literarischen Kritik, die ebensosehr lobte wie heftig tadelte und polemisierte. Insgesamt ist Goethes Resümee, das er am 3. Januar 1830 Eckermann gab, wohl zutreffend. Er hatte eben die neueste französische Übersetzung des *Faust* von Gérard de Nerval erhalten, »wunderliche Gedanken« gingen ihm durch den Kopf, »wenn ich bedenke, daß dieses Buch noch jetzt in einer Sprache gilt, in der vor fünfzig Jahren Voltaire geherrscht hat«. Voltaire habe große Bedeutung für ihn gehabt, und aus seiner Biographie gehe nicht deutlich hervor, wie stark dieser Einfluß auf ihn gewesen sei, freilich auch nicht, was es ihn gekostet habe, sich gegen diese Einflüsse zu wehren. Dann fuhr Goethe fort: »Der Faust ist doch ganz etwas Inkommensurables, und alle Versuche, ihn dem Verstand näher zu bringen, sind vergeblich. Auch muß man bedenken, daß der erste Teil aus einem etwas dunkelen Zustand des Individuums hervorgegangen. Aber dieses Dunkel reizt die Menschen, und sie mühen sich daran ab, wie an allen unauflösbaren Problemen.«

Die endgültige Fassung des Ersten Teils erschien im zwölften Band der »Ausgabe letzter Hand«.

»Der Tragödie Zweiter Teil«. 1808-1831

Noch bei Erscheinen des Ersten Teils im Mai 1808 arbeitete Goethe mit Riemer an der Fortsetzung, dann aber rückte die *Faust*-Dichtung für Goethe wiederum fast vollständig in den Hintergrund. Andere Projekte waren noch abzuschließen, die *Wahlverwandtschaften* (1809), die *Farbenlehre* (1810), und seit 1811 arbeitete er an seiner Autobiographie. Für dieses Werk diktierte er im Oktober 1816, getreu seinem Grundsatz, daß eine Autobiographie »die Lücken eines Autorlebens auszufüllen« habe, die bekannte Inhaltsangabe des Zweiten Teils von *Faust*, und zwar »die Handlung des ersten bis vierten Aktes nach älterem Plane«. Faust wird reich, er altert, und »wie es weiter ergangen, wird sich zeigen, wenn wir künftig die Fragmente, oder vielmehr die zerstreut gearbeiteten Stellen dieses zweiten Teils zusammen räumen und dadurch einiges retten was den Lesern interessant sein wird«.

»Die erneute Beschäftigung Goethes mit *Faust II* erwuchs aus der Arbeit an *Dichtung und Wahrheit* Teil IV und an den *Tag- und Jahresheften* (Goethe wollte in der Ausgabe letzter Hand sein autobiographisches Gesamtwerk abrunden und zum Abschluß bringen, was ihm nicht mehr gelang). Sie setzt bereits im Februar 1825 ein. An diesem Tage beschäftigt sich Goethe im Zusammenhang mit der Arbeit am 18. Buch von *Dichtung und Wahrheit* IV mit dem alten Faustplan von 1816, und die Arbeit an *Faust II* (zunächst der 3. Akt, der Helena-Akt) verdrängt für eine Reihe von Jahren das Interesse an *Dichtung und Wahrheit* IV. Die erste Arbeitsphase währt vom 26. Februar bis Anfang April 1825; die zweite wird ausgelöst durch die Lesung aus Faust (Helena-Akt) vor Eckermann am 12. März 1826 und steht wohl schon unter dem Vorsatz, den Helena-Akt als Vorveröffentlichung aus *Faust II* in den 4. Band der Ausgabe zu bringen, gemäß dem Vorsatz, möglichst jede Lieferung der Ausgabe durch neue Werke noch gewichtiger zu machen. Aus dem gleichen Vorsatz entsteht der Vorabdruck vom Anfang des 1. Aktes in Band 12, und es ist möglich, daß die Anfang Dezember 1829 einsetzende neue Arbeitsphase an *Faust II* (Ende von Akt 1 und Akt 2) mit der Absicht zusammenhing, die Vorveröffentlichung von Szenen aus *Faust II* in der 7. Lieferung fortzusetzen.«

Wieder, nun schon zum dritten Mal, war es, neben Goethes konzeptionellen Überlegungen zur Ausgabe, möglicherweise auch ein Verlegeranstoß, der ihn dazu brachte, sich erneut mit *Faust* zu beschäftigen. Hier wird besonders deutlich, wie sehr die Entstehung einzelner Werke mit dem Arbeitsprozeß an der Ausgabe letzter Hand verknüpft ist.

Die Goethe-Forscher Ernst Grumach, Ernst Beutler, Jörn Göres haben den Arbeitsplan Goethes an *Faust* insbesondere in der Zeit vom 11. April bis 24. Juni 1826 genau recherchiert. Der 24. Juni gilt als Datum für den »völlige[n] Abschluß der Helena«. Goethe hat seine Arbeitsweise jetzt geändert. Früher hatte er die Szenen spontan und rasch diktiert oder geschrieben, nun stellt er sehr sorgfältig Schemata zusammen, bedenkt sie den Tag, den Abend, die Nacht über, um sie dann am nächsten Morgen beim Diktat erzählend auszufüllen. Immer intensiver wird auch Zelter in den literarischen Diskurs einbezogen. Goethe wird öfter von Vermutungen geplagt, daß das Neue, das er erfinde, entwickle und ausführe, den Zeitgenossen fremd sein werde. Vorbereitend schreibt er am 3. Juni: »Sodann darf ich Dir wohl vertrauen: daß, um der ersten Sendung meiner neuen Ausgabe ein volles Gewicht zu geben, ich die Vorarbeiten eines bedeutenden Werks, nicht in der Ausdehnung, sondern in der Eindichtung, wieder vorgenommen habe, das seit *Schillers* Tod nicht wieder angesehen worden, auch wohl ohne den jetzigen Anstoß in limbo patrum geblieben wäre. [Limbus ist Grenze und Saum. Die Seelen der Frommen des Alten Testaments kamen in die Vorhölle, in den limbus. Mit limbus patrum ist also eine Umgrenzung der Väter, nämlich »Abrahams Schoß« nach dem

Lukas-Evangelium 16,22 gemeint.] Es ist zwar von der Art, daß es in die neuste Literatur eingreift, daß aber auch Niemand, wer es auch sey, eine Ahnung davon durfte. Ich hoffe, da es zur Schlichtung eines Streits gedacht ist, große Verwirrung dadurch hervorgebracht zu sehen.«

Goethes Vorstellung nach sollte die Helena-Passage ja durch ihren Inhalt wie durch ihre besondere Form den Streit zwischen Klassik und Romantik schlichten, deshalb auch der Titel: *Helena. Klassisch-romantische Phantasmagorie.* Goethe sah zu dieser Zeit Möglichkeiten für eine Aufführung, und deshalb betonte er immer wieder, daß dieser Auftritt Helenas so wichtig sei. Eckermann glaubte noch zu wissen, »daß die Kultur in Deutschland jetzt unglaublich hoch steht und man also nicht zu fürchten hat, daß eine solche Produktion lange unverstanden und ohne Wirkung bleiben werde«. Goethe hatte nicht unrecht damit, und wir sehen ja, daß die Wirkung dieses Aktes bis in unsere Zeit anhält.[21]

Um eine befürchtete Verwirrung abzufangen, schrieb Goethe im Juni eine »Ankündigung«, die den Zusammenhang zwischen dem Ersten und Zweiten Teil kommentierend erläutern sollte: »Helena, klassisch-romantische Phantasmagorie. Zwischenspiel zu Faust«. Die Ankündigung wurde jedoch nicht veröffentlicht. Bis zum 24. Juni arbeitete Goethe weiter an *Helena*. Im Fragment eines Briefes an einen unbekannten Adressaten machte er eine interessante Mitteilung:

Über Helena nächstens mehr, das Werk ist abgeschlossen, und ist so seltsam und problematisch als ich je etwas geschrieben habe. Vielleicht geben wir im Laufe dieses halben Jahrs davon irgend wo einige nähere Kenntniß. Das Merkwürdigste bei diesem Stück ist, daß es ohne den Ort zu verändern gerade drey Tausendjahre spielt, die Einheit der Handlung und des Orts auf's genauste beobachtet, die dritte [die Zeit] jedoch phantasmagorisch ablaufen läßt.

Goethe hatte Zelter gebeten, ihn im Sommer in Weimar zu

besuchen. Am 7. Juli 1826 traf Zelter ein, einen Tag später konnte Goethe in seinem Tagebuch festhalten: »Professor Zelter las die Helena für sich ... [Er] blieb bey mir und las mir den Anfang der Helena vor.« Am 11. Juli hatte Zelter die Helena-Szene zu Ende gelesen, danach erhielt sie Eckermann, der am 8. August seine Lektüre beendete. Beide sprachen mit Goethe über zu ändernde Details. Am 13. August begann Schuchardt, das Manuskript aus den verschiedenen Teilmanuskripten abzuschreiben; am 26. Januar 1827 ging das Manuskript an Cotta zur Herstellung; es ist überliefert und trägt Korrekturen von Goethe, Riemer, Eckermann und Göttling. Der Helena-Komplex aber beschäftigte Goethe weiter, wie aus den Briefen an Boisserée, insbesondere aber aus dem Brief an Wilhelm von Humboldt vom 22. Oktober 1826 hervorgeht:

Ich habe den ganzen Sommer zu Hause zugebracht und ungestört an der Ausgabe meiner Werke fortgearbeitet. Erinnern Sie sich wohl noch, mein Theuerster, einer dramatischen *Helena*, die im zweyten Theil von Faust erscheinen sollte? Aus Schillers Briefen vom Anfang des Jahrhunderts sehe ich, daß ich ihm den Anfang vorzeigte, auch, daß er mich zur Fortsetzung treulich ermahnte. Es ist eine meiner ältesten Conceptionen, sie ruht auf der Puppenspiel-Überlieferung, daß Faust den Mephistopheles genöthigt, ihm die Helena zum Beylager heranzuschaffen. Ich habe von Zeit zu Zeit daran fortgearbeitet, aber abgeschlossen konnte das Stück nicht werden, als in der Fülle der Zeiten, da es denn jetzt seine volle 3000 Jahre spielt, von Troja's Untergang bis zur Einnahme von Missolunghi. Dieß kann man also auch für eine Zeiteinheit rechnen, im höheren Sinne; die Einheit des Orts und der Handlung sind aber auch im gewöhnlichen Sinn auf's genauste beobachtet. Es tritt auf unter dem Titel:

Helena
classisch-romantische
Phantasmagorie.

Zwischenspiel zu Faust.

Das heißt denn freylich wenig gesagt, und doch genug, hoff ich, um Ihre Aufmerksamkeit auf die erste Lieferung lebhafter zu richten, die ich von meinen Arbeiten zu Ostern darzubieten gedenke.

Am 17. Dezember erweiterte Goethe die »Ankündigung« zur Helena, um die »Kluft zwischen dem bekannten jammervollen Abschluß des Ersten Teils und dem Eintritt einer griechischen Heldenfrau einigermaßen« zu überbrücken. Er schickte diese »Antezedenzien« an Humboldt, der ihm jedoch, wie Eckermann, abriet, sie zu veröffentlichen. Beide befürchteten, Goethe könne nach Bekanntgabe seiner Absicht die Lust an der Vollendung des Werkes verlieren. Als Goethe dann das satzfertige Manuskript vorliegen hatte, korrespondierte er mit Faktor Reichel in Augsburg über die Typographie des Textes, um insbesondere für die wechselnden Silbenmaße, für die verschiedenen Längen der Strophen und für das Übergreifen eines Metrums in das andere eine gelungene typographische Form zu erreichen. Als der Text 1827 im 4. Band der »Ausgabe letzter Hand« erschien (er war separiert, nicht in das Drama eingefügt; erst 1832, im ersten Nachlaß-Band, war der Helena-Akt Bestandteil des Dramas selbst), äußerte er sich zufrieden über Satz und Druck. Im Mai 1827 erschien dann in ›Ueber Kunst und Alterthum‹ eine wesentlich verkürzte Fassung der »Ankündigung«: *Helena. Zwischenspiel zu »Faust«*. Nun konnten die ersten Exemplare an die Freunde verschickt werden. Insgesamt erschien Goethe die Reaktion freundlich. Sulpiz Boisserée teilte er am 12. Oktober bzw. am 11. November mit: »Was meine Werke betrifft, so arbeitete ich fort an den nächsten Lieferungen, besorgte die Correcturen der ersten zum Besten der Octavausgabe, arbeitete an den Wanderjahren und, was mehr ist, an Faust; da ich denn zur dritten Lieferung den Anfang des zweyten Theils zu geben gedenke. Die gute Wirkung der Helena ermuthigt mich, das Übrige heranzuarbeiten; Helena bestünde zuletzt als dritter Act, wo sich denn freylich die ersten und letzten würdig anschließen müßten. Das Unternehmen ist nicht gering, das Ganze erfunden und schematisirt; nun kommt es auf's Glück der einzelnen ... Ausführung an, wobey man sich denn freylich sehr zusammen nehmen muß.«

Im Frühjahr 1827 setzte Goethe die Arbeit an den Szenen »Am Kaiserhof« fort, sie wurden Ende 1827 fertiggestellt. Seit Juli ging die Arbeit am »Hauptgeschäft« zügig voran. Die Tagebucheintragungen weisen täglich auf den »Hauptzweck«, das »Hauptwerk«, das »Hauptgeschäft«, das immer »weiter vorgeschoben«, »verfolgt« oder »gefördert« worden sei. Am 15. Januar 1828 fühlte er sich dem »Abschluß der Arbeit an Faust näher gerückt«. Nachdem Goethe jetzt den Komplex des 1. Aktes nach »Konzept und Mundum geordnet« hatte, schickte er 31 Foliobätter, von Schreiber John geschrieben, mit dem Postwagen vom 25. Januar 1828 an Cottas Druckerei nach Augsburg. Faktor und Korrektor Wilhelm Reichel erhielt eine gesonderte typographische Anweisung am 22. Januar: die Klärung »zweideutiger Fälle« überließ Goethe gänzlich der »Dijudikatur« Reichels. Schließlich bedankte er sich bei ihm, daß »die Abtheilung der verschiedenen Dichtarten ... abermals glücklich gelungen sey für welche Ihre Sorgfalt und Aufmerksamkeit ich hiedurch abermals bestens zu danken habe.« Ostern 1828 erschien als 12. Band der »Ausgabe letzter Hand«: *Faust. Zweyter Theil.* Die Ausgabe im Oktavformat folgte 1829. In beiden Ausgaben ist die Bemerkung enthalten: »Ist fortzusetzen« – an dieser Fortsetzung arbeitete Goethe, aber sie erschien zu seinen Lebzeiten nicht mehr.

Weiterarbeit an *Faust* bis März 1832
(Die »Taschenausgabe«)

Goethe, im Bewußtsein, daß die Zeit für ihn kürzer würde, nahm sich immer wieder die *Faust*-»Papiere« vor, doch die Arbeit fiel ihm schwer; im allerglücklichsten Fall schriebe er eine Seite am Tag, er fühle sich, wie er Eckermann sagte, »durch die Fratzen des täglichen Lebens ... verwirrt«. Am 14. Juni 1828 starb Großherzog Carl August, er hatte Goethe am 28. Mai das letzte Mal besucht, um sich vor seiner Reise nach Berlin zu verabschieden, er starb auf dieser Reise. Die Tage in Weimar waren mit Beerdigungs- und Gedenkfeiern erfüllt. Am 7. Juli floh Goethe nach Dornburg, von dort schrieb er am 26. Juli an Zelter:

> Meine nahe Hoffnung, euch zu Michael die Fortsetzung von Faust zu geben, wird mir denn auch durch diese Ereignisse vereitelt. Wenn dieß Ding nicht fortgesetzt auf einen übermüthigen Zustand hindeutet, wenn es den Leser nicht auch nöthigt, sich über sich selber hinauszumuthen; so ist es nichts werth. Bis jetzt, denk ich, hat ein guter Kopf und Sinn schon zu thun, wenn er sich will zum Herrn machen von allem dem was da hineingeheimnisset ist. Dazu bist du denn gerade der rechte Mann, und es wird dir auch deshalb die Zeit bis auf die erscheinende Folge nicht zu lange werden.
> Der Anfang des zweyten Acts ist gelungen; wir wollen dieß ganz bescheiden aussprechen, weil wir ihn, wenn er nicht dastünde, nicht machen würden. Es kommt nun darauf an, den ersten Act zu schließen, der bis auf's letzte Detail erfunden ist und ohne dieses Unheil auch schon in behaglichen Reimen ausgeführt stände. Das müssen wir denn auch der vorschwebenden Zeit überlassen.

Die »vorschwebende Zeit« – seine immer kürzer werdende Lebenszeit. Am 10. September kehrte er aus Dornburg zurück, und schon am 18. September tauchte im Tagebuch das von nun an fast täglich wiederkehrende Stichwort »Hauptgeschäft« auf. Am 18./19. Juli 1829 konnte er den nahenden Abschluß an Zelter melden: »Daß Du auf den zweyten *Faust* zurückkehrst, thut mir sehr wohl; es wird mich das anregen manches andere zu beseitigen, und wenigstens das Allernächste was hieran stößt bald möglichst auszufertigen. Der Abschluß ist so gut wie ganz vollbracht, von den Zwischenstellen manches Bedeutende vollendet, und wenn man mich von Seiten höchster Gewalten auffangen und auf ein Vierteljahr einer hohen Festung anvertrauen wollte, so sollte nicht viel übrig seyn. Ich habe alles so deutlich in Herz und Sinn daß es mir oft unbequem fällt.«

Doch die »hohe Festung« kam nicht zustande, aus einem Vierteljahr Konzentration wurde nichts, da im August dieses Jahres in Weimar, zunächst gegen Goethes Widerstand, *Faust I* aufgeführt wurde und er sich Gedanken machen mußte, wie bestimmte Figuren und, wie er ausführte, »Erscheinungen« auf der Bühne darzustellen, zu »verdeutlichen« seien.

Im Dezember konnte er die Arbeit an *Faust II* voller Entschiedenheit wiederaufnehmen. Er spürte, viel Zeit würde ihm nicht mehr bleiben. Am 27. Dezember las er Eckermann die Papiergeldszene vor, am 30. Dezember die Szenen »Finstere Galerie« und »Rittersaal« und am 10. Januar 1830 die Szene, »Wo Faust zu den Müttern geht«. Eckermann, »wundersam ergriffen«, erbat zusätzliche Erklärungen. Goethe antwortete: »Ich kann Ihnen weiter nichts verraten, als daß ich beim Plutarch gefunden, daß im griechischen Altertume von *Müttern* als Gottheiten die Rede gewesen. Dies ist alles, was ich der Überlieferung verdanke, das übrige ist meine eigene Erfindung.«

Goethe arbeitete unermüdlich weiter. Am 1. Januar 1830 lesen wir im Tagebuch: »Poetisches redigirt und mundirt.« Eckermann hat festgehalten, daß Goethe im Januar an der

»Klassischen Walpurgisnacht« arbeitete. Inhalt und Bezeichnung dieses Dramas im Drama erfand Goethe als Gegenstück zur Walpurgisnacht des Ersten Teils. Faust, der »Helena ins Leben ziehen will«, wird von Mephistopheles zur klassischen Walpurgisnacht, ans Tor der Unterwelt, geführt. In einem magischen Kreis, in dem märchenhaften Walpurgisspuk, vermischen sich Natur und Geist, und es vermischen sich die 3000 Jahre dieser phantasmagorischen Zeit des Stückes. Faust auf der Suche nach Helena, Faust findet, was er sucht; Mephistopheles, der Lebensfeindliche, wird zum Häßlichen; Goethe evoziert die Schöpfung mit seinen Anspielungen auf den Neptunismus, den Vulkanismus, bis er am Ende alles in das »Wunder« der Verbindung von Wasser und Feuer, der Verbindung aller Elemente ausklingen läßt: Geist und Leben sind hier vereint.

Auch für die folgenden Monate ist in Goethes Tagebuch die kontinuierliche Auseinandersetzung mit dem »Hauptgeschäft« dokumentiert: »Poetisches concipirt und mundirt«, »Einiges Poetische«, »Poetische Blicke«. Er bedankt sich bei Eckermann, der »am besten literarische Produktionen mir zu extorquiren versteht«. Eckermann hält Goethes Ausführungen fest: »Es ist nicht gut, daß der Mensch alleine sei ... und besonders nicht, daß er alleine arbeite; vielmehr bedarf er der Teilnahme und Anregung, wenn etwas gelingen soll. Ich verdanke Schillern die ›Achilleis‹ und viele meiner Balladen, wozu er mich getrieben, und Sie können es sich zurechnen, wenn ich den zweiten Teil des Faust zustande bringe. Ich habe es Ihnen schon oft gesagt, aber ich muß es wiederholen, damit Sie es wissen.« Und er arbeitete weiter. Am 25. Juni schrieb er an seinen Sohn August nach Italien: »Sag ihm [Eckermann, der zu diesem Zeitpunkt noch mit August reiste]: Die Walpurgisnacht sey völlig abgeschlossen, und wegen des fernerhin und weiter Nöthigen sey die beste Hoffnung.« Der 2. Akt war damit beendet. Mit Abschluß der »Walpurgisnacht« war Goethe die Einbindung der Helena-Handlung in die Gesamtheit des *Faust*-Dramas gelungen: Faust ist zu Helena geführt. Das Manuskript wuchs und wuchs, doch jetzt setzte sich bei Goethe der Gedanke fest, das, woran er in diesen Tagen schrieb, sein »Bestes«, selbst nicht mehr veröffentlichen zu wollen. Gegenüber Kanzler von Müller, seinem Testamentsvollstrecker, kam er auf Voltaire zurück, der einen Fehler begangen hätte, als er im Jahr 1778 sein neues Drama *Irène* zur Aufführung freigab: »Voltaire, einer der größten Geister, hatte im hohen Alter die Schwachheit, noch ein neues Trauerspiel von sich aufführen zu lassen; ich dagegen spüre immer mehr Neigung, das Beste, was ich gemacht und noch machen kann, zu secretiren.«

Als Cottas Frau Elisabeth Goethe in diesen Tagen wieder einmal um einen Beitrag für den Damenalmanach bat, lehnte er ab und fügte in der Nachschrift eines Briefes an Cotta vom 9. Juli 1830 hinzu: »Ich muß also um Entschuldigung bitten, welche um so eher zu erlangen hoffe, als mir ein Versuch im Augenblick etwas gehörig Bedeutendes hervorzubringen nicht glücken wollte.« Das ist in dieser Zeit, da er tatsächlich »Bedeutendes« hervorbrachte, schonende Ironie gegenüber Cottas Frau.

Ist es »Demut«, ist es Vorsicht, ist es Altersweisheit, wenn er jetzt eine Veröffentlichung dessen, woran er arbeitet, nicht wünscht? In dieser Zeit formuliert er in einem der in »Scherz und Ernst« gehaltenen *Zahmen Xenien* den Spruch: »Ist denn das klug und wohl getan? | Was willst du Freund' und Feinde kränken! | Erwachsne gehn mich nichts mehr an, | Ich muß nun an die Enkel denken.« Es gibt nur wenige Schriftsteller, die in dieser Beziehung wie Goethe gedacht und gehandelt haben. Joyce hat nichts für einen Nachlaß zurückgelassen, Proust schrieb bis zum letzten Lebensjahr, er arbeitete noch im Sterbebett an den Korrekturfahnen seines Werkes, um den Tod von Bergotte so wahr wie möglich darzustellen. Samuel Beckett wollte alles, was von seinen Arbeiten veröffentlicht wurde, selbst bestimmen. Kafka ordnete die Vernichtung seiner Manuskripte an, aber er ordnete sie eben nur an, selbst vollzog er sie nicht. Robert Musils ›Scheitern‹ an seinem Roman *Der Mann ohne Eigenschaften* war alles andere als ›freiwillig‹, er gab gegen Ende seines Lebens einen Band mit dem Titel *Nachlaß zu Lebzeiten* heraus und begründete den Titel im Vorwort, »daß die Lesewelt eine verzeihliche Schwäche für einen Dichter hat, der sie zum letzten Mal in Anspruch nimmt«.

Goethe aber wollte »an die Enkel«, an Menschen künftiger Zeiten denken. So machte er sich mit großer Intensität unverzüglich an das »weiter Nöthige«, den 4. Akt und den fehlenden Anfang des 5. Aktes. Doch in der Nacht vom 25. zum 26. November 1830 erlitt er einen Blutsturz, er sei, so Eckermann, »nicht weit vom Tode« gewesen. Im Dezember jedoch nahm Goethe die Arbeit wieder intensiv auf, einige Tagebucheintragungen aus dieser Zeit lauten: »Weitere Ergänzung des Faust«, »Das Poetische blieb im Gange«, »An Faust fortgefahren«, »An Faust fortgeschrieben«. Goethe setzte alles auf die eine Karte, den 5. Akt zu vollenden, die Hoffnung auf den 4. Akt schien er aufgegeben zu haben. Am 17. Dezember notierte er den »Abschluß von Faust und Mundum desselben«, und Zelter vertraute er am 4. Januar 1831 an: »Die zwey ersten Acte von *Faust* sind fertig. Die Exclamation des Cardinals *von Este*, womit er den *Ariost* zu ehren glaubte, möchte wohl hier am Orte seyn. Genug! *Helena* tritt zu Anfang des dritten Acts, nicht als Zwischenspielerin sondern als Heroine, ohne Weiteres auf. Der Decurs dieser dritten Abtheilung ist bekannt; in wiefern mir die Götter zum vierten Acte helfen, steht dahin. Der fünfte bis zum Ende des Endes steht auch schon auf dem Papiere. Ich möchte diesen zweyten Theil des Faust, von Anfang bis zum Bachanal, wohl einmal der Reihe nach weglesen. Vor dergleichen pflege ich mich aber zu hüten; in der Folge mögen es andere thun, die mit frischen Organen dazu kommen und sie werden etwas aufzurathen finden.« Dann trat wieder eine kurze Arbeitspause ein, Goethe ordnete Papiere, schrieb sein Testament. Im April nahm er den 5. Akt wieder vor. Das Tagebuch vermerkt am 9. April, an einem Tag, an dem er eigentlich »oberaufsichtliche Registrande zu revidieren« gehabt hätte: »Anderes Geheime bedenkend. Philemon und Baucis und Verwandtes sehr zusagend.« Die Tagebucheinträge bestätigen, daß der Einundachtzigjährige unermüdlich arbeitet. Endlich gelang ihm der Abschluß des Anfangs des 5. Aktes. »Die Intention auch dieser Szenen«, bekannte er am 2. Mai 1831 Eckermann, »ist über dreißig Jahre alt; sie war von solcher Bedeutung, daß ich daran das Interesse nicht verloren, allein so schwer auszuführen, daß ich mich davor fürchtete.«

Danach war der 5. Akt fertig, nur noch winzige Korrekturen waren anzubringen. Am 6. Juni 1831 hielt Eckermann ein bedeutendes Gespräch fest. Goethe hatte ihm die ausstehenden Textteile des 5. Aktes gezeigt. Sie sprachen über die Stelle, in der geschildert wird, daß die Hütte von Philemon und Baucis verbrannt sei, und Goethe erklärte dazu, daß sein Philemon und seine Baucis mit dem berühmten Paar des Altertums nur den Namen gemein hätten, es seien ähnliche Personen, ähnliche Verhältnisse, und so wirkten ähnliche Namen »günstig«. Dann sprachen die beiden über *Faust*. Nach Goethes Intentionen sollte er im 5. Akt »gerade hundert Jahre alt sein«, und Goethe überlegte, ob er dies nicht ausdrücklich vermerken solle. Danach wurde über den Schluß gesprochen, und er machte Eckermann auf die Verse aufmerksam:

> Gerettet ist das edle Glied
> Der Geisterwelt vom Bösen:
> Wer immer strebend sich bemüht,
> Den können wir erlösen.

»In diesen Versen«, sagte Goethe, »ist der Schlüssel zu Fausts Rettung enthalten. In Faust selber eine immer höhere und reinere Tätigkeit bis ans Ende, und von oben die ihm zu Hülfe kommende ewige Liebe. Es steht dieses mit unserer religiösen Vorstellung durchaus in Harmonie, nach welcher wir nicht bloß durch eigene Kraft selig werden, sondern durch die hinzukommende göttliche Gnade.«

Die erste Nachricht von Goethes Arbeit am 4. Akt stammt von Eckermann (11. 2. 1831). Goethe habe ihm bei Tisch erzählt, er habe mit dem 4. Akt des *Faust* begonnen. Am 12. Februar notiert Goethe in seinem Tagebuch – zwischen »Haushaltungsangelegenheiten« und einem Gespräch mit Ottilie – jenen Satz, der fast als Motto über den ihm noch verbleibenden Monaten stehen könnte: »Das Hauptwerk muthig und glücklich angegriffen.« Am 13. Februar berichtet er laut Eckermann: »Das, *was* geschehen sollte, sagte er, hatte ich, wie Sie wissen, längst; allein mit dem *Wie* war ich noch nicht ganz zufrieden, und da ist mir nun lieb, daß mir gute Gedanken gekommen sind. Ich werde nun diese ganze Lücke, von der Helena bis zum fertigen fünften Akt, durcherfinden und in einem ausführlichen Schema niederschreiben, damit ich sodann mit völligem Behagen und Sicherheit ausführen, und an den Stellen arbeiten kann, die mich zunächst anmuten.« Stets war Goethe darauf bedacht, das einzelne deutlich zu konturieren, dem Ganzen ein Geheimnis zu belassen: »auch kommt es bei einer solchen Komposition bloß darauf an«, fährt er im Gespräch mit Eckermann fort, »daß die einzelnen Massen bedeutend und klar seien, während es als ein Ganzes immer inkommensurabel bleibt, aber eben deswegen, gleich einem unaufgelösten Problem, die Menschen zu wiederholter Betrachtung immer wieder anlockt.«

Goethe ließ sich in diesen Tagen das Manuskript des Zweiten Teils neu heften, an die Stelle des noch zu schreibenden 4. Aktes wurde weißes Papier eingeschossen, »es ist keine Frage«, vertraute er Eckermann am 17. Februar an, »daß das Fertige anlockt und reizet, um das zu vollenden, was noch zu tun ist. Es liegt in solchen sinnlichen Dingen mehr als man denkt, und man muß dem Geistigen mit allerlei Künsten zu

Hülfe kommen«. Auf diese Hilfe wird sich seine Bemerkung vom 2. Mai 1831 beziehen: »Ich bin nun durch manche Künste wieder in Zug gekommen, und wenn das Glück gut ist, so schreibe ich jetzt den 4. Akt hintereinander weg.« Er wußte, daß er viele »Denkübungen« zu leisten hatte, der Erste Teil bot nach seinem Urteil »Subjektives«, im Zweiten Teil aber wollte er »eine höhere, breitere, hellere, leidenschaftslosere Welt, und wer sich nicht umgetan und einiges erlebt hat, wird nichts damit anzufangen wissen«. Das galt sicher für den 3. Akt, den Helenas Auftritt einleitet und der Fausts Begegnung mit der Antike darstellt. Mit diesem Akt wollte Goethe, wie erwähnt, den Streit zwischen Klassik und Romantik schlichten. Und sicher konnte die Verbindung Helenas mit Faust erst gedacht sein, nachdem er seine Vorstellung der Antike mit der des Mittelalters in Einklang hatte bringen können. Er prophezeite am 6. März 1830 Frédéric Jean Soret, in Paris würden sich »bedeutende Dinge« vorbereiten. »Wir sind am Vorabend einer großen Explosion.« Sie fand statt während der Julirevolution in Paris, König Karl X. mußte abdanken. Vielleicht ist in diesem Zusammenhang Fausts Staatsdenken zu verstehen, seine Herrschervision des freien Volkes auf freiem Grund. Fausts weltweite Siedlungspläne mit dem heroischen Kampf der Menschen gegen die Naturgewalten, die Kolonisationsideen des Dramenschlusses könnten ihren Hintergrund in Goethes Erfahrung der verheerenden Sturmflut an der Nordseeküste vom Winter 1824/25 haben. Man muß sich also »umgetan und einiges erlebt« haben, damit man mit seiner Dichtung etwas »anzufangen« weiß.

Mai und Juni werden für Goethe zu den produktivsten Monaten. Immer wieder fällt das Stichwort »Poetisches«. Seinem Freund Zelter kann er vom Fortgang der Arbeit berichten, am 1. Juni 1831 versichert er ihm: »Es ist keine Kleinigkeit, das was man im zwanzigsten Jahre concipirt hat, im zweyundachtzigsten außer sich darzustellen, und ein solches inneres lebendiges Knochengeripp mit Sehnen Fleisch und

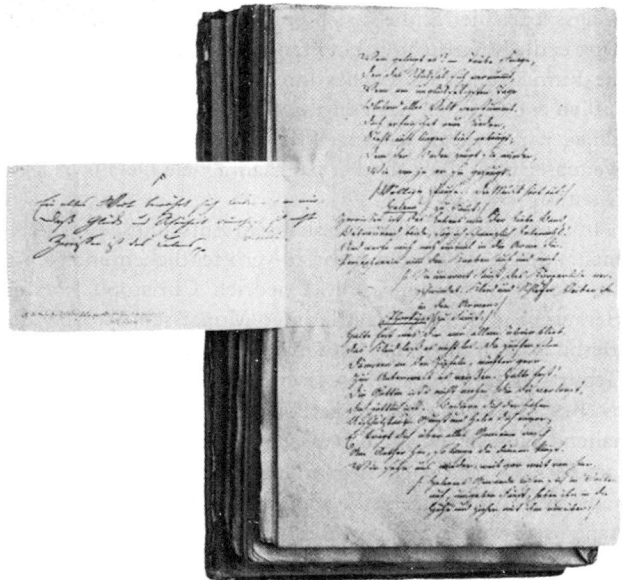

Goethe: *Faust II*. Verse 9931-9954 des Helena-Akts aus dem ›Mundum‹ (siehe S. 649) mit Korrektur durch Eckermann (GSA).

Oberhaut zu bekleiden, auch wohl dem fertig Hingestellten noch einige Mantelfalten umzuschlagen, damit alles zusammen ein offenbares Räthsel bleibe, die Menschen fort und fort ergötze und ihnen zu schaffen mache.« Und am 9. Juni: »daß seit Anfang des Jahrs mir manches gelungen ist, was ich dafür halten kann, weil ich wenigstens es nicht besser zu machen wüßte. Sey dir also dergleichen Vermächtniß hiemit angekündigt.« Im Juli dann setzte er sich das Ziel, bis zu seinem Geburtstag mit der *Faust*-Arbeit fertig zu sein. Am 21. Juli hält das Tagebuch fest: »Abschluß des Hauptgeschäftes«, und einen Tag später: »Das Hauptgeschäft zu Stande gebracht. Letztes Mundum. Alles rein Geschriebene eingeheftet.« Der letzte von ihm geschriebene Teil ist die Belehnungsszene, hier schließt sich ein Lebensbogen: Als Knabe hatte er die Kaiserkrönung in Frankfurt miterlebt und sich für die Einrichtung des Reiches interessiert. Am 14. Juli 1831 entlieh er das in den Knabenjahren studierte Buch von Olenschlager, *Neue Erläuterungen der Goldenen Bulle*, aus der Weimarer Bibliothek, und er übernahm viele Details in seine Dichtung.

In dieser Zeit aber festigte sich sein Entschluß, die zuletzt entstandenen Teile nicht mehr zu veröffentlichen und sie für die Nachwelt zu versiegeln. Friedrich Christoph Förster, Herausgeber der ›Neuen Berliner Monatsschrift‹ und des ›Berliner Conversationsblattes‹, besuchte Goethe vor seinem Geburtstag im August 1831. Er hielt fest: »Bei meinem letzten Besuche lagen zwei starke Foliobände, Manuskripte enthaltend, auf seinem Arbeitstische, und auf diese zeigend, sagte er: ›Unter sieben Siegeln liegt hier der zweite Teil des Faust verschlossen; erst aber, wenn ich es nicht mehr imstande sein werde, mögen andere ihre Hand daran legen‹«.

Im September arbeitete er noch immer am Text. »das Ganze liegt vor mir«, schrieb er an Zelter am 4. September 1831, »und ich habe nur noch Kleinigkeiten zu berichten. So siegle ich's ein, und dann mag es das specifische Gewicht meiner folgenden Bände, wie es auch damit werden mag, vermehren.« Im September muß die Einsiegelung der Reinschrift erfolgt sein, jener Handschrift, die den gesamten Zweiten Teil umfaßt; der Folioband enthält 187 beschriebene Blätter. Auf dem Einband der Titel: »Faust. Zweyter Theil 1831«. Der 3. Akt ist von Johann Christian Schuchardt geschrieben, alles andere von Johann John.

Diese Versiegelung meinte er Freunden gegenüber immer wieder begründen zu müssen, so am 1. Dezember 1831 gegenüber Wilhelm von Humboldt: »Und nun mußte ich mir ein Herz nehmen, das geheftete Exemplar, worin Gedrucktes und Ungedrucktes in einander geschoben sind, zu versiegeln, damit ich nicht etwa hie und da weiter auszuführen

»Faust. Zweyter Theil/1831.«
Das Mitte August 1831 eingesiegelte, am 8. Januar 1832 zum privaten
Vorlesen wieder geöffnete ›Mundum‹ (= Reinschrift) (GSA).

in Versuchung käme; wobey ich freylich bedaure, daß ich es –
was der Dichter doch so gern thut – meinen werthesten
Freunden nicht mittheilen kann.« An Boisserée am 24. November: »Als ich meinen abgeschlossenen Faust einsiegelte,
war mir denn doch nicht ganz wohl dabey zu Muthe; denn es
mußte mir einfallen daß meine werthesten, im Allgemeinen
mit mir übereinstimmenden Freunde nicht alsobald den
Spaß haben sollten, sich an diesen ernst gemeinten Scherzen
einige Stunden zu ergötzen und dabey gewahr zu werden,
was ich viele Jahre in Kopf und Sinn herumbewegte, bis es
endlich diese Gestalt angenommen ... Mein Trost ist je-

doch, daß gerade die, an denen mir gelegen seyn muß, alle jünger sind als ich und seiner Zeit das für sie Bereitete und Aufgesparte zu meinem Andenken genießen werden.«

Goethe hielt sich nicht an seinen Vorsatz. Er öffnete die versiegelte Handschrift im Januar 1832, um Ottilie daraus zweimal vorzulesen. Dabei geschah dann eben das, was er befürchtet hatte, die Dichtung »etwa hie und da weiter auszuführen«. Sein Tagebuch vermerkt am 17. Januar: »Einiges im Faust Bemerkte nachgeholfen. John mundirte.« Am 18. Januar: »Einiges umgeschrieben.« Am 19. Januar: »Verschiedene Munda.« Am 24. Januar: »Neue Aufregung zu Faust in Rücksicht größerer Ausführung der Hauptmotive, die ich, um fertig zu werden, allzu lakonisch behandelt hatte. Munda durch John.«

Goethes letzte Briefe zeigen, was dieser Abschluß für ihn bedeutete. Er wußte, was er geschaffen hatte, er wußte, seine Zeitgenossen würden sein »Hauptgeschäft«, eben weil es nicht vollständig war und weil es von den Lesern zu viele Voraussetzungen forderte, nur schwer verstehen. Aber er war auch sicher, daß es Leser geben würde, die in Jahren, in Jahrzehnten oder noch später sein Werk aufnehmen, begreifen und würdigen würden. Er behielt diese Hoffnung bei, auch als die ersten Reaktionen nicht eben ermutigend waren. Zu dieser Zeit waren die Stimmen wesentlich kritischer geworden, doch Goethe hat sie kaum mehr wahrgenommen, er las nur noch die Besprechung von Karl Ernst Schubarth, Oberlehrer am Gymnasium zu Hirschberg. Dieser hatte Goethe seine Vorlesung »Über Goethe's Faust« geschickt, die mit der Meinung begann, er, Schubarth, halte die *Faust*-Dichtung »nicht für das Hauptwerk, den Gipfel, die Krone«. So kann sich ein Kritiker irren.

Erst nach Goethes Tod erschien, seinem Wunsch entsprechend, sein »integrales Mundum«: »*Goethe's Werke*. Vollständige Ausgabe letzter Hand. Einundvierzigster Band. Goethe's nachgelassene Werke. Erster Band. Stuttgart und

Tübingen. 1832. / *Faust. Der Tragödie zweyter Theil in fünf Acten.«* Die erste Ausgabe erschien 1832, wiederum im Kleinoktavformat als Taschenausgabe, die Ausgabe im Großoktavformat 1833. Der Titel trägt den Vermerk: »Vollendet im Sommer 1831«.

Goethes fragmentarisierende, alte und neue Lebens-, Erfahrungs- und Wissensbereiche einbindende Arbeitsweise, seine Forderung »So commandirt die Poesie!« hatten freilich bereits für die *Faust*-Ausgabe von 1832 Folgen: Der von Riemer und Eckermann betreute Text hat keinesfalls gültige oder gar endgültige Gestalt, er enthält viele Irrtümer und leider auch redaktionelle Eigenmächtigkeiten. Die Konsequenzen sind bis zur Weimarer Ausgabe zu verspüren, die das gesamte seinerzeit bekannte Material in einer Unübersichtlichkeit darbietet, die nur dem Kenner den Zugang zu den Texten möglich macht. Erich Schmidt legte dem *Faust II*-Text nur die von Goethe selbst autorisierten Veröffentlichungen des 1. und des 3. Aktes und für die übrigen die erhaltene Haupthandschrift zugrunde. So wirkte Goethes Schreib- und Editionsarbeit weiter, die er in seinem »so langen, tätig nachdenkenden Leben« entwickelt hatte. Er hat dies in seinem letzten großen, staunenswerten Brief an Wilhelm von Humboldt vom 17. März 1832 noch einmal umrissen. Ebenso wie seine Werke mußte Goethe jetzt auch seine Briefe seiner Gesundheit abringen. Der letzte Eintrag im Tagebuch lautet: »16. März Weimar Den ganzen Tag wegen Unwohlseyns im Bette zugebracht.« – Dann aber schrieb er am 17. März diesen Brief an Humboldt:

> Es sind über sechzig Jahre, daß die Conzeption des Faust bey mir jugendlich von vorne herein klar, die ganze Reihenfolge hin weniger ausführlich vorlag. Nun hab ich die Absicht immer sachte neben mir hergehen lassen, und nur die mir gerade interessantesten Stellen einzeln durchgearbeitet, so daß im zweyten Theil Lücken blieben, durch ein gleichmäßiges Interesse mit dem Übrigen zu verbinden.

Hier trat nun freylich die große Schwierigkeit ein, dasjenige durch Vorsatz und Charakter zu erreichen, was eigentlich der freywillig thätigen Natur allein zukommen sollte. Es wäre aber nicht gut, wenn es nicht auch nach einem so langen, thätig nachdenkenden Leben möglich geworden wäre, und ich lasse mich keine Furcht angehen, man werde das Ältere vom Neueren, das Spätere vom Früheren unterscheiden können, welches wir denn den künftigen Lesern zur geneigten Einsicht übergeben wollen.
Ganz ohne Frage würd es mir unendliche Freude machen, meinen werthen, durchaus dankbar anerkannten, weit vertheilten Freunden auch bey Lebzeiten diese sehr ernsten Scherze zu widmen, mitzutheilen und ihre Erwiderung zu vernehmen. Der Tag aber ist wirklich so absurd und confus, daß ich mich überzeuge, meine redlichen, lange verfolgten Bemühungen um dieses seltsame Gebäu würden schlecht belohnt und an den Strand getrieben, wie ein Wrack in Trümmern daliegen und von dem Dünenschutt der Stunden zunächst überschüttet werden. Verwirrende Lehre zu verwirrtem Handel waltet über die Welt, und ich habe nichts angelegentlicher zu thun als dasjenige was an mir ist und geblieben ist wo möglich zu steigern und meine Eigenthümlichkeiten zu cohobieren [sic!], wie Sie es, würdiger Freund, auf Ihrer Burg ja auch bewerkstelligen.

Welche Leistung eines Schriftstellers, ungewöhnlich, einzigartig, ein Werk zu vollenden, das sich in seinem Entstehungsprozeß über ein Lebensalter hinzieht, »lange verfolgte Bemühungen« sind eine gewaltige Untertreibung. Darüber hinaus gelang es ihm auch noch, den größten Teil des Werkes zu veröffentlichen und den Rest seiner »ernst gemeinten Scherze« für die posthume Veröffentlichung vorzubereiten und einzurichten. Und es ist eben nicht nur *sein* »Hauptgeschäft«, *sein* opus maximum gewesen, es ist eine der größten Dichtungen, die die Weltliteratur verzeichnen kann.

Was hat sie Goethe zu Lebzeiten eingebracht? Der Verkauf der Gesamtausgabe und der Einzelausgaben war eher mäßig. Die Bilanz der Aufführungen trug keine Zeichen eines Erfolgs. Nun muß man hier freilich bemerken, daß Goethe selbst kein guter Promotor seines Stückes war. Im Grunde glaubte er an die Bühnenwirksamkeit seines *Faust*, »wie er ist«, nicht recht. An den Berliner Intendanten Graf Brühl, der eine Aufführung beabsichtigte, schrieb er am 1. Mai 1815: »Er [Faust] steht gar zu weit von theatralischer Vorstellung ab.« Die einzig nennenswerte Aufführung, die deutsche Uraufführung des Ersten Teils, fand am 29. Januar 1829 am Hoftheater in Braunschweig statt. Die Inszenierung und die dramatische Einrichtung, vor allem wesentliche Kürzungen und auch Umstellungen, unternahm August Klingemann. Das Unternehmen war erfolgreich und bewirkte, daß aus Anlaß des 80. Geburtstags andere deutsche Bühnen, in Hannover, Bremen, Dresden, Frankfurt am Main und Leipzig, das Stück aufführten. Endlich trat auch das Weimarer Theater in Aktion und spielte den *Faust* am 29. August 1829. Goethe hatte sich an der Vorbereitung beteiligt, war aber bei der Premiere nicht anwesend. Im Tagebuch vom 29. August heißt es: »Abends allein. Aufführung von Faust im Theater.« Kein weiterer Kommentar. Wollte Goethe Erfolg oder Mißerfolg nicht wahrnehmen, oder war er in der Vorbereitungszeit enttäuscht, weil der Zensor auch in das Werk des Ministers Goethe eingegriffen hatte? An eine textgetreue Aufführung, wie sie heute von den Autoren und von den sie vertretenden Theaterverlagen verlangt wird, war damals nicht zu denken. Der Zensor dichtete um, »Brust an Brust« mußte durch »Blick in Blick«, das »Strumpfband« durch »Armband« ersetzt werden. Außerhalb Weimars aber griffen die Zensoren noch energischer ein; im ansonsten liberaleren protestantischen Sachsen durfte der Name Luthers im »Rattenlied« nicht genannt werden, im katholischen Wien durften sich »Pfaffen« auf »Laffen« nicht reimen, und der Faust-Darsteller mußte den neuen Reim »Tröpfe« und »hohle Köpfe« sprechen. – Goethe selbst also hat seinen *Faust* in einer angemessenen Darstellung auf der Bühne nicht sehen können.

Die Wirkung der *Faust*-Dichtungen auf die Zeitgenossen ist höchst unterschiedlicher Natur gewesen. Als 1790 das *Faust*-Fragment erschien, wußten die Rezensenten mit dem Text nichts Rechtes anzufangen. Hinzu kamen die politischen und kriegerischen Wirren der Zeit, die preußische Niederlage und die französische Besetzung. Deutlicher spielte sich die Wirkung in der Briefkorrespondenz der Zeitgenossen ab. Carl August Böttiger, der möglicherweise im Servibilis der Walpurgisnacht ein Porträt von sich erkannt hatte, kritisierte das Werk »in sittlicher Hinsicht«. Aufmerksamkeit freilich fand Goethe im Kreis seiner Freunde; Karl Friedrich von Reinhard, Charlotte Schiller und Zelter lobten das Werk. Der Schriftsteller Friedrich Joseph von Retzer erkannte zwar ein »exzentrisches Geniewerk ... worin unser Musaget mit dem berühmten Höllen-Breughel an diabolischer Schöpfungskraft und mit Aristophanes an pöbelhafter Unfläterei um den Preis zu ringen scheint«, aber man könne noch nicht sagen, was daraus werde, Goethe habe Frechheiten gewagt, wovon »vor 25 Jahren noch kein Mensch sich nur die Möglichkeit hätte träumen lassen«. Christoph Martin Wieland kommt zu dem doch falschen Schluß: »Vous voyez qu'à présent il n'y a qu'à oser pour être sûr de réussir.« Wieland schließt diesen Brief: »Bei allem dem befürchte ich, unser Freund Goethe hat sich selbst durch dieses Wagestück mehr geschadet, als ihm sein ärgster Feind jemals schaden könnte, und sein Verleger wird der einzige sein, der sich wohl dabei befinden wird.« Auch Jean Paul war mit dem vorliegenden Text nicht einverstanden, doch er meinte, daß vor Vollendung des Werks kein gerechtes Urteil möglich sei. Franz Grillparzer wiederum war »bewegt«, er las es zweimal, und viele Szenen setzten seine »Phantasie in Flammen, rissen meine Seele auf, immer von Schillers rohen, grotesken Skizzen weg und entschied meine Liebe für Goethe« (Tagebuch, 20.6.1810). Immerhin reizte der fragmentarische Charakter des *Faust* Zeitgenossen, von sich aus das Werk Goethes zu Ende zu schreiben. So gibt es eine »Fortsetzung des ›Faust‹ von Goethe« von Carl Schöne (1823) und von Karl Rosenkranz ein »Geistlich Nachspiel zur Tragödie Faust« (1831).

Als Goethe 1827 den 3. Akt des 2. Teils, die Helena-Dichtung, veröffentlichte, war ihm die Kritik gewogener. Vor allem aber waren es ausländische Blätter, die die Bedeutung des Textes hervorhoben. Goethe selbst hat drei ausländische Rezensionen besonders erwähnt, die des russischen Literaturhistorikers Stepan Petrowitsch Schewireff, des Franzosen Jean-Jacques Ampère, der in der Zeitschrift ›Le Globe‹ eine Rezension veröffentlicht hatte, und die von Thomas Carlyle in der Edinburgher Zeitschrift ›The Foreign Review‹. Goethe schrieb in ›Ueber Kunst und Alterthum‹ über diese Rezensionen: »Hier strebt nun der Schotte, das Werk zu durchdringen, der Franzose, es zu verstehen, der Russe, sich es anzueignen. Und so hätten die Herren Carlyle, Ampère und Schewireff ganz ohne Verabredung die sämtlichen Kategorien der möglichen Teilnahme an einem Kunst- oder Naturprodukt vollständig durchgeführt. Das Weitere hierüber zu verhandeln sei unsern wohlwollenden Freunden überlassen. Sie werden, das Ineinandergreifen jenes dreifachen, nie scharf zu trennenden Strebens bemerkend und bezeichnend, uns über die mannigfaltigsten ästhetischen Einwirkungen aufzuklären erwünschte Gelegenheit davon hernehmen.« Im ganzen konnte Goethe also mit der Rezeption seiner *Faust*-Dichtungen nicht zufrieden sein. Es war ihm aber selbst deutlich, daß die Zeitgenossen Schwierigkeiten mit dem Text haben mußten. Daß der posthum veröffentlichte Teil des *Faust* bei den Zeitgenossen mehr oder weniger auf Unverständnis stieß, erlebte er nicht mehr.

Der Erste Teil freilich wirkte in zwei großen Geistern weiter. Hegel lobte den Text als das große deutsche Nationalgedicht und, wie er in seinen *Vorlesungen über die Ästhetik* schrieb, als »die absolute philosophische Tragödie, in welcher einerseits die Befriedigungslosigkeit in der Wissenschaft, andererseits die Lebendigkeit des Weltlebens und irdischen Genusses, überhaupt die tragisch versuchte Vermittlung des subjektiven Wissens und Strebens mit dem Absoluten, in seinem Wesen und seiner Erscheinung, eine Weite des Inhalts gibt, wie sie in ein und demselben Werke zu umfassen zuvor kein anderer dramatischer Dichter gewagt hat«. Auch Heinrich Heine war vom *Faust* bewegt, er sah ihn als Symbol der nationalen Entwicklung. In seiner *Romantischen Schule* lesen wir: »das deutsche Volk ist selber jener gelehrte Doktor Faust, es ist selber jener Spiritualist, der mit dem Geiste endlich die Ungenügbarkeit des Geistes begriffen und nach materiellen Genüssen verlangt und dem Fleische seine Rechte wiedergibt ... Es wird aber noch einige Zeit dauern, ehe beim deutschen Volke in Erfüllung geht, was es so tiefsinnig in jenem Gedichte prophezeit hat, ehe es eben durch den Geist die Usurpationen des Geistes einsieht und die Rechte des Fleisches vindiziert. Das ist dann die Revolution, die große Tochter der Reformation.« So blieb es den folgenden Jahrzehnten und dem nachfolgenden Jahrhundert vorbehalten, die Bedeutung des Werkes zu erforschen und darzustellen und Teile jenes »inneren Knochengerüstes« von Goethes Grundkonzeption freizulegen, über das er kurz vor der Vollendung, wie berichtet, an Zelter geschrieben hatte, daß es nicht leicht sei, »ein solches inneres, lebendiges Knochengerippt mit Sehnen, Fleisch und Oberhaut zu begleiten, auch wohl dem fertig Hingestellten noch einige Mantelfalten umzuschlagen, damit alles zusammen ein offenbares Rätsel bliebe, die Menschen fort und fort ergötze und ihnen zu schaffen mache«. Hier hat Goethe wirklich recht behalten, an dem »offenbaren Rätsel« rätseln Forscher und Leser noch heute. Vielleicht sollten sich diejenigen, die sich mit dieser Enträtselung professionell beschäftigen, bescheiden. Es wird immer Dinge geben, die dem der Rationalität verpflichteten Forscher letztlich unzugänglich bleiben, doch sollen sie Leser weiter erfreuen und ihnen zu schaffen machen. Goethe selbst hat *Faust* »Tragödie« genannt, und wirklich ist dieses Stück die Tragödie des Menschen in der Welt, sie umfaßt seine Vergangenheit, seine Gegenwart und seine Zukunft, Vergänglichkeit und Ewigkeit. So ist diese Dichtung die Dichtung der Tragödie des Menschseins selbst, die Tragödie des Menschen, von der im Prolog im Himmel ja nicht zufällig der Herr sagt: »Es irrt der Mensch, solang er strebt«. Trotz dieser Einsicht bejaht Goethe in seinem hohen Alter das Leben: »Wie es auch sei das Leben, es ist gut.« Und auch auf sein Werk blickt der Autor souverän zurück, ein halbes Jahr vor seinem Tode schreibt er: »Da steht es nun, wie es auch geraten sei. Und wenn es noch Probleme genug enthält, keineswegs jede Aufklärung darbietet, so wird es doch denjenigen erfreuen, der sich auf Miene, Wink und leise Hindeutung versteht.«

6. Goethe: »daß ich jeden guten Augenblick zu nutzen trachte um derjenigen die an mir Theil nehmen, bis ans Ende werth zu seyn«

Der überaus komplexe und langwierige Zweite Teil des *Faust* war im Sommer 1831 abgeschlossen. Im Juni desselben Jahres konnte Goethe auch die Arbeit an der deutsch-französischen Ausgabe des *Versuchs über die Metamorphose der Pflanzen* beenden, Frommann hatte ihm endlich die Aushängebogen zugeschickt. Diese Arbeit war ihm ebenfalls nicht leicht von der Hand gegangen, noch im Februar 1831 hatte Frommann Cotta berichtet, »wie stark das Buch werden wird kann ich Ihnen nicht angeben, ebenso wenig wie bald es fertig sein wird«. Goethe arbeitete erst im März und April mit Frédéric Soret wieder am Manuskript. Ende April jedoch konnte er Sulpiz Boisserée den geglückten Abschluß melden: »Mit diesem Hefte hebt sich denn doch ganz eigentlich eine große Last von mir ab, das man 15 Bogen, gedruckt, nicht ansehen wird. Seit dem Juni vorigen Jahrs mit dem Abdruck beschäftigt zu seyn und solchen durch alle Wechselfälle durchzuarbeiten und durchzuführen, war für mich kein Kleines«. Das Werk erschien Mitte Juni 1831, es sollte das letzte von Goethe selbst betreute Verlagswerk sein. Das andere »Werk«, an dem er arbeitete, eben die Sammlung, Sichtung und Edition seines Briefwechsels mit Zelter, konnte er nicht mehr selbst abschließen, er übertrug, wie erwähnt, Riemer diese Aufgabe.

Am 6. Juni zeigt Goethe Eckermann den bislang noch fehlenden Anfang des 5. Akts von *Faust II*: Faust, der nach der Intention des Autors an dieser Stelle 100 Jahre alt zu sein hatte, sollte erlöst werden. Doch wie war das darzustellen? »Übrigens werden Sie zugeben«, fährt Goethe im Gespräch fort, »daß der Schluß, wo es mit der geretteten Seele nach oben geht, sehr schwer zu machen war und daß ich, bei so übersinnlichen Dingen, mich sehr leicht im Vagen hätte verlieren können, wenn ich nicht meinen poetischen Intentionen, durch die scharf umrissenen christlich-kirchlichen Figuren und Vorstellungen, eine wohltätig beschränkende Form und Festigkeit gegeben hätte.« Am 22. Juli 1831 trug er in sein Tagebuch ein: »Das Hauptgeschäft zu Stande gebracht. Letztes Mundum. Alles rein Geschriebene eingeheftet.« Als Eckermann einige Tage später zu Mittag kam, fand er Goethe »überaus glücklich«: »Mein ferneres Leben kann ich nunmehr als reines Geschenk ansehen, und es ist jetzt im Grunde ganz einerlei, ob und was ich noch tue.«

Es ist ihm nicht einerlei. Goethe hat sein »Hauptgeschäft« vollendet. Mit diesem Gelingen kann er sich frei fühlen, für sich und andere zu leben. Als Ausdruck seiner Haltung ist seine Botschaft an Cotta vom 16. Juni 1831 zu verstehen:

Indem ich nun, durch dieses vertrauliche Bekenntniß, manche bisherige Retardation und ein langes Stillschwei-

gen zu entschuldigen und aufzuwiegen hoffe, so will ich nur noch versichern, daß mein aufrichtigster Wunsch ist: es mögen des verehrten Paares gleichfalls gesteigerte Jahre von äußern Übeln dergestalt bewahrt bleiben, damit die innere Lebenskraft, auf eine so mannigfaltige, unübersehliche Weise, fortzuwirken kräftig bleibe. Die Jahre nehmen ohnehin, was sie früher brachten; wenn nun auch die Aussenwelt ihren Antheil wegnehmen will, so mögten wir zuletzt als allzunackt und hülflos dastehen.
Doch sey es nicht muthlos geschlossen! vielmehr mit der Versicherung: daß ich jeden guten Augenblick zu nutzen trachte um derjenigen die an mir Theil nehmen, bis ans Ende werth zu seyn.
Hochachtungs wie vertrauenvoll.

Cotta ist verständlicherweise von solcher Bekundung beglückt. Er antwortet am 10. Juli mit einem Bekenntnis: »Ich trachte täglich, im Gefühl der Macht der Jahre, meinen Wirkungskreis zu beschränken, und habe auch schon manchen ernstlichen Schritt darin gethan; es ist jedoch nicht meine Absicht, mich zur Ruhe zu begeben, ich hoffe mir im Gegentheil noch einen angemeßenen Geschäftskreis zu erhalten und mich mit Muth darin zu bewegen, so lange es mir bestimmt ist. *Muth* aber gehört zur jezigen Zeit, die für Alle eine ernste, für Viele aber eine strenge Zeit der Prüfung genannt werden muß.«

Prüfungen hatten beide zu bestehen. Die folgenden Briefe von Goethe und Cotta stehen am Ende einer Autor-Verleger-Beziehung, die mehr als eine Generation Bestand gehabt hatte. Cotta gratuliert Goethe am 22. August 1831 zum Geburtstag: »Das Fest das wir diesmal feiern ist wahrlich ein doppelt heiliges, es ist das des uns Erhaltenen nicht blos, sondern das des uns wiedergeschenkten und der Hinblik auf diese so weise Führung der Vorsehung stärkt Muth und Glauben, zum Fortschreiten in der ernsten Zeit in der wir leben; Und so, verehrter, würdiger Mann wirkt Ihr Leben nach allen

Seiten und auf jede Weise wohlthätig auf Ihre Freunde, auf Ihre Zeitgenoßen und glüklich und beneidenswehrt ist Ihr Loos vor Vielen der Auserwählte zu seyn.« Und Goethe bedankt sich freundlich, er wisse, »ein so vieljährig fruchtbares Verhältniß in seiner Blüte und an reifen Früchten zu erkennen, wogegen manche andere, kräftig neben mir sonst Lebende und Strebende, sich schon früher ein beschränkendes Ziel gestellt sehen mußten. Wenn nun bisher Ihre Geneigtheit unveränderlich geblieben ist, so darf ich auch für die Zukunft hoffen, mit den Meinigen zum besten empfohlen zu seyn. Da es denn keiner Versicherung bedarf, daß mein Denken und Empfinden sich immer gleich bleibt und es mir das größte Vergnügen macht mich aufrichtig unterzeichnen zu können.«

Die letzte Nachricht aus dem Hause Cotta ist die Erfüllung einer »traurigen Pflicht«: Georg und Sophie Cotta melden Goethe den Tod ihres Sohnes Johann Erlbald Aurel, Goethes Patenkind. Ob Goethe die Nachricht noch aufnimmt, ist unbekannt.

Am 22. März 1832 stirbt Goethe in Weimar. Sein Leben »als Kunstwerk« hatte er vollendet, die Früchte seines »Kunstwahren« in die Scheuer gefahren. Im Dezember 1832 erscheint in Cottas Verlag der erste Band von *Goethe's nachgelaßenen Werken* in zwanzig Bänden. Am 29. Dezember desselben Jahres stirbt in Stuttgart Johann Friedrich Cotta.

ANMERKUNGEN

Einführung: Zum Schriftsteller geboren

1 Kafkas Brief lautet vollständig:
Sehr geehrter Herr Rowohlt!
Hier lege ich Ihnen die kleine Prosa bei, die Sie zu sehen wünschten; sie ergibt wohl schon ein kleines Buch. Während ich sie für diesen Zweck zusammenstellte, hatte ich manchmal die Wahl zwischen der Beruhigung meines Verantwortungsgefühls und der Gier, unter Ihren schönen Büchern auch eins zu haben. Gewiß habe ich mich nicht immer ganz rein entschieden. Jetzt aber wäre ich natürlich glücklich, wenn Ihnen die Sachen auch nur soweit gefielen, daß Sie sie druckten. Schließlich ist auch bei größter Übung und größtem Verständnis das Schlechte in den Sachen nicht auf den ersten Blick zu sehen. Die verbreitetste Individualität der Schriftsteller besteht ja darin, daß jeder auf ganz besondere Weise sein Schlechtes verdeckt.
Ihr ergebener: Dr. Franz Kafka
Manuscript folgt separat per Postpaquet
(Franz Kafka, *Gesammelte Werke*, hg. v. Max Brod [ohne Bandzählung], *Briefe 1902-1924*, Frankfurt am Main 1958, S. 103.)

2 Bertolt Brecht legt diese wichtige kulturgeschichtliche Einsicht seinem Helden Galilei eher als beiläufige Bemerkung in den Mund (*Leben des Galilei*, in: *Werke*. Große kommentierte Berliner und Frankfurter Ausgabe, Bd. 5, Berlin und Frankfurt am Main 1988, S. 282). Ich kenne keine schönere und zugleich treffendere Definition des ›Buches‹ als diese paradoxe Zusammenführung von »Geheiligtem« und »Ware«. Die Paradoxie besteht, seit es das Buch gibt; jeder Schriftsteller, Verleger, Buchhändler weiß es. Ich habe diese so nebenbei gesprochenen Worte Galileis in vielen meiner Arbeiten und Vorträge zitiert und ihnen manchmal gewiß eine andere Bedeutung gegeben, als Galilei sie im Sinn hatte.

3 Vgl. Ungern-Sternberg, *Schriftsteller*, S. 176: »Zwar erkannte Wieland den Doppelcharakter des Buches, Geist und Ware zu sein, deutlich ›als billige Unterscheidung, welche die Natur der Sache fordert‹, ›das kleinste Werk des Genies und der Kunst, das in seiner Art vortrefflich ist, ist freilich seinem innern Wert nach unbezahlbar‹, dieser Gesichtspunkt dürfe allerdings nicht zum ›Vorwand‹ gebraucht werden, ›Künstler und andre Männer von Genie verhungern zu lassen‹ oder dazu zu zwingen, ›von Bedienstungen zu leben,

und ihre beste Zeit mit einträglichern, vielleicht ihrer nicht würdigen Arbeiten zuzubringen, und Talente darüber schlafen und verrosten zu lassen, die der Nation in einem größern Umfange nützlich werden können‹. Wieland [legt] ... den Finger auf die Wunde ›der gegenwärtigen unglücklichen Verfassung der sogenannten gelehrten Republik Teutschlands‹: auf das mangelnde Interesse der deutschen Nation an qualifizierter deutschsprachiger Literatur, die Inkongruenz zwischen literarischer Qualität und Publikumserfolg, den Zwang zum Brotberuf, der oft im Widerspruch zur literarischen Ambition stehen muß, das heißt auf die Spannung zwischen Geist und Kommerz, der die deutschen Buchmarktsverhältnisse oft quälend prägte.«

4 Die Stelle aus den Gesprächen mit Eckermann (*Gespräche mit Goethe in den letzten Jahren seines Lebens*) lautet: »Ein deutscher Schriftsteller, ein deutscher Märtyrer! – Ja, mein Guter! Sie werden es nicht anders finden! Und ich selbst kann mich noch kaum beklagen; es ist allen anderen nicht besser gegangen, den meisten sogar schlechter, und in England und Frankreich ganz wie bei uns.« (GA 24, S. 732 f.) – 1795, in den ›Horen‹, schreibt Goethe unter dem Titel »Literarischer Sansculottismus«: »So findet sich der deutsche Schriftsteller endlich in dem männlichen Alter, wo ihn Sorge für seinen Unterhalt, Sorge für eine Familie, sich nach Außen umzusehen zwingt, und wo er oft mit dem traurigsten Gefühl durch Arbeiten, die er selbst nicht achtet, sich die Mittel verschaffen muß, dasjenige hervor bringen zu dürfen, womit sein ausgebildeter Geist sich allein zu beschäftigen strebt.« (SzL 1, S. 15.)

5 Zahlen über Geldeinkünfte sagen als solche nicht viel aus. Erst die Relation zur Kaufkraft der jeweils geltenden Währung vermag Aufschlüsse über die tatsächliche Höhe, über den Wert der Beträge zu geben. Ein Geldwertvergleich zwischen verschiedenen historischen Epochen aber ist schwierig, da zahlreiche Aspekte berücksichtigt werden müssen, deren Valenz im einzelnen nicht immer zu bestimmen ist. So muß es auch hier bei annähernden Angaben bleiben.

Wenn Johann Caspar Goethe in den 80er Jahren des 18. Jahrhunderts aus dem Vermögen, das sein Vater Friedrich Georg zusammengetragen hatte, jährlich 2700 Gulden (ohne die Hausmiete) an Einnahmen bezog, so erscheint das erste Gehalt, das Goethe für die Zeit von Januar bis Juni 1776 aus der Privatschatulle des Herzogs Carl August bezog, nämlich 600 Taler, eben keineswegs außerordentlich spärlich. Der Sächsische Taler machte zu dieser Zeit knapp zwei Frankfurter Gulden aus (1 : 1,77). Dazu erhielt Goethe freie Wohnung und das – eingerichtete – Gartenhaus an der Ilm.

Wenn man, wie Reinhard Wittmann (*Die Buchhändler sind alle des Teufels. Goethe und seine Verleger*, in: Börsenblatt, 27 / 30. 3. 1982, S. 821 bis 825) oder Ulrich Küntzel (*Die Finanzen großer Männer*, Berlin / Wien 1984) den heutigen Wert eines Talers mit etwa DM 40,– ansetzt, hätte Goethe für die erste Jahreshälfte 1776 rund DM 24000 Gehalt bezogen. Das entspräche – ohne weitere Relationen zu berücksichtigen – einem heutigen Monatsverdienst von etwa DM 4000 brutto.

Nun waren freilich die Steuerabgaben entschieden geringer und die Kaufkraft weitaus günstiger. Ein Buch beispielsweise kostete in den 80er Jahren des 18. Jahrhunderts durchschnittlich 20 Groschen (24 Groschen = 1 Taler).

6 Ich entnehme diese Angaben Ernst Beutlers Aufsatz *Das Goethesche Familienvermögen von 1687-1885*, in: Ernst Beutler, *Essays um Goethe*, 2 Bde., Wiesbaden 1946, Bd. 1, S. 219 ff. Vgl. auch Ulrich Küntzel, *Die Finanzen großer Männer*, Berlin/Wien 1984, S. 275 ff. (Heute erhält ein Superintendent jährlich etwa DM 70000, und wenn Milva, ehemals Schauspielerin bei Giorgio Strehler, als italienische Brecht-Sängerin auftritt, so kann sie an einem Abend DM 20000 bis 30000 fordern.)

7 Um Goethes Vermögen zu diesem Zeitpunkt richtig einzuschätzen, ist auch der Grundbesitz (im Wert von 5000 Talern) in Rechnung zu stellen, ebenso wie der Zugewinn durch seine immense Kunstsammlung, für die er 60 Jahre lang wenigstens 100 Dukaten per anno (Katalog der Ausstellung: *Kostbarkeiten aus Goethes Kunstsammlung*, 12. 5.-21. 6. 1987, S. 4) ausgegeben haben soll. – Um den Geldwert historisch zutreffend zu beurteilen, wäre eine Vielzahl von Relationen nötig: Beispielsweise betrug der Jahreswechsel eines Studenten etwa 500 Gulden; 1985 gab ein Student im Durchschnitt etwa DM 10000 aus. So könnte man einen Gulden überschlägig mit DM 20,- gleichsetzen. Einen Gulden wiederum »unterteilte man in 16 Groschen, für die Schiller ... 1789 in Jena acht Mittagsmahlzeiten einnehmen konnte, doppelt so viele, wie er für dasselbe Geld in Weimar bekommen hätte«. (Ulrich Karthaus, *Friedrich Schiller*, in: *Genie und Geld. Vom Auskommen deutscher Schriftsteller*, hg. v. Karl Corino, Reinbek 1991, S. 153; darin auch Volker Bohn über Goethes Einkommensverhältnisse, S. 140-150.)

8 Max Frisch, *Gesammelte Werke in zeitlicher Folge*, 6 Bde., hg. v. Hans Mayer unter Mitw. v. Walter Schmitz, Bd. 6, Frankfurt am Main 1976, S. 324. – Ich suchte mich kundig zu machen: Barbara Frischmuth, ebenso hervorragende Autorin wie Pferdekennerin, sagte mir, daß Pferde, gerade wenn sie verkauft würden, höchste Sensibilität entwickelten und durchaus Nuancen eines Verkaufsgesprächs aufnähmen.

I. Erste Veröffentlichungen

1 *Dichtung und Wahrheit* II 7 (FA I 14, S. 324-326). Behrischs Abschrift von Goethes Buch *Annette* und seine dazu gezeichneten Vignetten waren nach seiner Meinung so, daß »keine Druckerpresse [sie] zu erreichen im

Stande« war (S. 326). Goethe berichtet ferner von seiner Polemik gegen die Buchdrucker, speziell die Setzer: Behrisch »spottete über dessen Gebärden, über das eilige Hin- und Widergreifen, und leitete aus diesem Manövre alles Unglück der Literatur her« (S. 328).

2 FA I 1, S. 1263; das anonym im ›Wandsbecker Bothen‹ vom 6. 11. 1773 veröffentlichte Gedicht wurde ›wegen seiner Qualität‹ von Morris Goethe zugeschrieben. – Daß Goethe lebenslang zur Reserve gegenüber dem Publikum Grund hatte, zeigt die lesenswerte Studie von Viktor Hehn, *Goethe und das Publikum. Eine Literaturgeschichte im Kleinen*, hg. v. E. Thurnher, Berlin 1988 (zuerst in: Viktor Hehn, *Gedanken über Goethe*, Berlin 1887).

3 Goethe hatte den Namen »Annette« mit Bedacht gewählt, von fern erinnerte er an die »Anna« von Mlle. Schönkopf. Im zitierten Brief an Cornelia vom August 1767 erwähnt er die Gedichte, die Sammlung und die Namengebung: »Mon imagination poetique se peint Mdlle Fabricius plus belle et plus sage encore qu' elle n'est, e ce sera a l'avenir mon Annette, ou ma Muse, ce que sont des synonymes. Apropos ... de mes vers ... le titre seroit Annette en depit ... de Platon qui nomma ses dialogues de l'immortalité de l'ame Phaedon qui etoit son amit et n'avoit beaucoup plus de part a ces dialogues, qu'Annette n'a a mes poesies.« (WA IV 1, S. 96 f.)

4 FA I 14, S. 325 f. Goethe hatte geglaubt, der Band mit der Handschrift Behrischs sei verlorengegangen, aber er fand sich im Nachlaß des Weimarer Hoffräuleins Luise, genannt Thusnelda, von Göchhausen; so konnten die Texte 1896 in Band 37 der Weimarer Ausgabe veröffentlicht werden. Behrischs Band liegt auch in einer Faksimile-Ausgabe vor: *Annette, Leipzig 1767. Von Ernst Wolfgang Behrisch geschriebene Liedersammlung des Leipziger Studenten Goethe*, Leipzig 1923; eine zweite Faksimile-Ausgabe erschien im Insel Verlag Frankfurt am Main 1965.

5 Im Jahre 1906 erschien im Insel Verlag Leipzig eine Faksimile-Ausgabe des »Leipziger Liederbuches«, das wegen des Verlagsortes, nicht wegen der Zeit der Entstehung der Liedertexte so genannt wird. Es war eine einmalige Ausgabe in 300 Exemplaren, herausgegeben von dem Goethe-Kenner Albert Köster. Im Nachwort schreibt er: »Auf die Reihenfolge der Lieder hat Goethe offenbar keinen Einfluß gehabt. Breitkopf hat seine anziehendsten Nummern, bei deren Composition er sich hatte Zeit lassen können, an den Anfang gestellt; die letzten Stücke mögen wohl deshalb so elend ausgefallen sein, weil der Componist die Texte erst spät erhalten hat. Sind es doch die in Frankfurt entstandenen Lieder. Leicht war Breitkopfs Aufgabe nicht; denn manche der Gedichte, in denen ein starkes lehrhaftes Element steckt, eignen sich kaum zur Composition. Aber aus einigen Texten hätte ein begabterer Musiker doch etwas mehr hervorholen können.« Die Faksimile-Ausgabe teilt auch die handschriftliche Widmung aus dem Exemplar für Langer mit:

die Horazverse aus Carmen I 5, die dem Leser verdeutlichen sollten, wie gefährlich die Leipziger Liebeswirren für Goethe waren und wie knapp er aus der Not gerettet wurde. Bei Köster auch in der Übersetzung Geibels: »Von mir bezeugt | Dort am Tempel die Schrift, dass der Gerettete | Seine triefenden Kleider | Dankbar weihte dem Meeresgott.«

6 Abbé Charles Batteux (1730-1780), französischer Literaturkritiker, Mitglied mehrerer französischer Akademien, versuchte, verbindliche ästhetische Kategorien für Produktion und Beurteilung des Kunstwerks festzulegen. Mit seiner Poetik der Nachahmung, der Mimesistheorie, dominierte er die europäische Aufklärungspoetik und gewann großen Einfluß auch auf die deutsche Literaturästhetik, insbesondere auf Gottsched, v. a. mit seinem *Traité sur les Beaux-Arts réduits à un même principe*. Die Lyrik – als Nachahmung von Empfindungen – wurde von Batteux zum Paradigma der Dichtung erhoben. 1751 gab Johann Adolf Schlegel eine deutsche Übersetzung heraus: *Einschränkung der schönen Künste auf einen einzigen Grundsatz*; eine Ausgabe von 1759 stand in der Bibliothek von Goethes Vater.

7 Waltraud Hagen verzeichnet in *Drucke*, S. 97-99, den verschollenen Einzeldruck eines Gedichts aus dem Jahr 1768 sowie die Separatdrucke aus den *Neuen Liedern* 1770 und deren Umkreis. Das »Leipziger Liederbuch« ist eine Rarität und wurde in den letzten Jahrzehnten nicht mehr auf dem Antiquariatsmarkt angeboten.

8 *Positiones juris quas auspice deo inclyti jureconsultorum ordinis consensu pro licentia summos in utroque jure honores rite consequendi in alma Argentinensi die VI. augusti MDCCLXXI. h. l. q. c. publice defendet Joannes Wolfgang Goethe Moeno-Francofurtensis. Argentorati ex Officina Johannis Henrici Heitzii, Universit. Typographi*. Der Verlag Heitz existierte bis 1954 in Straßburg; Valentin Koerner gründete mit Heinrich Heitz die »Librairie Heitz« als GmbH in Kehl und seit 1970 als Verlag Valentin Koerner GmbH in Baden-Baden. – Über Goethes Dissertation schrieb Johann Ulrich Metzger, Straßburg, am 7.8.1771 an den Geheimen Hofrat Friedrich Dominikus Ring in Karlsruhe: »Ebenso erwähne ich eine Neuigkeit, die Sie sehen läßt, daß unsere Fakultät ebensogut verwaltet wird wie jede andere. Es gibt hier einen Studenten namens Goethe aus Frankfurt am Main, der, wie man sagt, in Göttingen und Leipzig gewesen ist und recht gut studiert hat. Dieser junge Mensch ist von seinem Wissen aufgeblasen, namentlich aber auch von einigen Bosheiten des Herrn von Voltaire, und wollte eine These aufstellen, die zum Titel haben sollte ›Jesus autor et judex sacrorum‹. Darin bringt er unter anderem vor, daß Jesus Christus nicht der Begründer unserer Religion gewesen sei, sondern daß irgendwelche andere Gelehrte sie unter seinem Namen gemacht hätten. Die christliche Religion sei nichts anderes als eine gesunde Politik usw. Man hat jedoch die Güte gehabt, ihm die Drucklegung seines

Meisterwerkes zu verbieten. Danach hat er dann, um seine Verachtung kundzutun, die allersimpelsten Thesen aufgestellt, z. B.: jus naturae est quod omnia animalia decuit. Man hat ihn ausgelacht, und damit war er erledigt« (Brief ursprünglich in französischer Sprache; GJb 23 [1902], S. 218 f.). Metzger allerdings ist ein eher unzuverlässiger Zeuge (vgl. E. Genton, *Goethes Straßburger Promotion*, Basel 1971) und – entgegen der traditionellen Ansicht der Goethe-Forschung – nicht Juraprofessor, sondern -student gewesen. Die Akten der Juristischen Fakultät der Universität Straßburg vermerken unter dem 6. 8. 1771 denn auch das Gegenteil: »Dissertationem inauguralem Positiones Juris exhibentem cum applausu defendit Dominus Joh. Wolfgang Goethe, Moeno-Francofurtanus«, was auch Goethes eigener Darstellung in *Dichtung und Wahrheit* entspricht. (Hinweis von Valentin Koerner.)

9 Vgl. Ungern-Sternberg, *Schriftsteller*, S. 133-185; hier bes. S. 151-155; natürlich auch Goldfriedrich, *Buchhandel* 3, S. 187, 204 ff. Nach Angaben des Verlegers Franz Joseph Eckebrecht gab es 1779 zwanzig ›Netto‹-Händler; 1791 waren – unter insgesamt 398 Verlagsbuchhandlungen – neunundzwanzig reine Verlagshandlungen auf der Leipziger Messe vertreten (vgl. Widmann, *Buchhandel*, S. 104 ff.). In den neunziger Jahren begann sich der Sortimentsbuchhandel allgemein vom Verlagsbuchhandel zu lösen (vgl. Hans Gerth, *Bürgerliche Intelligenz um 1800. Zur Soziologie des deutschen Frühliberalismus*, hg. v. Ulrich Herrmann, Göttingen 1976, S. 100).

10 *Prolog zu den neuesten Offenbarungen Gottes*, »verdeutscht durch Dr. Carl Friedrich Bahrdt«, Gießen 1774, ebenfalls bei Merck in der Druckerei der Eylauschen Erben in Darmstadt (der Erscheinungsort Darmstadt ist fiktiv, gleichzeitig Szenenanweisung, und bezieht sich auf den Wohnort des Theologen Bahrdt).

11 Dieter Breuer, *Geschichte der literarischen Zensur in Deutschland*, Heidelberg 1982, S. 143. – Zur Zensur im 18. Jahrhundert vgl. u. a. die Arbeiten von Heinrich Hubert Houben, insbesondere *Verbotene Literatur*, 2 Bde., Berlin 1920, Bremen 1928, sowie *Der ewige Zensor*, Kronberg 1978.

12 »Schicke dir hier den alten Götzen; | Magst ihn zu den Heilgen setzen | ... | Mußt alle garst'gen Worte lindern, | Aus Scheißkerl Schurken, aus Arsch mach Hintern, | Und gleich' das Alles so fortan, | Wie du's wohl ehmals schon getan.« (FA I 1, S. 155 f.)

13 Goethes erste Äußerungen zu *Werther* in einem Brief an Sophie von La Roche, Montag, 19. 9. 1774: »Donnerstag früh geht ein Exemplar Werther an Sie ab. Wenn Sie und die Ihrigen es gelesen schicken Sie's weiter an Friz [Jacobi], ich hab nur drey Exemplare und muss also diese zirkuliren lassen. ... Sie kriegen nun Ihre liebe Max wieder, eine Weile, erquicken Sie das Herz mit aller mütterlichen Liebe. Adieu. Und melden Sie mir gleich was Herr v. Hohenfeld vom Werther sagt. Und auch Ihr Gefühl übern zweiten Teil.« (DjG 4, S. 249.)

Brief an Lotte Kestner, Freitag, 23.9.: »Lotte wie lieb mir das Büchelgen ist magst du im Lesen fühlen, und auch dieses Exemplar ist mir so werth als wär's das einzige in der Welt. Du sollst [es] haben Lotte, ich hab es hundertmal geküsst, habs weggeschlossen dass es niemand berühre. O Lotte! – Und ich bitte dich lass es ausser Meyers niemand iezzo sehn, es kommt erst die Leipziger Messe in's Publikum. Ich wünschte iedes läs es alleine vor sich, du allein, Kestner allein, und iedes schriebe mir ein Wörtgen.« (DjG 4, S. 250.)

Ebenfalls am Freitag, 23.9., Brief an Kestner: »Habt ihr das Buch schon; so versteht ihr beygehendes Zettelgen, ich vergas es hinein zu legen im Hurrli in dem ich ietzt lebe. Die Messe Tobt und kreischt, meine Freunde sind hier, und Vergangenheit u. Zukunft schweben wunderbaar in einander. Was wird aus mir werden. O ihr gemachten Leute wieviel besser seyd ihr dran.« (DjG 4, S. 249 f.)

Mitte Oktober, an Johann Christian und Charlotte Kestner: »Ich muss euch gleich schreiben meine Lieben, meine Erzürnten, dass mirs vom Herzen komme. Es ist gethan, es ist ausgegeben [der *Werther* ist eben zur Leipziger Messe erschienen], verzeiht mir wenn ihr könnt. – Ich will nichts, ich bitte euch, ich will nichts von euch hören, biss der Ausgang bestätigt haben wird dass eure Besorgnisse zu hoch gespannt waren ... Du hast Kestner, ein liebevoller Advokat, alles erschöpft, alles mir weggeschnitten, was ich zu meiner Entschuldigung sagen könnte; aber ich weis nicht, mein Herz hat noch mehr zu sagen, ob sichs gleich nicht ausdrücken kann. ... ich mag gern wähnen, und ich hoffe, dass das ewige Schicksaal, mir das zugelassen hat, um uns fester aneinander zu knüpfen. ... Haltet, ich bitt euch haltet Stand. ... Gott im Himmel man sagt von dir: du kehrest alles zum besten.« (DjG 4, S. 251.)

14 Walter Benjamin fährt fort: »In ›Werthers Leiden‹ fand das damalige Bürgertum seine Pathologie ähnlich scharfblickend und schmeichelhaft zugleich bezeichnet wie das heutige in der Freudschen Theorie. Goethe verwob seine unglückliche Liebe zu Lotte Buff, der Braut eines Freundes, mit den Liebesabenteuern eines jungen Literaten, dessen Selbstmord Aufsehen gemacht hatte. In den Stimmungen Werthers entfaltet sich der Weltschmerz der Epoche in allen Nuancen. Werther – das ist nicht nur der unglücklich Liebende, der in seiner Erschütterung Wege in die Natur findet, die seit der ›Nouvelle Heloise‹ von Rousseau kein Liebender mehr gesucht hatte – er ist auch der Bürger, dessen Stolz an den Schranken der Klasse sich wund stößt und im Namen der Menschenrechte, ja im Namen der Kreatur seine Anerkennung fordert. In ihm läßt Goethe für lange Zeit zum letzten Mal das revolutionäre Element in seiner Jugend zu Wort kommen.« Aus: »Enzyklopädieartikel«, in: Walter Benjamin, *Gesammelte Schriften*, hg. v. Rolf Tiedemann, hier Bd. 2/2, Frankfurt am Main 1977, S. 703 ff.

15 Die Wirkung des *Werther* reicht bis in unsere Zeit. Das 200jährige Jubiläum 1974 wurde mit Publikationen und Aufsätzen bedacht. In Ulrich Plenzdorfs Erzählung *Die neuen Leiden des jungen W.* liest die Hauptfigur Edgar Wibeau Goethes Roman und spiegelt seine Situation in der Werthers. Als einziges Werk der jüngeren deutschen Literatur, das in der Werther-Nachfolge steht, erreichte die Taschenbuchausgabe dieser Erzählung 1983, zehn Jahre nach Erscheinen, die Auflage von einer Million Exemplaren. Ulrich Plenzdorf, *Die neuen Leiden des jungen W.* Erzählung, Frankfurt am Main 1973; dazu: *Plenzdorfs Neue Leiden des jungen W.*, hg. v. Peter J. Brenner, Frankfurt am Main 1982. – Zur Wirkungsgeschichte allgemein vgl. Hermann Blumenthal, *Zeitgenössische Rezensionen und Urteile über Goethes ›Götz‹ und ›Werther‹*, Berlin 1935, sowie Georg Jäger, *Die Werther-Wirkung. Ein rezeptionsästhetischer Modellfall*, in: *Historizität in Sprach- und Literaturwissenschaft*, hg. v. Walter Müller-Seidel, München 1974, S. 389-409, und Georg Jäger, *Die Leiden des alten und neuen Werther. Kommentare, Abbildungen, Materialien*, München 1984.

16 Hans Blumenbergs *Epigonenwallfahrt* (in: Akzente 37 [1990], H. 3, S. 272-282) kann man, wie viele seiner Arbeiten, nur mit Gewinn und großem Vergnügen lesen. – Immermann, der Autor des Romans *Die Epigonen*, machte sich 1837 auf die Reise nach Weimar, er wollte, so Blumenberg, wohl den Verdacht aus dem Wege schaffen, das Andenken Goethes sei für die Epigonen ein Hemmnis. Immermanns Tagebücher belegen für Blumenberg seine »aufschlußreiche Belebkraft für das Nach-Goethe-Jahrzehnt«. Er traf in Weimar auf die »drei Nachlaßhüter« Eckermann, Riemer und Müller; letzterer sei seinerseits als »Societäts-Schöpfeimer« angesehen worden, der den »Lokalschatz der Anekdoten aus Goethes Lebenssphäre« bewahre, andererseits doch »in allem, was sich nur fern auf Goethe bezieht ... eine kanonische Strenge« walten lasse. Blumenberg verweigert seine Achtung all denen, die da Nachlässe betreuen: »die Arbeit im Schatten der Toten, die vorenthält und austeilt, kann auf Respekt nicht rechnen.« Immermann entdeckte, daß die »Träger des Totenkults in Weimar ... von der Lebendigkeit der Kultfigur« leben; die »Emanation einer ›Fülle des glänzendsten Lichts‹ [geht] von Leben und Tod aus, vom Werk nicht einmal an der Stätte seiner Ursprünge«. Blumenberg zitiert Immermann, Gutzkow und den Philosophen Friedrich Victor Plessing: »Werther bei seinem Erscheinen in Deutschland hatte keineswegs, wie man ihm vorwarf, eine Krankheit, ein Fieber erregt, sondern nur das Übel aufgedeckt, das in jungen Gemütern verborgen lag«. Doch selbst wenn ›Werther‹ der Sentimentalität nur Gestalt gegeben hätte, wäre es eine übergroße Leistung. Immermann freilich findet für *Faust II* die »sogenannte Lösung im eigentlichen Sinne albern«. Härter, so meint Blumenberg, könnte Goethes Hinterlassenschaft nicht angefaßt

worden sein, und er fragt: »War man noch ›Epigone‹, wenn man sich so auf die eigenen Füße stellen konnte?« – Ich meine, durchaus.

17 Wie sehr gerade dieses Verbot Goethe getroffen hat, teilt Friedenthal in einer charakteristischen Szene mit: Sein Diener Seidel hat ein Gespräch festgehalten, das Goethe über *Werther* mit einem Stadtsyndikus führt. »Goethe fragt, ob er nie betrunken gewesen? – Nun vielleicht doch, ein ehrlicher Kerl hat immer einmal eine Nachrede auf dem Rücken. – Gut, erwidert Goethe, der Unterschied ist nur: Ihr Rausch ist ausgeschlafen, meiner steht auf'm Papier! Oder derber, als der Opponent meint, es sei doch auf alle Fälle ein gefährliches Buch: ›Gefährlich! Was gefährlich! Gefährlich sind solche Bestien, wie Ihr seid, die alles ringsum mit Fäulnis anstecken, die alles Schöne und Gute begeifern und bescheißen und dann der Welt glauben machen, es sey alles nicht besser als ihr eigner Koth!‹« (Friedenthal, S. 162.)

18 Vgl. Ludwig Giesecke, *Die geschichtliche Entwicklung des deutschen Urheberrechts*, Göttingen 1957 (Göttinger rechtswissenschaftliche Studien 22); ferner Ungern-Sternberg, *Schriftsteller*, sowie Heinrich Bosse, *Autorschaft ist Werkherrschaft. Über die Entstehung des Urheberrechts aus dem Geist der Goethezeit*, Paderborn u. a. 1981.

19 Zu Trattner siehe Ursula Giese, *Johann Thomas Edler von Trattner. Seine Bedeutung als Buchdrucker, Buchhändler und Herausgeber*, in: AGB 3 (1963), Sp. 1013-1454. – Eine »Deklaration«, eine Art nachträgliche Rechtfertigung der Nachdrucker, wie ironisch und fiktiv auch immer, gibt 1985 Dieter Kühn: »auch wir Nachdrucker haben im geistigen Gesamtumsatz eine Vermittlerrolle – wir sorgen dafür, daß literarische Werke unserer Zeit größere Verbreitung finden; damit fördern wir die Aufklärung«. Aus einem von Dieter Kühn verfaßten fiktiven Brief an Goethe mit dem Titel »Ein Raubdrucker Goethes«, in: Dieter Kühn, *Flaschenpost für Goethe*, Frankfurt am Main 1985.

20 Gemeint ist nicht die Komödienfigur des Plautus (Amphitruo), sondern »Sosius« oder die »Sosii«, die Verlagsbuchhändler zur Zeit des Horaz (Epistel 1,20,2 und *Ars poetica* 345). Vgl. Brief an Zelter vom 26. 8. 1826, S. 655. (Hinweis von Manfred Fuhrmann).

II. Goethe und Göschen

1 Goschen 1, S. 105. – Viscount Goschen hat die Biographie seines Großvaters ursprünglich in englischer Sprache geschrieben: *The Life and Times of Georg Joachim Goschen, Publisher and Printer of Leipzig 1752-1828*, 2 Bde., London 1903. Wie er in der Vorrede bemerkt, hätte er eine deutsche Fassung »aus Mangel an schriftstellerischer Gewandtheit« nicht verfassen können. Er sei »doch von dem warmen Wunsch beseelt ... mit eigener Feder und mit der

liebevollen Hingabe eines Enkels die Lebensschicksale, den Charakter und die ganze Persönlichkeit meines Großvaters zu zeichnen«. Die deutsche Fassung ging auf kritische Anmerkungen englischer Rezensenten zur Originalausgabe ein. Das Quellenmaterial ist zuverlässig zitiert, auch die Darstellung der Fakten aus dem Leben und der dreiundvierzigjährigen Verlagsarbeit Göschens ist im einzelnen gut belegt. Mit einiger Vorsicht muß man dagegen die Bewertungen nehmen, insbesondere die des Verhaltens der Autoren gegenüber Göschen. Viscount Goschen schrieb seine Arbeit und bewertete die Vorgänge aus der Perspektive seines Großvaters und versuchte, dessen Handlungen und Entscheidungen aus seiner eigenen Sicht zu begründen. »Was auch das Urteil seiner Landsleute über das Resultat der Arbeit seines Enkels sein mag«, heißt es in der Einleitung, »der deutsche Leser wird, dessen bin ich gewiß, dem Versuch seine Sympathie nicht versagen, dem Andenken dieses Mannes durch eine ausführlichere und zureichendere Darstellung seines edlen, selbstlosen und gemeinnützigen Lebens ein Denkmal zu setzen, eines Lebens, in dem die brennende Begierde, Deutschland eine geachtete Stellung in bezug auf Typographie zu verschaffen, die hervorragendste Rolle spielte.« In diesem Punkt möchte ich Viscount Goschen ausdrücklich zustimmen.

2 »Wären wir zwanzig Jahre jünger ... so segelten wir noch nach Nordamerika« (nach Fr. v. Müller, 10. 5. 1819). »Was mochte daraus geworden sein, wenn ich mit wenigen Freunden vor dreißig Jahren nach Amerika gegangen wäre ...?« (An S. Boisserée, 2. 8. 1819.) Oder die berühmte Stelle aus den *Lehrjahren*: »ich werde zurück kehren, und in meinem Hause, in meinem Baumgarten, mitten unter den Meinigen sagen: *hier, oder nirgend ist Amerika!*« (MA 5, S. 433.)

3 Herder am 11.7. 1782 an Johann Georg Hamann, den Goethe durch seine Schriften, nicht jedoch persönlich kannte: »Er ist also jetzt Wirklicher Geheimer Rat, Kammerpräsident, Präsident des Kriegscollegii, Aufseher des Bauwesens bis zum Wegbau hinunter, dabei auch Directeur des plaisiers, Hofpoet, Verfasser von schönen Festivitäten, Hofopern, Balletts, Redoutenaufzügen, Inskriptionen, Kunstwerken usw. Direktor der Zeichenakademie, in der er den Winter über Vorlesungen über die Osteologie gehalten; selbst überall der erste Akteur, Tänzer, kurz, das Faktotum des Weimarschen und so Gott will, bald der Major domus sämtlicher Ernestinischer Häuser, bei denen er zur Anbetung umherzieht. Er ist baronisiert, und an seinem Geburtstage ... wird die Standeserhebung erklärt werden.« (Zitiert nach Karl Eibl, in: FA I 1, S. 948.) In einem Brief vom 21.8.1987 an den Verfasser schrieb Karl Eibl: »Die ›ernestinischen Häuser‹ leiten sich von einem Herzog Ernst her und bezeichnen, im Gegensatz zu den mächtigen Dresdner ›Wettinern‹, die durch ein unseliges Erbteilungsgesetz entstandenen kleinen thüringischen Fürstenhäuser (Weimar, Eisenach, Gotha, Meiningen und noch ein paar mehr in wechselnder Kombination).«

4 *Goethe, eine psychoanalytische Studie 1775-1786* von K. R. Eissler, aus dem Amerikanischen übersetzt von Peter Fischer in Verbindung mit Wolfram Mauser und Johannes Cremerius, hg. v. Rüdiger Scholz, 2 Bde., Frankfurt am Main 1983, erschien bereits vor 20 Jahren in den USA. – Es ist merkwürdig, daß diese Studie noch bis 1986 wenig beachtet wurde. Im bibliographischen Anhang der revidierten Hamburger Ausgabe kommt der Name Eissler nicht vor. Auch Karl Otto Conradys und Albrecht Schönes neuere Arbeiten beziehen sich nicht auf dieses Werk. Ich habe den ersten Band gelesen, ohne sonderlichen Gewinn. Im Zentrum seiner Analyse stehen Goethes Beziehungen zu seiner Schwester Cornelia. Eissler möchte diese durch Inzestverbot, Besitzansprüche und Schuldgefühle belastete Geschwisterliebe zum Schlüssel für Goethes Liebesleben erklären, zum Grund für seine so häufige Verliebtheit in sexuell tabuisierte Frauen, die zu heiraten ihm unmöglich war, ja sogar zum Ursprung seiner literarischen Phantasie. Im Verhältnis zu Charlotte von Stein sieht er »den Charakter einer Patienten-Analytiker-Situation«. Ohne Umschweife nennt Eissler sie »asexuell« und »frigide«. Er vergleicht sie immer wieder mit Cornelia, beide, so Eissler, hätten mit ihren Ehepartnern die gleichen Schwierigkeiten gehabt – woher weiß Eissler das? Und woher weiß er, daß es dem Achtunddreißigjährigen erst in Rom möglich wird, seine Impotenz zu überwinden und eine erste sexuelle Erfahrung zu machen? Eissler schreckt auch nicht vor schlimmen Kalauern zurück: Goethe fährt »gen Italien« = Genitalien. Derart voyeurhaft sollte man die Dinge nicht sehen. – Immer wenn Eissler dezidiert urteilt, habe ich Bedenken. Goethe schrieb am Neujahrstag des Jahres 1778 an Frau von Stein: »Ich mögt Ihnen so gern was zum neuen Jahre schicken und finde nichts, ich bin in Versuchung kommen Ihnen von meinen Haaren zu schikken und hatte sie schon aufgebunden, als mirs war als wenn diese Bande keinen Zauber für Sie hätten« (WA IV 3, S. 204). Eissler erkennt hier ein Kastrationselement, das sich durch die ganze Beziehung mit Frau von Stein ziehe. Die *Iphigenie* sieht er als Teil eines »autoplastischen Prozesses«. *Iphigenie* war eine grandiose Wunscherfüllung, einerseits die Rettung des von Furien Gehetzten durch die verloren geglaubte Schwester, andererseits: »Ohne Zweifel war diese große Dichtung unter dem Zeichen der Rivalität mit einem Freund [dem Herzog] geschrieben, der ein Kind bekommen hatte« (Bd. 1, S. 394). Auch scheint es an den Haaren herbeigezogen, zwischen dem Herzog und Goethe homosexuelle Beziehungen zu vermuten und aus einer gemeinsamen Verehrung für Corona Schröter zu folgern, daß gerade »diese Freundschaft die ideale Möglichkeit bot, sublimierte Homosexualität in ihrer aktiven wie passiven Form ohne Schuldgefühle zu genießen«. Man muß aber auch gerecht sein, Eissler konstruiert nicht einfach einen ›Fall‹. Er geht nicht wie viele positivistische Literaturwissenschaftler nur den biographi-

schen Fakten nach, sondern sucht den Zusammenhang zwischen Biographie, Disposition, Korrespondenzen und der Dichtung, um den kreativen Prozeß aufzuzeigen. Dabei ist er freimütig genug, das Besondere und Nichterklärbare festzuhalten: »Die herrlichen Eigenschaften, denen man in allen Erscheinungen seiner Existenz begegnet, müssen in ihren Anfängen ein tiefes, biologisches Fundament gehabt haben. Jede Quelle vermittelt uns unausweichlich den Eindruck, daß er der ideale Typ des Kindes war, des Jungen, des Jünglings, des jungen und alten Mannes, das heißt, er besaß die psychobiologische Wandelbarkeit, die es möglich macht, das Maximum an psychobiologischem Potential aus jeder Phase des Lebens zu ziehen« (Bd. 1, S. 37). Immerhin kommt aber auch er nach Abschluß dieser Untersuchung »zum Resultat«, daß die Eigenschaft der Genialen, die wir an einigen Menschen vorfinden, als eine besondere Art der Psychopathologie angesehen werden muß. Das deckt sich mit meiner heutigen Erfahrung als Verleger.

5 Misel ist das elsässische Diminutiv zu mûs, was Maus, Mäuschen bedeutet und ein hübsches, junges Mädchen bezeichnet.

6 Die Passage lautet vollständig: »Briefe schreiben aber heißt, sich vor den Gespenstern entblößen, worauf sie begierig warten. Geschriebene Küsse kommen nicht an ihren Ort, sondern werden von den Gespenstern auf dem Wege ausgetrunken. Durch diese Nahrung vermehren sie sich ja so unerhört.« (Franz Kafka, *Briefe an Milena*, Frankfurt am Main 1966, S. 199.)

7 Goethe war vom 15.-20. 5. 1778 in Berlin. Walter Benjamin irrte also, als er schrieb: »So hat er Berlin nie betreten.« – Im Hinblick auf Benjamins Absicht kann man diese Äußerung verstehen, er hatte nämlich 1926 den »kuriosen Auftrag«, wie er an Gershom Scholem schrieb, »erhalten, für die neue ›Große Russische Enzyklopädie‹ einen Artikel über Goethe ›vom Standpunkt der marxistischen Doktrin‹ zu schreiben«. Benjamin hatte recht, wenn er feststellte, daß Goethe während seines ganzen Lebens eine starke Abneigung gegen Großstädte gehabt und etwa Paris und, wie er meinte, Berlin deshalb nie betreten habe, »denn in ganz Europa ist die bürgerliche Revolution von den Großstädten abhängig gewesen«. Freilich spottet Benjamin in dem Brief an Scholem auch über eine »marxistische« Betrachtung Goethes: »Worin sie besteht und was sie lehrt, werde ich selbst festzustellen haben und wenn (wie ich sie anzunehmen geneigt bin) vom Marxismus aus so wenig wie von irgendeinem anderen durchdachten Gesichtspunkt aus ›Literaturgeschichte‹ streng genommen auch nur existiert, so hindert das nicht, daß bei dem Versuch, aus solchem Gesichtswinkel mich auf einen Gegenstand zu beziehen, auf den ich sonst kaum mich zurückwenden werde, etwas Interessantes herauskommen kann, was dann im schlimmsten Falle sogar das Redaktionskommittee getrost ablehnen mag.« Die Niederschrift dieses Enzyklopädieartikels zog sich seit der Beauftragung im Frühjahr 1926 lange hin,

erst im Oktober 1928 konnte ihn Walter Benjamin fertigschreiben. Als der Artikel dann in der Enzyklopädie erschien, war nicht mehr zu erkennen, daß Benjamin sein Autor ist. Rolf Tiedemann hat nachgerechnet, daß nur 12% der abgedruckten russischen Fassung Parallelen zum Manuskript von Walter Benjamin aufweisen. Vgl. Tiedemanns Anmerkungen in: Walter Benjamin, *Gesammelte Schriften* 2/3, Frankfurt am Main 1977, S. 1465 ff. Wir kommen auf diesen Enzyklopädie-Artikel noch zurück.

8 FA I 14, S. 842. – Goethe erwähnt diesen Spruch im Zusammenhang seiner Definition des Dämonischen: »Am furchtbarsten aber erscheint dieses Dämonische, wenn es in irgend einem Menschen überwiegend hervortritt. Während meines Lebensganges habe ich mehrere teils in der Nähe, teils in der Ferne beobachten können. Es sind nicht immer die vorzüglichsten Menschen, weder an Geist noch an Talenten, selten durch Herzensgüte sich empfehlend; aber eine ungeheure Kraft geht von ihnen aus, und sie üben eine unglaubliche Gewalt über alle Geschöpfe, ja sogar über die Elemente ... Selten oder nie finden sich Gleichzeitige ihres Gleichen, und sie sind durch nichts zu überwinden als durch das Universum selbst, mit dem sie den Kampf begonnen; und aus solchen Bemerkungen mag wohl jener sonderbare, aber ungeheure Spruch entstanden sein: nemo contra deum nisi deus ipse.« – Im Unterschied zu den ersten drei Teilen von *Dichtung und Wahrheit* hat der vierte, 1833 posthum erschienene Teil kein Motto. Die Herausgeber Eckermann, Riemer und Kanzler von Müller wollten das Motto ergänzen, und Riemer erinnerte sich, daß dies auch Goethes Idee war. Goethe hatte, nach Riemers Aufzeichnung, den Spruch am 16. 5. 1807 in der Fassung »Nihil contra deum nisi deus ipse!« notiert und gegen die wörtliche Übersetzung »Nichts gegen Gott außer Gott selbst« eine andere Übertragung vorgeschlagen: »Ein Gott kann nur wieder durch einen Gott balanciert werden.« Nach Riemers Tagebuch hatte Goethe am 3. 7. 1810 dazu gesagt: »Ein herrliches Dictum, von unendlicher Anwendung. Gott begegnet sich immer selbst: Gott im Menschen sich selbst wieder im Menschen.«

9 Julius Petersen edierte im Insel Verlag Leipzig 1907 eine dreibändige Ausgabe *Goethes Briefe an Charlotte von Stein*. Die Einleitung beginnt: »Die hehre Göttin des Gedichtes, das als ›Zueignung‹ die Eingangspforte zu Goethes Werk schmückt, ist das verklärte Abbild einer irdischen Frau, die wie keine andere das Leben und Schaffen des Dichters geläutert und emporgeführt hat. Charlotte von Stein ist es, die dem leidenschaftdurchwühlten Stürmer die Stirne kühlte und in die Wunden seines Lebens den reinsten Balsam goß; sie hat ihn zur Klarheit über sich selbst und zum Frieden mit der Welt geleitet, und von ihr empfing er die Inspiration seines edelsten Stiles: der Dichtung Schleier aus der Hand der Wahrheit« (S. VII).

10 *Die Geheimnisse* (WA I 16, S. 169-183) sind das Fragment eines religiö-

sen Epos, 1784 auf 1785 entstanden. Am 8. 8. 1784 schrieb Goethe an Frau von Stein: »schicke ich dir durch Herders etwas das ich heute für euch gearbeitet habe« (WA IV 6, S. 334). Euch, das waren Frau von Stein und Herder. Am 28. 3. 1785 waren erst 40 Strophen fertig. »Das Unternehmen ist zu ungeheuer für meine Lage, indess will ich fortfahren und sehn wieweit ich komme« (an Knebel; WA IV 7, S. 33). *Die Geheimnisse* sollte eine religiöse Bruderschaft vorstellen, in der zwölf Ritter die zwölf Religionen symbolisieren. Goethe kam jedoch nicht weiter. Er gab die Niederschrift schließlich auf und veröffentlichte das Fragment 1789. Wahrscheinlich waren ihm sowohl die Ideen Herders als auch die Vorstellung der Frau von Stein zu deutlich. Bei einer Lesung im Hause Dalbergs in Erfurt bekam Wilhelm von Humboldt Kenntnis des Textes. Als er den Berg Montserrat bestieg, erinnerte er sich an *Die Geheimnisse*. Und nun nahm auch Goethe das Bild dieses Berges auf. In einem Aufsatz in Cottas ›Morgenblatt für gebildete Stände‹ (Nr. 102, 27. 4. 1816) schrieb er auf Anregung einer Königsberger Studentengruppe, er habe den Leser »durch eine Art von ideellem Montserrat« (SzL 3, S. 314f.) führen wollen. Die am Berge lebenden Mönche seien um einen Mann versammelt, der den Namen »Humanus« trage; dieser »Vermittler« solle zeigen, »daß jede besondere Religion einen Moment ihrer höchsten Blüthe und Frucht erreiche, worin sie jenem obern Führer und Vermittler sich angenaht, ja sich mit ihm vollkommen vereinigt« (ebd.).

11 Bei Ettersburg errichteten 1937 die Nationalsozialisten das Konzentrationslager Buchenwald. Ernst Wiechert, der von Anfang Mai bis Ende August 1938 in diesem Konzentrationslager war, schrieb nach dem Krieg den Bericht über seine Erlebnisse in Buchenwald unter dem Titel *Der Totenwald*, »den Toten zum Gedächtnis, den Lebenden zur Schande, den Kommenden zur Mahnung«. Er erzählt von zwei Männern, die wegen »Kritik an der Staatsführung« mit ungewissem Ziel abtransportiert wurden: »Die Türen schlugen zu, der Motor sprang an, und dann fuhren sie die Strecke nach Ettersberg hinaus, demselben Berge, von dem Goethe mit Charlotte von Stein über das thüringische Land geblickt hatte [vgl. auch FA I 4, S. 1376] und wo nun hinter den elektrischen Drahtverhauen das Lager auf sie wartete.« (Ernst Wiechert, *Der Totenwald*, Zürich 1946, dann Berlin 1963.) – Wiechert spielt ein zweites Mal auf Goethe und Frau von Stein an: »Es dämmerte schon, als Johannes noch einmal den Raum zwischen den Baracken verließ, wo sie ihre freie Abendstunde zubrachten. Er hatte nur eine Minute zu gehen, bis er unter der Eiche stand, von der man sagte, daß ihr Schatten schon auf Goethe und Charlotte von Stein gefallen sei. Sie stand neben einer der Lagerstraßen, und hier nun war die einzige Stelle, von der man weit in das Land hinuntersehen konnte. Der Mond hing über den waldigen Hügeln, und die letzten Töne des Lagerlebens erstarben.« (S. 93 f.)

12 Eckermann, Gespräch mit Goethe vom 6. 5. 1827:
Das Gespräch wendete sich auf den *Tasso*, und welche *Idee* Goethe darin zur Anschauung zu bringen gesucht.
Idee? sagte Goethe, – daß ich nicht wüßte! Ich hatte das *Leben* Tasso, ich hatte mein eigenes Leben, und indem ich zwei so wunderliche Figuren mit ihren Eigenheiten zusammenwarf, entstand in mir das Bild des *Tasso*, dem ich, als prosaischen Kontrast, den *Antonio* entgegenstellte, wozu es mir auch nicht an Vorbildern fehlte. Die weiteren Hof-, Lebens- und Liebesverhältnisse waren übrigens in Weimar wie in Ferrara, und ich kann mit Recht von meiner Darstellung sagen: *sie ist Bein von meinem Bein und Fleisch von meinem Fleisch.* (MA 19, S. 571.)

13 Die Etymologie des Namens Lida ist ungeklärt. Dazu Karl Eibl: »Daß man statt des Namens der realen Geliebten einen metrisch gleichwertigen fiktiven nimmt, kommt schon bei den römischen Elegikern vor. Auch die ›Faustine‹ der *Römischen Elegien* ist vielleicht Ersatz für ›Christiane‹ (ia als ein Laut gewertet).« (Brief an den Verfasser vom 21. 8. 1987.) – Merkwürdig in diesem Zusammenhang wird bleiben, daß Goethe im Dezember 1776 begann, das Singspiel *Lila* zu schreiben, es wurde am 13. 1. 1777, dem Geburtstag der Herzogin Luise, aufgeführt; das Spiel entsprang dem Wunsch Goethes, die Verstimmungen zwischen dem herzoglichen Paar zu mildern. »Feiger Gedanken. | Bängliches Schwanken | ... | Nimmer sich beugen | Kräftig sich zeigen | Rufet die Arme | Der Götter herbei.« (*Lila*, 2. Fassung; FA I 5, S. 54.) Der Seelenarzt Verazio verkündet seine Lehre: »Der Mensch hilft sich selbst am besten.«

14 *Göthe's Briefe an Frau von Stein aus den Jahren 1776-1826*, hg. v. Adolf Schöll, Weimar o. J. Die 1700 Briefe oder durch Boten von Haus zu Haus geschickten Zettel, die Gedichte, die zwischen Briefen und Zetteln lagen, all diese Papiere waren bei der Plünderung des Steinschen Hauses 1806 in Unordnung geraten. Charlotte hatte sie ihrem Sohn Fritz, dieser seinem Neffen Karl von Stein und dieser dann der Großherzogin von Sachsen vermacht. Die meisten Gedichte waren den Zeitgenossen unbekannt, wie übrigens auch der Grad von Goethes Beziehung zu Frau von Stein; Goethe selbst, der sich ihr offen und rückhaltlos bekannte, hat gegenüber den Zeitgenossen die Art seiner Beziehung verschleiert; weder gegenüber Eckermann noch anderen Gesprächspartnern gibt es Äußerungen von Goethe über Frau von Stein. – Erst 1886, nach philologischen Recherchen von Wilhelm Fielitz, Heinrich Düntzer und Julius Wahle, edierte Erich Schmidt die Texte in der 4. Abteilung der Weimarer Ausgabe. Julius Petersens bereits erwähnte dreibändige Ausgabe im Insel Verlag von 1907 – in den Bibliographien wird nicht diese Ausgabe, sondern eine spätere von 1923 erwähnt – ist die erste populäre Leseausgabe der Briefe.

15 Ekkehart Krippendorff gab seinem »Versuch über Goethes Politik«

den Titel: *Wie die Großen mit den Menschen spielen.* Er simplifiziert damit Goethes Auffassung von jenem doppelten Spiel und manipuliert Goethes These in einseitiger Richtung. Im übrigen ist Krippendorffs Versuch sehr verdienstvoll. Er gab ihm bewußt diesen »unwissenschaftlich klingenden« Titel, eben weil er erkannte, daß Goethes politische Hinweise kein System bilden wollen: »Alle seine Hinweise sind Andeutungen nur, Einladungen zur Reflexion, zum eigenständigen Tätigsein und Lernen, zur ironischen Verfremdung selbstbewußt daherkommender Sicherheiten.« Ekkehart Krippendorff, *Wie die Großen mit den Menschen spielen. Versuch über Goethes Politik*, Frankfurt am Main 1988, S. 9.

16 Mit meiner Darstellung widerspreche ich Walter Hofs Meinung, Frau von Stein habe wenig Wirkung auf den Schriftsteller Goethe gehabt. Walter Hof (*Goethe und Charlotte von Stein*, Frankfurt am Main 1979, leicht gekürzte und überarbeitete Neuausgabe des 1957 erschienenen Buches *Wo sich der Weg im Kreise schließt*) verfolgt die Beziehung Goethes zu Charlotte von Stein von den Anfängen des Schattenrisses bis hin zur Gestalt der Makarie in den *Wanderjahren*. Er will gegen drei ›Dogmen‹ der Goethe-Philologie argumentieren: Charlotte habe Goethe zu einem sinnenfeindlichen Spiritualismus verleitet; in dieser Ursache liege letztlich auch das Scheitern der Beziehung, und drittens habe Charlottes Persönlichkeit eben wenig Wirkung auf Goethe gehabt. Insbesondere versucht Hof zu belegen, daß Goethes liebende Beziehung zu Frau von Stein »verstummt, aber nie gestorben« sei. »Wie Faust, der liebende Titan, von der madonnenhaft verklärten heiligen Büßerin in ein neues Dasein eingeführt wird, so werden die entschieden Entsagenden der *Wanderjahre* von Makarie, der Selig-Klaren eingesegnet für ihr weltzugewandtes Tun. ›Vielleicht wenn wir uns in dem großen Weltall wo wiederfinden‹ – Goethes letzte Worte über die Entelechie der Makarie erscheinen wie eine ätherische Variation über dieses Wort der Freundin. In seinem dichterischen Nachruf ist alles enthalten, was er je an ihr liebte und verehrte und was ihn nun ihr nachzuziehen scheint, aber es bewegt sich an der äußersten Grenze des Sagbaren, am Übergang ›zwischen beiden Welten‹. Denn am Ende des Lebens gehen dem gefaßten Geiste Gedanken auf, bisher undenkbare; sie sind wie selige Dämonen, die sich auf den Gipfeln der Vergangenheit glänzend niederlassen« (S. 299 f.).

17 Im Jahre 1977 erschien bei der Edition Leipzig und im Insel Verlag, Frankfurt am Main, eine Faksimile-Ausgabe von Friedrich Justin Bertuch, *Bilderbuch für Kinder*. Faksimiliert wird die Ausgabe von 1790, »Weimar, in dem Privel. Industrie-Comptoir«. Für diese Ausgabe schrieb Werner Schmidt einen Kommentar, der in einem dritten Band veröffentlicht ist. Schmidt kommentierte Bertuchs Leistung bei diesem *Bilderbuch für Kinder* als »eines der spektakulärsten Unternehmen dieser Art«, und der Verleger

bezeichnete es »als das erste, wichtigste und einträglichste Werk«. Bis zum Jahre 1830 erschienen 12 Bände mit insgesamt 1185 Kupferstichen. Es ist fraglos eines der ersten aufklärerischen Werke der Kinderbuchliteratur, das nicht zufällig im zweiten Jahr der Französischen Revolution erschien. Fünf Jahre später, 1795, ersuchte F. J. Bertuch Herzog Carl August, ihn aus dem Staatsdienst zu entlassen. Seit 1817 verlegte Bertuch auch die erste politische Tageszeitung Weimars, das ›Oppositionsblatt‹, das deutlich liberalen Charakter hat; es wurde später verboten. Am 3. April 1822 starb Friedrich Justin Bertuch. Die Grabrede hielt Kanzler Friedrich von Müller: »Wie ein befruchtender Strom führten seine weltbürgerlichen Verbindungen die Ausbeute vielseitigen Forschens den entferntesten Ländern zu; jeden neuen Lebenskeim im Gebiete des Wissens verstand er aufs zweckmäßigste auszubilden, jede schlummernde Kraft in seinem Kreise zu steigern ... Jugend- und Altersgenossen jener großen Männer, die an Weimars Namen den höchsten Ruhm deutscher Literatur geknüpft haben, teilnehmender Förderer und Würdiger ihres Strebens, vielen der edelsten Geister des Auslandes innig befreundet, mit Achtung genannt, soweit deutsche Schrift und Betriebsamkeit reichen, war seine Erinnerung der reichste Schatz denkwürdiger Lebensverhältnisse und Beziehungen.«

18 *C. M. Wielands Leben.* Neu bearbeitet von J. G. Gruber. Mit Einschluß vieler noch ungedruckter Briefe und einem Portrait Wielands, Leipzig: Göschen 1827. 1984 erschien ein Reprint dieser Ausgabe in Hamburg. Dort zum Plan einer Gesamtausgabe der Werke Wielands: »Indeß entspann sich zwischen beiden ein Gespräch, aus welchem Wieland immer mehr erkannte, daß er keinen alltäglichen Buchhändler vor sich habe, sondern einen Mann von Geist und vielseitigen Kenntnissen, der sich der Würde seines Berufs bewußt und entschlossen war, das Geschäft eines Buchhändlers in dem Sinn und Geiste zu führen, wie Wieland es selbst hatte führen wollen, allerdings zum Gewinn für sich, aber stets auch zur Ehre für unsere Litteratur, zum möglichsten Vortheil für die Schriftsteller, und auch in typographischer Hinsicht zur Ehre Teutschlands. Je länger je mehr war Wielanden dieses Gespräch interessant geworden, und es war ihm verdrüßlich, daß seine Gattin hereintrat und es mit einigen Fragen, womit es wohl Anstand hätte haben können, unterbrach. In Augenblicken solcher Störung konnte nun Wieland sehr mislaunig werden, und ward es auch jetzt. Die Milde und sanfte Heiterkeit, womit die Gattin augenblicklich sich entfernte, entzückte den jungen Buchhändler, und er brach in die Worte aus: Herr Hofrath, welch einen Engel von Weibe haben Sie! – Wieland sah ihn einige Augenblicke ernst an, stand auf, ging auf ihn zu, und sagte: ›Junger Mann, Sie sind fähig, den Werth dieses Weibes zu erkennen; damit haben Sie auch mein Herz gewonnen. Hier meine Hand! Ist Reich gestorben, so wird kein anderer mein Verle-

ger, als Sie.‹ – Georg Joachim Göschen war der junge Buchhändler, dessen Wieland auch, unaufgefordert, nach dem Tode Reichs sogleich gedachte; denn, seiner Zusage gemäß, gab er ihm jetzt den Peregrinus Proteus und die Göttergespräche in Verlag, und übertrug ihm den Vertrieb des Merkur. Die Verbindung, in welche Beide nun mit einander getreten waren, reifte in Göschen den Plan zu einer neuen Ausgabe der sämmtlichen Werke Wielands; bei welchem Unternehmen etwas länger zu verweilen um so nöthiger ist, da es von bedeutenden Folgen für die teutsche Typographie, den teutschen Buchhandel, und für Wielanden selbst gewesen ist, zu dessen noch genauerer Kenntniß die Mitteilungen aus einer beträchtlichen Reihe noch ungedruckter Briefe dienen werden.« (4. Teil, Siebentes Buch, S. 13 f.)

19 Die Pressestimmen über die vier ersten Bände der neuen Ausgabe finden sich bei Braun, Urteil 2, S. 2 ff. Die ›Gothaischen Gelehrten Zeitungen‹ schreiben am 20. 10. 1787: »Wir haben einige Personen klagen hören, daß diese Ausgabe nicht prächtig genug gedruckt wäre. Eine Klage, die nicht unbilliger seyn kann. Diese Ausgabe sollte nichts anders seyn, als eine bequeme und nette Handausgabe, und wenn man den äußerst mäßigen (Pränumerations) Preis von 20 g[u]l[den] für den Band erwägt, so muß man gestehen, daß der Verleger alles gethan hat, was sich bey einem solchen Preis thun ließ.« (Nach QuZ 1, S. 99.) Die Jenaische ›Allgemeine Literatur Zeitung‹ schreibt am 8. 10.: »Der Verleger hat sich bestrebt, das Aeußere dieser Sammlung ihrem innern Gehalt einigermassen entsprechend zu machen. Druck und Papier ist schön, und von Kupfer hat er drey mehr geliefert als er versprochen hatte ... Wir wünschen sehr, daß das Publikum ihm diese Uneigennützigkeit lohnen, und niemand gewinnsüchtige Nachdrucker, die einen so gutdenkenden Buchhändler um ein wohlerworbenes Eigenthum bringen, unterstützen möge.« (Nach QuZ 1, S. 98 f.)

20 Für viele Autoren ist Korrekturlesen eine Qual. Der Text hat die vertraute Manuskriptform verlassen, er ist durch Satztypen verfremdet, oft auch auf den Korrekturfahnen schwer lesbar. Es vollzieht sich die erste Ablösung des Textes vom Autor. Als ich einmal Heiner Müller von Goethes Scheu, ja Ablehnung, für seine eigenen Texte Korrektur zu lesen, sprach, sagte er mir Überraschendes: Auch er empfinde solche Scheu, aber er müsse eben selbst Korrektur lesen, da er keinen Herder habe, der es für ihn übernähme. Bei Goethe, so Müller, entspreche die Scheu, Korrektur zu lesen, seinen Text satztypenerstarrt, als Leiche gewissermaßen, zur Kenntnis zu nehmen, seiner Scheu, an Begräbnissen teilzunehmen! In der Tat, Goethe war für Begräbnisse nicht zu haben. »Für einen Leichnam bin ich nicht zu Haus: | Mir geht es wie der Katze mit der Maus«, lesen wir im »Prolog im Himmel« (GA 5, S. 151). Und »die Paraden im Tode«, äußerte er im Gespräch mit Johann Daniel Falk (25. 1. 1813), »sind nicht das, was ich liebe«.

21 Vgl. WA I 19, S. 331. Ob die Editoren für neuere Ausgaben die erste oder die zweite Fassung als Textgrundlage nehmen sollen, wird ein kaum lösbares Problem bleiben. Wie sollen wir heute vorgehen, müssen wir erahnen oder erahnden? Im Jahre 1787 schrieb Goethe »ahndten« und »Ahndung«; in Weimar benutzte er das modernisierte »ahnen« und »Ahnung«. Für das Zeitkolorit ist die »Ahndung« richtig, der Leser heute würde vielleicht die »Ahnung« vorziehen. Und dieser Leser hätte möglicherweise doch auch Sinn für den Schweiß der Editoren, ob sie »heurathen«, »heuraten« oder »heirathen« drucken sollten. Ob sie das gedrängte »ich fühl's« oder das eher behäbige »ich fühl es« bringen sollen; die zahlreichen Apostrophierungen der Erstausgabe drücken ja sehr deutlich die drängende Eile des Geschehens aus. Seit 1824, als Goethe für Weygands Jubiläumsausgabe 1825 das Titelblatt selbst korrigierte, bleibt der Titel ohne das Genitiv-S, also von nun an: »Die Leiden des jungen Werther« (so bereits, allerdings ohne den Artikel »Die«, in Göschens Nachdruck von 1787). Zu Eckermann sagte er damals, 1824: »Es ist darin so viel Innerliches aus meiner Brust, so viel von Empfindungen und Gedanken, um damit wohl einen Roman von zehn solcher Bändchen auszustatten... Es sind lauter Brandraketen« (2.1.1824; Otto, *Eckermann*, S. 468). Eine Brandrakete ist der Text sicherlich auch für die Editoren der Goethe-Ausgaben.

22 In diesem Punkt nimmt Enkel Viscount Goschen den Großvater, wie ich meine, zu Unrecht in Schutz: »Das Verhältnis zwischen Autor und Verleger sollte augenscheinlich nur nach den strengsten Geschäftsgrundsätzen geregelt werden. Überhaupt kann es nicht geleugnet werden, daß der stolze Dichterminister in seinen Bezugnahmen als Verleger häufig eine gewisse Verachtung zur Schau trug. Als mein zorniger Großvater Bertuch gegenüber erklärte, er fürchte, Goethe hielte alle Verleger für Juden, so war das wahrscheinlich eine Übertreibung der Goetheschen Ansicht. Dennoch beweist eine Äußerung des letzten an Frau von Stein in Beantwortung irgend einer Bemerkung von ihr, sowie anderweitige Äußerungen, daß der Dichter eine entschiedene Abneigung gegen Verleger hegte. ›Mit Göschen will ich mich schon betragen, ich kenne diese Art Menschen, und muß nicht jeder sein Handwerk machen?‹ schreibt er an seine Freundin am 25.5.1787.«

23 Dieser »Duden« des 18. Jahrhunderts war 1788 bei der Weygandschen Buchhandlung in Leipzig erschienen: *Vollständige Anweisung zur Deutschen Orthographie, nebst einem kleinen Wörterbuche für die Aussprache, Orthographie, Biegung und Ableitung.* Von Johann Christoph Adelung, Curfürstl. Sächs. Hofrath und Ober-Bibliothecarius in Dresden. – Im »Vorbericht«: »So wenig es uns auch im Deutschen an Anweisungen zur Orthographie fehlet, so sehr hat es bisher doch noch an einem Buch dieser Art gemangelt, worin die Grundsätze, nach welchen wir uns beim Schreiben richten, auf eine systematische Art wären behandelt worden.« Goethe hat

bestimmt, daß dieses Wörterbuch zur Vereinheitlichung der Abschriften herangezogen werden sollte, er hat sich aber, nach meiner Kenntnis, nie selbst über Adelung und sein Werk geäußert.

24 In der »Korrespondenz« zu März 1788 im *Zweiten Römischen Aufenthalt* berichtet Goethe unter dem 1. des Monats: »Zuerst ward der Plan zu Faust gemacht, und ich hoffe diese Operation soll mir geglückt sein. Natürlich ist es ein ander Ding das Stück jetzt oder vor funfzehn Jahren ausschreiben, ich denke es soll nichts dabei verlieren, besonders da ich jetzt glaube den Faden wieder gefunden zu haben. Auch was den Ton des Ganzen betrifft, bin ich getröstet; ich habe schon eine neue Szene ausgeführt, und wenn ich das Papier räuchre, so dächt' ich sollte sie mir niemand aus den alten herausfinden. Da ich durch die lange Ruhe und Abgeschiedenheit ganz auf das Niveau meiner eignen Existenz zurückgebracht bin, so ist es merkwürdig, wie sehr ich mir gleiche und wie wenig mein Innres durch Jahre und Begebenheiten gelitten hat. Das alte Manuskript macht mir manchmal zu denken, wenn ich es vor mir sehe. Es ist noch das erste, ja, in den Hauptszenen gleich so ohne Konzept hingeschrieben, nun ist es so gelb von der Zeit, so vergriffen (die Lagen waren nie geheftet), so mürbe und an den Rändern zerstoßen, daß es wirklich wie das Fragment eines alten Codex aussieht, so daß ich, wie ich damals in eine frühere Welt mich mit Sinnen und Ahnden versetzte, ich mich jetzt in eine selbst gelebte Vorzeit wieder versetzen muß.«

25 Briefe Wielands an Göschen und Göschens an Wieland, ferner die Dokumente des Rechtsstreits sind der Biographie Viscount Goschens und folgenden Quellen entnommen: Karl Bucher, *Wieland und Georg Joachim Göschen*, Stuttgart 1874; Hansjörg Schelle, *Wielands Beziehungen zu seinen Leipziger Verlegern. Neue Dokumente*, in: Lessing Yearbook 7 (1975), S. 149-219. Wielands »Grundsätze« in: *Wielands Werke*, hg. v. Heinrich Düntzer, Bd. 36, S. 589-600. *Autoren, Bücher, Verleger. Briefe aus dem Zeitraum 1747-1873*, nach den Handschriften wiedergegeben und mit Anmerkungen versehen von Klaus und Rosemarie Hurlebusch, Hamburg 1977, S. 22 ff.

26 Ironie der Geschichte: Aus Liselotte Lohrers *Cotta. Geschichte eines Verlags 1659-1959* erfahren wir unter dem Datum 1883: »Erwerb der Göschenschen Buchhandlung. Zehn Jahre nach dem Tod von Göschen geht der Verlag also an Cotta über, während die ›Weidmannsche Buchhandlung‹ weiterbesteht; sie übernimmt die Ausgabe der ›Gesammelten Schriften‹, welche von der Deutschen Kommission der königlich-preußischen Akademie der Wissenschaften in 22 Bänden herausgegeben wird.«

27 *Neuer Nekrolog der Deutschen*, 2. Abt., 6. Jg. 1828: »Den 5.4. 1828 starb auf seinem Gute zu Hohenstädt bei Grimma der verdienstvolle und durch langjährige Tätigkeit rühmlichst bekannte Buchhändler und Buchdrucker zu Leipzig: Georg Joachim Göschen. – Er war zu Bremen den 22.4.

1752 geboren. Seine Verdienste werden noch lange sein Ansehen bei der Nachwelt erhalten; denn nicht nur verdankte ihm die deutsche Typographie Vieles, sondern seine Verhältnisse zu mehreren unserer ersten vaterländischen Klassiker, als z.B. Schiller, Goethe, Wieland, Seume u.a. blieben in dem goldenen Zeitalter unserer Literatur nicht ohne wesentlichen Einfluß. – Göschens Prachtausgaben von Wielands Werken mit Kupfern, vom Griesbachschen Neuen Testament und dem Wolfschen Homer gehören zu den schönsten Leistungen deutscher Typographie.«

III. Goethes Voraussage, »daß sich der Verlag meiner künftigen Schriften gänzlich zerstreuen wird«. Zwischen Göschen und Cotta

1 Im Jahre 1905 erschien im Insel Verlag eine faksimilierte Ausgabe der Erstausgabe von 1789, wieder in einer Auflage von 250 Exemplaren. 1965 erneuerte der Insel Verlag diesen Faksimile-Druck. Die Reproduktion erfolgte nach zwei Exemplaren, die die Nationalen Forschungs- und Gedenkstätten der klassischen deutschen Literatur in Weimar und Herr Erwin Kohlmann zur Verfügung stellten. Ich zitiere, von der faksimiliert wiedergegebenen Passage »Aschermittwoch« abgesehen, nach der Ausgabe: Goethe, *Das Römische Carneval*, hg. v. Isabella Kuhn, Frankfurt am Main 1984, die zwar WA folgt, doch deren bzw. die Fehler der »Ausgabe letzter Hand« nach der Originalausgabe korrigiert.

2 Harald Keller, der große Kunsthistoriker und Kenner italienischer Kunst und Literatur, stellte fest: »Dem Leser der ›Italienischen Reise‹ will es nicht recht in den Kopf, daß Goethe den römischen Karneval beschrieben hat, und noch überraschter wird er sein, zu erfahren, daß diese Festschilderung ... schon 1788, unmittelbar nach seiner Rückkehr aus Italien verfaßt« ist. (*Das Römische Carneval*. Verkleinerter photomechanischer Nachdruck nach einem unbeschnittenen Exemplar der Erstausgabe von 1789 aus dem Besitz des Goethe-Museums Düsseldorf - Anton und Katharina Kippenberg-Stiftung. Mit einem Nachwort von Harald Keller, Dortmund 1978, S. 119 f.: »Am Anfang des ›Römischen Carneval‹ steht also das Wunder seiner Existenz. Wer hat es fertiggebracht, dem Unwilligen und Mißgestimmten die Feder in die Hand zu drücken?«) – Zur sozialutopischen Bedeutung des Karnevals vgl. Manfred Fuhrmann, *Fasnacht als Utopie: Vom Saturnalienfest im alten Rom*, in: *Narrenfreiheit: Beiträge zur Fastnachtsforschung*, hg. v. H. Bausinger u.a., Tübingen 1980, S. 29-42.

3 Dazu Ernst Beutler in der Einführung zu GA 11: »Goethes ›Italienische Reise‹ ist ein Buch des reinsten Glückes. Darin ist in der Weltliteratur kaum

ein anderes Werk dem Goethes an die Seite zu stellen. Es ist die Schilderung einer Kette heiter beseligter Tage. Wenn man in dem Glücksgefühl, das wir empfinden, den Maßstab für die Erfülltheit des Lebens sieht, so sind die Jahre in Rom der Gipfel von Goethes Dasein gewesen. Die Schwermut, die den Abschied umdüstert, das Bekenntnis des Dichters, er habe die letzten Wochen beim Erwachen die Tränen nicht zurückhalten können, und jenes andere, daß er seit seinem Scheiden aus Rom keinen wahrhaft glücklichen Tag mehr erlebt habe, bestätigen nur, in welche Höhen des Lebensgefühles ihn der Aufenthalt im Süden, in Italien erhoben hatte.« (S. 995.) – Die *Italienische Reise* erschien in zwei Bänden (ohne den »Zweyten Römischen Aufenthalt«) als Bestandteil des autobiographischen Hauptwerks *Aus meinem Leben* (Stuttgart und Tübingen: Cotta 1811-1822) als 4. und 5. Teil 1816/17. »Auch in in Arkadien« stand als Motto auf den Titelblättern der beiden Bände der Erstausgabe von 1816 und 1817, in der »Ausgabe letzter Hand« war das Motto fortgefallen. Es ist eine Übersetzung des lateinischen »Et in Arcadia Ego«. Die lateinische Wendung findet sich zum ersten Mal auf einem Gemälde Schidones in Rom, bekannter wurde sie durch zwei Bilder von Nicolas Poussin, in beiden Bildern suchen Hirten eine in einen Sarkophag gemeißelte Inschrift zu entziffern. Als Grabinschrift wurde das Wort verstanden und häufig zitiert, in J. G. Jacobis *Winterreise*: »Wenn ich auf schönen Fluren einen Leichenstein antreffe mit der Überschrift: ›Auch ich war in Arkadien‹, so zeig' ich den Leichenstein meinen Freunden, wir bleiben stehen, drücken uns die Hand und gehen weiter.« Wieland und Herder benutzen es in diesem Sinne, Herder sagt dann in seinen *Ideen zur Philosophie der Geschichte der Menschheit* (Buch 7, Kapitel 1): »Auch ich war in Arkadien ist die Grabschrift aller Lebendigen, in der sich immer wieder verwandelnden, wieder gebärenden Schöpfung.« Bruno Snell hat die Herkunft der übertragenen Bedeutung des Namens Arkadien nachgewiesen; Vergil hat einen Teil seiner Hirtengedichte nach ›Arkadien‹ verlegt. Mit »geistige Landschaft« meint Snell, daß es sich um eine symbolische Landschaft handelt, um ein Symbol für Frieden, Harmonie, Glück: »Auch ich war in Arkadien, auch ich war im Land des Glückes, war glücklich, ich war bewußt hier.« Herbert von Einem übersetzte: »Auch in Arkadien bin ich [der Tod] zur Stelle.« – Goethe wurde im Januar 1787 in Rom in die Gesellschaft der Arkadier aufgenommen, eine 1690 gegründete nationale Akademie; ihre Gründer pflegten die Dichtungsformen von Petrarca und Pindar; ihre Sitzungen fanden unter freiem Himmel im Bosco Parrasio statt; sie ging über in die noch heute bestehende ›Accademia letteraria italiana dell' Arcadia‹.

4 Goethe am 22. 6. 1789 an Göschen: »Was Herrn Vulpius betrifft, wiederhole ich, daß mir eine Gefälligkeit geschieht, wenn Sie diesem jungen Mann Ihren Rath und Beistand gönnen wollen. Er hat manche gute Eigenschaften und es fehlt ihm nicht an Talent. Bei den weitläufigen Bedürfnissen

der Buchhandlung sollte es mich wundern, wenn er nicht, gut geleitet, sich einen mäßigen Unterhalt sollte verdienen können. Ich bin auch nicht abgeneigt, ihm von Zeit zu Zeit einige Unterstützung zu gönnen, nur was seine Einrichtung betrifft, darein kann ich nicht reden; das ist ganz seine Sache.« (WA IV 9, S. 134 f.) – So war Goethe: Am 18.6. 1788 war er nach Weimar zurückgekehrt – er datierte den Beginn seiner Verbindung mit Christiane zurück auf Samstag, den 12.7. 1788 (»Den 12. Juli wollen wir ... feiern« – an Christiane, 3.7. 1810) –, und schon ein Jahr später setzte er sich ausgerechnet bei Göschen für den Bruder Christian August ein. Eine Antwort Göschens ist nicht bekannt, Goethe beschaffte Vulpius 1791 eine Anstellung im Theater, 1797 bei der Bibliothek in Weimar, bis diesem 1798 sein Räuber- und Schauer-Roman *Rinaldo Rinaldini*, jenes »Muster trivialer Unterhaltungs-Literatur«, größere Einkünfte verschaffte.

5 Hecker, *Maximen* 833. – Diese Worte Goethes verstand man lange als sein Bekenntnis zum Legalismus, als ein Votum zugunsten feststehender Herrschaftsverhältnisse. Man zitierte ähnlich klingende Maximen: »Es ist besser, es geschehe dir Unrecht, als die Welt sei ohne Gesetz. Deshalb füge sich jeder dem Gesetze. Es ist besser, daß Ungerechtigkeiten geschehen, als daß sie auf eine ungerechte Weise gehoben werden.« Und: »Dem Staate liegt nur daran, daß der Besitz gewiß und sicher sei: ob man mit Recht besitze, kann ihn weniger kümmern.« – Hans Mayer hat in seinem »Goethe«-Buch schon festgestellt, daß selten der Anlaß zu diesem Ausspruch erzählt wird. Mayer machte deshalb den Versuch, das »berühmt-berüchtigte Dictum« in aufklärerisches Denken einzubeziehen, er sieht hier »bürgerliches Ordnungsdenken« und keine »absolutistische Legitimität«. (Hans Mayer, *Goethe*, Frankfurt am Main 1973, S. 43.) – 1983 hat der Frankfurter Strafrechtler Klaus Lüderssen aus Anlaß dieses Dictums über Goethes Verhältnis zum Recht reflektiert. Er gibt eine informierende Übersicht über die juristischen Forschungen zu diesem Thema und beschäftigt sich ausführlich mit Gustav Radbruchs Analyse von Goethes Einstellung zum Recht. Lüderssen kommt zu starken Relativierungen dessen, was man vordergründig über Goethes Äußerung zum Recht formuliert hat. Goethes »Wahrheit lag tiefer, und sie hatte auch – verglichen mit dem, was die politische Philosophie (von Rousseau bis Hegel) vortrug – eine andere Struktur. Es ging ihm eigentlich nie um Stellungnahme, auch nicht einmal um ›Verstehen‹, sondern um die Produktion dessen, was er ... ›das Kunstwahre‹ nennt ... Es mag Künstler geben, deren Arbeit wirklich primär durch ein soziales oder menschliches Problem, um dessen Lösung es einem zu tun ist, inspiriert ist. Man könnte an Dickens denken oder an Peter Weiss. Bei Goethe geht das – ungeachtet aller Polyhistorie – nicht.« (Klaus Lüderssen, *Notizen über Goethes Verhältnis zum Recht. Gedächtnisschrift für Peter Noll*, Zürich 1984, S. 75 ff.)

6 Biedermann, *Unger*, Schriftgießerei H. Berthold, Abt. Privatdrucke. Im Impressum: »Dieser neunzehnte Berthold-Druck wurde hergestellt von der L. C. Wittich'schen Hofbuchdruckerei in Darmstadt. Gedruckt wurden 700 Stück.« Das Buch ist für jeden, der Goethes Beziehung zu Unger untersucht, unerläßlich. Es ist in der Unger-Fraktur gesetzt und enthält auch einige Abbildungen von Titelseiten der Werke Goethes, darunter einer englischen Übersetzung der *Iphigenie auf Tauris*, die Unger verlegt oder doch zumindest gedruckt hat: »*Iphigenia in Tauris*, a Tragedy, written originally in German by J. W. von Goethe. Berlin. Printed by J. F. Unger 1794«.

7 Der erste erhaltene Brief Ungers an Goethe enthält eine Nachricht über Karl Philipp Moritz (15. 12. 1792): »Euer Hochwohlgebohren nehmen, wie ich weiß, an das Schicksal des Hrn. Hofrath Moritz Antheil. – Er hat sich doch vor 5 Monath, fast möcht ich sagen zum Schreck u. Unzufriedenheit aller seiner Freunde verheirathet. Diese Verbindung ist nun schon zerrissen da seine *sehr junge* Frau mit ihrem alten Liebhaber durchgegangen, in Baruth aber aufgehalten und nach Berlin zurückgebracht ist. Sein Gram u. Verdruß darüber hätte er bald unterliegen müssen. Jetzt hat er auf allgemeines Zureden die Scheidung gesucht u. wird sie erhalten; dann wird er wohl ruhiger und vorsichtiger werden, da er eine sehr wichtige Erfahrung mehr gemacht hat. – Ein Wort des Trostes von einem so edlen Mann wie Sie, wird ihn aber noch am meisten aufrichten, u. ich wage es, Sie darum gehorsamst zu bitten.« Die Nachricht vom Tod Karl Philipp Moritz' erfuhr Goethe ebenfalls durch Unger (29. 6. 1793):

Hochwohlgebohrner Herr,

Höchstzuverehrender Herr Geheimerath.

Es wird Ihnen gewiß sehr nahegehen, wenn ich Ew. Hochwohlgebohren das Schicksal des armen Moritz melde, so wehe es auch meinem Herzen thut. Vor 5 Tagen war er nach seiner Art noch munter. Abends spät mußte ich ihm einen Arzt plötzlich holen lassen und es zeigte sich eine Entzündung am Magen. Diese wurde gehoben, allein die heftigen Mittel die dazu haben gebraucht, und zwar plötzlich auf einander gebraucht werden müssen, hatten seine Lunge so erschüttert, daß sich diese nun entzündete, und die lange gefürchtete Lungenkrankheit so heftig ward, daß er den 25sten Abend zwischen 5 u. 6 Uhr entschlief, u. wahrscheinlich erstikken mußte, weil er keine Kräfte mehr hatte, die Wirkungen der Arznei zu ertragen! Das letzte Geschäft seines Lebens war die Lesung des Bürgergenerals, den ich ihm noch gab, nachdem er gedruckt war. Seine große Freude über dies Stück war ausnehmend. Größer als er kann wohl kein Mensch Sie verehren. Er dachte nie ohne dem größten Vergnügen an Sie und an die glückliche Zeit in Rom, wo er Ihren Umgang genoß, u. wo er mit so großer Dankbarkeit Ihre Wohlthaten erwähnte. Hätte er noch bei seiner Krank-

heit doch nur Ein Wort sprechen können, so wäre es gewiß von *Ihnen* gewesen! So wie er sich aber legte, war auch Sprache u. fast die Besinnung fort. Das einzige was er immer rief war: Eis, Eis! – weil ihn Alles innerlich so sehr brannte. Es mußte ihm fast jede Minute ganz kaltes Wasser auf den Leib gelegt werden, u. dies schien ihm noch nicht kalt genug – er wollte Eis.
(Biedermann, *Unger*, S. 4 und 7 f.)

8 Der Brief Goethes vom 13. 6. 1796 an Ungers Frau beginnt: »Sie haben mir, wertheste Frau, durch Ihren Brief und die überschickten Lieder sehr viel Freude gemacht. Die trefflichen Compositionen des Herrn Zelter haben mich in einer Gesellschaft angetroffen, die mich zuerst mit seinen Arbeiten bekannt machte. Seine Melodie des Liedes: *ich denke dein* hatte einen unglaublichen Reitz für mich, und ich konnte nicht unterlassen selbst das Lied dazu zu dichten, das in dem Schillerschen Musenalmanach steht.« (WA IV 11, S. 92.) Ich konnte auf eine ebensolche spontane Reaktion Goethes hinweisen, auf die Entstehung von Goethes Gedicht *Gegenwart* (in: *Frankfurter Anthologie* 10, Frankfurt am Main 1986, S. 108-110).

9 Ich reiste von Palermo weg, ohne wieder zurückzukehren, und ohnerachtet der großen Zerstreuung meiner sicilianischen und übrigen italienischen Reise, verlor ich jenen einfachen Eindruck nicht aus meiner Seele. Ich kam in mein Vaterland zurück, und als jener Brief [die Mutter Balsamo schrieb an ihren Sohn] unter andern Papieren, die von Neapel den Weg zur See gemacht hatten, sich endlich auch vorfand, gab es Gelegenheit, von diesem, wie von andern Abentheuern zu sprechen ... Verehrungswürdige Personen, denen ich dieses Document vorlegte und die Geschichte erzählte, theilten meine Empfindungen und setzten mich in den Stand, jener unglücklichen Familie meine Schuld abtragen zu können und ihr eine Summe zu übermachen, die sie zum Ende des Jahres 1788 erhielt ... ich hatte die Summe ohne Brief und ohne Anzeige, von wem sie eigentlich komme, überweisen lassen.
(WA I 31, S. 299-303.)

10 Goethe hatte bei der Aufführung der *Beiden Billets* am 16. 4. 1793 das Debüt des neuen Schauspielers Johann Christoph Beck als Schnaps gesehen. »Ein im Fach der *Schnäpse* höchst gewandter Schauspieler, Beck, war erst zu unserm Theater getreten, auf dessen Talent und Humor vertrauend ich eigentlich die Rolle schrieb.« (*Tag- und Jahres-Hefte* zu 1793; WA I 35, S. 24.)

11 *Campagne in Frankreich* (WA I 33, S. 63). – Der Leiter des Centre Dramatique von Reims, Denis Guenoun, hatte aus Anlaß des 200. Jubiläums der Französischen Revolution ein fünfaktiges Spiel verfaßt, *La levée*, das auch aufgeführt wurde. Goethe im Mittelpunkt, er schreibt mitten auf dem Schlachtfeld von Valmy seine Erinnerungen und Gedanken nieder. Im fünf-

ten Akt wird in Form eines Films der Traum Goethes von der »neuen Epoche der Weltgeschichte« simuliert.

12 Das im Sommer 1953 entstandene Gedicht *Die Lösung* ist bis zum November 1989 für die damalige DDR aktuell geblieben, bis dahin hatte sich die Denkweise, gegen die sich Brechts Kritik wandte, nicht geändert. Damals empörte sich der Sekretär des Schriftstellerverbandes und Mitglied des Zentralkomitees der DDR, Kuba (eigentlich Kurt Barthel), der einst Hymnen auf Stalin und auf die Bauarbeiter, die Helden der Stalin-Allee, geschrieben hatte, gegen »das Volk«; er ließ am 20. Juni im ›Neuen Deutschland‹ ein Gedicht mit dem Titel *Wie ich mich schäme* veröffentlichen. Er schämte sich seiner früheren Helden und schloß zornig: »Da werdet ihr sehr viel und sehr gut mauern und künftig klug handeln müssen, ehe euch diese Schmach vergessen wird.« Das war der Anlaß zu Brechts Gedicht. Gegen die in die stalinistische Doktrin ›verstrickten‹ Intellektuellen, gegen die käuflichen Tuis, setzt er das »wirkliche Bedürfnis«, die »Weisheit des Volkes«. Die Gedichte in: Bertolt Brecht, *Werke*. Große kommentierte ... Ausgabe, Band 12: *Gedichte* 2, Berlin und Frankfurt am Main 1988, S. 310 ff. Vgl. Kommentar, S. 448 f.

13 »Euer Hochwohlgebohren äußerten in Ihrem letzten Schreiben, daß Sie zur Ostermesse künftigen Jahres einen Zweiten Band herausgeben wollten. Ich erdreiste mich daher, Dieselben ganz gehorsamst zu fragen, ob ich noch darauf hoffen darf, um meine übrige Druckeinrichtungen darnach zu machen? – Wenn ich nicht zu zudringlich bin, so unterstehe ich mich noch eine Frage: – Wann wohl der Roman erscheinen wird? Und ob ich auf den Verlag desselben noch Rechnung machen darf?« (QuZ 1, S. 232.)

14 Vgl. QuZ 1, S. 242. Ungers Brief, seine Antwort auf einen nicht überlieferten und auch nicht durch Tagebuch oder Postrechnungen bezeugten Brief Goethes, ist in Ton und Inhalt charakteristisch für Ungers Einstellung zu Goethe. Deshalb sei er hier ganz zitiert, nebst der erwähnten Beilage: Ich schätze mich unendlich glücklich, daß Sie, Höchstzuverehrender Herr Geheimerath, die Gewogenheit haben wollen, mich zum Verleger des Romans zu machen, u. ich konnte keine größere Freude haben, als die, welche mir Ihr Brief machte. Alle die darin vorgeschriebenen Bedingungen verpflichte ich mich auf das hier beiliegende Blatt, auf das genauste zu erfüllen. Das ganze Publikum wird seinem ersten Schriftsteller unendlich für eine Arbeit danken, die über alles schätzbar ist, und worauf so sehnlichst gehofft wurde. Ich bin nicht fähig, mein außerordentliches Vergnügen über diese mir erzeigte große Güte auszudrücken, und ich kann nicht die Zeit erwarten, in welcher ich das Manuscript bekommen werde. Würden Sie es wohl genehmigen, daß ich, um den Nachdruck einigermaßen zu hemmen, eine *ganz einfache* Pränumerationsanzeige ins Publikum

ergehen ließe? Auf alle Fälle würde ich Ihnen solche erst zur Approbation vorlegen. Ein Buch von *Ihnen* ist viel zu verehrungswerth, als daß der Verleger sich unterstehen dürfte, die Ankündigung davon mit einem Marktschreierton zu besudeln.

Ich begreife gar nicht, warum die Hofmannsche Buchhandlung das Päckchen nicht abgeliefert hat. Es waren ... die bis itzt fertigen Aushängebogen des Reinike ... darin ... Es ist den 18. Febr. von hier mit der Post abgegangen, u. nun habe ich nochmals geschrieben, daß Ihnen unverzüglich das Paket soll abgeliefert werden.

[Beilage:]

Sollten Ew. Hochwohlgeboren gegen nachfolgenden Aufsatz und Verpflichtung noch etwas zu erinnern finden, so bitte ich gehorsamst, daß Sie mir einen zur Unterschrift zu übersenden, die Gewogenheit haben wollen. Den Titel habe ich weiß gelassen, weil ich ihn noch nicht wußte.

Unger.

Da Herr Geheimerath v. Göthe Hochwohlgeboren die Gewogenheit gehabt, mir einen Roman: betitelt:

in Vier Bänden in Verlag zu geben, so verpflichte ich mich, bei Ablieferung jedes Bandes Manuscripts Sechshundert Thaler vollwichtigen Louis d'or dafür sogleich zu übersenden; doch wollen der Herr Geheimerath von Göthe gütigst erlauben, daß die Zahlungstermine folgendergestalt gehalten werden sollen als:

Michaelis 1794

Ostern 1795

Mich. 95

Ostern 96.

(QuZ 1, S. 242 f.)

15 Ich bin auf Blumenbergs »Epigonenwallfahrt« bereits eingegangen. Diesen Satz Ungers nimmt Blumenberg zum Anlaß seiner These für die »Dissoziation von Aura und Werk«. Obgleich Blumenbergs Sätze im Konditionalis geschrieben sind, scheint er sich mit der Ansicht Immermanns und Gutzkows identifizieren zu wollen, daß Goethe keine Zeitströmung hervorgerufen, sondern ihr nur Ausdruck gegeben habe.

16 Ein besonders eindrückliches Beispiel für Textabweichungen zwischen Original- und Doppeldrucken (sowie den Mischexemplaren aus den Druckbogen beider) bietet Thereses Bericht in *Wilhelm Meister* VII 6, der im originalen Erstdruck beginnt: »Doch da ich Ihnen einmal von der Zeit erzählen soll, in der ich mich so gerne in dieser Weste sah«; im Doppeldruck und in den erhaltenen Mischexemplaren lautet die Stelle jedoch: »ich mich so gerne in dieser Welt sah«. Diese ›welt-haltigere‹ Formulierung blieb dann über die Ausgaben von 1806, 1816 und 1828 bis zur WA und darüber hinaus als

authentische Formulierung erhalten, auch Goethe bemerkte den Satzfehler nicht; erst in jüngerer Zeit drucken die Ausgaben wieder den richtigen Wortlaut.

17 Bei der in meinem Besitz befindlichen Erstausgabe des *Wilhelm Meister* in vier Bänden ist bei den Bänden 1-3 jeweils der korrekte Titel der Einzelausgabe angegeben, bei Band 4 ist irrtümlich ein Titelblatt der Ausgabe der *Neuen Schriften* vorgebunden: »Goethe's neue Schriften. Sechster Band. Mit Kurfürstl. Sächs. Privilegium«; der Privilegiumsvermerk fehlt übrigens bei den Bänden der Einzelausgabe.

18 Hans-J. Weitz hat Goethes Äußerungen »Über die Deutschen« vollständig gesammelt. Die Sammlung ist in ihrer Summe erstaunlich. Goethe mochte »die« Deutschen nun einmal nicht und machte aus seinem Herzen keine Mördergrube. Wohl sah er viele Gründe, warum die Deutschen auch ihm gegenüber vorbehaltlich waren, die Reaktion gewisser Kreise gegenüber *Götz* und *Werther* schon am Anfang seiner Laufbahn; den Haß und Hohn, den er für seine Lebensführung, sein angeblich mangelndes Nationalbewußtsein und für sein vermeintlich schwach ausgeprägtes christliches Empfinden erntete. Goethe wurde geschätzt und gelobt; geliebt wurde er selten. Und was ihn mehr treffen mußte, gelesen wurde er von seinen deutschen Landsleuten ebenfalls wenig. Er fühlte sich von ihnen einfach nicht verstanden. Weitz' Sammlung macht aber auch deutlich, daß »die Deutschen« synonym für etwas standen, womit sich Goethe nicht abfinden konnte, ja, das er nicht finden konnte, dieses »Deutschland«: »Deutschland? Aber wo liegt es? Ich weiß das Land nicht zu finden | Wo das gelehrte beginnt, hört das politische auf«, heißt es in Nr. 122 der von Goethe und Schiller verfaßten *Xenien* (vom Juli 1796; das Xenion stammt vermutlich von Schiller, ist aber durch Goethes Mitverfasserschaft am Gesamtkomplex auch von ihm autorisiert). Im Gespräch mit Heinrich Luden äußert er am 13.3.1813: »Auch liegt mir Deutschland warm am Herzen. Ich habe oft einen bittern Schmerz empfunden bei dem Gedanken an das deutsche Volk, das so achtbar im einzelnen und so miserabel im ganzen ist« (GA 22, S. 713). Einer der Ankläger im Kriegsverbrecherprozeß in Nürnberg flocht Goethes vermeintliche Äußerung gleichsam eines Sachverständigen zum Thema »Der Deutsche« in seine Rede ein, wonach sich die Deutschen »jedem verzückten Schurken gläubig hingeben, der ihr Niedrigstes aufruft, sie in ihren Lastern bestärkt und sie lehrt, Nationalität als Isolierung und Roheit zu begreifen«. Jener aber hatte doppelt gefälscht: Goethe untergeschoben, was Thomas Mann in seinem Roman *Lotte in Weimar* formuliert hatte. Vgl. *Goethe über die Deutschen*, Frankfurt am Main 1978, S. 107f. Weitz' Sammlung erschien, nach einer ersten Veröffentlichung in einer Zeitschrift, im Jahre 1949 im Südverlag Konstanz; Thomas Mann und Karl Jaspers waren von der Aktualität der

Aussagen Goethes bewegt. Weitz wies nach, daß es sich bei dem vom Ankläger des Nürnberger Kriegsverbrecherprozesses 1946 zitierten Ausspruch Goethes über die Deutschen, angeblich aus dem im Insel Verlag erschienenen Buch *Aus Riemers Mitteilungen über Goethe* stammend, um eine Fälschung handelte. Im Nachwort schreibt Weitz: »Goethe – Weltbewohner und Weimaraner – ist der größte Deutsche und konnte zugleich ein größter Europäer werden. Er ist geworden in dem Maße, wie er frei war, sich frei gemacht hat von den Eigenschaften, an denen der Deutsche krankt. Auch dies ist, im Hinblick auf unser Leben unter den Völkern, ein Anruf.« – Die Sammlung wurde revidiert und erweitert 1965 als Band 851 der Insel-Bücherei und, abermals vermehrt, 1978 als insel taschenbuch 325 veröffentlicht.

19 Auf Carl August Böttiger, den Schriftsteller, Altertumswissenschaftler und Gymnasialdirektor, werden wir noch zu sprechen kommen. Er arbeitete für Cotta als Herausgeber, hauptsächlich aber war er für Cotta und seine Zeitungen als Weimar-Korrespondent tätig. Goethe und Schiller pflegten anfänglich gute Beziehungen mit ihm. Böttiger spielte bei der »Freitagsgesellschaft« eine Rolle, eine »gelehrte Gesellschaft«, die auf Initiative von Goethe 1791 gegründet wurde als »Reunionspunkt« von Gelehrten und Literaten von Weimar und Jena; zur ersten Sitzung am 9.9. 1791 hielt Goethe einen einleitenden Vortrag über den Sinn der Gesellschaft mit aufsehenerregenden Gedanken: Weder Dichter und Künstler noch Wissenschaftler brächten ihre Werke aus der Einsamkeit hervor, sie müßten an das Publikum als an ihren Adressaten denken. Buchdruck und Buch verdanke man viel, »aber noch einen schönen Nutzen, der zugleich mit der größten Zufriedenheit verknüpft ist, danken wir dem lebendigen Umgang mit unterrichteten Menschen und der Freimütigkeit dieses Umgangs«. Böttiger berichtete über die Sitzungen und war so als Chronist wohlgelitten. Später aber nahmen in seinen Berichten über Goethe Kritik und Spott zu, den »Xenienstreit« (in dem er freilich Opfer war) bezeichnete er als »Unverschämtheit« (Böttiger 2, S. 81), die *Braut von Korinth* wurde von ihm als »die ekelhafteste aller Bordellszenen« charakterisiert. Noch waren dies private Äußerungen in Briefform, die Goethe unbekannt blieben, und so konnte er als Vermittler bei Unger auftreten. Auch äußerte sich Böttiger öffentlich über Goethe und Christiane, das gefiel Goethe weniger, und so zog er sich mehr und mehr von ihm zurück. »Er ist einer von den Menschen, mit denen man sich nie versöhnen muß«, sollte Goethe abschließend bemerken. (Zitiert nach Conrady 2, S. 62, 126.)

20 WA IV 12, S. 11 f. In Goethes Tagebuch wird unter dem 12.7. Weimar ein Mittagessen mit Schiller und Böttiger notiert. Was werden sie gesprochen haben? Später dann die Notiz: »Böttiger wegen des epischen Gedichts.« Goethes Brief an Vieweg vom 16.1. 1797 lautet weiter:

Die Anzahl der Exemplarien welche gewöhnlich an den Verfasser abgegeben werden stelle Herrn Vieweg anheim.

Zu Kupfern bringe ich Vorstellungen aus Wilhelm Meister zum Vorschlag und werde sogleich eine Anzahl Gegenstände dazu vorschlagen.

Das Manuskript kann, zum Theil, zu Anfang April, der Schluß aber gewiß auf die Jubilatemesse abgegeben werden, auf welcher auch das Honorar bezahlt würde.

Am selben Tag schreibt Böttiger an Vieweg:

Nun kam es auf den Hauptpunkt, das Honorar. Ich will mich nicht kompromittiren, sagt er, aber auch dem Verleger nicht wehe thun. Nun theilte er mir den Gedanken mit, der auf beifolgendem von ihm eigenhändig unterschriebenene Zettel des weiters zu lesen ist. Das versiegelte Billet mit dem eingesperrten Goldwolf liegt wirklich in meinem Büreau. Nun sagen Sie also, was Sie geben können und wollen?

Ich stelle mich in Ihre Lage, theuerster Vieweg, und empfinde, was ein Zuschauer, der Ihr Freund ist, empfinden kann.

Nur eins erlauben Sie mir nach dem, was ich ohngefähr von Göthes Honoraren bey Göschen, Bertuch, Cotta und Unger weiß, anzufügen: unter 200 Fr[iedrichs]d'or können Sie nicht bieten. Die Clausel im Billet: und die Negotiation zerschlägt sich ist unter Schillers Einfluß dictirt, denn Schiller will durchaus seinem Cotta diesen Bissen nicht wegschnappen lassen.

Vieweg antwortet Goethe am 21.1.:

Ew. Hochwohlgeboren haben mir durch den Herrn O. K. R. Bötticher auf mein Ersuchen die schöne Hoffnung werden laßen, den ersten meiner Kalender durch Ihr Gedicht »Hermann und Dorothea« ausgestattet zu sehen und mir zugleich erlaubt, meine Verlags-Vorschläge einreichen zu dürfen.

Von Bogen kann bei einem Wercke und einer Bestimmung der Art die Rede nicht seyn; ich offerire Ihnen also für das Ganze Ein Tausend Rthlr und wünsche daß diese nicht unter der Forderung seyn mögen, welche Sie dem Herrn O. K. R. Böttiger einhändigen laßen. War mein Anerbieten so glüklich Ihren Erwartungen zu entsprechen, so bliebe mir dafür der erste Gebrauch dieses Gedichts für den Kalender von 1798 und für die beiden darauf folgenden Jahre der alleinige Besitz. Nach dieser Zeit wäre es wieder Ihr Eigenthum und ich hätte es allein Ihrer Güte zu danken, wenn mir der Verlag dieses Wercks, unter dann von neuen zu schliessenden Bedingungen bliebe.

Da ich keinen gewöhnlichen Kalender liefern will, mithin der meinige theurer und so der Gefahr des Nachdrucks noch mehr ausgesetzt seyn würde, so müsste ich auch um die Erlaubniß bitten, eine – nicht schlechte, aber doch geringere – Ausgabe ohne Kalender und Kupfer im Reich verkaufen laßen zu dürfen, um so einem wohl nur zu gewißen Nachdruck zu begegnen und wo möglich dadurch zu verhüten.

Ich habe dann nur noch Eine, aber eine sehr angelegentliche Bitte – um die möglichst baldige Einsendung des vollendeten Theils der Handschrift.

21 Dr. Carl Heinrich August Salomon Michaelis wurde am 26. 4. 1768 in Hameln geboren. Er wurde früh Waise. Durch seine ungewöhnlichen geistigen Anlagen war er überall beliebt, und überall wurde ihm geholfen. Er studierte Philosophie, Theologie und Medizin, nach einem längeren Aufenthalt in Berlin erhielt er eine Hofmeisterstelle bei einer Familie in Neustrelitz. Seine dortige Buchhandlung hatte freilich keinen großen Erfolg. Er war völlig unerfahren, als er Schillers ›Musenalmanach‹ herausbrachte. Unger druckte diesen Almanach, aber die Verbindung zwischen Schiller und Michaelis und die von Michaelis zu seinem Drucker Unger war alles andere als angenehm. Es gab Ärger auf allen Seiten. Wilhelm von Humboldt riet Schiller, die Verbindung abzubrechen, und er gab einen frühesten Ratschlag, wie sich ein Autor von einem Verleger trennen könne. Er schrieb am 4. 8. 1795 an Schiller: »Ich sehe nur zwei Wege 1.) man sucht Händel, oder 2.) man macht ihm Angst. Zum Ersteren könnte die Bezahlung Ihres Vaters dienen, im Falle diese noch nicht geleistet wäre. Um indeß auch einen Beitrag zu liefern, habe ich Ungern schriftlich gefragt, welche Verabredungen über den Druck des Almanachs getroffen worden, und zu meinem Erstaunen gesehn, daß es noch gar keine, wenigstens keine festen, sind. Dieß zu documentiren, lege ich Ungers Billet bei. ... Ich dächte Sie schrieben ihm gleich, äußerten Ihren Unwillen, daß noch nicht die mindeste Anstalt getroffen, und bedängen sich aus, *alles allein mit Unger abzumachen.* Antwortete er darauf nicht gleich bejahend, so setzten Sie ihm kurz den Stuhl vor die Thür und sagten für künftiges Jahr auf. Dann würde er Sie zu schrecken denken, wenn er schon jetzt brechen wollte, und Sie hätten, was Sie wünschten.« (SNA 35, S. 272.) Mehr oder weniger geschah dies auch so, Schiller brach die Verbindung ab, die weiteren ›Musenalmanache‹ erschienen bei Cotta. Salomon Michaelis führte sein rastloser Lebenswandel nach der Französischen Revolution nach Paris, er kam dort mit Schlabrendorf zusammen, machte die Franzosen auf Pestalozzi aufmerksam, wurde aber im Jahre 1805 von den Franzosen gefangengenommen und drei Jahre inhaftiert. Nach Deutschland zurückgekehrt, lebte er zunächst in Heidelberg und erhielt dann in Tübingen eine Professur für deutsche und französische Literatur. Dort starb er am 8. 6. 1844.

IV. »Liberalität gegen seine Verleger ist seine Sache nicht«. Annäherungen an Cotta

1 Georg Forster, 1793 Vizepräsident des »Rheinisch-Deutschen Nationalkonvents«, kannte Cotta von dessen Mainzer Tätigkeit. Forster fuhr im Auftrag des Konvents nach Paris, um über den Anschluß der Mainzer Republik an Frankreich zu verhandeln; in Deutschland genoß der Jakobiner deswegen Mißachtung als Vaterlandsverräter; er starb 1794 in Paris.

Graf Gustav von Schlabrendorf (1750-1824) war ein bedeutender Mittelsmann frühbürgerlicher deutscher und französischer Interessen. Er bleibt eine der sonderbarsten Gestalten der deutschen Geschichte: Republikaner, Anwalt der Armen, Dichter, Staatsrechtler, Verteidiger der Barttracht, ein Urahn aller Verweigerer und Außenseiter, Erfinder einer Sprechmaschine. Eichendorff hat ihn einen »prophetischen Magier« genannt, Arnim einen »heiligen Mann«, Ülsner einen »Phoenix der Mildtätigkeit« und Varnhagen »einen der edelsten Männer seiner Zeit«. Von der Zeit von Cottas Besuch an war er in Paris und blieb dort bis zu seinem Tode; nach 1789 zog man zu ihm als dem legendären Eremita Parisiensis, dem »Diogenes von Paris«. Achim von Arnim, Kanzler Friedrich von Müller, Fürst Hardenberg, Heinrich Zschokke und Varnhagen von Ense waren bei ihm und gewannen einen großen Eindruck. Börne nannte die Unterhaltung mit ihm »höchst belehrend«. Noch bis in unser Jahrhundert wirkt die Figur des Grafen. Theodor Heuss widmete ihm einen großen Essay und Ernst Penzoldt eine »Komödie um Schlabrendorf« mit dem Titel *Die verlorenen Schuhe* (in: Ernst Penzoldt, *Dramen*, Frankfurt am Main 1962).

Johann Christoph H. Hüttner (1766-1847), in der Niederlausitz geboren, promovierte in Leipzig mit einer Schrift *De Mythis Platonis*. Wegen seiner Sprachkenntnisse wurde er zu der berühmten Gesandtschaftsreise nach China berufen, sein Bericht ist als eine der ersten Informationen bekannt geworden. Er ging später nach London, arbeitete als Dolmetscher im englischen Außenministerium und gab Berichte nach Deutschland, so 1822 auch an Goethe, der ihm dafür dankte. Cotta blieb mit ihm in enger Verbindung und beauftragte ihn mit der Herausgabe der *Englischen Miszellen*, die damals eine gute Vermittlung englischen Lebens boten.

2 »Das Bild des klugen, energischen und erfolgreichen Verlegers Reich wäre ohne die Züge des liebenswürdigen, verbindlichen, weltoffenen und seinen Autoren in Freundschaft verbundenen und großzügigen Menschen Reich nicht vollständig. Die herzlichen Beziehungen zu seinen Autoren werden deutlich, wenn Wieland nach dem Tode Reichs – er starb am 3. Dezember 1787 – der Weidmannschen Buchhandlung schrieb: ›Der unvermuthete Todesfall des rechtschaffenen und verdienstvollen Mannes, wovon mir dero

geschäztes vom 5. huj. die traurige Anzeige macht, kann keinem von seinen zurückgelassenen Freunden schmerzlicher seyn als mir. Ich wünsche von Herzen, daß der ruhmvolle Platz, den Er unter den ersten Buchhändlern der Nation eingenommen, auf eine würdige Art wieder ausgefüllt werden möge; die Lücke, die seyn Hinscheid in der Zahl meiner besten Freunde gemacht, wird schwerlich auszufüllen seyn.«« (Wielands Brief an die Weidmannsche Buchhandlung nach Reichs Tod am 3. 12. 1787 in: *Leben und Werk deutscher Buchhändler*, hg. v. Karl-Heinz Kalhöfer, Leipzig 1965, S. 14, zu Ph. E. Reich.) – Vgl. Widmann, *Buchhandel*, S. 88 f., 107 f.

3 19. 6. 1788 (SNA 25, S. 73). – Frau von Lengefeld ahnte nicht, mit welchen Mühen von seiten Göschens die Schenkung verbunden war und wie leicht Schiller es sich mit diesem Geschenk machte. Sie konnte es nicht ahnen, wenn sie die etwas eigentümliche Widmung Schillers an sie las:

>Nicht in Welten wie diese Weisen träumen
>Auch nicht in des Pöbels Paradies,
>Nicht im Himmel, wie die Dichter reimen,
>Aber wir begegnen uns gewiß.

Das sind schlechte Verse, und dem »Helden der Französischen Revolution« stehen sie nicht gut an.

4 Der betreffende Abschnitt im Brief vom 27. 11. 1802 an Cotta lautet: »Von Wien habe ich jetzt mein AdelsDiplom in optima firma erhalten. Die Anregung in dieser Sache ist vom Herzog von Weimar geschehn, der mir dadurch etwas angenehmes erzeigen und meine Frau, welche bisher nicht nach Hof gehen konnte, auf einen gleichen Fuß mit meiner Schwägerin setzen wollte; denn es hatte etwas unschickliches, daß von 2 Schwestern die Eine einen vorzüglichen Rang am Hofe, die andre keinen Eintritt zu demselben hatte. Wäre meine Frau nicht von adeligem Stand, so würde ihr mein Adel nichts geholfen haben; so aber ist es anders und es könnte in der Folge auf die Versorgung meiner Kinder einen guten Einfluß haben. Sie können übrigens leicht denken, daß mir, für meine eigene Person, die Sache ziemlich gleichgültig ist.«

5 Kurt Wolff ist ein besonders gutes Beispiel für das Zusammenwirken von Zeitschriftengründungen und Autorenbeziehungen. Zeitschriften sind Indikatoren, Indikatoren auch für gefährliche Konkurrenz. Dies waren für S. Fischer die ›Weißen Blätter‹. Sie setzten sich polemisch gegen den S. Fischer Verlag und seine Autoren ein und wandten sich gegen das »Erzschwein ... Thomas Mann« und den »nun ganz verblödeten Hauptmann«. Vollmundig wurde das Programm annonciert: »Die Weißen Blätter sollen das Organ der jüngeren Dichtergeneration sein, wie es für die ältere die Neue Rundschau ist.« Die ›Weißen Blätter‹ erschienen zunächst im eigenen Verlag. Freilich hatte schon Ernst Rowohlt bei der Verlagsgründung die Herausgabe

einer literarischen Zeitschrift beabsichtigt, doch die Versuche schlugen fehl, auch jener Versuch von Rowohlt und Kurt Wolff, Ende 1912 eine gemeinsame Zeitschrift ›Fahnenmasten‹ zu veröffentlichen. Franz Blei gab das Periodikum ›Loser Vogel‹ heraus, doch nach zwölf Nummern, von denen sechs bei Kurt Wolff erschienen, wurde es im März 1913 eingestellt. Eine vornehme Zeitschrift hatte Kurt Wolff mit ›Arcadia‹ geplant, aber auch dies war nicht gelungen, und so übernahm er zunächst die radikalkritische Halbmonatsschrift ›Pan 2‹; diesen Plan ließ er ebenso fallen wie das ihm von Kurt Tucholsky angetragene Periodikum ›Orion – Ein Jahreskreis in Briefen‹. Vgl. »Der Erstdruck [der *Verwandlung*] in ›Die Weißen Blätter‹«, in: Joachim Unseld, *Franz Kafka. Ein Schriftstellerleben*. Die Geschichte seiner Veröffentlichungen. Mit einer Bibliographie sämtlicher Drucke und Ausgaben der Dichtungen Franz Kafkas 1908-1924, Frankfurt am Main 1984 (zuerst München 1982), S. 98 f.

5 a Vgl. Manfred Fuhrmann, *Die vier Jahreszeiten bei den Griechen und Römern*, in: *Die vier Jahreszeiten im 18. Jahrhundert* (Beiträge zur Geschichte der Literatur und Kunst im 18. Jahrhundert 10), Heidelberg 1986, S. 9-17.

6 Charlotte von Stein schrieb am 7. 11. 1794 an Charlotte Schiller: »Die bewußten Elegieen habe ich schon mehrmals loben hören, aber mir sie zu lesen zu geben, hat mich der ehemalige Freund vermuthlich nicht würdig gefunden. Er wollte sie vor einigen Jahren drucken lassen, der Herzog widerrieths ihm aber; wie unsern gnädigsten Herrn just einen Moment diese pedantische Sittlichkeit befallen hat, begreife ich nicht.« Der Herzog reagierte auf die Veröffentlichung in einem Brief an Schiller vom 9. 7. 1795: »Wenn Sie vor dem Druck in den Händen mehrer Freunde wären gegeben worden, so würde man vielleicht den Autor vermocht haben einige zu rüstige Gedanken, die er wörtlich ausgedrückt hat, blos errathen zu laßen; andere unter geschmeidigeren Wendungen mitzutheilen, noch andere ganz zu unterdrücken.«
Carl August Böttiger berichtet (am 27. 7. 1795 an Friedrich Schulz) über eine Äußerung Herders: »Zu den merkwürdigsten Erscheinungen an unserm literarischen Himmel gehören Goethes Elegien im 6. Stück der Horen. Es brennt eine genialische Dichterglut darinnen, und sie stehen in unserer Literatur einzig. Aber alle ehrbaren Frauen sind empört über ihre bordellmäßige Nacktheit. Herder sagt sehr schön, er habe der Frechheit ein kaiserliches Insiegel aufgedrückt – die Horen müßten von nun an mit dem u gedruckt werden.«
Schiller mußte sich verteidigen, an den Herzog Friedrich Christian von Augustenburg schrieb er am 5. 7. 1795: »Die Elegien sind vielleicht in einem zu freyen Tone geschrieben, und vielleicht hätte der Gegenstand, den sie behandeln, sie von den Horen ausschließen sollen. Aber die hohe poetische Schönheit, in der sie geschrieben sind, riß mich hin, und dann gestehe ich, daß ich zwar eine conventionelle, aber nicht die wahre und natürliche Decenz da-

durch verletzt glaube.« (*Goethes Römische Elegien*, nach der ältesten Handschrift hg. v. Albert Leitzmann, Bonn 1912, S. 34.)

7 Text nach dem aufgrund eines Vergleichs mit der Handschrift revidierten Abdruck in WA I 47, S. 35, aus: J. W. Goethe, *Französische satyrische Kupferstiche*, hg. v. K. H. Kiefer, München 1988, S. 25. Auch der von Kiefer revidierte Text ist fehlerhaft (siehe die Rezension von M. Ehrenzeller in: ›Germanistik‹ 1988, H. 1, S. 154 f.); wichtig ist jedoch das von Kiefer ermittelte und publizierte Bildmaterial (50 Kupferstiche), durch das Goethes Text überhaupt erst nachvollziehbar wird. Der noch ausstehende kunstgeschichtliche Kommentar wird von Gerhard Femmel in seinem in Arbeit befindlichen Werk über Goethe und die Karikatur vorgelegt werden.

8 Eine Geschichte der ›Horen‹ gibt es nicht, sie sei angeregt. Eine so betitelte Dissertation aus dem Jahre 1922 von Josef Lorenz geht nicht über die Materialien des Vollmerschen Briefwechsels hinaus. – *Die Horen*. Einführung und Kommentar von Paul Raabe. Beiband zu der im Jahre 1959 in sechs Doppelbänden erschienenen, photomechanisch hergestellten Neuausgabe der ›Horen‹, Stuttgart 1959. – Friedrich Meyer, *Schillers Horen als Verlagswerk betrachtet*, Leipzig 1941. – Günter Schulz, *Schillers Horen. Politik und Erziehung. Analyse einer deutschen Zeitschrift*, Heidelberg 1960. – Dazu auch: Wolzogen, *Schiller*.

9 Der berühmte Literaturhistoriker und Politiker, einer der Göttinger Sieben, Honorarprofessor in Heidelberg, Angehöriger der Frankfurter Nationalversammlung und später des Hochverrats angeklagt, Georg Gottfried Gervinus (1805-1871), veröffentlichte 1853 seine *Einleitung in die Geschichte des 19. Jahrhunderts*. Er war überzeugt, daß die Tendenz seines Jahrhunderts unabweislich zu Demokratie und Freiheit führen müßte. Diese Schrift löste einen Skandal aus, Gervinus wurde wegen »Aufforderung zum Hochverrat und Aufreizung gegen die konstitutionelle Monarchie« angeklagt. Die Universität Heidelberg entzog ihm die Lehrbefugnis. Das Urteil von zwei Monaten Gefängnis wurde in der Revision zwar aufgehoben, ein förmlicher Freispruch fand jedoch nie statt. Der Insel Verlag, Frankfurt am Main, hat zum ersten Mal im Jahre 1967 die Dokumente dieses Prozesses veröffentlicht: *Der Hochverratsprozeß gegen Gervinus*, hg. v. Walter Boehlich.

10 Goethe hatte sich in den ›Propyläen‹ (3. Bd., 2. Stück) so geäußert: »In Berlin scheint außer dem individuellen Verdienst bekannter Meister der Naturalismus mit der Wirklichkeits- und Nützlichkeitsforderung zu Hause zu sein und der prosaische Zeitgeist sich am meisten zu offenbaren. Poesie wird durch Geschichte, Charakter und Ideal durch Portrait, symbolische Behandlung durch Allegorie, Landschaft durch Aussicht, das allgemein Menschliche durchs Vaterländische verdrängt. Vielleicht überzeugt man sich bald, daß es keine patriotische Kunst und patriotische Wissenschaft gebe. Beide gehören

wie alles Gute der ganzen Welt an und können nur durch allgemeine freie Wechselwirkung aller zugleich Lebenden, in steter Rücksicht auf das, was uns vom Vergangenen übrig und bekannt ist, gefördert werden.« Gottfried Schadow beginnt seine Abhandlung *Über einige in den Propyläen nachgedruckte Sätze Goethes, die Ausübung der Kunst in Berlin betreffend* vom Jahre 1801 mit dem Absatz: »Der große und gerechte Ruf des Herausgebers der ›Propyläen‹ war Ursach, daß ich bisher alles, was in diesen Blättern über die Kunst gesagt wurde, in stiller Hingebung annahm; folgende sich auf die Kunst in Berlin beziehende Sätze regten indes in mir einige Gedanken auf, die ich mitteile, ohne zu erwarten, daß meine schwache Stimme gegen diese alles überwältigende gehört werde.« Goethe erhielt Schadows Aufsatz am 20. 12. 1801 durch Schelling, er erwog eine Erwiderung, ließ aber die Absicht fallen.

11 In der Einführung zur Edition gibt Dorothea Kuhn eine ausführliche »Geschichte der Edition des Briefwechsels«:

1875 und 1880 hatten schon die Goetheforscher und Editoren Hermann Uhde (1845-1879) und Wilhelm Arndt (1838-1895) dem Verlag vorgeschlagen, die Briefe Goethes an Cotta zu veröffentlichen, auf Cottas Briefe meinte man, wegen des geschäftlichen Charakters der Korrespondenz, verzichten zu können. Bei dieser Entscheidung spielte es aber wohl auch eine Rolle, daß nicht nur der Brrefton anders war als in der freundschaftlichen Korrespondenz mit Schiller, sondern auch die Situation der Überlieferung von Cottas Briefen. Aus dem Nachlaß von Schiller waren Cottas Antworten dem Verlag durch die Besitzerin, Schillers Tochter Emilie von Gleichen-Rußwurm, zugänglich gemacht worden. Die Korrespondenzen Goethes ruhten aber noch unzugänglich in seinem Nachlaß. Als dieser 1885 als Vermächtnis von Goethes Enkeln durch die Großherzogin Sophie von Sachsen-Weimar übernommen worden war, bereitete man in Weimar eine in ihrem Auftrag herausgegebene Gesamtausgabe von Goethes Werken, Briefen und Tagebüchern vor, die ›Weimarer Sophienausgabe‹, deren erste Bände schon 1887 erschienen. Dadurch ist wohl auch der Cottasche Editionsplan erneut angeregt worden; 1887 aber starb Wilhelm Vollmer, und das Verlagsarchiv blieb zwei Jahre verwaist, bis zum Eintritt von Ludwig Laistner (1845-1896) in den Verlag. Laistner, der wie Vollmer von der editorischen Arbeit herkam, befaßte sich bald mit dem Projekt. Als man in Weimar für die ›Sophienausgabe‹ Goethes Werkmanuskripte aus dem Cotta-Archiv brauchte und vor allem, als von dort die Briefe von Goethe an Cotta gewünscht wurden, die von 1893 an in den Bänden der Briefabteilung erscheinen sollten, nutzte Carl von Cotta die Gelegenheit, im Tausch Kopien von Cottas Briefen an Goethe zu erbitten. Bernhard Suphan (1845-1911), Direktor des Goethe-und-Schiller-Archivs in Weimar, stimmte 1895 dem Stuttgarter Editionsplan zu; die Briefe von Cotta an Goethe wurden dafür in Weimar abgeschrieben.

1895 legte Laistner Carl von Cotta eine Denkschrift vor, in der er äußerte, daß man den Briefwechsel zwischen Goethe und Cotta so bald wie möglich veröffentlichen solle, um dem vollständigen Druck der Goethebriefe in der ›Sophienausgabe‹ zuvorzukommen. Er stelle sich eine Edition des Briefwechsels ohne Erläuterungen im Rahmen eines Journals oder Jahrbuchs ›Aus dem Cotta'schen Archiv‹ vor, in dem auch andere Archivalien erscheinen sollten. Er muß sich klargemacht haben, daß das reiche Maß an Quellen und Zeugnissen zu diesem Briefwechsel, damals zu einem großen Teil noch unveröffentlicht, ein unüberwindliches Hindernis zur raschen Bearbeitung eines Kommentars bot. Aufzeichnungen von seiner Hand, die Material aus dem Cotta-Archiv und aus Goethes Nachlaß berücksichtigen, zeigen, daß er sich in Stuttgart und Weimar schon intensiv mit der Edition beschäftigt hatte und den Umfang der Materialien kannte. Diese Arbeiten blieben durch seinen frühen Tod im Jahr 1896 unvollendet. Sein Nachfolger im Archiv, Otto Rommerl (1836-1909), hat sie offenbar auch nur wenig fördern können. Dagegen sind die gewünschten Abschriften von Goethes Briefen (bis auf die Schreiben aus den Jahren 1808-1810, die von Laistner zurückgehalten und dann wohl vergessen worden waren) für die ›Sophienausgabe‹ nach Weimar gegangen; Goethes Briefe an Cotta sind dort also einigermaßen vollständig erschienen. In den Apparat der späteren Bände sind zur Erläuterung auch Teildrucke von Briefen Cottas aufgenommen, so daß eine Edition des Briefwechsels allmählich weniger Unveröffentlichtes versprechen konnte.
(Goethe - Cotta 3/1, S. 29 f.)

12 Es sind vor allem die verschiedenen Arbeiten Herbert G. Göpferts, die mir halfen, in den mir manchmal unüberschaubar werdenden Materialien doch immer wieder einen Leitfaden zu finden. Von allen Literarhistorikern, die sich des buchgeschichtlichen Aspekts bei Goethe annahmen, bin ich ihm am meisten verbunden und war allseits dankbar, auch auf seinen ›Schultern‹ stehen zu können. – Seine jüngste Arbeit *Von Breitkopf zu Cotta. Zur Druckgeschichte von Goethes Werken* (die dem bedeutsamen, von 1966 bis 1984 im Akademie Verlag, ehem. DDR, veröffentlichten Sammelwerk *Quellen und Zeugnisse zur Druckgeschichte von Goethes Werken*, das selbstverständlich auch eine Quelle meiner Arbeiten war, gewidmet ist) erschien zu spät, als daß ich sie in meine Arbeit noch hätte einbeziehen können.

13 Allein die Entzifferungsleistung der ungemein komplizierten, schwer bis kaum leserlichen Handschrift Cottas durch die Herausgeberin ist stupend. Sie wird wohl so oft wie Jean Paul geseufzt haben, der Cotta um Beantwortung seiner Briefe bat, aber mit dem Hinweis: »Gott schenke Ihnen eine

leserliche Dinte!« Das Briefcorpus der Bände 1 und 2 des Briefwechsels umfaßt 269 Schriftstücke von Goethe und 352 Schriftstücke von Cotta.
Dieses Briefcorpus ist die eine Seite der Editionsleistung. Im zweigeteilten Band 3 werden auf über 700 Seiten Anmerkungen, Erläuterungen, Kommentare, Sachbemerkungen und Register geboten. Man muß sich diese beiden Bände erarbeitend erschließen, um den Reichtum und die Fülle des Apparats zu erkennen. Eine Einleitung gibt eine Übersicht über die verlegerische Beziehung der beiden. Jeder Brief Goethes und jeder Brief Cottas ist erläutert, es gibt Archivalien zum Briefwechsel, Angaben zur Forschungsliteratur, Übersichten und Tabellen über Honorare, Höhe der Auflagen, Freiexemplare, Einzeldrucke der bei Cotta verlegten Werke Goethes. Eine ausführliche Zeittafel bietet die Daten Goethes und Cottas, aber auch zur weiteren Zeitgeschichte, und es gibt ein Register der Werke Goethes, der Sachwörter und ein erschöpfendes, 87 Seiten umfassendes Register der Namen und Orte. Die Resonanz der Zeitgenossen wie der Bezug der Werke Goethes zur zeitgenössischen Dichtung, Geschichte, Politik und zur eigenen Biographie – all dies wird durch Querverweise aufgeschlossen; selten bietet eine Edition eine so solide Werk- und Wirkungsgeschichte, ein so dicht vernetztes Feld oft unbekannter oder nicht geläufiger und doch wesentlicher Informationen; nach dem Makroblick von Vollmer im Briefwechsel zwischen Schiller und Cotta ist uns nun auch ein Mikroblick möglich. Jetzt wissen wir, was Goethe meinte, als er vor der ersten Begegnung an Cotta schrieb, er habe in Wirtshäusern viel gelitten und freue sich auf häusliche Kreise: Er wurde von Wanzen geplagt. Nun durfte er nach teuren Übernachtungen in Wirtshäusern das kosten- und wanzenfreie Logis des Verlegers genießen – kein schlechter Einstand für eine Autor-Verleger-Beziehung. Am 1. 12. 1797 schrieb Cotta an Goethe, er habe keine Uhr gefunden. Jetzt wissen wir, daß Goethe bei der ersten Übernachtung nach dem Aufenthalt bei Cotta in Tübingen in Tuttlingen eine emaillierte Uhr mit zwei Gläsern auf dem »Abtritt« des Gasthauses liegenließ; Cotta bemühte sich über den Bürgermeister, dies jedoch vergebens, auch eine Anzeige in Cottas Zeitung brachte die Uhr nicht wieder zum Vorschein. Das mögen Quisquilien sein, aber sie sind charakteristisch.

14 Robert K. Mertons *Leitfaden durch das Labyrinth der Gelehrsamkeit* ist durch seine detektivische Form wohl die amüsanteste Darstellung der Geschichte wissenschaftlichen Fortschritts. Newtons Satz, von Merton in einem Brief Newtons an Robert Hooke am 5. 2. 1675 nachgewiesen, wird zurückgeführt auf eine Äußerung Bernhards von Chartres, etwa aus dem Jahre 1126; von hier leitet Merton einen beachtlichen Stammbaum dieses wissenschaftsgeschichtlich so aufschlußreichen Aphorismus ab, er führt bis in unser Jahrhundert zu Sigmund Freud, der freilich eine neue Variante dieser Einsicht anbietet: Freud hatte sich mit seinem Schüler Stekel überworfen, der

ganz unumwunden äußerte, seine Gedanken seien denen des Meisters überlegen, und dies im Hinblick auf dieses Newton-Zitat, wonach der Zwerg auf den Schultern des Riesen eben weiter sehe als der Riese. Als jedoch der Riese diese Anmaßung vernahm, ergrimmte er sehr, Freud sagte: »Das mag wahr sein, aber nicht eine Laus auf dem Kopfe eines Astronomen.« (Robert K. Merton, *Auf den Schultern von Riesen. Ein Leitfaden durch das Labyrinth der Gelehrsamkeit*, übersetzt von Reinhard Kaiser, Frankfurt am Main 1983. Titel der Originalausgabe: *On The Shoulders of Giants. A Shandean Postscript*, New York 1965.)

15 Bertolt Brecht schrieb diesen Brief aus Skovsbostrand im August 1938 aus Anlaß von Alfred Döblins 60. Geburtstag. Es ist ein typischer Brecht-Brief: »Gestatten Sie mir, daß ich an diesem Ihren Geburtstag, den Gepflogenheiten treu bleibend, von mir rede.« Der Brief schließt: »Mit den allerherzlichsten Grüßen in der trübsten Zeit.« (B. Brecht, *Briefe*, hg. und kommentiert v. Günter Glaeser, Frankfurt am Main 1981, S. 375.)

V. Die erste Gesamtausgabe. Goethe und Cotta

1 Zwei Tage nach Eintreffen des Briefes vom 16. 10., am 26. 10., schrieb Cotta an Schiller:
Schäzbarster Freund!
Wenn das Sprichwort wahr wird, daß die Verbreitung von dem Tod eines Mannes dessen langes Leben bedeute, so will ich den Kummer gerne erlitten haben, den mir die durch eine Wirzburger Zeitung verbreite[te] Nachricht von Ihrem Absterben verursachte. Unerachtet es mir unmöglich war diß zu glauben, so kostete es mich doch 3 schrekl[iche] Tage und ich kan Ihnen nicht schildern, wie erfreut und verbunden ich Ihnen für Ihren B[rief] v[om] 16. h[uius]. war. Es soll ein Jubeltag für meine Familie bleiben, denn alles auch der Kleinste theilte den Kummer, unerachtet er selbst noch bettlägrig war. Seyen Sie mir also herzlich gegrüßt, Sie mir Wiedergekehrt in das Leben, der Sie nie sterben können!
(SNA 40/1, S. 251 f.)

2 Die Passage des Briefes vom 26. 10. lautet: »Herders Schriften habe ich übernommen, nachdem man so an mich kam, daß ich nicht anders konte: mein Accord ist aber von der Art, daß ich bei 500 Ex. Absaz meine Auslagen habe, indem ich das Honorar nur nach dem Absaz bestimmte, und erhält das Werk nicht 500 Abnemer, so bin ich auch nicht zur Fortsezung verbunden. Im Grunde wage ich also gar nichts.« Und er erwidert das Schillersche Monitum abschließend so: »Auch hierinn erkenne ich den theilnemenden Freund mit inniger Rührung.«

Herders sämtliche Werke erschienen von 1806 bis 1820 in zehn Lieferungen mit 45 Bänden. Cottas Äußerung, er wage gar nichts, ist reichlich übertrieben. Vollmer, S. 538, entnahm den Geschäftsunterlagen, daß Cotta pro Lieferung ein Honorar von ca. 3000 Reichstalern für 1000 Exemplare vereinbart hatte und dies auch zahlte; als der Absatz die 1000 Exemplare nicht mehr erreichte, ließ sich Cotta den entsprechenden Honoraranteil zurückvergüten – so genau konnte Cotta in Sachen Honorar sein! Insgesamt, so Vollmer, bezahlte Cotta für die Lieferungen ca. 23000 Reichstaler, das heißt 2300 Taler statt 3000. Doch darin konnte das Wagnis bzw. seine Vermeidung nicht gelegen haben. Die Herstellungsinvestitionen und die gesamten Kosten der vierzehnjährigen Produktionszeit sowie die Kosten des Vertriebs und der Lagerung in den kommenden Jahren stellten das eigentliche ökonomische Wagnis dieser Ausgabe dar. Cotta wußte das und unterspielte es gegenüber Schiller; die Ausgabe kam eben so nebenbei an ihn, und Herder war für ihn nicht Schiller und nicht Goethe.

3 Voß' Sohn, der bei Goethe die Krankenwache übernahm, berichtet am 12. 8. 1806 dem Theologen A. H. Niemeyer von dieser Begegnung: »Schiller war der Erste, der sich erholte, und kaum konnte er wieder ausgehen, so besuchte er seinen lieben Goethe, nachdem er sich durch mich hatte anmelden lassen. Ich war bei diesem Wiedersehen zugegen ... Sie fielen sich um den Hals und küßten sich in einem langen, herzlichen Kusse, ehe Eines von ihnen ein Wort hervorbrachte. Keiner von ihnen erwähnte weder seiner, noch des andern Krankheit, sondern Beyde genossen der ungemischten Freude wieder mit heiterm Geiste vereint zu sein.«

4 Dorothea Kuhn notiert, daß Goethe im Jahre 1807 dem ›Morgenblatt‹ folgende Beiträge zur Verfügung stellte: Übersetzung von Johannes von Müllers Rede auf Friedrich den Großen, Nachruf auf Anna Amalia, Artikel über Hackert, Korrespondenz über das Erbprinzenpaar, Theatervorspiel für Weimar, Artikel über die Weimarer Zeichenschule. – Bereits am 5. 1. 1807 wurde in einem Beitrag von Friedrich Haug über »Das deutsche Sonett« Goethes Gedicht »Sich in erneutem Kunstgebrauch zu üben« aus der ersten Lieferung der *Werke* (A) vorabgedruckt, und am 2. 4. erschien *An die Erwählte* in der Vertonung von Louis Abeille. (Goethe - Cotta 3/1, S. 233.)

5 Die Entstehungs- und Editionsgeschichte des berühmten Essays von Walter Benjamin *Goethes Wahlverwandtschaften* ist für Benjamins existentielle Situation ebenso charakteristisch, wie sie faszinierend ist für Benjamins Wirkung oder Nichtwirkung, seine hohe Wertschätzung bei Schriftstellern und seine Nichtbeachtung durch die Wissenschaft. In einem bisher nicht veröffentlichten Brief an Adorno vom 18. März 1934 schrieb Benjamin über das Schicksal seiner (und Adornos) Publikationen: »daß unsere Produktionen es schwer haben ... Aber sind wir nicht auf apokryphe Wirksamkeit

V. Die erste Gesamtausgabe bei Cotta 701

eingerichtet? In solchem Sinne habe ich – wie Sie wissen – auf das verlegerische Schicksal meiner Sachen gern gedeutet: ob es sich um die verbrannte Auflage meiner Dissertation handelt oder um den Rowohltschen Vorschlag, von dem Sie mir schreiben: ich erkenne das gleiche Gesetz.« Apokryphe Wirksamkeit: Rowohlt hatte ihm die Buchausgabe des *Wahlverwandtschaften*-Essays angeboten, die Ausgabe ist nie erschienen. Die erste eigenständige Buchausgabe erfolgte erst 1964 im Insel Verlag. Es war eine meiner ersten Entscheidungen nach der Übernahme des Insel Verlages in Frankfurt, Benjamins Essays in der Insel-Bücherei (als Band 812) zu veröffentlichen, um der traditionsreichen Reihe neue Gegenwärtigkeit zu geben. Die Entstehungs- und Wirkungsgeschichte – die einmal geschrieben werden wird – ist ungewöhnlich. Es gibt Hinweise von Benjamin auf die *Wahlverwandtschaften*-Arbeit seit 1917. Definitiv begonnen wurde sie in der 2. Hälfte des Jahres 1919, abgeschlossen im Sommer 1922. Um eine mögliche Veröffentlichung rankten sich Pläne für Zeitschriftengründungen, Verleger spielten eine Rolle. Der Verleger Richard Weißbach mußte den schon begonnenen Satz für die von Benjamin projektierte Zeitschrift ›Angelus Novus‹ einstellen. Cassirer prüfte die Arbeit, gab sie nach drei Monaten zurück, offerierte Benjamin aber für die weitere Option immerhin 15000 Mark, eine schöne Summe für die wirtschaftlich schwierigen Zeiten von 1923. Dann bat Benjamin seinen Freund Florens Christian Rang, bei Hofmannsthal zu intervenieren. Er schickte die *Wahlverwandtschaften*-Arbeit, und dann geschah jenes die »apokryphe Wirksamkeit« bergende Ereignis: Hofmannsthal war begeistert über den »schlechthin unvergleichlichen Aufsatz«. »Ich kann nur sagen, daß er in meinem inneren Leben Epoche gemacht hat und daß sich mein Denken, soweit nicht die eigene Arbeit alle Aufmerksamkeit erzwingt, kaum von ihm hat lösen können. Wunderbar ist mir – um von dem scheinbar ›Äußeren‹ zu sprechen – die hohe Schönheit der Darstellung bei einem so beispiellosen Eindringen ins Geheimnis; diese Schönheit entspringt aus einem völlig sicheren und reinen Denken, wovon ich wenig Beispiele weiß. Sollte dieser Mann ein jüngerer, etwa weit unter meinen Jahren sein, so wäre ich von dieser Reife aufs Äußerste betroffen.« Benjamin war 20 Jahre jünger. Trotz solcher einmaligen Empfehlung und der Veröffentlichung in drei Teilen in den von Hofmannsthal herausgegebenen ›Neuen Deutschen Beiträgen‹ 1924/25 fand sich kein Verleger, der daraus ein Buch machen wollte.

Mich persönlich hat 1953 Friedrich Podszus, damals Lektor im Suhrkamp Verlag, durch Vorlesen gerade dieses Textes auf Benjamin aufmerksam gemacht. Seitdem kenne ich Benjamins scharfe Unterscheidung zwischen Kommentar und Kritik: »Die Kritik sucht den Wahrheitsgehalt eines Kunstwerks, der Kommentar seinen Sachgehalt.« Je länger ich mich mit diesem Essay und mit Goethes *Wahlverwandtschaften* beschäftigte, um so mehr konnte ich Benjamins Suche nach dem »Wahrheitsgehalt« als eigenständiges kunsttheoretisches Modell bewundern, sein »Sachgehalt« aber schien mir immer weniger mit Goethes *Wahlverwandtschaften* und mehr mit Benjamin und seiner Situation zu tun zu haben. Erst heute weiß man aus der Edition der *Gesammelten Schriften*, daß es Benjamin in erster Linie um eine Kritik an Stefan George und der George-Schule zu tun war: »Darinnen findet die rechtskräftige Aburteilung und Exekution des Friedrich Gundolf statt.« Die ›Neuen Deutschen Beiträge‹ sah Benjamin als einen für seinen »Angriff auf die Ideologie der Schule von George geradezu gegebenen Ort« an. Benjamin entwickelt – als dialektisches Modell – eine eigene »Disposition« der *Wahlverwandtschaften* in drei Teilen: »Das Mythische als Thesis«, »Die Erlösung als Antithesis« und »Die Hoffnung als Synthesis«. Das Mythische, so Benjamin, »ist der Sachgehalt dieses Buches: als ein mythisches Schattenspiel in Kostümen des Goetheschen Zeitalters erscheint sein Inhalt«. Goethes Anspruch dagegen, »sociale Verhältnisse und Conflicte derselben symbolisch gefaßt darzustellen«, wird von Benjamin nicht aufgenommen. (Vgl. Walter Benjamin, *Gesammelte Schriften* 1/3, hg. v. Rolf Tiedemann, Frankfurt am Main 1974, S. 811 ff.)

6 Ich habe für Goethes Brief vom 28. 9. 1811 an J. F. Cotta bei Hans Knobloch, Praxis für Schriftpsychologie, Wiesbaden, ein graphologisches Gutachten in Auftrag gegeben. Der Gutachter kommt zu einigen aufschlußreichen Erkenntnissen, die ich hier auszugsweise mitteile:

Aus dem Nachlaß der Marianne von Willemer besitze ich ein Billett aus Goethes eigener Hand, unterschrieben mit einem einzelnen G. ... Dieses G habe ich einmal in einer Fernsehsendung einer Reihe von neun- bis vierzehnjährigen Kindern beiderlei Geschlechts vorgelegt mit der Frage, ob sie der Schreiber dieses G so interessieren könne, daß sie ihn kennenlernen möchten. Es kam ein spontanes, ja begeistertes Ja von allen. ...

Beginnt man ... mit der ... Frage, ob man sich eine Begegnung mit dem Schreiber wünschen möchte, so entsteht bei mir wie auch wohl bei manchen anderen sogleich eine starke Polarisierung. Die kraftvoll flutende, rauschende, das ganze Blatt intensiv erfüllende Bewegung zieht suggestiv in ihren Bann, und die Reaktion darauf mag sein, daß man sich wie berauscht davon mitziehen läßt und sich dem Eindruck sozusagen unterwirft. Es kann aber auch sein, daß man sich aufgesogen fühlt, seiner Identität beraubt, und man vermeidet den Anblick. Gleichgültig läßt die Schrift niemanden.

So oder so dürfte jeder Betrachter sicher sein, es mit einer außergewöhnlichen Persönlichkeit zu tun zu haben, von besonderer Dynamik, Potenz, Stärke, man könnte auch Charisma sagen. Aber was bedeutet das? Die psychologische Wissenschaft läßt uns hier im Stich. Sie kennt wohl weit über hundert genau definierte und voneinander streng abgegrenzte Persönlichkeitsbegriffe von hoher Allgemeinheit, aber sie kennt nicht den einer starken Persönlichkeit. Das wertende Adjektiv macht ihn für die Wissenschaft unzugänglich. Wir müssen uns damit abfinden, daß wir hier auf ein im Grunde nicht definierbares Phänomen stoßen, das überall bekannt ist, bei Naturvölkern etwa unter dem Namen Mana, und das ganz allgemein gesehen nur besagt, daß es Menschen gibt, von denen ungeachtet ihres Alters, ihres Geschlechts, ihres sozialen Status und dergleichen Wirkungen von besonderer Mächtigkeit ausgehen. Und solche Wirkung strahlt eben auch Goethes Schrift aus, ob wir den Urheber nun kennen oder nicht. Das bisher Gesagte betraf Impressionen, Anmutungen, ganzheitliche Eindrücke, grundsätzlich nicht an Einzelmerkmalen festzumachen. Um sie genau zu bestimmen, müßte man sie abgrenzen durch den Vergleich mit Schriftbildern der Zeitgenossen Goethes, aber auch heutiger Persönlichkeiten. Aber wenn wir auch hier bei Goethe »als solchem« bleiben müssen, so gibt es doch auch gegenständlich erfaßbare Momente an der Schrift, bei denen man nicht auf schwer definierbare Impressionen angewiesen ist. So neigt zwar die Bewegung zu gewaltigen Ausschlägen, insbesondere bei Wortenden, wobei z. B. im Worte »als« der Schlußhaken mehr Platz umgreift als das ganze Wort vorher, aber es kommt gleich danach mit dem Worte »ein« eine Serie von niedrigen, scharfen, gleichmäßig gespannten Winkelzügen, ein Musterbild von Reduktion und Disziplin. Hier zeigt sich eine gewaltige Spannweite zwischen rückhaltloser, platzverbrauchender, schwungvoller Entladung auf der einen, ein Höchstmaß von nüchterner Konzentration und Kontrolle auf der anderen Seite. Fast jedes Wort zeigt diese gegensätzliche Spannung. Erstaunlicherweise unterbrechen aber diese Züge stärkster Kontrolle nicht den Fluß des Ganzen. Das Charakterbild zeigt zwar eine erhebliche Konfliktspannung, aber sie führt mindestens im vorliegenden Schriftstück nicht zu Störungen des Bewegungsflußes. Dazu kommt, daß die Formen zwar üppig ausschweifend und ausschlagend sind, aber dabei doch völlig präzise. Wir haben da ein Wunderwerk von Balance.

7 Albrecht Schöne, *Goethes Farbentheologie*. Mit einem Anhang »Goethes Gedichte zur Farbenlehre«, München 1987. Schöne nimmt Goethes Äußerung aus dem Jahre 1829 an Stieler ernst: »Ich habe mich vierzig Jahre mit dieser Angelegenheit beschäftigt und zwei Oktavbände mit der größten Sorgfalt geschrieben, da ist es denn auch wohl billig, daß man diesen einige Zeit und Aufmerksamkeit schenke!« Schöne tut dies, und er beleuchtet als Literaturwissenschaftler Goethes »Farbenlehre« als »Farbentheologie«. Goethe habe nicht von einem möglichen Unheil der Technik, sondern vom sicheren »Unheil der neuen Physik« gesprochen. »Wer weiß denn schon, ob die epochale Erkrankung, die er am Symptom der Newtonschen ›diversen

Refrangibilität‹ des Lichts meinte diagnostizieren zu können und bekämpfen zu müssen, nicht wirklich die Krankheit der Menschheit zum Tode ist?« (S. 135.)

8 Erstmals publiziert wurde dieses früheste Gesamtschema zu *Dichtung und Wahrheit* in WA I 26, S. 349-364; 1922 wurde es von Georg Witkowski faksimiliert herausgegeben. Siehe jetzt die Transkription in der historisch-kritischen Ausgabe von *Dichtung und Wahrheit*, bearbeitet von Siegfried Scheibe, Bd. 2, Berlin 1974, S. 450-477 (H5; Paralipomenon G; dazu Beschreibung S. 23-28); das Schema wird seit 1975 im Freien Deutschen Hochstift, Frankfurter Goethe-Museum, aufbewahrt (siehe Jahrbuch des Freien Deutschen Hochstifts 1975, S. 508 ff.).

9 FA I 14, S. 486. – Goethe äußert dies im Zusammenhang eines offensichtlich lebendigen Vortrags seiner Erzählung *Die neue Melusine*; er habe große Wirkung gehabt. Und er erinnert, daß ihm von seinem Vater »eine gewisse lehrhafte Redseligkeit angeerbt« sei, von der Mutter habe er die Gabe, »alles, was die Einbildungskraft hervorbringen, fassen kann, heiter und kräftig darzustellen, bekannte Märchen aufzufrischen, andere zu erfinden und zu erzählen, ja im Erzählen zu erfinden«. Doktor Gall (Anatom und Phrenologe, Begründer der umstrittenen ›Gallischen Schädellehre‹) habe beteuert, er, Goethe, »sei eigentlich zum Volksredner geboren«. Goethe erschrak über diese Ansicht, »denn hätte sie wirklich Grund, so wäre, da sich bei meiner Nation nichts zu reden fand, alles Übrige, was ich vornehmen konnte, leider ein verfehlter Beruf gewesen« (FA I 14, S. 486 f.).

10 Zu Johannes von Müllers am 29. 1. 1807 vor der Berliner Akademie der Wissenschaften gehaltener Rede über *De la gloire de Frédéric* liefert Dorothea Kuhn ein Kabinettstückchen. Die Rede des berühmten Historikers hatte Aufsehen erregt, von Müller war »bei einer Begegnung mit Napoleon im Herbst 1806 von dessen schärfstem Gegner zum Bewunderer geworden«. Seine Rede galt sowohl dem Genie Napoleons als dem Friedrichs des Großen. Sie wurde heftig angegriffen. (Goethe - Cotta 3/1, S. 233 f.) Es scheint eine »Jenninger«-Rede gewesen zu sein (eine Rede, die anders wirkte, als der Redner sie gemeint hatte, und die den Bundestagspräsidenten Jenninger 1988 zum Rücktritt zwang). Minister Ulrich Lebrecht Graf von Mandelsloh, den Cotta kannte: »Müllers Rede hat mir so, wie sie gehalten worden ist, nicht gefallen – Es war im ersten Augenblick mein Urteil, daß Müllers Geist einen Französischen Anzug nicht vertragen könne. Schu und Leisten passen hier nicht zusammen.« (S. 234.) Goethe will dem heftig angegriffenen von Müller zur Seite stehen und läßt Riemer eine Rohübersetzung anfertigen, die dann Goethe »von Grund auf umgearbeitet« (ebd.) hat. »Wie herrlich«, schreibt von Mandelsloh, »ist nun aber die Übersetzung davon im Morgenblatt. Hier erkennt man wieder den alten Müller, der französirt sich gar nicht gleich

sieht.« (Ebd., S. 234.) Vielleicht hätte der ehemalige Bundestagspräsident Jenninger auch so einen »Übersetzer« gebraucht!

11 Es ist wahre Popularität, daß am 12.7. 1988, also zum 200. Jahrestag, Christianes (»Goethes Hausschatz«) in der ›Frankfurter Allgemeinen Zeitung‹ durch einen Aufsatz von Eckhart Kleßmann gedacht wurde.

12 1978 habe ich im Band 1000 der Insel-Bücherei, also nicht versteckt (heute immerhin im 47. Tausend), dieses Gedicht zum ersten Mal in einem gesicherten Text ausführlich interpretiert und zum ersten Mal ausführlich Quellen, Überlieferung und Rezeption des Gedichts erarbeitet. Es gab für mich keine Veranlassung, die Goethe-Editoren und die Goethe-Philologie in Hinsicht auf die Behandlung dieses Gedichts besonders zu loben, und die Zunft rächte sich. Hans Rudolf Vaget veröffentlichte 1982 eine »Gesamtinterpretation« des Gedichts, die ganz auf meiner Arbeit beruht (mit Ausnahme der Erweiterung des Themas auf die *Wahlverwandtschaften*), und diese durfte mit einer Fußnote am Rande erwähnt sein; als Vaget 1988 eine englische Ausgabe edierte, fehlte diese Fußnote. Karl Eibl schreibt im Kommentar seiner Ausgabe der Gedichte innerhalb der Goethe-Edition des Deutschen Klassiker Verlags: »Ausführlich zur Ausgabengeschichte [sic!] Unseld, später Vaget«. Nun ist eine neue Interpretation erschienen: Otto Schönberger, »*Dichtung und Liebe*«. *Zu Goethes Gedicht »Das Tagebuch«.* in: Jahrbuch des Freien Deutschen Hochstifts (1988), S. 60 ff. Die Interpretation (bei der der Autor, ich bin ihm dankbar dafür, in der ersten Fußnote auf meine Arbeit hinweist und ihr in der zweiten den Rang einer »Überlieferungs- und Rezeptionsgeschichte« gibt) bringt keine neuen Gesichtspunkte, und dem Fazit möchte ich widersprechen: »So ist aus der banalen Geschichte vom Versagen des ›Meisters‹, aus dem antiken Motiv und aus der eher frivolen Form die exemplarische Erzählung [?] von Versuchung durch Liebe [?] und Rettung durch pflichtbewußte Liebe geworden, wobei nicht zu vergessen ist, daß auch das Mädchen durch seine edle Art [?], die hoch über seinem sozialen Stand steht [?], den Weg zur Pflicht wies.« Das Mädchen wies überhaupt keinen Weg zur Pflicht, es war müde, schlief ein und verschwand still am Morgen.

13 Insofern sind Goethes Einsichten auch durch Herders Geschichtsphilosophie und die Ästhetik des Sturm und Drang vorbereitet.

VI. *»dießmal mich zu Zwanzig Bänden verpflichten kann«. Die zweite Gesamtausgabe bei Cotta (1815-1819)*

1 Cotta zeigte diese Ausgabe als »Wort zu seiner Zeit« an. In seinen Journalen druckte er: »Hermann und Dorothea, von Goethe, ist in einer wohlfeilen Taschenausgabe (brochirt für 40 kr.) erschienen, damit auch der Unbe-

mittelte sich *dieses Wort zu seiner Zeit* anschaffen könne. Als Belege hievon möge der Schluß hier stehen:

Dies ist unser! so laß uns sagen und so es behaupten!
Denn es werden noch stets die entschlossenen Völker gepriesen,
Die für Gott und Gesetz, für Eltern, Weiber und Kinder
Stritten und gegen den Feind zusammenstehend erlagen ...
Und gedächte Jeder wie ich, so stünde die Macht auf
Gegen die Macht, und wir erfreuten uns Alle des Friedens.«
(Goethe - Cotta 3/1, S. 323.)

2 *Vollmer's Wörterbuch der Mythologie* erklärt Epimenides so: »Sohn eines reichen Herdenbesitzers aus Phästus bei Gortyna auf der Insel Kreta; der Name des Vaters lautet verschieden, als Mutter wird eine Nymphe angegeben. Er soll einst, bei seines Vaters Herden weilend, ein Tier verloren haben, dann, ermüdet vom Suchen, in eine Höhle geraten und dort eingeschlafen sein; nach kurzer Zeit wieder erwachend, habe er im Suchen fortgefahren und sich gewundert, in einer ganz unbekannten Gegend zu sein, bis er, in seines Vaters Haus kommend, bemerkte, daß er niemand kenne und auch von niemand erkannt werde; da löste sich dann das Rätsel, er hatte nämlich 56 Jahre geschlafen, sein Vater war gestorben, seine Herden hatten sich unterdessen fünfzehnmal erneuert, sein jüngerer Bruder war ein Greis geworden. Bald verbreitete sich das Wunderbare dieses Vorfalles, er galt für einen Liebling des Apollo, für einen heiligen Mann und Seher, und als solcher ward er denn auch in ganz Griechenland betrachtet, so daß ganze Städte sich von ihm wegen begangener Verbrechen reinigen ließen, wie dies Athen um des Mordes der Cylonier willen (612 v. Chr.) tat, indem es den Wundermann zu sich berief (596 v. Chr.). Er erbat sich dafür einen Zweig von dem heiligen Ölbaum auf der Akropolis. Wann Epimenides gestorben, ist ungewiß; man gab ihm ein Alter von 150, ja sogar von 300 Jahren.« *Dr. Vollmer's Wörterbuch der Mythologie aller Völker.* Neu bearbeitet von Dr. W. Binder. Mit einer Einleitung in die mythologische Wissenschaft von Dr. Johannes Minckwitz. Mit 303 Illustrationen. Stuttgart [3]1874, S. 189. (Vollmer bezieht sich wörtlich auf Diogenes Laertios 1,109 ff.)

2a Zur Siebenschläferlegende vgl. Manfred Fuhrmann, *Wunder und Wirklichkeit – Zur Siebenschläferlegende und anderen Texten aus christlicher Tradition*, in: *Funktionen des Fiktiven* (Poetik und Hermeneutik 10), hg. v. D. Henrich und W. Iser, München 1983, S. 209-224.

3 Der Druck bei Geistinger erfolgte wiederum ohne die Verse 277-291. Wahrscheinlich waren diese im Druckmanuskript nicht enthalten. Am 22. 1. 1811 entschuldigte Goethe Reinhard gegenüber den mit 64 Seiten schmalen Umfang des Bändchens: »aber nicht des Buchhändlers Schuld ist es, daß Sie nur vier Bogen davon erhalten haben: denn die übrigen sind noch nicht ge-

druckt, ja noch nicht einmal geschrieben.« Vgl. Otto Rauscher, *Joseph Geistinger als Verleger Goethes*, in: Chronik des Wiener Goethe-Vereins, Bd. 43 (1938), S. 36 ff.

4 Der vollständige, jedoch immer noch fragmentarische Text wurde zum ersten Mal im Band 11 der zweiten Cotta-Ausgabe veröffentlicht. Goethe hat zeitlebens *Pandora*, sein »herzliebes Kind« (an Knebel 3. / 4. 5. 1808), besonders geschätzt und es dadurch gegenüber anderen Arbeiten hervorgehoben, indem er es in der »Ausgabe letzter Hand« als abschließendes Stück in den letzten Band stellte. »Ich habe mit einer poetischen Masse geschlossen«, erläuterte Goethe Thomas Carlyle am 2. 1. 1831 dieses Ungewöhnliche, »weil denn doch die Poesie das glückliche Asyl der Menschheit bleiben wird.«

5 Das vollständige Epigramm lautet:
>   Was haben wir nicht für Kränze gewunden!
>   Die Fürsten, sie sind nicht gekommen;
>   Die glücklichen Tage, die himmlischen Stunden
>   Wir haben voraus sie genommen.
>   So geht es wahrscheinlich mit meinem Bemühn,
>   Den lyrischen Siebensachen;
>   Epimenides, denk' ich, wird in Berlin,
>   Zu spät zu früh erwachen.
>   Ich war von reinem Gefühl durchdrungen;
>   Bald schein' ich ein schmeichelnder Lober:
>   Ich habe der Deutschen Juni gesungen,
>   Das hält nicht bis in Oktober.

(Dokumente zu *Epimenides*, in: FA I 2, S. 743.)

6 Der Vorname des Vorwortschreibers wird verschieden benannt: Karl, Konrad, die Weimarer Ausgabe vermerkt, der Brief sei an J. A. C. Levezow gerichtet.

Goethes Brief ist noch in weiterer Hinsicht interessant. Er rügt nicht nur nicht den ihm unbekannten Vorgang und lobt das Vorwort, sondern er ist sogar der Ansicht, daß eine solche einführende Erläuterung prinzipiell wichtig ist: »Denn auch ich bin vollkommen der Meinung, daß man alle Ursache hat das Publicum vorzubereiten, sobald man etwas unternimmt, dessen Bahn außerhalb des gewöhnlichen Gleises liegt. So klein unser Weimarisches Publicum ist, und eher zu übersehen, so habe ich doch niemals verfehlet, bey den mannigfaltigen und oft seltsamen Versuchen, die wir mit fremden und ungewohnten Dingen gemacht, durch schickliche Vorbereitung und Einleitung einem neuen Gegenstand vorher die nöthige Gunst zu verschaffen. Viel schwerer ist es freylich, wenn man es mit einer großen nicht durchaus gebildeten Masse zu thun hat. Indeß kommt es hierbey, wie bey allem Guten und Rechten darauf an, daß die Unternehmenden einen freyen redlichen Willen, und eine treue unbefangene Erkenntniß zeigen; so wird das Publicum gewiß, (mich Ew. Wohlgeb. eigener Worte zu bedienen,) ›sich auch den Eindrücken des Besten und Vollkommenen gern und freudig überlassen, wenn es ihm nur von reinen Händen und mit Liebe und Sorgfalt gepflegt, dargeboten wird.‹« (WA IV 25, S. 259.)

7 Der Weimarer Schauspieler Eduard Genast berichtet in seinem *Tagebuch eines alten Schauspielers*, Leipzig 1862, Teil 1, S. 247, über die Weimarer Aufführung: »Bei dem Siegeszug trat zuerst Blücher mit der preußischen Armee auf, dann Schwarzenberg an der Spitze der Österreicher, dann Wittgenstein mit den Russen, und endlich kam Wellington mit den Engländern. Jede dieser Armeen bestand ... aus zehn Mann Statisten – da konnte das Publikum recht sehen, was dieser Kampf um die Freiheit des Vaterlandes für Menschenopfer gekostet hatte!« (Auch in Biedermann / Herwig 2, S. 1132.) Der später von Zelter vertonte Chor »Brüder, auf! die Welt zu befreien« bezog sich mit dem Refrain »Hinan! – Vorwärts – hinan« auf Blücher, den »Marschall Vorwärts«. Zelter konnte Goethe am 8. 11. 1814 über den Vortrag des Lieds in der Berliner Singakademie in Anwesenheit des Marschalls Blücher berichten; dem Alten seien die Tränen entlaufen, schrieb Zelter an Goethe.

8 Goethe hat im 15. Buch von *Dichtung und Wahrheit* aufgezeichnet, daß sein Dresdner Schuster ihm die Grundzüge geliefert habe für jenen Schuster in Jerusalem, dem die Legende den Namen Ahasverus gibt. »Hier tritt Ahasverus hervor, nach hartverständiger Menschen Art, die, wenn sie Jemand durch eigne Schuld unglücklich sehn, kein Mitleid fühlen, ja vielmehr durch unzeitige Gerechtigkeit gedrungen, das Übel durch Vorwürfe vermehren; er tritt heraus und wiederholt alle früheren Warnungen, die er in heftige Beschuldigungen verwandelt, wozu ihn seine Neigung für den Leidenden zu berechtigen scheint. Dieser antwortet nicht, aber im Augenblicke bedeckt die liebende Veronika des Heilands Gesicht mit dem Tuche, und da sie es wegnimmt, und in die Höhe hält, erblickt Ahasverus darauf das Antlitz des Herren, aber keineswegs des in Gegenwart leidenden, sondern eines herrlich Verklärten, und himmlisches Leben Ausstrahlenden. Geblendet von dieser Erscheinung wendet er die Augen weg, und vernimmt die Worte: Du wandelst auf Erden, bis du mich in dieser Gestalt wieder erblickst.« (FA I 14, S. 693 f.)

9 Erinnert sei, daß Goethe in dieser Zeit seinen Aufsatz *Sankt-Rochus-Fest zu Bingen* geschrieben hat. Im Brief an Sulpiz Boisserée vom 27. 9. 1816 charakterisiert er diesen Aufsatz als »eine heitere, im Innern fromme Darstellung«. Und er hatte sich ja von seinem Aufsatz auch schon früher »eine heitere Wirkung« erhofft (an Boisserée, 7. 8. 1816).

10 Als Thomas Bernhard hörte, ich sei 1978 zu einer Hesse-Vorlesung nach Teheran eingeladen, äußerte er ganz spontan, mich begleiten zu wollen.

Wir müßten nach Schiraz, zu Hafis und Goethe, ohne Hafis kein *Divan*. Als wir vor dem Grab des Hafis in Schiraz standen, das 1939 monumental umgestaltet worden war, meinte Bernhard, daß Hafis lebe, und so fanden wir Goethes Worte durchaus prophetisch: »Man segnet sein Angedenken im Heere der Liebenden, wo immer der Name des Hafis in kundiger Runde genannt wird.«

11 Annemarie Schimmel hat zu dieser Frage eine wichtige Einsicht formuliert: »Diese Eigenschaft steht im Mittelpunkt der islamischen Frömmigkeit; denn wie im Christentum Maria Jungfrau sein mußte, um das ungeschaffene Wort Gottes, das sich durch sie inkarnieren sollte, aufzunehmen und der Welt zu schenken, so mußte der Prophet ein Analphabet sein, damit das ungeschaffene Wort, das durch ihn sich als Buch manifestieren sollte, rein bewahrt werden konnte. Er war ein Gefäß, nicht befleckt von intellektuellem Wissen, so daß er das ihm anvertraute Wort in völliger Reinheit weitergeben konnte«. Im Hinblick auf die Flucht des Propheten schreibt Annemarie Schimmel: »Fast jedes große persische Epos enthält ein besonderes Kapitel – nach dem allgemeinen Lob des Propheten –, in dem der Dichter höchst phantasievoll die himmlische Reise beschreibt, die der Prophet auf dem eleganten Reittier Boraq, das ein menschliches Gesicht hatte, unternommen hatte. In immer neuen Bildern beschreiben die Dichter, wie Muhammed durch die Sphären von Sonne und Mond entlang der Milchstraße reitet, mit den Propheten sprechend, von farbenprächtigen Engeln umgeben, bis er die göttliche Gegenwart erreicht, wo Gabriel zurück bleibt.« (Annemarie Schimmel, *Mystische Dimensionen des Islam*, Aalen 1979, S. 244.)

12 WA IV 25, S. 40. – Dieser 18. 9. 1814 muß ein besonderer Tag auf der Frankfurter Gerbermühle gewesen sein. Mariannes Stieftochter und Freundin Rosine Städel hat ihn in ihrem Tagebuch festgehalten:

Tag mit Goethe auf der Gerbermühle. Welch ein Tag, und welche Gefühle bewegen mich! Erst den Mann gesehen, den ich mir als einen schroffen, unzugänglichen Tyrannen gedacht, und in ihm ein liebenswürdiges, jedem Eindruck offenes Gemüt gefunden, einen Mann, den man kindlich lieben muß, dem man sich ganz vertrauen möchte. Er ist gewiß eine einzige Natur. Diese Empfänglichkeit, diese Fühligkeit und zugleich diese würdige Ruhe. Die ganze Natur, jeder Grashalm, jede Farbe, Ton, Wort und Blick redet zu ihm und gestaltet sich zu Gefühl und Bild in seiner Seele. Und so lebendig vermag er es wiederzugeben. Darum wohl muß jede Zeile seiner Schriften so in die Seele reden, so wundervoll reich sein, weil sie aus einem so wundervoll reichen Gemüte kommt.

Und wie wenig imponiert seine Nähe, wie wohltätig freundlich kann man neben ihm stehen! Er ist ein glücklich von der Natur mit Gaben überschüttetes Wesen, das sie schön von sich strahlt und nicht stolz darauf ist, das

Gefäß für solchen Inhalt zu sein. So gab er sich heute, so will ich mir ihn denken, mögen andere sagen, was sie wollen.
(Goethe - Willemer, S. 288.)

13 Am 28. 9. 1814 erschien in Cottas ›Morgenblatt für gebildete Stände‹ ein anonymer Bericht, der im Anschluß an die oben zitierte Einleitung folgende Passagen enthielt: Bei einer Festaufführung habe das überfüllte Haus ihn mit lautem Jubel empfangen, rauschender Beifall, Kränze der Hermen wurden dem Dichter gereicht, der, als er das Theater verließ, durch die dichtgedrängten Reihen der Zuschauer freundlich dankend ging ... »So ehrt Deutschland seinen Dichter, und Frankfurt seinen berühmtesten Bürger!!« – Die Redaktion widerrief später »wehmütig« die »völlige Erdichtung«. (Vgl. Goethe - Willemer, S. 289 f.)

14 In den *Tag- und Jahres-Heften* auf das Jahr 1817 ist zu lesen: »Um des Divans willen setzte ich meine Studien orientalischer Eigenschaften immer fort, und wendete viele Zeit darauf; da aber die Handschrift im Orient von so großer Bedeutung ist, so wird man es kaum seltsam finden, daß ich mich, ohne sonderliches Sprachstudium, doch dem Schönschreiben mit Eifer widmete, und zu Scherz und Ernst orientalische mir vorliegende Manuscripte so nett als möglich, ja mit mancherlei herkömmlichen Zierrathen nachzubilden suchte. Dem aufmerksamen Leser wird die Einwirkung dieser geistig technischen Bemühungen bei näherer Betrachtung der Gedichte nicht entgehen.« (WA I 36, S. 125 f.)

15 Katharina Mommsen, *Goethe und die arabische Welt*, Frankfurt am Main 1988. Sie zitiert darin Goethe: »Bei den Arabern finden wir herrliche Schätze ... festeste Anhänglichkeit an Stammesgenossen, Ehrbegierde, Tapferkeit, unversöhnbare Rachelust, gemildert durch Liebestrauer, Wohltätigkeit, Aufopferung, sämtlich grenzenlos.« Katharina Mommsen wies mit Recht darauf hin, daß in Fritz Strichs grundlegendem Werk *Goethe und die Weltliteratur* Goethes Verhältnis zur arabischen Literatur überhaupt nicht erwähnt wird. Nun gibt es diese Gesamtdarstellung von Goethes Beziehung zur arabischen Welt. Seit 1953 hat sich Katharina Mommsen in zahlreichen Publikationen mit diesem Thema beschäftigt.

16 Goethe berichtet in seiner »Chiffer« von einer »anderen Art«, sich zu verständigen. Sie sei »geistreich und herzlich« und gleichzeitig der »höchsten Dichtung gleichgestellt«. Die Passage vollständig:

Um aber zu unserm eigentlichen Zweck zu gelangen, erinnern wir an eine, zwar wohlbekannte, aber doch immer geheimnißvolle Weise, sich in Chiffern mitzuteilen; wenn nämlich zwei Personen, die ein Buch verabreden und, indem sie Seiten- und Zeilenzahl zu einem Briefe verbinden, gewiß sind, daß der Empfänger mit geringem Bemühen den Sinn zusammenfinden werde.

Das Lied, welches wir mit der Rubrik *Chiffer* bezeichnet, will auf eine solche Verabredung hindeuten. Liebende werden einig Hafisens Gedichte zum Werkzeug ihres Gefühlwechsels zu legen; sie bezeichnen Seite und Zeile die ihren gegenwärtigen Zustand ausdrückt, und so entstehen zusammengeschriebene Lieder vom schönsten Ausdruck; herrliche zerstreute Stellen des unschätzbaren Dichters werden durch Leidenschaft und Gefühl verbunden, Neigung und Wahl verleihen dem Ganzen ein inneres Leben, und die Entfernten finden ein tröstliches Ergeben, indem sie ihre Trauer mit Perlen seiner Worte schmücken.
(WA I 7, S. 130 f.)

17 Man kann sie heute noch in Goethes Weimarer Bibliothek (Nr. 1771) sehen.

18 Goethes Gedicht *Ginkgo biloba* ist in Japan populär. Das Ginkgoblatt ist das Wahrzeichen Tokios und das Wahrzeichen der Tokioter Universität. Als ich im November 1985 dort einen Vortrag hielt, machte mich ein Germanist scherzhaft darauf aufmerksam, daß ein japanischer Übersetzer einmal das Wort ›Lieder‹ als ›Lippen‹ verstanden hätte. Hat der Übersetzer also die Frage beantwortet, ob Goethe mit seinen Liedern, seinen literarischen Arbeiten oder seinen Lippen Marianne fühlen lassen wollte, daß er »eins und doppelt« ist? Wußte er, wie Carmen Kahn-Wallerstein festgestellt haben will, daß Goethe an diesem 25. 9. der »einunddreißigjährigen Frau den einzigen Kuß« gegeben hat? (C. K.-W., *Marianne von Willemer – Goethes Suleika*, Frankfurt am Main 1984, S. 126.)

19 Lange blieb Goethes Lesern der biographische Hintergrund des *Divan* verborgen. Herman Grimm, Sohn von Wilhelm und Neffe von Jacob Grimm, hat die Beziehung Marianne von Willemers zu Goethe und dem *Divan* untersucht und ihr, dokumentiert durch den Wechselgesang, für immer unter den Liebespaaren der Weltliteratur einen Platz an der Seite Goethes gesichert. Zehn Jahre nach dem Tode von Marianne von Willemer hat Grimm das streng gehütete Geheimnis aufgedeckt und Marianne als Goethes »Suleika« offenbart. Ursprünglich, im April 1868, wandte sich Herman Grimm an den Verleger Harwitz mit dem Plan, über Marianne von Willemer »etwas zu schreiben, das in angemessener Weise ihr Gedächtnis ehrte«. Er wollte nachweisen, was bisher niemand wisse, »daß sie zu Goethes Divan in ganz besonderem Verhältnisse stand und daß bedeutende Gedichte darin von ihr sind«. Er wollte seinen umfangreichen Aufsatz einer Edition des *Divan* anfügen. Der Plan fand die Zustimmung des Verlegers offensichtlich nicht, so daß sich Herman Grimm 1869 zu einer Separatveröffentlichung seines Aufsatzes unter dem Titel *Goethe und Suleika* entschloß. 1877 wurde von Theodor Creizenach zum ersten Mal der Briefwechsel zwischen Goethe und Marianne von Willemer herausgegeben. In der Alterskorrespondenz mit

Herman Grimm (*Im Namen Goethes. Der Briefwechsel Marianne von Willemer und Herman Grimm*, hg. v. Hans Joachim Mey, Frankfurt am Main 1988) berichtet Marianne von ihrer Begegnung mit Goethe. Doch die Texte der Briefpartner wirken betulich. Marianne war siebzig, als der Briefwechsel begann, Herman Grimm zweiundzwanzig und verständlicherweise ganz im Bann seiner »Entdeckung«. »Großmütterchen« Marianne lebte in der Vergangenheit, und Grimm, der später große literaturgeschichtliche Essays schreiben sollte, machte keine Anstalten, sie in die Gegenwart zu führen. Beide waren, in Martin Walsers Formulierung, »in Goethes Hand«. Diese Hand hatte Marianne einst geleitet, dann aber doch im Stich gelassen; sie trug das Ihre bei zum Werk- und Lebenskunstwerk Goethes; weiter hat er sie nicht geführt, und sie war auch nicht mehr Neuem offen; den neuen Geist von Weimar mit Liszt und Wagner, mit dem »Tannhäuser« und »Lohengrin«, konnte sie nur ablehnen. Liszt und Wagner werden »längst mit all ihren Flammen und Flämmchen im Zeitenstrom erloschen sein«, meinte sie, irrend. (Zur Deutung des *Divan* vgl. auch Christoph Perels, *Unmut, Übermut und Geheimnis*, Ortsvereinigung Hamburg der Goethe-Gesellschaft Weimar, Jahresgabe 1987/88, S. 4-23.)

20 Für Goethe gibt es »dreierlei Arten Übersetzung«. Die erste, eine »schlicht-prosaische«, etwa wie Luthers Bibelübersetzung; die »Nibelungen«, so meinte er, hätte man »gleich in tüchtige Prosa« übersetzen müssen. Die zweite Art der Übersetzung sei, den Text sich nicht nur im fremden Sinn anzueignen, sondern im eigenen Sinn wieder darzustellen. Die letzte Stufe aber ist diejenige, »wo man die Übersetzung dem Original identisch machen möchte, so daß eins nicht anstatt des andern, sondern an der Stelle des andern gelten solle ... Eine Übersetzung, die sich mit dem Original zu identificiren strebt, nähert sich zuletzt der InterlinearVersion und erleichtert höchlich das Verständniß des Originals, hiedurch werden wir an den Grundtext hinangeführt, ja getrieben, und so ist denn zuletzt der ganze Cirkel abgeschlossen, in welchem sich die Annäherung des Fremden und Einheimischen, des Bekannten und Unbekannten bewegt.« (WA I 7, S. 237ff.)

21 Vgl. Ludwig Börne, *Gesammelte Schriften*, Hamburg 1819-1834, Bd. 8, S. 119 f. Fünf Jahre später schrieb Börne: »Mit der seeleninnigsten Behaglichkeit preist Goethe in seinem Divan die Despotie. Kein Liebchen im Leben und im Gedichte war ihm je so wert als diese stolze Schöne, die ihre Verächter in eisernen, ihre Verehrer in goldenen Ketten nach sich schleppt und sich feilbietende Menschenwürde mit nichts als einer dummen Farbe bezahlt. Wer noch sonst als der einzige deutsche Goethe war je so schamlos, das Knechtische in der Natur des Menschen zu verherrlichen und nackt zu zeigen, was ein edler Mensch mit Trauer bedeckt? Tyrannen hat schon mancher Dichter geschmeichelt, der Tyrannei noch keiner.« (Bd. 4, S. 326.)

22 Das berühmte Zitat stammt aus dem *Carmen heroicum* (Vers 1286 seines Gedichts *De litteris, syllabis et metris Horatii*) des im 3. nachchristlichen Jahrhundert lebenden lateinischen Metrikers Terentianus Maurus: Ganz wie der Leser sie aufnimmt, so haben die Büchlein ihr Schicksal; also, Bücher haben Schicksale je nach dem Fassungsvermögen, nach dem Fassungswillen und nach der Gesinnung des Lesers. – Der im Jahr 1825 gegründete Börsenverein des Deutschen Buchhandels führt das lateinische Zitat in seinem Wappen. Goethes Übersetzung: »Auch Bücher haben ihr *Erlebtes*« (Hecker, *Maximen* 231).

23 Goethe - Cotta 1, S. 266. – Vollmer berichtet, daß Cotta sich beim Wiener Kongreß zunächst für die Interessen des deutschen Buchhandels einsetzte. Dabei hat er auch bedeutenden Anteil an den Bemühungen genommen, für die Staaten des neu zu gründenden Deutschen Bundes die Errichtung ständischer Verfassungen herbeizuführen. Vollmer zitiert einen Brief Cottas aus Wien vom 7. 2. 1815: »Für den Menschenfreund ist dieser Congreß das traurigste Schauspiel. Nie mochte man noch so genau gesehen haben, wie leichtsinnig mit dem Wohl und Wehe von Tausenden gespielt wird. Das Schicksal Sachsens, das nun getheilt wird, bekümmert mich so tief, als wäre es das meinige. Von andern Gegenden wollen wir nicht sprechen und uns nur mit dem Gedanken trösten, daß dieser Congreß das große Gute doch bewirkt hat, daß wir in vielen Staaten Verfassungen erhalten und also zum Guten fortschreiten können. Auch die Württembergische gibt uns Hofnung, da ich behaupte, man müsse mit Wenigem zufrieden seyn, und das Gute sey der Weg zum Bessern. In wenigen Tagen reise ich zurück.« (Vollmer, S. 565.)

24 *Entwurf eines Contracts.*
Der Herr Geheime Rath von Goethe zu Weimar überläßt Herrn Doctor Cotta in Studtgard die abermalige Ausgabe seiner Werke, und zwar wird folgendes bestimmt und bedingt:

1. Die Zahl der Bände wird auf zwanzig festgesetzt, den Inhalt derselben weißt beyliegendes Verzeichniß.

2. Die Zahl der Lieferungen hängt von dem Herrn Verleger ab, so wie die Termine derselben.

3. Das Verlags-Recht wird bis Ostern 1823 zugestanden; nach Ablauf dieses Termins behält der Herr Verleger das Vorrecht vor andern unter gleichen Bedingungen.

4. Der Verfasser bedingt sich dagegen die Summe von Sechzehn Tausend Thalern, sächsisch.

5. Die Zahlungs-Termine können auf die Lieferungs-Termine gesetzt werden. Man ist nicht abgeneigt einen Theil der Summe gegen 5 pro Cent Interesse, und halbjährige jedem Theil freystehende Aufkündigung stehen zu lassen, wenn daraus für den Herrn Verleger einige Bequemlichkeit entspränge.

6. Die Zahl der Exemplarien bleibt wie bey den bisherigen Verlags-Artikeln auf 44 festgesetzt wovon 20 Velin-Papier, 24 auf Schreib-Papiers

Weimar den 20 Febr 1815.

s. m.
Goethe

Entwurf einer Anzeige.

Da eine schon längst bereitete Ausgabe der Werke des Herrn Geheime-Rath von Goethe, durch die Zeitumstände verhindert worden, so konnte es nicht fehlen, daß vollständige Exemplare derselben im Buchhandel fehlten und auf vielfältiges Nachfragen den Freunden damit nicht gedient werden konnte. Es geschieht daher mit besonderem Vergnügen und Zuversicht daß unterzeichnete Verlags-Handlung hiermit anzukündigen im Stande ist, daß eine neue Ausgabe gedachter Werke gegenwärtig unter der Presse sey; sie wird aus zwanzig Bänden bestehen wovon nachstehendes Verzeichniß eine allgemeinere Übersicht giebt.

Aus demselben ist zu ersehen daß nicht nur der Inhalt der vorigen Ausgabe auch in der neuen zu finden seyn wird, so wie das was von demselben Verfasser, bisher im Druck erschienen, insofern es dem ästhetischen Fache angehört, sondern daß auch manches mitgetheilt werden soll, was durch die Bekenntnisse aus dem Leben des Verfassers eingeleitet und sowohl faßlich als genießbar gemacht worden, und künftig noch harmonischer in sich werden kann.

Da auch bisher mehrmals Klage geführt worden, daß man, besonders in den letzten Jahren, keine Exemplare auf Velin Papier sich anschaffen können, so wird, da eine eigentliche Prachtausgabe in dem gegenwärtigen Moment wohl nicht räthlich seyn möchte, eine Subscription auf Velin Exemplare hierdurch eröffnet, unter folgenden Bedingungen:

(Die Bedingungen werden inserirt)

Diese Ausgabe theilt sich in (fünf?) Lieferungen welche in nachstehenden Terminen erscheinen sollen:

(Inserantur die Termine und sonstige merkantilische Erfordernisse.)

Dorothea Kuhn schreibt, daß Cotta in der gedruckten Anzeige folgende Angebote machte: Bei Subskription mit voller Vorauszahlung für die 20 Bände kostet die Ausgabe a) auf Velinpapier 66, b) auf Schweizerpapier 44, c) auf Druckpapier 33 und d) auf gewöhnlichem Papier 22 Gulden. Bei Bezahlung in vier Raten kostet b) 52, c) 40, d) 30 Gulden, für a) ist diese Bezugsart nicht möglich. – Der Subskriptionstermin soll Ende September 1815 sein. Die Subskribentenliste erscheint im 20. Band. – Sammler von Subskribenten erhalten bei der Abnahme von sechs Ausgaben die siebte gratis. – Besitzer der vorigen Ausgabe können diese mit drei Nachtragsbänden und den sechs letzten Bänden der neuen Ausgabe ergänzen.

25   Inhalts-Verzeichniß
der zwanzig Bände Goethischer Werke.

1ster Band. Zueignung. Lieder. Gesellige Lieder. Balladen. Elegien Episteln. Epigramme.

2ter Band. Sonette, Funfzehen. Vermischte Gedichte, drey und dreyßig Antiker Form sich nähernd, vier und zwanzig. An Personen, Funfzehen. Kunst betreffend, zwölf. Parabelartig, eilf. Gott, Gemüth und Welt, über funfzig Sprichwörtlich, über zwey Hundert. Epigrammatisch.

3ter Band. Wilhelm-Meister, drey Bücher.

4ter Band. Wilhelm-Meister, vier Bücher.

5ter Band. Laune des Verliebten. Die Mitschuldigen. Die Geschwister. Mahomet. Tancred. Theatralische Gelegenheits-Gedichte.

6ter Band. Götz von Berlichingen. Egmont. Stella. Clavigo.

7ter Band. Iphigenia auf Tauris. Torquato Tasso. Die natürliche Tochter. Elpenor.

8ter Band. Claudine von Villa bella. Erwin und Elmire. Jery und Bätely. Lila. Die Fischerin. Scherz, List und Rache. Der Zauberflöte, 2ter Theil. Maskenzüge. Carlsbader Gedichte. Des Epimenides Erwachen.

9ter Band. Faust. Puppenspiel. Fastnachtsspiel. Des Neuste von Plundersweilern. Pater Brey. Satyros. Bahrth. Parabeln. Legende. Hans Sachs. Mieding. Künstlers Erdewallen. Künstlers Apotheose. Epilog zu Schillers Glocke. Die Geheimnisse.

10ter Band. Der Groß Cophta. Der Triumph der Empfindsamkeit. Die Vögel Der Bürgergeneral. Die Zeichen der Zeit

11ter Band. Reinecke Fuchs. Herrmann und Dorothea. Achilleis. Pandora.

12ter Band. Werther. Briefe aus der Schweiz Iste und IIte Abtheilung.

13ter Band. Das Römische Carneval. Fragmente über Italien. Cagliostro Stammbaum. Unterhaltungen deutscher Ausgewanderter.

14ter Band. Die Wahlverwandtschaften

15ter
16ter } *Band.* Cellini

17ter
18ter } *Band.* Aus meinem Leben.
19ter

20ster Band. Miscellen.

26 Wegen der grundsätzlichen Bedeutung sei hier der gesamte Text zitiert:

Schon lange Jahre genießt der Verfasser das Glück, daß die Nation an seinen Arbeiten nicht nur freundlich Theil nimmt, sondern daß auch mancher Leser, den Schriftsteller in den Schriften aufsuchend, die stufenweise Entwicklung seiner geistigen Bildung zu entdecken bemüht ist. Wie sehr er dieses zu schätzen weiß, ist mehrern verehrten Personen bekannt, die mit ihm in nähern Verhältnissen stehen aber auch Entfernte können daraus abnehmen, daß ihm ihre Theilnahme lieb und werth ist, da er für sie die Darstellung seines Lebens unternommen hat, deren Hauptzweck es ist, die Entwicklung schriftstellerischer und künstlerischer Fähigkeiten aus natürlichen und menschlichen Anlagen faßlich zu machen.

Wenn er nun aber vernimmt, daß man in gleicher Ansicht den Wunsch hegt, die neue Ausgabe seiner Schriften möchte chronologisch geordnet werden; so hält er es für Schuldigkeit, umständlich anzuzeigen, warum dieses nicht geschehen könne.

Wir haben zwar an der Ausgabe *Schiller*'scher Werke ein Beyspiel solcher Anordnung; allein der Herausgeber derselben war in einem ganz andern Falle als der ist, in welchem wir uns gegenwärtig befinden. Bei einem sehr weiten Gesichtskreise hatte *Schiller* seinen Arbeitskreis nicht übermäßig ausgedehnt. Die Epochen seiner Bildung sind entschieden und deutlich; die Werke, die er zu Stande gebracht, wurden in einem kurzen Zeitraume vollendet. Sein Leben war leider nur zu kurz, und der Herausgeber übersah die vollbrachte Bahn seines Autors. Die *Goethe*schen Arbeiten hingegen sind Erzeugnisse eines Talents, das sich nicht stufenweis' entwickelt und auch nicht umherschwärmt, sondern gleichzeitig, aus einem gewissen Mittelpunkte, sich nach allen Seiten hin versucht, und in der Nähe sowol als in der Ferne zu wirken strebt, manchen eingeschlagnen Weg für immer verlässt, auf andern lange beharrt. Wer sieht nicht, daß hier das wunderlichste Gemisch entspringen würde, wenn man das, was den Verfasser gleichzeitig beschäftigte, in Einen Band zusammenbringen wollte, wenn es auch möglich wäre, die verschiedensten Produktionen dergestalt zu sondern, daß sie sich alsdann wieder, der Zeit ihres Ursprungs nach, neben einander stellen liessen.

Dieses ist aber deshalb nicht thulich, weil zwischen Entwurf, Beginnen und Vollendung größerer, ja selbst kleiner Arbeiten oft viele Zeit hinging, sogar bey der Herausgabe die Produktionen theilweise umgearbeitet, Lükken derselben ausgefüllt, durch Redaktion und Revision erst eine Gestalt entschieden wurde, wie sie der Augenblick gewährte, in welchem sie den Weg einer öffentlichen Erscheinung betraten. Diese Verfahrungsart, die theils aus einem unruhigen Naturell, theils aus einem sehr bewegten Leben hervorging, kann auf keinem andern als dem angefangenen Wege deutlich gemacht werden, wenn dem Verfasser nämlich gewährt ist, seine Bekenntnisse fortzusetzen. Alsdann wird der vierte Band, welcher bis zu Ende von 1775 reicht, die bedeutendsten Anfänge vorlegen; durch die Reise nach Italien wird sodann die erste Ausgabe bey *Göschen* und was bis dahin voll-

bracht worden, in's Klare gesetzt, woraus denn hervorgehen dürfte, daß eine Zusammenstellung nach Jahren und Epochen keineswegs zu leisten sey.
Noch andre Betrachtungen treten ein, welche nicht abzuweisen sind. Die Mehrzahl der Leser verlangt die Schrift und nicht den Schriftsteller; ihr ist darum zu thun, daß sie die Arbeiten nach ihrer verschiednen Art und Natur, in Gruppen und Massen beysammen finde, auch in diesem Sinne einen und den andern Band zu irgend einem Gebrauch sich wähle. Der Komponist, Sänger, Deklamator will die Lieder, die kürzern Gedichte beysammen, um sich deren auf Reisen, in Gesellschaften bedienen zu können. Diese sämmtlichen Freunde würden unzufrieden seyn, wenn sie solche Produktionen, die sie vorzüglich interessiren, in viele Bände zerstreut sähen. Ja es dürften nicht einmal mehrere spätere Lieder, die schon komponirt und gedruckt sind, in diese Ausgabe aufgenommen werden, weil sie einer Epoche angehören, deren völliger Abschluß den Nachkommen überlassen bleibt.
Und so wird man denn auch dem Verleger Gerechtigkeit widerfahren lassen, wenn er die Einrichtung traf, daß die erste Ausgabe vollkommen brauchbar bleiben, und mit wenigem Aufwande der zweyten völlig gleich ergänzt werden konnte.
Damit man aber des Verfassers Bereitwilligkeit sehe, allen billigen Wünschen entgegen zu kommen, so wird er dieser neuen Ausgabe einen Aufsatz hinzufügen, der demjenige, was in den Bekenntnissen schon gesagt worden, im Kurzen wiederholen, und das, was noch zu sagen übrig bleibt, gleichfalls kurz, jedoch wesentlich, darlegen wird.
Sind die versprochenen zwanzig Bände durch die Gunst des Publikums beendigt und herausgegeben, alsdann wird eher die Frage zu beantworten seyn, inwiefern eine Fortsezung, ja vielleicht auch eine Ausgabe der wissenschaftlichen Arbeiten zu wünschen sey.
Und so glaubt man durch aufrichtige Darlegung der Umstände dem theilnehmenden, wohlwollenden Leser so viel als möglich genug gethan zu haben.
Weimar, den 31. 3. 1816
(SzL 3, S. 311 f.)
27 Die Befürworter der Chronologie behaupten freilich, Goethes Begründungen hätten heute keine Gültigkeit mehr. Sie stützen sich auf das Paralipomenon vom 2. Mai 1822: »Vorschlag zu einer vollständigen Ausgabe zu Goethe's Nachlaß von ihm selbst entworfen« (WA III 8, S. 369-371, QuZ 2, S. 31-35) und auf das hin und wieder zitierte *Archiv des Dichters und Schriftstellers* sowie die *Lebensbekenntnisse im Auszug*. Ein zu beachtendes Argument der Befürworter der Chronologie leitet sich aus der »Anzeige von

Goethe's sämmtlichen Werken, vollständige Ausgabe lezter Hand« ab, vor allem aus dem Satz: »Die deutsche Cultur steht bereits auf einem sehr hohen Punkte, wo man fast mehr als auf den Genuß eines Werkes, auf die Art, wie es entstanden, begierig scheint und die eigentlichen Anlässe, woraus sich jenes entwickelt, zu erfahren wünscht ... daß ... theils in Stellung und Anordnung überhaupt vorzüglich darauf gesehen worden, des Verfassers Naturell, Bildung, Fortschreiten und vielfaches Versuchen nach allen Seiten hin klar vor's Auge zu bringen« (SzL 3, S. 391). Die tatsächliche Anordnung der »Ausgabe letzter Hand« entspricht, wie wir noch sehen werden, allerdings einem in den zitierten Satz hineingedeuteten Chronologiewunsch Goethes ganz und gar nicht. Gegen eine solche Deutung spricht schon die Formulierung, die sich in der Ankündigung »Die erste Lieferung der Taschenausgabe von Goethe's Werken« von 1827 findet: »Nun verliert sich wohl auch die unfreundlichst immer wiederholte Hindeutung auf die letzte Ausgabe der Schillerischen Werke, die der würdige Verfasser leider nicht selbst besorgen konnte« (SzL 3, S. 423).

Was die literarhistorische Situation um 1800 betrifft, so ist ganz unübersehbar, daß seinerzeit – trotz der romantischen Idee der Gattungsmischung – eine klare Gattungsästhetik vorherrschte, welche die literarischen Texte entweder triadisch ordnete (nach Lyrik, Drama und Epik: dies die klassische Trias) oder tetradisch (drei Hauptgattungen und dazu der große Bereich der Didaxe, wie Fabel, Epigramm usw., teilweise auch Sachtexte: dies die ältere und immer noch fortwirkende aufklärerische Einteilung). Hinzu kommt, daß die Autoren aus der Mitte des 18. Jahrhunderts, mit dem Aufkommen des ›freien Schriftstellers‹, ihre Werke stets in Publikationszusammenhängen sahen, daß also die Realisierung von Sammlungen, Zyklen innerhalb von Gattungen oder auch die Veröffentlichung in gattungsorientierten Anthologien nicht selten wichtiger war als die wirkliche Erstveröffentlichung des einzelnen Textes.

Die erste – und vor der Hanser-Ausgabe einzige – Goethe-Gesamtedition, welche die Texte chronologisch ordnete, ist die von 1909-1932 erschienene Propyläen-Ausgabe in 45 Bänden; schon die Inhaltsverzeichnisse verdeutlichen, zu welcher Unübersichtlichkeit dieses Prinzip führte. Die Ausgabe hat, verständlicherweise auch wegen der fehlenden Kommentare und Anmerkungen (die Prinzipien der Textgestaltung sind nicht vermerkt), so gut wie keine Wirkung gehabt und bedeutet keine besondere Station in der Geschichte der Goethe-Editionen. Die Propyläen-Ausgabe hielt sich streng an die Chronologie der Werke und stellt oft in einem Band nur die Produktion eines Jahres zusammen unter Einschluß aller Schriften, auch der Briefe und Tagebücher wie der amtlichen Schriften und Gelegenheitsnotizen Goethes. Aber gerade diese Ausgabe zeigt, wie durch die chronologische Anlage das

Gesamtwerk in eine Folge von kleinsten Einheiten aufgelöst wird, die kaum mehr im entwicklungsgeschichtlichen Zusammenhang wahrgenommen werden können. Das chronologische Prinzip hat hier zu einer Zerstückelung des Gesamtwerks geführt.

Ziel der Münchner Goethe-Ausgabe ist eine »möglichst übersichtliche Darstellung der Schaffensepochen«. Der Hauptherausgeber Karl Richter schreibt in seiner Einführung: »Sie [die Münchner Ausgabe] geht nach Möglichkeit von natürlichen Einschnitten aus, die Goethes Leben und Schaffen vorgeben. Sie gelangt von da aus zu einer Gliederung in Phasen von vier bis zehn Jahren, deren Abfolge der Leser noch als entwicklungsgeschichtliche Einheit aufnehmen kann. Ihre Bände umschließen immer wieder ein vielstimmiges Nebeneinander unterschiedlicher Textbereiche: Gedichte, dramatische und epische Werke, ästhetische, naturwissenschaftliche, autobiographische und amtliche Schriften. Innerhalb des jeweiligen Bandes werden diese Bereiche freilich nicht durch rein chronologische Anordnung aufgelöst und vermischt, sondern gruppenweise zusammengefaßt, um Ordnung und Übersicht zu erleichtern« (MA 1/1, S. 752). Karl Richter kennt die Gefahr einer zu großen Aufsplitterung und weiß, daß die Genesis der Werke Goethes dem Prinzip der Anordnung nicht überall leicht oder vielleicht gar nicht entspricht. »Eine Ausgabe dieser Art kann vereinen«, so Karl Richter, »was nach entstehungsgeschichtlichen Bedingungen, thematischen und strukturellen Gemeinsamkeiten, aber auch hinsichtlich der zeitgenössischen Rezeption in vielfältiger Weise zusammengehört. Sie kann im Rahmen eines Bandes die wechselseitige Erhellung unterschiedlicher Werkschichten sichtbar werden lassen: von Dichtung und Naturwissenschaft, literarischer Produktion und theoretischer Reflexion, von Akten des Schreibens und autobiographischer Selbstdeutung. Sie kann in neuer Vielgestaltigkeit den Stilwandel abbilden, in dem die Einheit Goethes erst faßbar wird. Sie kann dazu beitragen, dem Leser der Gegenwart das Werk Goethes in seinem geschichtlichen Zusammenhang neu zu beleben« (MA 1/1, S. 753).

Die Editoren der Münchner Ausgabe beziehen sich auf Goethes eigene Aussagen über die »Epochen seines Schaffens«. Es ist sicherlich richtig, daß er selbst alle seine Werke »Bruchstücke einer großen Konfession« genannt hat. Aber was Goethe über die abgeschlossenen literarischen Texte hinaus zu Bruchstücken von solcher Qualität gerechnet hätte, das kann man einfach nicht mehr feststellen. Die Münchner Ausgabe hat also jenen Leser im Blickpunkt, der sich beständig auf der Suche nach dem Ganzen befindet und der immer in einem Band konzentriert den Mythos Goethe erfahren möchte, was Goethe als Dichter, als Kritiker, als Historiker, als Naturwissenschaftler, als Staatsbeamter, als Liebender, als Mensch produziert, den Zeitgenossen mitgeteilt oder doch für den Nachlaß aufbewahrt hat.

Eben wegen Goethes »Epochen«-Begriff hat Karl Eibl in den ersten beiden Bänden der Frankfurter Goethe-Ausgabe eine andere Anordnung verwirklicht (vgl. FA I 1, S. 729-740) und – was bei den weiteren Werkgruppen innerhalb der Frankfurter Ausgabe ebenfalls durchgeführt wird – auf der Basis der Gliederung nach Gattungen eine Chronologie eingehalten. Sie richtet sich nicht nur nach Einzeltexten, sondern auch, und vor allem, nach Goethes eigenen Sammlungen. Ähnlich ist auch Dorothea Kuhn in ihrer Edition der morphologischen Schriften vorgegangen. Die Frankfurter Ausgabe will eine Edition vorlegen, die nicht nur in der Textgrundlage, sondern auch in der Konzeption authentisch sein soll. Daher folgt die Frankfurter Ausgabe einer Gesamtchronologie bei den im engeren Sinne autobiographischen Schriften, nämlich bei den Briefen, Tagebüchern und Gesprächen.

Es mag gute Rechtfertigungen für die verschiedenen Strukturen der Goethe-Ausgaben geben, und diese Rechtfertigungen können sich durchaus auf verschiedene Überlegungen Goethes beziehen, sicher aber ist, daß Goethe bei der »Ausgabe letzter Hand« keine chronologische Ordnung wünschte. Nicht eine Entwicklung sollte gezeigt werden, sondern eben der ganze Goethe sollte es sein.

28 Goethe war verreist, als die Berufung zum Minister ihn erreichen sollte. Zwei Monate später bat er um Mitarbeiter für seine neuen Aufgaben. Sein Memorandum dokumentiert die von ihm als ruhmvoll gesehene Stellung Weimars in der Welt und seine eigene Position darin: »Weimar hat den Ruhm einer wissenschaftlichen und kunstreichen Bildung über Deutschland, ja über Europa verbreitet; dadurch ward herkömmlich sich in zweifelhaften literarischen und artistischen Fällen hier guten Raths zu erholen. Wieland, Herder, Schiller und andere haben soviel Zutrauen erweckt, daß bey ihnen dieser Art Anfragen öfters anlangten, welche die gedachten Männer oft mit Unstatten erwiderten, oder wenigstens freundlich ablehnten. Mir Überbliebenen, ob ich gleich an solchen Anforderungen und Aufträgen selbst schon hinreichend fortlitt, ist ein großer Theil jener nicht einträglichen Erbschaften zugefallen.« (WA IV 26, S. 187f.)

29 Wie genau Goethe dieses Porträt nahm, geht aus dem Postscriptum hervor, das so lautet: »Es ist zwar nicht zu leugnen, daß mein linkes Auge etwas größer ist, als das Rechte, weil aber das Linke hier in Verkürzung steht, und doch etwas größer erscheint, als das andere, welches ganz gesehen wird, so entspringt dadurch etwas starres, des sich gleichsam widersprechenden Blickes. Der Kupferstecher, wird daher sich in acht nehmen, und nach eignem Urtheil und Gefühl an dieser Stelle verfahren.« (Goethe - Cotta 2, S. 29.) Es fällt mir schwer, nicht darüber zu schreiben, welche ›Kriterien‹ heutige Autoren an Photoporträts, die der Verlag veröffentlichen will, anlegen; die simpelste Regel ist die: »kein Photo mehr älteren Datums«.

30 Die Stelle ist enthalten in: WA IV 50, S. 240; dort heißt es: »Etwa in die Mitte Juni 1825 fällt folgendes nicht abgesandtes Concept an Sulpiz Boisserée von J. Johns Hand (gespaltener Foliobogen im Goethe-Schiller-Archiv), das Cottas Angebot vom 24. 5. (vgl. zu Bd. 39, Nr. 180) und S. Boisserées Brief vom 28. 5. 1825 voraussetzt, später aber durch Bd. XL Nr. 9 ersetzt wurde.« Der Text des besagten Briefkonzepts ist auf S. 240 f. abgedruckt. –

VII. Die »Ausgabe letzter Hand«. Die »wichtigste Sache meines Lebens«

1 Elisabeth von Gemmingen-Guttenberg, mit der sich Cotta im November 1823 verlobt und die er am 15. 2. 1824 geheiratet hatte, vermochte sich zwar die Zuneigung der Autoren und Mitarbeiter des Cotta-Verlages zu erringen, weniger jedoch die der Familie, die ihr zu hohe Lebensansprüche nachsagte, welche die in dieser Zeit zwar wachsenden, aber nicht großen Gewinn abwerfenden wirtschaftlichen Unternehmungen belasteten. Aber sie fand Zugang zu Goethe, der sie immer mehr schätzte, und so schrieb sie anstelle Cottas manchen schwierigen Brief. Sie war auch im Verlag beschäftigt, indem sie sich an der Redaktion des ›Taschenbuchs für Damen‹ beteiligte. In seinem Testament (so Lohrer, S. 95) nennt Cotta sie die teure und treue Gefährtin seines Lebensabends, der er mehr verdanke, als sich in Worten ausdrücken lasse.

2 Johann Wolfgang Goethe, *Elegie von Marienbad*. Faksimile einer Urschrift, September 1823. Mit einem Kommentarband herausgegeben von Christoph Michel und Jürgen Behrens in Verbindung mit Wolf von Engelhardt, Renate Grumach, Rudolf Hirsch, Dorothea Kuhn und Ernst Zinn. Geleitwort von Arthur Henkel. Faksimiledruck von Goethe's Schreib-Calender 1822 aus dem Besitz des Freien Deutschen Hochstifts / Frankfurter Goethe-Museum. Einmalige und limitierte Ausgabe von 900 Exemplaren. Frankfurt am Main 1983. – Die Genesis dieser *Trilogie der Leidenschaft*, das Werden der *Marienbader Elegie*, konnte die Forschung nur mutmaßen. Das Original der Urschrift vom September 1823 war lange verschollen. 1980 tauchte es im englischen Autographenhandel auf, dem Hochstift Frankfurt gelang der Erwerb. – Mit diesem Original ließ sich die Genesis des Gedichts belegen. Man konnte jetzt also Goethes Vorstellung folgen: »Natur- und Kunstwerke kann man nicht kennen wenn sie fertig sind; man muß sie im Entstehen aufhaschen, um sie einigermaßen zu begreifen« (an Zelter, 4. 8. 1803). Diesem »heiter-ernsten Spiel genetischer Einsicht« (Arthur Henkel) huldigte Goethe durchaus, obschon er andererseits das Geheimnis seiner Produktion zu bewahren suchte. In den *Maximen und Reflexionen* geht er

noch einmal auf die Frage der Überlieferung ein: »Der Philolog ist angewiesen auf die Congruenz des geschrieben Überlieferten. Ein Manuscript liegt zum Grunde, es finden sich in demselben wirkliche Lücken, Schreibfehler, die eine Lücke im Sinne machen, und was sonst alles an einem Manuscript zu tadeln sein mag. Nun findet sich eine zweite Abschrift, eine dritte; die Vergleichung derselben bewirkt immer mehr, das Verständige und Vernünftige der Überlieferung gewahr zu werden. Ja er geht weiter und verlangt von seinem innern Sinn, daß derselbe ohne äußere Hülfsmittel die Congruenz des Abgehandelten immer mehr zu begreifen und darzustellen wisse.« (Hecker, *Maximen* 509.)

3 Ein schönes Beispiel, wie Goethe Wissenschaft und Dichtung verbindet, ist sein Gedicht *Du Schüler Howards*, das er Ulrike von Levetzow widmet. Luke Howard, englischer Meteorologe, verfaßte *The climate of London* und den *Essay on the Modification of Clouds*. Hier fand Goethe das, was ihn sehr interessierte und was ihm bisher fehlte, eine Klassifikation der Wolken. Goethe verfaßte auf ihn 1821 sein Gedicht *Howards Ehrengedächtnis* mit den großartigen, Howards Wolkenlehre zusammenfassenden Schlußzeilen: »Wie Streife steigt« (i.e. Stratus-Schichtwolke), »sich ballt« (i.e. Cumulus-Haufenwolke), »zerflattert« (i.e. Cirrus-Haufenwolke), »fällt« (i.e. Nimbus-Regenwolke) »Erinn're dankbar deiner sich die Welt.« Jetzt ist Goethe in der Stimmung des Liebenden, und er weiß, daß der Liebende immer wieder »als Wetterbeobachter auftritt«. So schließt sein Gedicht an Ulrike:

> Und wenn bei stillem Dämmerlicht
> Ein allerliebstes Treugesicht
> Auf holder Schwelle dir begegnet,
> Weißt du, ob's heitert? ob es regnet?

Ungewöhnlich, doch Goethes damalige Situation, am Beginn der Beziehung zu Ulrike, genau beschreibend; auffällig das Verbum »heitern«, das Goethe nur noch ein einziges Mal so benutzt, und nach ihm wohl kaum einer mehr, und das das Gedicht in der Schwebe des Fragenden und Offenen hält. (Vgl. auch Kommentar in FA I 25.)

4 Mein Lehrer Friedrich Beißner widmete dem Gedicht in seiner *Geschichte der deutschen Elegie*, Berlin ²1961, nur ein paar Zeilen: »Die Form des Gedichtes ist nicht eigentlich elegisch, wie ja auch die Auffassung des Erlebnisses nicht rein elegisch, sondern in hohem Maße auch tragisch bestimmt ist. Es bleibt nicht bei der anmutigen Trauer einer zärtlichen Herausforderung und Vergegenwärtigung des Vergangenen: entsagend und mit schonungsloser Härte spricht der Dichter es aus, daß die Götter ihn zugrunde gerichtet haben. Die ›Aussöhnung‹, das früher als der Hauptteil entstandene dritte Stück der Trilogie, stellt die Harmonie fast nur aus Gründen äußerer künstlerischer Schicklichkeit wieder her.

Gleichwohl ist das Metrum, wenn schon reimend, doch glücklich für die Elegie gewählt. Es ist den Stanzen verwandt, die Humboldt 1806 für seine große Rom-Elegie aus Schillerschem Geist verwendet: die regelmäßig den gekreuzten Reim unterbrechenden Reimpaare bewirken auch hier etwas wie den elegischen Verhalt.« (S. 158.)
Elisabeth Wilkinson fragt sich, ob nicht Goethe, wie er in anderen seiner Werke vermutlich auf Urphänomenales, Urbildliches, Typisches – in Titeln wie Novelle, Ballade, Idylle, Elegie – ziele, auch mit seiner *Trilogie der Leidenschaft* »etwas wie ein Urbild tragischer Gefühlsstruktur darbieten wolle« (Elisabeth Wilkinson, *Goethes Trilogie der Leidenschaft als Beitrag zur Frage der Katharsis*, Frankfurt am Main 1957, S. 8). Joachim Müller hält sich in seiner genetischen Interpretation bei der »Genre-Frage: ist eine Elegie?« an die »lyrische Substanz dieser bestimmten Elegie und ihrer Urbildlichkeit« (Joachim Müller, *Goethes ›Trilogie der Leidenschaft‹ – Lyrische Tragödie und ›Aussöhnende Abrundung‹*, in: Jahrbuch des Freien Deutschen Hochstifts 1978, S. 85-159).

5 Tagebuch-Brief Zelters vom 18.1.1824: »Was finde ich? Einen, der aussieht, als hätte er Liebe, die ganze Liebe mit aller Qual der Jugend im Leibe. Nun, wenn es die ist: er soll davonkommen! Nein! Er soll sie behalten, er soll glühen wie Austernkalk; aber Schmerzen soll er haben wie mein Herkules auf dem Öta! Kein Mittel soll helfen; die Pein allein soll Stärkung und Mittel sein. Und so geschah's, es war geschehn! Von einem Götterkinde, frisch und schön, war das liebende Herz entbunden. Es war schwer her gegangen, doch die göttliche Frucht ›die *Elegie*‹ war da und lebt und wird leben und ihres Geistes Namen über Zonen und Äonen hin austragen, und wird genennet werden Liebe, ewige allmächtige Liebe!« (Nach FA I 1, S. 1053 f.)

6 Wie wichtig ihm Musik in diesen Tagen des Marienbader Aufenthalts war, wie gefährdet auch sein ganzes Wesen, dies belegt sein Brief an Zelter vom 24. 8. 1823:
Auch ist es trostlos, von politischen Dingen, wohin man auch horcht, zu vernehmen. Mich von allen solchen wie von ästhetischen Gesprächen und Vorlesungen zu befreyen, hatte ich mich auf sechs Wochen einem sehr hübschen Kinde in Dienst gegeben, da ich denn vor allen äußern Unbilden völlig gesichert war.
Nun aber doch das eigentlich Wunderbarste! Die ungeheure Gewalt der Musik auf mich in diesen Tagen! Die Stimme der Milder, das Klangreiche der Szymanowska, ja, sogar die öffentlichen Exhibitionen des hiesigen Jägercorps falten mich auseinander, wie man eine geballte Faust freundlich flach läßt. Zu einiger Erklärung sag' ich mir: du hast seit zwei Jahren und länger gar keine Musik gehört (außer Hummeln zweymal), und so hat sich dieses Organ, insofern es in Dir ist, zugeschlossen und abgesondert; nun

fällt die Himmlische auf einmal über Dich her, durch Vermittelung großer Talente, und übt ihre ganze Gewalt über Dich aus, tritt in alle ihre Rechte und weckt die Gesamtheit eingeschlummerter Erinnerungen. Ich bin völlig überzeugt, daß ich im ersten Takte Deiner Singakademie den Saal verlassen müßte. Und wenn ich jetzt bedenke: alle Woche nur einmal eine Oper zu hören, wie wir sie geben (einen *Don Juan*, die *heimliche Heyrat*), sie in sich zu erneuern und diese Stimmung in die übrigen eines tätigen Lebens aufzunehmen; so begreift man erst was das heiße einen solchen Genuß zu entbehren, der wie alle höhern Genüsse den Menschen aus und über sich selbst, zugleich auch aus der Welt und über sie hinaus hebt.

Wie schön, wie nothwendig wär' es nun, daß ich an Deiner Seite zu verweilen Gelegenheit fände! Du würdest mich durch allmähliche Leitung und Prüfung von einer krankhaften Reizbarkeit heilen, die denn doch eigentlich als die Ursache jenes Phänomens anzusehen ist, und mich nach und nach fähig machen, die ganze Fülle der schönsten Offenbarung Gottes in mich aufzunehmen.

(Goethe - Zelter 3, S. 331 f.)

7 Der Begriff »Hauptgeschäft« im Hinblick auf die »Ausgabe letzter Hand« taucht zum ersten Mal in einem Brief an Johann Sulpiz Boisserée vom 13. 12. 1823 auf, sein »Hauptgeschäft«, das ihm nun im hohen Alter obliege, »meinen literarischen Nachlaß zu sichern und eine vollständige Ausgabe meiner Werke wenigstens einzuleiten«. Im Hinblick auf die Vollendung des *Faust* gebrauchte Goethe die Bezeichnung »Hauptgeschäft« in seinem Tagebucheintrag vom 11. 2. 1826 und öfter (auch die *Wanderjahre* wurden zeitweilig so bezeichnet).

8 Die Bedeutung von Goethes Dienern für seine Arbeit ist auch in einer gelehrten Abhandlung festgehalten: Walter Schleif, *Goethes Diener*, Berlin und Weimar 1965. Das Buch behandelt unter Auswertung aller nur erreichbaren Quellen die Tätigkeit (darüber hinaus die Lebensschicksale) der Diener und Schreiber: Seidel, Sutor, Götze, Geist, Gensler, Eisfeld, Stadelmann, Schreiber, John, Färber und Krause (eine Tabelle verzeichnet chronologisch auch alle übrigen Diener, Hausgenossen und Sekretäre). Schleifs Darstellung will Goethes Diener nicht als »anonyme Schatten ihres Herrn« zeigen, sondern »als unverwechselbare Individuen«, zugleich aber auch ihre Abhängigkeit von den diskriminierenden Vorurteilen ihrer Epoche betonen, von denen selbst Goethes Liberalität nicht ganz frei war.

9 Band 1: Kupferstiche, Holzschnitte, Handzeichnungen und Gemälde; Band 2: Geschnittene Steine, Bronzen, Medaillen, Münzen, antike Vasen; Band 3: Mineralogische und andere naturwissenschaftliche Sammlungen (*Goethe's Kunstsammlungen*, 3 Bde., hg. v. Christian Schuchardt, Jena 1848/1849, [Nachdruck in einem Band] Hildesheim und New York 1976).

VII. Die »Ausgabe letzter Hand«

10 Die Erwähnung zeigt, wie wenig Beispiele seiner »Schule« der Vierundsiebzigjährige aufweisen kann, wenn er hier die in der Literaturgeschichte nicht reüssierten Autoren Schubarth und Zauper erwähnen muß. Über sie berichtet Goethe in den *Tag- und Jahres-Heften*. Die beiden Arbeiten, mit denen sie sich an Goethe »herangebildet« haben: Karl Ernst Schubarth, *Zur Beurtheilung Goethes mit Beziehung auf verwandte Literatur und Kunst*, Breslau 1818, und Josef Stanislaus Zauper, *Studien über Goethe. Als Nachtrag zur deutschen Poetik aus Goethe*, Wien 1822; beide Bücher nahm Goethe in seine Bibliothek auf.

11 Cotta ging auf Goethes Bitte ein, und er hatte einen weiteren Hinweis auf dieses Manuskript erhalten. Frommann, der Eckermann nach dem Weimarer Besuch in Jena auf die Goethesche Welt vorbereitete, berichtete Cotta am 14. 7. 1823, welch großes Interesse Goethe an einer Publikation dieser Arbeit habe, er kenne Eckermann persönlich, schätze ihn als einen »braven, biederen, originellen, durchaus bescheidenen Mann« – eine gute Charakterisierung nach so kurzer Bekanntschaft! –, und er schrieb: »Ich begreife daß auf Vortheil dabey eben nicht viel zu rechnen ist, in dem was Sie thun, thun Sie aber zugleich ein wahrhaft gutes Werk, was vieleicht künftig auf andre Weise gute Zinsen trägt.« (Goethe - Cotta 3/2, S. 91.) Wie recht hatte Frommann, und doch ist Gefälligkeitsverlegen eine schwierige Sache für einen Verleger. Es ist schwierig und nicht selten delikat, mit solchen Empfehlungen und Vorschlägen von den eigenen Autoren oder dafür bezahlten Beratern oder gutgemeinten Empfehlungen umzugehen. Einerseits muß der Verleger sich das Recht vorbehalten, nach seinen eigenen Kriterien ein Manuskript annehmen oder ablehnen zu können, andererseits muß er mit der Enttäuschung und Verärgerung von seiten der Empfehlenden rechnen, und dies ist dann besonders kompliziert, wenn es sich um Autoren des Verlages handelt, die ja großen Wert auf ein bestimmtes Umfeld des Verlages legen. Ein Verleger macht auch heute die merkwürdigsten Erfahrungen: Ein Philosoph empfiehlt seinem Verlag das Manuskript eines jungen Autors; der Verlag prüft es, braucht für seine Entscheidung längere Zeit, schon aber hat es der Philosoph, dem dieses Manuskript besonders am Herzen liegt, einem anderen Verlag empfohlen, und wenn das Buch dann dort erscheint, rezensiert es der Philosoph als »Speerspitze einer neuen Tendenz in der deutschen Gegenwartsphilosophie«.

12 Martin Walser, *In Goethes Hand. Szenen aus dem 19. Jahrhundert*, Frankfurt am Main 1984. Walser erklärt Eckermanns aufopfernde Hingabe an Goethes Persönlichkeit und Werk aus dem Verhältnis von deutscher Klassik zu deutscher Geschichte.

13 In diesem Zusammenhang danke ich auch »meinem« Korrektor Willy Schulz-Weidner. Er wird immer bei ›kritischen‹ Manuskripten zu Rate gezo-

gen und um Korrekturarbeit gebeten, und so hat auch er in seiner Weise meine Arbeit ›vollendet‹.

14 Wie berichtet, hatte Österreich das Nachdruckwesen aus Gründen allgemeiner Bildungspolitik geradezu gefördert. Der Nachdrucker Trattner war ja von Kaiserin Maria Theresia für seine Nachdrucktätigkeit geadelt worden. Der Brief Metternichs hat folgenden Wortlaut:

Hochwohlgeborner Herr

In Entsprechung des von Euer Excellenz, mit geehrtem Schreiben vom 11ten Januar d. J. mit gefälligst ausgedrückten Wunsches, rechnete ich es mir zum angenehmen Geschäft, das von Euer Excellenz an die deutsche Bundesversammlung gerichtete Gesuch um Ertheilung eines kostenfreyen Privilegiums gegen den Nachdruck der neuen vollständigen Ausgabe Ihrer Werke im Wege der K. K. Bundestags-Präsidial-Gesandtschaft dahin zu leiten, und wenngleich die bestehenden Sachverhältnisse nicht gestatteten, daß diese Ertheilung von Seite des deutschen Bundes in seiner Gesamtheit erfolgte, so werden doch Eure Excellenz aus dem in der 8ten diesjährigen Bundestags-Sitzung gefaßten, durch Österreich veranlaßten Beschluß, und der daselbst zu Gunsten Ihres Gesuchs ausgesprochenen Verwendung bey sämmtlichen Bundesregierungen, eine möglichst beruhigende Erledigung dieses Gegenstandes entnommen haben.

Seine Majestät der Kaiser, mein allergnädigster Herr, Allerhöchstwelchem ich über diese Lage des Geschäfts Vortrag erstattete, haben nun mein hierwegen vorgelegtes allerunterthänigstes Gutachten zu genehmigen und Euer Excellenz ein Privilegium gegen den Nachdruck der von Ihnen veranstalteten neuen Ausgabe Ihrer sämmtlichen Werke taxfrey, und zwar nicht nur für die zum deutschen Bund gehörigen Provinzen der oesterreichischen Monarchie zu ertheilen, sondern dasselbe aus besonderer Rücksicht auf den ganzen Umfang derselben auszudehnen geruht.

Indem es mir zum wahren Vergnügen gereicht, Euer Excellenz diese allerhöchste Verfügung eröffnen zu können, welche so sehr auch meiner Anerkenntnis Ihrer um die deutsche Litteratur erworbenen Verdienste auf eine sehr willkommene Weise entspricht, benütze ich zugleich gerne diese Gelegenheit, Euer Excellenz die Versicherung meiner vollkommensten Hochachtung zu erneuern.

F. von Metternich

(Fröbe, S. 1592.)

15 Konzept 1:

Anbey die ausführl Liste der intendirten Ausgabe meiner Wercke, sie giebt eine völlige Übersicht des Geschäftes und ich darf wohl hoffen daß Dieselben nunmehr die Summe auszusprechen geneigt seyn wollen dem Autor allenfalls zu gönnen wäre

Dies Verlags Recht würde auf zwölf Jahre zugestehen.
Das Übrige (Goethe - Cotta 3/2, S. 119.)
Konzept 2:
Anbey folgt der ausführliche Inhalt der intendirten Ausgabe meiner Werke, er giebt eine völlige Übersicht des Geschäftes und ich darf wohl hoffen daß Dieselben nunmehr die Summe auszusprechen geneigt seyn möchten, welche dem Autor an seinem Theil zu gönnen wäre. Das Verlagsrecht würde auf zwölf Jahre zugestehen, auch die Beschleunigung des Drucks und der Verbreitung vorzüglich empfehlen. (WA IV 39, S. 349.)
15a ›Cotta‹ war das sogenannte Cognomen der römischen Adelsfamilie der Aurelii. In der Renaissance wurde es bei adligen Familien Mode, sich von römischen Vorfahren abzuleiten. Offenbar haben die neuzeitlichen Cottas auch dieser Mode gehuldigt, wobei ihnen die Namensgleichheit zugute kam. (Hinweis von Manfred Fuhrmann.)
16 An Boisserée am 14. 9. 1825:
Schon zwey Wochen leben wir in einer bunt bekränzten, das seltenste Fest feyernden Stadt. In- und Ausländer aller Stände und jeden Geschlechts nahmen freudig Theil, und es hat noch kein Ende. Die Kinder jauchzen mit Fähnlein in den Händen, die Jugend zieht gepaart täglich zum Tanze, die Männer schauen ernsthaft heiter drein und wer an Ort und Stelle die funfzig Jahre rückwärts wieder zur Erinnerung rufen kann dem ist es wunderlich zu Muthe.
Unendlich angenehm war mir's in diesen Tagen auch die Wiederherstellung alter theurer Verhältnisse und den Abschluß eines so wichtigen Geschäftes durch Ihre Vermittelung zugleich feyern zu können. Das ewige hohe Vorbild von Neigung, Liebe, Freundschaft und Vertrauen zeigt freylich, sobald es in die irdische Thätigkeit eintritt, ein herrliches verklärtes Angesicht, an dem sich selbst der müde Wanderer erquickt und verklärt. Herrn von Cotta habe, dankbar anerkennd, geantwortet; sobald ich mich nur einigermaßen sammeln kann erfolgt das Weitere.
(WA IV 40, S. 53 f.)
17 Die »Punctation für Cotta«
1) Die neue Ausgabe von Goethischer Werke,
2) bestehend aus vierzig Bänden nach dem schon mitgetheilten Inhalts-Verzeichniß,
3) wird der J.G. Cottaischen Buchhandlung zu Stuttgart überlassen und zwar
4) auf zwölf Jahre d.h. von Ostern 1826 bis Ostern 1838
5) Der Betrag des Honorars ist vorerst auf
    sechzigtausend Thaler sächsisch
    nicht unter 1/6 Stücken festgesetzt.

6) Man bedingt sich jedoch außer vorgedachter Summe noch fünftausend Thaler in vorerwähnten Münzsorten bey Unterschrift des Contracts.

7) Die ganze Ausgabe wird in *vier* Jahren zu vollenden seyn, jährlich zwey Lieferungen jede zu *fünf* Bänden, welche der Autor successive abreicht, dagegen würde

8) von Messe zu Messe der achte Theil des Honorars mit 7500 Thalern sächsisch und zwar Ostern 1826 zum erstenmal, gezahlt.

9) Sind zwanzigtausend Exemplare abgesetzt, so tritt eine neue Berechnung ein und es werden

10) von jeden hiernächst abgesetzten eintausend Exemplaren dem Autor immer dreytausend Thaler, in vorerwähnten Münzsorten gezahlt, und so fort.

11) Von den einzeln zu druckenden Theilen überläßt man dem Herrn Verleger jeden Vortheil allein und behält sich nur noch eine zu bestimmende Anzahl Freyexemplare vor.

12) Diese neue Ausgabe von 40 Bänden besteht
   A. in einer anständigen Octav-Ausgabe,
   B. in einer Taschen-Ausgabe, bey beiden behält sich der Autor die Einwirkung bey Wahl des Formats, Papiers und der Lettern vor.

13) Ob nun gleich durch den Punct 10 der Zeitcontract aufgehoben scheint, so ist dieses jedoch nicht der Fall, sondern zu Anfang des 9. Jahres, treten beide theilnehmende Parteien zusammen und contrahiren auf's neue, nach Verabredung, in welcher Maaße der Contract festgesetzt werden soll. Käme alsdann, wie nicht wahrscheinlich, eine Vereinigung nicht zu Stande, so muß bey eröffneter Concurrenz dem Autor frey bleiben dem Mehr- oder Minderbietenden seine Rechte anzuvertrauen.

14) Die Übersicht über dieses ganze Geschäft wird durch eine doppelte Buchführung in noch näher zu bestimmender Maaße bedingt.

15) Der Subscriptionspreis wäre auf circa 20 Gulden festzusetzen.

16) Bedingt man sich die herkömmlichen Freyexemplare, wie solches auch bey der früheren Ausgabe statt gefunden.

Schließlich behält man sich vor, die beide contrahirende Theile gegen einander sicher stellenden juristischen Formen, in dem nach erfolgter Zustimmung in vorstehende Puncte förmlich zu entwerfenden Contract, noch nachzubringen.

(WA IV 40, S. 236-238.)

18 Dorothea Kuhn veröffentlichte als Beilagen zu Cottas Brief vom 9. 9. 1826 fünf Stellungnahmen von Buchhändlern. Sie zeigen in der Tat eine eher ungewöhnliche Handhabung von ›Frei-Exemplaren‹. Heute wäre eine solche Verwendung von Freiexemplaren, die dem Autor nicht honoriert würden, ausgeschlossen. Damals, wie die Stellungnahme der Hahnschen Buch-

handlung zeigt, lagen die Verhältnisse anders: »Es ist nicht in Abrede zu stellen, daß die Götheschen Werke weniger als VolksLectüre wie Schiller, in den höheren und gebildeten Familien schon in der seitherigen Ausgabe vielfach vorhanden und angeschafft sind, daher ein solcher schneller und allgemeiner Absatz als wie die wohlfeile Ausgabe des Schillers fand, schwerlich je davon zu hoffen ist. Unter diesen Umständen wird es nicht verkannt werden können, daß die Mitwirkung und Verwendung thätiger Sortimentshandlungen nothwendig ist, wenn ihre große Vorschüße nicht lange Zeit in diese Entreprise hineingesteckt bleiben sollen, wir sind aber nur im Stande und geneigt eine ins einzelne gehende Förderung des Debits durch Subscribentensammler, Buchbinder, Commißionaire, Postsecretairs oder sonstige Geschäftsfreunde ferner zu bewirken, wenn wir deren Bemühungen durch Frei-Exemplare vergüten können.« (Goethe - Cotta 2, S. 182.)

19 Sulpiz Boisserée nahm sich dieser heiklen Sache an und fragte Goethe in Cottas Auftrag, »ob es genehm wäre, wenn er zur Aufmunterung der Buchhändler, sich für die Subscription recht lebhaft zu verwenden, noch außergewöhnliche Benefice gestattete? z. B. auf 20. Expl. 3 gratis, auf 50.-10. auf 10[0.-2]5. oder etwas weniger. Er, Cotta, würde dieses Opfer bringen, wenn er diese gratis Exemplare, die sich in der Rechnung ausweisen müsten, nicht als abgesetzt verrechnen müßte.« Goethe antwortete am 3.6. 1826: »Hierauf wäre zu erwiedern: da in der Anzeige Seite 11. Punct 5. schon ausgesprochen worden, daß wer auf 9. Exemplare subscribirt das 10te frey haben solle, welches auch auf die Buchhändler auszudehnen wäre und man dies für hinreichend hält, so trägt man Bedenken weiter zu gehen und ein mehreres einzuräumen.« (Goethe - Cotta 2, S. 175.)

VIII. Cotta, der Verleger Goethes. 1825-1832

1 Für mich eine unverantwortliche Widmung. – Der ganze Text von Fichtes Eintrag lautet: »Ich sah Sie als lieblichen Knaben, und liebte Sie, ehe Sie mich kannten. Ich werde Sie vielleicht sehen als Jüngling und als reifenden Mann. Die Nation hat große Anforderungen an Sie, einziger Sohn des Einzigen in unsrem Zeitalter. Zählen Sie mich sodann unter diejenigen, die am aufmerksamsten beobachten werden, ob Sie würdig sich bilden, des Vaters Platz einst auszufüllen, da ich unter diejenigen zu gehören glaube, die Seinen Werth am tiefsten begreifen und neidlos ihn lieben. Möge sodann dies Blatt Sie mahnen, oder auch trösten.« (In: J. G. Fichte-Gesamtausgabe der Bayerischen Akademie der Wissenschaften, hg. v. Reinhard Lauth und Hans Gliwitzky. *Briefe*, Bd. 5, S. 320f.)

Vgl. auch die Mitteilung von Walther Vulpius: *Das Stammbuch von August von Goethe*, in: Deutsche Rundschau, Bd. 68 (1891). Darin ist auch ein Text von Schleiermacher enthalten:

Nicht der Jüngling begehrt ich zu sein, so sprachen wohl Viele.

Denn fürwahr nicht umsonst zahlet die Welt ihm voraus
Was an verzärtelnder Lieb er empfängt auf die Erbschaft des Vaters;
Reichliche Zinsen dereinst klaget die Mahnerin ein.
Aber dem Göttersohn wohnt höherer Muth in der Seele,
Spielend löset die Schuld, wer sich ambrosisch genährt.
(S. 248.)

2 Der »Erlaß« (erlassen, ursprünglich: loslassen, entlassen; spätere Bedeutung Befehl, Vorschrift) lautet:

Beyde Theile vereinigen sich die wechselseitigen Schiller- und Goethischen Briefe zusammen zu schmelzen

Goethe übernimmt die Redaction und hegt die Absicht so diskret als möglich, ohne Beeinträchtigung des interessanten Inhalts zu seyn; er liefert ein reines Manuscript, wornach der Druck veranstaltet wird.

Die Ablieferung an den Herrn Verleger kann theilweise geschehen, zu Beförderung des Drucks.

Derselbe wäre in groß Octav, wie die Schillerisch-Goethischen Werke beyzubehalten; kein Band dürfte unter dreysig Bogen seyn.

Es können drey, vielleicht mehr Bände geben; welches sich erst bey näherer Kenntniß des ganzen Manuscripts ausweisen wird.

Das Honorar für den Band wäre mit

Zwey Tausend rt. Sächs.

zu entrichten, die Termine der Zahlung nebst den Zeiten der Ablieferung zu reguliren.

So auch die Dauer des Verlagsrechts, oder Bedingungen folgender Ausgaben festzusetzen.

Vielleicht auch einer kleineren wohlfeilen Ausgabe zu gedenken, welche neuerdings unerläßlich scheint.

Der Ertrag wird zwischen beyden Theilen gleich getheilt, auch die Stückzahlungen jedesmal zur Hälfte an die Interessenten abgeliefert.

Manches ins Besondere gehende behält man sich vor nachzubringen.

Weimar den 25. März 1824.   Goethe

(Goethe-Cotta 2, S. 112f.)

3 Selbstverständlich hatte Goethe angenommen, daß Cotta großes Interesse an den Originalen haben werde. Dies nicht nur, weil Cotta mit solchen Autographen sein Verlagsarchiv bereicherte, sondern weil durch Goethes Redaktion ja geringe Differenzen zwischen der Druckvorlage und den originalen Texten bestanden. Deshalb bestimmte Goethe – und Frau von Schiller stimmte dem zu –, daß der Briefwechsel versiegelt, 25 Jahre bei der Weimarer

Regierung deponiert und erst danach vollständig ediert werden sollte. Nach Ablauf der 25 Jahre sollten die Erben Goethes und Schillers das gesamte Konvolut verkaufen können. Cottas Enkel Carl von Cotta erwarb denn auch den Bestand und stellte ihn der Großherzogin Sophie von Weimar für die Edition in der Weimarer Ausgabe zur Verfügung; die Originale befinden sich heute im Goethe-und-Schiller-Archiv in Weimar.

4 Martin Walser entwickelt in seinem Vortrag *Mein Schiller* auch eine Theorie der Zusammenarbeit zwischen Goethe und Schiller. Goethe nehme Schillers kritisches Genie mit der »nehmensgewohnten Geste des ursprünglichen Herrschaftskindes« entgegen, Schiller möchte geben, Goethe genieße es zu nehmen: »Schiller profitiert durch Geben, Goethe durch Nehmen. Das ist wohl auch ein Unterschied zwischen Idealismus und Realismus. Goethe, der Schlaflosigkeit nur kennt, weil Schiller darunter leidet, findet, daß diese Schillersche Schlafnot doch auch zu etwas nütze sein könne. Als er sich, nicht ohne Schillers Einfluß, den aus der Jugend her überragenden Faust wieder vorgenommen hatte, schrieb er nach Jena hinüber: ›Nun wünschte ich aber, daß Sie die Güte hätten, die Sache einmal, in schlafloser Nacht, durchzudenken, mir die Forderungen, die Sie an das Ganze machen würden, vorzulegen, und so mir meine eignen Träume, als ein wahrer Prophet, zu erzählen und zu deuten.‹ Das war am 22. 6. 1797. Am 30. 6. schreibt Schiller zurück – und da sieht man, daß Goethes Aufforderung zur Nachtschicht beim kleinbürgerlichen Idealisten genau so ankam wie sie gemeint war –, er habe wieder stärkere Krämpfe gehabt: die ›ließen mich nicht schlafen. Ich wollte an den Faust denken, aber der Teufel in Natura wollte den poetischen nicht aufkommen lassen.‹ Natürlich hat er den Auftrag ein anderes Mal erfüllt. Wäre das zwischen denen noch lange so gelaufen wie in der zweiten Hälfte der neunziger Jahre, dann wäre es ratsam gewesen, Goethe und Schiller nach der Art der Marx-Engels-Ausgabe herauszugeben.« (In: Martin Walser, *Liebeserklärungen*, Frankfurt am Main 1983, S. 169.)

5 Dieser ganze Vorgang um den Briefwechsel ist festgehalten in Karl Schmidt, *Schillers Sohn Ernst*. Auf S. 277 f. ist Ernst von Schillers Brief an Goethe vom 22. 3. 1826 wiedergegeben: »Ew Excellenz haben unter dem 10. July v[origen] J[ahres] festzusetzen und zu versprechen geruht bis Michaeli 1825 den Schillerschen Antheil vorläufig mit 2000 Rth abzutragen ... Zur Erfüllung dieses Versprechens hat sich im nämlichen Briefe auch Ew. Excellenz Herr Sohn, mein geliebter Freund August, verpflichtet, und Frau von Wolzogen hat die Ehre gehabt, Ew. Excellenz die Annahme des Versprechens von seiten der Schillerschen Familie zu erklären, wodurch die Verhandlung die Stärke eines Vertrages erhalten hat, um dessen Erfüllung es sich nunmehr handelt ... Ew. Excellenz wiederhole ich meine unterthänigste Bitte, meinen Antrag nicht für indiscret zu halten, sondern hochgeneigtest

berücksichtigen zu wollen, daß ich als Vertreter meiner Mutter und Geschwister zu handeln habe.«

6 Ernst von Schiller an seinen Bruder Carl am 31.7.1826: »Die Verbindlichkeit ist auf seiner Seite durchaus klar, auch August hat sich für den Todesfall seines Vaters zur Erfüllung des Versprechens anheischig gemacht. Ich werde daher Goethe zusetzen und ihm, falls er nicht gleich die schönsten Schritte zur Erfüllung seiner Verbindlichkeit thut, mit der gerichtlichen Klage drohen. Ist die Drohung vergeblich, so werde ich die Klage in Weimar selbst einleiten. Goethe's Mitwelt wird unseren Schritt rechtfertigen. Denn es ist abscheulich, daß Goethe, der Freund, das heißt der angebliche Freund unseres Vaters, daß Goethe, der Minister und nun reiche Mann, erschlichene Vortheile gegen die es bedürfenden Hinterbliebenen seines Freundes benutzt und Verbindlichkeiten zu erfüllen von sich ablehnt, die auch der Bettler, wenn er redlich ist, nach Kräften zu erfüllen sich bestrebt. Die Sache ist so schreiend, daß ich glaube, Goethe wird sich schämen und zahlen.« (Schmidt, S. 292.)

7 Der ganze Text lautet:

Abschrift.

Nachdem der Übereinkunft vom April 1824 gemäß, Frau Hofrath von Schiller die Briefe des Herrn Staatsminister von Goethe an ihren seligen Gemahl ersterem abgeliefert, so versäumte dieser nicht sogleich das übernommene Geschäft einer Redaction der wechselseitigen Correspondenz alsobald anzutreten und es zeigte sich bey nunmehr verschränkten und geordneten Papieren sowohl eine größere Masse des Vorhandenen als man sich denken konnte, als auch ein höherer Werth für persönliche und Literar-Geschichte den man sich vorher nicht deutlich gemacht hatte.

Die Redaction erforderte nicht geringes Bedenken; man wollte die Mitlebenden nicht beleidigen und die Nachkommen kurz Verstorbener nicht verletzen.

Hiebey aber wußte man schickliches Maas zu halten so daß nichts beseitigt worden ist was über Zeit, Menschen und Literatur wahrhaft Vortheil bringend gesagt ist.

So liegt nun ein reinliches Manuscript in fünf Foliobänden die ganze Correspondenz von 1794 bis 1805 zwischen beyden Freunden völlig abgeschlossen da. Nach gepflogener Rechnung eines Mannes vom Handwerck liefert es Materie zu vier starken Octavbänden.

Die Nummern der Briefe und Billette belaufen sich auf 970.

Hiebey ist zu bemerken daß die Originalbriefe in Gegenwart beyder Theile in ein Kästchen gepackt und mit beiderseitigen Siegel besiegelt, bey Großherzoglich Weimarischen Regierung niedergelegt worden, gegen gerichtliche Zusage daß sie bis ins Jahr 1850 in Scrinio principis verwahrt

bleiben alsdann aber den Schillerisch-Goetheschen Nachkommen oder deren Mandatarien eingehändigt werden sollen.
Nachrichtlich
Weimar d. 14. Septbr. 1826. JW v. Goethe
Die Abschrift beglaubigt
Weimar d. 31. Dec. 1826. JWvGoethe
(Goethe - Cotta 2, S. 192 f.)
8 Dorothea Kuhn hat aus den Fragmenten von Georg von Cottas Tagebüchern, die sich im Privatbesitz der Freiherrn von Gemmingen-Guttenberg befinden, folgendes recherchieren können: »Seine Schuldenlast war 1826 so groß geworden, daß seine Kinder Georg und Ida Bürgschaften im Wert von 230 000 Gulden auf ihre mütterlicherseits ererbten Güter übernehmen mußten. Georg sah das als ein großes Opfer an. Er beschließt sein Tagebuch von 1826: ›Mein Vater übernimmt in diesem Jahre die Gesammt-Ausgabe der Schillerschen Werke auf 20 Jahre um den Preiß von 70 000 Thalern oder f 136 000, dann die Göthe'schen Werke um 60 000 Thaler oder um f 108 000, endlich die Herderschen und noch mehrere andere Werke um nahe 60 000 f; dann den Kauf dieses Palais [des Leuchtenbergschen Palais in München für 80 000 Gulden] zusammen eine Summe von nahe an 400 000 [Gulden oder etwa 210 000 Talern] Ich begreife kaum, wie er für alles dies Rath zu finden weiß. Mit Ernst und Sorge betrete ich das neue Jahr, wie immer...‹ (Aus Fragmenten von Tagebüchern des Georg von Cotta, im Privatbesitz von Gemmingen-Guttenberg)«. (Goethe - Cotta 3/2, S. 163.)
9 Der Vertragsentwurf:
Übereinkunft wegen Herausgabe der Goethe-Schillerischen Correspondenz.
1.) Das Honorar für das redigierte Manuscript wird auf
    Acht Tausend Thaler
festgesetzt.
2.) Die J.G. Cottasche Buchhandlung erklärt: daß, nach Ausweis ihrer Bücher und Rechnungen, die von Schillerischen Erben für die denselben gebührende Hälfte von Vier Tausend Thalern, durch Vorschüsse und Stückzahlungen vollkommen befriedigt sey.
3.) Gedachte Buchhandlung verpflichtet sich hierüber ein legales Zeugniß von Seiten der Schillerischen Erben beyzubringen, wodurch zugleich Unterzeichneter aller ferneren Ansprüche entbunden, auch gebilligt würde daß der Verlagshandlung das gesamte Manuscript inzwischen eingehändigt worden.
4.) Die J. G. Cottasche Buchhandlung zahlt auf die Goethesche Seite fallende Hälfte an
    Vier Tausend Thalern
in zwey Terminen, den ersten Ostern, den zweyten Michael 1828.

5.) Das Verlagsrecht wird auf zwölf Jahre zugestanden und zwar von der Erscheinung an des Werks im Publicum.
6.) Die erste Ausgabe wird in Oktav veranstaltet, sollte man jedoch in der Folge eine Taschenausgabe belieben so wird man alsdann über den zu entrichtenden Nachschuß des Honorars Übereinkunft zu treffen haben.
7.) Frey-Exemplare erhalten
die Goetheschen
    Velinpapier 12.
    Gewöhnlich Pap. 8.
Mit den Schillerischen wird die Verlagshandlung unmittelbar deshalb überein kommen.
8.) Sobald Unterzeichneter eine mit dem Vorstehenden übereinstimmende schriftliche Zusicherung erhält, geht alsbald das vollständige Manuscript an die Verlagshandlung ab.
9.) Die Aushängebogen werden successiv, wie sie die Presse verlassen anher gesendet.
Weimar den 8. März 1828.   JWvGoethe

10 Wir können jetzt den vollständigen Schriftwechsel zwischen Flaubert und Turgenjev lesen. Die beiden Romanciers, die zu den Größen der französischen bzw. russischen Literatur ihres Jahrhunderts zählen, »ein Paar von Riesen«, wie Maupassant sie nannte, waren, wenn auch eng verbunden, doch zu sehr auf die eigene Sache konzentriert, als daß sie sich der inneren Problematik des schöpferischen Vorgangs beim anderen hätten öffnen können. (Gustave Flaubert / Ivan Turgenjev, *Briefwechsel 1863-1880*. Aus dem Französischen von Eva Moldenhauer. Mit einem Vorwort hg. v. Walter Boehlich und kommentiert v. Peter Urban, Berlin 1989.)
Die beiden Autoren hatten sich auf der Höhe ihres Ruhms kennengelernt, Flaubert war 41 Jahre, Turgenjev 44. Beide hatten schwierige Zeiten hinter sich, Flaubert mit dem Skandal, den *Madame Bovary* auslöste, und Turgenjev hatte Gefängnis und Verbannung zu überstehen. Man muß in der jetzt neu erschienenen, vorzüglich kommentierten Ausgabe dem Urteil von Walter Boehlich nicht folgen, der urteilt, daß aus dem »konventionellen Briefwechsel zweier großer Autoren nach und nach ein Konvolut unverstellten, leichten Plauderns und Plapperns wurde.« Indem diese Autoren das Unmittelbare ihres Lebens bekunden – oft »traurige Briefe – das riecht nach Krankheit und Tod« –, gehen diese Briefe doch weit über Plaudern und Plappern hinaus. Turgenjev hat eine Formulierung für ihre Situation gefunden, die auch für Goethe und Schiller gelten könnte: »Wir mögen noch so skeptisch, kritisch, verbraucht und müde sein – der Stachel der Poesie sitzt uns im Nakken – und man muß bis ins Ziel gehen, vor allem, wenn man sich bei Anblick eines Gefährten aufmuntern kann, dem es ebenso geht.« (S. 62.)

VIII. Cotta, der Verleger Goethes

11 Max Hecker hat im Insel Verlag 1913-1918 eine auf vier Bände angelegte Ausgabe des Briefwechsels zwischen Goethe und Zelter herausgegeben – noch heute eine vorbildliche Edition. Freilich, es sind nur drei Bände erschienen; im 4. Band wollte Max Hecker Erläuterungen und Kommentare geben. Leider ist es zu diesem Band nicht mehr gekommen. Er hinterließ uns aber eine aufschlußreiche Arbeit: *Zelters Tod. Ungedruckte Briefe,* hg. und erl. von Max Hecker, in: Jahrbuch der Sammlung Kippenberg. Bd. 7 (1927/1928, S. 104 ff.). Dieser Arbeit verdanke ich auch viele Hinweise auf die Editionsgeschichte des Briefwechsels.

12 Felix Mendelssohn-Bartholdy versuchte bei seinem Besuch, ihm Beethoven nahezubringen, er spielte ihm ein Stück aus der 5. Symphonie auf dem Klavier vor. Goethe fand keine Beziehung zu Beethovens Symphonie, und dies zwei Jahrzehnte nach ihrer Aufführung in Wien. Mendelssohn-Bartholdy berichtete am 25. Mai 1830: »Ich sagte ihm aber, ich könne ihm nicht helfen, und spielte ihm nun das erste Stück der c-moll Symphonie vor. Das bewegte ihn ganz seltsam. Er sagte erst: ›Das bewegt aber gar nichts; das macht nur staunen; das ist grandios!‹ Und dann brummte er so weiter und fing nach langer Zeit wieder an: ›Das ist sehr groß, ganz toll, man möchte sich fürchten, das Haus fiele ein. Und wenn das nun alle die Menschen zusammenspielen!‹«

13 Da der Goethe-Zelter-Briefwechsel heute noch weitgehend unkommentiert ist und auch nicht alle Briefe Zelters publiziert vorliegen, sei hier jener Brief vom 10. Oktober 1826 an den Kanzler von Müller zitiert als ein Beispiel der eigenwilligen Persönlichkeit Zelters, die seinen Spott, sein manchmal boshaftes Naturell, aber auch seine Natürlichkeit zeigt.

Haben Sie Dank, verehrter Herr Canzler, für Ihre Sendung, von der ich bis heute nur hatte reden hören.

Der Angriff ist plump und lächerlich, doch nicht ganz unnatürlich. Von Kunst-, ja von Blutsverwandten hat unser Freund niemals viel gehabt. Nun, da die Nation selber sich ihren Mann ausfindet, zeigt sichs, wer der eigentliche Pöbel ist.

Seit den Xenien hat G. nicht nachgelassen, Abgönner und Abtrünnige ohne Barmherzigkeit auf die Latten zu bringen, da will ich sie lassen, bis ihnen die Leber verfault ist. Keinen Finger will ich rühren; das Narrenpack will stimulirt seyn, um Aufsehn zu machen.

Hier giebt es allerdings auch dergleichen, doch ein honetter Mann sagte letzthin: Wenn G. dergleichen machen wolte, so möchte es anders heraus kommen.

Den 21. Oktober. Seit zehn Tagen liegt dieses Blatt unvollendet, indem ich hoffte, etwas Näheres über den Herrn Lehm- oder Kothmann zu erfahren, man hat aber von vielerley zu reden. So erhalte ich eben Ihren lieben

Mahnbrief und erschrekke – aber nicht zu sehr, da ich an meinem Theile in der That nichts zu thun gewust hätte.

Auf unserer jetzigen Kunstausstellung tritt eine soi-disant Dame zu mir heran, zieht das gedrukte Blatt aus einer nicht ganz saubern Tasche und fragt mit einem ihr gemässen plumpen Beyworte: ob ich's kenne? Diese Dame haben meine Augen zu G.s Füssen liegen sehn und an seinem Tische essen. Soll man einer Edelfrau sagen: Sie sind eine Hexe, Sie sind eine Sau, Sie sind ein falsches Luder! – Das dürfte sich wohl nicht schikken. Drukken läßt sichs auch nicht. Soll man die Ruthe nehmen oder die Keule? Es sind die Stymphaliden; sie fühlen die Schrotkörner und Posten gar zu derb, die Er unter sie wirft – e basta cosi!

die Jubelmedaille habe vom Künstler selber erhalten und danke aufs Schönste dafür. Solch eine Anerkennung bringt hinlängliches Licht ins Dunkle, und ich fühle mich so ruhig, als ob ich nie was Schlimmes gethan hätte. Unterdessen bin ich nicht unbeschäftigt gewesen, die Sache an ihrem Orte so ins Klare zu sezzen, daß den Interessenten kein Zweifel übrigbleibt.

Leben Sie wohl und verzeihen dieses flüchtige Schreiben, da die Post fortwill. Tausend Lebewohl an alle Freunde von Ihrem getreuen

Zelter.

14 Mir scheint dieser Brief sehr charakteristisch zu sein. Er ist ja nicht direkt unter dem Eindruck der Todesnachricht geschrieben, sondern vier Monate später. Meiner Überlegung nach hat ihn Goethe unmittelbar für die Veröffentlichung geschrieben, es ist eine sehr distanzierte Betrachtung, und die Absicht, später noch einmal Ausführlicheres über August zu schreiben, konnte ja nicht mehr eingelöst werden. Hier der Brief in seinem Wortlaut:

Freundlich theilnehmend
zu gedenken.

Mein Sohn reiste, um zu genesen. Seine ersten Briefe von jenseits waren höchst tröstlich und erfreulich; er hatte Mayland, die Lombardey, ihre fruchtbaren Felder, ihre bewundernswürdigen Seen, mit tüchtigem frohem Antheil besucht und beschaut, war ebnermaßen bis Venedig und nach Mayland wieder zurückgekommen. Sein ununterbrochenes Tagebuch zeugte von einem offenen, ungetrübten Blick für die Natur und Kunst; er war behaglich bey Anwendung und Erweiterung seiner frühern mehrfachen Kenntnisse. Eben so setzte sich's fort bis Genua, wo er mit einem alten Freunde Hrn. *Sterling*, der mein Verhältniß zu Lord *Byron* vermittelt hatte, vergnüglich zusammentraf und sich darauf von seinem bisherigen Begleiter, dem Dr. *Eckermann*, welcher nach Deutschland zurückging, trennte.

Der Bruch des Schlüsselbeins, der zwischen gedachtem Ort und Spezzia sich leider ereignete, hielt ihn hier an vier Wochen fest; aber auch dieses Unheil, so wie eine sich dazu gesellende Hautkrankheit, beides in der großen Hitze sehr beschwerlich, übertrug er mit männlich gutem Humor: seine Tagebücher blieben vollständig und er verließ gedachten Ort nicht eher, bis er sich in der Umgegend vollkommen umgesehen und sogar das Gebäude der Quarantaine besucht hatte. Einen kurzen Aufenthalt in Carrara, einen längern in Florenz, benutzte er musterhaft, durchaus mit folgerechter Aufmerksamkeit; sein Tagebuch könnte einem ähnlich Gesinnten zum Wegweiser dienen.

Hierauf war er, von Livorno mit dem Dampfschiffe abreisend, nach ausgestandenem bedenklichen Sturm, an einem Festtage in Neapel gelandet. Hier fand er den wackern Künstler Herrn *Zahn*, der bey seinem Aufenthalt in Deutschland zu uns das beste Verhältnis gefunden hatte, ihm freundschaftlichst entgegen kam und sich nun als erwünschtester Führer und Beystand vollkommen legitimierte.

Seine Briefe von dorther wollten mir jedoch, wie ich gestehen muß, nicht recht gefallen; sie deuteten auf eine gewisse Hast, auf eine krankhafte Exaltation, wenn er sich auch in Absicht auf sorgfältiges Bemerken und Niederschreiben ziemlich gleich blieb. In Pompeji ward er einheimisch; seine Gefühle, Bemerkungen, Handlungen in jener Stadt sind heiter, ja lustiglebendig.

Eine Schnellfahrt nach Rom konnte die schon sehr aufgeregte Natur nicht besänftigen; die ehren- und liebevolle Aufnahme der dortigen Deutschen Männer und bedeutender Künstler scheint er auch nur mit einer fieberhaften Hast genossen zu haben. Nach wenigen Tagen schlug er den Weg ein um an der Pyramide des Cestius auszuruhen, an der Stelle wohin sein Vater, vor seiner Geburt, sich dichterisch zu sehnen geneigt war. Vielleicht giebt es Gelegenheit in künftigen Tagen, aus seinen Reiseblättern, das Gedächtniß dieses eignen jungen Mannes Freunden und Wohlwollenden aufzufrischen und zu empfehlen.

                      Und so, über Gräber,
                            vorwärts!

(Goethe - Zelter 6, S. 158 ff.)

15 Zelters und Goethes Dokumente:

Zelters Dokument:

In Kraft dieses überlasse ich dem Herrn Geheimen Rate und Staatsminister v. Goethe zu Weimar das ausschließliche Eigentum meiner langjährig mit ihm geführten Korrespondenz, dergestalt, daß lediglich und allein Er und Seine Erben berechtigt sein sollen, sowohl Seine an mich geschriebenen Briefe als die meinigen an Ihn dereinst zum öffentlichen Abdruck zu bringen und resp. zu veräußern. Zu welchem Ende denn auch nach meinem

Ableben die Goetheschen Originalbriefe an mich getreulich Ihm oder Seinen Erben abgeliefert werden sollen.
Diese Übertragung erwidert Goethe mit folgender Urkunde:
Nachdem Herr Professor Zelter zu Berlin mir das ausschließliche Eigentum der ganzen zwischen mir und ihm langjährig stattgefundenen Korrespondenz überlassen hat, dergestalt, daß auch meine ihm geschriebenen Briefe dereinst nach seinem Ableben an mich oder meine Erben ausgeliefert werden sollen, so verspreche ich dagegen für mich und meine Erben hiemit feierlichst, daß die Hälfte des Honorars, welches künftig aus dem öffentlichen Abdruck dieses Briefwechsels erlangt werden wird, an die beiden Töchter des Herrn Professor Zelter,
Fräulein *Doris* und
Fräulein *Rosamunde Zelter*,
oder respektive an deren Erben abgewährt und ausgezahlt werden soll, wie ich denn auch dieserhalb das Nötige in meinem heute bei Großherzoglicher Regierung dahier niedergelegten Testamente, §6, verordnet und festgestellt habe.
Urkundlich, Weimar, den 7. Januar 1831.
Johann Wolfgang v. Goethe.
16 Goethe-Zelter 6, S. 390. – Goethe verurteilt in seinem Brief auch Minister Seebeck. Auch hier ist Goethes Haltung interessant:
Seebeck, ein ernster Mann im höchsten besten Sinne, wußte recht gut, wie er zu mir und meiner Denkweise stand; war er aber einmal in die herrschende Kirche aufgenommen, so wäre er für einen Thoren zu halten gewesen, wenn er nur eine Spur von Arrianismus hätte merken lassen. Sobald die Masse, wegen gewisser schwierigen und bedenklichen Vorkommenheiten, mit Worten und Phrasen befriedigt ist, so muß man sich nicht irre machen. Wie Du mir schreibst, gestehen jene Interlocutoren selbst daß er *mäßig* gewesen sey, d.h. daß er sich über die Hauptpuncte nicht erklärte, stillschweigend anhören konnte was ihm mißfiel, und hinter wohlanschaulichen Einzelheiten, ich meyne durch entschieden glückliches Experimentieren, worin er große Geschicklichkeit bewies, seine Gesinnungen verhüllte, indem er seinen akademischen Pflichten genugthat. Sein Sohn versicherte mich noch vor kurzem der reinen Sinnesweise seines trefflichen Vaters gegen mich.
Der wunderliche Fall der sich soeben ereignet: ...
Folgerecht.
17 Vgl. »*Das Leben und Sterben der Kindsmörderin Susanna Margaretha Brandt*. Nach den Prozeßakten der Kaiserlichen Freien Reichsstadt Frankfurt am Main, den sog. Criminalia 1771, dargestellt von Siegfried Birkner. Mit zeitgenössischen Abbildungen«, Frankfurt am Main 1989. Der Band do-

kumentiert den von August 1771 bis Januar 1772 dauernden Kriminalprozeß, und er vermittelt über den individuellen Fall hinaus Einblicke in die Gesellschaftsstrukturen dieser Zeit. Reproduktionen von Zeichnungen und Kupferstichen geben auch eine anschauliche Vorstellung vom Frankfurt der zweiten Hälfte des 18. Jahrhunderts.

18 Die Wirkung eines solchen Gesprächs hat Goethe im 14. Buch von *Dichtung und Wahrheit* festgehalten: »Vorübergehend will ich nur, der Folge wegen, noch eines guten Gesellen gedenken, der, obgleich von keinen außerordentlichen Gaben, doch auch mitzählte. Er hieß *Wagner*, erst ein Glied der Straßburger, dann der Frankfurter Gesellschaft; nicht ohne Geist, Talent und Unterricht. Er zeigte sich als ein Strebender, und so war er willkommen. Auch hielt er treulich an mir, und weil ich aus allem was ich vorhatte kein Geheimnis machte, so erzählte ich ihm wie andern meine Absicht mit Faust, besonders die Katastrophe von Gretchen. Er faßte das Sujet auf, und benutzte es für ein Trauerspiel, *die Kindesmörderin*. Es war das erste Mal, daß mir Jemand etwas von meinen Vorsätzen wegschnappte; es verdroß mich, ohne daß ich's ihm nachgetragen hätte.« (FA I 14, S. 655 f.)

19 Im Oktober 1946 (sic!) führte das junge Tübinger Stadttheater den ›Urfaust‹ auf. Es war das erste Mal, daß ich von einem ›Urfaust‹ hörte. Hermann Schneider hielt eine Einführungsvorlesung, in der er die Geschichte der ›Urfaust‹-Forschung an den Namen von vier Gelehrten knüpfte: den von Wilhelm Scherer, der den ›Urfaust‹ nicht gekannt, aber erahnt hat; von Erich Schmidt, der glücklich das Manuskript fand; von Gustav Roethe, der in einer erdachten »Fetzen-Theorie« das Werk in Fragmente zergliederte und dann wieder zusammenwachsen ließ; schließlich von Ernst Beutler, dessen Forschung zur Entdeckung von Gretchens historischem Urbild führte. Vgl. auch *Urfaust?* Eine Studie von Hermann Schneider, Tübingen 1949. – Das Buch erschien in der H. Lauppschen Buchhandlung, die dem Verlag I. C. B. Mohr angeschlossen war. Ich durfte damals Herstellung und Vertrieb dieses Buches betreuen.

20 Goethe läßt den Herrn sagen, der Teufel möge sich durchaus frei fühlen, doch die »echten Göttersöhne« sollen sich der Schöpfung erfreuen. Sie stehen im Gegensatz zu den gefallenen Engeln, zu denen Mephistopheles gehört. Im *Schäkespears Tag* (1771) schrieb Goethe, »das, was wir bös nennen, ist nur die andre Seite vom Guten«. Das hat Goethe immer wieder so gesehen, ganz besonders im 9. Buch von *Dichtung und Wahrheit*, in dem er feststellt, daß die ganze Schöpfung nichts als ein »Abfallen und Zurückkehren zum Ursprünglichen« ist. Und daß wir die Absichten der Gottheit dadurch erfüllen, »daß wir, indem wir von einer Seite uns zu verselbsten genötigt sind, von der andern in regelmäßigen Pulsen uns zu entselbstigen nicht versäumen«. Goethe hat diese Ausdrücke ganz selten verwandt, hier schie-

nen sie ihm wichtig als Lebensregel des Menschen, und in diesem Zusammenhang ist auch an den Satz aus dem vierten Teil von *Dichtung und Wahrheit* zu erinnern: »Nemo contra deum nisi deus ipse« – »Niemand gegen Gott, es sei denn, Gott selbst.« Eckermann, der diesen Satz zum Motto des vierten Teils machte, hat diesen dadurch wohl allzusehr auf die Darstellung des Dämonischen festgelegt (vgl. S. 98).

21 Als Beispiel der Wirkung bis ins 20. Jahrhundert sei auf die große Abhandlung *Faust und Helena. Zu Goethes Auffassung vom Schönen und der Realität des Realen im Zweiten Teil des ›Faust‹* von Wolfgang Schadewaldt hingewiesen (zuerst in: Deutsche Vierteljahrsschrift 30 [1956], jetzt in: Mayer, *Spiegelungen*).

Der Altphilologe Schadewaldt will den »Elementarhorizont« des Kunstwerks geben, er beschäftigt sich mit der Gestalt der Helena, ihrem Wesen und Wirken als der höchsten Schönheit und ihrer Verbindung mit Faust, in der Goethe die für das moderne Europa so folgenreiche Begegnung zwischen Klassischem und Romantischem, zwischen Griechenland und Abendland als Realität aufweisen will. Goethe, so urteilt Schadewaldt, zeigt »als Dichter in Bildern und Gestalten, *was* ist und *wie es ist*: das Seiende in der ihm eigenen doppelten Geschichtlichkeit, den Menschen in seiner tragischen Amphibolie, und er tut es in seinem hohen Alter mit jener bejahenden Illusionslosigkeit, mit der er damals sehr düster in die Zeit und auf den Menschen blickte und doch das Wort zu sprechen wußte: ›Wie es auch sei, das Leben, es ist gut.‹ – ›Ens est bonum‹«. (S. 430.) – Ferner: Wilhelm Emrich, *Die Symbolik von Faust II*, Berlin 1943; Benno von Wiese im 4. Kapitel seiner *Deutschen Tragödie von Lessing bis Hebbel*, Hamburg 1948; Werner Milch, *Wandlungen der Faust-Deutung*, in: Zeitschrift für deutsche Philologie 1951; Heinz Schlaffer, *Faust Zweiter Teil. Die Allegorie des 19. Jahrhunderts*, Stuttgart 1981.

NACHWEISE

Auslassungen *innerhalb* von Zitaten sind durch drei Punkte markiert. Am Anfang und am Ende eines unvollständig zitierten Satzes wurde auf Auslassungszeichen verzichtet, da die Signale ›Kleinschreibung zu Beginn‹ und ›Zitatende ohne satzschließendes Zeichen‹ eindeutig sind. Bei vollständig zitierten Sätzen wurden die satzschließenden Zeichen übernommen.

10,32 Robert K. Merton, *Auf den Schultern von Riesen. Ein Leitfaden durch das Labyrinth der Gelehrsamkeit*, Frankfurt am Main ¹1965, 1983, S. 2. Vgl. S. 320 und Anm. 14 sowie S. 698.

11,16 GA 16, S. 248.

13,18 J. W. Goethe an C. F. Zelter, 26. 8. 1826 (WA IV 41, S. 129).

14,2 Theodor W. Adorno, *In Memoriam Peter Suhrkamp*, Frankfurt am Main 1959, S. 11 f.

14,20 19. 3. 1802; SNA 39 I, S. 216; mitgeteilt von Dorothea Kuhn in: *Goethe und Cotta*, bearbeitet von Dorothea Kuhn, Ausstellung aus den Beständen des Cotta-Archivs, Marbacher Magazin 1/1976.

14,24 In seiner Weimarer Goethe-Rede von 1932, in: Thomas Mann, *Goethes Laufbahn als Schriftsteller. Zwölf Essays und Reden zu Goethe*, Frankfurt am Main 1982, S. 39.

14,30 Ebd., S. 40 (Anm. 12).

15,11 *Dichtung und Wahrheit* IV 13 (FA I 14, S. 834).

15,20 *Dichtung und Wahrheit* IV 17 (FA I 14, S. 773).

15,34 *Dichtung und Wahrheit* III 13 (FA I 14, S. 641).

17,6 Johann Georg Zimmermann, 19. 1. 1775 (Bode, *Briefe* 1, S. 101).

19,22 Xenion 412 (FA I 1, S. 453; vgl. auch den Kommentar S. 1117).

20,11 *Dichtung und Wahrheit* (FA I 14, S. 563).

23,24 HA *Briefe* 1, S. 166 f.

25,14 *Dichtung und Wahrheit* II 6 (FA I 14, S. 266).

25,28 *Dichtung und Wahrheit* III 13 (FA I 14, S. 623).

25,32 FA I 24, S. 415 ff.; vgl. FA I 4, S. 686 ff., sowie I 5, S. 1148 ff.

27,15 *Dichtung und Wahrheit* II 7 (FA I 14, S. 309).

28,1 Vgl. FA I 1, S. 729.

28,5 FA I 1, S. 729-734.

28,9 Otto, *Eckermann*, S. 41.

29,20 *Dichtung und Wahrheit* II 8 (FA I 14, S. 355).

30,12 HA Briefe 1, S. 101 (vgl. FA I 1, S. 95).

31,6 *Neujahrslied* (FA I 1, S. 81).

31,11 FA I 1, S. 96.

34,21 Ungern-Sternberg, *Schriftsteller*, S. 173.

35,1 FA I 14, S. 289 f.

35,4 BA 7, S. 834.

35,12 BA 7, S. 835. – Justus Möser, *Von dem Faustrecht*, in: Osnabrückische Intelligenzblätter, April 1770.

35,22 BA 7, S. 835.

35,23 Vgl. zur Editionsgeschichte des *Götz* Hermann Bräuning-Oktavio, *Der Erstdruck von Goethes Götz von Berlichingen*, Darmstadt 1923.

36,12 FA I 14, S. 620 f.

37,24 FA I 4, S. 248.

38,3 FA I 4, S. 713.

38,33 III 12 (FA I 14, S. 550 f.).

39,8 *Dichtung und Wahrheit* III 15 (FA I 14, S. 721).

40,15 III 13 (FA I 14, S. 623).

40,29 »An Personen«: »In das Stammbuch von Friedrich Maximilian Moors« (GA 2, S. 195).

43,6 WA IV 2, S. 98.

44,17 FA I 14, S. 563 f.

44,29 Vgl. Herbert G. Göpfert, Artikel »Buchhandel« in Bd. 1 des *Reallexikons der deutschen Literaturgeschichte*; ferner Ungern-Sternberg, *Schriftsteller*, S. 176-202, sowie Gunter Berg, *Die Selbstverlagsidee bei deutschen Autoren im 18. Jahrhundert*, in: AGB 6 (1966), Sp. 1371-1396.

44,31 Goldfriedrich, *Buchhandel* 3, S. 126.

45,20 BA 7, S. 841.

46,12 FA I 4, S. 780 ff.

46,16 *De la littérature allemande*, Berlin 1780 (zitiert nach Leo Schidrowitz, *Der unbegabte Goethe*, o. O. u. J., S. 13).

47,34 Zur zeitgenössischen Wirkung sowie zur Inszenierungsgeschichte vgl. Dieter Borchmeyer in FA I 4, S. 780-794.

48,14 MA 5, S. 122 f.

49,7 Die Farce *Götter Helden und Wieland* erschien in mehreren Ausgaben 1774 in Leipzig, auf Betreiben von J. M. R. Lenz, gedruckt in Kehl am Rhein.

50,4 So S. 101: »härne« statt »härine«; vgl. zu den verschiedenen Drucken Hagen, *Drucke*, S. 110-118.

55,6 Darstellung der Druckgeschichte durch Bernhard Seuffert in: WA I 19, S. 312 ff.

55,10 Ein kleiner Ort in der Nähe von Wetzlar.

55,22 FA I 1, S. 157f.
56,31 FA I 2, S. 456f.
58,6 13. 10. 1774 (nach Bode, *Briefe* 1, S. 69).
58,12 Brief vom August 1775 an Johanna Fahlmer (WA IV 2, S. 284).
58,24 DjG 5, S. 263.
58,27 IV 20 (FA I 14, S. 843).
60,2 WA IV 2, S. 242.
64,19 FA I 4, S. 774.
69,14 *Dichtung und Wahrheit* IV 16 (FA I 14, S. 733 f.).
69,31 FA I 1, S. 257.
70,29 FA I 5, S. 260.
71,32 Hecker, *Maximen* 62.
72,9 FA I 4, S. 631.

72,13 Johann Wolfgang Goethe, *West-östlicher Divan*, hg. v. Hans-J. Weitz, Frankfurt am Main ⁴1981, S. 78.

72,22 Unveröffentlichter Brief Wittgensteins an Ludwig v. Ficker. Mitgeteilt von William Bartley III., in: *Wittgenstein, ein Leben*, München 1983, S. 50.

73,10 Der Brief von Mylius ist enthalten in: Karl Wagner, *Briefe an und von Johann Heinrich Merck*, Darmstadt 1838, S. 53 f.

76,14 Goschen 1, S. 102.
77,10 3. 9. 1783; zitiert nach FA I 1, S. 268.
81,1 Vgl. Flach 1, S. 241.
81,22 Goethe - Carl August 1, S. 12.

81,33 Vgl. Joseph A. von Bradish, *Goethes Beamtenlaufbahn*, New York 1937, S. 70.

82,27 An Charlotte von Stein, 13. 6. 1782 (WA IV 5, S. 341).
83,19 WA IV 6, S. 232.
83,26 Vgl. Flach 1, S. 204, 412-436.
83,34 Flach 1, S. 74 ff., 115 ff., 245 ff.
84,7 HA Briefe 1, S. 316.
84,11 WA IV 5, S. 308.
84,15 FA I 25, S. 311-321.
84,35 WA III 1, S. 93 f.
85,4 HA Briefe 1, S. 199.
85,29 Brief an Charlotte von Stein, 10. 8. 1783 (WA IV 6, S. 39).
86,26 Braun, *Urteil* 1, S. 398 f.

89,6 Im Anhang des ersten Bandes seiner dreibändigen Ausgabe *Goethes Briefe an Charlotte von Stein* hat Julius Petersen zwei Briefe Charlottes an Johann Georg Zimmermann abgedruckt und in den Anmerkungen Zimmermanns Briefe kommentiert (Bd. 1, S. 301 ff.).

89,12   WA I 53, S. 393.

89,21   FA I 1, S. 250.

89,22   HA Briefe 1, S. 233.

89,28   HA Briefe 1, S. 239.

90,4   Goethe-Stein (Fränkel) 1, S. 5.

90,29   Reisetagebuch vom 30. 10. 1775 (WA III 1, S. 8 f.).

91,3   FA I 2, S. 409.

91,13   FA I 4, S. 446.

91,15   Aus einem Brief Friedrich von Müllers an Julia von Egloffstein, 19. 9. 1823 (Grumach, *Müller*, S. 300).

91,19   WA III 1, S. 51.

91,24   FA I 1, S. 608.

92,15   An Zimmermann, 8. 3. 1776 (Bode, *Briefe* 1, S. 169).

92,18   FA I 1, S. 230.

92,23   WA IV 3, S. 45 f.

93,16   FA I 1, S. 229.

94,15   *Tagebuch der Italienischen Reise* (WA III 1, S. 227).

94,20   WA III 1, S. 227.

95,2   Im Brief an Charlotte von Stein, Weimar, 29. 6. 1776 (vgl. FA I 1, S. 231).

95,5   Beilage zum Brief Ilmenau, 22. 7. 1776 (vgl. FA I 1, S. 232).

95,31   *Tagebuch ... für Frau von Stein*.

97,9   In »Schicksal der Handschrift« zur *Metamorphose der Pflanzen* (FA I 24, S. 414 f.).

97,18   FA I 1, S. 589.

97,24   Bericht Kanzler von Müllers (nach Grumach, *Müller*, S. 334).

97,29   FA I 2, S. 702; vgl. dort zur Entstehung S. 1219-1222.

97,31   In *Geneigte Teilnahme an den Wanderjahren* (SzL 3, S. 305).

98,17   Friedenthal, S. 262.

99,19   *Zueignung* (FA I 1, S. 9 ff., Eibls Kommentar S. 747 ff.). Die ›Notmaßnahme‹ erklärt Eibl so: »Goethe hatte 1786 für den ersten, den *Werther* enthaltenden Band [der Ausgabe bei Göschen] eine ›Zueignung an das deutsche Publikum‹ angekündigt, kam damit aber nicht zurecht: ›Meine angefangne *Zueignung an's deutsche Publikum* werf ich ganz weg und mache eine neue, sobald die *Iphigenie* fertig ist‹ (*Tagebuch der Italienischen Reise für Frau von Stein*, 23. 9. 1786). Am 25. 1. 1787 geht das Gedicht dann an Herder, der die *Schriften* [in der Abwesenheit Goethes] »mitbetreute: ›Es wird auf das vorstehende Blatt nur gesetzt *Zueignung*, nicht *Zueignung an das deutsche Publikum*, wie es in der Anzeige hieß. Was ich damals im Sinn hatte, habe ich nicht ausgeführt ... Ich wünsche indes, daß Du billigen mögest, daß ich den Eingang des großen Gedichts hierher setze.‹«

101,6 WA III 1, S. 113.

101,22 Verse 1119-1126 (FA I 5, S. 765).

101,28 So Goethe über den »eigentlichen Sinn« des *Tasso*, nach dem Bericht von Caroline Herder, in einem Brief an ihren Mann vom 20. 3. 1789.

102,13 An Auguste Gräfin zu Stolberg, 19. 9. 1775 (DjG 5, S. 260).

102,31 WA III 1, S. 13.

103,6 FA I 5, S. 603; Vers 1652.

103,14 FA I 1, S. 229 f. und Kommentar.

103,22 HA Briefe 1, S. 212.

103,34 Verse 27-36 (FA I 1, S. 230 f.).

104,5 Verse 39-48.

104,8 Vers 51 f.

104,21 Viktor Hehn, *Über Goethes Gedichte*, Stuttgart / Berlin 1911, S. 125-129.

104,27 FA I 1, S. 240 und 311.

105,6 *Urworte. Orphisch* (FA I 2, S. 501).

105,20 FA I 1, S. 302.

105,25 FA I 1, S. 966.

107,2 HA Briefe 3, S. 426.

107,10 FA I 2, S. 473.

107,24 FA I 2, S. 473 f.

108,1 SzL 1, S. 251.

108,2 SzL 1, S. 255.

108,16 WA III 1, S. 74.

110,2 FA I 5, S. 116.

110,9 WA I 5/1, S. 265.

110,32 WA I 42/2, S. 57 (*Wiederholte Spiegelungen*).

112,12 An Charlotte von Lengefeld, 25. 12. 1786 (Bode, *Briefe* 1, S. 325).

112,21 HA Briefe 2, S. 9.

112,30 WA IV 8, S. 14-16.

112,32 WA IV 8, S. 16 f. (QuZ 1, S. 34 f.).

113,13 Vgl. *Johann Friedrich Unger. Denkmal eines berlinischen Künstlers von seinem Sohne*, Berlin 1805 (Neuauflage 1926); Biedermann, *Unger*.

113,28 Goschen 1, S. 106.

114,8 FA I 4, S. 547.

114,11 WA III 1, S. 77.

114,17 WA I 20, S. 41.

114,20 WA I 53, S. 299.

114,26 Grumach, *Müller*, S. 141.

115,20 Gustav Bohadti, *Friedrich Johann Justin Bertuch*, Berlin 1970, S. 26.

117,19 WA IV 8, S. 282 f.

119,24 Goschen 1, S. 106 f.

120,23 QuZ 1, S. 9 f.; vgl. auch Ludwig Geiger, *Aus Göschens und Bertuchs Correspondenz*, in: GJb 2 (1881), S. 395-409.

120,31 WA IV 7, S. 237.

121,8 Der Vertrag ist vollständig abgedruckt in QuZ 1, S. 203-205. § 1 lautet: »Die nunmehr gedruckte und hierbey geheftete Ankündigung enthält das Verzeichniß derjenigen bisher sowohl gedruckten als ungedruckten Schriften, von welchen Herrn Göschen der Verlag zugesichert wird; sie enthält auch das bedingte Versprechen: daß der Verfaßer, wenn es ihm an Muße nicht fehlen sollte, das mögliche thun wird, um den vier lezten Bänden eine vollkommnere Gestalt zu geben, als es der Anzeige nach geschehen würde. Es versteht sich von selbst, daß alsdann, wenn einige der noch unvollendeten Stücke vollendet würden, andere dagegen aus der Sammlung bleiben müßten, wovon man gegenwärtig jedoch noch nichts sagen kann; genug, daß es des Verfaßers Absicht ist, die vier letzten Bände denen vier ersten an innerm Gehalt so viel als möglich gleich zu machen.« § 6: »Das Format ist wie das vorige Himburgische, klein Octav mit deutschen Lettern, neue Schrift auf schönes Schreibpapier, sauber und geschmackvoll gedruckt. Die Anzahl der Exemplarien, verlangt der Verfaßer nach geendigtem Druck zu wissen, ob er gleich den Verleger nicht einschränken will.« § 9: »Uebrigens überläßt der Verfaßer die Einrichtung des Drucks und die Verschönerung des Werks ganz dem Hrn. Verleger, doch wünscht er einige Proben von Prosa und Versen gedruckt zu sehen; dazu der Herr Verleger einige Stellen nach Belieben wählen kann.«

121,25 Hg. v. Siegmund Frhr. von Bibra, 1785-92, St. 6, S. 575-578 (nach QuZ 1, S. 22).

123,21 QuZ 1, S. 23 f.

124,16 QuZ 1, S. 25.

125,28 Am 17. 1. 1787 (QuZ 1, S. 58); gemeint ist Adam Friedrich Geißler (1757-1800), Verfasser von Trivialromanen.

125,31 Vgl. Hagen, *Werke*, S. 100. Hier eine Übersicht über den Absatz:

	Ausgelieferte Exemplare	Zurückgegebene Exemplare	Verkaufte Exemplare
Bd. 1-8 auf Subskription	692 (davon 80 verschenkt)	9	603
Bd. 1-4	602	66	536
Bd. 5	518	40	478
Bd. 8	417	–	417

126,16 WA IV 8, S. 344.

126,25 WA IV 8, S. 282 f.
127,31 SzL 3, S. 279.
130,5 SzL 1, S. 12.
130,10 An C. A. Böttiger, 2. 6. 1797 (WA IV 12, S. 135).
131,14 Goethe-Stein 2, S. 393.
133,31 In WA I 19, S. 325-327 detaillierte Übersicht über die Abweichungen; dann Hagen, *Drucke*, S. 6.
136,14 Lieselotte Blumenthal, *Die Tasso-Handschriften*, in: GJb 12 (1951), S. 89-125.
137,2 Nach QuZ 1, S. 170.
137,6 Am 29. 6. 1789.
140,4 FA I 24, S. 416 f.
142,23 L. Gerhardt, *K. A. Böttiger und G. J. Göschen im Briefwechsel*, Leipzig 1911, S. 12 f.
143,24 Christoph Martin Wieland, *Sämmtliche Werke*, Bd. 1, Leipzig: Georg Joachim Göschen 1794, S. VI f.
147,14 Goschen 2, S. 39.
148,34 Friedrich Sengle, *Wieland*, Stuttgart 1949, S. 459.
149,23 Goschen 2, S. 58.
150,2 Christoph Martin Wieland, *Werke*, Bd. 3: *Geschichte des Agathon*, hg. v. Klaus Manger, Frankfurt am Main 1986, S. 915.
152,34 Goschen 1, S. 325
153,26 Goschen 1, S. 333.
156,3 FA I 1, S. 587.
154,14 SNA 1, S. 344.
154,20 Göschens Äußerung zu Bertuch in: GJb 2 (1881), S. 400.
154,30 *Schicksal der Handschrift* (zur *Metamorphose der Pflanzen*); FA I 24, S. 416.
155,9 Karl Goedeke, *Grundriß zur Geschichte der deutschen Dichtung*, Bd. 4, Dresden 1901, S. 518 (Nr. 422).
155,20 FA I 24, S. 416.
155,29 Goschen 1, S. 200 und 206.
163,10 *Italienische Reise* (Michel, S. 193).
163,13 *Italienische Reise* (Michel, S. 291).
163,20 GA 11, S. 464.
164,15 FA I 14, S. 893.
164,25 FA I 24, S. 414 f.
164,35 WA IV 9, S. 15.
165,3 An Körner, 12. 9. 1788 (SNA 25, S. 107).
165,27 *Tag- und Jahres-Hefte* zu 1789 (WA I 35, S. 12 f.).
166,4 *Italienische Reise* (Michel, S. 639).

168,10 *Campagne in Frankreich* (WA I 33, S. 261).

168,19 Hecker, *Maximen* 998.

170,1 Zu Eckermann, 27. 4. 1825 (Otto, *Eckermann*, S. 496).

170,12 FA I 5, S. 54.

170,27 4. 1. 1824 (Otto, *Eckermann*, S. 472).

171,15 WA I 35, S. 10 f.

171,32 In: ›Journal des Luxus und der Moden‹, hg. v. F. J. Bertuch und G. M. Kraus, Bd. 5 (1790), Weimar und Gotha 1790, S. 3-47.

175,10 Zitiert nach *Stundenbuch für Letternfreunde*. Gesammelt und herausgegeben von Horst Kliemann. Mit einem Vorwort von Ernst Penzoldt, Berlin und Frankfurt am Main 1954, S. 158.

181,15 WA I 33, S. 261 f.

183,11 1. 6. 1791 (QuZ 1, S. 227 f.).

184,6 Otto, *Eckermann*, S. 389.

184,15 *Bedeutende Fördernis durch ein einziges geistreiches Wort* (FA I 24, S. 595-599; hier S. 597).

184,22 FA I 25, S. 41.

185,7 *Der Bürgergeneral*, 14. Auftritt (WA I 17, S. 307).

186,20 Caroline Herder an Goethe, 2. 6. 1793 (J. G. Herder, *Briefe*, hg. v. Karl Heinz Hahn, Bd. 7, Weimar 1982, S. 45).

188,13 WA I 18, S. 41 ff.

190,21 Otto, *Eckermann*, S. 472.

191,9 Adolf Muschg, »*Die Aufgeregten*« von Goethe. Politisches Drama in 40 Auftritten, Zürich 1971, S. 68. Nach Friederikes Ausruf »Die Revolution findet statt« liest Jakob das wörtliche Zitat der Eckermannschen Niederschrift vor.

191,35 Peter Demetz, Goethes »*Die Aufgeregten*«. Zur Frage der politischen Dichtung in Deutschland, Hannoversch-Münden 1952, S. 9.

192,35 Vgl. WA IV 15, S. 52, sowie QuZ 1, S. 357.

194,20 WA III 1, S. 34.

195,26 *Lehrjahre* V 3 (WA I 22, S. 149).

197,8 *Tag- und Jahres-Hefte* zu 1794 (WA I 35, S. 35 f.).

200,12 II 5 (WA I 20, S. 262).

202,7 SNA 28, S. 270.

202,31 Jean Paul, *Vorschule der Ästhetik*, Hamburg 1804, »Zweite oder Jubilate Vorlesung«.

202,35 Jürgen Habermas, *Strukturwandel der Öffentlichkeit*, Frankfurt am Main 1990.

205,13 WA IV 24, S. 202 (QuZ 1, S. 488).

210,19 FA I 1, S. 506.

212,16 Goethe - Zelter 6, S. 162.

213,13 WA IV 12, S. 58 (QuZ 1, S. 327).
213,15 WA IV 12, S. 79.
213,29 Loram, S. 49.
213,32 Vgl. Biedermann / Herwig 1, S. 669.
213,34 Thomas Bernhard, *Die Macht der Gewohnheit*, in: *Die Stücke*, Frankfurt am Main 1983, S. 286.
220,26 Wolzogen, *Schiller* 2, S. 172.
221,18 Böttiger, S. 77 und 79.
221,21 An Staatsrat Schultz, 8. 7. 1823 (WA IV 37, S. 123).
222,25 Böttiger, S. 74 f.
223,12 WA I 50, S. 267.
225,11 WA IV 12, S. 11.
229,23 August Wilhelm Schlegel, in: ›Allgemeine Literatur Zeitung‹, Jena und Leipzig 1797, 11., 12. und 13. 12.
229,31 Wilhelm von Humboldt, *Über Göthe's »Herrmann und Dorothea«*, in: *Ästhetische Versuche*. Erster Teil, Braunschweig 1799, S. 1.
233,22 Vgl. Siegfried Unseld, *Der Autor und sein Verleger*, Frankfurt am Main 1978, S. 27 f.
236,2 Vollmer, S. VII.
236,26 Varnhagen von Ense, *Denkwürdigkeiten des eignen Lebens* I-III (*Werke*, Bde. 1-3), hg. v. Konrad Feilchenfeldt, Frankfurt am Main 1988; hier: Bd. 1, S. 571.
238,2 Vollmer, S. VI.
238,13 Vollmer, S. VII.
238,29 Goethe - Cotta 3/1, S. 13.
239,24 Cotta ließ sie von dem Stuttgarter Maler Gottlieb Schick porträtieren, dem mit diesem Bild ein Meisterwerk gelang, das das Etikett »Die schwäbische Récamier« erhielt (Abbildung im Farbbildteil).
240,10 Wiedergegeben nach Lohrer, S. 52 f.
241,8 Theodor Heuss, *Von Ort zu Ort. Wanderungen mit Stift und Feder*, hg. v. Friedrich Kaufmann und Hermann Leins, Tübingen 1959, S. 31.
244,6 Goschen 2, S. 58.
247,20 10. 2. 1789 (SNA 25, S. 201).
254,22 Seine tödliche Kränkung.
255,16 Lohrer, S. 55.
256,9 Cotta im Dezember 1826 an Eduard Gans; zitiert nach F. J. Frommann, *Geschichte des Börsenvereins der Deutschen Buchhändler*, Leipzig 1875, S. 82. Vgl. auch Lohrer, S. 88, und Goethe - Cotta 3/1, S. 15.
257,17 Entnommen J. D. Widemann, *Meine Wanderungen in Schwaben*, Erfurt 1811, S. 12 f.
261,22 SNA 27, S. 15.

265,5 SNA 22, S. 106.
265,34 »Contract«, Punkte 4 und 9 (SNA 27, S. 208).
267,22 An Körner, 29. 12. 1794 (SNA 27, S. 112).
267,27 19. 2. 1795 (SNA 27, S. 146).
274,4 SNA 28, S. 93.
275,12 An Cotta, 16. 11. 1795 (SNA 28, S. 104).
275,19 An W. v. Humboldt (SNA 28, S. 124).
277,10 SNA 37/1, S. 91 f.
280,31 An Louise Brachmann, 5. 7. 1798 (SNA 29, S. 251).
284,18 SNA 36/1, S. 63.
284,33 SNA 28, S. 151.
285,27 SNA 28, S. 181 f.
285,30 SNA 28, S. 175.
287,3 FA I 1, S. 492.
289,20 MA 19, S. 271.
294,4 FA I 1, S. 503.
294,8 FA I 1, S. 572.
294,15 FA I 1, S. 574.
297,24 An Körner, 12. 8. 1787 (SNA 24, S. 110).
298,5 An Körner, 10. 9. 1787 (SNA 24, S. 152).
298,7 Dies war auf Wielands Familie gemünzt.
298,13 An Körner, 29. 8. 1787 (SNA 24, S. 149).
301,26 FA I 24, S. 437.
303,15 Nach Brechts *Arbeitsjournal*, Bd. 2, Frankfurt am Main 1973, S. 795 ff.
304,13 23. 12. 1794 (SNA 35, S. 117).
306,7 WA IV 12, S. 289.
316,7 Biedermann / Herwig 1, S. 887.
316,13 Rudolf Alexander Schröder, *Goethes »Natürliche Tochter«*, in: Mayer, *Spiegelungen*, S. 242.
317,3 Dolf Sternberger, *Parabel von der Verfolgung. Gedanken zu Goethes »Natürlicher Tochter«*, in: Frankfurter Allgemeine Zeitung, 4. 12. 1982.
322,15 Goethe - Carl August 1, S. 331.
324,31 In vielen Ausgaben des Briefwechsels zwischen Goethe und Schiller bleibt der Ausdruck »Aufsatz« unerklärt. Emil Staiger notiert in seiner Ausgabe des Briefwechsels: »Aufsatz – unbekannt«. *Der Briefwechsel zwischen Schiller und Goethe*, hg. v. Emil Staiger, Frankfurt am Main 1966, S. 1034. So unbekannt ist der Begriff freilich nicht. Aufsatz kommt von Aufsetzen. Er bedeutet schriftlich Aufgesetztes. Zur Goethezeit war der Begriff Aufsatz für den ersten Entwurf eines Schriftstückes und für ein Verzeichnis üblich. Das Grimmsche Wörterbuch notiert für Aufsatz: Satzung, Auflage,

impositio, statutum, traditio – und zitiert Matth. 15,2 in der Luther-Übersetzung: »Warum übertreten deine Jünger der Ältesten Aufsätze?«

325,9 Goethe-Cotta 3/1, S. 193 f.
327,15 Nach QuZ 1, S. 377-379.
328,11 QuZ 1, S. 379 f.
333,24 QuZ 1, S. 399 f.
335,7 Goschen 2, S. 228.
335,35 *Goethes Gespräche*, hg. v. F. Frhr. v. Biedermann, Frankfurt am Main 1957, S. 178.
337,28 WA I 25, S. 191.
340,19 Otto, *Eckermann*, S. 180.
346,14 Goethe-Cotta 3/1, S. 202.
346,22 Goethe-Cotta 3/1, S. 202.
350,34 Goethe-Cotta 3/1, S. 211.
354,17 24.2.1806 (Goethe-Cotta 1, S. 135).
358,15 Goethe-Cotta 3/1, S. 217.
360,19 SzL 3, S. 283.
361,13 WA I 20, S. 107.
362,2 Otto, *Eckermann*, S. 341.
362,27 Wilhelm Kurrelmeyer, *Die Doppeldrucke von Goethes Werken, 1806-1808*, in: MLN 26 (1911), S. 133-137. Kurrelmeyer hat sich in mehreren Publikationen ausführlich mit der Frage der Doppeldrucke beschäftigt: *Zu den Doppeldrucken von Goethes Werken*, in: MLN 27 (1912), S. 174-176; *Die Doppeldrucke der zweiten Cotta'schen Ausgabe von Goethes Werken*, in: MLN 31 (1916), S. 275-280; *Zu den Doppeldrucken der Goethe-Ausgabe 1806*, in: MLN 43 (1928), S. 245-246; *Doppeldrucke von Goethes Neuen Schriften 1792-1800*, in: MLN 47 (1932), S. 281 bis 292; *Doppeldrucke der Goethe-Ausgabe letzter Hand*, in: MLN 61 (1946), S. 145-153; *Doppeldrucke von Goethes Tasso, 1816*, in: MLN 31 (1916), S. 94-95.
362,32 GJb 28 (1966), S. 179-196.
363,11 Braun, *Urteil* 3, S. 128-148; hier S. 147.
364,1 Der vollständige Text lautet:
Ew Wohlgeboren
freundliches Schreiben besucht mich zu einer ganz behaglichen Epoche. Wenn Titel und Vorwort an den Drucker abgeliefert sind; so fühlt man sich einen Augenblick frey und ledig und eine solche gute Stunde wird nicht besser als zu einer treulichen Erwiederung verwendet.
Möge jenes Werckchen aufgenommen werden wie es gegeben wird! seit einiger Zeit klingen mir so viele theilnehmenden Stimmen aus dem Publicum daß ich wohl für diesen Band das Beste hoffen darf. Der zweyte kann Ostern erscheinen; er wird unsre Winter Beschäftigung seyn.

Der Erbprinzeß von Mecklenburg Durchl. meine Verehrung und Anhänglichkeit öffentlich zu bezeigen muß mir denn doch zuletzt gelingen und alsdann ist kein schicklicherer Weeg als durch den Damenkalender, ich dancke daher daß Sie die Zueignung zu jenem Zwecke offen gelassen haben.

Was den Abdruck meiner Wercke in kleinem Formate betrifft; so wünschte ich daß Ew Wohlgeboren die Ankündigung so lange zurückhielten, bis Sie mir nähere Auskunft deshalb gegeben. Daß ein solcher Abdruck mit, oder bald nach jener Octav Ausgabe erschiene dazu konnte ich wohl meine Einwilligung geben, daß sie aber so spät hervortreten soll scheint mir in mancher Rücksicht bedencklich.

Sollte es nicht besser, wircksamer und vortheilhafter seyn, gleich jetzt zu einer correckten, und completen Auflage zu schreiten, die um so vollständiger seyn könnte, als meine Confessionen den Weg bahnen, manches was für sich nicht bestünde als einen Theil des Ganzen aufzustellen.

Die Sache ist schon früher überdacht und vorgearbeitet und ich bitte mir Ihr einsichtiges Urteil darüber aus; da sie mir bedeutend vorkommt; so sende ich gegenwärtiges durch Estafette; eine gefällige Antwort könnte mir wohl die reitende Post bringen.

Eine Assignation auf 400 rt habe ich in diesen Tagen (den 21 S.) auf Herrn Frege zugestellt; nun aber wünschte ich vor allen Dingen meine Schuld zu tilgen, die ich ungern aufwachsen sehen, um sodann mit mehrerer Geistesfreyheit, in vorkommenden Fällen, mich des mir so zutraulich gegönnten Credits fernerhin bedienen zu dürfen.

Für die fortgesetzte Sendung des Morgenblats, wie der allgemeinen Zeitung nicht weniger für die schönen Verlagsartikel, die ich erst nach meiner Rückkunft recht genossen und genützt dancke zum verbindlichsten.

Der ich recht wohl zu leben wünsche und mich zu geneigtem Andenken bestens empfehle

W. den 28. Sept 1811

Goethe

(Goethe / Cotta 1, S. 229 f.)

Das Faksimile der Handschrift befindet sich auf S. 264-267.

370,32   19.2.1829 und 1. 2. 1827 (Otto, *Eckermann*, S. 203 und 205).

371,9   Otto, *Eckermann*, S. 464.

371,12   E. H. du Bois-Reymond, *Goethe und kein Ende*, Berlin 1882, S. 29.

371,18   An Eckermann 2. 5. 1824 (J. P. Eckermann, *Gespräche mit Goethe*, hg. v. Fritz Bergemann, Wiesbaden 1955, S. 106 f.).

372,17   Otto, *Eckermann*, S. 100.

373,20   SzL 2, S. 53.

374,25   FA I 14, S. 12.

376,31 WA III 4, S. 120.
377,7 FA I 14, S. 931 f.
377,23 WA IV 21, S. 408 f.
380,14 WA III 12, S. 329.
381,18 Friedrich von Müller / Marcel Reich-Ranicki, *Betrifft Goethe. Rede (1832) und Gegenrede (1982)*, Zürich und München 1982, S. 68 ff.
383,22 WA III 3, S. 391.
384,9 Grumach, *Müller*, S. 285.
385,11 Otto, *Eckermann*, S. 323.
385,27 Otto, *Eckermann*, S. 579.
386,14 2.12.1808 (Goethe-Cotta 1, S. 187).
386,23 WA IV 19, S. 377.
388,6 WA IV 9, S. 124.
389,5 *Die Erinnerungen der Karoline von Jagemann*, hg. v. Eduard von Bamberg, Dresden 1926, S. 97.
389,19 WA III 3, S. 174.
394,33 Goethe-Cotta 1, S. 148 f.
396,28 WA IV 20, S. 102 f.
397,8 FA I 1, S. 399.
397,23 FA I 1, S. 641.
398,18 Ursprünglich Fünfte Elegie, 1. Fassung (FA I 1, S. 404).
400,11 22.5.1816 (Goethe-Christiane 2, S. 397).
400,20 WA III 5, S. 239.
404,8 Goethe-Cotta 3/1, S. 265.
406,17 HA 12, S. 81.
407,13 HA 12, S. 84.
408,18 HA 12, S. 42.
408,22 *Über Wahrheit und Wahrscheinlichkeit der Kunstwerke* (WA I 47, S. 257-266; hier S. 262.)
409,22 Hecker, *Maximen* 1113.
409,30 GA 13, S. 245.
409,33 HA 12, S. 34.
414,7 Otto, *Eckermann*, S. 631.
416,5 *Des Epimenides Erwachen*, Berlin 1815, S. 7.
417,12 GA 22, S. 713 ff.
425,1 Bode, *Briefe* 2, S. 417.
426,2 *Des Epimenides Erwachen*, Berlin 1815, S. 66.
430,13 Bode, *Briefe* 2, S. 645.
431,17 WA III 5, S. 111.
432,27 WA I 36, S. 91.
433,19 WA I 7, S. 143.

433,23 Boisserée, *Tagebücher* 1, S. 314.
434,15 Alle *Divan*-Zitate nach Johann Wolfgang Goethe, *West-östlicher Divan*, hg. v. Hans-J. Weitz, Frankfurt am Main ⁴1981.
435,10 WA I 7, S. 154 f.
436,4 Boisserée, *Tagebücher* 1, S. 234.
438,10 Vgl. die frühe Hymne *Mahomet* (siehe FA I 4, S. 249 ff.).
441,28 WA IV 25, S. 28.
442,9 WA IV 24, S. 148.
442,17 Wie Kanzler von Müller am 24. 2. 1819 vermerken sollte.
443,18 WA I 7, S. 1.
444,1 K. E. Ölsner, *Mahomed. Darstellung des Einflusses seiner Glaubenslehre auf die Völker des Mittelalters*. Aus dem Französischen übersetzt von E. D. M., Frankfurt 1810.
444,28 WA I 7, S. 39.
445,20 WA I 36, S. 102.
445,35 WA III 5, S. 179.
447,32 Grimm, *Goethe und Suleika*, in: Preuß. Jahrbücher 24 (1869), S. 13.
450,8 WA III 5, S. 183 f.
452,31 WA III 5, S. 186.
453,7 SzL 3, S. 309.
454,9 WA IV 48, S. 156.
458,11 Heinrich Heine, *Werke und Briefe*, hg. v. Hans Kaufmann, Berlin 1961, Bd. 5: *Die romantische Schule*, S. 58.
461,35 SzL 3, S. 306.
465,28 SzL 3, S. 342.
467,2 SzL 3, S. 342.
473,23 Die Angaben nach QuZ 1, S. 611.
474,8 QuZ 1, Nr. 1472.
474,24 Goethe an Frommann, 21. 1. 1819 (WA IV 31, S. 67).
478,3 Steinhilber, S. 121.
483,5 WA I 3, S. 19.
483,18 WA I 3, S. 20.
483,29 Eckermann am 1. 12. 1831 (Otto, *Eckermann*, S. 659).
485,11 WA III 9, S. 109.
485,16 WA I 3, S. 21.
486,12 WA I 3, S. 27.
486,25 FA I 2, S. 461.
487,18 Grumach, *Müller*, S. 189.
489,17 14. 3. 1830 (Otto, *Eckermann*, S. 630 f.).
490,7 Elsie M. Butler, *Byron and Goethe. Analysis of a Passion*, London 1956, S. 68.

490,35 Otto, *Eckermann*, S. 631.
494,21 WA I 36, S. 291.
495,32 WA III 12, S. 7, 15.
499,1 WA III 13, S. 30.
500,14 WA III 12, S. 260.
502,18 »Vorrede« zum 3. Teil der *Gespräche mit Eckermann*.
502,32 Otto, *Eckermann*, S. 11.
503,10 Otto, *Eckermann*, S. 33.
505,5 Vgl. »Einleitung« der *Gespräche mit Eckermann* und erster Besuch bei Goethe (Otto, *Eckermann*, S. 24-32).
506,5 Otto, *Eckermann*, S. 33 f.
508,1 Friedenthal, S. 658 f.
508,27 Hecker, *Maximen* 719.
509,5 Grumach, *Müller*, S. 191.
511,6 Nach Biedermann / Herwig 3 / 2, S. 839; dort: »Mon œuvre est celle d'un être collectif et elle porte le nom de Goethe.«
513,2 Hermann Hesse, *Ausgewählte Briefe*, Frankfurt 1987, S. 229 ff.
513,13 Goethe-Cotta 3/2, S. 298.
519,31 WA IV 39, S. 3.
520,3 WA IV 39, S. 3.
520,20 Fröbe, S. 1582, Anm. 226.
522,35 WA IV 39, S. 82-85.
523,27 GJb 5 (1884), S. 254.
524,12 Fröbe, S. 1586-1591.
524,19 In Fröbes Bericht werden die Stellungnahmen der einzelnen Gesandten ausführlich wiedergegeben, die Fürsprache des preußischen Gesandten und der erbitterte Widerstand Bayerns und Württembergs. Fröbe, S. 1562-1571, 1578-1602, analysiert das literarische Urheberrecht zur Zeit Goethes, den Einfluß der Rechts- oder vielmehr Unrechtslage auf das Verhältnis von Autoren zu Verlegern, und er untersucht die Geschichte der Realisierung des Privilegs für Goethe.
527,13 Fröbe, S. 1594.
527,14 Wilhelm Bode, *Goethe in Beruf und Erwerb*, in: Propyläen 5, Nr. 7 (1907), S. 99.
527,28 WA IV 40, S. 198 f.
530,3 Hans Heinrich Borcherdt, *Das Schriftstellertum von der Mitte des 18. Jahrhunderts bis zur Gründung des Deutschen Reichs*, in: Schriften des Vereins für Sozialpolitik 152, hg. v. Ludwig Sinzheimer, München 1922, S. 63.
533,21 WA IV 39, S. 196 f. (QuZ 2, S. 177 f.).
539,30 Friedenthal, S. 671.

543,15 WA III 10, S. 102.
546,16 Goethe-Cotta 1, S. 190.
548,16 Hagen, *Werke*, S. 55.
548,32 Fasz. GSA Goethe, abgg. Briefe 568 (zitiert bei Goethe-Cotta 3/2, S. 138).
549,7 WA IV 40, S. 243 (QuZ 2, S. 297).
550,3 WA IV 40, S. 241 f.
551,18 QuZ 2, S. 304 f.
552,8 WA IV 40, S. 273 (QuZ 2, S. 306).
552,11 Boisserée, *Tagebücher* 2, S. 5.
554,7 WA IV 40, S. 283 (QuZ 2, S. 308).
554,23 Goethe-Cotta 2, S. 155.
555,10 WA IV 41, S. 129 (QuZ 2, S. 371).
556,4 Goethe-Cotta 2, S. 163-165.
559,9 Goethe-Cotta 2, S. 163.
560,9 QuZ 2, S. 443.
565,22 WA I 42/1, S. 112.
565,25 In FA I 10, S. 799-845, eine Auswahl der »Kompositions-Entwürfe«.
566,22 Zitiert nach *Goethes Gespräche*, hg. v. F. Frhr. von Biedermann, 5 Bde., Leipzig 1909, S. 518.
566,30 Conrady 2, S. 474.
567,6 Grumach, *Müller*, S. 169.
567,12 Bei Eckermann auf Mozart, Raffael und Byron bezogen.
567,15 11. 3. 1828 (Otto, *Eckermann*, S. 587).
567,27 Müller an Friedrich Rochlitz, 15. 11. 1830. Vgl. Karl Heinz Hahn, *Goethe beim Tode seines Sohnes*, in: GJb 18 (1956), S. 180-189; hier S. 180.
568,17 1. Jahrgang (1829/30), Nr. 27.
569,17 Zu Eckermann, 14. 2. 1830 (Otto, *Eckermann*, S. 340).
574,5 Bode, *Briefe* 3, S. 167.
574,11 WA IV 38, S. 86.
575,22 Bode, *Briefe* 3, S. 167.
575,34 Bode, *Briefe* 3, S. 175.
579,33 WA IV 38, S. 329.
580,6 WA III 9, S. 204.
581,12 WA IV 9, S. 221, 227, 242 u. ö.
581,30 WA IV 49, S. 282.
582,25 Hecker, *Maximen* 279.
583,12 SNA 29, S. 145 f.
584,3 20. 10. 1797.
584,9 30. 10. 1797 (SNA 37/1, S. 170).

584,13 27. 6. 1797 (SNA 37/1, S. 52).
585,7 WA III 9, S. 246.
586,7 FA I 24, S. 436.
595,10 Goethe-Cotta 2, S. 226.
596,25 WA IV 44, S. 13-15.
598,33 Schillers so charakteristischer Brief vom 23. 11. 1800 an Charlotte von Schimmelmann ist veröffentlicht in: SNA 30, S. 212-215. Die wichtigsten Passagen dieses Briefes lauten:
Dieses und einige Aeuserungen in Ihrem Briefe führen mich natürlich auf meine Bekanntschaft mit Göthen, die ich auch jezt, nach einem Zeitraum von sechs Jahren, für das wohlthätigste Ereigniß meines ganzen Lebens halte. Ich brauche Ihnen über den Geist dieses Mannes nicht zu sagen. Sie erkennen seine Verdienste als Dichter, wenn auch nicht in dem Grade an, als ich sie fühle. Nach meiner innigsten Überzeugung kommt kein anderer Dichter ihm an Tiefe der Empfindung und an Zartheit derselben, an Natur und Wahrheit und zugleich an hohem Kunstverdienste auch nur von weitem bei. Die Natur hat ihn reicher ausgestattet als irgend einen der nach Shakespear aufgestanden ist. Und außer diesem, was er von der Natur *erhalten*, hat er sich durch rastloses Nachforschen und Studium mehr *gegeben* als irgend ein anderer. Er hat es sich 20 Jahre mit der redlichsten Anstrengung sauer werden lassen, die Natur in allen ihren drey Reichen zu studieren und ist in die Tiefen dieser Wißenschaften gedrungen. Ueber die Physik des Menschen hat er die wichtigsten Resultate gesammelt und ist auf seinem ruhigen einsamen Weg den Entdeckungen voraus geeilt, womit jezt in diesen Wißenschaften soviel Parade gemacht wird. In der Optik werden seine Entdeckungen erst in künftiger Zeit ganz gewürdigt werden, denn das Falsche der Newtonischen Farbenlehre hat er bis zur Evidenz demonstriert, und wenn er alt genug wird, um sein Werk darüber zu vollenden, so wird diese Streitfrage unwiderleglich entschieden seyn. Auch über den Magnet u[nd] die Electricität hat er sehr neue und schöne Ansichten. So ist er auch in Rücksicht auf den Geschmack in bildenden Künsten dem Zeitgeiste sehr weit voraus und bildende Künstler könnten vieles bei ihm lernen. Welcher von allen Dichtern kommt ihm in solchen gründlichen Kenntnißen auch nur von ferne bei, und doch hat er einen großen Antheil seines Lebens in Ministerialgeschäften aufgewendet, die darum, weil das Herzogthum klein ist, nicht klein und unbedeutend sind.
Aber diese hohen Vorzüge seines Geistes sind es nicht, was mich an ihn bindet. Wenn er nicht als Mensch für mich den größten Werth von allen hätte, die ich persönlich je habe kennen lernen, so würde ich sein Genie nur in der Ferne bewundern. Ich darf wohl sagen, daß ich in den 6 Jahren die ich mit ihm zusammen lebte, auch nicht einen Augenblick an seinem

Charakter irre geworden bin. Er hat eine hohe Wahrheit und Biderkeit in seiner Natur, und den höchsten Ernst für das Rechte und Gute; darum haben sich Schwätzer und Heuchler und Sophisten in seiner Nähe immer übel befunden. Diese haßten ihn, weil sie ihn fürchten, und weil er das Flache und Seichte im Leben und in der Wißenschaft herzlich verachtet und den falschen Schein verabscheut, so muß er in der jetzigen bürgerlichen und litterarischen Welt nothwendig es mit vielen verderben.

Es wäre zu wünschen, daß ich Göthen eben so gut in Rücksicht auf seine häußlichen Verhältniße rechtfertigen könnte, als ich es in Absicht auf seine litterarischen und bürgerlichen mit Zuversicht kann. Aber leider ist er durch einige falsche Begriffe über das Häußliche Glück und durch eine unglückliche Ehescheue in ein Verhältniß gerathen, welches ihn in seinem eigenen häußlichen Kreise drückt und unglücklich macht, und welches abzuschütteln er leider zu schwach und zu weichherzig ist. Dieß ist seine einzige Blöße, die aber niemand verletzt als ihn selbst, und auch diese hängt mit einem sehr edeln Theil seines Charakters zusammen.

Ich bitte Sie, meine gnädige Gräfin, dieser langen Aeuserung wegen um Verzeihung; sie betrifft einen verehrten Freund den ich liebe und hochschätze und den ich ungern von Ihnen beiden verkannt sehe. Kennten Sie ihn so wie ich ihn zu kennen und zu studieren Gelegenheit gehabt, Sie würden wenige Menschen Ihrer Achtung und Liebe würdiger finden.

Weimar 23. Nov. 1800.   Schiller.

608,33 Goethe - Zelter 6, S. 359.

617,10 Grumach, *Müller*, S. 176.

621,21 Anton Kippenberg, *Der Wandel der Faustgestalt bis zu Goethe*, in: A. K., *Reden und Schriften*, Wiesbaden 1952, S. 267-291; hier: S. 270.

622,33 II 8 (FA I 14, S. 382).

623,5 FA I 14, S. 185.

623,14 FA I 14, S. 185.

623,17 FA I 14, S. 566.

626,4 *Italienische Reise* (Michel, S. 694 f.).

634,6 Waltraud Hagen in einem Brief an den Verfasser.

634,13 Ernst Grumach, *Prolog und Epilog im Faustplan von 1797*, Weimar 1952. – Ernst Beutler, *Einführung, Worterklärung zu den Faustdichtungen*, Zürich 1950. – Jörn Göres (Beihefte zur Faksimileausgabe von *Faust I* und *II* im Insel Verlag), Frankfurt am Main 1970.

634,17 WA III 10, S. 208.

635,15 29. 1. 1827.

636,1 WA III 10, S. 214.

638,24 Goethe an Reichel (WA IV 43, S. 261).

638,29 Goethe an Reichel am 28. 3. 1828 (WA IV 44, S. 44).

640,34 WA III 12, S. 175.

641,19 WA III 12, S. 175-220.

641,29 7.3.1830 (Otto, *Eckermann*, S. 346).

642,12 Grumach, *Müller*, S. 194.

643,18 WA III 12, S. 343 f.

643,22 WA III 12, S. 345.

644,16 WA III 13, S. 59.

645,4 MA 19, S. 456.

645,12 WA III 13, S. 28.

648,18 Biedermann/ Herwig 3/2, S. 799.

650,14 WA III 13, S. 210.

651,8 Vgl. im Brief an W. von Humboldt vom 1.12.1831: »Gebt ihr euch einmal für Poeten, | so commandirt die Poesie.« (WA IV 49, S. 166.)

651,27 WA III 13, S. 234.

652,24 WA IV 49, S. 282 f.

654,3 Vgl. Heinrich Hubert Houben, *Der ewige Zensor*, Kronberg 1978.

657,12 *Der Bräutigam* (WA I 4, S. 107).

658,28 Am 6.6.1831 (J.P. Eckermann, *Gespräche mit Goethe*, hg. v. Fritz Bergemann, Wiesbaden 1955, S. 472).

LITERATUR- UND ABKÜRZUNGSVERZEICHNIS

Goethe. Werk- und Briefausgaben

A: *Goethe's Werke*, 13 Bde., Tübingen: J. G. Cotta 1806-1810.
B: *Goethe's Werke*, 20 Bde., Stuttgart und Tübingen: J. G. Cotta 1815-1819.
BA: *Goethe. Berliner Ausgabe*, hg. vormals Aufbau-Verlag, Lektorat Deutsches Erbe unter der Leitung von Siegfried Seidel, 22 Bde. und 1 Supplement-Bd., Berlin und Weimar 1956-1978 (^{2}1967-1973; ^{3}1971 ff.) [sog. *Berliner Ausgabe*].
Biedermann, Flodoard Frhr. von (Hg.), *Goethes Gespräche*, 5 Bde., Leipzig 1909.
Biedermann / Herwig: *Goethes Gespräche. Eine Sammlung zeitgenössischer Berichte aus seinem Umgang*, auf Grund der Ausgabe und des Nachlasses von Flodoard Freiherrn von Biedermann ergänzt und hg. v. Wolfgang Herwig, 5 Bde. (in 6), Zürich und Stuttgart 1965-1987.
Biedermann, Unger: *Johann Friedrich Unger im Verkehr mit Goethe und Schiller. Briefe und Nachrichten*. Mit einer einleitenden Übersicht über Ungers Verlegertätigkeit hg. v. Flodoard Freiherrn von Biedermann, Berlin 1927.
Bode, *Briefe*: *Goethe in vertraulichen Briefen seiner Zeitgenossen*, zusammengestellt von Wilhelm Bode, neu hg. v. Regine Otto und Paul-Gerhard Wenzlaff, 3 Bde., München ^{2}1982 (zuerst Berlin und Weimar 1979).
C^1: *Goethe's Werke. Vollständige Ausgabe letzter Hand*, 40 Bde., Stuttgart und Tübingen: J. G. Cotta 1827-1830. – Fortgeführt als: *Goethe's nachgelassene Werke*, 20 Bde. (= Vollständige Ausgabe letzter Hand, Bd. 41-60), hg. v. Johann Peter Eckermann und Friedrich Wilhelm Riemer, Stuttgart und Tübingen: J. G. Cotta 1832-1842 [sog. *Taschenausgabe*].
C^3: *Goethe's Werke. Vollständige Ausgabe letzter Hand*, 40 Bde. Stuttgart und Tübingen: J. G. Cotta 1827-1831. – Fortgeführt als: *Goethe's nachgelassene Werke*, 20 Bde. (= Vollständige Ausgabe letzter Hand, Bd. 41-60), hg. v. Johann Peter Eckermann und Friedrich Wilhelm Riemer, Stuttgart und Tübingen: J. G. Cotta 1833-1842 [sog. *Oktavausgabe*].
DjG: *Der junge Goethe*, hg. v. Hanna Fischer-Lamberg, [neu bearb., 3. Ausgabe], 5 Bde. (und 1 Reg.-Bd.), Berlin bzw. (Bd. 5 und Reg.-Bd.) Berlin und New York 1963-1974.
FA: *Johann Wolfgang Goethe. Sämtliche Werke. Briefe, Tagebücher und*

Gespräche, 40 Bde. (in 41).
  (I. Abteilung: *Sämtliche Werke*, 27 Bde. [in 28],
  II. Abteilung: *Briefe, Tagebücher und Gespräche*, 13 Bde.),
  Frankfurt/Main 1985 ff. (Bibliothek deutscher Klassiker) [sog. *Frankfurter Ausgabe*].
Flach: *Goethes amtliche Schriften. Veröffentlichung des Staatsarchivs Weimar*, hg. v. Willy Flach (Bd. 1) und Helma Dahl (Bde. 2-4), Weimar 1950-1987.
GA: *Johann Wolfgang von Goethe. Gedenkausgabe der Werke, Briefe und Gespräche. 28. August 1949*, 24 Bde., hg. v. Ernst Beutler, 1. Aufl., Zürich 1948-1954, und 3 Erg.-Bde., Zürich und Stuttgart 1960-1971 [sog. *Gedenkausgabe*].
Goethe, Johann Wolfgang, *Das Römische Carneval*. Verkleinerter photomechanischer Nachdruck nach einem unbeschnittenen Exemplar der Erstausgabe von 1789 aus dem Besitz des Goethe-Museums Düsseldorf. Mit einem Nachwort von Harald Keller, Dortmund 1978.
Goethe, Johann Wolfgang, *Das Römische Carneval*, hg. v. Isabella Kuhn, Frankfurt am Main 1984.
Goethe, Johann Wolfgang, *Elegie von Marienbad*. Faksimile einer Urschrift, September 1823. Mit einem Kommentarband herausgegeben von Christoph Michel und Jürgen Behrens in Verbindung mit Wolf von Engelhardt, Renate Grumach, Rudolf Hirsch, Dorothea Kuhn und Ernst Zinn, Frankfurt am Main 1983.
Goethe, Johann Wolfgang, *West-östlicher Divan*, hg. v. Hans-J. Weitz, Frankfurt am Main ⁴1981.
Goethes Römische Elegien, nach der ältesten Handschrift, hg. v. Albert Leitzmann, Bonn 1912.
Goethe über die Deutschen, hg. v. Hans-J. Weitz, Frankfurt am Main 1978.
Goethe - Carl August: *Briefwechsel des Großherzogs Carl August mit Goethe*, hg. v. Hans Wahl, 3 Bde., Berlin 1915-1918 (= IV. Abteilung von *Carl August. Darstellungen und Briefe zur Geschichte des Weimarischen Fürstenhauses und Landes*, hg. v. Erich Marcks).
Goethe - Christiane: *Goethes Briefwechsel mit seiner Frau*, hg. v. Hans Gerhard Gräf, 2 Bde., Frankfurt am Main 1916.
Goethe - Cotta: *Goethe und Cotta, Briefwechsel 1797-1832*. Textkritische und kommentierte Ausgabe, hg. v. Dorothea Kuhn, 3 Bde., Stuttgart 1983.
Goethe - Stein: *Goethes Briefe an Charlotte von Stein*, 3 Bde., hg. v. Julius Petersen, Leipzig 1907.
Goethe - Stein (Fränkel): *Goethes Briefe an Charlotte von Stein*, hg. v. Jonas Fränkel, umgearb. Neuausgabe, 3 Bde., Berlin 1960.

Goethe - Willemer: *Marianne und Johann Jakob Willemer. Briefwechsel mit Goethe*, hg. v. Hans-J. Weitz, Frankfurt am Main 1965.

Goethe - Zelter: *Der Briefwechsel zwischen Goethe und Zelter in den Jahren 1796-1832*, hg. v. Friedrich Wilhelm Riemer, 6 Bde. (in 3), Berlin 1833/34.

HA: *Goethes Werke. Hamburger Ausgabe in 14 Bänden* (und 1 Reg.-Bd.), hg. v. Erich Trunz, Hamburg 1948-1964 (neu bearb. Aufl. [Bd. 1-2: 13. Aufl.; Bd. 3, 4, 6-8, 11: 11. Aufl.; Bd. 5, 9, 12: 10. Aufl.; Bd. 13: 9. Aufl.; Bd. 10: 8. Aufl. und Bd. 14: 7. Aufl.] München 1981 [Bd. 3 wurde mittlerweile durch die 13., neu bearb. u. erw. Aufl. von 1986 ersetzt. Diese entspricht der Trunzschen Sonderausgabe des *Faust*, München 1986]) [sog. *Hamburger Ausgabe*].

HA Briefe: *Goethes Briefe. Hamburger Ausgabe in 4 Bänden*, hg. v. Karl Robert Mandelkow und Bodo Morawe, Hamburg 1962 (recte 1961)-1967 (München ⁴1988 [Bd. 1] bzw. ³1988 [Bde. 2-4]).

Hecker, *Maximen*: *J. W. Goethe. Maximen und Reflexionen*, Text der Ausgabe von 1907 mit den Erläuterungen und der Einleitung Max Heckers, Frankfurt am Main 1976.

MA: *Johann Wolfgang Goethe. Sämtliche Werke nach Epochen seines Schaffens. Münchner Ausgabe*, 21 Bde. (in 26), hg. v. Karl Richter, Herbert G. Göpfert, Norbert Miller und Gerhard Sauder, München 1985 ff. [sog. *Münchner Ausgabe*].

Michel: *Johann Wolfgang Goethe. Italienische Reise*, hg. v. Christoph Michel, Frankfurt am Main 1976.

N: *Goethe's neue Schriften*, 7 Bde., Berlin: J. F. Unger 1792-1800.

Q: *Goethe's poetische und prosaische Werke in zwei Bänden*, hg. v. Friedrich Wilhelm Riemer und Johann Peter Eckermann, Stuttgart und Tübingen: J. G. Cotta 1836 und 1837 [sog. *Quartausgabe*].

S: *Goethe's Schriften*, 8 Bde., Leipzig: G. J. Göschen 1787-1790.

SzL: Goethe, Johann Wolfgang, *Schriften zur Literatur*, hg. v. der Akademie der Wissenschaften der DDR, 7 Bde., Berlin 1970-1982.

Vollmer: *Briefwechsel zwischen Schiller und Cotta*, hg. v. Wilhelm Vollmer, Stuttgart 1876.

WA: *Goethes Werke*, 4 Abteilungen, 133 Bde. (in 143), hg. im Auftrage der Großherzogin Sophie von Sachsen
(I. Abteilung: *Goethes Werke*, 55 Bde. [in 63]

II. Abteilung: *Goethes Naturwissenschaftliche Schriften*, 13 Bde. [in 14]

III. Abteilung: *Goethes Tagebücher*, 15 Bde. [in 16]

IV. Abteilung: *Goethes Briefe*, 50 Bde.),

Weimar 1887-1919 (Nachdruck: München 1987) [sog. *Weimarer Ausgabe*].

Sekundärliteratur

Adelung, Johann Christoph, *Vollständige Anweisung zur Deutschen Orthographie nebst einem kleinen Wörterbuche für die Aussprache, Orthographie, Biegung und Ableitung*, Leipzig: Weygand 1788.

Adorno, Theodor W., *Dank an Peter Suhrkamp*, in: *In Memoriam Peter Suhrkamp*, Frankfurt am Main 1959.

Beißner, Friedrich, *Geschichte der deutschen Elegie*, Berlin ²1961.

Benjamin, Walter, *Gesammelte Schriften*, 7 Bde., hg. v. Rolf Tiedemann, Frankfurt am Main 1989.

Berg, Gunter, *Die Selbstverlagsidee bei deutschen Autoren im 18. Jahrhundert*, in: AGB 6 (1966).

Bernhard, Thomas, *Die Macht der Gewohnheit*, in: *Die Stücke*, Frankfurt am Main 1983.

Beutler, Ernst, *Das Goethesche Familienvermögen von 1687-1885*, in: *Essays um Goethe*, 2 Bde., Wiesbaden 1946.

Beutler, Ernst, *Worterklärung zu den Faustdichtungen*, Zürich 1950.

Blumenberg, Hans, *Epigonenwallfahrt*, in: Akzente 37 (1990).

Blumenthal, Hermann, *Zeitgenössische Rezensionen und Urteile über Goethes ›Götz‹ und ›Werther‹*, Berlin 1935.

Boehlich, Walter (Hg.), *Der Hochverratsprozeß gegen Gervinus*, Frankfurt am Main 1967.

Böttiger: *Literarische Zustände und Zeitgenossen. In: Schilderungen aus Karl Aug. Böttiger's handschriftlichem Nachlasse*, hg. v. K. W. Böttiger, Leipzig 1838, 2 Bde. (in 1).

Bohadti, Gustav, *Friedrich Johann Justin Bertuch*, Berlin 1970.

Bohn, Volker, *Johann Wolfgang Goethe*, in: *Genie und Geld. Vom Auskommen deutscher Schriftsteller*, hg. v. Karl Corino, Reinbek 1991.

Boisserée, *Tagebücher: Sulpiz Boisserée. Tagebücher 1808-1854*, hg. v. Hans-J. Weitz, 4 Bde., Darmstadt 1978.

Börne, Ludwig, *Gesammelte Schriften*, Hamburg 1819-1894.

Bosse, Heinrich, *Autorschaft ist Werkherrschaft. Über die Entstehung des Urheberrechts aus dem Geist der Goethezeit*, Paderborn u.a. 1981.

Bradish, Joseph A. von, *Goethes Beamtenlaufbahn*, New York 1937.

Bräuning-Oktavio, Hermann, *Der Erstdruck von Goethes Götz von Berlichingen*, Darmstadt 1923.

Braun, *Urteil: Goethe im Urtheile seiner Zeitgenossen. Zeitungskritiken, Berichte, Notizen, Goethe und seine Werke betreffend*, hg. v. Julius W. Braun, 3 Bde., Berlin 1883-1885.

Brecht, Bertolt, *Briefe*, hg. und kommentiert v. Günter Glaeser, Frankfurt am Main 1981.

Brecht, Bertolt, *Werke*. Große kommentierte Berliner und Frankfurter Ausgabe, 30 Bde., Berlin und Frankfurt am Main 1988 ff.
Brenner, Peter J. (Hg.), *Plenzdorfs Neue Leiden des jungen W.*, Frankfurt am Main 1982.
Breuer, Dieter, *Geschichte der literarischen Zensur in Deutschland*, Heidelberg 1982.
Bucher, Karl, *Wieland und Georg Joachim Göschen*, Stuttgart 1874.
Conrady: Karl Otto Conrady, *Goethe. Leben und Werk*, 2 Bde., Königstein/Ts. 1985.
Die Horen. Einführung und Kommentar von Paul Raabe. Beiband zu der im Jahre 1959 in sechs Doppelbänden erschienenen, photomechanisch hergestellten Neuausgabe der ›Horen‹, Stuttgart 1959.
Eissler, K. R., *Goethe, eine psychoanalytische Studie 1775-1786*, aus dem Amerikanischen übersetzt von Peter Fischer in Verbindung mit Wolfram Mauser und Johannes Cremerius, hg. v. Rüdiger Scholz, 2 Bde., Frankfurt am Main 1983.
Emrich, Wilhelm, *Die Symbolik von Faust II*, Berlin 1943.
Friedenthal: Richard Friedenthal, *Goethe. Sein Leben und seine Zeit*, München 1963.
Frisch, Max, *Gesammelte Werke in zeitlicher Folge*, 6 Bde., hg. v. Hans Mayer unter Mitw. v. Walter Schmitz, Frankfurt am Main 1976.
Fröbe: Heinz Fröbe, *Die Privilegierung der Ausgabe »letzter Hand« Goethes sämtlicher Werke. Ein rechtsgeschichtlicher Beitrag zur Goetheforschung und zur Entwicklung des literarischen Urheberrechts*, in: AGB 2 (1960).
Fuhrmann, Manfred, *Die vier Jahreszeiten bei den Griechen und Römern*, in: *Die vier Jahreszeiten im 18. Jahrhundert* (Beiträge zur Geschichte der Literatur und Kunst im 18. Jahrhundert 10), Heidelberg 1986, S. 9-17.
Fuhrmann, Manfred, *Fasnacht als Utopie: Vom Saturnalienfest im alten Rom*, in: *Narrenfreiheit: Beiträge zur Fastnachtsforschung*, hg. v. H. Bausinger u. a., Tübingen 1980, S. 29-42.
Fuhrmann, Manfred, *Wunder und Wirklichkeit – Zur Siebenschläferlegende und anderen Texten aus christlicher Tradition*, in: *Funktionen des Fiktiven* (Poetik und Hermeneutik 10), hg. v. D. Henrich und W. Iser, München 1983, S. 209-224.
Geiger, Ludwig, *Aus Göschens und Bertuchs Correspondenz*, in: GJb 2 (1881).
Genast, Eduard, *Tagebuch eines alten Schauspielers*, Leipzig 1862.
Genton, E., *Goethes Straßburger Promotion*, Basel 1971.
Giese, Ursula, *Johann Thomas Edler von Trattner. Seine Bedeutung als Buchdrucker, Buchhändler und Herausgeber*, in: AGB 3 (1963).
Giesecke, Ludwig, *Die geschichtliche Entwicklung des deutschen Urheberrechts*, Göttingen 1957 (Göttinger rechtswissenschaftliche Studien 22).

Goedeke, Karl, *Grundriß zur Geschichte der deutschen Dichtung*, Dresden 1901.

Goldfriedrich, *Buchhandel*: Johann Goldfriedrich, Geschichte des Deutschen Buchhandels, 3 Bde. (und 1 Reg.bd.), Leipzig 1908-1913 (1923).

Goschen: *Das Leben Georg Joachim Göschens von seinem Enkel Viscount Goschen*. Deutsche, vom Verfasser bearbeitete Ausgabe, übersetzt von Th. A. Fischer, 2 Bde., Leipzig: G. J. Göschen'sche Verlagshandlung 1905. – Ursprüngl. engl.: Viscount George Joachim Goschen, *The Life and Times of Georg Joachim Göschen, Publisher and Printer of Leipzig 1752-1828*, 2 Bde., London 1903.

Gruber, J. G., *C. M. Wielands Leben. Mit Einschluß vieler noch ungedruckter Briefe und einem Porträt Wielands*, Leipzig: Göschen 1827.

Grumach, *Müller: Kanzler von Müller. Unterhaltungen mit Goethe*. Kritische Ausgabe, besorgt v. Ernst Grumach, Weimar 1956.

Grumach, Ernst, *Prolog und Epilog im Faustplan von 1797*, Weimar 1952.

Habermas, Jürgen, *Strukturwandel der Öffentlichkeit*, Frankfurt am Main 1990.

Hagen, *Drucke: Die Drucke von Goethes Werken*, hg. v. Waltraud Hagen, Berlin 1971 (^{2}1983) (= eine überarb. und erw. Neuauflage von Hagen, *Gesamt- und Einzeldrucke*).

Hagen, *Werke*: Waltraud Hagen, *Goethes Werke auf dem Markt des deutschen Buchhandels. Eine Untersuchung über Auflagenhöhe und Absatz der zeitgenössischen Goethe-Ausgaben*, GJb 100 (1983).

Hecker, Max (Hg.), *Zelters Tod. Ungedruckte Briefe*, in: Jahrbuch der Sammlung Kippenberg, Bd. 7 (1927/1928).

Hehn, Viktor, *Goethe und das Publikum. Eine Literaturgeschichte im Kleinen*, hg. v. E. Thurnher, Berlin 1988.

Herder, Johann Gottfried, *Briefe*, 14 Bde., hg. v. Karl Heinz Hahn, Weimar 1982.

Hesse, Hermann, *Ausgewählte Briefe*, Frankfurt am Main 1987.

Heuss, Theodor, *Von Ort zu Ort. Wanderungen mit Stift und Feder*, hg. v. Friedrich Kaufmann und Hermann Leins, Tübingen 1959.

Hof, Walter, *Goethe und Charlotte von Stein*, Frankfurt am Main 1979.

Humboldt, Wilhelm von, *Über Göthe's »Herrmann und Dorothea«*, in: Ästhetische Versuche. Erster Teil, Braunschweig 1799.

Jean Paul, *Vorschule der Ästhetik*, Hamburg 1804.

Kafka, Franz, *Briefe an Milena*, Frankfurt am Main 1966.

Kafka, Franz, *Gesammelte Werke*, hg. v. Max Brod [ohne Bandzählung], Briefe 1902-1924, Frankfurt am Main 1958, S. 103.

Kahn-Wallerstein, Carmen, *Marianne von Willemer – Goethes Suleika*, Frankfurt am Main 1984.

Kalhöfer, Karl-Heinz (Hg.), *Leben und Werk deutscher Buchhändler*, Leipzig 1965.

Karthaus, Ulrich, *Friedrich Schiller*, in: *Genie und Geld. Vom Auskommen deutscher Schriftsteller*, hg. v. Karl Corino, Reinbek 1991.

Kippenberg, Anton, *Der Wandel der Faustgestalt bis zu Goethe*, in: *Reden und Schriften*, Wiesbaden 1952.

Kliemann, Horst (Hg.), *Stundenbuch für Letternfreunde*, mit einem Vorwort von Ernst Penzoldt, Berlin und Frankfurt am Main 1954.

Krippendorff, Ekkehart, *Wie die Großen mit den Menschen spielen. Versuch über Goethes Politik*, Frankfurt am Main 1988.

Kühn, Dieter, *Flaschenpost für Goethe*, Frankfurt am Main 1985.

Küntzel, Ulrich, *Die Finanzen großer Männer*, Berlin/Wien 1984.

Kurrelmeyer, Wilhelm, *Zu den Doppeldrucken von Goethes Werken*, in: MLN 27 (1912).

Kurrelmeyer, Wilhelm, *Doppeldrucke der Goethe-Ausgabe letzter Hand*, in: MLN 61 (1946).

Lohrer: Liselotte Lohrer, *Cotta. Geschichte eines Verlags 1659-1959*, Stuttgart 1959.

Loram: Ian C. Loram, *Goethe and the Publication of his Works*, Diss. Yale University New Haven 1949.

Lüderssen, Klaus, *Notizen über Goethes Verhältnis zum Recht. Gedächtnisschrift für Peter Noll*, Zürich 1984.

Mann, Thomas, *Goethes Laufbahn als Schriftsteller. Zwölf Essays und Reden zu Goethe*, Frankfurt am Main 1982.

Markert: Karl Markert, *Goethe und der Verlag seiner Werke*, in: GJb 12 (1950).

Mayer, Hans, *Goethe*, Frankfurt am Main 1973.

Mayer, *Spiegelungen: Goethe im 20. Jahrhundert. Spiegelungen und Deutungen*, hg. v. Hans Mayer, Neuausgabe Frankfurt am Main 1987.

Merton, Robert K., *Auf den Schultern von Riesen. Ein Leitfaden durch das Labyrinth der Gelehrsamkeit*, übersetzt von Reinhard Kaiser, Frankfurt am Main 1983.

Mey, Hans Joachim (Hg.), *Im Namen Goethes. Der Briefwechsel Marianne von Willemer und Hermann Grimm*, Frankfurt am Main 1988.

Meyer, Friedrich, *Schillers Horen als Verlagswerk betrachtet*, Leipzig 1941.

Milch, Werner, *Wandlungen der Faust-Deutung*, in: Zeitschrift für Deutsche Philologie 1951.

Mommsen, Katharina, *Goethe und die arabische Welt*, Frankfurt am Main 1988.

Möser, Justus, *Von dem Faustrecht*, in: Osnabrückische Intelligenzblätter, April 1770.

Müller, Friedrich von / Reich-Ranicki, Marcel, *Betrifft Goethe. Rede (1832) und Gegenrede (1982)*, Zürich und München 1982.

Müller, Joachim, *Goethes ›Trilogie der Leidenschaft‹. – Lyrische Tragödie und ›Aussöhnende Abrundung‹*, in: Jahrbuch des Freien Deutschen Hochstifts 1978.

Muschg, Adolf, *›Die Aufgeregten‹ von Goethe. Politisches Drama in 40 Auftritten*, Zürich 1971.

Otto, Eckermann: *Johann Peter Eckermann. Gespräche mit Goethe in den letzten Jahren seines Lebens*, hg. v. Regine Otto, München ²1984 (zuerst Berlin und Weimar 1982).

Perels, Christoph, *Leben und Rollenspiel. Marianne von Willemer, geb. Jung 1784-1860*, Ausstellungskatalog, Frankfurt am Main: Freies Deutsches Hochstift / Goethe-Museum 1984.

Perels, Christoph, *Unmut, Übermut und Geheimnis*, in: Jahresgabe 1987/88 des Ortsvereins Hamburg der Goethe-Gesellschaft in Weimar.

Plenzdorf, Ulrich, *Die neuen Leiden des jungen W.*, Frankfurt am Main 1973.

QuZ: *Quellen und Zeugnisse zur Druckgeschichte von Goethes Werken*, 4 Bde., hg. vom Institut für deutsche Sprache und Literatur der Deutschen Akademie der Wissenschaften zu Berlin, bearb. v. Waltraud Hagen (Bd. 1) bzw. hg. vom Zentralinstitut für Literaturgeschichte der Akademie der Wissenschaften der DDR (Bde. 2-4), bearb. v. Waltraud Hagen (Bd. 2), Edith Nahler und Horst Nahler (Bd. 3) und Inge Jensen (Bd. 4), Berlin 1966-1986 (Bd. 1 = Ergänzungsband 2 zur Akademie-Ausgabe.

Schadewaldt, Wolfgang, *Faust und Helena. Zu Goethes Auffassung vom Schönen und der Realität des Realen im Zweiten Teil des ›Faust‹*, in: DVjS 30 (1956).

Schimmel, Annemarie, *Mystische Dimensionen des Islam*, Aalen 1979.

Schlaffer, Heinz, *Faust Zweiter Teil. Die Allegorie des 19. Jahrhunderts*, Stuttgart 1981.

Schmidt: Karl Schmidt, *Schillers Sohn Ernst*, Paderborn 1893.

Schneider, Hermann, *Urfaust? Eine Studie*, Tübingen 1949.

Schönberger, Otto, *»Dichtung und Liebe«. Zu Goethes Gedicht »Das Tagebuch«*, in: Jahrbuch des Freien Deutschen Hochstifts (1988).

Schöne, Albrecht, *Goethes Farbentheologie. Mit einem Anhang »Goethes Gedichte zur Farbenlehre«*, München 1987.

Schubarth, Karl Ernst, *Zur Beurteilung Goethes mit Beziehung auf verwandte Literatur und Kunst*, Breslau 1818.

Schuchardt, Christian (Hg.), *Goethe's Kunstsammlungen*, 3 Bde., Jena 1848/49, Nachdruck in einem Band: Hildesheim und New York 1976.

SNA: *Schillers Werke. Nationalausgabe*, hg. im Auftrag der Nationalen Forschungs- und Gedenkstätten der klassischen deutschen Literatur in Weimar

(Goethe-und-Schiller-Archiv) und des Schiller-Nationalmuseums in Marbach, 43. Bde. geplant, Weimar 1943 ff. [sog. *Schiller-Nationalausgabe*].
Staiger, Emil (Hg.), *Der Briefwechsel zwischen Schiller und Goethe*, Frankfurt am Main 1966.
Steinhilber: Hans-Dieter Steinhilber, *Goethe als Vertragspartner von Verlagen*, Diss. Hamburg 1960.
Ungern-Sternberg, *Schriftsteller*: Wolfgang von Ungern-Sternberg, *Schriftsteller und Literarischer Markt*, in: Hansers Sozialgeschichte der deutschen Literatur, Bd. 3, München 1980.
Unseld, Joachim, *Franz Kafka. Ein Schriftstellerleben. Die Geschichte seiner Veröffentlichungen*, mit einer Bibliographie sämtlicher Drucke und Ausgaben der Dichtungen Franz Kafkas 1908-1924, Frankfurt am Main 1984.
Unseld, Siegfried, ›*Das Tagebuch*‹. Goethes und Rilkes ›Sieben Gedichte‹, Frankfurt am Main 1978.
Unseld, Siegfried, *Der Autor und sein Verleger*, Frankfurt am Main 1978.
Unseld, Siegfried, *Goethes Gedicht ›Gegenwart‹*, in: Frankfurter Anthologie 10, Frankfurt am Main 1986.
Varnhagen von Ense, Karl August, *Denkwürdigkeiten des eignen Lebens I-III (Werke, Bde. 1-3)*, hg. v. Konrad Feilchenfeldt, Frankfurt am Main 1988.
Vaternahm: Otto Friedrich Vaternahm, *Goethe und seine Verleger*, Diss. Heidelberg 1916.
Vulpius, Walther, *Das Stammbuch von August von Goethe*, in: Deutsche Rundschau, Bd. 68 (1891).
Wagner, Karl (Hg.), *Briefe an und von Johann Heinrich Merck*, Darmstadt 1838.
Walser, Martin, *In Goethes Hand. Szenen aus dem 19. Jahrhundert*, Frankfurt am Main 1984.
Walser, Martin, *Liebeserklärungen*, Frankfurt am Main 1983.
Widmann, *Buchhandel*: Hans Widmann, *Geschichte des Buchhandels*, Wiesbaden 1975.
Wiese, Benno von, *Die deutsche Tragödie von Lessing bis Hebbel*, Hamburg 1948.
Witkowski: Georg Witkowski, *Goethe und seine Verleger*. Vortrag in: Börsenblatt 72 (1906). – Wiederabdruck in: Georg Witkowski, *Miniaturen*, Leipzig 1922.
Wittmann, Reinhard, *Die Buchhändler sind alle des Teufels. Goethe und seine Verleger*, in: Börsenblatt 27./30. 3. 1982.
Wolzogen, *Schiller*: Caroline von Wolzogen, *Schillers Leben*, verfaßt aus Erinnerungen der Familie, seinen eigenen Briefen und den Nachrichten seines Freundes Körner, 2 Bde., Stuttgart 1830.

Siglen

AGB: *Archiv für Geschichte des Buchwesens.*
CG: *Corpus der Goethezeichnungen. Bearbeitet von Gerhart Femmel.* 7 Bde. (*in 10*), Leipzig 1958-1973.
DVjS: *Deutsche Vierteljahrsschrift für Literaturwissenschaft und Geistesgeschichte.*
FDH: *Freies Deutsches Hochstift / Goethe-Museum*, Frankfurt am Main.
GJb: *Goethe Jahrbuch / Jahrbuch der Goethe-Gesellschaft.*
GMD: *Goethe-Museum*, Düsseldorf.
GNM: *Goethe-Nationalmuseum* in der SWK, Weimar.
GSA: *Goethe-und-Schiller-Archiv* in der SWK, Weimar.
MLN: *Modern Language Notes.*
SNM: *Schiller-Nationalmuseum* (mit Cotta-Archiv), Marbach a. N.
SWK: *Stiftung Weimarer Klassik*, Weimar.

PERSONENREGISTER

Die Ziffern der Seiten, auf denen sich Porträts der genannten Personen befinden, sind *kursiviert* (Goethe-Porträts sind nicht verzeichnet).
T bezeichnet den Tafelteil nach S. 320.

Abeille, Louis 700
Abeken, Bernhard Rudolf 523
Abu Ishaq Indhü 433
Adelung, Johann Christoph 136, 679, 764
Adorno, Theodor W. 13, 700, 741, 764
Alexander I. 80, 351, 382
Ampère, Jean-Jacques 655
Anna Amalia, Herzogin von Sachsen-Weimar-Eisenach 59, 79, 85, 130, 137, 160, 171, 491, 700
Aristophanes 654
Aristoteles 47
Armbruster, Carl Anton 473 f., 476 f.
Arndt, Ernst Moritz 418, 445
Arnim, Bettine von geb. Brentano 377, 398, 399
Arnim, Achim von 399, 692
Arnold, Gottfried 622
Arndt, Wilhelm 696
Ausonius 452

Babeuf, François 221
Babo, Franz Marius von 48
Bach, Johann Sebastian 603
Bager, Johann Daniel T1
Bahrdt, Karl Friedrich 44, 666
Balsamo, Giuseppe 171, 180-182, 685
Bamberg, Eduard von 753
Barthel, Kurt 686

Bartley III., William 743
Bartsch, Johann Adam Bernhard Ritter von 116
Batteux, Abbé Charles 30, 665
Baumgärtner, Adam Friedrich Gotthelf 538
Bausinger, H. 681, 765
Becher, Johannes R. 174
Beck, Johann Christoph 186, 685
Becker, Wilhelm Gottlieb 118, 284
Becker, Zacharias 118
Beckett, Samuel 176, 243, 489, 600, 642
Beethoven, Ludwig van 603, 735
Begas, Karl T16
Behrens, Jürgen 721, 762
Behrisch, Ernst Wolfgang 23, 26, 27, 30, 663 f.
Beißner, Friedrich 722, 764
Benjamin, Walter 51, 360, 667, 672 f., 700-702, 764
Berg, Gunter 742, 764
Bergemann, Fritz 752, 759
Berlioz, Hector 603
Bernhard, Thomas 213, 258, 708 f., 749, 764
Bernstorff, Christian Günther von 520
Bernstorff, Henriette Friederike von 624
Berthold, H. 684
Bertram, Johanna s. *Eckermann*

Bertuch, Friedrich Johann Justin 63, 115-117, 119f., 125, 127-129, 132, 138, 149, 160, 163, 165, 171, 186, 244, 424, 494, 511, 540, 676f., 679, 690, 746-748, *T3*

Bertuch, Karl 341

Beutler, Ernst 230, 634, 663, 681, 739, 758, 762, 764

Bibra, Siegmund von 746

Biedermann, Flodoard von 176, 756, 761

Bierbaum, Otto Julius 261

Birkner, Siegfried 738

Blei, Franz 694

Blücher, Gerhard von 417, 708

Blumenberg, Hans 52, 668, 687, 764

Blumenhagen, Wilhelm 402

Blumenthal, Hermann 668, 764

Blumenthal, Lieselotte 136, 747

Bode, Johann Joachim Christoph 44

Bode, Wihelm 755, 761

Boehlich, Walter 734, 764

Bohadti, Gustav von 745, 764

Bohn, Volker 663, 764

Boie, Heinrich Christoph 43, 46

Bois-Reymond, Emil H. du 752

Boisserée, Johann Sulpiz 400, 433f., 440, 445f., 449, 451, 453, 477, *478*, 487, 512, 523, 527, 530-533, 536, 540, 543, 548, 549f., 552f., 561, 589-592, 595-597, 608, 614, 637, 649, 657, 670, 708, 720f., 724, 727, 729

Bond, Edward 489

Borchardt, Rudolf 283

Borcherdt, Hans Heinrich 755

Borchmeyer, Dieter 46, 742

Börne, Ludwig 431, 457, 692, 712, 764

Bosse, Heinrich 669, 764

Böttiger, Carl August 141f., 154, 203, 207, 221-226, 228, 238, 277, 291, 349, 357, 385, 532-534, 548, 654, 662, 689, 694, 747

Böttiger, K. W. 764

Brachmann, Louise 280, 750

Bradish, Joseph A.von 743, 764

Brandt, Susanna Margaretha 623f.

Bräuning-Oktavio, Hermann 742, 764

Braun, Julius W. 764

Brecht, Bertolt 9, 13, 16, 37f., 98, 174, 187, 191, 193, 220, 232, 243, 283, 299, 302f., 320, 452, 513, 514, 600, 661, 686, 699, 750, 764f.

Breitkopf, Bernhard Christoph 19, *28*, 29, 44, 664

Breitkopf, Bernhard Theodor 29

Breitkopf, Johann Gottlob Immanuel 29

Brenner, Peter J. 765

Brentano, Bettine s. *Arnim*

Breuer, Dieter 666, 765

Brion, Friederika Elisabetha 33, 623

Brockhaus, Friedrich und Heinrich 538, 613

Brod, Max 766

Brühl, Carl Friedrich Moritz Paul Graf von 427f., 653

Brunn, Philibert 234f.

Bucher, Karl 680, 765

Buchholz, Friedrich 350

Buff, Charlotte s. *Kestner*

Bülow von Dennewitz, Friedrich Wilhelm Graf 417

Burdach, Konrad 452

Bürger, Gottfried August 44, 46, 58, 58

Bury, Friedrich T 12

Butler, Elsie M. 754

Byron, George Noel Gorden, Lord 490, 567, 736, 756

Cagliostro, Alessandro Graf von s. *Balsamo*
Calderon de la Barca, Pedro 523
Campe, Johann Heinrich 224, 240
Candolle, Auguste Pyrame de 618
Carl August, Herzog Großherzog von Sachsen-Weimar-Eisenach 17, 59, 75, 80-82, 95, 100, 108, 111 f., 115, 142, 159, 173 f., 197, 220, 269, 295, 299, 305, 383, 385, 389, 391, 393, 412 f., 417, 420, 433, 470, 485, 491, 524, 542, 564, 567, 604 f., 625 f., 662, 671, 677, 694
Carl Friedrich, Großherzog von Sachsen-Weimar-Eisenach 322, 324, 330, 383, 700
Carlyle, Thomas 655, 707
Cäsar, Julius 504
Cassirer, Ernst 701
Catull 269
Caulaincourt, Armand Augustin 421
Chamisso, Adelbert von 232
Chodowiecki, Daniel Nikolaus 50, 67, 124, 227 f.
Claudius, Matthias 47, 292
Clodius, Christian August 26
Colloredo, Hieronymus von 418
Conrady, Karl Otto 88, 566, 671, 689, 765
Corino, Karl 663, 764, 767
Cornelius, Peter von 172
Cotta, Carl von 696 f., 731
Cotta, Christoph Friedrich 235
Cotta, Elisabeth Sophie geb. von Gemmingen-Guttenberg 482, 615 f., 619, 642, 721
Cotta, Euphrosyne geb. Gelb verw. Brunn 234 f.
Cotta, Johann Friedrich (Pate des Verlegers J.F. Cotta) 236
Cotta, Johann Friedrich, von Cottendorf 14, 16, 20 f., 57, 71, 75, 107, 176, 192, 207, 225, 229, 233-241, 250-261, 263-267, 271, 274, 276, 279, 280, 282, 286, 290, 299, 304-310, 312-315, 317-325, 328-334, 336-359, 362 f., 365-373, 376, 378-382, 385-387, 389 f., 393-396, 399, 401-405, 412, 419 f., 430 f., 441, 452, 455-466, 469-478, 481 f., 492, 496, 505, 510-512, 514-518, 529-531, 533-538, 540 f., 543-550, 553-555, 559-565, 569-573, 576-580, 585, 587-597, 613-621, 630-633, 642, 657, 658-660, 674, 680, 689-693, 696-700, 702, 704 f., 710, 713 f., 721, 725, 727-730, 749, T 6, T 14
Cotta, Johann Friedrich Just Ladislaus Herlembald (Erlbald) Aurel 620, 660
Cotta, Johann Georg 234, 235, 571, 572, 590, 620, 660, 733
Cotta, Rosalie geb. Pyrker 236
Cotta, Sophie geb. von Adlerflycht 660
Cotta, Wilhelmine geb. Haas 239, T 7
Creizenach, Theodor 711
Cremerius, Johannes 671
Creuzer, Georg Friedrich 450
Crome, A. 118
Crusius, Siegfried Leberecht 117, 242, 249
Cumberland, Richard 85

Dahl, Helma 762
Dalberg, Heribert von 45
Dalberg, Karl Theodor von 260, 674
Dannecker, Johann Heinrich von 304

Danton, Georges 221
Datt, Johann Philipp 35
Decker, Georg Jacob 245
Deinet, Johann Konrad 32, 41
Delbrück, Johann Friedrich Ferdinand 106
Demetz, Peter 191, 748
Denon, Dominique Vivant 391
Diderot, Denis 80, 154, 330
Diebitsch, Hans von 414
Dilthey, Wilhelm 405
Döblin, Alfred 320, 699
Dostojewski, Fjodor M. 232
Duncker, Carl Friedrich Wilhelm 422, 428, 613 f.
Düntzer, Heinrich 675, 680
Dürrenmatt, Friedrich 303

Eckebrecht, Franz Joseph 666
Eckermann, Johann Peter 18, 26, 28, 85, 170, 183, 186, 188-191, 210, 289, 340, 370-372, 413, 452, 457 f., 489-491, 494, 497, 502, 503, 504-510, 515, 567, 569, 614, 632 f., 635-637, 640 f., 643-645, 647, 651, 657 f., 662, 668, 673, 675, 679, 725, 736, 752, 754, 756, 759, 761, 763
Eckermann, Johanna geb. Bertram 506
Egloffstein, Julia von 744
Ehrenzeller, Martin 695
Ehrmann, Marianne 240
Eibl, Karl 99, 670, 675, 705, 720, 744
Eichendorff, Joseph von 203
Eichstädt, Heinrich Carl Abraham 419
Einaudi, Giulio 19
Einem, Herbert von 682
Eisfeld, Karl 724
Eissler, Karl Rudolf 88, 671, 765

Emrich, Wilhelm 740, 765
Engel, Johann Jakob 266, 270
Engelhardt, Wolf von 721, 762
Enzensberger, Hans Magnus 258, 262
Ettinger, Karl Wilhelm 140, 156, 158, 178

Fahlmer, Johanna 743
Falk, Johannes Daniel 290, 394, 678
Färber, Johann David 724
Faust, Johann 621
Feilchenfeldt, Konrad 749
Feltrinelli, Inge 19
Femmel, Gerhard 695, 770
Fernow, Carl Ludwig 271
Fichte, Johann Gottlieb 62, 116, 174, 197, 202, 226, 255, 265-267, 270, 284, 315, 381, 568, 571, 729
Ficker, Ludwig von 743
Fischer, Peter 671
Fischer, Samuel 13, 233 f., 240, 262, 693
Fischer-Lamberg, Hanna 468, 761
Flach, Willy 762
Flaubert, Gustave 734
Fleischer, Johann Benjamin Georg 25, 139, 538, 540
Fleischhauer, Johann Georg 55, 70
Florian, Jean-Pierre Claris de 185
Förster, Friedrich Christoph 648
Forster, Georg 236, 295, 692
Fränkel, Jonas 69, 762
Franz I. 351, 526
Freud, Sigmund 698
Friedenthal, Richard 33, 98, 539, 669, 765
Friedrich Christian, Herzog von Augustenburg 249, 270, 272, 275, 694
Friedrich Ferdinand Constantin von Sachsen-Weimar-Eisenach 59

Friedrich II. (der Große) 46, 80, 108, 245, 385, 393, 704
Friedrich Wilhelm II. 80f., 175, *228*, 414
Friedrich Wilhelm III. 527
Friedrich, Wilhelm 233
Frisch, Max 19, 176, 243, 303, 489, 663, 765
Frischmuth, Barbara 663
Fröbe, Heinz 527, 530, 755, 765
Frommann, Karl Friedrich Ernst 19, 370, 371, 374, 378, 454, 455, 512, 657, 725, 749, 754
Froriep, Ludwig Friedrich 540f., 611
Fuhrmann, Manfred 8, 669, 681, 694, 706, 727, 765
Füssli, Johann Heinrich 278

Gadamer, Hans-Georg 409
Galilei, Galileo 661
Gall, Franz Joseph 339, 390, 704
Gallimard, Claude 19
Gärtner, Joseph 240
Garve, Christian 46, 54, 226, 270
Geibel, Emanuel 665
Geiger, Ludwig 746, 765
Geist, Johann Jakob Ludwig 278, 304, 306, 493, 724
Geistinger, Joseph 363, 424, 472, 477, 706f.
Geißler, Adam Friedrich 746
Gellert, Christian Fürchtegott 34, 44
Genast, Eduard 708, 765
Genoun, Denis 685
Gensler, Karl 724
Genton, E. 666, 765
George, Stefan 702
Gerhardt, Luise 747
Gerstenberg, Heinrich Wilhelm von 54
Gerth, Hans 666

Gervinus, Georg Gottfried 282, 599, 695
Giese, Ursula 669, 765
Giesecke, Ludwig 669, 765
Glaeser, Günter 699, 764
Gleditsch, Johann Friedrich 49, 237, 538
Gleim, Johann Wilhelm Ludwig 116, 229, 272, 291
Gliwitzky, Hans 729
Göchhausen, Luise Ernestine Christiane Juliane von 624, 664
Goedeke, Karl 747, 766
Goethe, Cornelia 24, 27, 35, *36*, 37, 48, 88, 89, 664, 671
Goethe, Friedrich Georg 16
Goethe, Johann Caspar 16-18, 25, 295, 662, 665
Goethe, Johanna Christiana Sophia geb. Vulpius 97, 117, 161, 163, 295, 305, 335, 383, 386, *387*, 388-393, 396-401, 441, 451f., 470, 473, 675, 683, 689, T 12
Goethe, Julius August Walther 336, 420, 470, 473, 491, 497, 528, 535-537, 539-541, 543-546, 548f., 564, 567, 568, 586-588, 590, 605, 641, 732, 736
Goethe, Katharina Elisabeth 16, 19, 130, 202, 276, 295, 377
Goethe, Ottilie Wilhelmine Ernestine Henriette geb. Pogwisch 97, 200, 340, 471, 492, 568, 600f., 611, 644, 650
Goldfriedrich, Johann 60, 766
Gontscharow, Iwan Alexandrowitsch 232
Göpfert, Herbert G. 9, 320, 535, 697, 742, 763
Göpfert, Johann Christoph Gottlieb 288

Göres, Jörn 634, 758
Göschen, Georg Joachim 9, 20, 25 f., 28, 57, 71, 74, 75, 76, 77, 88, 112, 117-155, 178, 223, 242-251, 261, 266, 284, 329, 332-335, 339, 344, 345 f., 354, 624, 625, 627, 669 f., 678-683, 690, 693, 746 f., T 5
Goschen, George Joachim Viscount 9, 75, 113, 119, 142, 155, 334, 669 f., 679 f., 766
Gotter, Friedrich Wilhelm 42, 392
Gotter, Pauline 392
Gotthelf, Jeremias 255
Göttling, Karl Wilhelm 456, 494, 499, 500, 635
Gottsched, Johann Christoph 23, 26, 34, 44, 665
Götze, Johann Georg Paul 111 f., 135, 188, 224, 493, 724
Grabbe, Christian Dietrich 457, 593, 598
Gräf, Hans Gerhard 762
Gränicher, Samuel T 5
Gries, Johann Diederich 523
Grillparzer, Franz 654
Grimm, Herman 447, 451, 711 f.
Grimm, Jakob Ludwig Karl 383, 750
Gruber, Johann Gottfried 118, 148, 766
Grumach, Ernst 634, 758, 766
Grumach, Renate 721, 762
Gubitz, Johann Christoph 175
Gundolf, Friedrich 702
Günther, Wilhelm Christoph 391
Gutzkow, Karl 52, 668

Habermas, Jürgen 202, 748, 766
Hackert, Jakob Philipp 374, 377, 700

Hafis, Mohammed Schems ed-din 432-436, 439, 442 f., 445, 448 f., 459, 709
Hagen, Waltraud 8, 204, 538, 665, 766, 768
Hahn, Karl Heinz 748, 756, 766
Hamann, Johann Georg 164, 670
Hammer-Purgstall, Joseph von 432, 442
Handke, Peter 8, 262, 268, 489
Hardenberg, Friedrich von 202 f.
Hardenberg, Karl August von 692
Harl, Johann Paul 528
Hasenclever, Werner 233
Haug, Fritz 700
Haug, Johann Christoph Friedrich 250
Hauptmann, Elisabeth 513
Hauptmann, Gerhart 48, 233, 262
Hebbel, Christian Friedrich 14
Hebel, Johann Peter 381, 571
Hecker, Max 601, 612 f., 735, 763, 766
Hegel, Georg Wilhelm Friedrich 174, 189, 222, 382, 458, 598, 617, 655, 683
Hehn, Viktor 664, 745, 766
Heine, Heinrich 458, 490, 656, 754
Heinse, Johann Jakob Wilhelm 54, 58
Heitz, Johann Heinrich 31, 665
Henkel, Arthur 721
Henning, Gustav Adolph T 3
Hennings, Leopold Dorotheus von 272
Henrich, D. 706, 765
Herder, Johann Gottfried von 18, 35, 37, 52, 72, 82, 98, 112, 116, 126-129, 132, 135-137, 160, 164, 184, 186, 189, 197, 224, 257, 266 f., 269, 272 f., 291, 297, 316, 324, 381,

405, 571, 590, 594, 670, 674, 678, 682, 694, 700, 705, 720, 745, 766
Herder, Maria Caroline von 163, 745, 748
Herrmann, Ulrich 666
Herwig, Wolfgang 761
Herzlieb, Wilhelmine (Minna) 361
Heß, L. 440
Hesse, Hermann 13, 16, 203, 233 f., 243, 303, 489, 513, 766
Hettner, Hermann 622
Heuss, Theodor 241, 692, 749, 766
Heymel, Alfred Walter 261, 283
Heyne, Christian Gottlob 161, 185
Himburg, Christian Friedrich 55, 66-70, 85, 113, 128, 131, 133, 207
Hirsch, Rudolf 721, 762
Hölderlin, Friedrich 189, 197, 258 f., 266, 276, 302, 381, 571
Hof, Walter 676, 766
Hoffmann, Johann Wilhelm 19, 537, 545, 549
Hofmannsthal, Hugo von 220, 283, 701
Homer 37, 110, 504, 583, 681
Hooke, Robert 698
Horaz 13, 30, 71, 102, 504, 669
Houben, Heinrich Hubert 666, 759
Howard, Luke 722
Huber, Ludwig Ferdinand 330
Huchel, Peter 621
Humboldt, Caroline Friederike von 213, 220, 573-575
Humboldt, Alexander von 197, 241, 381, 491, 571
Humboldt, Wilhelm von 116, 161, 197 f., 202 f., 217, 226, 229, 265-267, 272 f., 285, 289, 313, 381, 419, 424, 426 f., 491, 497, 571-576, 581, 636, 648, 651, 674, 691, 722, 749 f., 759, 766
Hurlebusch, Klaus 680
Hurlebusch, Rosemarie 680
Hüttner, Johann Christoph H. 236, 692

Iffland, August Wilhelm 34, 316, 338, 421 f., 424, 427
Ilten, Caroline von 92
Imhof, Johann Christ. 146
Immermann, Karl Leberecht 52, 668
Iser, W. 706, 765

Jacobi, Friedrich Heinrich 23, 54, 58, 77, 79, 186, 189, 202, 226, 666
Jacobi, Johann Georg 54, 58, 682
Jacobs, A. T 3
Jagemann, Caroline 389, 753
Jagemann, Christian Joseph 130
Jäger, Georg 668
Jakob, Ludwig Heinrich von 273
Jasper, Johann Christoph 56, 482
Jaspers, Karl 688
Jean Paul (Johann Paul Friedrich Richter) 63, 202 f., 259, 266, 270, 381, 571, 654, 697, 748, 766
Jenninger, Philipp 704 f.
Jensen, Inge 768
John, Johann August Friedrich 418, 470, 477, 494, 532, 585, 638, 648, 650, 724, T 13
Joseph II. 19, 80, 82, 292, 363
Jouffroy, Claude-François 83
Joyce, James 600, 642
Juncker, Hermann T1

Kafka, Franz 13, 16, 51, 243, 513, 600, 642, 661, 672, 766
Kahn-Wallerstein, Carmen 711, 766
Kaiser, Reinhard 699, 767
Kalb, Karl Alexander von 82
Kalhöfer, Karl-Heinz 693, 767

Kant, Immanuel 63, 80, 116, 255, 266, 270, 274 f., 339, 404, 598
Karl Eugen, Herzog von Württemberg 81, 236
Karl VII. 375
Karthaus, Ulrich 663, 767
Kästner, Erhart 621
Kauffmann, Angelika 122
Kaufmann, Friedrich 749, 766
Kaufmann, Hans 754
Kaulfuß, Chr. 473
Kayser, Phillip Christoph 82
Keller, Gottfried 203
Keller, Harald 681, 762
Kemp, Friedhelm 9, 319
Kerner, Johann Simon 240
Kestner, Charlotte Sophie Henriette geb. Buff 16, 667
Kestner, Johann Georg Christian 16, 37, 43, 131, 667
Kiefer, Klaus H. 695
Kippenberg, Anton 467 f., 615, 621, 758, 767
Kirms, Franz 45, 421 f.
Kleist, Ewald Christian von 211
Kleist, Friedrich Wilhelm von 417
Kleist, Heinrich von 567
Kleßmann, Eckhart 705
Kliemann, Horst 748, 767
Klingemann, August 653
Klinger, Friedrich Maximilian von 48, 58
Klopstock, Friedrich Gottlieb 51, 58, 150, 189, 266, 504
Knebel, Karl Ludwig von 59, 112, 116, 131, 133, 135, 178, 195, 205, 207, 297, 370, 384, 413, 423, 428, 430, 491, 674, 707
Knigge, Adolph 62
Knobloch, Hans 702
Koch, Friedrich Karl 45

Koerner, Valentin 666
Kohlmann, Erwin 681
Kolb, Gustav Eduard 544
Kolb, Johannes 306
Körner, Christian Gottfried 75, 116-119, 129, 199, 202, 215, 244, 249, 259, 265, 267, 269, 274, 289, 298, 413, 414, 418, 747, 750
Körner, Karl Theodor 75, 413
Köster, Albert 664 f.
Kosegarten, J. G. L. T 10
Kotzebue, August Friedrich Ferdinand 34, 357
Krämer, Wilhelm 62
Kraus, Georg Melchior 59, 157, 389, 748
Krause, Gottlieb Friedrich 41, 171, 493, 724
Kräuter, Friedrich Theodor David 423, 431, 454, 470, 494, 505
Krippendorff, Ekkehart 675 f., 767
Kröner, Adolf 235
Kügelgen, Marie von 398
Kühn, Dieter 669, 767
Kuhn, Dorothea 8, 10, 318, 320, 325, 341, 346, 349, 350, 402, 462, 513, 538, 573, 613, 696, 700, 704, 714, 720 f., 728, 733, 741, 762
Kuhn, Isabella 160-162, 681
Küntzel, Ulrich 662 f., 767
Kurrelmeyer, Wilhelm 206, 463, 751, 767

La Roche, Marie Sophie von 43, 57, 666
Laistner, Ludwig 696 f.
Langer, Ernst Theodor 30
Langermann, Johann Gottfried 611
Lannes, Jean 389
Laube, Heinrich 508
Lauth, Reinhard 729

Lavater, Johann Caspar 54, 58, 64, 83, 89, 281, 338
Lavoisier, Antoine Laurent 83
Lebret, Albrecht 544, 572
Leins, Hermann 749, 766
Leitzmann, Albert 695, 762
Lenclos, Ninon de 569
Lengefeld, Charlotte s. *Schiller*
Lenz, Jakob Michael Reinhold 46, 742
Leske, Karl Wilhelm 538
Lessing, Gotthold Ephraim 39, 44, 46, 51, 63, 80, 224, 244, 255, 463
Levetzow, Amalie von 484
Levetzow, Theodore Ulrike Sophie von 480, *484*, 485f., 722
Levezow, Jakob Andreas Conrad 428f., 707
Levin, Rahel Antonie Friederike 220
Leybold, K. J. Th. T 6
Lichtenberg, Georg Christoph 63, 194, 299
Liebich, Karl 423
Lindenau, Graf von 23, 30
Lips, Johann Heinrich 122, 156f., T 9
Liszt, Franz 712
Lohrer, Liselotte 226, 255, 533, 680, 767
Loram, Ian C. 10, 25, 33, 213, 319, 767
Lorenz, Josef 695
Lose, Johann Jacob de T 11
Lothe, J. Ch. 130
Lowe, S.M. 373
Lubomirsky, Fürst 237
Luden, Heinrich 404, 415f.
Lüderssen, Klaus 683, 767
Ludwig I. Karl August, König von Bayern 571, 597, 619
Ludwig XVI., König von Frankreich 221

Luise Augusta, Herzogin von Sachsen-Weimar-Eisenach 59, 80, 109, 383, 567, 675
Lukács, Georg 302 f.
Luther, Martin 422, 621, 712, 751

Macklot, August Friedrich 70
Maier, Jacob 48
Mandelkow, Karl Robert 763
Mandelsloh, Ulrich Lebrecht von 704
Manger, Klaus 149, 747
Mann, Thomas 13 f., 16, 188, 203, 220, 233, 243, 262, 283, 299, 303, 513, 514, 688, 693, 741, 767
Manso, Johann Caspar Friedrich 273, 292
Marat, Jean Paul 221
Marcks, Erich 762
Marco Polo 443
Maret, Hugués Bernard 385
Maria Ludovica Beatrice 412 f., 418
Maria Pawlowna 322, 700
Maria Theresia 62, 80, 375, 726
Markert, Kurt 319, 767
Marlowe, Christopher 622
Martial 284
Matthisson, Friedrich von 290
Mauser, Wolfram 671
Max, Joseph Elias 538, 613
Maximilian II. Joseph 234, 571
Mayer, Hans 663, 683, 750, 767
Meil, J. W. 66
Mendelssohn-Bartholdy, Felix 602, 735
Mendelssohn-Bartholdy, Lea 611
Merck, Johann Heinrich 31, 37, 38, 39, 42, 54, 73, 114, 623, 666, 743, T 2
Mereau, Sophie 290
Merton, Robert K. 320, 698, 741, 767

Metternich, Klemens Wenzel Nepomuk Lothar von 414f., 417f., 427, 520, 526, 726
Metzger, Johann Ulrich 665f.
Mey, Hans Joachim 712, 767
Meyer, Friedrich 695, 767
Meyer, Johann Heinrich 172, 186, 193, 215, 217, 224, 256, 266f., 291, 335, 398, 452, 467, 491, 494, 496, 500, 501
Michaelis, Carl Heinrich August Salomon 225f., 691
Michel, Christoph 721, 762f.
Milch, Werner 740, 767
Miller, Norbert 763
Milton, John 149
Minckwitz, Johannes 706
Mittelsdorf, Johann Martin 626
Mobarezo'd-Din 433
Mohammed 437f., 443, 709
Möhner, Adolf 457
Moldenhauer, Eva 734
Mommsen, Katharina 443, 710, 767
Montesquieu, Charles de 377
Montgolfier, J.M. und J.E. 83
Moors, Friedrich Maximilian 742
Morawe, Bodo 763
Mörike, Eduard 203
Moritz, Karl Philipp 142, 176-178, 182f., 226, 684
Morris, Max 57, 468, 664
Moser, Friedrich Karl Ludwig Freiherr von 92
Möser, Justus 35, 39, 47, 742, 767
Mozart, Wolfgang Amadeus 385, 567, 603, 756
Mubarisuddin 434
Müller, Friedrich Theodor Adam Heinrich (Kanzler) von 114, 116, 383, 487, 491, 494, 509, 510, 526, 547, 567, 604f., 611, 613f., 617, 620, 642, 668, 670, 673, 692, 735, 744, 753f., 756, 768
Müller, Heiner 678
Müller, Joachim 723, 768
Müller, Johannes von 382, 385, 700, 704f.
Müller-Seidel, Walter 668
Muschg, Adolf 191, 258, 748, 768
Musil, Robert 643
Mylius, Christlob August 71, 73f., 78, 114, 743

Nagler, Karl Ferdinand Friedrich von 519f., 526
Nahler, Edith 768
Nahler, Horst 768
Napoleon I 55, 118, 202, 350, 351, 370, 382-386, 389-391, 393, 412-421, 426, 442, 445, 463, 704
Nero 533
Newton, Isaac 320, 371, 372, 583, 698, 703
Nicolai, Christoph Friedrich 179, 224, 272f., 284, 623
Niebuhr, Barthold Georg 172
Niemeyer, August Hermann 700
Nietzsche, Friedrich 509
Novalis s. *Hardenberg, Friedrich von*

O'Donell von Tyrconnel, Josephine 418
Oeser, Friederike 27
Olenschlager, Johann Nikolaus von 648
Ölsner, K.E. 754
Otto, Regine 761, 768
Ovid 269, 504

Palladio, Andrea 172f.
Palm, Johann Philipp 118
Paracelsus 622

Paul Alexander Karl Constantin Friedrich August 502
Paulinus von Nola 452
Paulus, Heinrich Eberhard Gottlob 449
Penzoldt, Ernst 692, 748, 767
Perels, Christoph 712, 768
Perthes, Friedrich Christoph 152
Pestalozzi, Johann Heinrich 244, 691
Petersen, Julius 98, 131, 673, 675, 743, 762
Pfleiderer, Christoph Friedrich 236
Pistorius, Wilhelm Friedrich 34 f.
Platen, August von 490
Plautus 669
Plenzdorf, Ulrich 668, 768
Plessing, Friedrich Victor Leberecht 110, 668
Plutarch 640
Podszus, Friedrich 701
Pogwisch, Ulrike von 613
Pope, Alexander 149
Poussin, Nicolas 682
Priestley, Joseph 83
Prillwitz, Johann Ludwig 145
Properz 269
Proust, Marcel 642
Puschkin, Alexandr Sergejewitsch 232
Pustkuchen, Johann Friedrich Wilhelm 479
Pyritz, Hans 599

Raabe, Paul 695, 765
Rabe, Carl Joseph 473
Rabener, Gottlieb Wilhelm 44
Rackenitz, Joseph Friedrich von 284
Radbruch, Gustav 683
Raffael 385, 756
Ramdohr, Friedrich Wilhelm Basilius von 284

Rang, Florens Christian 701
Rapp, Gottlob Heinrich von 305
Rauch, Chr. D. 555
Rauscher, Otto 707
Recke, Charlotte Elisabeth (Elisa) Constantia von der 401
Reich, Philipp Erasmus 19, 63, 144, 235, 237 f., 677 f., 692 f.
Reich-Ranicki, Marcel 10, 381, 753, 768
Reichardt, Johann Friedrich 158, 175
Reichel, Wilhelm 462, 511-513, 544, 562, 572, 637, 638, 759
Reimer, Georg Andreas 538, 613
Reinbeck, Georg 402 f.
Reinhard, Franz Volkmar 361, 370, 383
Reinhard, Karl Friedrich von 527, 609, 654, 706
Reinhold, Carl Leonhard 143
Reisz, Elias Löb 83
Retzer, Friedrich Joseph von 654
Richter, Caroline Leopoldine Friederike 256
Richter, Karl 719, 763
Riemer, Caroline Wilhelmine Henriette Johanna geb. Ulrich 399 f., 470, 499
Riemer, Friedrich Wilhelm 188, 204, 342, 352 f., 359, 374, 378, 389, 422, 441, 457, 470, 489, 494, 496, 497, 498 f., 508, 605-608, 612-614, 631, 633, 635, 651, 658, 668, 673, 704, 761, 763
Rilke, Rainer Maria 13, 439, 510, 513
Ring, Friedrich Dominikus 665
Robespierre, Maximilien de 221
Rochlitz, Johann Friedrich 482, 756
Roethe, Gustav 739
Rommerl, Otto 697

Rosenkranz, Karl 599, 655
Rousseau, Jean-Jacques 80, 101, 667, 683
Rowohlt, Ernst 13, 661, 693 f., 701

Saadi, Scheich Moslih ud Din 446
Sacy, Antoine Isaac de 455
Saint-Aignan, Etienne Baron de 412
Salzmann, Johann Daniel 36
Sartorius, Georg Friedrich Christoph 176
Sauder, Gerhard 763
Sauerländer, Heinrich Remigius 538
Savigny, Friedrich Carl von 172
Schadewaldt, Wolfgang 740, 768
Schadow, Johann Gottfried 314, 696
Scheele, Karl Wilhelm 83
Scheibe, Siegfried 704
Schelle, Hansjörg 680
Schelling, Friedrich Wilhelm 202, 315, 381, 571, 696
Schewireff, Stepan Petrowitsch 655
Schick, Christian Gottlieb 749, T 7
Schidone, Bartolomeo 682
Schiller, Carl Friedrich Ludwig von 732
Schiller, Friedrich Wilhelm Ernst von 586-589, 591, 595, 732
Schiller, Friedrich 9, 14, 19, 45, 48, 63, 75, 76, 90, 109, 114, 116-119, 129, 137, 143, 149 f., 153 f., 154, 164, 179, 186, 189, 197-203, 207 f., 210-212, 215-217, 219, 225 f., 228, 230, 241-261, 263-276, 279-294, 296-310, 312-315, 318, 321-341, 343, 345, 357, 369, 373 f., 378, 380 f., 388, 405, 464 f., 501, 504, 514, 516, 536 f., 541, 560, 562 f., 567, 569-576, 580-587, 590, 592-595, 597 f., 600 f., 604, 615, 618, 628, 630 f., 634, 636, 641, 654, 663, 681, 685, 688-691, 693 f., 696, 698-700, 716, 718, 720, 723, 728-734, 750, 768, T 8

Schiller, Luise Antoinette Charlotte geb. von Lengefeld 245 f., 349, 392, 573-580, 586 f., 591, 595, 654, 693, 694, 723, 730 f., 745
Schimmel, Annemarie 709
Schimmelmann, Charlotte 598, 757
Schlabrendorf, Gustav von 236, 691 f.
Schlaffer, Heinz 740, 768
Schlegel, August Wilhelm 154, 161, 197, 214, 229, 266, 292, 328, 339, 381, 571, 749
Schlegel, Johann Adolf 665
Schlegel, Friedrich 154, 161, 202, 206, 292, 339, 381, 571
Schleiermacher, Friedrich 730
Schleif, Walter 724
Schlosser, Rebecca Elisabeth 441
Schmeller, Johann Joseph 371, 446, 478, 497, 499, 500-503, 510, T 13
Schmettau, Friedrich Wilhelm Karl von 389
Schmidt, Christian Friedrich 322
Schmidt, Erich 624, 651, 675, 739
Schmidt, Karl 731, 768
Schmidt, Werner 115, 676
Schmieder, Christian Gottlieb 56, 70
Schmitt, Carl 302
Schmitz, Walter 663
Schneider, Hermann 739, 768
Scholem, Gershom 672
Schöll, Adolf 104, 675
Scholz, Rüdiger 671
Schönberger, Otto 705, 768
Schöne, Albrecht 8, 372, 671, 703, 768
Schöne, Carl 655

Schönemann, Anna Elisabeth (Lili) 58, 90, 374, 379
Schönkopf, Anna Katharina 25 f., 33, 49, 664
Schopenhauer, Arthur 392
Schopenhauer, Johanna 392, 401
Schreiber, Ferdinand 724
Schröder, Friedrich Ludwig 45, 252
Schröder, Rudolf Alexander 262, 283, 316, 750
Schröter, Corona Elisabeth Wilhelmine 18, 26, 29, 92, 100, 109
Schubart, Christian Friedrich Daniel 149
Schubarth, Karl Ernst 105 f., 505, 650, 724, 768
Schubert, Franz Peter 178, 567, 603
Schuchardt, Johann Christian 494, 495, 566, 648, 724, 768
Schultheß, Barbara 195
Schultz, Christoph Friedrich Ludwig 155, 581, 584, 749
Schulz, Friedrich 694
Schulz, Günter 695
Schulz-Weidner, Willy 725
Schulze, Caroline 26
Schulze, Friedrich August 241
Schütz, Christian Georg 157
Schütz, Christian Gottfried 271
Schwab, Gustav Benjamin 259, 544
Schwerdgeburth, Karl August 555
Scott, Sir Walter 48
Seckendorf, Karl Friedrich Sigismund von 109, 393
Seckendorff, Franz Karl Leopold von 424
Seebeck, Thomas Johann 738
Seidel, Philipp Friedrich 18, 111 f., 126, 128 f., 133 f., 493, 669, 724
Seidel, Siegfried 761
Seidlin, Oskar 231

Selim I., Sultan 446
Sengle, Friedrich 148, 747
Seuffert, Bernhard 133, 742
Seume, Johann Gottfried 681
Shakespeare, William 35, 37, 52, 107 f., 206, 385, 393
Simanowiz, Ludovike T 8
Sinzheimer, Ludwig 755
Smith, Adam 176
Snell, Bruno 682
Sophie, Großherzogin von Sachsen-Weimar 675, 696, 731, 763
Sophokles 504
Soret, Frédéric Jacques (auch Jean, Jakob) 494, 501, 502, 618, 646, 657
Spieß, Johann 621
Städel, Anna Rosina (Rosette) Magdalena 446, 709 f.
Städel, Johann Friedrich 278
Stadelmann, Johann Carl Wilhelm 399, 441, 492, 493, 540, 724
Staiger, Emil 405, 750, 769
Stark, Johann Christian d. Ä. 385
Stein, Charlotte Albertine Ernestine von 18, 28, 82, 86, 87, 88-111, 112, 117, 120, 131-133, 159 f., 163 f., 194, 269, 336, 361, 387-389, 392, 567, 671, 674-676, 694, 743 f., T 4
Stein, Gottlieb Ernst Josias Friedrich von 18, 90, 93
Stein, Gottlob Friedrich Constantin (Fritz) 111, 160, 194, 387, 675
Stein, Heinrich Friedrich Karl Freiherr vom und zum 414, 445
Stein, Karl von 675
Steinhilber, Hans Dieter 477 f., 721, 769
Sterling, Charles James 736
Sternberger, Dolf 316, 750
Sterne, Laurence 152, 165
Stieler, Joseph Karl 597, 703, T 15

Stifter, Adalbert 203
Stock, Johanna Dorothea (Dora) 75
Stolberg, Auguste Luise zu 59, 745
Stolberg, Christian zu 58, 90, 284
Stolberg, Friedrich Leopold zu 58, 90, 284, 824
Stoll, Joseph Ludwig 424
Strauß, Anton 472, 474
Strecker, Ludwig T 2
Strehler, Giorgio 663
Streiber, Victoria 92
Strich, Fritz 710
Strindberg, August 609
Succow, Lorenz Johann Daniel 321
Suhrkamp, Peter 13, 234, 262
Suphan, Bernhard 696
Sutor, Christoph Erhard 493, 724
Swedenborg, Emmanuel von 622
Szymanowska, Maria 486

Taylor, William 177
Thackeray, William 490
Thümmel, August Moritz von 284
Tieck, Ludwig 47, 176, 202, 381, 571
Tiedemann, Rolf 667, 673, 702, 764
Timur Lang 433
Törring, Josef August 48
Trattner, Johann Thomas 62, 669, 726
Trott, N. von 523 f.
Turgenjev, Ivan 734

Uhde, Hermann 696
Uhland, Johann Ludwig 259
Ulrich, Caroline s. *Riemer*
Unger, Friederike Helene geb. von Rothenburg 175, 178 f., 212, 601 f., 685
Ungern-Sternberg, Wolfgang von 769

Unger, Johann Friedrich Gottlieb 20, 113, 145, 156, 158, 174-179, 183, 187, 192-194, 196, 198, 201-208, 210-213, 223, 259, 270, 273, 282, 295, 328, 344 f., 354, 602, 684, 686 f., 690 f., 745
Unseld, Joachim 694, 769
Unzelmann, Karl Wilhelm Ferdinand 130
Urban, Peter 734

Vaget, Hans Rudolf 705
Varnhagen von Ense, Karl August 236, 256, 292, 473, 535, 599, 611, 692, 749, 769
Varrentrapp, Franz 49, 237, 530, 538
Vaternahm, Otto Friedrich 10, 213, 319, 769
Veit, David 611
Vergil 504, 682, 689 f.
Vieweg, Johann Friedrich 142, 213 f., 223 f., 226-230, 232, 420, 594, 689 f.
Vogel, Carl 491, 500, 611
Vogel, Christian Georg Karl 77, 135, 136
Voigt, Christian Gottlob von 322, 390
Voigt, Friedrich Sigmund 491, 500
Vollmer, Wilhelm 318, 585, 696, 698, 713, 763
Volta, Alessandro 83
Voltaire, François Marie Arouet 149, 377, 490, 632, 642, 665
Voß, Johann Heinrich d.Ä. 197, 214, 215 f., 218, 224, 229
Voß, Johann Heinrich d.J. 216, 331, 335, 392, 700
Vulpius, Christian August 389, 394, 396, 682 f.
Vulpius, Christiane s. *Goethe*
Vulpius, Walther 729, 769

Wachsmuth, Andreas 319
Wackenroder, Wilhelm Heinrich 176
Wagner, Karl 743, 769
Wagner, Richard 712
Wahl, Hans 762
Wahle, Julius 675
Waldner, Luise Adelaide Gräfin 92
Wall, Anton s. *Heyne*
Wallishaußer, Johann Baptist 539
Walser, Martin 18, 258, 506, 513, 570, 584, 712, 725, 731, 769
Walthard, Beat Ludwig 55
Walzel, Oskar 405
Washington, George 80, 189
Wassermann, Jakob 233
Watt, James 83
Weber, Bernhard Anselm 422, 423
Weber, Karl Maria von 567
Weiss, Peter 683
Weißbach, Richard 701
Weiße, Christian Felix 46, 54
Weißer, Carl Gottlob 390
Weitz, Hans-J. 688f., 743, 754, 762-764
Wellington, Arthur Wellesley Herzog von 421
Wendt, Amadeus Johann Gottlieb 292
Wenzlaff, Paul-Gerhard 761
Wesché, W.L. 539
Weygand, Christian Friedrich 48, 49, 55, 57, 64, 65, 131, 483, 679
Widemann, J.D. 749
Widmann, Hans 769
Wiechert, Ernst 674
Wieland, Christoph Martin 9, 14, 39, 44, 52, 54, 59, 63, 75, 76, 77, 103, 115-119, 125, 132, 136f., 143f., 146, 148, 150f., 164f., 189, 202f., 214, 220, 224, 226, 237, 243- 245, 255, 272, 290f., 297, 332, 334, 381, 385, 405, 458, 567, 571, 624, 654, 661f., 677f., 680-682, 692f., 720, 747, 750
Wiese, Benno von 740, 769
Wilhelm III., König von Württemberg 234
Wilkinson, Elisabeth 723
Willemer, Johann Jakob von 14, 399, 434, 440, 445, 448-451
Willemer, Maria Anna (Marianne) Katharina Theresia geb. Jung 399, 400, 434, 440f., 445-452, 702, 711f., T 11
Witkowski, Georg 10, 213, 319, 704, 769
Wittgenstein, Ludwig 72, 743
Wittich, Johann Georg 40
Wittmann, Reinhard 10, 319f., 662, 769
Wolf, Anna Amalia Christiane geb. Malcolmi 338
Wolf, Friedrich August 161, 214, 218, 273, 681
Wolff, Helen 19
Wolff, Kurt 693f.
Woltmann, Karl Ludwig von 208, 265, 290
Wolzogen, Friederike Sophie Caroline Augusta von 220, 292, 572-574, 576f., 586, 595, 731, 769
Wolzogen, Wilhelm Friedrich Ernst von 322, 391
Wrede, Karl Philipp von 420
Wurmb, Christiane von 339

Yorck von Wartenburg, Johann David Ludwig 414

Zabel, Georg 621
Zahn, Christian Jakob 238-240, 242

Zahn, Elisabeth Friederike 238, 239, 242

Zauper, Josef Stanislaus 505, 724

Zelter, Carl Friedrich 45, 176, 178, 212, 302, 328, 336f., 339, 423, 485, 491, 555, 568f., 600-610, 613-615, 620, 635f., 639f., 643, 646-648, 654, 656, 658, 669, 708, 721, 723, 735-738, 741, *T16*

Zelter, Dorothea (Doris) Augusta Cäcilia 611-613, 738

Zelter, Rosamunde 738

Ziegesar, Sylvie von 361

Ziegra, Christian 53

Zimmermann, Johann Georg 16, 89, 741, 743 f.

Zinn, Ernst 721, 762

Zschokke, Johann Heinrich Daniel 692

INHALT

Vorbemerkung 9
Einführung: Zum Schriftsteller geboren 13

I. Erste Veröffentlichungen 23
  1. »Ich liebe gar den Lärm nicht«. Erste anonyme Veröffentlichungen 23
  2. *Die Mitschuldigen*. Goethes erstes Verlagsangebot, vom Verleger abgelehnt 25
  3. Das erste größere Werk, der *Götz*, erscheint anonym im Selbstverlag 34
  4. »Ich mag gar nicht daran dencken was man für seine Sachen kriegt«. *Clavigo, Werther* 48
  5. Goethe und die Nachdrucker seiner Werke 60
  6. »daß der Herr Dr. Göthe die Buchhändler so quälen will«. Goethe stellt Forderungen 71

II. Goethe und Göschen 75
  1. »Der Strom des Lebens«. Aber: »Eigentlich bin ich zum Schriftsteller gebohren« 75
  2. »in alle Gegenstände transsubstantiiert« – Charlotte von Stein. Zueignung. Form des Spiels: Spielen wir uns selber 87
  3. Der Vermittler 111
  4. »Die Würde des gedruckten Buches«. Die erste rechtmäßige Ausgabe der Schriften bei Göschen 121
  5. »genöthigt, mich nach einem anderen Verleger ... umzusehen«. Der Bruch mit Göschen 138
  6. Nach Goethe durch Wieland der Aufstieg in den Ruhm – Göschen, ein Verlegerschicksal 142

III. Goethes Voraussage, »daß sich der Verlag meiner künftigen Schriften gänzlich zerstreuen wird«. Zwischen Göschen und Cotta 156
  1. »Alles amalgamirt sich bey mir«. 1789 und *Das Römische Carneval* 156

    2. Johann Friedrich Ungers »styptische Frucht« 174
    3. *Herrmann und Dorothea*. Ein »Seitensprung« des
       »Menschenmalers«? 212

IV. »Liberalität gegen seine Verleger ist seine Sache nicht«.
    Annäherungen an Cotta 233
    1. »Ich würde keine andern als gute Bücher in Verlag
       nehmen«. Johann Friedrich Cotta und seine Anfänge 233
    2. Schiller und Cotta. Wechselseitige Hochschätzung . . 242
    3. Das Bindeglied: ›Die Horen‹ 261
       Exkurs: Die *Xenien*: »aber ich lobe das Spiel« 282
    4. Ein »glückliches Ereignis«. Goethes und Schillers
       Beziehung zu Cotta 294
    5. »durch Vermittlung des Herrn Hofrath Schiller zu-
       stande gekommen« 312

Farbtafeln nach S. 320

V. Die erste Gesamtausgabe. Goethe und Cotta 321
    1. »ich darf und mag freilich dise Speculation nicht aus
       der Hand lassen«. Zur ersten Gesamtausgabe 321
    2. Die Entstehung der *Werke* und Cottas »Hoffen wir
       das Beste und seyen wir für das Schlimste gefaßt!« 348
    3. Cotta und Goethes »Nebenwerke« eigener Art 370
       Exkurs: In der Korrespondenz gespiegelt 380
         a. Napoleon, die »höchste Erscheinung, die in
            der Geschichte möglich war« 382
         b. Christiane, »meine liebe kleine Freundin« 386
         c. Goethe als Verlagslektor 401

VI. »dießmal mich zu Zwanzig Bänden verpflichten kann«.
    Die zweite Gesamtausgabe bei Cotta (1815-1819) 412
    1. »Das Schicksal der Deutschen« – November 1812 bis
       Dezember 1814 412
    2. »Kleine Privatzustände an dem ungeheuren Maß-
       stabe der Weltgeschichte gemessen«. Der *Divan*
       (1814-1819) 431
    3. Goethe am 21. Dezember 1814: »In Betrachtung . . .
       vielleicht das letzte mal . . . meine Werke endlich ein-
       mal complet käuflich zu sehen« (zwischen 1814 und
       1816) 458

	Exkurs: Zur Konzeption von Goethe-Ausgaben.	467
	4. »wo das Gesetz nicht hilft, da muß die Klugheit rathen« – aber zuviel Klugheit läßt manchmal stolpern (1815-1819)	470
VII.	Die »Ausgabe letzter Hand«. Die »wichtigste Sache meines Lebens«	479
	1. Von der »leidenschaftlichen Empirie in den reinen Kreis historischen Lichts«	479
	2. »Denken und Tun«. Der Beginn der Vorbereitung zur »Ausgabe letzter Hand«	487
	Exkurs: Goethes »wohlmeinende Gehülfen«	493
	3. »Der beste Orden« – das Privileg der Ausgabe	514
	4. Fast eine Auktion: 36 Verlage versuchen, Cotta auszustechen	529
	5. »Ganz Deutschland fragt jetzt: wird Cotta den hochbegünstigten Göthe verlegen?«	540
VIII.	Cotta, der Verleger Goethes. 1825-1832	565
	1. »ich wüßte auch nichts mit der ewigen Seligkeit anzufangen, wenn sie mir nicht neue Aufgaben und Schwierigkeiten zu besiegen böte«. Goethes und Cottas »Hauptgeschäfte«	565
	2. Das Briefgespräch zwischen Goethe und Schiller. Geschichte der Edition des Goethe-Schiller-Briefwechsels	572
	3. Das Briefgespräch zwischen Goethe und Zelter. Eine von Goethe vorbereitete und begonnene, jedoch nicht von ihm vollendete Edition	600
	4. »Die Buchhändler sind alle des Teufels«. Autor und Verleger »in so bedeutenden Lebensverhältnissen verbunden«	615
	5. Das »Hauptgeschäft«. Die Editionsgeschichte des *Faust* im Spiegel der Verlegerbeziehung. »auf diese [Cottas] Veranlassung das Werk heute vorgenommen«	621
	›Urfaust‹	621
	»Faust. Ein Fragment«	624
	»Der Tragödie Erster Teil«. 1797-1801	628
	»Der Tragödie Zweiter Teil«. 1808-1831	633
	Weiterarbeit an *Faust* bis März 1832	639

6. Goethe: »daß ich jeden guten Augenblick zu nutzen trachte um derjenigen die an mir Theil nehmen, bis ans Ende werth zu seyn« 657

Anmerkungen 661
Nachweise 741
Literatur- und Abkürzungsverzeichnis 761
Personenregister.............................. 771

ZU DIESER AUSGABE

insel taschenbuch 2500: Siegfried Unseld, Goethe und seine Verleger. Der vorliegende Text folgt der 1993 im Insel Verlag erschienenen zweiten, revidierten Auflage der 1991 erstmals erschienenen Ausgabe.
Umschlagfoto: Harald Schröder

Johann Wolfgang Goethe
im Insel Verlag

Werke in sechs Bänden. Jubiläumsausgabe. Herausgegeben von Friedmar Apel, Hendrik Birus, Dieter Borchmeyer, Jans-Georg Dewitz, Wolf von Engelhardt, Stefan Greif, Herbert Jaumann, Andrea Ruhlig, Albrecht Schöne, Wilhelm Voßkamp, Manfred Wenzel und Waltraud Wiethölter. Redaktion: Hans-Georg Dewitz. Leinen

Der junge Goethe in seiner Zeit. Texte und Kontexte. Sämtliche Werke, Briefe, Tagebücher und Schriften bis 1775. Bilder, Handschriften, Zeugnisse und Werke der Zeitgenossen. Bildungsmuster der Epoche. Kommentare, Chronik, Register. In zwei Bänden und einer CD-ROM. Herausgegeben von Karl Eibl, Fotis Jannidis und Marianne Willems. Leinen

Einzelausgaben

Alle Freuden, die unendlichen. Liebesgedichte und Interpretationen. Herausgegeben von Marcel Reich-Ranicki. IB 1028

Dichtung und Wahrheit. Mit zeitgenössischen Illustrationen, ausgewählt von Jörn Göres. 2 Bde. Leder

Dichtung und Wahrheit. 3 Bde. in Kassette. Mit Bildmaterial. it 149-151

Dichtung und Wahrheit. Herausgegeben von Jörn Göres. Mit zeitgenössischen Illustrationen. In einem Band. it 2288

Elegie von Marienbad. Faksimile einer Urhandschrift. September 1823. Mit einem Kommentarband. Herausgegeben von Christoph Michel und Jürgen Behrens. Mit einem Geleitwort von Arthur Henkel. Leder

Erotische Gedichte. Gedichte, Skizzen und Fragmente. Herausgegeben von Andreas Ammer. it 1225

Faust. Gesamtausgabe. Leinen und Leder

Faust. Erster und zweiter Teil. Herausgegeben und mit einem Nachwort versehen von Jörn Göres. it 2283

Faust. Erster Teil. Nachwort von Jörn Göres. Illustrationen von Eugène Delacroix. it 50

Faust. Zweiter Teil. Mit Federzeichnungen von Max Beckmann. Mit einem Nachwort zum Text von Jörn Göres und zu den Zeichnungen von Friedhelm Fischer. it 100

Faust. Zweiter Teil. Faksimile der Erstausgabe. Leder

Urfaust. Faust. Ein Fragment. Faust. Eine Tragödie. Paralleldruck der drei Fassungen. 2 Bde. in Kassette. Herausgegeben von Werner Keller. it 625

Gedichte. Sämtliche Gedichte in zeitlicher Folge. Herausgegeben von Heinz Nicolai. it 1400 und it 2281

Johann Wolfgang Goethe
im Insel Verlag

Gedichte 1. Mit 31 Illustrationen von Ernst Barlach. IB 1144
Gedichte 2. Mit 15 Illustrationen von Max Liebermann. IB 1145
Gedichte 3. Mit 19 Illustrationen von Hans Meid. IB 1146
Gedichte 4. Mit 20 Illustrationen von Karl Walser. IB 1147
Gedichte in einem Band. Herausgegeben von Heinz Nicolai. Leinen
Gedichte in Handschriften. Fünfzig Gedichte Goethes. Ausgewählt und erläutert von Karl Eibl. it 2175
Goethe für Gestreßte. Ausgewählte Texte. Herausgegeben von Walter Hinck. it 1900
Goethes Gedanken über Musik. Eine Sammlung aus seinen Werken, Briefen, Gesprächen und Tagebüchern. Herausgegeben von Hedwig Walwei-Wiegelmann. Mit achtundvierzig Abbildungen, erläutert von Hartmut Schmidt. it 800
Goethes Liebesgedichte. Herausgegeben von Hans Gerhard Gräf. Mit einem Nachwort von Emil Staiger. Leinen, Leder und it 275
Goethes schönste Gedichte. Herausgegeben von Jochen Schmidt. IB 1013
Hermann und Dorothea. Mit Aufsätzen von August Wilhelm Schlegel, Wilhelm von Humboldt, Georg Wilhelm Friedrich Hegel und Hermann Hettner. Mit zehn Kupfern von Catel. it 225
Hier schicke ich einen Traum. Fünfzig Geschenk- und Stammbuchblätter gezeichnet von Johann Wolfgang Goethe. Faksimile im Lichtdruck. Herausgegeben und kommentiert von Gerhard Femmel. Kassette
»Ich bin so guter Dinge«. Goethe für Kinder. Ausgewählt von Peter Härtling. Illustriert von Hans Traxler. Halbleinen
Italienische Reise. Mit vierzig Zeichnungen des Autors. Herausgegeben und mit einem Nachwort versehen von Christoph Michel. it 175 und it 2289
Tagebuch der Italienischen Reise 1786. Notizen und Briefe aus Italien. Mit Skizzen und Zeichnungen des Autors. Herausgegeben und erläutert von Christoph Michel. it 176
Die Kunst des Lebens. Aus seinen Werken, Briefen und Gesprächen zusammengestellt von Katharina Mommsen unter Mitwirkung von Elke Richter. it 2300
Das Leben, es ist gut. 100 Gedichte. Ausgewählt von Siegfried Unseld. it 2000
Die Leiden des jungen Werther. Bibliothek deutscher Erst- und Frühausgaben in originalgetreuen Wiedergaben. Herausgegeben von Bernhard Zeller. Leder

Johann Wolfgang Goethe
im Insel Verlag

Die Leiden des jungen Werther. Mit einem Essay von Georg Lukács. Nachwort von Jörn Göres. Mit zeitgenössischen Illustrationen von Daniel Nikolaus Chodowiecki und anderen. Leinen, it 25 und it 2284

Lektüre für Augenblicke. Gedanken aus seinen Büchern, Briefen und Gesprächen. Auswahl und Nachwort von Gerhart Baumann. Pappband und it 1750

Märchen. Der neue Paris. Die neue Melusine. Das Märchen. Herausgegeben und erläutert von Katharina Mommsen. it 825 und it 2287

Der Mann von fünfzig Jahren. Mit einem Nachwort von Adolf Muschg. it 850

Maximen und Reflexionen. Text der Ausgabe von 1907 mit den Erläuterungen und der Einleitung Max Heckers. Nachwort von Isabella Kuhn. it 200

Mit Goethe durch den Garten. Ein Abc für Gartenfreunde, aufgeblättert von Claudia Schmölders. Mit Bildern von Hans Traxler. it 1211

Mit Goethe durch den Garten. Ein Abc für Gartenfreunde, aufgeblättert von Claudia Schmölders. it 1812

Novellen. Herausgegeben und mit einem Nachwort versehen von Katharina Mommsen. Mit Federzeichnungen von Max Liebermann. it 425

Pandora. Ein Festspiel. Illustriert von Johannes Grützke. Einmalige numerierte Auflage in tausend Exemplaren. Leinen im Schuber

Reineke Fuchs. Mit Stahlstichen nach Zeichnungen von Wilhelm Kaulbach. it 125

Das Römische Carneval. Mit den farbigen Figurinen von 1789. Mit einem Nachwort von Isabella Kuhn. IB 1155

Römische Elegien. Faksimile der Handschrift und Transkription. Mit einem Nachwort von Horst Rüdiger. IB 1010

Römische Elegien und Venezianische Epigramme. Herausgegeben von Regine Otto. it 1150

Sämtliche Balladen und Romanzen in zeitlicher Folge. Herausgegeben von Karl Eibl. it 1275

Skizzen zu einer Schilderung Winckelmanns. Mit einem Nachwort von Jochen Golz. Mit zahlreichen Abbildungen. IB 1149

Die Tafeln zur Farbenlehre und deren Erklärungen. Mit einem Nachwort von Jürgen Teller. Mit siebzehn Abbildungen. IB 1140

Venezianische Epigramme. Eigenhändige Niederschriften, Transkriptionen und Kommentar. Herausgegeben von Jochen Golz und Rosalinde Gothe. Leinen

Johann Wolfgang Goethe
im Insel Verlag

Vermischte Gedichte. Faksimile. Mit einem Kommentarband, herausgegeben von Karl-Heinz Hahn. 2 Bde. Pappband

Verweile doch. Gedichte mit Interpretationen. Herausgegeben von Marcel Reich-Ranicki. Leinen und it 1775

Die Wahlverwandtschaften. Ein Roman. Erläuterungen von Hans-J. Weitz. Mit einem Essay von Walter Benjamin. Leinen, Leder, it 1 und it 2285

West-östlicher Divan. Zwei Bände. I. Faksimile der Handschriften. II. Kommentar. Herausgegeben von Katharina Mommsen. Numerierte und auf 1000 Exemplare limitierte Auflage. Leinen im Schmuckschuber

West-östlicher Divan. Herausgegeben und erläutert von Hans-J. Weitz. Mit Essays zum ›Divan‹ von Hugo von Hofmannsthal, Oskar Loerke und Karl Krolow. Leinen, it 75 und it 2282

Wilhelm Meisters Lehrjahre. Herausgegeben von Erich Schmidt. Mit sechs Kupferstichen von Catel, sieben Musikbeispielen und Anmerkungen. Leinen, it 475 und it 2286

Wilhelm Meisters Wanderjahre oder die Entsagenden. Mit einem Nachwort von Adolf Muschg. Leinen, Leder und it 575

Übersetzungen

Rameaus Neffe. Ein Dialog von Denis Diderot. Übersetzt von Goethe. Zweisprachige Ausgabe. Mit Zeichnungen von Antoine Watteau und einem Nachwort von Horst Günther. it 1675

Briefe und Gespräche

Behalte mich ja lieb! Christianes und Goethes Ehebriefe. Auswahl und Nachwort von Sigrid Damm. Mit einem Frontispiz. IB 1190

Der Briefwechsel zwischen Schiller und Goethe. Herausgegeben von Emil Staiger. Leinen

Der Briefwechsel zwischen Schiller und Goethe. 2 Bde. Herausgegeben von Emil Staiger. Mit Illustrationen. Bildkommentar von Hans-Georg Dewitz. it 250

Geschichte meines Herzens. Briefe an Behrisch. Herausgegeben und mit einem Anhang versehen von Wilhelm Große. IB 1189

Goethes Briefe aus dem Elternhaus. Herausgegeben und mit drei Essays eingeleitet von Ernst Beutler. it 1850

Goethes Ehe in Briefen. Der Briefwechsel zwischen Goethe und Christiane Vulpius 1792-1816. Herausgegeben von Hans Gerhard Gräf. it 1625

Johann Wolfgang Goethe
im Insel Verlag

Lieber Engel, ich bin ganz dein. Goethes schönste Briefe an Frauen. Herausgegeben von Angelika Maass. Mit zahlreichen Abbildungen. it 2150

Sollst mir ewig Suleika heißen. Briefwechsel mit Marianne und Johann Jakob Willemer. Herausgegeben von Hans-J. Weitz. it 1475

Zu Goethe

Beutler, Ernst. Essays um Goethe. it 1575

Goethe. Sein Leben in Texten und Bildern. Vorwort von Adolf Muschg. Herausgegeben von Christoph Michel. Gestaltet von Willy Fleckhaus. Leinen, kartoniert und it 1000

Goethe. Seine äußere Erscheinung. Literarische und künstlerische Dokumente seiner Zeitgenossen. Zusammengetragen von Emil Schaeffer. Überprüft und ergänzt von Jörn Göres. it 2275

Bei Goethe zu Gast. Besuche in Weimar. Herausgegeben von Werner Völker. Mit zahlreichen Abbildungen. it 1725

Die Erotica und Priapea aus den Kunstsammlungen Johann Wolfgang Goethes. Herausgegeben und erläutert von Gerhard Femmel und Christoph Michel. Limitierte Ausgabe. Mit Abbildungen. Leinen

Die Erotica und Priapea aus den Kunstsammlungen Johann Wolfgang Goethes. Herausgegeben und erläutert von Gerhard Femmel und Christoph Michel. Mit 74, teilweise farbigen Abbildungen. Klappen-Broschur

Goethe aus der Nähe. Texte von Zeitgenossen. Ausgewählt und kommentiert von Eckart Kleßmann. it 1800

Goethe im zwanzigsten Jahrhundert. Spiegelungen und Deutungen. Herausgegeben von Hans Mayer. Leinen

Goethe in Leipzig 1765-1768. Bruchstücke einer Konfession, dokumentiert in Briefen und Selbstzeugnissen. Zusammengestellt von Christine Schaper. Mit 12 Holzstichen von Karl-Georg Hirsch. Pappband im Schuber.

Goethe und die Französische Revolution. Insel-Almanach auf das Jahr 1989. Herausgegeben und erläutert von Karl Otto Conrady. Kartoniert

Goethe und die Medizin. Selbstzeugnisse und Dokumente. Herausgeben von Manfred Wenzel. Mit zahlreichen Abbildungen. it 1350

Goethe und die Religion. Aus Goethes Werken und Briefen zusammengestellt von Hans-Joachim Simm. it 2200

Goethe, unser Zeitgenosse. Über Fremdes und Eigenes. Herausgegeben von Siegfried Unseld. it 1425 und it 2290

Johann Wolfgang Goethe
im Insel Verlag

Goethes Anschauen der Welt. Schriften und Maximen zur wissenschaftlichen Methode. Herausgegeben von Ekkehart Krippendorf. Gebunden

Hesses Dank an Goethe. Betrachtungen, Rezensionen, Briefe. Mit einem Nachwort von Siegfried Unseld. it 2250

Petra Maisak/Hans-Georg Dewitz: Das Goethe-Haus Frankfurt am Main. Mit einem Vorwort von Christoph Perels und farbigen Abbildungen. it 2225

Sigrid Damm: Christiane und Goethe. Eine Recherche. Mit 10 Abbildungen. Gebunden

Siegfried Unseld: Goethe und der Gingko. Ein Baum und ein Gedicht. Mit Abbildungen. Limitierte Vorzugsausgabe in 850 Exemplaren. Leder

– Goethe und der Gingko. Ein Baum und ein Gedicht. Mit Abbildungen. IB 1188

– Goethe und seine Verleger. it 2500

Zwanzig Handzeichnungen von 1810. Ein Zyklus. Herausgegeben von Margarete Oppel. 22 Blätter. Mit einem Kommentar von etwa 100 Seiten. Mappenwerk in Kassette

Kalender

Johann Wolfgang Goethe 1999. CalenDarium

Goethe-Kalender 1999. Mit dreizehn Handzeichnungen und Betrachtungen von Johann Wolfgang Goethe

Johann Wolfgang Goethe. 250. Geburtstag. Insel-Almanach auf das Jahr 1999. Herausgegeben von Hans-Joachim Simm. Mit einem Verzeichnis der lieferbaren Goethe-Veröffentlichungen des Insel Verlags und mit einer Übersicht über die Goethe-Editionen des Deutschen Klassiker Verlags. Kartoniert